目次

前言／詹姆斯·L·麥克萊恩……14
譯者序／王翔……20
一、傳統的日本……25
〈年表〉……26
【第一章】德川政權……30
日本國家的起源和武士的出現……36
德川家康和將軍職位……43
鞏固統治……49
權力的縱向延伸……58
權力的正統化……61

權力的象徵及其實質……69
日本和世界……72

【第二章】城市、商業和生活方式……86
城市革命……89
城市和商業……94
農業商品化和原始工業化……99
對外貿易……104
階級、身份和生活水準……110

【第三章】自我與社會……120
武士道和武士倫理……122
商人對新儒學的思考……129
平行之「道」：商家家訓和農民聖人……135
性別與現實……140
自我和群體……146

「身為日本人」的共性……153

二、革命年代的日本……167

〈年表〉……168

【第四章】明治維新……176

經濟災難和社會叛亂……177
新論說和新宗教……182
失敗的改革和落空的期望……187
外患……189
美國引發危機……195
一八五四至一八六〇：對外國人的讓步和國內的強硬路線……198
一八六〇至一八六四：公武合體……204
一八六四至一八六八：最後的較量……210
明治「維新」概念的形成……217

【第五章】「新開端」……224
革命清算……226
擊退反對黨……233
瞭解西方……240
岩倉使節團……244
知識份子和教育家……248
促進文明開化……252
【第六章】締造立憲政體……260
執政者對憲法和代議制政府的思考……261
反對的事例和紛紜的論爭……264
伊藤博文起草憲法……269
公民道德和國家意識形態……276
《大日本帝國憲法》……283

【第七章】走向工業高度發展的未來……290
國家干預以及經濟的基礎設施……291
松方通貨緊縮和經濟新方向……298
私人企業家和輕工業的成長……302
農村地區的貢獻……307
行業之首「棉紡業」和日本工業先驅……311
大商業、重工業和財閥……317
「犧牲在工業進步的祭壇上」……325
近代經濟的確立……329
【第八章】經歷明治夢想……336
工廠工人……338
丈夫和妻子……349
兒童和學校……353
神職人員與皈依者……361

前瞻……366

三、新世紀的日本……373

〈年表〉……374

【第九章】帝國的建立……382

邊界和關係的重新確定……384

新興的帝國主義思想……391

中日戰爭……397

對俄國的勝利……405

對朝鮮的殖民統治……413

日本帝國主義……419

【第十章】新覺醒和新現代性……424

政黨政治家挑戰寡頭執政者……426

主流政黨、群眾政治運動和政黨內閣……432
大正民主與自由主義……438
合作的帝國主義……443
帝國的管理……448
城市中等階級……457
叛逆的年輕人……465
【第十一章】動盪的二十世紀二十年代……474
現代經濟及其對照面……476
焦躁不安的佃農……483
憤怒的工人……486
政治分歧的擴大……496
「移山的時刻已經到來」……500
少數民族的聲音……506
「國民的羊倌」……513
日本何去何從……518

四、戰爭中的日本

四、戰爭中的日本……529
〈年表〉……530
【第十二章】「國家危急時期」……538
滿洲事變……541
國內激進的右翼勢力和恐怖主義……549
一意孤行……553
保衛偽滿洲國，擴大敵對行動……557
政黨政府的倒臺……561
壓制政治多元化……565
經濟復甦與企業集團……573
「二二六」事件……580
【第十三章】追求新秩序……588
滑入戰爭……589

在中國的僵局……593
新政治體制……599
新經濟體制……605
帝國的重構……610
二十世紀三〇年代的生活……616
日本南進，面對美國……623
一九四一年秋……631

【第十四章】大東亞戰爭……642

戰爭、政治及經濟動員……644
整頓後方……652
統治「大東亞共榮圈」……656
戰爭局勢峰迴路轉……662
圍攻下的生活……671
投降……677

五、當代日本

五、當代日本……687
〈年表〉……688
【第十五章】被佔領的歲月……694
美國人和日本人，麥克阿瑟和吉田茂……695
舊夢想、新希望，普通的日本人……701
非軍事化……708
民主化……712
分權化……720
轉向……730
獨立……737
【第十六章】復興與豐裕……750
自由民主黨的統治……754
高速增長與政府主導……761
企業社團與戰後復興……767

豐裕與新中產階級……776
農民家庭與幸福生活……781
昭和晚期經驗評說……785
懷舊的流行……793

【第十七章】又一個新世紀……798

破碎的泡沫……799
批評與尋找千年末感傷的療法……804
國際社會中的日本……809
社會義務，自我實現……815
麻煩的年輕人和受攻擊的學校……824
少數民族的挑戰……828
時間和自我……834

附錄

詞語註釋……842
延伸讀物……850

前言

一九六六年十月一個宜人的秋日早晨，當美國輪船「威爾遜總統」號駛進東京灣時，我從甲板上第一次看到了日本。輪船航行了數小時後抵達橫濱。向外望著富士山和草木茂盛、秋果累累的鄉村，我一遍又一地問自己：我到日本究竟要做什麼？那時我剛從密西根大學畢業，主修的是美國歷史，並沒有學過有關日本的任何知識，而且我也從來沒有離開過美國。我之所以來到這個遙遠而陌生的國度，只是因為一個同班同學對我說，如果我想到他的祖國旅遊，他在東京的家人會給我幫助。我是來日本遊玩的，但使我感到意外的是，這次遊歷改變了我的人生道路，最終使我成為一名研究日本歷史的學者。

當我第一次踏上日本的土地時，我對日本幾乎一無所知；但是我的腦子裡確實裝了些陳腔濫調，比如「日本是個高度一致的社會」，日本的人口屬於同一民族；他們看上去很像，想法也相像，而且很容易就任何問題形成全國一致的意見。然而不久後，我就知道這種想法多麼不正確。我發現我周圍的人們因為年齡、性別、教育和經濟狀況的不同而各成一體。他們對幾乎所有事情——例如婦女應該屬於家庭還是工作場所，日本應該和美國結盟還是實行中立路線，以及應該稱讚大企業為戰後國家的富裕做出了貢獻，還是應該譴責它們造成了各地的污染等等——都表達了迥然相異的看法。我發現，和諧與一致無疑是人們渴望的理想，但實際上，日本人對他們面臨的主要問題抱持了不同的看法。

我第一次在日本逗留期間的見聞影響了我對該國歷史的看法。如果說激烈的爭論和不同的意見在現代日本社會是司空見慣的，那麼理所當然，這個國家的歷史是其人民在相互衝突的觀點之下促使所有事情向前發展的歷史。與任何社會中的情形一樣，大趨勢無疑是很重要的。在此我只列舉過去兩個世紀裡的三個重大肇因：城市化、工業化和全球化。顯然，它們通過影響個體認知自己和世界以及明確可能與不可能的界限而影響了日本歷史的進程。然而，在洪大的歷史潮流中，日本人民在他們巨大的多樣性中創造了自己的歷史。因此，本書的敘述基於這樣的前提，即我們的首要責任是瞭解不同的個體和社會團體如何確立什麼是他們所需要的，然後又如何努力地建構起既符合他們的道德標準和信仰，又能實現他們的夢想和抱負的具有意義的生活方式。

我在與新朋友以及多年的老同事交談時，還逐漸認識到，大多數日本人比我所認識的大多數美國人要更接近他們的過去。也許，這在一千多年來一直是個統一的政治實體的國度裡是很自然的。日本也是這樣一個國家，你可以從容地走出現代地鐵，然後躲進古老廟宇的靜謐之中，或者坐在咖啡店裡，一邊享受法式烘焙的咖啡，一邊聽著最新的爵士樂，從窗戶向外看時，又會發現有身穿傳統和服，手提三味線[1]的老婦人經過。本書給予日本近世[2]早期（一六〇三至一八六八）的分量反映了日本的現在和過去之間聯繫的重要性。除此之外，本書還考察了一種允許普通日本人參與鄉村和城市自治的政治文化如何促進近代公民的成長，使公民相信自己有權批評政府的政策，有權組織政治運動和政黨。這種政治文化在明治時期（一八六八至一九一二）確立議會制方面發揮了重要作用。本書還關注十八世紀和十九世紀早期商業的發展和原始工業化如何在一八六八年後使迅速工業化成為可能，關於家庭和性別的傳統思維方式如何影響到整個現代的行為模式。

我在日本的經歷也使我不願將這個社會或它的歷史視為一部成功史。當我於二十世紀六〇年代末期第一次到東京時，觸目所及，人民富裕，高樓林立，街道整潔，所有事情都似乎有條不紊，這一切很難不給我留下深刻印象。但是，報紙社論和電視紀錄片敏銳地指出了日本現代化努力中的缺陷和失敗的事實：太多人依然居住在不合格的住宅裡；教育體制強調死記硬背，而不是發展每個學生的天賦與能力；大公司的中層管理人員工作時間太長，以致幾乎沒有家庭生活的時間。

二十世紀後半葉折磨著日本社會的問題，使得甚至像我這樣剛接觸日本歷史的人也很清楚這一點，即不能把日本歷史解釋為一連串簡單、必然通向更加美好光明未來的事件。實際上，我的許多日本朋友都不願提及某些帶有歷史連續性的、讓人不快的方面，例如，近世早期對本國下層群體的偏見以及對毗鄰的愛努人和朝鮮人的輕蔑態度。這樣的偏見和輕蔑發展成持續至今的歧視。而且，在過去，當國家處於生死攸關的歷史十字路口時，日本人不得不做出使他們的國家和社會走向新方向的決定。如今回想起來，有時他們的選擇產生出大多數人都認為有價值的結果，但有時他們選擇的道路卻導致了幾乎每個人都認可的悲劇。我們只需把二十世紀二〇年代的社會和思想的活力與三〇年代末、四〇年代初戰爭期間的壓抑氣氛相比較，就能發現日本歷史有著它自己殘酷的迂迴和曲折。

各個國家的文化和歷史儘管存在著某些共性，但卻互不相同。從這個意義上來說，日本無疑是獨一無二的。相應的，無論過去還是現在，當日本人以自己的獨特方式行事時，只要我們瞭解形成那些行為模式的價值，它們就不過和其他民族的行為模式一樣是可以理解的。換句話說，不尋常和神秘莫測並不是一回事。當我結束第一次日本之行，進入耶魯大學的研究所之後，我閱讀了人類學家克利福德．格爾茨（Clifford Geertz）的一篇文章「『Thick Description: Toward an Interpretive Theory of Culture』, in his The interpretation of cultures（New York: Basic Books，一九七三），pp3-30」，它幫我把對文化獨特性的想法彙集了起來。格爾茨寫道，他研究了摩洛哥人，而且對他們理解得越多，就越覺得摩洛哥人既合乎情理又富有獨特性。他得出結論：「理解一個民族的文化，即是在不削弱其特殊性的情況下，昭示其常態。」

在我作為一名歷史學家工作時，上述彙集起來的想法為我提供了一系列指導：摒棄陳見，嘗試理解激勵日本人去行動的價值觀念和思維方式；正確評價過去的遺產，同時時刻不忘，歷史會不斷迫使人們做出決定，使他們的未來走向全新的方向；重視那些經歷了歷史波折的人們的判斷，借此評價過去行為的後果；時刻牢記沒有唯一的行為模式，其他民族可以從與我們截然不同的方式中得到滿足，找到生活中的價值。

理解另一個民族的文化和歷史並不容易，當格爾茨引用一個英國人的故事時也認識到了這一點。

有人告訴這個英國人，世界是在一個平臺上，平臺放在大象的背上，大象站在海龜的背上，然後，這個英國人就問：「那麼那頭海龜站在什麼上面？」他的印度朋友回答說：「另一頭海龜。」「又一頭海龜？」「哦，從那以後一直在下面的就是海龜。」[3]與此相似，我們可能永遠不能看透日本歷史中所有深層的東西，我也很少像我所想的那樣完全理解某件事情。不過，格爾茨有另外一個想法可以安慰我們大家，即沒有必要「為了理解某事而瞭解所有的事」。在我對日本的研究上，我用這句話來表達這樣的意思，即在最深層的本質上，研究歷史是一種藝術：猜測人們的動機，評價他們行為的意義，估量我們的觀察，然後從我們更深的洞察中得出結論。在這個意義上，無論對於入門者或者有經驗的學者而言，探索日本歷史並且擴大我們的知識範圍都是很值得的。

詹姆斯·L·麥克萊

1 譯注：這種三根琴弦的琵琶在日本近世早期城市中的戲院、妓院等風月場所的「浮世」中處處可見。

2 譯注：日本學界常將日本的前近代時期稱為「近世」，這是日本封建社會高度發展和成熟的時期，同時也是孕育著從根本上顛覆封建統治體制的社會經濟關係和思想意識萌芽的時期。

3 譯注：印度教認為地球由四隻大象支撐，而大象站在海龜的背上。

譯者序

說不清是什麼原因，當(簡體中文版的出版單位)海南出版社的黃憲萍女士將三部英文版日本史著作送到我面前，叮囑我選擇其中一本介紹給中國讀者的時候，儘管三本著作各有千秋，委實難作抉擇，但在我權衡再三之後，還是選定了詹姆斯・L・麥克萊教授寫作的這部《日本史》。而這個選擇正與海南出版社不謀而合。

也許是由於曾有過與作者在同一座日本城市工作與生活的經歷，令我油然而生一種親切感。一九九二年到一九九四年，我曾經在日本北陸地區的金澤市的一所大學擔任教授。金澤市是石川縣的首府，瀕臨日本海，恬靜而美麗，氣候四季分明，文化積澱豐饒，人民純樸熱情。直到今天，我仍然一直思念和牽掛著那裡的友人。

詹姆斯教授第一次來到日本是一九六六年，當時他只有二十二歲。本來只是旅遊觀光，誰知受到了日本文化的強烈吸引，從此進入了日本歷史文化研究的領域。他也曾長期在金澤工作和生活，並完成了《金澤：十七世紀的日本城下町》，成為英語世界研究日本歷史的名著。

當然，促使我選擇譯介詹姆斯教授《日本史》的真正原因，主要還是基於作者本人的學術聲譽，及本書難以抗拒的巨大魅力。美國的日本史研究界群星璀璨，儘管本書作者沒有賴肖爾、費正清等人的鼎鼎大名，但也稱得上是日本研究領域裡引人注目的後起之秀。他接連推出過《金澤：十七世紀的日本城下町》《江戶與巴黎：近代早期的都市生活》《大阪：近代早期日本的商業之都》三部研究日本歷史文化的學術專著，其中的《金澤：十七世紀的日本城下町》一書還贏得了美國歷史學會的大獎。呈現在我們面前的這本《日本史》，則是他於二〇〇二年出版且更為重要的一部代表作。

本書全面敘述了從德川家康就任征夷大將軍直到今日的四百餘年日本歷史，將政治、經濟、社會、文化等各個方面熔於一爐。美國的《圖書館學刊》評論說：「這一全景式研究是一項重要成果，幾乎涉及日本近現代歷史的各個方面，勝過同類的其他所有著作。」《出版者週刊》則稱讚：「這是一項卓越的成果，天皇的文告、芭蕉的俳句以及勞工領袖的籲求等，這一切都在歷史上留有自己的空間。」

作為一部大跨度的歷史著作，《日本史》顯示出深厚的歷史意識與理性精神。在對待歷史的態度上，不是將歷史作為可以任意揉捏的泥巴，而是將其作為史實、文化、道德以及人性的存在過程與載體，從而使作品具有厚重的歷史感。本書以時間架構縱向的軸線，配以空間的橫向流動，使厚重的歷史感和歷史情懷盡情呈現在讀者面前。在這時空交織的歷史場景中，我們可以感受到由客觀史實的詩性描寫所帶來的強烈歷史意識。

為了更加真實、深刻地再現這段歷史，作者查閱了大量的文獻資料，從日本歷史上各個重要關頭錯綜複雜的國內環境到波譎雲詭的世界局勢，從國內各派政治力量的縱橫捭闔到體現著歷史意志的各色人等的政策權謀，甚至從不同時期的風土人情到各界人士的服飾語言和音容笑貌，都考察得有根有據，刻畫得頗為傳神。也許，《日本史》中仍有一些不盡如人意之處，但它所呈現出的作者態度之真誠，著述資料之真實是毋庸置疑的。

詹姆斯教授所著《日本史》的又一個魅力在於，它以一種理性啟動歷史的敘事方式復活了歷史，從而使其具有值得稱道的哲學意味和人性深度。作者在其歷史敘事的外顯公式下，蘊藏著立足於人性的內在形態與精神立場，這也成為文本建構的內驅動力。縱覽全書，我們不難發現，在進行宏大歷史敘事的同時，作者始終不忘從人性的立場來表現特定歷史時空下人們的生存狀態，從而使本書具有一種深切的人文關懷。

近數十年來，歷史著述的一個新特點是寫作者越來越重視歷史中的社會和文化方面，並力圖更多地再現普通人的生活。《日本史》對這些問題也給予了特別優先的關注，在描述重大政治經濟事件及其進展之外，儘量收集有關社會文化的動向以及普通人日常生活的內容——工人、農民、工匠、家庭、士兵、婦女的日常生活得到了詳細描述。讓我留下深刻印象的，是作者在重點關注主流社會和時代主題的同時，並沒有忽視「部落民」、「少數族裔」等社會邊緣群體，並沒有遮掩經濟發展和社會進步所帶來的新矛盾，諸如階級衝突的加劇、環境污染的危害等等，再現了近代以來日本歷史發展的多元立體生活空間。

《日本史》一書還有一個吸引我的地方，就是「大事件」與「小故事」相結合的敘事手法，以及全書寫作的「茶座」風格。在四百餘年間的日本歷史敘事中，作者既沒有遺漏任何一個重要的「大事件」，同時又為我們揭示了許多鮮為人知的「小故事」。無論「大事件」還是「小故事」，都寫得有聲有色，引人入勝。作者從許多具體的方面切入問題，進行多角度、多層次的論述，書中還添加了大量地圖、插圖、年表，以及有助於理解歷史人物、事件和專門術語的詞彙表，使清晰的敘事更加易解。在這樣的觀照下，歷史就不再是一些抽象的教條，而成為具有豐富層面和細節的歷史場景，當時當地的林林總總在這樣的描述中顯得生動、直接而易於辨識。這種新穎的體例和言說方式一改學術研究和歷史撰述的刻板面孔，帶有一種難以抗拒的親和力，使我相信本書將會在中國[1]擁有絕佳的讀者緣。

作者的文風也應當對我們有所啟迪。其實許多著名的歷史學家都不會故作高深，把東西寫得叫人不知所云。他們往往開門見山平鋪直敘，卻又娓娓道來，鞭辟入裡，把枯燥的研究、複雜的史實寫得令人興味盎然。這種寫作風格是我們應當學習和效法的。那種把原本豐富多彩的歷史寫得僵硬呆板甚至面目可憎的文風，實在應該引起人文社科研究者的警惕。《日本史》的行文為我們提供了一種範例，它會使很多人感到驚訝：原來，嚴肅的史學著作也能這麼寫！

王翔

二〇〇九年十月一日　於浙江財經學院、學涯湖畔

[1] 本篇最初為譯者為中國大陸簡體中文版所撰寫之序文。

一、傳統的日本

〈年表〉

六四六年 元旦，據稱大和家族領袖頒佈「大化改新」詔書，最終建立起天授皇權的世襲權威。

七一二年 大和政權的史官編纂完成《古事記》。

七九四年 天皇朝廷建都於平安京（京都）。

一一九二年 源賴朝被任命為「征夷大將軍」，鎌倉幕府建立。

一二七四年和一二八一年 被稱為「神風」的兩場颱風摧毀了蒙古艦隊，使日本免遭入侵。

一三三三—一三三八年 足利尊推翻鎌倉幕府，被任命為「征夷大將軍」。

一四六七—一四七七年 「應仁之亂」導致進入「戰國」時代。在長達一個世紀裡，日本成為一個「戰亂中的國家」。

一五四三年 葡萄牙商人在九州南部的種子島登陸。

一五四九年 方濟．沙勿略將基督教義傳入日本。

一五七一年 大名大村純忠向葡萄牙船隻開放長崎港。

一五七三年 軍閥織田信長放逐足利將軍，焚毀大半個京都。

一五七五年 織田信長的軍隊使用新式西洋槍砲，於長篠之戰贏得勝利。

十六世紀八〇年代

隨著一五八二年織田信長死去，豐臣秀吉迫使各地大名效忠。

一五九〇年

德川家康將領地遷至關東地區，開始建造江戶城。

一五九二年

豐臣秀吉的軍隊登陸朝鮮釜山。

一五九八年

豐臣秀吉死，日本軍隊從朝鮮撤回。

一六〇〇年

德川家康在關原之戰中獲勝。

一六〇三年

二月十二日，德川家康被任命為「征夷大將軍」。

一六〇四年

幕府承認松前家族為北海道南部沿海領地的大名，授權其與蝦夷地的愛努人進行貿易。

一六〇七年

日本與朝鮮恢復正常關係。

一六一一年

琉球群島成為薩摩藩的屬地，但名義上還保有自己的主權。

一六一五年

五月，德川幕府的軍隊制服了大坂城內忠於豐臣秀賴的人。

七月七日，德川家康頒佈《武家諸法度》(十三條)。

七月十七日，德川家康及德川秀忠頒佈《禁中並公家諸法度》(十七條)。

一六一七年

德川家康的遺體下葬於日光，被奉為「東照大權現」，即「東方日神，佛陀高貴而威嚴的化身」。

一六二二年

八月五日，德川幕府開始迫害基督教徒，在長崎處死了五十五名基督教徒。

一六二三年

德川幕府開始任命結盟的大名為「老中」。

一六三三—一六三九年

德川幕府頒佈禁教令及鎖國令，正式禁止基督教，不准日本人出國旅行，並控制對外貿易。

一六三四年　七月十一日到八月五日，德川家光隆重拜訪京都。

一六三五年　德川幕府著手對《武家諸法度》加以重大修訂。

一六四三年　第一本用來指導平民日常飲食的《料理物語》刊行。據說宮本武藏此年退隱於一個洞穴中寫作《五輪書》。

一六四九年　二月二十六日，德川幕府頒佈《慶安御觸書》（譯注：即「勸農規定三十一條」）。

一六五六年　山鹿素行出版《聖教要錄》，闡釋其對武士道的認識。

一六六九年　愛努人攻擊日本人在蝦夷地的移民點。

一六七三年　三井家族在江戶開辦「越後屋」雜貨店。

一六八九年　松尾芭蕉完成《奧之細道》俳句集。

一七〇〇年　此時的江戶可能為世界上最大的城市。

一七〇二年　第一本關於蠶桑生產的手抄本問世。

一七一六年　山本常朝完成《葉隱》。《女大學》刊行。

一七二四年　懷德堂於大坂開張。

一七二九年　石田梅岩開始公開宣講「心學」基本知識。

一七八五年　幕府在長崎設立卸載商品批發行。

一八〇二年　十返舍一九開始連續發表《東海道中膝栗毛》。

一八三二年　歌川廣重在江戶至京都間往返旅行，開始創作系列版畫《東海道五十三次》。

一八三九年

到此時，至少已有三百家私人學塾和三千家寺子屋開辦。

一八四二年

幕府聘請二宮尊德設計鄉村復興計畫。

第一章

德川政權

一六〇三年二月十二日下午，京都南部德川家的伏見城。德川家康身披猩紅禮袍，安坐在城堡平臺上。不一會兒，一位侍者出現，深深地鞠了個躬，搖了搖兩個木鈴鐺，稟報說日本天皇派遣的高級特使駕到。皇室代表從馬車上下來，伴隨著樂隊精妙的演奏，在莊重的儀式中走向平臺，呈遞給德川家康一個委任令，任命他為日本的幕府將軍，即維持整個國家秩序的軍事將領。德川家康設宴款待特使們以示感謝，並送上幾袋金銀和一匹駿馬，讓他們帶回京都。駿馬身上掛著一具加高的金馬鞍，鞍上還印著德川家康的家徽。

任命德川家康為將軍是對日本歷史影響深遠的事件。把他擢升為全國最高軍事首領的隆重儀式，反映了十六世紀末和十七世紀初武士階層的權勢與榮耀。那時候日本各地大約有兩百五十位有勢力的大名統治著各自的自治領地。在他們富麗堂皇的城堡中，有許多較中世紀歐洲所建造最大的城堡還要大。這些城堡雄踞在鄉村，象徵著大名們令人敬畏的強大力量。但是，沒有一個大名可以和德川家族相提並論，德川家的伏見城是這片國土上最宏偉的要塞之一。伏見城的石牆和城壕由同時期的另一位軍閥建於一五九二年至一五九六年間。這些堅固的石牆和寬闊的城壕保護著城中高聳的主樓，還有二千名駐防武士的住所、公署，以及糧食和武器庫。這些設施散佈在六個寬廣的城郭之間，每一個城郭都還有各自的內牆和設防的城門。

和其他大名的要塞相似，伏見城也既是一座宮殿，又是一個軍事堡壘。日本的統治者們不會忘記，儀式和象徵物能夠無可估量地增添權力的內容，因此他們設計出的城堡既展現了自己不可一世的力量，又閃耀著財富的光芒和他們的審美情趣。德川家族徵集了全國的人力和物力來修建伏見城。通過這件事，德川家康向世人誇示了他的財富和文化抱負。當結盟的大名們造訪時，德川家康在一間寬敞的、長寬各約三十公尺的接待室裡招待他們。在那裡商討時政要務時，他會把客人們驚羡的目光引向雕滿了古代聖君的雅致的木橫樑，以及裝飾著由當時著名藝術家們所創作的吉祥花鳥圖案的活動隔門。室外，高級武士們在景致優美的花園裡消磨閒暇，甚至在城堡裡的舞臺上觀賞古典能劇。

伏見城展現出的富麗輝煌讓人回想起京都昔日的榮光。幾個世紀前，一個新千年開端之時，京都是世界上最偉大的城市之一。它追隨東亞帝國城市生活的理想，城內街道精確地按照幾何形狀分佈，把整個城市分隔成為棋盤狀，其中呈長方形的居民區可容納十多萬人口。一條壯觀的大道從主入口即著名的羅生門通向年代久遠的皇宮。它貫通城市正中，兩旁柳樹成蔭，南北綿延約五公里。京都的居民偶爾會看見天皇在數百名著裝整齊嚴肅的侍從的護衛下，端坐在華麗的牛車上，從這條大道駛向京城附近宜人的鄉間勝地。不過，大多數時候，天皇都待在巨大的宮殿裡。那是他舉行莊嚴的儀式來紀念保護日本的神祇、同時確認自己作為道德和政治權威的終極之源的地方。在那個神宮裡還有一個迴廊庭園，它是天皇的私人寢宮，一個令人難以置信的簡樸所在。該處未經油漆的木料、凹凸不平的木質地板和優雅的木屋頂，既是日本建築取向的縮影，也微妙地反映了天皇陛下的喜好。

在十一世紀早期京都最繁華時，大約有二千個貴族家庭像項鍊般拱衛在皇宮的東面和南面。大貴族的莊園占地四千平方公尺左右或者更多，一般包括一個主樓、一個栽滿了精挑細選的樹木和開花植物的大花園、一個人工湖，還有傭人的住房、眾多的儲藏室和服務性場所。朝臣們身穿帶有精美刺繡的絲綢服飾，欣賞京都工匠作坊裡製造的最精美的手工藝品。敘事性的畫卷描繪了當時的日常生活，從中可以發現木地板上已經開始鋪設榻榻米，以便人們就座。活動隔門上繪有精美的四季風物和反映人類生命歷程的圖案。在那種優雅的氛圍中，京都的貴族創造了超越時空的精深文化傳統。紫式部虛構宮廷戀情和陰謀的著名小說《源氏物語》就產生於那個時代。那時，傲慢的貴族認為他們才是短歌、宮廷雅樂和其他貴族藝術的唯一合法資助者和參與者。對他們來說，這些藝術形式代表了日本文化成就的最高水準。

一六〇三年，把將軍職銜授予德川家康的天皇特使回到了京都。在京城，天皇和許多沮喪的貴族正生活在貧困之中。幾個世紀以來，天皇和朝臣們發現他們的財富日漸損耗。在十五世紀七〇年代的戰爭[1]中，京城慘遭蹂躪。這場戰爭又觸發了一場漫長的內戰，而內戰的唯一結果是德川家康被任命為幕府將軍。十六世紀初的一位天皇[2]陷於貧困之中，宮殿也無力修繕，不得不把他的加冕典禮推遲了將近二十年。許多曾經十分驕傲的貴族搬到了簡陋的後街住房，或者棲身寺廟。京都的商人和工匠們也面臨著不穩定的時局；戰爭毀壞了他們的街區，盜賊在街上橫行；而且在一五七三年，一位大名[3]在京都縱火，再一次破壞了這座城市較完善的區域。這是個讓人悲傷的十年，無論貴族還是平民都會記得那部有名的軍記物語[4]的卷首語：

> 祇園精舍之鐘聲，奏諸行無常之響；
> 沙羅雙樹之花色，表盛者必衰之兆。
> 驕者難久，正如春宵一夢；
> 猛者遂滅，恰似風前之塵。[5]

對絕大多數在自給自足的小村落裡度過一生的日本人民來說，十六世紀中期的生活也充滿了苦難。對那些家庭而言，外面的世界不過是沿鄉村小道走下去的幾步之遙，無論身在何方，生活的重心都是自給自足。有些家庭擁有足夠的土地，可以過上舒適的生活；但大多數男女卻是日復一日長時間地勞作。他們自己耕種，自己做衣服，自己製造和修補生存所必須的工具。他們住著用茅草和泥巴築成的房子，穿著用麻和其他當地所產纖維製作的粗糙服裝。在他們看來，生命短暫，不過勉求生存而已。季節性的節日——春耕時求神保佑和秋收時謝神賜福——打破了歲月的靜靜流逝。偶爾也會有小販來到村子，帶來關於遙遠京都的神奇故事，同時還提供用於出售或交換的昆布、鹽以及其他村民們自己無法種植或生產的貴重商品。

儘管戰爭造成了普遍的絕望，但是在十六世紀和十七世紀之交的幾十年中，歐洲人首次航行到日本列島時，復興的胚芽還是極力破土而出。葡萄牙商人區華利(Jorge Álvares)在一五四六年訪問日本後，發表了歐洲人的第一份親歷報告。報告中稱他所發現的日本是「一個美麗宜人的國家，樹木繁多，有諸如松樹、杉樹、李子樹、櫻桃樹、月桂樹、栗子樹、胡桃樹、橡樹和更古老的樹種，還有許多我們國家沒有的水果。我們葡萄牙種植的蔬菜，除了萵苣、甘藍、胡荽和薄荷之外，他們也都會種植。他們也養玫瑰、康乃馨和其他許多芳香的花，還種又酸又甜的橘子、香櫞、石榴和梨」[6]半個世紀後，佛羅倫斯人法蘭西斯科・卡萊蒂(Francesco Carletti)對此表示贊同，說日本「這個國家景色迷人，盛產水稻、玉米和其他各種各樣的穀物以及蔬菜和水果」。而出生於尼泊爾的耶穌會會士范禮安(Alessandro Valignano)曾經於一五七九至一五八二年和一五九〇至一五九二年兩次造訪日本。「他們非常聰明能幹，」范禮安寫道，「而且，他們很有教養，甚至普通人和農民都很有教養，彬彬有禮，以至於給人一種印象，好像他們接受過宮廷訓練。在這方面他們不僅超過了其他東方民族，也超過了歐洲人。」

到了德川家康接受委任令時，不僅鄉村，京都的商業區也已開始復甦。一幅精心描繪在屏風上的世態畫「洛中洛外圖」[7]，展現出十六世紀末和十七世紀初一種豐裕、活潑的城市風貌。其中一個畫面上，男女老少——貴族、武士、僧侶、商人、工匠、乞丐，蜂擁到京都的街道上，觀賞呈現日本歷史和神話中重大事件的絢麗多彩的花車隊伍。花車遊行是祇園祭的重頭戲。每當這個紀念一位保護京都城免遭瘟疫的神祇的節日來臨，花車隊伍所到之處的每個角落都會擠滿人群。畫面上賀茂川的兩岸，一些武士、紳士開始用戶外午餐；大街上，一個商人家庭——父親、母親、三個步履不穩的小孩和祖父——正從他們位於街邊的商店裡欣賞花車遊行的盛況；稍遠處，高雅的貴婦人在她們莊園考究的大門口觀望遊行隊伍。在整個城市的圖景中，人們或駐足和朋友、鄰居閒聊，或者享受食物，野餐的武士從小販手中買幾個西瓜，僕人跪著把茶和小吃獻給寺院僧侶的客人們，只在腰間繫塊布的男人把肥美的鯛魚切成薄片，一副自得其樂的樣子。

京都的復興讓人想起日本過去的堅韌。正如城市從十六世紀的戰火中倖存下來一樣，天皇世系也一直是政權永恆不變的正統。一六〇三年，皇室把恢復國家和平的責任交給了德川家族，也授予他們協同統治國家的特權。不過，雖然歷史的影響具有持續性，過去的模式卻不只是簡單的重複，因為德川家康及其後任幕府將軍統治的是一個時人稱為「太平」的和平盛世，它使後來的經濟、社會、文化改革成為可能。起初，德川家康只是鬆散地掌握著權力，但是十七世紀期間德川幕府決定加強統治、規範秩序，並且創設了複雜的統治機制，在促使國家繁盛的同時也給予自己難以匹敵的權力。在這一過程中，他們創造了一種環境，使每個社會階層的日本人都能為國家前所未有的變化做出貢獻。到一八六八年德川幕府最後一位將軍退職時，日本已經成為一個和一六〇三年時截然不同的國家。在兩個半世紀的時間裡，農產品產量翻了數倍，數百個城市在鄉村湧現，新的社會階層逐漸形成，商業興旺發達，日本人民開始享受世界上最高水準的生活。與此同時，學者們和教師們制定了成文的社會行為準則，城市中心的商人和手工業者推廣了新的娛樂活動和藝術形式——歌舞伎、俳句以及木刻浮世繪，它們現在已被譽為日本文化的精髓。

日本國家的起源和武士的出現

日本武士階層的逐漸興起是七世紀末和八世紀初中央集權形成過程中始料未及的副產品。在此之前，由許多小村落組成且受氏姓貴族統治的領地遍佈本州中西部的大多數地方，還延伸到了九州和四國。這些氏族領地具有高度獨立性，每一個都是自治實體，自行決定行為準則，自行保衛家園以免落入周邊貪婪的氏族之手，而且自己生產糧食和手工藝品以便生存繁衍。此外，每個領主還組織祭祀儀式，祭奠傳說中本氏族的祖神，由此把宗教和世俗的領導權合而為一。

到五世紀末，一個勢力強大的家族已經在他們位於內陸海東岸的根據地建立了儘管脆弱卻被公認的霸權，控制了周圍若干領地。這個家族被稱為大和族，也因其祖神為天照大神（太陽女神）而被稱為天孫民族。他們後來採取外交、聯姻、賞賜等手段，偶爾也用暴力，來鞏固其在日本中部的權勢，然後又在一定程度上把勢力推進到南部和西部的其他氏族。到七世紀初，天孫民族已經在同輩豪族中佔據首位，不很穩固地統治著附屬的氏族聯盟和周邊領地。

雄心勃勃的大和首領不滿足於尚不完整的權力，力圖尋找新時機以增大他們的力量和影響。西元六四五年六月，皇室權力核心最為大膽的人物擺下盛宴招待幾個主要對手，然後趁夜深他們喝得醉醺醺之際殘殺了他們[8]。據傳統史書記載，幾個月之後的六四六年元旦，大和首領宣布推行劃時代的「大化改新」。改革受到了日本遣唐使所觀察到的中國唐朝精妙治國方法的影響，其措施在往後幾十年中逐步實行。改革目標在於消滅殘餘氏族首領的勢力，使天孫民族成為強有力的君主，擁有對日本列島人民和資源無上且直接的控制權。

大和的首領成為國家的「天王」，預示了即將發生的重大變革。歷史學家對這個新創片語的典型翻譯是「皇帝」，以此表示天皇意圖行使絕對權力的雄心。然而，更字面化的譯文「天上的皇帝」卻更準確地抓住了大和家族的用意，即宣揚天皇是傳說中太陽女神的後裔，他作為王朝中「神聖不可侵犯」的帝王，將「萬世一系」地永遠統治下去。《古事記》即是由大化革新派授意編纂、成書於七一二年的傳奇性「古代事件記錄」。其中的傳說將天照描述為一位特別具影響力的女神，在混沌不清的史前史深處，當她派遣她的孫子瓊瓊杵尊從高天原下來平定日本列島時，給了他三件寶物：八咫鏡、八尺瓊勾玉和草薙劍。據神代史的說法，瓊瓊杵尊的玄孫神武——這個神人結合所生之子，於西元前六六〇年征服了日本「這個遍佈稻田的國家」。神代史把神武假定為日本列島的首位統治者。就這樣，大和統治者們虛構出帶有宗教色彩的古老傳說，從而借助所謂的神力，來滿足他們對於世俗王權膨脹的全新要求。

地圖 1.1

日本令制國圖

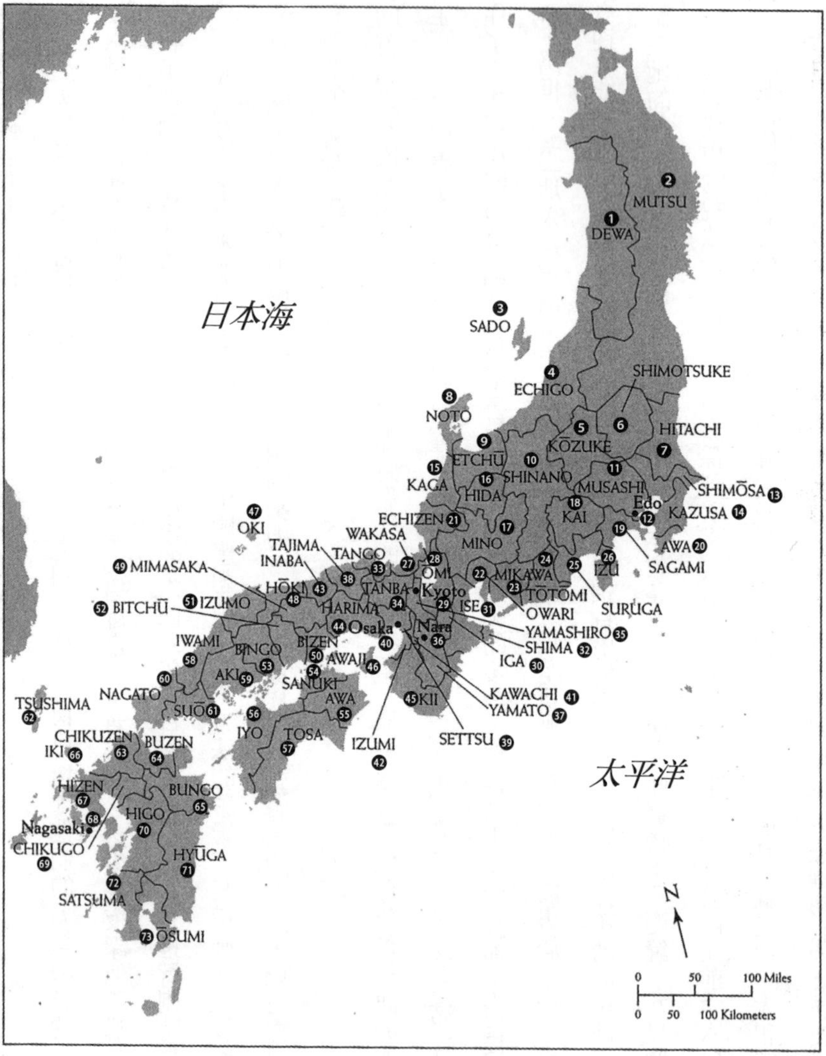
日本海
太平洋
1 DEWA
2 MUTSU
3 SADO
4 ECHIGO
5 KŌZUKE
6 SHIMOTSUKE
7 HITACHI
8 NOTO
9 ETCHŪ
10 SHINANO
11 MUSASHI
12 Edo
13 SHIMŌSA
14 KAZUSA
15 KAGA
16 HIDA
17 MINO
18 KAI
19 SAGAMI
20 AWA
21 ECHIZEN
22 OWARI
23 TŌTŌMI
24 MIKAWA
25 SURUGA
26 IZU
27 WAKASA
28 ŌMI
29 Kyoto
30 IGA
31 ISE
32 SHIMA
33 TANGO
34 TANBA
35 YAMASHIRO
36 Nara
37 YAMATO
38 TAJIMA
39 SETTSU
40 Osaka
41 KAWACHI
42 IZUMI
43 INABA
44 HARIMA
45 KII
46 AWAJI
47 OKI
48 HŌKI
49 MIMASAKA
50 BIZEN
51 IZUMO
52 BITCHŪ
53 BINGO
54 SANUKI
55 AWA
56 IYO
57 TOSA
58 IWAMI
59 AKI
60 NAGATO
61 SUŌ
62 TSUSHIMA
63 CHIKUZEN
64 BUZEN
65 BUNGO
66 IKI
67 HIZEN
68 Nagasaki
69 CHIKUGO
70 HIGO
71 HYŪGA
72 SATSUMA
73 ŌSUMI
N
0 50 100 Miles
0 50 100 Kilometers

❶ 出羽（羽州，今秋田縣、山形縣）
❷ 陸奧（奧州，今青森縣、岩手縣、宮城縣、福島縣）
❸ 佐渡（佐州、渡州，今新潟縣佐渡島）
❹ 越後（越州，今新潟縣）
❺ 上野（上州，今群馬縣）
❻ 下野（野州，今栃木縣）
❼ 常陸（常州，今茨城縣）
❽ 能登（能州，今石川縣）
❾ 越中（越州，今富山縣）
❿ 信濃（信州，今長野縣）
⓫ 武藏（武州，今埼玉縣、東京都、神奈川縣）
⓬ 江戶
⓭ 上總（總州，今千葉縣）
⓮ 下總（總州，今千葉縣、茨城縣）
⓯ 加賀（加州，今石川縣）
⓰ 飛驒（飛州，今岐阜縣）
⓱ 美濃（濃州，今岐阜縣）
⓲ 甲斐（甲州，今山梨縣）
⓳ 相模（相州，今神奈川縣）
⓴ 安房（房州，今千葉縣）
㉑ 越前（越州，今福井縣）
㉒ 尾張（尾州，今愛知縣）
㉓ 三河（參州，今愛知縣）
㉔ 遠江（遠州，今靜岡縣）
㉕ 駿河（駿州，今靜岡縣）
㉖ 伊豆（豆州，今靜岡縣、東京都）
㉗ 若狹（若州，今福井縣）
㉘ 近江（江州，今滋賀縣）
㉙ 京都
㉚ 伊賀（伊州，今三重縣）
㉛ 伊勢（勢州，今三重縣）
㉜ 志摩（志州，今三重縣）
㉝ 丹後（丹州，今京都府）
㉞ 丹波（丹州，今京都府、兵庫縣）
㉟ 山城（山州、城州、雍州，今京都府）
㊱ 奈良
㊲ 大和（和州，今奈良縣）
㊳ 但馬（但州，今兵庫縣）
㊴ 攝津（攝州，今兵庫縣、大阪府）
㊵ 大坂
㊶ 河內（河州，今大阪府）
㊷ 和泉（泉州，今大阪府南部）
㊸ 因幡（因州，今鳥取縣）
㊹ 播磨（播州，今兵庫縣）
㊺ 紀伊（紀州，今和歌山縣、三重縣）
㊻ 淡路（淡州，今兵庫縣淡路島）
㊼ 隱岐（隱州，今島根縣隱岐島）
㊽ 伯耆（伯州，今鳥取縣）
㊾ 美作（作州，今岡山縣）
㊿ 備前（備州，今岡山縣）
51 出雲（雲州，今島根縣）
52 備中（備州，今岡山縣）
53 備後（備州，今廣島縣）
54 讚岐（讚州，今香川縣）
55 阿波（阿州，今德島縣）
56 伊予（予州，今愛媛縣）
57 土佐（土州，今高知縣）
58 石見（石州，今島根縣）
59 安藝（藝州，今廣島縣）
60 長門（長州，今山口縣）
61 周防（防州，今山口縣）
62 對馬（對州，今長崎縣對馬島）
63 筑前（筑州，今福岡縣）
64 豐前（豐州，今福岡縣、大分縣）
65 豐後（豐州，今大分縣）
66 壹岐（壹州，今長崎縣壹岐島）
67 肥前（肥州，今佐賀縣、長崎縣）
68 長崎
69 筑後（筑州，今福岡縣）
70 肥後（肥州，今熊本縣）
71 日向（日州、向州，今宮崎縣）
72 薩摩（薩州，今鹿兒島縣）
73 大隅（隅州，今鹿兒島縣）

更具體地說，大化革新派制定了詳盡的中央和地方官制，來代表天皇管理國家事務。在這個新管理體系頂端的是太政官。在太政大臣領導下，太政官要監管委派到八個省（中務省、民部省、式部省、治部省、兵部省、刑部省、大藏省、宮內省）的七千多名官吏的活動。為了把新政權的權力擴展到日本各島，大化革新派進一步把全國劃分為六十六「國」，每一「國」委派一名「國司」及其輔助官員。為了使原豪族反對者歸順，同時也為了能有更多的人充實新的政府組織，大和統治者把原先的氏族變為世襲貴族，選派其中那些社會等級最高者出任比較重要的政府職位。一系列的法律和行政命令通過強化「權力只能來自天皇」的主張，以及詳細規定職官的職責，把新的君主政體固定了下來。這些政令中最值得注意的是七〇二年的《大寶令》和七五七年的《養老令》。

大化改新的努力還通過其他一些舉措來完成。羽翼未豐的君主政體意識到建立穩固財政基礎的必要性，於是宣布日本的所有農田屬於國家，同時詳細說明把稻田授予農戶的辦法，而且下令所有的農戶每年向政府納稅。為了給自己及追隨左右的貴族們提供一個家園，大和族接連營建了幾個都城。七一〇年，朝廷佔據平城京（現在的奈良）為都。到了七九四年，王公貴族永久地遷居新建成的平安京，意為「和平安靜的京城」，即現在的京都。

隨著國家機器的正常運轉，天皇漸漸不再參與日常決策，而是忙於舉行被認為關係著國家安康的神聖儀式和祭祀活動。每年春天的播種季節之前，天皇都會指示他的祭祀人員把祭品分發給各「國」的下屬神官，而後者則會主持一場固定的祈禱：「晨光明亮輝煌之際，我們攜神聖天皇御賜之祭品，在雄踞高天原的諸祖先巨神前，謙卑地頌揚諸神的偉大。在司農作物的眾神前，謙卑地祈求賜予糧食豐收。」[9]就這樣，日本天皇開始逐漸被視為宗教與道德的化身、政權正當性的源泉，以及半神半人的統治者，而貴族官僚們則負責以他的名義管理國家事務。

從日本史的長遠範圍來看，大化改新建立了重要的哲學範準、律法原則、基礎建制。這些事物在日本前近代史中，持續地以深具意義的方式形塑著治理的本質，也宣告一個王公貴族活躍的穩定時代來臨。貴族們例行日常公務之餘，還攫取了許多私有土地或者說「莊園」的產權，這為他們帶來了巨額收入。有幸掌握了財富和權勢的京都貴族男女們建造美麗的豪宅，資助藝術活動，創造了為許多人所讚譽的日本高雅文化的黃金時代。

儘管新君主政體有它最有成效的一面，但並不是所有的改革都如設想的那樣行之有效。這方面的一個明顯例證是原先企圖通過徵募建立一支永久性的軍隊，結果計畫胎死腹中的事件。八世紀初期，新政府宣布有權徵召貴族子弟之外的所有男子到各地的軍團服役[10]，天皇可以徵調他們輪流戍守各「國」都城或京都。但是許多青年男子都不願離開家鄉，婦女們眼看著自己的兒子或丈夫離去也很悲傷，正如日本最古老的詩歌選集《萬葉集》中的兩首詩抒寫的那樣：

身為防人，拂曉出家門；
牽手惜別離，

哭泣阿妹心。

（防人に立ちし朝開の金　出にたばなれ惜しみ泣きし子らはも）

夕霧籠葦葉，聞鴨啼；

在此淒寒夜，

思妹難將息。11

（葦の葉に夕霧立ちて鴨が音の寒き夕し汝をば偲はむ）

由於農民不斷棄地逃亡，年輕的政權已經不可能再通過徵兵制來組建一支可靠的軍隊，於是開始招募一些當地人，這些人已經把自己訓練成戰士來維護當地的法律和秩序。他們集結成團，被稱為「武士」或「侍」。起初並不脫離家庭，只是在京都的官員委派他們維持「國」都的和平以及平定鄉村賊黨時，才拿起劍、弓作戰。但是到了十一世紀，「武士團」已經演變為大規模長期性的武裝組織，分別在源氏和平氏家族的羽翼下結成同盟。這兩個家族其實是不同天皇的後裔，但在長子繼承制尚未普遍實施的時代，為了減少因繼嗣問題而產生爭端的可能性，嗣子以外的諸子都被排除在皇室世系之外。為了補償那些不得不離開京都而遷移他處的皇室旁系，就分給了他們土地，並委以地方官職，這使他們得以繼續發展並吸引擁護者聚集到他們的旗幟之下。到了十二世紀，源氏（有時也被稱為清和源氏）已經在日本東部關東地區建立了根據地，而平氏（或稱平家）則沿著京都以西的內陸海紮下了根。

德川家康和將軍職位

十二世紀後半葉，為了皇位的歸屬問題，長期不和的派系把武士召集到了京都，最終把源氏家族推上了統治國家的菁英階層。十二世紀五〇年代，京城兩個對立集團之間的緊張關係不斷深化，其中一方向平氏家族尋求支持，另一方則請求源氏家族率領武士進京[12]。一一六〇年雙方經過一場激戰之後[13]，平清盛領導的軍隊占了上風，而源氏則敗退回日本東部。取得和平後，朝廷希望平氏返回自己在內陸海的家，但是讓貴族們懊惱的是，平氏在京都定居了下來，把自己和許多同族人都任命為高官，且霸佔了幾百處貴族的莊園，還把自己的女兒嫁進了皇室，在一一八〇年，甚至讓他剛出生的外孫即位為天皇。不滿的大臣們對平清盛的弄權越來越反感，最後請求恢復了元氣的源氏重新介入這場紛爭。在一一八〇年至一一八五年血腥的「源平合戰」中，源賴朝及其部將給了他們的老對手狠狠一擊，實際上剷除了平氏。

朝廷前所未有地感覺到需要可靠的武力支援，於是在一一九二年任命源賴朝為「征夷大將軍」。這是一個古老的職位，可以上溯到八世紀後半葉。那時，名為「蝦夷」的民族（從字面看意思是「東方的野蠻人」）在本州島北部持續不斷地反抗大和強制推行的統治，於是京都政府不得不委任一些貴族為「征夷大將軍」，指示他們召集軍隊去征服這些頑抗的邊界居民。儘管九世紀早期京都正式宣布遙遠的北方地區已經安全之後，這個頭銜便被廢棄；但在源氏取得「源平合戰」的勝利之後，朝廷又恢復使用了。不過，天皇不是要求源賴朝去征服「野蠻人」，而是從此把一個「幕府」（幕營政府）交給將軍和他的後人去領導。幕府行使軍事和員警權力以完善日本各地的行政機構。

除了其他職責，天皇還給予幕府隨時動用武力鎮壓任何威脅君主政體者的權力。此外，因源氏過去常在日本東部的海濱小城鎌倉活動而得名的鎌倉幕府，還有義務維持武士階層的紀律，裁決有關土地所有權的糾紛，確保公共稅收和莊園地租流入國庫和京都貴族的金庫。為了使幕府將軍這個新的政權代理人能圓滿地履行職責，朝廷還授意他有權任命他的高級武士為軍事守護，和各「國」的傳統地方長官一起處理事務，還可以任命家臣為全國各地的地頭[14]。

雖然鎌倉幕府和京都當地的官僚機構共同維持了一個多世紀的國內和平；但是後來某些有勢力的軍事統領在越來越多心懷不滿的地頭的支持下，開始認為鎌倉幕府對他們的效力沒有給予應有的回報。一二七四年和一二八一年，忽必烈可汗先後兩次企圖入侵日本，後一次他派出了四千多艘戰船和近十四萬大軍，要求日本承認他的宗主權。駐紮在九州沿岸的武士擋住了進攻，但是幕府的賞賜卻很少。這進一步加重了武士們認為待遇不公的感覺。蒙古軍在兩次進犯中都登上了日本的陸地；但每次登陸的時候，都被一陣被認為是由日本的保護神刮起的「神風」所摧毀，蒙古人被迫退回到他們在本土

表 1.1
日本的三個幕府

幕府家庭	根據地	統治時期
源氏	鎌倉	1192～1333年
足利氏	京都（室町地區）	1338～1573年
德川氏	江戶	1603～1868年

大陸上的據點。儘管這兩次颱風的出現對武士們而言非常幸運，但是修築防禦工事和此後二十年保持警戒的巨大開支，還是給他們帶來了很大的經濟壓力。隨著不滿情緒的增長，一三三三年源氏的一個遠房族人，任守護的足利尊氏舉起反抗旗幟，消滅了鎌倉幕府。

一三三八年，天皇任命尊氏為將軍，足利家族在京都建立了幕府。然而，儘管足利家族出身名門又得到皇室認可，但他們一直未能積聚起足夠的財富和聲望吸引其他主要的武士家族追隨其後。地方守護們開始擁有越來越多的土地所有權，他們各行其是，服從抑或不理會京都的指令，全憑自己的興致。十五世紀中期，圍繞將軍的繼嗣問題發生的派系鬥爭，打破了足利家族和地方守護之間的微妙平衡。那些野心勃勃的競爭對手們乘機以此為藉口，為了爭取軍事優勢而相互混戰。在被稱作「應仁之亂」的發生在一四六七年至一四七七年的毀滅性戰爭中，幾乎所有地方守護都沒落了，京都也在戰火中慢慢地燃成灰燼。「應仁之亂」開啟了長達一個世紀的混亂。這在日本史上被稱為「戰國時代」，即日本成為「戰爭中的國家」的時代。

雖然皇室和幕府在「應仁之亂」中倖存下來，但它們只剩下一個徒有其名的空殼，影響力只能局限於殘破的京城及周圍地區。在京都之外，地方的守護大名把武士糾集在他們周圍，牢牢地控制著自己的領地，在那裡實行完全獨立的統治。大名們先是修建簡單的堡壘，然後逐步營造華麗的城郭。他們向在他們地盤裡的農民徵稅，並且在進攻鄰近大名企圖擴張自己領地的同時，也抵擋別的大名前來劫掠。十六世紀中期，上百個大名的領地遍佈日本列島，政治上的混亂達到了頂點。

不過，雖然「戰國時代」的日本四分五裂，極度混亂，但是中央集權的君主政體的理想依然存在。十六世紀後半葉，三位有勢力的大名逐步完成了日本的統一大業。第一位夢想國家重新統一的大名是弱小的尾張大名之子織田信長。一五六〇年，織田信長在率軍打敗了相鄰的一個力量比他強大得多的大名之後[15]，勢力突然崛起。八年後，他率領武士進入京都，立足利義昭為傀儡將軍。一五七三年，平時意志薄弱的足利義昭居然莽撞到想要反對織田信長，於是織田信長一把火燒了京都許多地方，把倒楣的足利義昭逐出京都，由此正式結束了足利幕府的統治。

織田信長是一位機智的戰略家和不知疲倦的軍人。他不時地讓他的軍隊作戰，前所未有地擴大了自己的權勢。他也是最早意識到火槍潛在威力的人之一。火槍是由一五四三年在九州南部種子島登陸的葡萄牙商人傳入的。幾年之內日本商人就進口了這種新式武器，工匠們都忙於製造「種子島的火槍」。一五七五年初夏，織田信長新組建的三千人火槍隊為他贏得了長篠合戰的輝煌勝利，使他進一步控制了京都的南部和北部。截至一五八二年，織田信長已經佔領了日本中部和東部大約二十二個「國」，但就在這時，一個叛變的家臣在京都的本能寺伏擊了他。受傷的織田信長退守到主神殿裡面，當火苗吞噬著整個建築時，他選擇了剖腹自殺而不願落入別人之手以免沒有尊嚴地死去。

豐臣秀吉立即為其主君的死報了仇，然後開始痛擊殘餘大名，直到他們歸順。根據最可靠的記載，豐臣秀吉出身低微，他的父親曾當過織田氏的足輕[16]，他一步步得到提升直到成為織田信長的得力部將之一。當一五八二年繼承織田信長的衣缽時，豐臣秀吉的麾下已經擁有二十五萬多名武士、火槍手、槍兵、射手和足輕，這是當時世界上規模最大的軍隊之一。豐臣秀吉果斷地率領大軍挺進到四國和九州，殲滅了一些大名，又通過恫嚇和勸說降服了另外一些。一五八七年，豐臣秀吉確立了在這兩地的霸權後，又揮師北上，於一五九〇年秋佔領了關東各國，之後不久又接受了本州最北部大名的投降。日本的武力統一至此完成了。豐臣秀吉直接控制這些領土，或者交給倖存的大名。後者則向這位日本的新霸主宣誓效忠，作為獲得領地授予文書的回報。

一五九八年，豐臣秀吉的逝世為德川家康打開了機遇之門。德川家康本人也是一個堅毅的軍人，出身武士家庭。到了十六世紀早期，德川家族已經通過征戰控制了日本中部三河的部分地區。德川家康繼承了家族的領導權之後，繼續和臨近的大名作戰，有時和織田信長結盟。到一五八二年底，他已經成為全國十幾個最大的大名之一，牢固地掌握著三河及四個鄰「國」。從十六世紀八〇年代中期開始，德川家康和豐臣秀吉結成聯盟。一五九〇年，為數大約三萬的德川軍隊進入關東地區。豐臣秀吉對其支持者的賞賜很優厚，讓德川家康的財產擴大了不止兩倍，富饒的關東平原的大部分都封給了德

1575年，日本武士於長篠合戰中使用西式槍枝／alamy

川家族，那裡是日本最大的產糧區和歷史上武士階層的發源地。德川家康很快把他的武士轉變為新的領主，到了一五九〇年的夏秋之交，德川家康開始在小村莊江戶沿著江戶灣上游營建一個新的大型城郭根據地。

一五九八年，豐臣秀吉臨死前，讓「五大老」發誓代表豐臣家族處理政務，直到他的小孩——居住在大坂城內的豐臣秀賴長大成人，德川家康也是「五大老」之一。但是，在雄心壯志的推動和全國霸權的誘惑下，德川家康和其他強大的大名很快陷入紛爭，最終由德川家康及其追隨者與日本西部的大名聯盟競勝爭雄。雙方的衝突在一六〇〇年九月中旬的關原會戰中達到了頂點。德川方面七萬人的軍隊迅速擊潰了對手，獲勝的當天中午，德川家康頭戴一頂特別的參加儀式用的頭盔，巡視成千個從陣亡敵軍身上割下來的頭顱。接下來的一個月，獲勝的德川家康開始接受全國各地大名的宣誓效忠。之後還不到三年，一六〇三年的第二個月，天皇承認了德川家康的功績，將他擢升為幕府將軍。

鞏固統治

德川家康被委任為將軍之後，德川家族建立了一個比以往任何幕府都要有力得多的新政權。和歷代將軍一樣，德川將軍也肩負監督武士階層和維護國內安寧的責任。但是德川家康和緊接著繼位的德川秀忠、德川家光，還維護了幕府公佈法令、徵收稅收、裁決爭端的無上權力。當十七世紀下半葉政權完全建立起來時，德川幕府規定了一整套新職能，使幕府成為國家的統治中心。

德川家族把權力的上層建築奠定在兩個孿生的基礎之上：攻不可破的武裝力量和毋庸置疑的將軍獨裁。一六〇五年德川家康正式離職，做出安排讓天皇確認他的兒子德川秀忠為新任將軍，從而確立了將軍的職位要由德川家族世襲的原則。十年後的一六一四年至一六一五年，德川家康和德川秀忠率領軍隊，與豐臣秀賴以及近十萬名藏在大坂城內忠於豐臣氏的人進行了最後一戰。在幾場比當時常見的無度暴力更為慘烈血腥的戰役中，德川軍隊把大坂城和周圍的商業區變為廢墟，將豐臣氏的守護者趕盡殺絕，最終迫使不幸的豐臣秀賴絕望自殺。第二年，德川家康安詳地走進墳墓，心滿意足於自己已經為一個長久的政權奠定了基礎。

所獲取的財富也有助於德川氏將軍們握緊權力。戰場上的勝利使他們得以沒收反對者的財產，到第三代將軍，即德川家光時期，德川家族已經擁有全日本約四分之一的農田。屬於將軍的農田裡的水稻年產量總計約為六百八十萬石（「石」為計量單位，理論上一石未去殼的稻穀足夠一個成年男子吃上一年）。幕府依靠根據田地產量徵收的稅收維持運轉，每年發放俸祿給大約二萬二千名直參，即五千名旗本和一萬七千多名御家人，他們負責監督成千上萬個下級武士。此外，幕府官員還直接管理重要港口和新興城市，如長崎和大坂，他們也掌管用來為國家鑄幣的金、銀、銅礦。

為了確保家族的至高地位，德川氏將軍想方設法將他們的權威淩駕於其他社會中堅分子——君

表 1.2

德川氏歷代將軍

家康	1603～1605年	家重	1745～1760年
秀忠	1605～1623年	家治	1760～1786年
家光	1623～1651年	家齊	1787～1837年
家綱	1651～1680年	家慶	1837～1853年
綱吉	1680～1709年	家定	1853～1858年
家宣	1709～1712年	家茂[a]	1859～1866年
家繼	1713～1716年	慶喜[b]	1867～1868年
吉宗	1716～1745年		

[a] 安政五年十二月一日被任命為將軍（西曆1859年1月4日）。

[b] 慶應二年十二月五日被任命為將軍（西曆1867年1月10日）；慶應三年十二月九日（西曆1868年1月3日）退職。

主、朝臣、佛教僧侶和大名之上，而他們的合作對於新生政權的生存非常關鍵。雖然京都的崇高地位在漫長的「戰國時期」遭受重創，但是半神半人的天皇依然是政權正統的源頭。德川氏將軍領悟到，他們可以通過讓皇室及其貴族的聲望重現光彩來提高自己的聲望。為了達到這一目的，德川幕府重新修建已被長期忽略的宮室大廈，並且劃撥給皇室、朝臣可以維持生計的領地。

雖然德川家康給了他們優厚的待遇，但同時也束縛了他們。一六一五年七月，就在剛剛攻陷豐臣氏最後的陣地大坂城不久，德川家康和德川秀忠宣布了《禁中並公家諸法度》，其中的十七項條款表明軍事霸主大膽地試圖規定、限制天皇和朝臣的行動，並且把他們與其他中堅分子隔絕開來。有幾項條款明確教導貴族何謂優雅合宜的禮貌，規定了一種一心講究儀式的生活方式，使貴族們能像被期望的那樣，言談舉止像個威嚴的傳統文化保管者。法度的第一條甚至教導天皇如何打發時間：「天皇以才藝，特別是學問為第一要事。」[17]為了避免皇室誤以為他們可以不順從軍事霸主，德川將軍早就在京都安置了一個軍事代表，並派遣武士駐守城中心新造的、規模很大的二條城。

恩威並濟也是德川幕府在處理與佛教組織關係上的特徵。佛教經亞洲大陸傳入中國和朝鮮後，早在六世紀就已經傳播到了日本列島。七世紀的日本遣唐使可以看到佛教具有廣泛吸引力的外在表徵：莊嚴的寺院廟宇遍佈各地，一冊冊的經卷指引著通向救贖的道路，精妙的藝術和肖像畫薈萃雲集。此外，日本的大化革新派發現，中國的皇帝們利用了佛教僧侶的影響，大肆捐助各個宗派，作為交換，他們讓僧人們念誦經文、舉行儀式，以宣揚皇帝的正統性和偉大。所以並不奇怪的是，當八世紀初日本天皇定都奈良時，也支持幾個主要宗派建造寺院，使新都城成為世界上主要的佛教中心。

雖然朝廷遷往京都之後，皇室對佛教的捐助有所下降，但九世紀初開創的兩個宗派，成了宗教修行和研究的領導中心。其一是天台宗，在京都東北角的比叡山建造了總寺延曆寺，另一個則是真言宗，他們的中心寺院坐落在紀伊的高野山。不久，鎌倉幕府支持禪宗傳入日本。十三世紀，一些流行宗派如淨土宗、淨土真宗的傳教僧人離開京都，到日本各地的農村和鄉下尋找「改宗」的皈依者。許多武士成為禪宗信徒，普通平民在聆聽了簡單教義之後也紛紛接受禪宗。

漸漸地某些佛教宗派獲取了世俗權力，甚至在源賴朝建立鎌倉幕府之前，天台宗僧人就已經利用他們在朝廷中的影響，佔有了大量莊園，而且還組織了一支兇暴的僧兵隊伍以保護自己的經濟利益。十五世紀末至十六世紀初，淨土真宗的支派本願寺派控制了日本海沿岸和日本中部的幾個地方。本願寺派住持坐鎮在類似要塞的石山本願寺裡——靠近現在的大阪市中心——在那裡統治著一個有錢有勢且範圍廣泛的宗教聯盟。

織田信長把佛教大宗派看成他統一日本的重大障礙。延曆寺僧人反對織田信長進駐京都，織田信長遂於一五七一年發動武士攻打比叡山的天台宗寺院，縱火焚毀了三千多座建築，屠殺了數千名僧人。隨後他又把矛頭指向本願寺，經過將近十年野蠻殘忍的戰爭，奪走了幾萬條生命之後，織田信長於一五八〇年接受了本願寺的投降。隨著幾個主要宗派的世俗權力被剝奪，德川家康及其繼任者迅速鞏固了對佛教組織的政治和經濟的控制。一六一〇年至一六一四年，新政權頒佈了一系列指令，確立對主要宗派的管理權，把僧人的活動嚴格限定在研究宗教學說、維持寺院紀律的範圍內，與此同時，也賜予一些大寺院足夠的土地，使它們得以繼續充當宗教信仰和修習的中心。

德川家族也極力把他們的意志，淩駕於從重新統一自國家戰爭中倖存下來的約二百個大名之上。德川秀忠從豐臣秀吉的遭遇中吸取了教訓。一六一七年他規定任何一位大名都必須宣誓效忠於德川家族，作為回報，德川秀忠發給大名授權文書，規定他們的財產額，授權他們進行統治。由此，以前的「國」在名義上雖然繼續存在，地方行政的有效單位卻變成了大名的領地（藩）。同時，幕府宣布有權將大名轉封他處，有權減少大名的封地，甚至沒收惹是生非或無能的大名領地，對有功勞的部屬則獎勵新領地或加封。前五代德川將軍都氣焰逼人，他們以或真或假的過錯剝奪了二百一十三名大名的全部或部分領地，把一百七十二位原部屬提拔為大名，又把二百八十一個大名轉封到別的領地。結果，雖然近世曾有約五百四十個武士家族取得大名地位，但無論何時，大名總數卻僅約在二百五十個至二百八十個之間。

幕府根據大名和德川家族關係的親疏，把大名分成不同類別。最接近德川氏首腦的是二十三位德川家康的直系或養子的後裔，名為親藩(兄弟家族)。其中紀伊、水戶、尾張三地的藩主組成「御三家」，他們的後人在將軍死後沒有合適的直系繼承人時，可以出任將軍。幕府對於他們的絕對忠誠確信無疑，把關東地區和其他軍事要地賜封給他們。親藩大名統治著富裕的領地，他們的村莊每年生產總計約五萬石的水稻，而御三家掌管著更大的領地，估計年產水稻分別為六十一萬九千石(尾張)、五十五萬五千石(紀伊)、三十五萬石(水戶)。

地位次於親藩的是譜代大名，一百五十人左右。他們由德川家族分封，是德川家族的家臣或結盟大名，其中大多數人曾經在關原之戰中和德川家康並肩作戰。譜代大名的領地年產水稻量大部分介於一萬石和十萬石之間。幕府把值得信賴的結盟大名安置在全國各個重要地方，以消除任何侵害幕府利益的潛在威脅。而一百多個外樣(外面的)大名取得地位有些是靠自己，有些則是因為曾托庇於織田信長或者豐臣秀吉，他們當中的大多數直到一六〇〇年之後才向德川家族宣誓效忠。德川幕府估計，最好的可能是他們保持中立，最壞的結果是他們對德川的權威懷有敵意，因此一般把他們留置在其日本列島上的偏遠老家。

無論大名處於何種地位，他們都必須臣服於幕府的各種權力。幕府不直接向大名徵稅，但他們可以要求各類大名服軍役，而且可以讓大名出人力、物力、財力興修德川氏的城堡，或者從事公共工程的建設，如築路或修路。除了加諸貴族、僧人的那些規定措施之外，一六一五年幕府還頒佈了《武家諸法度》（元和令），規定「法律為社會秩序之基礎」，大名的婚姻和繼承，以及新造或修補城郭都必須經過幕府批准。[18]其他的法令限定大名只能擁有一座城池，並詳細規定了每位大名屬下武士和其他軍隊的確切數目。

儘管幕府咄咄逼人地逐步確立了對大名的控制權，但是大名在各自的領地內還是最大限度地保留了管理內部事務的特權。實際上，大多數大名都喜歡把他們的領地想像為自治公國：他們可以傲慢地對忠誠的武士團發號施令，他們守衛各自的邊界，監視宗教機構，隨心所欲地向農民和商人徵稅，隨時發佈自己的法令，只要他們自己認為有必要就施行嚴刑峻法，他們鼓勵有益於當地經濟的商業企業，為了維護和平可隨意干預領地內居民的私人生活。在領地內，每個大名都擁有單方面的權力，可以禁止人們外出旅行、遷離故鄉，甚至不准舉辦他出於任何理由認為無法接受的節日或宗教慶典。

大名是有相當身份的人物，但是正如某位學者指出的，他們的「自由決定權只是某種程度上的自由」。[19]通過要求大名宣誓效忠、沒收或改封大名領地、頒佈法令規範大名行為，以及限制大名軍隊的規模和使用，前三代德川將軍已經非常清晰地表明：大名只能在他們的許可之下存在。而且，無論

地圖 1.2

1660 年間的主要領土範圍及城郭

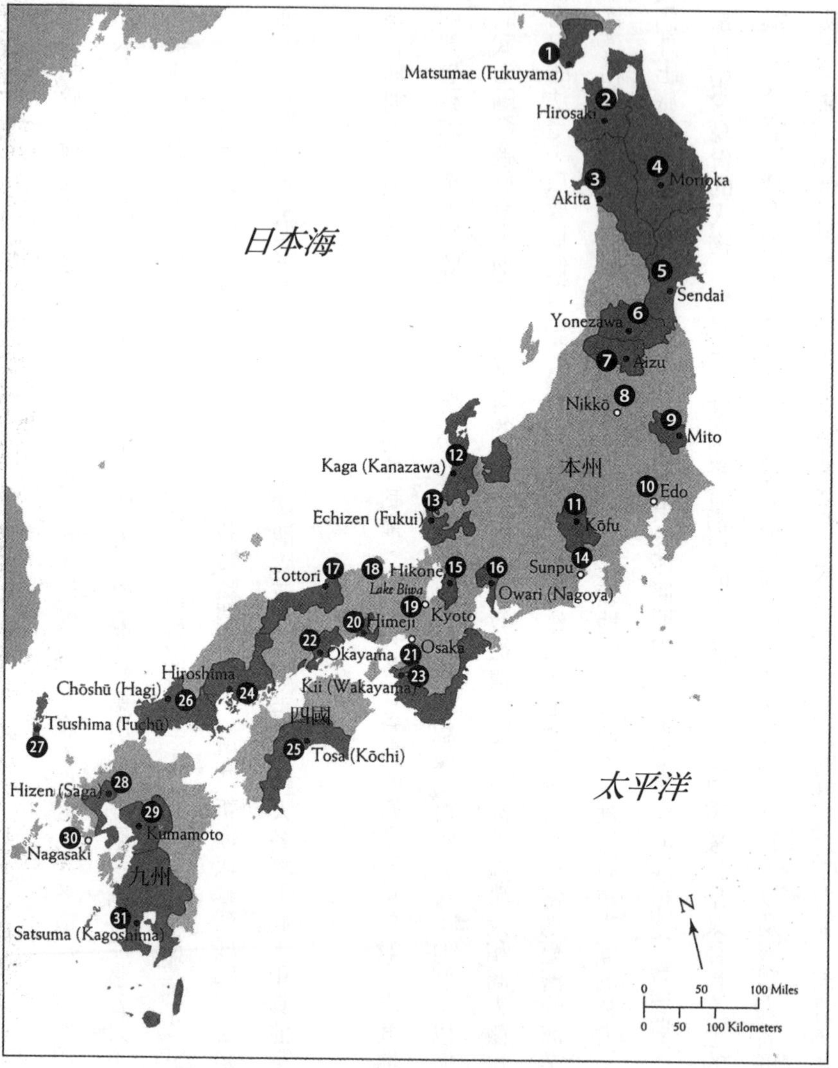
Matsumae (Fukuyama)
Hirosaki
Morioka
Akita
日本海
Sendai
Yonezawa
Aizu
Nikkō
Mito
Kaga (Kanazawa)
本州
Edo
Echizen (Fukui)
Kōfu
Sunpu
Tottori
Hikone
Lake Biwa
Owari (Nagoya)
Kyoto
Himeji
Okayama
Osaka
Hiroshima
Kii (Wakayama)
Chōshū (Hagi)
Tsushima (Fuchū)
四國
Tosa (Kōchi)
太平洋
Hizen (Saga)
Kumamoto
Nagasaki
九州
Satsuma (Kagoshima)
N
0 50 100 Miles
0 50 100 Kilometers

❶ 松前（福山）
❷ 弘前
❸ 秋田
❹ 盛岡
❺ 仙台
❻ 米澤
❼ 會津
❽ 日光
❾ 水戶
❿ 江戶
⓫ 國府
⓬ 加賀（金澤）
⓭ 越前（福井）
⓮ 駿府
⓯ 彥根
⓰ 尾張（名古屋）
⓱ 鳥取
⓲ 琵琶湖
⓳ 京都
⓴ 姬路
㉑ 大坂
㉒ 岡山
㉓ 紀伊（和歌山）
㉔ 廣島
㉕ 土佐（高知）
㉖ 長州（荻）
㉗ 對馬（府中）
㉘ 肥前（佐賀）
㉙ 熊本
㉚ 長崎
㉛ 薩摩（鹿兒島）

大名能在多大程度上自由統治自己的領地，德川家族都希望他們的統治方式能和幕府保持一致。一六三五年修訂後的第二版《武家諸法度》（寬永令）要求大名「諸事唯江戶法令是從」。結果，雖然大名自治在近世早期依然是政治體制重要的合法組成部分，但是到了十七世紀中期，大名「已不再是他們自己家的絕對主人」。

大名們沒有道理不明白德川幕府的意思。他們通過效忠和聽命於將軍，得到了幕府對他們的存在和領地範圍的認可，德川家族的統治也保證了他們的安全——經歷了幾代人的戰爭之後，大名們無須再害怕鄰居的侵略，而且當他們的領地遭受颱風、地震和其他自然災害襲擊時，幕府通常會為他們提供糧食、借貸和其他援助。顯而易見，近世早期幕府也得益於這種雙重的統治體制。首先，如果沒有領地占全國將近四分之三土地的大名的合作，江戶政權的統治就不可能成功。與此相似，武力支持的保證也使幕府得以維持和平，正如財政上大名的貢物使幕府能夠興修城郭和其他公共工程。最終形成的一榮俱榮、一損俱損的利害糾結，鞏固了紛繁複雜的將軍與大名之間的關係。

幕府和朝廷及僧人的互惠互利構成了雙方互動的一個方面。任何幕府將軍都會因為顯而易見的風險，而打消恣意妄為、甚至是將日本其他社會中堅分子趕出歷史舞臺的念頭。正如大名們幾乎毫無疑問地會聯合起來反對任何想廢除他們這個階級的企圖，如果進一步壓制早已擁有數百萬來自社會各階層信徒的佛教宗派，也會引發廣泛反對。不過，除了害怕遭到反對之外，德川家康和他的繼任者也預見到了選擇和其他社會中堅力量和諧共生的益處。畢竟只有天皇才能任命將軍，幕府有了將軍的全部特權，在這樣的基礎上加上合適的誘導，就有望把佛教僧侶引回到為國家及其領導者祈求神靈支持的傳統作用上去。

權力的縱向延伸

十七世紀前數十年期間，將軍和大名在統治上相互依存的本質變得更為明顯。因為政府的這兩個組成部分都制定了滲透到社會下層的政策，以便在各自的地盤維護對人民和資源的控制權。大名們主要關注的是形成一種獨立的徵稅方式，使他們擁有水稻年產量的一定份額。結果，幕府和大名仔細地制定出一個旨在把徵稅額最大化的徵稅法：由官吏進行人口統計，派員丈量田畝，估算產量，強制推行把收成的三分之一或更多上繳政府的徵稅制度。

幕府和地方大名還發佈了一系列道德訓誡、實用建議和法律公告，作為領地內人民日常生活的指導。一六四九年德川秀忠發佈的《慶安御觸書》[20]就是對這類法令較為著名的彙編。它專門針對農民，三十二項條款告誡農民「事事皆須遵守幕府法令」，稱讚節儉、自立的美德，宣導農戶勤勉勞動，並且明確規定人人都必須及時地全額繳納年貢。「只要納稅，」《觸書》稱，「沒有人的生活會如農民那般無憂無慮。」[21]

除了把權威建立在軍事力量和法令尊嚴之上，新政權還設立複雜的官僚機構來維護和平，指導發展農業和其他形式的經濟活動，以便更為有效地進行統治。在決策過程中，幕府將軍向兩個主要的顧問部門尋求建議和協助。「老中」最早設立於一六二三年，由中高級譜代大名擔任，任職期間在江戶集會議事。作為將軍的首要顧問，老中有權參與國家各項事務，包括防禦外國襲擊、監視京都的朝廷，以及控制將軍直轄領地內的人民、土地、村莊和城鎮；「若年寄」一職的設立始於一六三三年，由地位較低的譜代大名擔任。他們也駐紮在江戶，處理和將軍的生活有關的內部事務，同時負責和平時期警衛部門的訓練和調派。有關內容參見示意圖1.1。

還有其他一些官吏也可以直接向將軍彙報。「寺社奉行」從中等譜代大名中選拔，始設於十七世紀三〇年代。他們的職責是監督各種宗教組織，維護關東地區以外幕府領地的法律和秩序。一六一九年首次出現的「大坂城代」也由中等譜代大名充當，尤其是領地在五萬石至六萬石之間的大名。在任期內，每位大坂城代都居住在德川氏將軍於一六一四年至一六一五年戰勝豐臣秀賴軍隊後重建的大坂城內，發揮著將軍安排在日本中部的高級武官的作用，防備可能會製造麻煩的大名。與此相較，「大老」則是一個榮譽性的虛職，而且並不常設。

幕府的下屬官僚中，不同城市的「町奉行」和「勘定奉行」尤其值得注意。幕府將軍通常任命兩名譜代大名或有名的旗本[22]為奉行，負責監視幕府直接管轄的幾個較大城市中商人和手工業者的活動。勘定奉行（和町奉行一樣，也向老中彙報）監督賦稅的徵收，以及將軍直轄領地內村莊的民事管理。協助勘定奉行的是幾十個從將軍的旗本中選派的監督官，他們通常住在江戶，定期到他們許可權範圍內的村莊巡視，確保一切秩序井然。

雖然各地條件不一，地區差異很大，但大名們一般都建立了與幕府機構性質相近的官僚機構，也有可信的高級家臣為他們出謀劃策，次一級的則充任負責徵稅、警衛和日常事務管理的職官。這種新型官僚政治傳統的普遍深入具有重大意義。令人驚奇的是，在十七世紀的一二代人裡，不僅武士們完成了從兇猛戰士邁向博學多才民政管理者的轉換，而且那些通過暴力和征服攫取權力的將軍和大名，也開始把他們的統治建立在法律、規章、判例、理性，最後甚至是公眾利益的基礎之上。

示意圖 1.1

德川幕府職官擇要

- 將軍
  - 大老
  - 老中（4-5人）
    - 側眾（約60人）
    - 高家（6-7人）
    - 大番頭（16-26人）
    - 大目付
    - 關東郡代（5人）
    - 禁里付（12人）
    - 勘定吟味役（4-5人）
    - 勘定奉行（4-5人）
    - 地方郡代、戕定組頭、行業奉行等（40-50人）
    - 作事奉行（2人）
    - 普請奉行（2人）
    - 江戶町奉行（2人）
    - 京都町奉行（2人）
    - 大阪町奉行（2人）
    - 長崎奉行（2-4人）
  - 寺社奉行（4人）
  - 京都所司代（1人）
  - 大阪城代（1人）
  - 若年寄（3-5人）
    - 書院番頭（6人）
    - 小姓組番頭（6人）
    - 新番頭（6人）
    - 小普請奉行
    - 百人組之頭
    - 目付（3-5人）
    - 使番
    - 鷹匠支配
    - 小十人頭
    - 火付盜賊改

權力的正統化

德川將軍們不遺餘力地塑造一種正統的意識形態，以確認他們新的統治方式。據記錄前十代將軍輝煌成就的彙編《德川實紀》記載，「家康馬背上得國，以其開化睿智，已察不可馬背上治國。必先求知，方能治國，遵循正道」。[23] 德川家康及其後任遠不止走學究式的道路，他們追求社會地位，利用宗教形象，甚至借助一套外來的倫理和哲學學說，來勸說大名、武士和普通人民毫無疑問或者毫無保留地接受他們

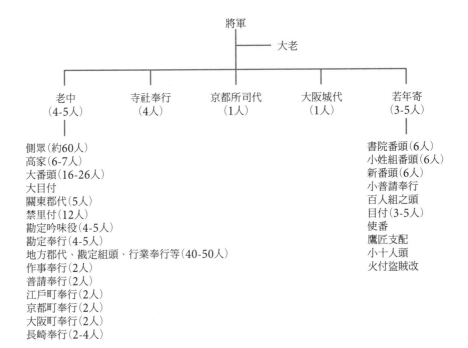

強加給國家的控制機制和管理手段。

德川家族開始通過不斷加強和天皇的密切關係，來編織一張正統性的網路。前三代將軍都親自前往伏見城受封為「征夷大將軍」。此外，一六一七年德川秀忠在無數大名的陪同下造訪京都；一六一九年秋又朝觀當朝天皇後水尾。之後不到一年，德川秀忠把女兒和子嫁給了後水尾；一六二九年後水尾天皇退位時，朝廷和幕府結合而生的後人登上了皇位，這就是明正天皇，八世紀以來的首位女皇。

一六三四年六月，德川家光率領一支將近四萬人的隊伍，浩浩蕩蕩地進入京都。許多大名都帶著各自人數眾多的家屬和武士家臣隨行，湧向京都觀看的人數超過了三十萬。隊伍壯觀隆重，將軍醉心於明正天皇登基所形成的正統形象中，他誇耀著自己的財富，還抓住每個機會提醒朝廷和聚集的大名，國家的命運和德川家的命運是不可分割的。雖然德川家光的難忘之旅是將軍親自造訪京都慣例的最後一次，但每個未來的將軍都通過和皇室及高級貴族通婚，來保證德川家族的貴族血統。

然而，和帝系的接近並不意味著牢不可破地保證了德川世系可以永遠佔據幕府將軍的職位。源氏和足利氏在喪失了軍事統治權之後就衰落了，如果德川氏的根基有幾分不穩，帝王也有可能垂青其他能夠提供穩定統治的武士家族。德川家康及其繼任者意識到了自己的脆弱性，於是以宗教作為一種掩飾。據前將軍的精神指導者，一位天台宗僧人天海的說法，一六〇七年德川家康引退，居住在三浦(如今的靜岡)的城郭之後，開始對佛教產生了濃厚的興趣。某天中午，德川家康在附近山區散步時和隨從走失了，夜幕降臨時，無意中聽到一位隱士低語：「今日已逝，吾生又短。我輩如淺水之魚，何樂之有？」[24]德川家康頓悟生命之虛無。天海的記載裡說，一六一四年，他指導德川家康皈依了天台宗。

德川家康死於一六一六年四月。死前不久，他託付自己的僧人良友道：「吾死後先歸葬三浦山中，一年期滿，移葬日光。吾之靈魂將常駐，永遠庇佑國家及子孫。」[25]日光坐落在德川幕府的江戶根據地以北大約一百二十公里的山中。因相傳居住著一些慈善的神祇而聞名，此前天台宗曾經在那裡建造過一座小寺廟。一六一七年春，遵從德川家康的遺願，把他的遺體從原來的墓中移出，在精心組織的佇列護送下穿過關東各地，運送到事先準備好的位於日光的陵墓中。德川家康死後一周年，天海主持了一個莊嚴肅穆的祭祀儀式。京都的天皇宣布將德川家康供奉為神，賜他謚號為「東照大權現」（東方的照明者，威嚴的佛的化身）。

日本的佛教宗派聲稱佛表現為不同形態：歷史上著名的喬達摩．悉達多（釋迦牟尼），大概生活在西元前五六三年至西元前四八三年，他在他的祖國印度創立了佛教；日語裡的「神」就是宇宙中永恆的無所不包的佛；還有「如來」，他們是超然的佛，例如阿彌陀即西方極樂世界的佛，藥師如來即治療之佛。等級僅次於佛的是菩薩，他們具有高尚的美德和無涯的悲憫之心，他們已經得道，但是為了超度他人而放棄升入天堂。作為「東照大權現」，死後被尊崇為神的德川家康，成了藥師佛的化身，為日本列島的人民照亮得道之路。

德川家康轉化為「東照大權現」，也使他被奉為神靈，得以位列於本土的神道眾神之中。神道常被稱為日本的本土宗教，西元六至七世紀正當佛教輸入日本時，神道各種信仰開始圍繞一整套有組織的活動融和起來。不過，構成「神的道路」的核心價值要古老得多，它以對「神明」的深切尊崇為中心，所謂「神明」，即一切居住在自然界中的「精靈」或「神」。十八世紀時的一位著名學者[26]在他的書裡對「神明」作了以下的注釋：「從古代典籍（如《古事記》）中所見的諸神開始，不僅人類，鳥獸、草木、山海等等，凡不平凡者均稱為迦微[27]。不僅單稱優秀者、善良者、有功者，凡兇惡者、奇怪者、極可怕者亦都稱為神。」[28]

神在日本列島無所不在，而且擁有干預物質世界諸事的能力，不過干預的範圍和神力則有很大差異。像天照大神那樣的大女神，擁有播及全國的神力，能影響每個人的生活；而在當地神社供奉的小神，只能在一個村莊或城市街區「顯靈」。而且，由於每位神祇除了祥和助人的一面，還有潛在的邪惡一面，人們不得不設計出引導他們用神力造福人類社會的儀式典禮。因此，天皇把日常政務管理交給了別人，以便集中精力舉行祭祀天照大神和其他重要神祇的隆重儀式。與此相似，農民在村莊神社定期慶祝節日，他們獻上特殊的食物，擺出一桶桶清酒，並安排歌舞表演，祈求當地神祇賜予他們一個好收成，為他們祛病消災，或者幫助他們減輕日常生活的辛勞。

如果說，神道的教義建立在只要人們正確地尊崇神，今生就會幸福甚至成功的假設基礎之上，那麼，佛教教義則認為世界充滿了不可避免的悲傷和深重的痛苦。所有佛教宗派的學說都毫不動搖地認為，人類存在的痛苦和困惑來自對他人和物質財產的佔有欲。但是萬事萬物，包括情感、物質世界，甚至存在本身都是無常、短暫、流動不息的。人所想望的非常難以獲取，而且人所想要擁有的實際上也不可能擁有：美麗會凋零，財富會消散，死亡在等待。此外，因果說(因緣與結果)指出，前世的行為把人緊緊束縛在欲望和苦惱的網中，使人遭受重生和痛苦不斷輪迴的折磨。為了破解這個讓人悲哀的諭示，佛教提出最後的希望：通過壓制欲望和個人意識，接受事物的短暫性，承認宇宙才是終極的唯一，人就有可能從欲望和苦惱的羈絆以及因果報應中解脫出來，享受涅槃的永恆至福。天台宗信徒認為，通過研習據稱為喬達摩最後一次宣講的《妙法蓮華經》，就可以悟道；而禪宗則強調通過坐禪抑制自我，克服貪念；一些通俗的大眾化信條還勸告信徒依靠阿彌陀佛的慈悲獲得救贖。

無論二者在形而上學和宇宙論上有何區別，在日本近代以前的各個歷史時期，神道和佛教一直和平共處。原因之一或許是和兩種宗教體系的互補性有關。神道的儀式大體上強調直接向神祈求現世的幫助，而佛教則關心人死之後靈魂的命運。一個人可以同時接受兩種信仰，而且，正如協調「神」、「佛」兩種不同宗教傳統的企圖所揭示的那樣，大多數日本人對於不同宗教信仰的選擇似乎抱有不受約束的寬容態度。佛教傳入日本後的幾個世紀裡，宗教權威和信徒都把日本的神看作特定的佛和菩薩的化身。在這樣的觀念中，天照大神，即太陽女神和神道眾神的中心人物，就成了宇宙中的佛、神，梵文名為「摩訶毗盧遮那」，即「大日」如來的化身。早在德川時期，許多主要的宗教機構就已經同時包含佛教的寺院和神道的神社。

德川家康在日光接受供奉，他從世俗的軍閥轉化為一個有力量的神靈，他的光芒從東面照射過來，灑遍並保護著日本列島。作為藥師如來的化身，他是一個要為超度日本同胞而盡力的首要之神。

他最後的棲息地讓人想起這兩者之間的聯繫，因為日光是一個經常出現在藥師如來身旁的重要菩薩的名字。說到神道信仰，德川家康也被尊為「神君」。這個詞由表意的「神」和「主人」或「君主」兩部分構成，意味著日本的神賜予了德川家族現世的權力，德川家康的神道靈魂將會保佑他的後人、天皇、朝廷、武士階層以及整個國家。在一種認為名字的含義非常重要的文化中，「東照大權現」的封號把難得的多面聯繫糅合在了一起：德川家康既是「神君」，又是佛的化身、東方的照明者。這個頭銜額外包含了一個「照」字，這個字也出現在「天照」這個詞裡。

德川氏的政治菁英也借助儒學來進一步使自己對權力的要求合法化。孔子是和印度的喬達摩·悉達多同時代的中國人。他創立了一套倫理體系，在他看來，它會使人們在世上過著穩定的井井有條的怡然生活。後世對儒學本來的構想所作的重新解釋和修正，產生出兩種基本主張，後來引起了日本學者的注意。

第一種主張是：社會分為統治者、農民、手工業者和商人等不同等級，每個人不論其地位高低，都處在基本的「五倫」——君臣、夫妻、父子、長幼、朋友中的一種或更多種的倫理關係中，而且只有每個人都完成既定的社會職責（君主治國，農民和手工業者生產貨物，商人把商品帶往市場）和忠實履行倫理關係中所固有的義務（臣子服從君主，妻子尊敬丈夫，兒子孝順父親等等），社會才能普遍和諧。因此，每個個體都有責任通過學習禮儀、詩歌、音樂，以培養道德意識，發展智力，從而成為通過認識並履行自己的責任來造福社會全體的「有道德的人」。

第二種主張是：宋朝時期，中國的哲學家開始強調某些對儒學傳統的實用道德規範進行詳細闡述的形而上學概念。新學說被稱為「新儒學」，特別強調理、氣二元論。「氣」是「乙太」或物質力量，是一種可以自我轉變為五種元素（木、火、土、金、水）的氣體。而且，「氣」可以和「理」相結合，一旦結合，「氣」會變得稠密，產生出生命和物體；而「氣」和「理」一旦分開，萬物就會停止存在。「氣」是產生生命的力量，「理」是永恆的原則，一個難懂的包含著自然法則和社會規範的抽象概念。「理」賦予人本性，決定事物的屬性，控制世事的發展方向。

近世早期，日本知識份子開始密切關注新儒學。新政權的建立和太平之世的開始，加深了他們對政府和社會本質以及兩者之間最合適的關係等問題的興趣，如藤原惺窩，一位京都僧人和有修養的隱士，通常被譽為第一位將儒學作為獨立哲學公開講授的日本人，還有他的學生林羅山，為德川家康解釋了儒學學說。

十七世紀到十八世紀期間，新儒學的思想贏得了日本政治菁英的大力推崇。一六〇五年林羅山首次為德川家康侍講，兩年後他成為幕府的長期顧問。隨著林羅山逐漸接近政務的核心，他開始起草官方檔，和將軍一起商討禮節，參與編史，一六三五年還修訂了《武家諸法度》。作為酬謝，德川家光幫他在江戶建立了一所研究新儒學的學校。一七九七年，學校重新組織，從此成為吸收將軍的直參即旗本和御家人子弟的官學。同時，多數大名也設立了藩學，為他們的武士提供以儒學為基礎的教育。到十九世紀，全國已有二百多個這樣的機構，幾乎所有武士的兒子都要花幾年時間學習儒學的基礎知識，以及騎、射等軍事技巧。

新儒學對日本幕府將軍和大名的吸引力似乎是不言而喻的。經過一個世紀的戰爭和紛亂，儒家學說對於秩序、服從、責任和為家庭、社會、國家效力的強調，以及樹立普遍的道德秩序與所有臣民必須忠於其統治者的主張，作為受歡迎的觀念輸入到日本。而且，在中國，受過儒家經典薰陶的學者都在政府為官，屬於統治者，社會階層的最高級。武士轉化為貴族之後，得以使自己等同於中國為國家效命的儒官。他們享有階級特權，有資格順應萬物天性，實行簡單統治。

然而，新儒學也是一把雙刃劍，也會使良好的統治成為一種期盼。如果臣民必須恭順，他們也就有權要求官員必須具備很高的道德水準。正如孔子本人曾經宣布的「君使臣以禮，臣事君以忠」。相應的，將軍和大名也有責任成為代表國民行使各種權力的公正、有德、仁愛的統治者。任何行為無法通過道德測試的大名，其領地都有可能被減少甚或沒收。延伸開來，將軍的統治如果不能增進人民的福利，他就有被免職的風險。這樣一輪論證的必然結論是：堪為楷模的統治者才值得人們始終不渝地效忠。通過這樣的闡述，新儒學為德川政權的正統性增添了另一個支柱。它與作為天皇代表的道德上的權威，以及宗教上已獲得認可的德川家康神格化結合在一起，共同締造了讓人無話可說的意識形態結構，否則就只能依靠站不住腳的說法了。

權力的象徵及其實質

德川氏將軍利用實在的可見物，來作為其政權正統性的象徵。經過深思熟慮後，新政權發明了紀念其創始人以及增強京都和江戶間聯繫的各種儀式、典禮，開展讓朝廷和大名都明白德川家族顯赫地位的活動。權力的標記使他們對權力的要求物化和具體化了，否則就依然是抽象和理論上的。他們還提出無可辯駁的證據，說明幕府將軍統治的永恆性。在那種情況下，正統性的新象徵不再僅僅是一種裝飾或者點綴，相反地，儀式和典禮成了統治本身一個不可或缺的實踐部分。

一六三四年到一六三六年之間，德川家光重修並擴建了其祖父在日光的陵墓。為德川家康二十周年祭而興建的土木工程，成為近世早期耗費最多的建築工程之一，消耗了國家金、銀礦大約四年的產量。只有那些受德川家族邀請的人才能參觀日光。他們要先穿過神道中的「門」，然後沿著小徑漫步而上，觀賞神廄舍和三間收藏了神社最珍貴寶物的陳列室。欣賞完這些之後，客人們接著穿過第二道門，在藥師堂即供奉德川家康於佛界的化身藥師如來的拜殿內，停步祭拜。

前方若隱若現的就是龐大且裝飾奢華的陽明門，是去日光參拜的必到之處。那裡刻滿了吉祥的花鳥、威嚴的神龍和起保護作用的滴水嘴，而且都飾以金葉和閃亮的金屬製品。陽明門使日本有了一句著名的諺語：「在造訪日光前，未敢言壯麗。」遊客們把目光轉向陽明門主門的門楣時，映入眼簾的是二十二個頌揚繪畫、書法、音樂以及其他儒者成就的人物，還有三十幅中國兒童在玩耍並帶有道德教

日光東照宮／亞海提供

化寓意的圖景。任何客人，無論其等級和聲望多高，都必須在陽明門前止步。只有陵墓的僧人和德川家族成員享有入內的特權，不過他們可以看一眼內門。那裡被孔子譽為德治典範的周公的雕塑很有特色。內門外就是供奉德川家康神靈的神殿，右邊的小徑則通向山上他的墳墓。

德川家光在日光耗費鉅資，眾所周知是出於對他祖父的孝敬，但這種孝敬也有利於他取得政治上的優勢。從一六三六年的祭祀典禮開始，幕府定期要求大名加入前往日光的龐大隊伍，還要在陽明門前恭恭敬敬地鞠躬。此外，一六四五年，京都朝廷承認日光享有和伊勢神宮同等的地位。

日光位於江戶以北，伊勢神宮位於京都東南。伊勢是天照大神的居住地，派往京都的幕府特使每年都會在伊勢停留，拜祭太陽女神。作為酬答，從十七世紀四〇年代後期開始，天皇也派遣使者到江戶和日光。每年當天皇的代表團聚集在陽明門前的石階上時，僧人們就會在莊嚴且進一步神化德川家康和重申德川幕府統治神聖性的儀式中誦經、焚香、祈禱。

儀式化的活動，比如在對日光的朝拜中所看到的，在日本近世前期具有重要的象徵意義。當德川家光制定「交替侍從」的參勤交代制度時，這種活動的意義就更加突出了。從德川幕府的早期開始，就有些大名不時到江戶向德川家族致意，到十七世紀的前十年為止，其中一些甚至已經在江戶城堡附近營造了自己的住處，在那兒寄居。不過，一六三五年修訂的《武家諸法度》要求，外樣大名[29]每隔一年來江戶居住。一六四二年幕府又把要求的範圍擴大到所有大名。後來，幕府把大名分為不同的組別，這樣任何一年都有大約一半的外樣大名和差不多比例的譜代大名居住在江戶。

地方藩主帶著大隊人馬來回往返於江戶和領地之間，他們充分利用這個機會誇耀自己的財富和地位。曾經有個大名帶了一千個武士和僕人隨行。典型的情況是旗手和槍兵舉著飾有奇異動物毛皮的長戟走在隊伍前列，後面跟隨著騎馬的武士和手捧鑲嵌著大名紋章的漂亮漆盒的雜役，以及領地的高級官員，大名則坐在自己的肩輿裡，由貼身男僕和其他私人隨從伺候，殿後的是護衛及僕人。由於每年四月有外樣大名進出江戶，二月和八月有不同組別的譜代大名絡繹於途，普通日本人民得以飽覽曾有旁觀者描述的大名隊伍的「盛大和輝煌」。[30]

無論大名多麼自我滿足於壯觀的穿越日本之旅，他們規律性的往返穿梭最終肯定的是江戶的政治中心地位，因為人人皆知是幕府命令他們這樣做的。而且，幕府還要求大名在江戶期間，包括對江戶城或城南不遠處的德川秀忠陵墓進行週期性拜訪時，必須聽從幕府差遣來完成各種儀式化的活動。大名還必須進獻禮物。一到江戶，他們就要因為獲得領地和享有太平之世，向將軍送上良馬、稀有寶劍、製作精良的成套盔甲，以及其他謝禮。最後，作為參勤交代制的一部分，每個地方藩主都不得不在江戶修造一座豪華的府第，安排一些人員長期留守，並把原配夫人和一些兒女留在那裡作為人質。

日本和世界

德川氏將軍把持了決定日本對外關係的特權，在這樣做的同時，他們又把這種特權的象徵性和進一步增強自身政權正統性的做法摻雜在一起。日本最源遠流長的對外聯繫，是其與大陸鄰邦中國及朝鮮的關係。大化改新時期，日本人就從中國學到了治國的主要原則，後來幾代京都貴族對於中國藝術和詩歌都非常喜愛。日本文化從朝鮮也受惠良多，甚至在六四五年的大化政變之前，朝鮮人就幫助把佛教傳入日本。五至六世紀時，許多書吏、陶工、織工和金屬製造工從朝鮮半島遷居到日本。這些移民帶來了先進技術和新的文化知識，而且在大和族確立對其他氏族的霸權時，其中一些人成為支持大和族的豪族首領。事實上，這些移民對於大和政權的形成做出了重要貢獻，或許三分之一居住在奈良和京都的新興貴族家庭，其根源都可以回溯到朝鮮半島。

日本和它最近的鄰居和平共處了一千年，直到豐臣秀吉決心將其權力擴張到日本以外的疆域。至今沒有人瞭解豐臣秀吉擴張的動機，或許是想攫取額外的土地分封給效忠於他的大名，或許只是貪得無厭的權力欲和自大症發作了。總之，在一封致朝鮮國王的信中，豐臣秀吉說他自己於投胎之時，慈母曾夢日入懷。這個異象清楚表明豐臣秀吉名字的榮耀將照亮四海，正如日光照徹寰宇。他已經平定日本，證明了自己的無敵。最後豐臣秀吉寫道，現在他將侵入朝鮮、中國，甚至印度，把日本的風俗和價值觀念傳播到那些國家。

一五九二年四月十二日，豐臣秀吉近十六萬人的遠征軍在朝鮮南部的釜山登陸，當天就佔領了釜山。日軍迅速席捲朝鮮半島，三周內即兵臨漢城(今首爾)城下，夏末又進抵圖們江。但是侵略軍越深入北部，發現困難也越多。朝鮮艦隊在黃海切斷了日軍的補給船隻，迫使豐臣秀吉的軍需部隊不得不由人和馬背負著武器、糧食，沿著危機四伏的道路，由南向北穿越半島境內一個又一個充滿了敵意的村莊。朝鮮義軍使得日軍每走一步都困難重重，他們破壞了日軍恢復補給線的努力，迫使日軍退回到設兵防守的城鎮。到了年底，豐臣秀吉的軍隊陷入困境，三百個人結隊才敢冒險外出；據說在漢城北部，為了安全，必須五百人結成一隊。一五九三年一月，入朝干預的中國大軍擊潰日本軍隊，迫使日軍退守釜山周圍的據點。一五九七年七月，豐臣秀吉再次發動戰爭，新遠征軍一直打到距離漢城不到七十二公里的地方。但是，在陸戰遭受慘重損失且海戰士氣也受挫之後，日本軍隊再次退回到釜山的堡壘中。一五九八年八月豐臣秀吉死後，日軍撤回日本。

戰爭幾乎沒有帶來任何好處。劫掠來的書籍流落日本，刺激了日本人對新儒學的興趣。被俘虜的朝鮮手工業者在日本定居下來，開始製造至今依然著名的伊萬里燒。但是，更主要的是，戰爭給雙方都造成了持久的痛苦。日本近十六萬人的大軍有將近三分之一死於一五九二年至一五九三年的嚴冬，其他有的死於義軍之手，有的死於勞累、饑餓和疾病。朝鮮人的損失更是難以想像。一五九三年日軍把漢城付之一炬；一五九七年豐臣秀吉再次入侵時，命令士兵殺死任何反抗者，無論戰士還是平民，無論男人、女人還是兒童，並且把他們的鼻子割下來醃製後用船運回日本。在京都，豐臣秀吉把好幾萬那些令人毛骨悚然的戰利品堆積在他的陵廟建築旁，成為一座面積可觀的小山。這個被叫作「耳塚」的地方栽種著櫻花樹，現在仍然是春季野餐和賞花的好去處。

一位曾陪伴其大名主人前往朝鮮的佛教僧人和醫生慶念，在他的日記裡證實了十六世紀九〇年代這場戰爭的恐怖。慶念在他的《朝鮮日日記》裡描寫了許多被他所稱的「三毒」——即貪婪、憤怒、不明是非——影響而神志錯亂的士兵。某日他寫道，「田地被焚，遑論塞防。人或為劍脅迫，或被縛以鏈條、竹管，足以扼其頸項。父母兒女，泣而相尋——其狀之慘，聞所未聞。」在這段見聞之後，他還附了一首詩：

山野火燎，
士兵狂叫，
縱火取樂——
戰場成魔域。

幾天後，慶念又看到另一場慘景：人口販子把五六萬名被強行擄往日本的朝鮮人中的部分「男女老幼」帶上來，他們「以繩繫其頸，互為連結，驅其前；不能行者，以棒戳擊，令其奔跑」。此後不久，僧人又目睹了對南原的殘酷進攻，悲傷地記錄下：「城中人皆被戮，男女無一倖免。無一人被俘。」類似情景烙刻在慶念的記憶中，最後，他斷言道：「此處即地獄。」31

十六世紀後半葉，大批西方人趁著歐洲海上大探險的最後一波浪潮，開始來到日本。一五四三年，葡萄牙人踏上種子島六年之後，耶穌會傳教士方濟·沙勿略（Francis Xavier）首先來到日本傳播基督教。到德川家康成為幕府將軍時，葡萄牙、西班牙、義大利、荷蘭以及英國的商人和冒險家，在日本中部和西部的一些港口城鎮已經較為常見，許多日本人對他們的體貌差異印象深刻，往往把其中的英國人和荷蘭人叫作「紅毛」。因為伊比利亞人（西班牙人和葡萄牙人）是從南方，特別是從日本南面的澳門、菲律賓來到日本，日本人就把他們混在一起稱作「南蠻」。這個詞有時也用來指稱所有歐洲人及其風俗和產品。

1871年，人們在有田燒陶／國立國會圖書館

起初，大多數日本人對歐洲人熱情招待。當然，有些人只是因為對遙遠的不同文明的外在方面，例如對西方人異國情調的服飾和奇怪而有趣的食物感到好奇。實際上，這時的日本人已經開始食用陌生的水果和蔬菜，如西瓜、地瓜，據說還從葡萄牙人那裡學會做麵包和天婦羅。西方人掌握的有關地理、繪圖、造船、航海的新知識吸引了其他一些人。因為大名們正在相互交戰，為了在即將到來的政治秩序中爭得一席之地，獲取槍支和軍事技術就成為他們熱情歡迎歐洲軍火商的理由。最後，一些大膽的日本商人自己走出國門去闖蕩，在遠離家鄉的菲律賓、柬埔寨、暹羅建立了貿易前哨和小型的「日本城」。他們

也很樂意為了獲利而與歐洲同行開展相互貿易。

日本人也專心聆聽方濟．沙勿略和其他基督教傳教士讓他們改宗的勸導。截至一六〇〇年，耶穌會、方濟各會和多明我會的傳教士聲稱他們已經讓三十萬日本人改變了信仰。毫無疑問，許多日本人真誠地相信基督的訓示，但是信仰和貿易也是緊密交織在一起的。一些葡萄牙海船只在當地大名歡迎基督教的港口停泊，這種做法傳遞的資訊非常清楚，因此有幾個大名為了招徠葡萄牙船隻，就讓他們領地內的每個人都信奉基督教。也許最突出的基督教大名是大村純忠。一五六三年，大村純忠接受了洗禮，取教名為巴托洛梅奧，一五七一年他把長崎作為貿易港口向葡萄牙人開放。

然而不久以後，日本的統治者開始對外國宗教抱懷疑態度，因為它的第一戒條就要求只能忠於上帝。早在一五八七年，豐臣秀吉便曾下令所有耶穌會傳教士須於「二十日之內」離開。雖然他並沒有立即執行命令，但十年之後，他控告六名方濟各會修道士，三名耶穌會士和十七名皈依者企圖進行顛覆活動，並把他們綁在長崎的十字架上公開處死。關於他的反基督徒態度，豐臣秀吉在寫給菲律賓總督的信中這樣解釋：他不能允許傳教士在他的國度內傳播外國的信條，正如葡萄牙和西班牙國王也不會容忍神道或佛教僧人在他們國家四處傳教一樣。

雖然對二十六位殉道者的遭遇記憶猶新，羅馬天主教徒還是繼續傳播信仰，直到德川氏將軍加緊對基督徒的迫害。一六一四年，德川家康再次命令所有傳教士離開日本。法令宣稱，基督教的「有害教條」只是教唆人民「反忤政令，嫌疑神道，誹謗正法，殘義損善」。[32] 許多外國傳教士置將軍的震怒於不顧，繼續隱蔽地勸導人們改宗。於是幕府發動了一場無情的迫害，一六二二年在長崎處死了五十五名基督徒，在全國各地對天主教士及其信徒窮追不捨。到十七世紀三〇年代後期結束對「危險的天主教」的進攻時，已有多達四千名信徒因此而死，基督教只能在九州一些與世隔絕、遠離幕府官吏虎視眈眈視線的小村莊裡倖存下來。

德川家光把對基督教的迫害，作為在日本全面禁絕歐洲人行動的一部分。在這位幕府第三代將軍的頭腦中，西方等於基督教，異國信仰的傳播不僅對德川氏在神、佛二教信條中樹立其正統地位的企圖構成了威脅，而且正如其祖父的禁令中所指出的，也是對本國傳統的侮辱。此外，關於貿易還有一個值得考慮的問題：幕府的謀士們都還記得，過去日本西南的大名曾經把對外貿易作為培植自己勢力的一個手段，他們把幕府對貿易問題的失察視為可乘之機。另外，毫無限制的對外貿易，也會耗竭國家寶貴的金銀礦產資源。十七世紀初，日本的銀產量相當可觀，約為世界年產量的三分之一。不過與此同時，來到日本的葡萄牙商人每年也把多達二十噸的白銀裝在大帆船上，運回其在澳門的據點。「如果葡萄牙人再享有二十年的對日貿易，」後來一位外國觀察者寫道，「金銀就會從『俄斐』[33]運送到澳門，這個小鎮將會有豐富的金銀流量，並成為一份神聖的文書中提到的所羅門時代的耶路撒冷。」[34]

結果，從一六三三年到一六三九年，德川幕府先後頒佈了五個所謂的「鎖國令」，完全取締了基督教，不准日本人出國，禁止葡萄牙船隻來航，嚴格控制對外貿易。當葡萄牙人從澳門遣使企圖恢復貿易特權時，幕府將軍下令說：「應燒毀船隻，處死主要使節及其隨從，讓這個邪惡的先遣隊蕩然無存。」[35] 一六四一年頒佈的第六個條令把荷蘭人限制在長崎港中部的人造島嶼——出島，並且只允許荷蘭人和中國人來日本經商。

除了中國人和荷蘭人之外，德川時期獲准來日本的外國人裡還有朝鮮國王以及統治著琉球群島上半獨立的琉球國定期派遣的外交使節。一六〇七年，德川家康贊成恢復和朝鮮的正常關係，朝鮮國王也簽約同意在適當的情況下派遣使團造訪江戶。此外，在近世前期，琉球群島成為一個「藩屬國」。十四世紀以來，琉球一直處於尚氏王朝的統治之下，但是一六〇九年薩摩藩的大名率領一千五百名武士攻佔並肆意蹂躪琉球[36]，一六一一年簽訂的條約，名義上保留了王國的自治權，但實際上卻把琉球變成了薩摩藩大名島津家族的屬地。從一六三四年到一八〇六年，尚氏國王共遣使十五次赴江戶，以確認島津大名和德川幕府的宗主權。

鎖國令的頒佈以及和朝鮮、琉球群島締結的條約，擴大了幕府權力的武庫。源氏和足利將軍已被指定為國家的保護者，而德川統治者更進一步，他們索取了制定國家對外政策的權力。幕府採用象徵性的活動和儀式，來體現他們已經登上管理國家事務的權力巔峰。意味深長的是，外國使節的扈從人員大多不在京都停留去謁見天皇，而是急忙趕往江戶。這些人員抵達江戶是件大事，幕府待以盛大的儀式，演奏古典管弦樂，表演馬上射箭和其他軍事技能；他們也向幕府贈送數量可觀並具有象徵性的禮物。從朝鮮使節那裡，將軍可以收到大量絲綢、人參、精製蜂蜜，還有從朝鮮崎嶇不平的山區獵獲的虎皮。

而且，從一六三六年到一六五五年，朝鮮和琉球的使團屢次到日光拜謁，意味著德川家康的權威已經跨出日本海岸，成為宇宙之神。一六四三年，朝鮮國王把一個大銅鐘用船運送到日光，形象地表達了這種觀念。銅鐘上的銘文歌頌了德川家康的偉大：「日光東照宮為東照大權現、佛陀化身而建。德行無邊，眾生感念。後嗣神祇承繼偉業，且弘揚光大。吾王聞之，喜甚悅甚，敕造是鐘。」[37]幕府官員在陽明門右側造了一座鐘樓，每位前來日光朝拜的大名和皇室特使都能看到這段稱道德川幕府不可一世的威嚴的頌詞。

從一六三三年開始，長崎荷蘭商館的代表也開始每年造訪江戶。然而，有時幕府對那些商人很倨傲，喜歡用露骨的粗魯來顯示幕府的顯赫。一六九一年荷蘭代表團的一個成員回憶，「等了接近一個小時，而將軍就坐在接見廳裡」。[38]最後，一個管家引導客人來到將軍跟前。在那兒，據其中一人說，「為了表示謙恭，我們都不得不用日本人的方式，頭著地爬向」最高統治者。確立好等級次序後，「一場鬧劇上演了」，將軍先是提了「一些毫無意義的問題」，然後讓客人「脫掉外套或禮服，筆挺地坐著以便他審視我們；一會兒讓我們站起來走動，互相致意，一會兒又讓我們跳舞、跳躍、扮酒鬼、說日語和荷蘭語、畫畫、唱歌，讓我們穿上外套，然後又讓我們脫掉」。最後，一位年輕人憤慨地說，「我在一首用高地德語演唱的情歌聲中跳了一支舞」。

對外交政策的控制使德川幕府不斷增長的統治特權又多了一項。十七世紀上半葉，江戶的新政權使天皇及其朝臣只能仰其鼻息，使佛教組織只能屈從於世俗的政律，而且還馴服了大名。當德川幕府強迫地方大名執行參勤交代制，以及要求代表日本人民處理對外事務時，它已躍升為日本中央統治的焦點，而且，它左右其他社會中堅和制定影響整個國家政策的才幹，令從前京都的天皇和太政官，以及早期的鎌倉和足利幕府都黯然失色。

起初，德川家族依靠暴力、武裝力量及物質財富的高壓，來推進對國家統治權的訴求。但是到了德川家光去世的一六五一年，馬背統治者的形象已經讓位於一個嶄新的意識形態上的正統形象，它從佛教和神道獲得了道德權威，另外又從新儒學中汲取了哲學支持。與此同時，新的權力結構和統治權術湧現出來。到十七世紀中期，不是德川將軍個人，而是訓練有素的官員組織——幕府，依據法令、官僚體制和有跡可循的先例管理著各種事務。

十七世紀上半葉，地方大名也設法握緊自己領地內的大權。大名沒有像德川家康似的被神化，但他們也通過捐助地方宗教機構和宣傳新儒學的學校來擴大自己的權力。而且，因為親歷了德川幕府統治的儀式，如輪流居住在江戶和領地以及作為獲得授權文書的交換向幕府宣誓效忠，大名宣布他們也處於一個正統性最終來源於天皇的全國範圍的體系之內。當大名轉變為強大的地方長官時，他們開始更為明顯地侵入藩內居民的生活。正如幕府將軍在其直轄領地的做法那樣，大名也在他們領屬的藩內頒佈法令，徵收賦稅，制定使他們的權威流布每村每戶的管理體系。就這方面而言，十七世紀早期是日本歷史上的一個重要時期，國家的控制——無論是政治中心江戶控制其他社會中堅的能力，還是將軍、大名把他們的意志強加於其他臣民的能力，都比日本歷史上以往任何時候更加明顯、深入。

然而，不管德川將軍和地方大名的勢力多麼強大，他們都不是獨裁者。就他們對權力的要求來說，他們並沒有無限的對策，有時他們也會發現自己有所不能。看起來似乎難以理解，平時武士貴族對於獨立掌控經濟和社會發展並沒有興趣。表面上看起來這就是個武士的時代，但是在很多重要的方面，近世早期最後也變成了普通人的時代。在這個時代，日本的普通男女——農民、商人，還有手工業者，塑造了日本商業、社會和文化生活的特徵。

1 編注：此指應仁之亂。

2 編注：此指後柏原天皇。

3 編注：此指織田信長。

4 編注：即《平家物語》。

5 Helen Craig McCullough, tr. ，Genji and Heike: Selections from The Tale of Genji and The Tale of the Heike（Stanford: Stanford University Press, 1994）, p. 265, 和 A. L. Sadler, tr. , The Ten Foot Square Hut and Tales of the Heike（Rutland, Vt.: Charles E.Tuttle, 1972）, p. 22.

6 Michal Cooper, S. J. , ed. ,They Came to Japan: An Anthology of European Reports on Japan, 1543-1640（Berkeley: University of California Press, 1965）, pp. 4-7（modified）。

7 譯注：一幅描繪京都及其郊外著名場所的名畫，由幕府的御用畫師住吉具慶創作。

8 編注：此指乙巳之變。

9 Joan R. Piggott, The Emergence of Japanese Kingship（Stanford: Stanford University Press,1997）, p. 210（modified）.

10 編注：即防人制度。

11 The Man'yōsh　: The Nippon Gakujutsu Shinkōkai Translation of One Thousand Poems（New York: Columbia University Press,1969）, pp. 282-83.

12 編注：即保元之亂。

13 編注：即平治之亂。

14 編注：鎌倉幕府於文治元年在全國莊園和鄉村設置的地方下級官吏。

15 編注：即桶狹間之戰。

16 譯注：日本古代軍隊中的低級步兵，平時務農，戰時打仗。

17 Lee A. Butler,「Court and Bakufu in Early 17th Century Japan」（Ph. D. dissertation,Princeton University,1991）, pp. 113-14.

18 「Laws of Military Households（Buke Shohatto）,1615,」in David J. Lu, ed. , Japan: A Documentary History（Armonk, N. Y. :M. E. Sharpe,1997）, pp. 206-8（modified）.

19 Harold Bolitho,「The Han,」in John W. Hall et al. , gen. eds. , The Cambridge History of Japan,vol. 4: Hall, ed. ,Early Modern Japan（Cambridge: Cambridge University Press, 1991）,p. 200.

20 編注：觸書即告示之意。

21 Herman Ooms, Tokugawa Village Practice: Class, Status, Power, and Law（Berkeley: University of California Press,1996）, pp. 363-73,and Maruyama Masao, Studies in the Intellectual History of Tokugawa Japan, tr. Mikiso Hane（Princeton: Princeton University Press,1974）,p. 127.

22 譯注：在將軍直屬的家臣中，俸祿不足一萬石，但有參見將軍資格者。

23 Herman Ooms,「NeoConfucianism and the Formation of Early Tokugawa Ideology：Contours of a Problem,」in Pether Nosco, ed., Confucianism and Tokugawa Culture (Princeton: Princeton University Press, 1984).pp. 28-29 (modified).

24 W. J. Boot,「The Religious Background of the Deification of Tokugawa Ieyasu,」in Andriana Boscaro, Franco Gatti, and Massimo Raveri, eds., Rethinking Japan, vol. 2：Social Sciences, Ideology and Thought (Sandgate, Folkestone, Kent: Japan Library,1990), p. 335.

25 Naomi Okawa, Edo Architecture: Katsura and Nikko, tr. Alan Woodhull and Akito Miyamoto (New York: Weatherhill＼Heibonsha,1975),p. 16 (modified).

26 編注：此指本居宣長所著《古事記傳》。

27 譯注：日本人稱一切神明為迦微。

28 Shigeru Matsumoto, Motoori Norinaga, 1730-1801 (Cambridge: Harvard University Press,1970),p. 84 (modified).

29 譯注：關原會戰前與德川家康同為大名的人，或戰時曾經忠於豐臣氏而戰後歸降的大名。

30 Engelbert Kaempfer, The History of Japan, Together with a Description of the Kingdom of Siam,1690-1692, tr. J. G. Scheuchzer,F. R. S. ,vol. 2 (Glasgow: James MacLehose and Sons,1906), p. 331.

31 Jurgis Elisonas,「The Regime of the Unifiers,」in Wm. Theodore de Bary et al. comp., Sources of the Japanese Tradition,vol. 1：From Earliest Times to 1600 (New York: Columbia University Press,2001, 2nd ed.), pp. 468-69 and 471, and「The Inseparable Trinity: Japan's Relations with China and Korea,」in The Cambridge History of Japan,vol. 4,p. 293.

32 Jurgis Elisonas,「Christianity and the Daimyo,」in The Cambridge History of Japan,vol. 4, p. 367.

33 譯注：《聖經・列王記》中盛產黃金和寶石的地方。

34 Charles MacFarlane, Japan: An Account, Geographical and Historical (New York: George P. Putnam,1852), p. 18 (modified).

35 Cooper,ed. ,They Came to Japan, p. 401.

36 編注：即慶長琉球之役。

37 Ronald P. Toby, State and Diplomacy in Early Modern Japan (Princeton: Princeton University Press,1984),p. 101.

38 Engelbert Kaempfer, Kaempfer's Japan: Tokugawa Culture Observed, ed. ,tr. , and annot. by Beatrice M. BodartBailey (Honolulu: University of Hawai'i Press, 1999), pp. 360-68, and Kaempfer, The History of Japan, pp. 85-94.

第二章

城市、商業和生活方式

大約就在德川家康成為日本幕府將軍的同時，三井家族決定棄武從商。幾代以來，三井屋的首領一直在為近江的佐佐木大名盡忠，到十六世紀中葉，三井高安，因其榮譽封號「越後守」聞名，在琵琶湖附近的一座城郭安頓了下來。十六世紀六〇年代晚期，織田信長在發動戰爭鞏固其在日本中部的控制權時，消滅了佐佐木家族，三井高安迅速撤退到伊勢的小商業中心松阪。在那裡，三井高安的兒子及家族的繼任首領三井高俊，目睹了德川家族崛起為新的軍事領袖。據此後很久官方編撰的一部家族史介紹，三井高俊不久敏銳地斷定，日本將出現一個長期和平的時代，他進一步斷言，三井家族作店主比當武士的前途更為光輝燦爛。在湊齊了必須的資金之後，他開了一家酒屋，命名為「越後殿酒屋」。

三井高俊幸運地選對了時機，因為酒屋的生意為這位年輕人賺足了成親和養家糊口的錢。更幸運的是他娶了同行商人的女兒為妻，她十二歲就嫁給了三井高俊，最後一共為他生了十二個孩子，而且還有時間為家族生意的成功獻策盡力。除了照看釀酒的生意謀取更多的收入，妻子還勸說丈夫用部分積蓄兼營典當和借貸的生意。結果從這個生意中賺取的利潤很快超過了越後殿酒屋的收益，三井家族開始成為伊勢國主要的商人家族之一。

一六三三年三井高俊去世後，遺孀派其長子帶上足夠的資金到江戶開了一家分店。兩年後她又派幼子三井高利前去協助。之後不久，三井高利就從兄長手中接管了江戶的業務。三井高利是個機敏的商人，他也充當稻米買賣的中間人，並且把三井各項事業的利潤積攢為一大筆錢。一六七三年，他最終決定在江戶開設一家吳服店，並命名為「越後屋」。一開始，這只是個雇用了六七名店員的小生意，由店員把精美絲綢的貨樣送到富裕武士的家裡讓他們挑選，根據顧客的不同財力商議價格，也接受賒帳訂貨。

一六七三年的一場大火燒毀了他的吳服店後，三井高利在日本橋重開了一家越後屋。直到今天，作為越後屋直接傳承的三越百貨商店依然屹立在那裡。三井高利對吳服店的布料零售進行了一番改革，他在店裡掛出一塊著名的布告牌，宣布「只收現金，謝絕還價」。這塊布告牌至今仍保留在三井博物館。也就是說，三井高利開始銷售的各種紡織品，不僅富裕的武士，連普通商人和手工業者家庭都能買得起；同時他希望顧客直接到他的店裡付現金選購對每個人都一視同仁、明碼標價的商品。隨著銷售額急遽上升，三井高利通過在下雨天把裝飾著商店商標的精美油紙傘借給顧客使用，以及接近劇作家和詩人，讓他們在作品中進一步宣揚三井商店的公眾形象等做法，擴大了越後屋的聲譽。到一七〇〇年，越後屋已經成為日本最大的商店，在京都和大坂也都開設了分店。

十九世紀早期，位於日本橋的三井屋／國立國會圖書館

三井夫婦不是典型的商人，但沒有多少人能和他們的成功相提並論，也沒有多少家族史會給予家族中女性像三井高俊之妻曾獲得的眾多嘉許。三井高俊只不過是近世早期選擇棄武從商的成千個武士之一，對一位母親和妻子來說，分擔經營家族生意的責任也並非不同尋常，即便丈夫和父親仍是正式的一家之長。在近世早期，許多家庭和三井家族一起經歷了席捲日本的三次偉大變革。當德川家康接受天皇任命成為幕府將軍時，日本還是一個以農村和自給自足性很強的農戶為主的國家。在一個世紀之內，它就轉變成為高度城市化的國家。無數農民子女，還有前武士的後裔，為了尋求更好的生活搬遷到新興城市裡經商或從事手工業。在城市裡，他們為了養活自己而努力奮鬥，甚至希望獲

得成功，由此創造出一種商品經濟，其中紡織品大商店如越後屋的出現就是一個例證。相應的，由於以城市為中心的經濟集聚了各種動力，使各式各樣的新商品流向市場，全國大量的家庭得以享受穩定提高的生活水準——包括更優質的住房、食品和服裝。

城市革命

十六世紀末至十七世紀初，許多城下町的出現點燃了日本城市革命之火。在那期間，各地大名為了鞏固日益擴大的領地，開始仿照伏見城的樣式營造巨大的城壕和天守，作為軍事和行政根據地。通常，地方藩主會把他們的新根據地建在戰略要地，從那裡他們可以控制向其繳納稅收和糧食必須品的周圍農村。當大名要求他們的武士在巨大的石頭堡壘周圍建造住宅，商人和手工業者為了謀生移居到新興小鎮，為武士階層提供各種日常用品和服務時，新的街市幾乎立即開始以城郭為中心萌芽發展。

日本戲劇性地突然成為一個耀眼的城市國家。如今日本的大城市中，幾乎有一半在一五八〇年至一六一〇之間就作為城下町開始存在，從日本北部的仙台、福島，到中部的金澤、甲府、靜岡、名古屋，再到南部和西部的廣島、岡山、高知和熊本。城下町的面積和它們的數量一樣讓人印象深刻。一般情況下，聚居在新町的人口會占到藩內全部人口的百分之十左右。全國大約共計有一百四十個城下町，每個小鎮的人口至少為五千，其中的大鎮金澤和名古屋人口多達十萬。

城下町的佈局緊緊圍繞著大名及其武士家臣的需要。大名一般都把城堡造在軍事防禦要地，例如鹿兒島的城郭就是沿海岸而建，或者如金澤和廣島把城池造在兩河之間的高地。大名一家居住在城中央，由高聳的圍牆和縱橫交錯的城壕以及運河安全地拱衛著。大名把他的主要家臣安置在毗鄰城郭的地方。那裡代表著很高的聲望和安全性，同時也是個很方便的地方，因為那些高級武士可以把越來越多的工作時間花費在城郭圍牆之內的行政事務所裡。接下來的是商人和手工業者的居住帶，他們在大多數城下町占到人口的一半左右。足輕和其他低級武士家庭離得更遠，住在位居週邊的兵營風格的住宅內。最後，多數大名還指示佛教宗派把寺院建造在城市四周的戰略通道，萬一敵人來犯，大名可以派兵在寬闊的佛殿裡把守，墓地的空曠也使敵人只有冒著風險才能穿越過去。

京都、大坂、江戶——幕府直轄的三個全國性城市，盤踞在城下町小鎮網路的頂端。近世早期，大名、上層武士和其他有產者已開始珍藏手工業者製造的奢侈手工藝品，這在擁有幾百年文化成就和皇室貴族所在地的城市——京都的形象中增添了商業的層面。一份一六八五年的人口登記文件反映了京都居民的多樣性和富裕程度。除了內科、兒科醫師，牙醫、詩人、作家以及茶道、插花和能劇表演的大師們之外，文件還羅列了數百家著名商店，其店主因為製作和銷售精美的絲綢、瓷器、摺扇、書寫紙以及家用佛教祭壇的支架而享譽國內。截至登記完畢的那天，京都的總人口大大超過了三十萬，其中許多人靠在日本各地製造和出售高品質的手工藝品謀生。

附近的大坂有著歷史上知名的、時而悲慘的往事。早在六七世紀，一處位於宏偉大坂灣海岸的據點，就已經成為從大陸經由瀨戶內海到日本的使團和商隊的終點站。六四五年大化改新之後，新的君主制國家暫時定都在那裡。在隨後的幾個世紀裡，一個興旺的港口和市場區在從京都流向大海的澱川兩岸稍微向內的地方發展起來。十六世紀，淨土真宗的支派本願寺派的高級僧侶在該地建造了他們的要塞寺廟石山本願寺後，一個更大的商人町形成了。十六世紀七〇年代當織田信長攻破這個要塞寺廟時，那裡的家庭遭受了巨大的苦難。儘管豐臣秀吉於一五八四年建造了壯觀的大坂城後，商人町得以復興；但是在一六一四年和一六一五年的殘酷戰爭中，它幾乎再度湮沒。

德川家族察覺到大坂地區在軍事和政治上的重要性，於是重建大坂城作為他們在日本西部的防禦基地。到十七世紀末，大坂周圍町的商人和手工業者已經劇增到大約三十六萬五千人，幾乎淹沒了大約一千名駐紮於城郭的武士。大坂經歷了從軍事堡壘到商業活動據點的蛻變，開始成為全國許多日常用品的製造中心。到一七〇〇年為止，大坂的手工業者已經因為把油菜籽榨成燈油、把原棉製成成品布、把乾沙丁魚搗爛做農田的肥料而著稱。住友家族和其他冶銅業業主已經成為城市中最大的雇主之一；城市裡共有十七家精煉廠，約有一萬個家庭靠冶銅業維持生計。

作為眾多製造業的所在地，大坂理所當然地成為一個主要的航運和集散中心，以及因靠近內陸海而發展起來的轉運港口。到了十八世紀頭十年，住在城裡的船匠就有二千多名，此外還有成千上萬的批發商、銷售商、臨時工和運輸商。稍其後一位受人尊敬的城市官員[1]寫道，大坂「位於全國主要

歌川廣重名所江戶百景 日本橋通一丁目略圖

航線的交匯處，貨物雲集，交通繁忙，因此人們通常稱它為『天下台所（廚房）』，即全日本的食品倉庫。的確，街道兩旁富人和富商家的房屋相沿成行，港口總是停泊著來自許多地方的船隻。所有的一切，包括日常生活的必須品稻米，甚至是海外的商品，都運到大坂出售。人們什麼都不缺」。[2]

將軍的直參，即旗本和御家人，是江戶城市成長的核心。大約二萬個直參家庭中的大多數都雇用了隨從、貼身男僕、家庭傭人，吸引了成千上萬的農村移民來到幕府都城。十七世紀三〇年代德川家光把參勤交代制度化以後，定居在江戶的大名家庭成員及其眾多的隨從，為城市一百萬的人口又增加了大約三分之一，使武士的總數達五十萬人。像羅馬一樣，江戶也是建造在七座小山之上。菁英大名將他們的莊園建造在蜿蜒通向城南的青翠山坡上。幕府把親信旗本及其家庭安置在城郭以西的麴町。這個決定是基於軍事上的考慮，因為那個地區面向襲擊城郭的天然通道——武藏平原。起伏不平的山頂對多數武士來說也是個理想的位置，因為他們可以找到陽光明媚的地方，把住宅和花園建造在那裡。

在整個十七世紀，建築工、手藝人和各種貨物的經銷商川流不息地湧入江戶，迎合新興幕府統治者的需要。商業城市江戶的心臟地帶是日本橋，大致為江戶灣海濱到江戶城主要入口之間的中點。以此為中心，工匠町和商人町向外擴展，分佈在山谷之中，山谷迤邐穿越了佈滿大名莊園和武士府邸的向陽山坡。截至十八世紀二十年代，居住在江戶的手工業者、商人和武士一樣多，總人口遠遠超過了一百萬。江戶已成為世界上最大的城市。

有了江戶的領先，日本成為世界上城市化程度最高的國家之一。近世早期之初，京都是日本唯一一個擁有十萬多居民的城市。到一七〇〇年為止，江戶、大坂、名古屋和金澤的人口也都超過了十萬，而且百分之五到七的日本人都生活在類似的大都市裡。在這一方面，歐洲的資料是百分之二，並且只有十四個城市和日本的一樣大，僅僅荷蘭以及英格蘭、威爾斯擁有比日本還大的城市聚居區。在世界歷史上這是無與倫比的城市建設時期，日本城市非同尋常的百年成長，深刻地影響了國家的經濟和社會發展。

城市和商業

「三都」——江戶、大坂、京都顯而易見的充沛活力，誘發了一場席捲全國的偉大商業革命。雖然大名和將軍的原意是把地方的城下町以及江戶、大坂作為防禦性的據點，但是商人和手工業者的大量移入，把這些地方轉變成了消費和製造的脈動處，最終它們的商業意義超越了原來的軍事目的。相應的，按幾何級數增長的手工藝品產量和貿易額，有賴於一個全國性高度完整的市場體系的發展和可靠的交通設施的完善，以及銀行業、保險業和其他服務業等基礎設施的創立。日本作為一個農業社會步入了近世早期，但是到了十九世紀，幾乎每個日本家庭都在某種程度上參與了立足於城市的商品經濟，而且都受到了這一結果的影響。

具有諷刺性的是，太平盛世中所獲取超乎尋常的商業發展，起源於十六世紀戰爭的嚴酷考驗。甚至在普遍的毀滅和混亂之中，軍隊需要供給，農民也希望通過改進工具、培育新品系的種子和使用更豐裕的肥料來提高農作物產量。與此同時，革新的工程技術使大型的灌溉、防洪以及墾荒工程得到發展，耕地的數量在一五五〇年到一六五〇年間幾乎增加了一倍。國家生產力的提高有助於人口的加速增長。結果一五五〇年後的一個半世紀，日本的人口總數從一千萬或一千兩百萬躍升至三千一百萬；同時也使許多年輕人有可能脫離土地，到城裡當商人或手工業者，尋找自己的出路。

迅速增長的城市人口對食物、服裝和建材永無止境的消費需求，刺激了區域貿易的快速增長和全國市場體系的發展。很清楚，沒有一個領地能生產出本地居民所消耗的各式不同商品和食物，只有窮一國之力才能滿足江戶和大坂男女老幼近乎不知饜足的胃口。回應城市市場的召喚，不同地區的生產商開始因某些特產而著稱：九州南部的樟腦和香菇，土佐藩的木材和木炭，富山的藥物，以及甲府的葡萄。這些僅僅是那些能在三大都市賣出好價錢的商品中很小的一部分。

大名的政策促進了全國範圍內商品交換的擴大。地方大名需要大筆現金以修繕城郭，開展藩內的灌溉和墾荒工程，定期向幕府納稅，負擔每年往返江戶的開支，支付維持莊園所需的費用，供養在城裡定居的親戚和家臣的扈從。由於大名收入的絕大部分得自用稻米支付的農業稅，因此他們必須把徵收上來的稻米轉換成現金來償付面臨的各種帳單。十七世紀二十年代，日本中西部的大名就開始把年貢米載運到大坂，再由那裡的稻米買賣中間人安排銷售到各市中心。一開始大概每年有一百萬石的稻米從大坂的倉庫流出，到十八世紀二十年代這個數字就增長了不止四倍。人民的主食——數額如此之大的穀物在大坂的流動進出，有助於城市轉化為日本的經濟中心，用那時的說法就是「天下台所（廚房）」。

為了保證收入，許多大名最後制定了政策，謀求促進經濟作物和土特產的發展，以在諸如江戶、大坂之類的消費中心出售。他們採取了多種方式來實施這種計畫。前田大名付給京都一位著名陶工豐厚的津貼，讓他在多雪的加賀藩留住一年，在村莊的陶窯裡培訓當地的手藝人。在更往北的米澤藩，藩主上杉家從國家的其他地方延聘專家，開辦了靛藍染料種植園用來製造很受日本人喜愛的一種染色，並向當地農民傳授織造棉布的新技術。十八世紀的最後幾十年裡，米澤藩的官吏再次邀請外面的專家前來。這次是指導農民植桑造林，桑樹柔嫩的葉子可以用來餵蠶。米澤藩藩主還出資成立了十二個培育桑樹樹苗的苗圃，並且出版手冊向農戶教授養蠶和在市場上買賣桑蠶的秘訣。

各地大名採用了多種方法希望能從藩政資助的事業中牟利。在某些情況下，官員只授權給某些商人或村莊，讓他們參與新的舉措，然後每年向他們收取專營費。另外有些時候，地方藩主會徵收新稅，例如向種植的每一棵桑樹或者運出領地的每一包陶瓷製品抽取固定的稅金。在另外一些情況之下，官吏則強迫生產商把他們的產品賣給指定的批發商，然後由後者用船把貨物運給大坂的經銷商，最後再把一部分收益交付領地的金庫。除了增加藩內的收入之外，大多數藩主也希望成功的經濟干預能夠有利於普通人民，使他們感受到藩主統治的仁慈。正如十九世紀早期一本養蠶手冊所解釋的那樣，「絲綢業帶給社會的直接效益是，使河岸、山區、海邊的空地都種上了桑樹，通過紡絲織綢走向繁榮。更不必說地方產品外銷到其他地區後，人民會富裕，藩國會興旺發達。」[3]

幕府通過統一度量衡，建立國家的貨幣制度，進一步推動了全國的商品流通。由於國家的絕大多數礦山已經為幕府所控制，幕府開始在幾個城市鑄造貨幣。其中江戶的銀幣鑄造處即「銀座」極為著名，以致這個詞最後被用作鑄幣處所在地的地名。將軍鑄造的錢幣很快成為國家的通貨，而大名大多發行在各藩內流通的交易用紙幣。商人要根據幕府發行的金幣、銀幣和銅錢，計算跨越各藩界的商品以及在江戶、大坂和其他中心市場達成交易的付款額。

幕府支持了交通和通信設施的發展。因為陸路交通在多山的日本很困難，多數商人寧願把自己的貨物委託給遠洋航行的駁船和貨船。為了幫助水運業，幕府委託江戶一位富裕的木材商川村瑞賢制定減少海上航船現存危險的措施。川村瑞賢立即著手把危險的水域製成圖，建立信標和燈塔，提供從江戶到北太平洋沿海各港口的救生和救援設備。隨後他又把同樣的措施推行到穿越下關海峽，經瀨戶內海直到大坂的沿日本海整條海岸線。十七世紀七〇年代，所謂的「東西環形線」已經把日本最偏遠的地區和主要消費中心連接了起來。

幕府也實行了改進道路的系統規劃，重點是從江戶的商業中心日本橋向外輻射的五條幹道[4]。東海道是其中交通最繁忙的幹道，它沿太平洋連接江戶和京都，長度近四八二．八公里，支線則延伸到大坂。東海道分級的路基上先鋪上一層厚厚的碎礫石，再用沙子壓實，平均寬度約為六．一公尺。里程碑安放在種著松樹的土墩上，告訴行人他們從日本橋過來已經行進了多遠，或者還有幾里路待走。石製路標避免了行人在十字路口走錯方向。五十三個宿場驛站沿東海道排成一列，疲憊的行人可以在那裡換便鞋，吃小吃，喝茶，或者在客棧吃頓晚餐並住上一宿。

由於大批量貨物多半走海路，東海道上熙熙攘攘的大名隊伍只能遇到一些腿部裹著稻草，由馬夫牽著的馱馬，馬夫看上去通常不像他們的馬那樣卑下。此外，還有許多遞送急件的信使，在路上來回疾行。十七世紀一開始，幕府就派遣官方信使每月三次往返於江戶和大坂之間。一六六四年，江戶、大坂和京都的商人開創了私人使用的快遞服務，幾乎每天都有「飛腳」攜帶著小件包裹、商業文書和現

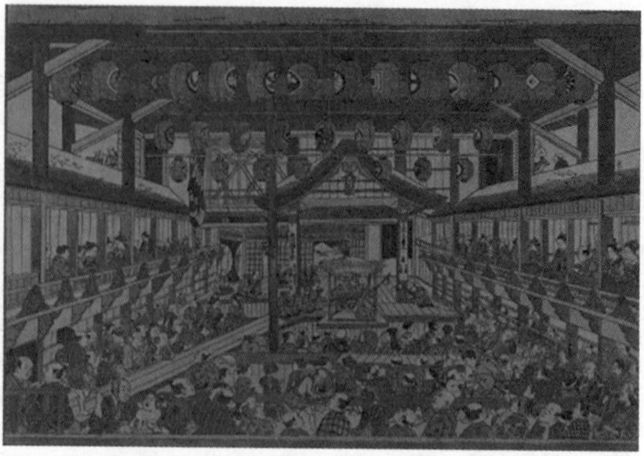

位於江戶的歌舞伎戲院中村座，奧村政信繪／The Trustees of the British Museum

金從各個城市起程。起初，飛腳在江戶和大坂之間來回一次需要六天，但是到十九世紀初，昂貴的特快業務已經將時間縮短為兩天。這時信使們已經把通信網路擴展到長崎、金澤和仙台等城市。

日本幾個首要的商人屋創設了其他許多服務於商業，促使經濟繼續發展的業務。在大坂，鴻池屋和其他富商開始開辦相當於銀行的錢莊。為人們所熟知的一個「十組問屋」組合有時提供大額貸款給大名，讓他們填補眼前的預算赤字，支付履行參勤交代義務以及施行藩政發展計畫所需的各種費用。有時金融商還貸款給個別批發商，這些人再把錢借給農戶，他們需要資金作為種植經濟作物，或者製造出售給城市顧客的紡織品和手工藝品的本錢。此外，大坂和其他地方的錢莊主還為托運人提供保險，吸收現金存款，發行以房地產作擔保的期票，發行信用證及兌換券，以加快不同城市商人之間的交易速度。

日本的商業革命改變了城市的面貌。如果說起初城下町和大都市江戶、大坂只是大名和武士的城市，那麼到了近世早期的最後階段，它們就已經成為普通人的領地。這一轉變在讚美商人町生活的木刻浮世繪中清晰可見。常被譽為日本最出色浮世繪畫家的歌川廣重，創作了《名所江戶百景》，而且當時他從江戶商業中心日本橋的風景入手已經開始創作他最著名的作品《東海道五十三次》。一些通俗的旅行指南，如《難波雀》和《江戶名所圖會》，用類似手法描繪了在大坂和江戶萬頭攢動的商店裡，顧客們面對琳琅滿目的商品，仔細考慮著如何取捨。

旅行指南也會指點好奇者前往三大都市中活躍的歌舞伎劇院，還有從十七世紀末一直到十八世紀在大坂非常流行的淨琉璃劇院。因為當局禁止武士去劇院，他們認為武士應該欣賞更優雅、更有益的能劇作品，所以為大眾化劇院寫作的劇作家把創作集中於能激發富裕商人和手工業者想像的題材。其中一種類型的作品被稱為「世話物」，或稱家庭倫理劇，多半敘述一些半虛構的兇殺事件或者其他讓人驚歎的醜聞。例如一個妓女和她經商的情人雙雙自殺，因為後者沒錢幫她從妓院贖身。相反，時代劇或稱「時代物」，記述的是歷史事件，尤其是十二世紀平氏和源氏的英勇奮鬥，以及近期有武士參與其中的統一戰爭。他們的事蹟樹立了諸如忠誠、英勇等人人都珍視的價值典範。

農業商品化和原始工業化

日本的商業革命也改變了農村農業生產的模式。全國每個地區的農民家庭都轉向種植出售給新興城市人口的茶葉、煙草、水果和蔬菜。在某些情況下，經濟作物在不適合種水稻的隙地長勢良好；也有些地方的農民在收割完水稻後種上二期作物。例如，十七世紀早期大坂商人發現了一個從油菜籽中榨取燈油的便宜辦法，全國的城裡人都開始享受可靠的油燈帶來的舒適，它的光亮讓人安心、著迷，正如它能打消小偷和其他不懷好意者的念頭而增強安全感。隨著需求的增長，大坂周圍村莊裡的農民種了很多二期的油菜，以至於早春的田野彷彿染上了一層金黃色。

整個德川時期，鄉村工業的數量不斷增加。到十九世紀初，全國的手工作坊生產出種類繁多的商品：從絲棉織品到草帽、紙張、榻榻米的邊條、木炭、釘子、工具、漆器和陶器，還有各種食品如鹽、糖、醋、醬油以及味噌。有些地方，藩地官吏帶頭在農村開闢事業，例如加賀藩的陶器、瓦器生產。更多情況下，已經因經營商品化農業而積累了一筆儲蓄的富有商人和農戶，為這類事業提供資本和組織的訣竅。不過，這種立足於農村且適合市場銷售的商品生產的蔓延，代表了日本經濟的原始工業化。也就是說，新興的鄉村工業折射了一種初生的企業精神：個體懷著從投資中獲利的希望，冒險投入資本，創辦為遠方市場生產產品的企業。在這個意義上，原始工業化既不同於每家每戶為自己製造日常生活所需的衣服及工具的普通家庭生產，也不同於傳統的手工業貿易——即手藝人製作在當地銷售的產品，很少考慮擴大業務或者賺多於養家糊口的錢。

鄉村的新企業規模差別很大。極端的例子是一個雇用了多達六七百人，釀造醬油或冶鐵鍛造工具的大工廠。生產木炭、糖、鹽、茶葉及紡織品的鄉村小作坊則普遍雇用五至二十名工人。有的甚至可能根本沒有集中的作坊。日本的很多地方都有鄉村婦女晚上在家織布，織好後交給已經把錢預付給她們買織機和紗線的準買家。

像那些從農忙中抽出幾個小時或幾天時間織布的農村婦女一樣，有些工人也是不定期工作。還有一些工人大部分時間都不在家裡。日本西部的長州藩，村莊沿多山的半島分佈，村裡婦女夏天的幾個月通常在海邊的鹽場幹活，只有當製鹽季節結束後才回到家裡，重新開始妻子和母親的角色。在日本北部，下雪的冬季整個村子的男人都在遙遠的釀酒廠或醬油釀製廠做工，這在當地是件很普通的事情。然而無論哪一種情況，工人們都已經開始出賣勞動力換取某種形式的工資。這是原始工業化定義的另一個特徵。

絲綢製造業在近世早期日本原始工業化活動中特別突出。絲綢的製造是個複雜的過程。它始於蠶的孵化和飼養，農戶把蠶養在房子裡的所有平地上。把最後結成的蠶繭煮沸後，工人們抽出又輕又細的蠶絲纖維，把它們撚成長長的幾股細絲，接著把細絲纏繞到卷軸上。然後工人把幾股細絲按各種式樣編在一起，製成不同種類和級別的絲線，這一過程叫作「撚絲」。到這時，染工和織工就可以把絲線織造成成品面料，預備裁剪並縫製成和服或其他樣式的衣服了。

近世早期之始，只有少數日本家庭生產數量有限的低檔絲綢面料，供自己使用或在當地出售。唯一一個主要的絲綢製造中心位於京都的西陣區，那裡的織工為貴族和富裕大名生產高品質的絲綢。從十七世紀中葉開始，有經濟頭腦的商人開始鼓勵養蠶，把絲綢製造過程合理化，提高成品面料的品質，並且開始針對全國市場進行大規模生產。革新者首先關注絲綢製造過程的最初階段，即蠶種的孵化。那些蠶種很容易得病，甚至對溫度的輕微變化也很敏感。經過幾十年的選擇育種試驗後，農民培育出更頑強的品種。到十八世紀早期，日本北部福島地區的珍貴蠶種行銷全國。與此同時，其他農民發現了培育雜交蠶的方法，這種蠶的纖維顏色和光澤剛好符合當時的流行趨勢。一七〇二年印行的第一本記載了這些試驗者的繁忙和成功的養蠶手冊描寫了五種蠶，而十九世紀六〇年代中期出版的一部百科全書則列舉了將近二百種。而且，對絲綢生產的不同教本的比較表示，每個蠶繭可用纖維的數量已經增加大約百分之二十五。

最顯著的技術進步之一是水力撚絲機的應用。十八世紀後半葉，大約在英國成立首家絲廠的六年之後，一位日本輪匠發明了用水力帶動撚絲用多錠絲車的方法。雖然沒有多少人採用這項突破性技術，但是這使得他的家鄉，位於江戶西北上野國一個崎嶇不平之地的桐生，成為領先的絲綢製造中心。還有些革新者改進了繅絲方法。起初絲綢製造商依靠的是簡易的設備，它要求繅絲工用手把絲線撚在一起，然後捲繞在木軸或框架上。然而到了十八世紀中葉，使用齒輪和傳動皮帶的繅絲設備開始在全國不同地方出現。在一些地方，新繅絲機已經靠水力而不是人力驅動。

繅絲和撚絲技術的進步大大提高了生產力，推動了大型紡織工廠的發展。十八世紀六〇年代，當地織工掌握了京都西陣著名紡織品生產作坊過去作為家族秘密來保護的精妙染色技術後，桐生和周圍街區崛起成為全國的絲綢製造中心。桐生絲綢由於品質精良譽滿全國後，其他熟練織工也搬到那裡，另外購買一些織機，雇用工人進行生產，多者一人雇用上百名工人。據一八三五年的一份檔案記載，「來謀生的織戶雇用女工紡紗織布，人們從其他藩國湧入小鎮，在那裡甚至周邊小村租賃房屋」。[5]

生產過程的專業化分工，使銷往地方和全國市場的產品產量最大化，計酬勞力和基本機器的使用也開始成為棉布製造業的典型特徵。日本人從遠古時期就種植了大麻及其相關纖維作物，如亞麻和苧麻，為普通民眾提供最重要的衣料，直到一些士兵從豐臣秀吉侵略朝鮮的戰場上回來，帶回了特別適合在大坂地區種植的一種棉株。棉布經久耐用，冬天穿舒適，夏天穿涼爽，因此到十九世紀上半葉，很快成為大多數普通日本人的上選衣料。棉布廣為流行，以至於大坂周圍各藩國的農戶把多達百分之七十的田地都種上了棉花，與水稻實行一年一季或兩年一季的輪作。

日本中部以種植業為主，而更遠地區的一些準買家則購買原棉或棉紗，交給織布能手織成棉布。許多地方的農婦空閒時在家織布，按件領取報酬。但是，隨著顧客需求和生產規模的擴大，織布能手開始全天候織布。其中一些人仍然是獨立的生產者，但其他一些熟練織工開始雇用計酬的人手，在擁有二三十架甚至更多架織機的作坊幹活。和製絲業的情形一樣，革新者也採用了一些改進技術的方法：選擇育種增加了棉株的種類，新紡紗機能紡出更堅固的棉紗，更高效的織機提高了生產力，織染工藝的發展最後生產出一批批樣式、質地和色彩都讓人驚歎的棉布。

由於商品化農業和鄉村工業遍及農村，許多村莊成長為工業、貿易、交通交匯處的農村集鎮。桐生的規模在一七五七年到一八五五年之間增至原來的三倍，在此期間幾乎所有家庭都從事與絲綢貿易有關的行業。與此相似，一八四三年在大坂腹地的一個村子，二七七戶農戶中只有百分之十四還在務農，有百分之四十六為棉布產業工作。兩年後對尾張一個村莊所做的統計表示，該村二六二戶農戶中，百分之二十經營農業，百分之三十一從事棉花生產，還有百分之二十二的職業與交通業有關。從極小的不起眼的村莊到有幾千戶居民熙來攘往的城鎮的轉變，豐富了日本的城市層級。在把農村的窮鄉僻壤和日本的港口宿場（驛站）、城下町及三大都市相連的生產銷售網路中，形成了新的聯結。

對外貿易

十七世紀三〇年代幕府頒佈所謂的「鎖國令」，目的在確認自己主導日本對外關係的特權，控制對外貿易，剷除它視為「危險宗教」的基督教。只要這些目標實現，江戶政府並不打算終止和外面世界的所有關係。相反，整個近世早期，幕府一直接待朝鮮和琉球群島的使團。在駐守長崎的幕府官員的全面監視下，和中國以及荷蘭商人的貿易有時也很興旺。此外，幕府允許薩摩、對馬、松前諸藩的大名、商人與琉球群島、朝鮮及日本北部領土進行貿易。

一個獲幕府許可並受其管制的半官方商人組織「長崎會所」，組織並管理長崎的貿易。長崎會所成立於一六〇四年，「鎖國令」頒佈後被授予壟斷外貿的權利。長崎會所接受外商訂購各種國內商品，購買在出島卸載的中國和荷蘭商船帶來的商品。出島是個位於長崎港的人工島嶼，荷蘭東印度公司的

位於長崎的葡萄牙武裝商船／alamy

官員常年居住此地，維持常設的荷蘭商館。日本商人特別喜歡進口絲線、纖維、藥草、香料、糖和藥物。外運船隻滿載的則是日本商人的出口商品：銅、樟腦、硫磺、劍、陶器和漆器。

十七世紀晚期長崎的貿易總額上下起伏不定，但日本人常常買進比賣出多。十七世紀三〇年代和葡萄牙關係的中斷，暫時停止了曾經讓德川家光及其謀士擔憂不已的貴金屬的流出。但是十七世紀末至十八世紀初，為了平衡貿易逆差，金銀的重新外流再次使幕

地圖 2.1

日本及其鄰國

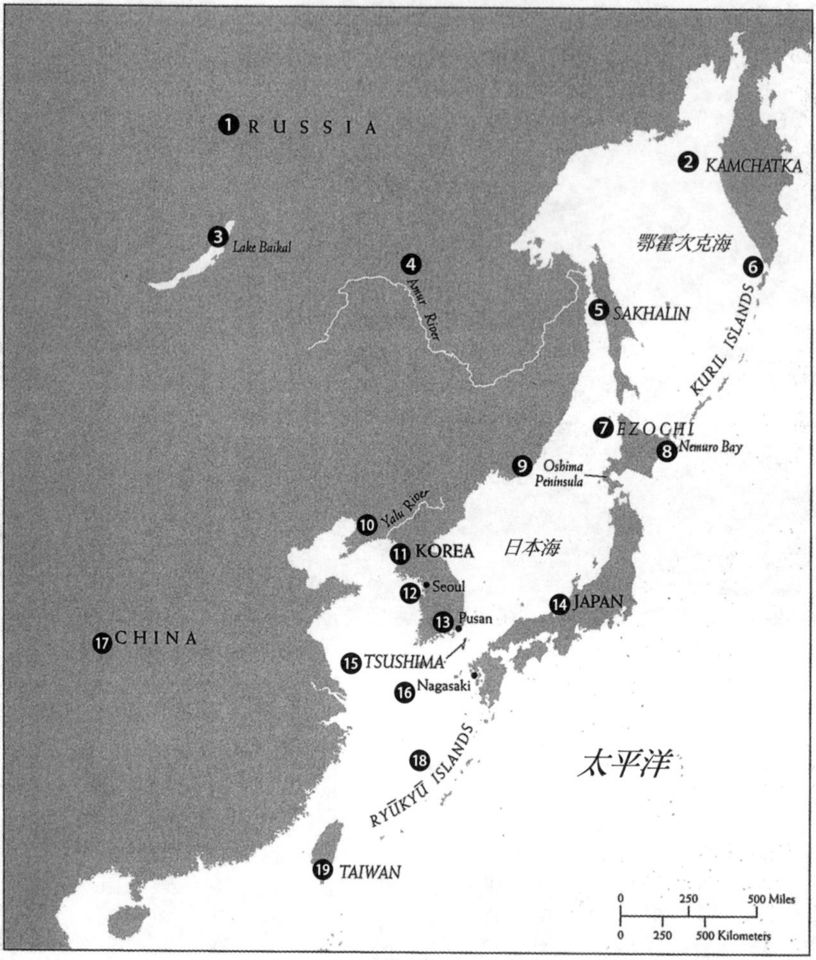

❶ 俄羅斯
❷ 堪察加半島
❸ 貝加爾湖
❹ 黑龍江
❺ 薩哈林
❻ 千島群島
❼ 蝦夷地
❽ 根室灣
❾ 渡島半島
❿ 鴨綠江
⓫ 韓國（朝鮮）
⓬ 漢城
⓭ 釜山
⓮ 日本
⓯ 對馬島
⓰ 長崎
⓱ 中國
⓲ 琉球群島
⓳ 臺灣

府警覺。一七一五年幕府發佈了《海船互市新例》。新令的條款限定進入長崎港的中國商船每年只能有三十艘，貿易額為白銀二十二．五噸；荷蘭商船為二艘，貿易額為白銀十一．三噸。

薩摩藩一六一一年攫取了琉球群島的宗主權後，幕府允許薩摩藩主繼續維持和琉球群島，以及通過琉球群島和中國沿海私商建立的早已有利可圖的貿易關係。直到十七世紀八〇年代幕府限制薩摩藩的白銀出口量為止，薩摩和琉球之間的貿易繁盛了幾十年之久。但從那以後，貿易量明顯減少，不過琉球群島依然是甘蔗和精製糖的重要來源，薩摩藩從那裡進口後再運到大坂和其他主要城市的市場出售。

在日本九州和朝鮮之間的海面上，宗氏大名統治著對馬島。他們長期盤踞在崎嶇的對馬島上。從十五世紀以來一直和朝鮮保持著友好關係，定期派遣商團前往朝鮮半島。經宗義朝的斡旋，一六〇七年江戶和漢城重修和平後，幕府同意恢復兩國的貿易關係。貿易協定允許宗氏每年派出二十艘滿載出售給朝鮮政府商品的船隻，也允許日本人派員在釜山設立貿易據點，在那裡他們可以和朝鮮商人進行私人買賣。最後，雙方的貿易額達到了相當比重，日本人主要用金銀購買朝鮮的絲綢和人參，還有數額較小的馬口鐵、牛角、胡椒、蘇木，以及如陶瓷器、水墨畫之類的藝術品。然而到十九世紀中葉，白銀外流的老問題又迫使幕府採取限制措施，削弱對馬和朝鮮之間的貿易。

在北方，日本人也和愛努人進行貿易。語言文化獨特的愛努人的起源已經遺失在時間的迷霧中，不過到九世紀為止，兩種不同的文化在現在的北海道已經繁榮興旺。其一是佔據了島嶼大部分的擦文人的文化[6]，其二是居住在北海道東北海岸沿線及附近千島群島和南部庫頁島的鄂霍次克人的文化。到十三世紀時，一種脫胎於擦文文化傳統且範圍更廣泛的愛努文化已經發展起來，當地人包括為躲避日本人統治而逃到北方的前東夷人。因為日本人逐漸把東夷稱為「蝦夷」(「東夷」意思是「東方的野蠻人」，「蝦夷」是對「東夷」的另一種稱呼)，所以他們也就自然地把愛努人的家園叫作「蝦夷地」，即「蝦夷人的地方」。

德川家康接受幕府將軍的任命時，愛努人大概有三四萬。雖然他們說不同的方言，顯現出地區間的文化差異，但他們有著共同的生活方式和物質文化。他們生活在通常只有十來個家庭世代居住的村子裡，通過共同獵捕鹿、熊和其他動物，在蝦夷地的河流捕魚，在海邊撈昆布和大海的其他恩賜，採集水果蔬菜，在河邊園子培植高粱、粟和多種可吃的植物來養活自己。愛努人還以聽以史詩為主的豐富口頭傳說為樂，他們也崇拜自然界的各種現象，認為萬物都是「神」。

蝦夷地豐富的漁獵場所使得愛努人自給有餘，有時他們經庫頁島和千島群島，把剩餘的毛皮和海產品用船運到亞洲大陸。十六世紀期間貿易量擴大，於是日本人沿著北海道最西南的渡島半島海岸成立了一些貿易團體。最後蠣崎武士家族成為渡島日本人的首領，一五九九年他們改姓松前。五年之後，幕府承認松前家族的首領為半島南半部一塊領地的領主，並確認他有權控制和愛努人的貿易。

松前氏武士從他們位於渡島半島一端的城下町根據地，沿著蝦夷地海岸建立了一連串貿易場所。在那兒他們用稻米、清酒、昆布、煙草、衣服、鐵器和其他家用器具，交換大馬哈魚、鮭魚、昆布和一些奇特的東西如熊膽、海中動物的毛皮、打獵用的活獵鷹。許多愛努人都怨恨日本武士、商人的入侵，因為他們被剝奪了政治自治權和以往隨心所欲自由貿易的特權。愛努人的歌謠表達了這種日益增長、認為自己遭受鄰居出賣的感覺。一句歌詞寫道：「我聽到日本人被稱為可敬的人們，真正好心的人們，但你們的心肯定十分邪惡！」這種怨恨於一六六九年轉變為暴動，當時一支由當地首領相庫相郢指揮的大軍襲擊了蝦夷地的日本人居住區，並且準備向松前藩進軍。

震驚的幕府調集武士，並從本州北部幾個藩國徵調火槍手前去鎮壓，幾百個日本殖民者以及或許更多的愛努人死於雙方的對抗之中。相庫相郢的戰爭失敗後，愛努人遭受了更沉重的經濟剝削。一七一七年，日本大陸的商人開始向松前大名繳納固定年費，作為特許他們經管特定貿易前站的交換。到十八世紀末，新貿易區已經拓展到地勢較低的千島群島和庫頁島。當它們進一步推進到蝦夷地時，一些日本商人建立了「商業帝國」，控制北部物產豐富的海上捕漁業。到後來，把鯡魚粉加工成肥料成為該地區獲利最豐的行業。日本商人町富於冒險精神的商人們充當了肥料製造業的先鋒，他們引進大大提高了鯡魚捕獲量的先進捕撈方法，建造加工廠和愛努工人居住的木板房（愛努人通常工資微薄，生活貧困），把鯡魚粉肥料餅載運到日本幾個主要島嶼上栽種水稻的村莊。

十八世紀中葉，幕府開始捲入北部貿易。長崎的日本官員在尋找替代銀、銅的出口產品時，欣喜地發現中國存在著一個魚翅、乾鮑魚、海帶、海參和其他烹飪用海貨的需求市場。因為那些在蝦夷地經管貿易前站的商人把這些商品裝在草袋裡，所以這些商品一般被稱為「俵物」。一七八五年幕府在長崎成立了「俵物會所」，向蝦夷地和本州北部的商人收購海中美味，然後賣給中國商人。

根據估算，經長崎一地和愛努、琉球、朝鮮、荷蘭及中國進行貿易的總額，在近世早期的任何時期都沒有在日本經濟中佔據重要比重。雖然如此，出口的機會還是為許多日本人提供了工作，包括九州的陶工，他們的陶器暢銷荷蘭；大坂的住友家族和其他銅業商人、手工業者，到十八世紀初幾乎把他們的所有產品都運往長崎。而且，一些進口商品也有助於農業產量的提高。截至一七四〇年，蝦夷地的鯡魚粉肥料餅施用於日本西部將近一半的稻田。其他的進口商品豐富了生活，提高了生活水準。富裕階層珍愛朝鮮的藝術品和中國的華貴絲綢。許多日本人得以享有更健康的生活，因為長崎會所把從亞洲進口的所有藥物都交給大坂的一個藥劑師協會，由他們測定藥物成分，用日語重新命名，包裝成大小便於攜帶的模樣，然後出售給全國各地的藥商。

階級、身份和生活水準

魷魚、鰻魚、章魚；沙丁魚、鯖魚；大米、大麥；糖、鹽、醋、醬油；牛蒡、蕪菁、蓮藕；橘子、柿子；茶、清酒；精美絲綢、耐穿棉布；鞋類、雨傘；雨具；頭飾和各種個人小飾品；建造和維修房子的工具；書籍、木版畫；罐、鍋、塗漆碗筷。即便朝日本中等城市的旅行指南和描繪不同城下町商人町的裝飾屏風匆匆一瞥，也能發現十七世紀末日本城市市場上食品和其他商品的豐富多彩。

經濟上隸屬於不同階層的家庭從不斷發展的商品經濟中獲取的「利益」形成了反差。在一些主要城市，常常能看到上層武士和像鴻池屋那樣富商家庭的僕人，用手戳一戳海鯛查驗它是否新鮮，聞一聞茶葉判斷它品質是否優良，或者為了討好他們的主人只選擇最上乘的織錦緞。而另一個相反的極端，則是技藝生疏的工匠、散工和佃農生活在另一個世界：他們從豆腐而非魚肉中汲取蛋白質，佐餐的是白開水，而且只買得起最便宜的棉織品，經常從商人那裡淘取二手服裝。

社會地位也是個值得考慮的問題。整個十七世紀，幕府和地方大名政府都在尋求新方法，在構成新儒學社會秩序的士、農、工、商這「四民」之間製造更具深意、更顯而易見的區別。有些人提倡實行身份制的統治體系。在其他方面，官吏們相信只要把人民相互隔離，他們就不可能聯合起來向統治秩序挑戰。而且，嚴格劃分社會等級的過程，為政府提供了充足的機會向人民說教：每個具有特定社會地位的人都必須履行合乎他身份的義務。在這一點上，官吏們似乎尤其想要讓日本的普通人——農民、手工業者和商人明白，他們必須遵守法律，繳納賦稅，通過少花錢多生產促使社會繁榮。最後，國家統治者通過賦予武士作為社會中堅分子的特權，希望武士們永遠對他們感恩戴德，保證作為國家權力忠誠、堅定的執行者為他們效命。

幕府和大名政權通過多種方法實行身份制的統治。在十六世紀末到十七世紀初建造的城下町創建了地理分區，農民散居在鄉村，而在新興的社區，武士住在和商人、手工業者相隔離並自成一體的區域。此外，由豐臣秀吉首倡、德川氏將軍充實的一系列法令，教導人們繼承父母的職業，禁止武士的後人和其他階層通婚，並且給予武士獨一無二攜帶武器的權利。新政權形成後，幕府和大名授予武士擔任決策者和政府重要職官的特權。還有，只有武士可以稱姓；農民通常只有自己的名字，商人則習慣上被冠以職業或店名。

從十七世紀中期開始，幕府將軍和各藩發佈了一連串規定消費模式的條令，作為進一步強化身份差異的手段。本著這種精神，一六六〇年，加賀藩前田大名公佈了一個法令，規定上層武士可以穿十三種絲綢，並對此做了準確細緻的說明，限定低級武士只能穿四種品級稍低的絲綢，例如府綢。這個法令還把商人和手工業者合併為一個單一階層「町人」(即市民)，規定他們只能穿普通絲綢和棉布。全國各地普遍頒佈了這種法令。與此相似，一六八三年，幕府的一個法令要求江戶的町人只能拿府綢、棉布、麻布當衣料。官吏們也不會放過農民。一六四九年的《慶安御觸書》告誡農民只能穿棉布衣服，這個規定在十一年後加賀藩通行的禁令以及日本各地大名頒行的類似法令中又被重申。

歷史記載對於人民如何遵守規定的敘述互相矛盾。清楚內容但不服從是普遍性的。加賀藩首府金澤的奏報表示，富有的町人通常無視關於衣著的規定，他們樂於付一小筆罰金，或者滿足於向豔羨的鄰居炫耀他們最好的衣服。作為代價，他們得耐著性子聽完官員關於社會責任的說教。據十九世紀初一位生活在江戶的敏銳觀察者記載，甚至在江戶，「將軍的公告和法令也被稱為『三日法』。沒有人畏懼，也沒有人注意它們。三日之後它們就無人理睬。人人皆知政府只是在它自己覺得需要時頒佈法律，難怪下層人民不學習、不遵守法律」。[7]

雖然有各種冷嘲熱諷，但還是有其他證據表示，關於身份的規定和經濟實力的制約互相結合，的確在很大程度上框定了各個家庭的生活方式。富人不僅吃新鮮海鯛，也品嘗鶴、鵝、雉雞、野豬、鹿肉等美味。金澤的一些武士成為美食家，以致大名害怕他們會因此喪失尚武精神。結果一六六三年加賀藩頒佈一項法令，開門見山地說「近多有奏報武士設盛筵」，然後限制節日和正式場合的飲食為兩個湯、一條魚、五道蔬菜副菜、兩長頸瓶清酒、米飯、漬物、糕點和綠茶。[8] 前田大名接著規定，商人家庭的餐飲應該更加節制，以符合他們的身份，即為一個湯、三道副菜、兩瓶圓酒瓶清酒、米飯、漬物、茶和甜點。

正如我們可以從金澤的規定中猜到的，蒸米飯配湯、副菜、茶正成為近世早期許多人偏愛的食物。不過，經濟狀況中等，也就是和同時代人相比不富也不窮的人的日常費用，由於地區、時節和個人自我感覺的不同，還是有很大的差異。一八三七年，加賀藩一個中等武士日記裡的相關記載表示，他每天吃魚，每餐都有蒸米飯；而日本西部另一個武士的日記則顯示，十九世紀三四十年代，他家經常吃摻雜了大麥的米飯，每頓一道蔬菜或豆腐，還有味噌湯，魚只是每月稍許幾次出現在餐桌上。在此之前好多年的一八一七年二月，一位沿東海道旅行的學者，在他的旅行日誌裡準確記錄了他每天所吃的食物。十九日中午，他在一家可以遠眺琵琶湖的小客棧停留，享用了一頓有清湯、牛蒡、昆布炒細胡蘿蔔絲、白芝麻醬拌三葉草的午餐。傍晚大雪開始飄落時，他到草津驛站的一家旅店投宿，進食晚餐溫暖身體。晚餐包括：豆腐乾和蔬菜湯；醋漬蘿蔔、柿子和蔬菜；一小碗和熟魚片一起上桌的什錦蔬菜；烤醃鯖魚。

不管他們喜歡還是不喜歡，農民們都不得不忍受一連串有關他們飲食的禁令。在十七世紀四〇年代頒佈的一系列法令中，幕府禁止農民飲酒喝茶，而且進一步規定農民少吃米飯，多吃小麥、馬鈴薯和粟米。這類法令的效果還不清楚，但確實有許多農戶靠粗茶淡飯湊合著過活。「產稻區的農民，」十八世紀二十年代的某位官員寫道，「有時吃米飯，但只是和其他可吃之物混在一起的稀飯。許多生活在山區或種植其他穀物的地區的農民，甚至新年的三天節日中也吃不到米飯。即使煮粟米或小麥飯時，他們也要摻入許多蕪菁、馬鈴薯和豆葉，而且連這樣的食物他們一天也只能吃上一頓，其他兩頓就喝像水一樣的稀粥。」[9]

正如前文所述，江戶和日本城下町的建築外觀上體現了潛藏於身份制統治觀念中的主要原則，住宅風格因身份和經濟地位而有所不同。富裕的武士雇用技藝嫻熟的木匠，使用最好的建築材料營造寬敞的住宅。典型的武士豪宅坐落在圍牆和精巧的大門之內，門的大小和裝飾用品與住宅主人在武士階層內部的地位相符。住宅本身通常包括人們脫鞋進屋的正式入口和接待客人的起居室，還有家人白天聚在一起聊天及晚上睡覺用的其他幾個房間。榻榻米鋪在大多數房間的地板上，房間之間用障子和拉闔門相隔，後者是一種在木質框架上糊上厚紙做成的活動門。在最好的房間裡，常用畫作來裝飾拉闔門。起居室的特點是有一張擺放書本和陶瓷器的固定案桌和一個壁龕，即用來安放書畫立軸、插花或一些珍貴藝術品的壁櫥。等級稍低的武士住在結構相似但較小的房子裡，隨著武士收入和名望的逐級下降，他們的房間數量和裝飾用品也相對減少。

典型的商人和手工業者的住房是前店後屋，店門面朝街道，在店裡做生意，家人和雇工則住在後面的房子裡。大多數這種住商兩用的房子都很簡陋，建築物本身未經裝飾，反映出室內也並不舒適。例如在近世早期之始，幾乎所有家庭的坐臥都在粗陋的木地板上，只有幾隻塞滿稻草的袋子減輕他們的不適。後來，仿照在富裕武士家中看到的裝飾，有條件照做的町人也鋪設了榻榻米。在本地法令許可的地方，町人還把房子加高到兩層甚至三層。富商發現，如果想建造自己夢想中的住房，有必須玩弄詭計製造遁詞。金澤和其他許多城市規定，町人住宅的正面不得超過一層半，這就促使一些町人造的房子，正面測量剛好達到這個高度，而後面屋頂卻陡然斜著向上，使房子足足有兩層高。在佈置這樣一個家時，人們往往採取種種手法來逾越例行的規矩；在對付禁止町人使用金銀葉子裝飾房屋，或者使用金漆鑲嵌家用品的討厭規定時，一個成功的商人如果不用這樣的手法來蒙混過關還能怎麼樣呢？

許多收入微薄的工匠和散工住在窮街陋巷被稱為「長屋」的房子裡。房子的前門通常通向泥土地板的窘迫廚房，廚房裡放著做飯用的泥爐、堆柴火的柴櫥，牆面的釘子上還掛著罐子和鍋，此外沒有多少別的東西。個人或者全家生活在一個長寬大約各為二．七公尺的房間裡，有時甚至還要在房間裡幹活。在日本潮濕悶熱的夏季，長屋裡的住戶汗流浹背，冬天則靠做飯的火爐取暖。沒有活水接到各個單位，所有人共用一口水井、一個廁所和一個垃圾箱。

雖然農舍的面積和設計差別很大，但大都明確分為居住區和工作區兩個部分。農民在泥土地面的工作區幹農活，有時也在那兒圈養動物。那種房間一般也有做飯的泥爐和飯後洗涮用的水槽。在最貧窮的農民家裡，居住區有簡陋的泥土地板，上面鋪著裝了稻草的袋子，並用低矮的分隔物與幹活區隔開。收入較高的家庭會多造幾間房，房間裡放上墊高的木地板，一家人圍坐在室內的爐膛邊吃飯，冬天則取暖。可以想見，鄉村菁英們自得於有若干房間的住宅，也享有許多在富裕商人和武士家裡才能發現的舒適。

大體上，近世早期日本的物質福利和生活水準得到了可觀的改善。雖然缺乏可靠的資料，但有足夠的其他證據證明：十九世紀早期的商人和工匠家庭穿得更好，吃的食物更多樣，住得比他們兩百年前的先人更寬敞。隨著人們越來越多地坐在榻榻米而非木地板上，睡在塞滿棉花的寢具上，把被褥存放在內置的壁櫥裡，把其他物品如備用的衣服、藥品、書寫用品、化妝品、工商業票據和現金等放在專為收納這類東西而造的櫃子裡，房間也變得更加舒適。由於人們普遍能獲得地瓜、馬鈴薯、南瓜、胡蘿蔔、青豆、西瓜以及其他從西方引進的食物，飲食有了很大改變。十八世紀，一些以天婦羅、烤鰻魚和其他食品為特色的餐館出現在江戶、大坂和其他主要城市，這是城市不斷繁榮的另一個標誌。十九世紀初，在江戶的一名廚師發明了壽司後，這種食物開始風靡各地。

相似的趨勢在農村也很明顯。雖然農民在十七世紀初以自給自足為主，但截至近世早期的中間階段，即便是偏遠小村的家庭也能購買不同的食物和衣服，有時還有小件奢侈品。起初，小販們在鄉村穿梭，兜售乾魚、廚房用具、鋤頭和其他農具。後來，對商品的需求擴大，以至於許多村民開始自己開設長期性的「雜貨鋪」，當地村民可以在那兒買到他們認為是日常必須品的全部商品：豆醬、豆腐、昆布、麵條、仙貝（米餅）、燈油、蠟燭、針線、便鞋、木屐、草鞋、煙草、煙斗、筆、墨以及毛筆等等。正如十九世紀早期一位觀察者所言：「農村零售業年復一年地增長。清酒、染料、乾貨、化妝用品、五金器具、漆器，所有你能想到的，都在農村出售。」[10]

當然，不是每個人或每個家庭都興旺了。沒有能力或時運不濟的商人和手工業者淪於貧困，而那些沒有做好準備利用商品化農業和原始工業化提供的時機的農戶，則世代居住在劣等的房子裡，喝大米粥度日。武士階層面臨著不同的問題：他們從大名那裡領取固定年俸，其數額從十七世紀初定下來後大致上未曾提高。由於有關身份的規定禁止他們投入商品經濟之中，大多數武士和其他日本人一樣，沒有從生活水準的普遍上升中受益。

不過，正如有例外就有規則，這類觀察確定了當時存在的一個普遍規則：對大多數日本人而言，一六〇〇年至一八五〇年之間，生活方式和生活水準有了重大改變和提高。多少事物得到改善還不能確知，但是對住房風格和舒適度、服裝、飲食的考察表示，十九世紀中葉，大多數日本人家庭的生活條件可以和工業革命前夕的英美兩國相比。在這方面值得一提的，還有出生於近世早期末葉的日本人平均壽命大約和出生於一八四〇年的西歐人（男性三十九．六歲，女性四十二．五歲）一樣長，略高於一八五〇年出生的美國人（男性三十七歲，女性三十九歲）。

堅毅的騎馬環球旅行者伊莎貝拉・露西・博兒於一八七八年騎馬從東京到本州北部旅行了近二千四百公里後，在她的《日本奧地紀行》裡善意地比較了二十年前她在美國的經歷。十九世紀五〇年代當這位英國婦女遊覽芝加哥時，旅館主人先將她安排到一個有四張床、五位婦女和一個生病小孩的房間裡。在表示了強烈的不滿後，博兒被安排到一個小房間，但她很快就驚慌地發現，狹窄的單人床上鋪著一張「骯髒的水牛皮」，招引了「一大群活生物」。後來飯廳的污穢又嚇壞了博兒，她沒有胃口吃「幾乎全生的煮羊腿、硬如吉他琴弦般很老的雞腿肉」，或者「浸泡在油脂中的烤豬肉」。[11]

相反，當她參觀日光時，她住在讓她「高興」的「中等階層」的鄉村住宅裡。「關於這幢房子，我不知該寫些什麼，」她這樣寫道，「它就像日本的田園風光，無一物不悅目。」讚歎完鋥亮的樓梯和「如此美麗潔白，我幾乎不敢從上面走過去」的榻榻米，以及一幅懸掛在壁龕中「畫在白色絲綢上花朵盛開的櫻桃樹枝」圖之後，她吐露說，「我幾乎希望房間少幾分雅致，因為我不斷擔心自己會撒上墨水，會使榻榻米凹陷，或者撕破紙窗戶」。至於飲食，博兒對盛在「精美的加賀瓷器」裡的鮭魚、雞蛋、米飯和茶，更是讚不絕口。

1 編註：即大坂的奉行阿部正藏。

2 James L. McClain,「Space, Power, Wealth, and Status in Seventeenth Century Osaka,」in McClain and Wakita Osamu‧eds. , Osaka: The Merchants'Capital of Early Modern Japan(Ithaca:Cornell University Press,1999), pp. 55-56(modified).

3 Tessa MorrisSuzuki,The Technological Transformation of Japan: From the Seventeenth to the Twentyfirst Century(Cambridge: Cambridge University Press,1994),p. 29.

4 編注：即五街道。

5 Thomas C. Smith,「Premodern Economic Growth: Japan and the West,」in Smith, Native Sources of Japanese Industrialization, 1750-1920(Berkeley: University of California Press,1988),p. 29.

6 譯注：從八世紀到十三世紀北海道原住民的文化。在以河川漁業和農業為主的初期發展階段，他們日用的陶瓷製品表面有了紋樣，好像用木刀或刷子按上的，獨特的學者稱之為「擦紋」，以「文」通用為「紋」，因此叫「擦文文化」。

7 Takeuchi Makoto, 「Festivals and Fights: The Law and the People of Edo,」 in James L. McClain, John M. Merriman, and Ugawa Kaoru, eds. , Edo and Paris: Urban Life and the State in the Early Modern Era(Ithaca: Cornell University Press,1994), pp. 404-05(modified).

8 James L. McClain, Kanazawa: A SeventeenthCentury Japanese Castle Town(New Haven: Yale University Press,1982), p. 94.

9 Nishiyama Matsunosuke, Edo Culture: Daily Life and Diversions in Urban Japan, 1600-1868, tr. and ed. Gerald Groemer(Honolulu: University of Hawai'i Press, 1997), p. 160(modified).

10 Smith, 「Premodern Economic Growth,」 p. 27.

11 Susan B. Hanley, Everyday Things in Premodern Japan: The Hidden Legacy of Material Culture(Berkeley: University of California Press, 1997), p. 188;Isabella Lucy Bird, Unbeaten Tracks in Japan(Rutland, Vt. : Charles E.Tuttle, 1973, reprint edition),pp. 49-53; and Bird, The Englishwoman in America(Madison: University of Wisconsin Press, 1966, rep. ed.), pp. 148-49.

第三章

自我與社會

在一八〇二年首次發表並且此後連續刊行的暢銷小說《東海道中膝栗毛》中，主人公彌次和喜多從他們的家鄉江戶出發，沿東海道旅行。他們兩人是隨遇而安的工匠，過著江戶下層平民那種花錢隨便，很少為將來打算的一成不變的生活。這兩個無憂無慮的光棍著迷於一路上遇見的各色人等，其中有些人搶劫時誤搶到無法無天的無賴頭上。在一系列調皮搗蛋的冒險中，他們詰問自大的武士，奚落出售偏方的僧人，嘲笑各地含混不清的方言，把在飯館和客棧幹活的鄉下姑娘看作潛在的征服物件。

彌次和喜多一路上的行為，正如他們與同胞的衝突一樣既滑稽又誇張，但其實是以當時的現實狀況為基礎而創作的。畢竟，許多日本人強烈地認同自己出生的村鎮或藩地。另外，日本是個講究身份的社會，武士、町人、農民生活在不同的聚落和街區，穿不同料子的衣服。而且近世早期不同的社會階層形成了各自的「道」，即行為的倫理準則，它們在很大程度上互相疊合，但在某些方面也強調不同的標準和原則。最後，各種「道」都趨向於使女性從屬於男性，因而對於彌次和喜多表現出來的獵豔態度都很寬容。

在二十年裡先後發表的續篇中，彌次和喜多將行程延伸到日本的其他地方，最後遠遊到了四國島上宏偉的金刀比羅宮。在四處遊歷的過程中，他們變得更加熟悉自己的祖國和同胞。他們發現婦女難以自行做決定，真正的浪漫建立在選擇而不是強迫的基礎上。除了學會容忍不同的事物，彌次和喜多也發現了一個基本的「日本性」。「自然，」他們寫道，「一個人會對旅行的同路人感到好奇。」因為出門看世界的人「不像住在同一排房子時受習俗約束，他們可以互相打開心扉暢談直到疲憊」。[1] 人們在客棧、飯館和茶室聊天時，發現彼此有共同的歷史，生活中經歷了相似的事件，知道相同的神話和傳說，尊崇同樣的神祇，持有相近的是非觀念，具有同樣的情感和情緒，閱讀相同的書籍，喜歡相同的浮世繪。友誼和「身為日本人」的同感由此產生，或者正如彌次和喜多所高興看到的，「江戶男人可以熟悉薩摩姑娘」。

「日本性」的集體感滋生了一種對自我、同胞和全體共用的自然環境的滿意。「你可以像參加野餐似的出去，」彌次和喜多認為，「享受路上的所有歡樂。你可以坐在樹蔭下打開一小桶清酒，可以觀看朝聖者搖著鈴鐺從身邊經過。真正的旅遊意味著洗滌煩惱的生活。穿上草鞋，綁上綁腿，你就可以隨意漫遊，享受天空和海洋所帶來難以形容的樂趣。」

武士道和武士倫理

中世紀的武士故事首先為武士們描繪了理想化的行為準則。戰爭時期，例如十二世紀晚期的源平之戰以及動盪不安的戰國時代，人們期望武士是英勇、意志堅強、武藝嫻熟的騎手和劍客，以自己的姓氏為榮，忠於主君，隨時樂意赴死。在敘述十二世紀晚期平氏和源氏兩個家族之間戰爭的歷史小說《平家物語》中，已經對這種精神作了一些最富有感染力的表述。其中最著名的情節之一，是一位為源氏家族效命的武士熊谷次郎發現有個孤身一人的騎手。「臨陣脫逃是不光彩的！」熊谷次郎喊道，「快回來。」那個騎手就是武士平敦盛，一個善吹笛子的美少年。平敦盛勒住馬，轉過身來，兩個對手開始交鋒。熊谷次郎很快把敵手掀翻在地，揪住平敦盛使他動彈不得，「揭下他的頭盔正打算砍他首級時，卻發現他只有十六七歲」。熊谷次郎想起了與平敦盛年歲相仿的自家兒子，決定放這個年輕人一條生路。但就在這時，五十名源氏的武士出現在地平線上。「我本想放過你，」熊谷次郎歎息道，「但到處都是源家的武士，你不可能逃脫。由我來殺你會好一些，因為以後我會為你祭祀祈禱。」平敦盛回答說：「取走我的首級吧，別浪費時間。」[2]

在現實生活中，可以想像的是，許多武士並不總是能實現如此崇高的理想。當戰爭形勢對他們不利時，有些武士臨陣脫逃，許多武士只有在他們的主君保護他們，給予他們獎賞和恩寵時才保持忠誠。在其他情況下，有些武士賣身投靠出價最高的買主，甚至僅僅為了增進自己的私利在戰爭中改變立場。不過，以櫻花作為他們的象徵，還是表達了大多數武士藉以衡量自己理想的那套行為準則。因為正如櫻花在絢爛盛開時，有可能突然被風吹走、散落，武士也有可能在榮譽的巔峰喪失生命。

十七世紀期間，武士見證了史詩般的戰爭歲月漸漸遠去，成為遙遠的歷史。當武士從兇猛的勇士異變為暗淡無光的貴族，生活在繁榮的城市，為興盛的城市消費所包圍時，許多人開始認真思索在和平的新時代做一名武士意味著什麼。嚴格強調義務和責任的新儒學為他們提供了一些行為的指導方針。一六一五年幕府頒佈的《武家諸法度》開始關注在新政權中武士使命的雙重性。法令這樣開始，「修煉文武藝能，包括弓馬之事，須專心致志」。

對新武士倫理最早的闡述之一，出現於宮本武藏的《五輪書》。宮本武藏一五八四年出生於日本中部，他後來聲稱自己首次殺人時年僅十三歲。三年後他跟隨自己的主君參加了關原之戰，和那些主人因戰敗而喪命的其他武士一樣，宮本武藏成了一名浪人（沒有主人的武士）。浪跡全國時，他皈依了禪宗，並成為一位取得高度成就的書法家和畫家，還練就了「二天一流」的新劍術[3]。根據他自己的記載，在他遊歷全國期間參加的六十多次劍術決鬥中他皆獲全勝。一六四〇年，宮本成為日本西南熊本藩大名的劍術教習，一六四三年，他退隱於一個山洞，在那裡寫作《五輪書》。

儘管宮本武藏常與人決鬥，他亮出的觀點卻譴責對死亡的崇拜，宣揚武士必須總是為了成功而奮鬥。「武士之道是不屈不撓，決心向死的，」宮本武藏寫道，「雖然不獨武士，僧侶、婦女、農夫同樣樂意為盡忠或者雪恥而死，但兩者的意義其實是不一樣的。武士學習兵法是基於超越人類的極限，由此為我們的主君和自己獲取名望。」[4]陳述了這個涵蓋一切的原則後，宮本武藏繼續解釋武士戰勝對手的方法。他的許多建議都是技術性的，包括如何握劍以及躲避和進攻時步法的重要性等等，但是他也非常強調精神準備。在某一章中他告誡說，要「研究對手的情況，觀察對手的個性特點、優勢和弱點、才能高下等等。要出乎對手的意料，把握攻守的節奏，先發制人，這是要點」。他敦促道，一旦你佔據上風，便要乘勝追擊，「主要是使敵人從心底認輸。只要他們還抱有希望，他們就幾乎不會潰敗。但假如你讓他們喪失信心，你就不必再理會他們」。[5]

《五輪書》總是周而復始地回到劍術的問題上來。最終，宮本武藏的書闡明了一個更普遍的觀念，即武士之道是取勝之道，任何人都必須建立自己的生活秩序，以便實現為自己設定的任何目標。對宮本武藏來說，那是「武士道」的核心——一個人不能擁抱死亡，相反，作為完成人生任務的一個途徑，應該努力現時現世地實現征服，獲取榮耀。這個目標反過來要求武士總要做好準備，瞭解敵人，明白自己，時機一現便果斷行動。

山鹿素行對於武士應該採用的倫理標準持有不同觀點。山鹿素行一六二二年出生於日本中部，青年時期前往江戶拜儒學專家林羅山為師[6]。為廣島附近的赤穗藩大名當了多年的學者顧問和軍事教習後，山鹿素行返回江戶，於一六六〇年創辦了他自己的研究儒學和兵法的學校。他寫了有關儒學研究、兵法和日本歷史的多部著作，但最不能讓人忘記的是他推動了「武士道」的形成。

在他的《武教本論》和〈士道〉[7]中，山鹿素行力圖解答一個問題：在一個人們不必再征戰，但是也無濟於生產和流通經濟的社會裡，武士該做些什麼來證明自己存在的合理性。作為一名學者，山鹿素行曾經受到中國儒學傳統的早期著作如《易經》、《春秋》等的吸引，它們代表了對理想儒士的一種想像——飽讀詩書，堪為國家效命，道德高尚到他的個人行為提高了大眾的道德水準。隨著國家進入太平盛世，山鹿素行在他的不同著述中主張日本武士應該效仿過去的儒家聖賢，致力於成為道德和政治的領袖。

為了擔負起這種責任，山鹿素行繼續道，武士應該致力於「鑽研學問」，正如幕府的《武家諸法度》所申明的那樣。他們有責任像往昔理想的中國儒士一般，精通音樂、詩歌和其他藝術。此外，他力勸武士們培養一種建立在「誠」這個概念基礎之上的個人美德。在中國的儒教中，「誠」被認為不僅是支撐了所有其他形式的良善的主要美德，也是主宰人與人之間關係的原則。在神道傳統中，「誠」的概念有細微的差別，它有它自己一套表示何為真實、真誠、純潔和誠實的觀念。

山鹿素行認為，武士信條最高尚的表現是，在作為主君的武士和職官的同時，閃耀道德楷模的光芒。「士之職，」他在〈士道〉中寫道，「在於省其身，得主人而盡奉公之忠，交友篤信，慎獨重義。」[8]山鹿也沒有忘記，武士對大名和將軍應履行的義務中還有軍事的成分。畢竟，近世早期的武士是綿延幾個世紀的作戰傳統繼承者，而且天皇仍然委託他們保衛國家，因此，他們應該保持健康，練習軍事技能，學習戰術戰略。不過，山鹿提醒武士，他們已經步入一個新的時代，他們作為文職的責任佔據了主導地位，因此他們最應該關注的事情已經不一樣了。

首先，武士必須行事以「誠」，也就是說，武士官吏不應該憑狹隘的私利行事，相反必須只能受「誠」、「純」意圖的驅動，以符合道德理想和公眾評價，實行仁善的管理。而且，山鹿素行號召武士重新確定他們效忠的對象。以前，武士都是對個別大名宣誓盡忠，但是在十七世紀，大名不再僅僅是武士團的指揮者，同時也已經成為領地的統治者，肩負著隨之而來對領地內人民進行統治的責任。與此相應，武士也進入了一個更加非人格化的社會。因為在近世早期，武士的身份是終身的，所以他要向大名家族，而不是某個碰巧在某時成為大名的人宣誓效忠，從更抽象的意義看，甚至是對他服務於其中民眾的那片領地盡忠。最後，因為每個武士家族首領擔任的公職通常都是世代相傳，所以要求他們的忠誠必須是絕對、無條件的。

一七〇〇年，就在山鹿素行重新修正武士行為的倫理準則後幾年，武士山本常朝在他的主人肥前國佐賀藩藩主鍋島光茂於七十三歲去世後，表達了強烈且幾乎無法自制的儀典式自殺的願望。雖然主君死時武士稱為「自殉」的自我犧牲，從來沒有成為特別普遍的現象，但是在日本中世紀，偶爾會有武士選擇和主人一起死在戰場上，或者在他們的領袖落入敵人之手時剖腹自殺，也有些家臣把這種忠誠的終極表現帶入和平時期，在他們的大名正常死亡時自殺殉主。十七世紀中葉，自我犧牲蔚然成風。那些蒙受主人特別恩寵的武士，似乎越來越多地認為以自殉結束生命是件自然的事情，其中一些當然是把傳統表現忠誠的必為之事付諸了行動。「主人死後切腹自盡是當今風尚，」某大名在十七世紀三〇年代寫道，「他們認為這種行為值得稱道。」[9]不過，有些人比較會算計，他們犧牲自己是因為知道後人會因此得到豐厚獎賞。還有些人自殺是出於悲痛。大名和年輕家臣之間的同性私通在武士的生活方式中是正常、被認可的。大名死後，他的前情人們常常因為悲傷，心甘情願地追隨他而去。

隨著十七世紀中葉自殉事件的增多，對這種風俗的批評也不斷增加。山鹿素行譴責了這種情緒化的自私行為，認為它對於一種理性且制度化地忠於領地及大名家族的新準則建立，造成了破壞。與此同時，幕府和許多大名政府都遺憾許多有才之人的不必要損失。鍋島光茂在二十六名武士為他的父親殉死之後，於一六六一年在佐賀藩宣布禁止這種行為。三年後，幕府效法鍋島光茂，在《武家諸法度》中增補了禁止自殉的條文。因此，鍋島光茂死後，山本常朝只能打消自殺的念頭，放棄武士的職責，退隱到佐賀城堡以北幾公里處一個偏僻的小寺院裡。

山本常朝從一七一〇年到他死於疾病的一七一六年之間，把他對生命和責任的思考寫進一千三百多則實情逸事裡，結集為《葉隱》一書。這本書不加掩飾地否定統治階級以及知識份子一如山鹿素行等人馴服武士的努力。山本常朝很少如幕府《武家諸法度》那樣，提倡「鑽研學問」。在某一點上他承認「學習是件好事，但它更經常地引向謬誤」，而且，「在極大程度上，我們欣賞自己的觀點，變得熱衷於辯論」。和他的反智主義相結合的還有他對藝術的蔑視。「精通藝術的人如同蠢人，」他宣布，「諺語說『藝術有助身體』，它只適用於其他地區的武士。對鍋島家族的武士來說，藝術毀壞身體。在任何情況下，從事某種藝術的人是藝術家，而不是武士。」10

和現實社會的貧乏相比，山本常朝稱讚了關於個人忠誠的古老理想。「要說如何做一名武士，」

某個故事開篇就說，「其基礎首先在全心全意侍奉主君。」山本肯定大名和家臣之間的深厚情誼。他回憶起鍋島光茂曾經溫言讚賞過他，並把他自己的蒲團和夜便服送給他。「啊，」他慨歎道，「如果是往昔，我會在這個蒲團旁切腹自殺，披上這件夜便服，追隨主人而去。」[11]

除了強調絕對忠誠，《葉隱》的許多篇章還讚美死亡。「武士之道，」這本書開宗明義地說，「即知死之道。」[12]在山本看來，做一名真正武士的關鍵是學會體面地死：

人應該日日盼死，這樣當死亡來臨時就能死得平靜，災難發生時不會如擔心的那般可怕。事前用徒然的想像折磨自己很愚蠢。每朝平定自己的情緒，想像自己被箭、槍、矛、劍擊中撕裂，被巨浪捲走，被烈火焚燒，被雷電、地震擊倒，墜落懸崖，不幸染病，或遭遇意外的那一刻。朝朝在腦中死一次，你就不會怕死。[13]

《葉隱》沒有在偏遠的佐賀藩之外廣泛流傳，山本常朝對死亡的癡迷也讓他的大多數武士同道不安。不過，他的觀點還是在許多武士中引起了共鳴，並作為武士階級準則的一部分倖存下來。武士最早使用「武士道」這個詞是在十七世紀，當時他們正沉思自身存在一個瞬息變換的社會的意義問題。近世早期武士固守的傳統觀念如勇氣、忠誠以及甘願面對死亡的恐怖仍有意義，但是他們也在過去的思想基礎上增添了新的理想，構建了當時的武士之道：爭取成功是美德，人應該讀書，而且要為終將降臨的機會做好準備；動機的純潔非常重要；一個人可以通過為藩地政府和人民效勞，履行自己身份所固有的義務。

商人對新儒學的思考

在近世早期，平民也不得不決定他們應該重視哪種價值觀，形成自我認同，為自己在社會上爭取體面的位置。最後，町人和農民一樣形成了指引其生活、著眼自身對社會之貢獻的倫理準則。和武士的情形一樣，當代的經驗以及從佛教和神道傳統中吸收的訓誡，深刻地影響了商人、工匠、農民對他們自己的看法。新儒學也不無影響。平民在各種不同情況下瞭解了道德哲學，到十八世紀中期為止，大多數普通日本人對其基本原則至少都有了粗略的認識。也是在那時，出生於商人家庭的道德家和學者，開始爬梳儒學教條，忙於搜尋各種線索，以形成迎合日本城市平民需要的倫理行為準則。

從十七世紀中期開始，一些著名學者開始在三都和地下町開辦私塾，招收富裕市民和附近村莊富農的子女為全日制學生。另一類稱為「寺子屋（寺塾）」的學校則吸收本地或農村的孩子入學。一些寺子屋其實由佛教或神道僧侶經營。不過，更多的是由單身教師或已婚夫婦在他們自家開辦，靠向學生收取學費過活，學生則儘量每天來一個小時左右。

孩童在寺子屋中學習／國立國會圖書館

十八世紀末至十九世紀初，私塾和地方寺子屋的數量急遽增加。據記載，甚至早在一七五〇年，江戶的「學費已經極低，辦學手續也已經簡化。教育費用低，結果，即便是下層人民也可以進寺子屋讀書，『無筆』即不會寫字的『無筆之人』很少」。[14]到十九世紀三〇年代，全國已至少有三百所私塾和多達三千家的寺子屋在運轉。根據一些人的估計，到近世早期的末葉，江戶和日本其他主要城市幾乎每個成年人都能讀會寫，而另一些人則估計一八五〇年日本百分之四十到五十的男孩和百分之十到十五的女孩都在這種或那種學校受過一些正規的學校教育。十九世紀中葉，日本總的識字率有可能高於世界上任何其他國家，也許只有英國和荷蘭除外。

私塾的典型課程是向剛入學的學生介紹儒學經典，對已經讀了若干年的學生則進行高級輔導。寺子屋教師採用的課本範圍更廣，例如《商賣往來》（商業指南）和《百姓往來》（農民課本），向學生傳授他們需要的語言和數學技巧，以便聽懂官方公告、準備發票、記明細帳、閱讀農學手冊、作繳稅記錄等等。不過，在大多數寺子屋，所有教學的重點是職責、義務、孝順和社會責任這些居於儒家倫理準則中心的價值。平民兒童學習新儒學的基礎知識時，有時會讀到污蔑他們遠不如武士菁英特權階級有價值的課文。一七一九年，曾經為將軍侍講的儒學道德家和天文學家西川如見刊行了被廣為傳閱的《町人囊》，這個題目說明西川有錦囊妙計要告訴町人。他這樣勸告他們：「町人為四民之末。既為末，就不應逾上，不應嫉妒他人名望、威嚴，而應甘於簡單平淡和目前的地位。只要安分守己，如同牛樂於混跡於牛群，就會一生快樂。」15

隨著商人變得更加富有，受到更好的教育，其中一些人開始重新思考新儒學的某些訓誡，並且最終向知識份子把他們比作馱畜，和將他們列入社會職業階層結構底層的偏見提出挑戰。大坂的私塾懷德堂的學者在改造舊觀念的過程中，發揮了重要作用。懷德堂由五位大坂商人創辦於一七二四年，招收了一些武士；但主要還是服務大坂城內富商家庭的年輕人，他們希望遍覽中國經典著作，以便隨意出入大坂上層社會。在那個社會，熟悉一些過去積澱下來的學問以及能用漢文作詩，被視為有用的資本和便利的社交潤滑劑。而且，在懷德堂求學還有望學到能使他們經商致勝的實用課程，以及倫理道德行為方面的指導。

起初，懷德堂的創始人按照新儒學正統學說的標準安排課程。然而，當學生們孜孜不倦學習時，一些才華出眾、主要來自商人家庭的教師，改造了儒家學說，肯定了武士以及商人的正直品質和價值。十九世紀的前十年，當山片蟠桃完成他的《夢之代》時，重新詮釋新儒學的漫長過程中的最高成就出現了。山片蟠桃出生於播磨國，十三歲時就到大坂，在他叔叔的「升屋」裡當店員。在接替叔叔擔任番頭之前，年輕的山片蟠桃在商人創辦的學校懷德堂學習了一段時間。作為一位非常精明的理財家，山片蟠桃把他叔叔的生意帶向了新的繁榮。臨近其成功的漫漫一生的尾聲時，他撰寫了著名的關於各種知識概論的著作──《夢之代》，提出了如何認識歷史和說明普通人民的主張。

山片蟠桃認為所有的客觀知識和人類的價值觀來自科學的普遍性。圍繞這一主張，他建立了自己的認識論。事實上，他受到從西方著作的中譯本中瞭解到的天文學的影響，他的《夢之代》就是以這種觀察開始。「宇宙先於一切而存在，地球其後，」他寫道，「人類及道德準則又後之。憐憫、正義、禮節、孝道、忠誠皆為人類規範社會秩序之法的一部分，並非先於宇宙而存在。」[16] 接著，山片蟠桃又討論了史前時期的地理、人民和生物，日本信史前夕以及這段歷史中政治秩序的形成，還有日本政治經濟的現狀。最後，在《夢之代》的綜合結論中，山片蟠桃重申了所有現象的合理性，駁斥迷信即宗教、日本民族起源於神的臆想以及種種玄虛的傳說，他把這一切都稱為「夢」。

山片蟠桃的不朽論說貫穿了兩個基本主題：首先，知識是客觀且能被證實的，因此所有願意不辭辛勞研究周圍世界的人都可以獲取知識；其次是堅決主張「人類規範社會秩序之法」，實際上是認為人類所有經驗奠定在宇宙本質的基礎上。這個判斷反過來導向一系列公理。山片蟠桃推導，如果哥白尼教導說地球不是宇宙中心，那麼與此相似，沒有一處是地球的中心。因此，隨之而來的結論就是，作為自然和宇宙秩序不可分割部分的人類文化，並沒有給予任何階層成員以淩駕於同胞之上的特權。

最後，山片蟠桃把沒有社會階層可以淩駕他人之上的信條，和任何人都可以經由考察身邊環境裡的事物來獲取知識這一觀念結合起來。從這一點出發，這位商人學者得出結論：每個階層都具備某些相關的專門知識，使他們得以從總體上增進社會福利。武士「知道」政治，就能夠統治他人；農民瞭解農業生產的複雜性，就可以供養全國；商人懂得經濟，唯有他們抓住了貨幣本質、市場實況以及供求關係的普遍法則，因此，商人掌握的知識也有用處。在山片蟠桃看來，商人關於經濟事務的智慧，對於改善日本同胞的生活，實際上和武士領導者的所謂政治智慧同樣至關重要。

石田梅岩對於構建一整套承認市民階層作用的倫理規範也做出了重要貢獻。石田梅岩是丹波國一個農民的兒子，年輕時就到京都一戶商人家當學徒，後來他開始研究新儒學。一七二九年，就在懷德堂成立後不久，年屆四十五歲的石田梅岩開始公開講授被熟知為「心學」的道德哲學。他的觀點立即博得京都商人和工匠的好感，隨後迅速傳遍全國。在十九世紀早期的某個時候，他的門徒在許多城市開設心學講席，在總計招收了三萬多名弟子的一百多所心學學校授課。

心學的核心信條是相信人類身上潛藏著完美道德。石田梅岩及其追隨者都採納了儒學的主張，即如果一個人想成為有道德的人，並幫助社會正常運轉，他就必須領悟「理」，一種不易捉摸的包括自然法則和社會準則的「原則」。但是就在日本新儒學學者大多把「理」視作一些固有的不可更改的格言時，石田梅岩提出道德美德是內在的，活在每個人的內心。因此，他很少採用山片蟠桃所推崇的那種客觀的學說。相反，這位石門心學的創始人斷言，探索宇宙本質最有效方法是領悟人的精神實質。而且，石田梅岩主張積極入世，尤其是投身於工作；他認為這是瞭解個人的內在自我和釋放使人行為得體的良善面的最直接途徑。

後來，石田梅岩的門徒更加全面地吸收日本的宗教傳統，以觀察如何發掘關於個人「真心」的知識。他們借用了禪宗的靜坐作為探視內心深處的一種方法。他們建議的另一種方法是像某些佛教以及神道的苦行者那樣，通過苦行修道。心學領袖們的意思不是說普通人應該離開人類社會，站到瀑布底下悟道，不過他們的確鼓吹在日常生活中要遵從節儉原則。事實上，石田梅岩本人，或者如他自己所言，吃得很節儉，並且多年來自己做飯，以超越日常生活的需求，營造一種能讓他洞察自己內心的平靜。

商人和工匠成群結隊地湧到心學的講堂，因為它再次有力地肯定了他們的固有價值。對石田梅岩和山片蟠桃來說，「天」賦予了每個社會階層推進個人福利的獨特且可敬的責任。「若無買賣，」石田梅岩為商人辯護道，「則買方無著，賣方難售。苟如此，則商人無以渡世，則改業而為農或工；若商人皆為農為工，天下無流通財寶者，則萬民陷入難境。」[17]

而且，每個社會階層都有互補作用。「士農工商者，助成天下之治也。」石田宣稱，「四民有缺，則無以為助。」接下來他明確指出，「治理四民，乃君之職也。」他又說，「佐助君主，則四民之職分。士者，乃原本有位之臣也；農人，乃草莽之臣也；商工，乃市井之臣也。為臣者侍佐君主，乃為臣之道；商人買賣者」。他再一次重申，「乃佐助天下也」。此外，既然每個社會階層都有助於國家的普遍福利，他們就有權要求同等的報酬。作為侍奉大名的回報，每個武士家臣都領取年俸，石田梅岩推導，與此相似，「工匠得工錢，乃工之祿也；農人耕作收穫，亦同士之俸祿；商人之取賣貨之利，與士之食祿相同」。

平行之「道」：商家家訓和農民聖人

山片蟠桃和石田梅岩等學者通過肯定商人的用處，重新詮釋了新儒學，他們為此付出的努力成為後來被稱為「町人道」的實用倫理準則發展的起點。「町人道」的意思是「市民道」，一般不僅用來指商人，也指工匠。但由於以著名商人為首促進了町人道的形成，因此它常被譯為「商人道」。石田梅岩本人詳細說明了町人道的核心價值，提出「知心」就能產生行為的獨特綜合表現，如推崇完整的「五倫」，無限地投身於義務和職業。他勸告說，「首要謹敬自身，以義尊崇君主，以仁愛事父母，以信義交朋友，廣愛人而憫恤貧窮之人。有功不自誇，衣類諸物，守儉約而戒華麗。不荒疏家業，財寶知量入為出」。18

在家訓中說明這些理想時，帶有更鮮明的特徵。在整個十八世紀，越來越多的日本富商撰文敘述他們對生活的思考，公開他們成功的秘訣，有時還得到了心學和懷德堂學者的建議和指導。有些家訓很簡要，而十八世紀二十年代晚期完成的《三井家家訓》則多達幾十頁。這些家訓主要是為後代提供經商的實用性建議，包含著許多長期積累起來的職業經驗，而且經常評述商人的家庭義務和社會責任。總的看來，家訓廣泛論述了商人的正直，闡明了町人道的倫理規則。

根據大多數家訓所言，辛勤工作絕對是成功的先決條件。博多（在現在的福岡）的著名釀酒商，也是最早為後繼者留下家訓的商人之一，島井宗室忠告：「早起。於買賣及賺錢之營生，務比他人勤勉。」[19] 伊藤長次郎，其在名古屋的家庭紡織品店發展成為如今的松阪屋連鎖百貨店，也告誡夥計要起得「比世間任何人都早」。而且，他還警告說，「怠惰永無益處」，所以「縱以揉牛馬糞為業，亦當熱忱」。用詞簡潔的《三井家家訓》少了幾分想像力，直接告訴家屬和雇工「勞作不息者永不受窮」。[20]

此外，世間的成功還有賴於贏得顧客的歡心。據一位著名釀酒商的家訓，一種方法是「務必事事誠實」。另一位商人也持類似看法，「商品售價須公平標準，勿虛抬價格」。禮貌也很緊要。一個商人家長寫道：「禮遇所有進出店鋪者，無論男女老幼。」三井家在江戶的競爭對手，布料商白木屋的家長加以補充，「待大宗購貨者自當有禮」，他繼續說，但是留住客戶最可靠的辦法是「禮遇所有來客，無論其購貨多寡」。

商界領袖對勤奮工作必要性的強調以及他們機敏的經商實踐，不僅增加了自身的個人利潤，而且也有利於他們的「家族」。按照近世早期的構想，「家」是幾代同堂的家庭，包括祖輩、目前在世的一代以及尚未出生的後嗣。家庭成員努力爭取成功，以守護從先輩繼承下來的家業，並為了讓未來的家人生活得更好而令財富增值。伊藤長次郎寫道：「人皆有姓，人將有後。家必世代永存，此實不可忽。」因此，他警告說：「一朝失誤，自身受窮，先人辛勞將付諸東流，非徒殃及妻室兒女，身且為人恥笑。」鴻池家的家訓也表達了同樣的觀點：「欲永保祖業無損，必孝奉先人，念及後嗣生計。」

許多家長從個人經驗知道，賺錢困難花錢容易。因此，他們勸導家人和店鋪夥計要謹慎、節儉，以便為後代留下家業。三井的家訓這樣警告：「行事常求謹小慎微，不然，買賣將毀。」生性節儉的島井宗室告誡後嗣不得外出作賞花游或沉迷於茶道，還教導他們要找出紙張、繩子、石膏碎屑的其他用途。三井的家訓以江戶的一些商人為例闡述自己的觀點，他說他們「賞景或赴寺廟朝拜之時，著華衣美服」，他懷著不祥的預感寫道：「其妻室女兒行不離轎，侍女男僕亦極盡風尚，爭奇鬥豔。忘乎所以之際，宅邸店鋪分崩售罄，主人無僕，妻女步行，財物悉數變賣。」最後，三井帶著幾分自得說，他們淪落到「紮簡陋之紙燈以度日」。

最後，大多數家訓都認可幕府統治的合法性。三井的家訓包含這樣的命令：「上起主人，下至最低級傭工，須一律謹遵政令。」另一個著名商人也如此直陳：「恪守一切政令。」承認幕府權力合法性的必然結果是，商人接受他們在身份制統治體系中的地位。這是三井家家訓在編纂中彙集了一些故事的另一個原因。這些故事講述了那些想效仿武士，或過著不適合他們身份生活的商人的悲慘結局。這類具警示意義的故事是基於對現實的恐懼：十八世紀初，當局曾經斥責大坂城最著名的商人澱屋辰五郎生活奢侈，把他逐出大坂，並沒收了他的家產。

但是，如果商人遵守町人道的基本準則，誠實、勤勉，守住從先人那裡繼承的祖業，並為後代打算而使其增值，與政府及同胞和諧共處，那麼，他們就能為自身帶來榮耀，並證明他們在社會秩序中所處位置的合理性。「武士習弓馬之術，在官府為官。」某個附和心學說教者思想的家訓這樣寫道，「農人耕種、繳稅；工匠於作坊勞作，將家傳手藝傳諸兒女；商人以買賣為責。四民皆有『道』，是為真道。」或者如三井家家訓所提出的，「使門庭興盛，持家有方，享以永年，逝時且無愧於心，是為人世之佛」。

正如武士著述和商人家訓所表明的，農民也肩負許多可以概括為「道」的義務和責任。對宮本武藏來說，這個「道」非常簡單，就是「留意天象四時而作」[21]。[22]把農民勾畫為「草莽之臣」的石田梅岩，概略地描述了一個本分的日本農民更加浪漫的形象：「黎明前出外，星輝中還家。春播、夏耨、秋收，未嘗稍忘增益產出，竟至顆粒不遺。」[23]按照石田梅岩的說法，就這樣，農民像武士和町人一樣為了他人「耗竭」了自己，因此他們也有美德，值得尊敬。

二宮尊德是這些理想的化身。二宮尊德出生於駿河國[24]的一個富裕農家，一場洪水使他家失去了所有土地。一八〇二年他失去了雙親，當時年僅十五歲。二宮尊德照顧兩個年幼的弟弟，憑著不知疲倦的努力重振了家業。這位年輕人的事蹟為當地大名留下深刻印象，於是請他制訂一個計畫，以提高一場毀滅性饑荒之後該藩村莊的生產力。二宮尊德在那裡的成功，使他又被委派到日本北部的其他領地。十九世紀三〇年代，寒冷和暴風雨交加的天氣給那個地區造成了災難性的饑荒，二宮尊德就是到那裡監察灌溉設施、道路和房屋的建造。最後，二宮尊德譽滿全國。一八四二年，幕府聘請他擬訂了幾個農村復興的計畫。

終其漫長的一生，二宮尊德共撰寫了三十六卷關於成功之道的實踐經驗和道德訓示。他認為人生的成功法則是「一匙神道，儒佛各半匙，合三味為一粒丸」[25][26]。即便如此，他的信條仍奠基於簡單、熟悉的主張之上：「美德源於勞動，失德來自懶惰。」二宮尊德相信，神道諸神賜予人類資源豐富的自然環境，人類最有價值的活動是勞動，因為它使希望結出現實的果實。無論自然界多麼豐沃，他宣稱，「沒有農民，稻田耕地皆為無用之地」。

二宮尊德也強調計畫的必要性。如果說大自然很和善，那它也有可能很冷酷，饑荒、歉收就是大地無情節律的一部分。如果人民想在正常年月繁榮發展，克服偶爾但必然會出現的災難，就必須事先做好準備。因此，二宮尊德提倡一種科學化農業。他主張，農民需要計算灌溉多少水，施用多少肥，才能使產量最大化；而且他們應該研究種子類型，掌握哪一種在不同條件下長勢最好；並且精確記錄十年內的農作物產量，以便驗證他們的假設。每家每戶也都應該記錄家庭開支，以免超支。他還教導農民通過把每個季節該做的日常事務製成表單來安排時間。

二宮尊德後來被稱為日本的「農聖」。他也號召村民聯合起來開展自助。在他看來，個人和團體的福利是一起前進的，假如部分人受損害，最終全體都會受到負面影響；而假如每個家庭都向前發展，團體中每個人的利益也都會增加。十九世紀四〇年代，在二宮尊德及其門人的教誨下，一些村民開始組織協助生病或殘疾鄰居的公共協會，每月集會討論農事實踐，農閒時修補道路及灌溉溝渠，甚至合夥籌集基金，低息或無息借給陷入困境的同村村民。

可以預見，勤奮工作、制訂計畫、互助合作的預期受惠者是幾代同堂的家庭。「我們父母的財富仰仗於祖先的成功」，二宮尊德寫道，正如「我們的財富有賴於父母的積善」，所以「我們子孫的財富取決於我們的勞動和努力」。除此之外，二宮尊德相信每個人都應該「回報恩德」。換言之，每個個體、家庭都承蒙神靈和自然界的祝福，因此都有道德上的義務通過辛勤勞動、做個節儉誠實的人，以及幫助他人等方式來回報這種祝福。二宮尊德把「回報恩德」的行為稱為「報德」，這一觀念深入農民心田，以至於農村互助協會都自稱為「報德社」。

性別與現實

許多武士思想家和家訓作者寫作的讀者對象都以男性為主，也就是他們認為領導家族、在官署當差、經營店鋪和耕作家裡農田的父親及兒子。這種對女性的漠不關心體現於《葉隱》中的評論：女兒是

「姓氏的污點、父母的恥辱。長女還算特別，不過最好別去理會其他女兒」。儘管山本常朝的語言中流露出對女性的輕視，但仍有一些作者密切關注著他們所期望的婦女在家庭和家族中所起的作用。可以料想的是，大多數道德家都透過性別化的眼鏡看待生命，把婦女歸入家庭的私有領域。不過，那個位置並不總是和現實相符。

婦女道德訓練方面最廣為流傳的冊子之一是一七一六年刊行的《女大學》。該書作者不詳，不過學者們經常把它繫於貝原益軒的名下。貝原益軒是一位著名的儒家學者，撰寫了許多關於健康、醫藥的有影響的論說，還有針對社會特定群體的道德文章，其中也有一些思考集中在他的妻子身上。不管《女大學》的作者是誰，該書的十九個篇章反映的是同一種思維模式，那就是使婦女附屬於男性，並將她們拘囿在家庭裡，她們在家中的主要任務是做家務、繁殖後代，還有撫養孩子。

《女大學》硬性灌輸了這樣一個觀點：婦女一生都擔負著無窮無盡的責任。該書寫道，「未出嫁女孩的主要責任是孝敬父母」，一旦結婚，新婚妻子「必須視丈夫為主人，滿懷崇拜尊敬地侍奉他。丈夫發號施令時，妻子不得違背」。[27]《女大學》的某些章節把男性地位抬升得更高，聲稱「婦女應該把丈夫看作『天』本身」。孩子出世後，為人妻和為人母者的責任就更多了，要「準備一日三餐，洗衣服、疊衣服，打掃地板」，而且要不知疲倦地「織布、縫補、紡紗」。同時，模範妻子還應該「敬重公婆勝過自己的父母，做任何他們要求她做的事」。除了履行上述義務，該書繼續說，婦女還必須「戒鋪張戒奢侈」。妻子和媳婦還必須品行端正，舉止「禮貌、謙卑、溫和，從不暴躁難纏，從不粗魯自大」。

儘管希望女孩長大後能成為有德行的婦人，《女大學》的作者仍然悲哀地預測她們「十之七八」是「不聽話的、易怒的、愛搬弄是非的、善妒或者愚蠢的」。這些天生的本質缺陷使婦女「劣於男子」，而且有可能破壞婚姻。結果，《女大學》給予男子道德上的許可，只要出於下列七個原因中的任何一個，他們就可以休妻：不事公婆、無子、淫蕩、妒忌、有惡疾、多口舌使家庭不睦、盜竊。

許多理論家宣揚相似的觀點。有位著名學者先在江戶自己的學塾裡，後又在為米澤和尾張二藩武士講學的過程中，一再重申自己於一七八三年在名古屋的一群平民中散播的觀點：「女子年輕時，在家從父母；既嫁從丈夫；年老後從兒子。」[28]心學學者也忽略身份和階級差別，不管其出身武士、農民還是町人家庭，把所有婦女當作一個非常需要道德指導的單一群體。在專門面向女性聽眾的討論和講席中，心學教師嚴厲批評婦女「心胸狹窄，流於小氣和虛驕」。[29]因此，每個女人都應該探求本心，尋找儒家要求婦女具備的六種美德——順從、貞潔、和善、節儉、謙虛和勤勉。所有這一切，她應在結婚後做得最好。

這種說教不無效果，一代又一代商人和農民的女兒成為本分的妻子。當大名開始挑選一些婦女作為舉止適宜的模範時，他們通常可以從許多道德典範中進行選擇。例如金澤的一位年輕女子為了照顧有病在身的鰥居父親而推遲了婚期，某天晚上還把一個夜盜推到外屋的廁所裡，從而保住了全家畢生的積蓄。就在她父親去世前，她心懷感激地嫁給了父親擇為女婿和下一任家長的男人為妻。二十世紀早期，一位知名社會主義和女權主義者山川菊榮在編輯其曾為水戶藩藩主家武士的先祖的文集時，曾經述及十九世紀四五十年代的婦女。「她們不為人注意的生活局限在家庭的範圍內」，她們「不得不應付很多困難，默默地盡最大努力維持家庭，撫養孩子」。[30]當然，並不是所有婦女都認為這種以家庭為中心的生活令人討厭。有位小說家寫道：「我親愛的母親為人正直，從不和人口角。實際上她從不生氣，而是為我父親奉獻她自己。他們一起幹活，就像車子的兩個輪子。」[31]

不過，有別於儒學理論家花言巧語的建議，商人和農民家庭婦女的生活經驗和學者著述中提出的理想化行為準則有很大差異。首先，婦女不是像《女大學》和其他文本說的那樣深居簡出。商家婦女要幫丈夫照看店鋪、記帳；而且，在大坂和日本西部的其他一些城市，婦女甚至可以當家長，儘管認為由男人來當更好。在農村，男男女女挨在一起幹活。妻子、女兒料理菜園，摘水果並把它們曬乾，有時甚至在稻田裡和男人一起苦幹。春天，她們幫著把秧苗從苗圃移植到主要的田地；秋天，則收割稻子，用鋸齒狀的農具切去稻穗，再把稻稈拔出來。

許多婦女外出工作，尤其是在婚前。十七世紀末至十八世紀初出版的職業百科全書列舉了一百多種婦女從事的工作，職業包括裁縫、農田幫工、下海撈貝者、洗衣工、木工、流動租書員、茶室招待、澡堂服務生、妓女、尼姑、按摩師、奶媽、廚師，還有賣線香、草鞋、開花植物和豆腐的小販等等。人數最多的工作是在富有的武士或商人家當侍女和家僕，以及在新興的紡織品行業當紡紗工、織工和染工。現在不可能知道當時勞動婦女的確切比例，不過一些統計表明，十八世紀初京都和大坂不同街區的四分之一到一半的女性都是僕人。

而且，婦女並不總是如《女大學》的作者要求的那樣「溫柔、順從、貞潔、安靜」，有句俗話說，「脾氣最暴躁的是馬夫、船長和奶娘」。[32]與雇主關係不和睦的僕人，或因公然抱怨受虐待，或因散佈關於主人家的惡毒流言，或因偷盜主人家的東西，或因捲走貴重物品而聲名狼藉。女僕縱火案頻繁出現在大多數鎮子的員警記錄中。十七世紀六〇年代，金澤一名女僕先後在六戶武士家幹活，從每一家的帳目上盜用錢款，並且為了掩蓋自己的罪行放火燒他們的房子，最後員警將其抓獲並用大鍋烹了她。

婚姻不如意的婦女努力尋找活下去的辦法。她們中有些人繼續和配偶在一起，但卻經常呵斥、謾罵他們，使生活變得一團糟；還有些人則築起一道沉默的圍牆，抑制自己的性欲。因為離婚本質上是男性的特權，武家婦女除這些辦法之外無計可施。想甩掉配偶的武士只要給妻子寫一封帶有休妻之意的書信就可以了。這種休書通常遵循簡短標準的格式，「三行半」就是它的通稱。被休的婦女拿著她帶到夫家的嫁妝回自己的娘家，所有的孩子留給丈夫。正如反對寡婦再嫁，儒家的正統觀念也反對離異婦女再婚。「嫁人又被休的女子，」《女大學》悲歎道，「已經離開了『道』，蒙上了巨大恥辱。」

農民和商人家庭的婦女有較多的選擇。有些人逃到「離婚寺」擺脫了麻煩的婚姻。女子在這種寺廟工作滿兩年後，政府官員就宣布解除其一切婚姻瓜葛。沒有統計數字顯示有多少不堪受苦的妻子在離婚寺避難，但是最著名的鎌倉東慶寺，在十八世紀二十年代到近世早期末葉期間，共收留了大約二千名婦女。更為普遍的是，商人或農家婦女直接走出夫家，並且常常帶上孩子。十九世紀早期大坂附近的一些村子裡，至少百分之十五的婚姻都是那樣結束的。此外離異的平民女子往往再婚，而再婚並沒有讓她們背上武士社會的那種汙名。有位叫鈴木的作家把他年輕的妻子休回到娘家，表面上看是因為她不擅長持家，其後她又結了兩次婚；作家繼續關心前妻的幸福，在她的第二次婚禮上，他代表她熱烈發言；在她第三次追求婚姻幸福而以失敗告終後，他甚至想過再次娶她。

有些女子寧願單身。山川菊榮回憶說，她的高曾祖父因妻子無法生育，曾娶附近一戶富商家的年輕女兒作「第二個妻子」。當地是江戶和蝦夷地之間沿海貿易的中心，興旺而繁華，人們把它稱作「小江戶」。這位年輕女子一生下兒子（山川菊榮的曾祖父），就逃回到她自己的家，「恢復了町人女兒那種無憂無慮的生活」。對她們來說，「學習優雅才藝或者去劇院的快樂是理所當然的」。[33]當山川菊榮的高曾祖父派人想把她接回去時，她率直地答道：「非常感謝您，不過我已經受夠了武士家的生活。我走時就不想再回來，所以請讓我自便吧。無論以後我兒子怎麼看待我，我都寧願像現在這樣留在自己家裡。」

這位年輕商家女子對生活的選擇有力地提醒我們，所有的「道」都只是對理想行為的憧憬，而非對現實狀況的描繪。正如從前某些武士是兇猛的勇士，而某些是馴順的懦夫；近世早期一些武士轉化為有知識的老練管理者，而另一些人，則沒有這樣的能力。與此相似，有些農民把土地化為烏有，而能幹的鄰居卻興旺發達，湊足資金開創副業，使自己更為富有。一些店主建立了岩石般牢固的事業，但是也有許多生意失敗，因此成功的商人發現有必要編寫家訓，為他們的繼承人提供成功指南。假如子女不遵從他們的規定，各個社會階層的父母還可以自我安慰：大多數年輕人都竭力遵循正「道」，其他人只不過選擇了走他們自己的路。

自我和群體

「家」除了作為社會組織的基層單位，還把普通個體和地方行政組織，以及上級國家權力機關聯繫在一起。在日本城鄉，最有影響的家庭是財富所有者，即享有由藩主或管轄那些領土的幕府將軍批准佔有、出租、販售、遺贈特定田畝或某些生意及居住地等特權的家庭。作為承認他們財產所有權的交換，這些家庭要繳納多種賦稅，發揮許多旨在加強社會控制，確保城鄉生活安寧有序的重要職能。

在每個城鎮街區，政府官吏把擁有財產的家庭編成通常被稱為「五人組」的組織。實際上，「五人組」由以家長為代表的家庭組成，家庭的數目從不足五個到十二個或者更多不等。無論數量多少，「五人組」的成員代表高等權力機關承擔若干重要職責。首先，主管官員責成各家代表要絕對保證全體家庭成員和雇工，還有每個房客租戶，瞭解並遵守官方法律、法令和命令。為了增強威懾力，官員還規定凡「五人組」中的任何一人違反行為，其他人都要負連帶責任。

「五人組」還在街區範圍內履行其他重要職責。各地的責任互有不同，但基本上「五人組」的成員家庭都互相扶危濟難，負責除雪，檢修本地街道橋樑，維護消防設施並隨時準備撲滅威脅他們那個城市一角的火苗，以及解決擾亂街區平靜的小衝突。此外，每個居住區內有財產的家庭還要出資在幾個毗連街區的交叉口設立衛兵室，並選派人員值勤。每晚衛兵關上分隔各個街區的大門，以防夜盜和其他幹壞事的人出入，然後上街巡邏，加意留心陌生人。冬天還要敲木梆子，提醒居民小心燒飯和取暖用火。

為了聯絡基層的「五人組」，幕府和藩地政府還委派一些有名望的商人，在武士擔任町奉行的監督下擔任町年寄和町名主。町年寄（江戶有三名）向下屬町名主（江戶約達二百六十名）傳達幕府或藩主頒佈的法律文告，後者又監視著散佈在若干居住區的許多「五人組」。町年寄和町名主協同工作，確保人們按時納稅，訪查特別有孝行的居民，校驗財產權的轉讓，保護戶籍記錄和其他重要檔案。而且，他們還要幫著解決町人之間的非暴力糾紛，例如關於財產證書的異議，對所買商品品質和拖欠貸款的抱怨等等。

農村也盛行類似的組織。近世早期日本共有二千多個村莊，各地區之間的實際操作差別很大。不過和城市的情形一樣，也是趨向於採取一種把各家聯結起來為上級權力機關履行義務的制度，後者則允許他們在當地事務上享有很大程度的自治。有財產的村民自發組成了「五人組」，各家家長要保證家裡人和向他們租地的佃戶都遵從統治者的法令。這些組織共同照顧生病的四鄰，維護道路橋樑，互相幫忙翻修屋頂，暴雨、地震過後重建稻田四周的堤堰。

村長有時世襲，有時經富裕家庭一致同意後產生。他們是連接「五人組」和大名或幕府下屬武士官

十九世紀早期，江戶知名的飯館河崎萬年屋／國立國會圖書館

吏的關鍵。在少數「組頭」的協助下，村長保管戶籍，幫助調停異議等等。和町年寄不同，村長在分配稅額中起著重要作用。在城市裡，每個有產者一般交納一筆根據其店鋪佔據街道面積大小而計算的年稅；然而在農村，幕府和大名只是指定每個村莊的總稅額，然後由村長在組頭或其他具影響力的家長建議下，依照在該村或許最有效的辦法，在各個有財產的家庭間分配稅額。

近世早期的日本政府在允許「賤民」群體管理其內部事務的同時，也把權力之網籠罩在他們頭上。用大化革新後不久編寫的官方文書中一個含義不明的說法，「五種下等人」，他們從日本信史以來就飽受歧視。一般說來，這些人通常和「污穢」聯繫在一起。神道的基本教義把良善、虔誠等同於純潔、乾淨，而且進一步認為「不潔」會黏附在事物和人身上，令其邪惡或有罪。在日常生活中某些血污和其他不衛生的東西會黏附在每個人身上，因此每個人都必須定期舉行正式的淨化，祛除污穢。但如果一個人習慣於宰殺動物，或者犯下駭人聽聞、破壞社會結構的罪行，例如亂倫或人獸淫亂，就會變得骯髒不堪。習俗最後判決把這種人從社會中驅逐出去，讓他們到處流浪，通過乞討或者四處賣唱、跳舞、扮小丑、表演雜技賺幾個小錢生存下去。

近世早期，歧視成為國家政策的問題。大體上幕府和地方大名把流浪者分為「穢多」和「非人」。「穢多」（或「皮革工」，他們更願意這樣稱呼自己）是那些剝取獸皮，晾曬後製成鞋子、馬具、綁盔甲用的帶子，以及其他武士裝備的家庭。戰國時代大名開始和穢多建立關係。十六世紀末到十七世紀初大名據有領地後，開始將穢多驅趕到通常位於城下町郊區農田的特定區域隔離起來。穢多在那裡耕種，在政府批准下壟斷了動物製品的加工和生產。就像其他村社，大多數穢多聚居區也有自己的村長，享有處理內部事務的高度自治權；但是他們也遭受到了一些把他們和其他日本同胞區分開來的限制。十七世紀期間，幕府和地方大名政府規定身份世襲，禁止穢多脫離他們出身的群體。到十九世紀五〇年代，穢多的總人口約達二十五萬。

近世早期的統治者常把日本的其他流浪者群體稱為「非人」。「非人」是不同種類的乞丐、街頭藝人和其他經濟上處於邊緣地位的「非人」類的集合，既包括世襲的「非人」，也包括那些因為犯下某種罪行，或陷於貧困不能再視為群體中可靠一員而被剝奪了普通人身份的人。無論哪種情況，官員都禁止「非人」從事商業、手工業或者農業勞動。政府指定他們從事一些不太體面的工作，如清掃執行死刑的場地，照料傳染病患者。「非人」也可以任意乞討，在街頭表演逗大家開心，向圍觀的人群討點兒賞金。

當「非人」由上級權力機關管理的時候，幕府和大名政府照常規允許他們在很大程度上實行自治。在江戶，在分佈於城市四周的幾百個流浪者住處的任何一處，「非人」都要按日或按月租房。每一個住處都由一名「流浪者頭頭」負責，他把「乞討場地」分派給跟隨他的流浪者，同時收取一定報酬(通常是一天收入的一部分)。與此相應，每個頭頭都要負責確保其房客遵守法律，並通過地區的頭目向幕府官員彙報情況。這個官員由一個受幕府委託、監督江戶所有流浪者活動的家族世襲首領擔任。

把個人和「家」與幕府、大名政府相連的責任制結構具有雙重性。從上往下看，一個完整的行政管理系統，始於決策者，經町奉行和代官，到町年寄、村長，最後到「五人組」和有財產的家庭。這樣的系統大大增強了幕府將軍和地方大名將他們的意志施加於村莊、街區甚至家庭、個人的能力，甚至比日本歷史上以往任何政權都更為果斷有力。然而，從下往上觀察權力組織時，同樣也很清楚，普通人民在管理他們自己的聚落時發揮了重要作用。而且，十七世紀市民和村民擔負起自己的責任時，開始覺察到一種社會契約把全體社會成員聯結了起來。這種觀念和新儒學學者提出的政府必須仁愛，必須為全體人民生活富足而行動的主張緊密地糾結在一起。社會是一個只有當所有組成部分一致行動才能發揮最大作用的完整有機體的觀念，強化了這兩種想法：普通人也可以在政府發揮作用；他們可以要求官吏高水準地履行他們的職責。

普通人民接受了關於政府本質和目的的假說後，一旦行政當局不能令人滿意地履行義務，他們就毫不遲疑地表示責難。十七世紀到十八世紀期間，平民經常抱怨官吏瀆職，強行徵收新稅或者提高稅額，還有國家的基本商品大米的價格突然上揚。一個人若心懷不平，標準程式是先向村長或町役人、町年寄遞交書面聲明，他們核實後，如果發現有充分的理由做此抱怨，就把事情轉交武士官吏，如代官或町奉行，後者在有必要時會做進一步審理，然後做出相關決定。

行政當局能例行公事地解決大多數異議，但是，如果他們解決不了的話，平時溫和的人們這時就會舉行示威活動。在近世早期，全國不同地區大約有三千起這樣的事件：人們放下手頭工具和帳冊，參加某種形式的抗議活動。例如，一六八六年在日本中部的松本藩，大名採用了新的徵稅法後，約有二千名農民聚集在城下町抗議了五天。與此相似，一七三六年夏，當大米的零售價漲到令人們難以接受的程度時，大坂的町役人拿出一大堆不悅商家的請願書給大坂官員們看。最後，在六月六日那天，來自城市各居住區的近一千二百名町役人和代表彙集在町奉行的官署，抗議政府政策對米價的暴漲起了推波助瀾的作用。這件事被大坂的官員輕鬆應付了過去。而在一七八三年，糧食歉收導致米價上漲，幕府和地方大名政府卻沒有立即實施賑濟計畫，結果大約三十個主要城市發生騷亂，包括甲府、三浦、奈良、廣島、長崎和江戶，抗議者搗毀了近千個米商的店鋪。

即便在暴力抗議活動的激情中，人們也沒有對幕府和大名政權的合法性提出挑戰。相反，抗議者指責政府官員工作沒做好，要求他們擔負起社會契約規定的責任。一七三六年遞交給大坂町奉行的抗議書正是他們那種行事風格的典型。這封抗議書一開始就表現出一種恭順（「我們滿懷敬意，呈上書信」），然後指出構想不當的政策為普通百姓帶來了困苦（「此時，城中百姓正飽受痛苦和貧窮」），建議政府採取專門措施解決問題，結尾處則再次肯定了統治者和官員明辨是非的能力（「如蒙惠賜仁德，將不勝感激」）。34

在十七世紀期間，幕府將軍和各地大名採取了一致的努力，勸說人民相信他們不是在馬背上治理國家，相反，因為他們負責公正仁慈的社會秩序，他們有資格實行統治。町人和農民逐漸接受了統治者權力的正當性，並且創造出各種「道」，接受了各自在承認德川家霸權合法性的政治秩序中的位置。不過，與此同時，新興的社會契約和新儒學對仁愛的強調也設定了政治權力運用的範圍。米澤藩藩主上杉治憲一七八五年退職時，給繼承人留下一封有關治國本領的簡短書信。上杉治憲這樣寫道：「藩從祖先手中繼承下來，要傳給後人，不應為一己私利而治理。」他繼續說：「人民屬於藩，不應被人為一己私利而治理。」最後他下結論說：「藩主為藩地和人民而存在，藩地和人民卻不為藩主而存在。」35

「身為日本人」的共性

統治者和被統治者、窮人和富人、男人和女人、年輕人和老年人、商人和農民，近世早期的日本人在不同的藩地、村莊和城市街區經歷各自的命運時，彼此之間在許多方面各不相同。社會的分區非常明顯，後來一位對本國歷史有深刻見解的日本人寫道：「那時，數百萬的日本人封閉在數百萬只盒子裡。他們相互之間用牆隔開，幾乎沒有地方可以走動。士、農、工、商四個階層的結構，把人與人之間的關係凝固在指定的界線內。」[36]

雖然因職業、性別、財富以及社會階層方面的差別形成了各種不同的生活，一些重要的平民人物還是把人民聯結在一起，創造了一種共同的文化身份和持久的「日本性」感覺。近世早期共同的政治地理也推動了文化的合成。德川霸權的強制推行劃清了誰是日本人、誰不是日本人的界限。無論相互之間有多大區別，日本人都生活在將軍的領地和大名的藩地內。這一事實使他們清晰地和從屬於其他統治者的近鄰中國人、朝鮮人區分開來。還有琉球群島的各民族，他們享有一些和日本人相似的文化特徵，但更願意保持獨立的政治地位。日本人也和蝦夷地「野蠻」的土著相區分，這些土著似乎並不承認任何當時的至高權力。

生活在將軍和大名統治下的人們也信仰共同的宗教，使用相互之間都能理解的語言。數千個供奉著無數尊神的地方神社在鄉村星羅棋佈。在每個地方，日本人都從獨特的神、佛信仰混合體中汲取宗教的養分，他們還認為自己生活在「神國」。而且，人們跨越了方言障礙。一位土佐藩的武士，作為藩主參勤交代扈從中的一員抵達江戶後不久，參加了一場學者的會談，他抱怨道：「我很難聽懂江戶方言。」[37]然而，正是在介紹江戶語音特徵的刊行本說明之下，他很快就適應了新的方言環境，一個月之內他就能「聽明白」其他演說了。同樣，即使人們說各種地方方言，當來自不同地區的人相遇時，正如《東海道中膝栗毛》和其他遊記小說表明的，他們可以「互相打開心扉暢談，直到疲倦不堪」。如果湊巧空氣中彌漫著浪漫氣息，「江戶男人」會發現「熟悉薩摩姑娘」沒有什麼障礙。

食物和物質文化加強了文化同一性的觀念。各地的菜單上都有地方特產，但是越來越多日本人享用，或者希望享用包括米飯、湯、小菜和海魚的膳食。十七世紀中葉食譜開始出現後，膳食結構尤為如此。出版於一六四三年的第一本常民日常食物指南《料理物語》，指導如何製做大約二十種不同的湯、多種醋漬物、烤魚以及大量其他菜式。而一六七四年刊印的六卷本《江戶料理集》，則把江戶的菜餚介紹到全國各地。同樣的，越來越多人穿著設計和花樣相似的衣服。他們或許樂於看到各地建築樣式的豐富多彩，但自己卻住在樑柱結構、以障子作為分隔物、有著榻榻米地板和壁龕凹室的房子裡。

旅行滋養了「日本性」這一觀念。越來越多近世早期大名的參覲隊伍和政府官吏出現在東海道和其他道路上。行走於途的還有商人、流浪表演者的劇團、孤獨的詩人、成群結隊前往伊勢神宮和日本西部著名佛寺的虔誠朝拜者、前去享受著名溫泉的富有女人、動身前往國家遙遠角落著名自然景點的江戶人，以及去「三都」體驗都市樂事的鄉下人。截至十八世紀早期，旅行已經成為全國性的熱潮，每

旅人在東海道上的驛站赤坂休憩

年當春天的溫暖灑遍大地時，數百萬的日本人便開始出遊。客棧、飯館、茶室的星羅棋佈，提供指南服務的驛站的增多，以及高度完備的交通體系的發展，刺激了娛樂性旅遊的發展。實際上到十九世紀早期，人們就可以通過客棧的地區網路預付食宿費用，然後由客棧向遊客提供在任何一家成員旅館都有效，類似於把今天身份證和信用卡合二為一的憑證。

旅遊文化的興起對於國家認同的形成具有重要意義。當人們駕船經過薄霧彌漫的內陸海諸島，凝視積雪覆頂的富士山，欣賞天橋立沙堤上瘤瘿突起的青松，漫步在熊谷次郎悲傷地砍下平敦盛頭顱的海灘，穿越日本戰國時代大名交戰的戰場，擠進伊勢神宮神殿祭拜太陽女神天照，或者走過千餘級臺階登上四國的金刀比羅宮時，如同開列了一張旅遊地清單，具體反映了激發國家意識的傳統、傳奇以及歷史經驗。

遊客也用其他途徑傳播國家的文化。十八世紀時，流動的表演者逐村逐鎮地遊走，表演經過刪改、最早受到「三都」觀眾歡迎的歌舞伎和淨琉璃劇碼。來江戶或大坂遊玩的農民及時帶回在村子裡業餘演出用的劇本和戲服。同時，遊客們也驚歎當地的特產——金澤的陶器、宇治的茶葉、天橋立的仙貝(米餅)、伊勢的神符。遊客們喜歡購買這類東西作為紀念品帶回家，他們這樣做等於把這些東西納入了日本共同的物質文化的範圍。最後，像彌次、喜多一樣，遊客在客棧一起吃飯睡覺時，不停地聊天。過程中他們發現了跨越地區、階層、性別障礙的共同價值觀和生活體驗。

最終，人們足不出戶就能體驗到旅遊的快樂和知識的拓寬。十九世紀三〇年代，著名的浮世繪大師葛飾北齋完成了其名作《富嶽三十六景》。而在所有浮世繪藝術家中或許最出名的歌川廣重，則很快把他創作的《東海道五十三次》銷售一空。廣重的版畫頗受那些旅行者的歡迎，結果他又創作了另外二十個系列的東海道風景畫、多幅江戶名景圖和幾套大坂、京都和近江名勝圖。木刻浮世繪僅僅是繁榮的版畫藝術的一部分。到十九世紀初為止，江戶和大坂共有幾百個書店和收費圖書館，各藩的城鎮還有它們的分部。為了滿足勃興的需求，出版商每年都要確定幾百個新書題材，從嚴肅的學術著作、宗教冊子到詩歌選集、戲劇作品評論、通俗小說、歷史小說和旅遊指南，應有盡有。書籍和木刻版畫價格相對低廉，擁有包括武士、町人，還有農民在內的廣大讀者群。從整體來看，版畫藝術包羅萬象，涉及各種主題的風景、英雄和惡棍、倫理困境和精神解脫、近世早期日本人獨特的價值觀和信仰，以及社會各階層大多數人所擁有的財產。

關於日本人和外國人接觸的文字記載，提供了觀察「日本性」的另一條途徑。正如我們能夠預計的，這些敘述頻繁地突顯剛到達的外來者的奇異特徵。「後奈良天皇統治時期（一五二六到一五五七），一艘南蠻人的商船來到我們海岸，」一本寫於一六三九年的匿名小冊子提道，「船上出現了一個難以形容的生物，從形狀上看有點像人，但更像個長鼻子的妖怪。走近一問，才知道是個叫作『教士』的人。首先引起注意的是鼻子的長度：它看上去就像海螺殼吸在了臉上。他的頭小小的，手腳都長著長長的爪子，牙齒比馬齒還長。他的話根本沒法聽懂，聲音就像貓頭鷹的尖叫。所有人都跑出去看他，所有路上都擠滿了人。」[38]

朝鮮人和琉球人也讓大眾的想像力活躍起來。每次外國使節的到來都是件吸引大群好奇觀眾的大事。「成千上萬看熱鬧的人擠得密密麻麻，就像河堤上的螞蟻，」一位朝鮮人一六八二年經過大坂時這樣寫道，「浮橋橫跨水面，好幾千人站在兩旁觀看我們。」[39]日本藝術家的記錄顯示，使團人員的來來去去喚起了人們對於來訪者有別於日本人的身體特徵和服飾風格的注意。在他們的描繪下，朝鮮人的典型形象是留著鬍子，頭戴有羽毛的帽子，衣領飾有褶邊，身著長褲，腳穿靴子。與此形成對比的是揚著臉部經過修飾的頭，穿著正式的打著褶皺的裙子或簡單的和服長袍，赤足或穿著便鞋四處行走的日本護衛隊。

愛努人和日本人的區別，隱約表明了日本人的生活更為優雅和先進。對愛努人的描寫通常一開始就評論男人平滑的頭髮和鬍子，以及愛努婦女中很普遍的臉部刺青，然後帶著嘲弄態度，觀察他們有許多野味和魚卻幾乎沒有米飯的飲食。這些常見的描述製造了一種印象：愛努人不僅生活在日本的社會秩序之外，甚至還在文明的範圍之外。「他們不知何為道德，」某個日本人於一七一〇年寫道，「所以父親和子女都胡亂結婚。他們沒有五穀，吃鳥肉和魚。他們繞著山飛奔，一頭紮進大海，正如某種野獸。」[40]

普通日本人並不只是接受新的版畫藝術中的形象，同時，不同背景的男男女女還聯合起來，推廣表達「日本性」認同感的新文學形式。松尾芭蕉，日本中部一名低級武士的兒子，是正統「俳諧」（現在的「俳句」）的先驅。一六七二年遷往江戶後，松尾芭蕉出版了幾本記錄他在列國著名地區遊歷時的思想和情感的詩歌體日誌。這類作品中最著名的是他的《奧之細道》，它完成於一六八九年，在他結束了北至仙台，向西穿越群山抵達日本海，南到金澤，返回江戶前又回頭穿過大山到琵琶湖的五個月旅行之後。

《奧之細道》裡有芭蕉最為人熟知的俳諧。[41]是他在遙遠的北方看到一個荒廢城郭時寫道：

遍地夏草
勇士們

空留夢痕地

幾天後，他走近一個山口，黑暗籠罩著他，他不得不到一家小茅舍借宿。一場暴風雨來襲，把他困在那裡三天，他抱怨道：

跳蚤蝨子
馬兒撒尿
枕頭邊

又過了幾天，一位具有「真正詩人氣質」的富商留宿芭蕉，他的境況改善了，他寫道：

涼意怡然此宿
整日
貪睡不起

芭蕉恢復了精神後，遊覽坐落在山林深處的一座安靜寺廟，此情此景，令他陷入沉思之中。「寂靜幽遠，」他對著自己的日記傾訴，「覺得心扉開啟了。」他作詩云：

清寂透頂
蟬鳴聲滲入
山岩中

俳諧表達的情感在全體日本人中產生了強烈的共鳴，到松尾芭蕉去世的一六九四年，各地人民都爭先恐後地寫作這種簡短的僅有十七個音節，將巧妙的雙關語、對古典文學的欣賞、樸實的詼諧和對自然美景不無傷感的喜愛結合在一起的詩歌。

這種體裁如此流行，以至於十七世紀末僅京都一地就有七百多名俳諧教師。大坂一位文學界人士寫道：「從前，俳諧是那些退出紛繁活躍生活的人，或者神社管理者、武士階層的消遣。然而，近來俳諧風靡社會，以致每個學徒和洗碗女僕都想試試。」正如這位觀察者所言，社會各階層的人都加入了俳諧社。一六七九年出版的《河內鑑名所記》就收錄了生活在大坂地區八十九個不同城鎮和村莊大約

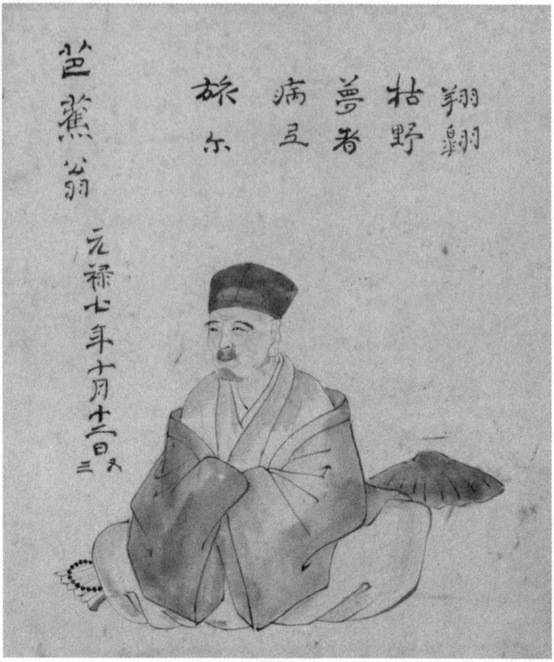

栗原信充所繪的松尾芭蕉／國立國會圖書館

一百八十名男女的作品。

當十六世紀下半葉西方人首次踏上日本海岸時，他們看到的是一個戰爭頻仍的國家，但是即便在激烈的戰爭和政治的極端分裂中，他們依然發現了復興和發展的希望。無論西方商人和傳教士走到哪裡，他們都會遇到「有教養」的日本人，稱讚因豐富的「水稻、蔬菜和水果」而顯得欣欣向榮的「美麗宜人」的鄉村。十七世紀早期，德川氏將軍為促進國內穩定進行了長期艱苦的努力，作為其中的一項政策，他們把除荷蘭人之外的所有歐洲人都逐出日本。結果，大多數西方人對於隨後兩個世紀中那些改變日本生活的滄桑巨變，最多只有一個初步瞭解。

隨著十七世紀太平盛世的降臨，日本社會各階層的男女都貢獻了他們的才能，將歐洲來訪者所感覺到的繁榮以及普遍的幸福安康變成了現實。近世早期的許多時候，日本管理有效、農業興旺、城市發展，而且繁榮的商業部門提高了全國各地的生活水準。在此同時，新儒學學者、武士思想家、商家哲人、農民聖賢制定了社會及倫理行為準則，深深地改變了日本人對他們自身、自己的職業、家庭和群體的認識。新思想呼籲統治者不僅要有威嚴也要仁愛，認為普通人在順從的同時有權力要求公正的統治，從而重新定義了政治關係。與此同時，新的文化活動，從通俗戲劇到俳諧和娛樂性的旅遊，生成了一種文化把大家凝聚在一起而且大家都是日本人的感覺，縮小了地域、性別、身份和階層的天然差異。

在十九世紀的頭幾十年裡，西方人重新來航。這時來到亞洲的多是軍事將領、商人和政府官員，與十六世紀時首先到達日本的歐洲人已經迥然不同。十九世紀的西方人是科學和工業革命的受益者，他們非常自豪，對其遠勝過亞洲的軍事和經濟威力確信無比。闖入太平洋的美國人、英國人和俄國人對日本所知甚少，更談不上尊敬，他們苛刻地挑剔亞洲人的「落後」，其中許多人表露出侵略野心：要把他們文明的所謂「祝福」帶給地球上「遲鈍」、「野蠻」的那部分人。

歐洲裔美國人的好戰態度使許多日本人驚慌，他們開始害怕像美國、英國、俄國這樣的大國的確有能力從軍事、經濟、文化上摧毀他們的島國。使情況複雜的是，正當幕府和大名努力解決幾十年積累下來的經濟和社會變化造成的一系列國內問題時，西方人來到了日本的門口。到十九世紀中葉，國外的威脅和國內的麻煩互相糾結，產生了一種信心危機。許多日本人對自己的生存感到絕望，斷言日本應該拋棄過去，在政治、經濟和社會問題中採用西方的做法。對現代性的訴求似乎預示著一個事事皆新的截然不同的國家的出現，但是隨著日本走向未來，日本人發現近世早期的遺產——從中央集權政體和職業化官僚機構的締造，到高度商品化經濟的發展和文化價值的形成，將對他們的生活繼續產生深遠的影響。

1 Jippensha Ikku, Shanks'Marr, tr. Thomas Satchell (Rutland, Vt. : Charles E. Tuttle, 1960), p. 237(modified).
2 Helen Craig McCullough, ed. , Genji and Heike: Selections from The Tale of Genji and The Tale of the Heike (Stanford: Stanford University Press,1994), pp. 394-95.
3 譯注：使用大小兩刀，即一之太刀與二之太刀的劍術。
4 Kodansha Encyclopedia of Japan,vol. 2(Tokyo:Kodansha,1983), s. v. Martin Collcutt,「Miyamoto Musashi,」p. 222 (modified).
5 Miyamoto Musashi, The Book Five Rings, tr. Thomas Cleary (Boston: Shambhala,1993), pp. 38 and 46(modified).
6 譯注：一說他六歲或九歲已經隨父親遷居江戶，如果是這樣就沒有「前往」之說。
7 譯注：山鹿素行的著作有《武教本論》、《武家事紀》、《武教全書》等，〈士道〉為《山鹿語類》中的一篇。
8 Ryusaku Tsunoda, Wm.Theodore de Bary, and Donald Keene, comps. , Sources of Japanese Tradition (New York: Columbia University Press,1958), p. 395.
9 Eiko Ikegami, The Taming of the Samurai: Honorific Individualism and the Making of Modern Japan (Cambridge: Harvard University Press,1995), p. 218.
10 Yamamoto Tsunetomo, Hagakure: The Book of the Samurai, tr. William Scott Wilson (New York: Avon,1979).
11 Ikegami, The Taming of the Samurai, p. 289.
12 譯注：對這句話的理解有很多種，如「所謂武士道，就是看透死亡。」「武士道者，乃發現如何死得其所之道。」「所謂武士道，就是對死的覺悟。」等等。
13 Ivan Morris, The Nobility of Failure: Tragic Heroes in the History of Japan (New York: New American Library,1975), p. 316 (modified).
14 Moriya Katsuhisa,「Urban Networks and Information Networks,」tr. Ronald P. Toby, in Nakane Chie and Oishi Shinzaburō, eds. , Tokugawa Japan: The Social and Economic Antecedents of Modern Japan, tr. ed. Conrad Totman (Tokyo: University of Tokyo Press,1990),p. 120(modified).
15 Donald H. Shively,「Popular Culture」, in John W. Hall et al. , gen. eds. , The Cambridge History of Japan, vol. 4: Hall, ed. , Early Modern Japan (Cambridge: Cambridge University Press,1991), p. 765.
16 Tetsuo Najita, Visions of Virtue in Tokugawa Japan: The Kaitokudō Merchant Academy of Osaka (Chicago: University of Chicago Press,1987), p. 255.
17 Robert N. Bellah, Tokugawa Religion: The Values of PreIndustrial Japan (Boston: Beacon Press,1957), p. 158; Ishikawa Ken,「Baigan Ishida's Shingaku Doctrine,」tr. Takeo Katow, Philosophical Studies of Japan 6(1965), pp. 26-27; and Eiji Takemura, The Perception of Work in Tokugawa Japan: A Study of Ishida Baigan and Ninomiya Sontoku (Lanham, Md. : University Press of America,1997), p. 65.
18 Bellah, Tokugawa Religion, p. 149.
19 J. Mark Ramseyer,「Thrift and Diligence: House Codes of Tokugawa Merchant Families,」Monumenta Nipponica 34:2(Summer 1979).

20 E. Sydney Crawcour.「Some Observations on Merchants: A Translation of Mitsui Takafusa's Chōnin Kōken Roku,」Transactions of the Asiatic Society of Japan, 3d series, vol. 8 (December 1961) and Mitsui Takahara,「Chonin's Life under Feudalism,」Cultural Nippon 8:2 (June 1940) as reprinted by Nippon Bunka Ch ō Renmei (Tokyo:1940), pp. 1-32.

21 譯注：完整地說是「農夫之道，就是留意天象四時，早起晚睡，拿著鋤頭、犁等耕種工具，每天辛苦耕種，這樣才能獲得好收成」。

22 Miyamoto,The Book of Five Rings,p. 6.

23 Bellah, Tokugawa Religion, p. 157.

24 譯注：一說二宮尊德出生於相模國。

25 譯注：原文中沒有後半句話，但補充進去意思更完整。

26 Takemura, The Perception of Work in Tokugawa Japan, pp. 129-31 and 120, and Sources of the Japanese Tradition,pp.

27 Basil Hall Chamberlain, Things Japanese (London: Kegan Paul, Trench, Trübner & Co. , 1890); Sakai Atsuharu,「Kaibara Ekken and『Onna Daigaku,'」Cultural Nippon 7:4 (1939); and Joyce Ackroyd,「Women in Feudal Japan,」Transactions of the Asiatic Society of Japan, 3d series,vol. 7 (November 1959), p. 53.

28 「A Sermon by Hosoi Heish ,」in Michiko Y. Aoki and Margaret B. Dardess, comps. and eds. , As the Japanese See It: Past and Presnt (Honolulu: University of Hawaii Press,1981), p. 65.

29 Jennifer Robertson,「The Shingaku Woman: Straight from the Heart,」in Gail Lee Bernstein,ed. ,Recreating Japanese Women,1600-1945 (Berkeley: University of California Press,1991),pp. 97 and 94.

30 Kate Wildman Nakai,「Introduction,」in Yamakawa Kikue, Women of Mito Domain: Recollection of Samurai Family Life, tr. Nakai (Tokyo: University of Tokyo Press, 1992), p. 23 (modified).

31 Anne Walthall,「The Life Cycle of Farm Women in Tokugawa Japan,」in Bernstein, ed. ,Recreating Japanese Women, 1600-1945, p. 58.

32 Gary P. Leupp, Servants, Shophands, and Laborers in the Cities of Tokugawa Japan (Princeton:Princeton University Press,1992), p. 85 (modified).

33 Yamakawa, Women of Mito Domain, pp. 170-71.

34 Uchida Kusuo,「Protest and the Tactics of Direct Remonstration‥ Osaka's Merchants Make Their Voices Heard,」in James L. McClain and Wakita Osamu,Osaka: The Merchants'Capital of Early Modern Japan (Ithaca: Cornell University Press, 1999), p. 89.

35 Mark Ravina, Land and Lordship in Early Modern Japan (Stanford: Stanford University Press,1999),p. 1 (modified).

36 Fukuzawa Yukichi, An Outline of A Theory of Civilization, tr. David A Dilworth and G. Cameron Hurst (Tokyo: Sophia University,1973), p. 160.

37 Constantine N. Vaporis,「To Edo and Back: Althenate Attendance and Japanese Culture in the Early Modern Period,」Journal of Japanese Studies 23:1 (Winthe 1997), p. 39.

38 George Elison, Deus Destroyed: The Image of Christianity in Early Modern Japan (Cambridge: Council on East Asian Studies, Harvard University, 1988, 2d printing), p. 321 (modified).

39 Ronald P. Toby,「The『Indianness'of Iberia and Changing Japanese Iconographies of the Other,」in Stuart B. Schwartz,ed. ,Implicit Understandings: Observing, Reporting, and Reflecting on the Encounters between Europeans and Other Peoples in the Early modern Era (Cambridge: Cambridge University Press,1994),p. 342.

40 Richard Siddle, Race, Resistance and the Ainu of Japan (London:Routledge,1996), p. 42.

41 Ihara Saikaku,Some Final Words of Advice,tr. Peter Nosco (Rutland,Vt. :Charles E.Tuttle,1980),p. 128

二、革命年代的日本

〈年表〉

一七七四年 杉田玄白及其同事完成《解體新書》。

一七九二年 九月三日，沙俄海軍上尉亞當．拉克斯曼率船駛入根室灣。

一七九八年 本居宣長完成《古事記傳》。

一八〇四年 九月六日，俄國船隻到達長崎。

一八〇八年 八月十五日至十六日，英國護衛艦「菲頓」號抵達長崎，要求開放通商。

一八一四年 十一月十一日，黑住宗忠自稱秉承天照大神旨意，開始傳播他的教義。

一八二三年 五月，大坂周圍一千多名村民抗議開放皮棉和菜油貿易。

一八二五年 二月二十八日，幕府頒佈《異國船打拂令》。
會澤正志齋完成《新論》。

一八三三年 「天保大饑饉」開始，導致一八三六年至一八三八年的騷亂。

一八三七年 二月十九日，大鹽平八郎在大坂舉事。

一八三八年 十月二十六日，中山美伎經由神啟，開創教義，成立天理教。

一八四一年 五月五日，幕府發起「天保改革」。

一八四二年

七月二十四日，開始於一八三九年的中英鴉片戰爭結束，雙方簽訂條約，開始在中國形成條約口岸體系。

一八四四年

九月二十二日，幕府收到荷蘭國王威廉二世來信，警示外患將要到來。

一八五三年

六月三日（西曆七月八日），美國海軍準將馬修・C・培里率艦隊抵達江戶灣口，六天後登岸，呈遞美國總統致德川幕府的國書。

一八五四年

一月十七日（西曆二月十四日），培里再度來航。

三月三日（西曆三月三十一日），培里與德川幕府的代表簽訂《神奈川條約》（《日美和親條約》）。

一八五八年

六月十九日（西曆七月二十九日），哈里斯與井伊直弼簽訂《日美修好通商條約》。

七月五日，井伊直弼開始整肅行動，德川齊昭和一些大名被軟禁（譯注：史稱「安政大獄」）。

一八五九年

十月二十七日，幕府處死吉田松陰。

一八六〇年

二月二十六日，首位幕府使節前往美國。

三月三日，自稱「志士」的年輕武士刺死井伊直弼（譯注：史稱「櫻田門外之變」）。

一八六二年

二月十一日，皇女和宮與德川家茂在江戶城成婚。

八月二十一日，薩摩藩武士殺死英國商人理查森（譯注：史稱「生麥事件」）。

閏八月二十二日，幕府放寬參勤交代制（譯注：由一年一次變為三年一次）。

一八六三年

二月二十五日，「志士」毀壞了京都的足利氏將軍的塑像。
三月四日，幕府將軍德川家茂的晉京隊伍進入京都。
五月，長州藩激進分子炮擊岸邊的西方艦船。
七月二日至四日，英國艦船炮擊鹿兒島。
八月十八日，忠於天皇的「志士」發動政變失敗，被逐出京都。

一八六四年

七月十一日，「志士」刺殺佐久間象山。
七月十九日，忠於幕府的軍隊在「蛤御門之變」中擊潰暴動的「志士」。
七月二十三日，幕府宣布長州藩為「朝敵」。
八月五日至六日，西方戰艦炮擊長州海岸炮臺，派兵登陸。
十一月，幕府征討長州，長州藩謝罪。

一八六六年

一月二十一日，薩摩藩和長州藩締結秘密同盟。
五月二十九日，江戶市民暴動搶糧。
六月七日，幕府發動第二次征討長州之役。
六月，大規模「世界新生」運動爆發，席捲全國。

一八六七年

一月九日，孝明天皇十幾歲的兒子佑宮加冕，繼承皇位。
七月，名古屋附近興起「嘿，難道不行嗎？」（ええじゃないか）運動。

一八六八年

三月十四日，新政府發佈「五條御誓文」。
三月二十八日，新政府頒佈《神佛分離令》（譯注：即命令神道與佛教分離）。
四月，福澤諭吉將他此前開辦的學習「蘭學」（譯注：德川幕府實行領國體制，只許中國人和荷蘭人進入日本。為了與荷蘭人溝通，他們培養了一批通曉荷蘭文的翻譯官。這些翻譯官除了充當翻譯，在與荷蘭人交往過程中，也學得一些西方的學術知識，並傳授給其他日本人。這種通過荷蘭文學得的西方知識，稱為「蘭學」。）的學校改稱慶應義塾。

一八六八年

四月二日，忠於天皇的軍隊攻佔江戶。
閏四月二十一日，新政府公佈一八六八年《政體書》。
七月十七日，江戶更名為東京。
九月八日，宣布新天皇年號為「明治」。

一八六九年

三月二十八日，宣布東京為日本首都。
五月十八日，忠於幕府的軍隊最終投降，戊辰戰爭結束。
六月十七日，天皇宣布接受諸藩「奉還版籍」，並任命大名為「藩知事」。
六月十七日，政府宣布廢除傳統社會等級，重新將人口分類為華族、士族、平民三個階層。
七月八日，政府設置北海道拓殖使（譯注：蝦夷地改稱北海道）。

一八七〇年

一月二十四日（陰曆去年十二月二十五日），東京和橫濱間開通電報服務。
閏十月二十日，設置工部省。
福澤諭吉完成《西洋事情》二編。

一八七一年

三月一日，東京和大阪間開通郵政服務。
五月十日，頒佈《新貨條令》，以日圓作為國家通貨。
七月十四日，廢藩置縣。
七月十八日，設立文部省。
八月二十八日，頒佈解放宣言，將賤民階層重新歸類為普通公民。
十一月十二日，岩倉具視使節團前往美國。
中村正直翻譯出版山繆爾・史邁爾（Samuel Smiles）的《自助論》（譯注：日譯名為《西國立志篇》）。

一八七二年

二月二十六日，大火焚毀銀座地段，政府委派一名英國工程師，以西式磚瓦建築進行重建(譯注：即東京銀座赤煉瓦街)。
八月三日，頒佈《學制》，將全國分為數個學區，並授權對所有兒童進行強制性四年義務教育。
九月十三日，舉行盛大公眾慶典，慶祝從東京到橫濱的鐵路開通。
十月四日，富岡模範繅絲廠建成開工。
十一月十五日，公佈《國立銀行條例》。
採用西曆，以該年陰曆十二月三日為一八七三年元旦。

一八七三年

一月十日，頒佈《徵兵令》。
七月二十八日，頒佈《地租改正》。
八月一日，政府開辦第一國立銀行。
九月十三日，岩倉具視使節團回國。
十月二十四日至二十五日，明治天皇表明反對「征韓」，西鄉隆盛及其他鼓吹「征韓論」者從政府中辭職。
十二月十日，設立內務省。一八七四年

一八七四年

一月，板垣退助組建共和愛國黨，刊發《民撰議院設立建白書》，要求速開國會。
二月一日，江藤新平發動「佐賀之亂」。
二月，明六社創立。
四月十日，板垣退助及其同志組建立志社。

一八七五年

二月十一日，木戶孝允、大久保利通召開大阪會議，討論有關代議制政府的問題。
二月二十二日，板垣退助的立志社成員組成愛國社。
四月十四日，天皇詔書宣布設立元老院，承諾逐步建立立憲政體。
六月二十八日，頒佈《新聞紙條例》（譯注：其中《讒謗律》嚴格控制言論）。
十一月二十九日，新島襄設立同志社英學校。

一八七六年

三月二十八日，取消武士隨身佩刀的特權。
三月三十一日，批准成立三井銀行，這是日本第一家私人商業銀行。
七月二十九日，三井物產會社成立。
八月五日，公佈取代前武士世襲薪餉的計畫。
福澤諭吉完成《勸學》（譯注：共十七編）。

一八七七年

一月四日，政府宣布減少地租，七月一日起施行。
二月，薩摩叛亂開始（譯注：史稱「西南之役」）。
三月，古河市兵衛取得足尾銅礦。
四月十二日，東京大學開辦。
八月十八日，第一屆內國勸業博覽會在東京開幕。
九月，西鄉隆盛戰敗自殺。

一八七八年

五月十四日，大久保利通遭暗殺。

一八八〇年

三月十七日，愛國社改組為大日本國會期成有志公會。
四月，頒佈《集會條例》。

一八八一年

四月七日，設立農商務省。
十月一日至二日，板垣退助將大日本國會期成有志公會改組為自由黨。
十月十一日，政府宣布暫停北海道拓殖使的資產出售計畫，撤銷大隈重信的職務。
十月十二日，天皇詔書宣布十年內召開國會。
十月二十一日，松方正義就任大藏大臣，執行通貨緊縮政策。
十一月十一日，私人投資者結成日本鐵道會社。

一八八二年

一月四日，天皇頒佈《軍人敕諭》。
三月十四日，伊藤博文起程赴歐洲，商請憲政專家；大隈重信組建立憲改進黨。
三月十八日，福地源一郎及其他新聞界知名人士組建立憲帝政黨。
五月三日，澀澤榮一開辦大阪棉紡廠。
十一月二十八日，一千多名抗議者前往福島的一家員警所示威，史稱「福島事件」。

一八八四年

七月七日，頒佈《華族令》。
九月二十三日至二十四日，員警鎮壓了加波山暴動。
十月二十九日，立憲自由黨解散。
十月三十一日至十一月十日，農民搗毀高利貸者家產，毆打兇暴的政府官員，史稱「秩父事件」。

一八八五年

七月，《女學雜誌》創刊。
九月二十九日，三菱會社兼併了競爭對手的輪船公司，建立日本郵船公司。
十二月二十二日，廢止太政官，實行新的內閣制度。

一八八七年

十二月二十六日，頒佈《保安條例》。兩天後，東京員警廳流放了五百多名受到懷疑的政治積極分子。

一八八八年 四月三十日，設立樞密院，伊藤博文為首任院長。

一八八九年 二月十一日，天皇頒佈《大日本帝國憲法》。

七月一日，東海道線東京到神戶段完成，開始提供服務。

一八九〇年 十月三十日，天皇頒佈《教育敕語》。

十二月二十六日，東京和橫濱間開通電話服務。

到此時，足尾銅礦已經成為亞洲最大的銅採掘和冶煉綜合企業，造成嚴重的廢水污染（譯注：史稱「足尾礦毒」事件）。

一八九六年 六月十二日至十六日，甲府雨宮的繅絲女工舉行了日本歷史上第一次工人罷工。

一八九七年 五月，政府命令足尾銅礦安裝污染控制設備。

一八九八年 七月十六日，《民法典》開始生效。

一八九九年 八月，菊池幽芳開始連續刊行《己之罪》。

一九〇三年 四月十三日，文部省頒佈小學國定教科書制度，規定所有小學必須採用由文部省統一編撰和配發的教材。

** 譯注：本篇年表中一八七二年及之前的日期，除特別說明外，均表示日本陰曆年中的年、月、日。

* 譯注：本篇第一章至第五章中的日期，除特別說明外，均表示日本陰曆年中的年、月、日；從第六章開始以後各篇章中的日期均表示西曆中的年、月、日。

第四章

明治維新

一八六〇年三月三日晨，幕府的首席決策人井伊直弼從家裡出來，坐上轎子到江戶城堡內離家不遠的官署。一行人走到主城門櫻田門外時，一群年輕武士，其中十七人來自水戶藩，一人來自薩摩藩，出現在飄落的雪花中。這些人恭順地走近轎子，然後突然拔劍朝井伊直弼的衛隊蜂擁而上。他們令人驚訝地殺向轎子，掀開轎門，刺中井伊直弼，並把他拖出來砍掉頭顱。

暗殺者的激憤起因於他們認為井伊直弼及其前任對一系列國內危機和日益增長的國外威脅處理不當。「內憂外患」是東亞一個古老的成語，使用於國家的歷史進程似乎急轉直下到了一個重要分水嶺的混亂時期。十九世紀上半葉，「內憂」似乎遍及日本各地：武士的貧困和尚武精神的衰退；生活水準超越「他們身份和財力」的自大商人越來越多；饑荒和物質匱乏頻仍；農民起義和城市騷亂；意識形態的騷動和神秘主義的宗教；失敗的改革。與此同時，「外患」也大舉而來：一八五三年，美國海軍準將馬修·C·培里駛入江戶灣，要求日本向西方世界全面開放。井伊直弼認為貿易有利於日本，而且日本也沒有強大到可以拒絕培里的最後通牒，因此一八五八年他打破傳統簽訂了條約，和美國及一些歐洲國家建立了外交和貿易關係。

對水戶和薩摩的年輕武士來說，井伊直弼是個溫順屈服於外來壓力的懦夫、賣國賊，「外夷」在日本國土的出現預示著日本傳統文化的滅亡。井伊直弼對反對者的殘酷鎮壓——軟禁他們的良師，即水戶藩的前藩主，給他們的悲憤火上澆油，引發了他們實施暗殺的決定。正如他們或許已經預料到的，幾乎所有捲入襲擊井伊直弼事件的人都死了，不是死於戰鬥中的重傷，就是被俘後遭處死。然而，他們的行為標誌著日本歷史上的一個重要轉捩點。在井伊直弼被暗殺後的幾年裡，其他自稱「志士」的年輕武士，也以同樣激烈的暴力行為反對他們所藐視的外國人，以及容忍蠻夷存在的幕府官吏。隨著反對意見席捲全國，幕府逐漸喪失了對自己的信心和維護其特權的能力；而反對者及其不滿情緒則猶如滾雪球般成倍增長，直到最後他們決定推翻這個統治了近兩個半世紀的政權。

經濟災難和社會叛亂

在十九世紀早期的金澤——加賀藩前田大名相對繁榮的城下町根據地，許多武士家庭砍掉花園裡的灌木，種上可以在城裡市場上出售的李子、蘋果和杏子。城市裡的其他武士開始創辦家庭作坊，製造草鞋、雨傘、裝飾性髮帶、燈油，還有慶祝新年用的節日用品，例如泥娃娃、紙老虎、自動玩具等，來增加自己的收入。金澤的武家轉向追求商業利潤，因為他們覺得生活水準在下降。金澤武士階層經歷的經濟窮困並非獨一無二。在日本各地的大多數城下町，日益增多的武家從事類似的副業，或者在商人、手工業者的店鋪兼差，有些地方占武家總數的百分之七十，有些地方甚至更多。許多曾經驕傲的武士典當刀劍和盔甲，送女兒外出當家庭傭人，甚至不惜殺嬰，以免陷於貧困。

武士覺得自己變窮了多少有幾分心理作用。十七世紀早期，大名和將軍把付給家臣的俸祿固定下來，在那之後罕有提高。由於俸祿通常是以稻米的形式支付，十七八世紀大米的價格上漲時，武士在市場上賣掉俸米後的收入可能有些許增加。但這種收入，假如當時的記載精確的話，並不足以讓普通的武士家庭跟上更富有工商業者鄰居的步伐，後者的收入通常以更快的速度增長。而且，德川時期的商業革命使得許多新奇美妙的生活消費品都不難買到；但是，其中最令人想要的東西價格卻並非許多武士的荷包所能承受，這就加深了他們的想法：武家不能再享有與他們社會中堅身份相對應的生活方式了。許多武士通過咒罵富商和富農發洩他們的挫敗感。金澤的一個高級武士這樣說：「城市平民家庭，有許多已經不再遵守關於身份的規定，花錢太多，沒有多少社會責任感。」他繼續道，那些「厚顏無恥」的商人，購買華麗的衣服，「垂涎高社會地位家庭的宅邸」，沉湎於「超越他們身份和財力的奢侈婚筵」。[1]

一方面是妒忌和不滿，另一方面也由於將軍和大名有時削減武士的俸祿，十九世紀早期武士的實際收入的確是下降了。十九世紀二十年代，金澤的前田大名把武士的俸祿減少了百分之十，到十九世紀三〇年代竟令人驚訝地減少了一半。其他藩的大名也要求他們的家臣在經濟上做出犧牲，因為正如前田大名一樣，他們也在努力擺脫不斷擴大的財政赤字泥沼。到十九世紀的前幾十年，大多數大名都把收入的四分之三或者更多，用來維持履行參勤交代義務的開支。與此同時，他們還要承擔不斷上漲的婚喪喜慶等社會費用，並遭受幕府冷酷無情的索取：出資維修道路橋樑，以及重建屢遭火災的城市等。這些開支使得大多數大名陷入財政赤字，由於幾乎別無選擇，許多大名只能大幅度削減其家臣的俸祿。

許多武士都不喜歡這種做法。金澤的一個官員悲歎：「近幾年削減俸祿的政策為家臣——尤其是那些低級武士造成了苦難。許多人行為失當，拒絕遵守藩地法律。」[2]長州藩的一名要員也發出了類似的感歎：「多年以來，武士忍受貧困，一心只想著謀生。『買這個，賣那個』，『拆東牆，補西牆』，已經成為他們的全部生活。甚至那些恪盡職守的人也降低身份做些不光彩的事情。他們一天天苟活，早晚都只吃稀飯。他們的生命在虛耗，他們的精神和舉止日漸卑劣可恥。他們已經成為滿嘴謊言和善於行騙的人。」[3]

政治制度的僵化加劇了低級武士的不滿。人人都說得很好聽，在決定由誰擔任某個職位時，「能力」應該是最重要的因素；但是實際上，家庭在武士階層內部所處的等級決定了武士可以擔任的職位——假如有職位的話。結果，到十九世紀為止，高級武士佔據了大多數重要官職，在許多藩，望族累世獨佔關鍵職位。理想和現實的差距使許多來自貧苦家庭、雄心勃勃的青年感到苦惱。在藩學裡，那些低級武士的兒子常常和社會地位比他們高的同學比鄰而坐，他們發現高貴的出身容易使人像孔雀般驕傲，正如平凡使他們像驢子般愚蠢。一些低級武士把他們的上司蔑視為優柔寡斷的無能之輩，用當時的慣用語來說，他們甚至當不了箭術比賽的裁判。還有一些一心想被任用，以便解決其家庭面臨的經濟問題的武士，開始呼籲任用「能人異士」，即那些不管其在武士階層內的社會地位如何，但在政治上已經覺醒且才智過人的年輕人。

十九世紀早期，城市和農村的許多平民對於權威也變得不太恭順，尤其是在連年歉收導致了破壞性的「天保大饑饉」之後。這場饑饉從一八三三年開始，一直延續到一八三八年，因為時值天保年間而得名。現在無法證實那幾年死於饑餓和疾病的人數，但日本北部的官吏報告，僅一八三六年就有十萬人死亡，到處都有荒蕪恐怖的村莊、未被安葬的屍體，甚至出現人民相食的慘況。「屍體被扔到井中，有婦人竟然吃掉自己的孩子，」有一個男人的日記記載，「餓殍滿地，有些人寧願用石頭砸死孩子也不願讓他們餓死。搶劫、入室行竊、偷盜就是如今的秩序。浪人攻擊老人和孩子，世界已經沒有秩序。」[4]

任意欺負弱者的個體暴力行為，成為饑荒造成混亂的一部分。抗議的形式揭示出大多數民眾在尋求危機的解決辦法時，已經帶有鮮明的政治意識。首先，平民沒有僅僅把自己的不幸歸咎於自然災害，相反，他們組織抗議行動，要求政府當局推行減輕災難的政策。本著這樣的精神，農民懇求當局暫時停止徵收糧稅，打開大名的儲庫賑濟百姓，禁止穀物運往城市。在市區，饑民要求幕府或當地藩主開倉放賑，禁止哄抬物價，強迫米商以「合理的價格」出售他們囤積居奇的全部穀物。如果官員不予理睬，示威者就會衝進大名的糧倉，劫掠米店，把稻穀扔到街上，賣給任何出價公道的人。其次，到十九世紀早期，人們已經從過往經驗中認識到，有組織的集體行動會給當局留下印象：先前的幾次生存危機中，反抗行動迫使政府採取了賑濟措施。十九世紀三〇年代，有據可查的農民起義和城市騷亂總計約為四百起，超過了整個十七世紀。此外，憤怒的抗議者以空前的規模組織起來，使自己的力量最大化：一八三六年，據估計一萬名示威者使三河國陷於騷亂，富士山以北則有三萬饑民憤然起義。

十九世紀三〇年代影響最大的叛亂由武士、前政府官吏大鹽平八郎領導，他動員大坂附近的村民起義，洗劫城市。大鹽平八郎的起義重申了民眾對公正的普遍要求。「我們必須首先懲治官吏，他們殘酷地折磨人民，」他在一八三七年發佈的檄文中說，「然後處死傲慢的大坂富商，散盡他們窖藏的金、銀、銅和成包的稻米。」[5]一八三七年二月十九日，懷著激起大規模農民起義的希望，大鹽平八郎率眾襲擊了官府，並燒毀了城市的部分地區。混戰了兩天之後，當局擊潰了起義軍，大鹽平八郎自殺身亡，留下大坂貧民痛失三千多個家庭，還有大約五萬多石大米毀於大鹽平八郎釀成的火災之中。

十九世紀的前幾十年還發生了其他一些鬥爭，其中許多與原始工業化有關。在許多地區，因從事貿易而發跡的農戶組織抗議活動，反對現任村吏及其家族通過繼承制世代把持當地的官職。偶爾，這種不滿會像十九世紀三〇年代長州藩所發生的那樣，甚至引發暴力的示威運動，敦促統治當局廢除職位的世襲制，實行使人們可以向上升遷的新方法。另外一些集體行動則動員了許多村莊的村民。

一八二三年，在大坂周圍一千〇七個村莊生產皮棉、榨植物油的農民和當地商人，利用一切可以運用的合法手段，抗議一項把那些商品的批發和銷售權授予一批擇定的大坂商人的長期性政府政策。這些生產商抱怨，這種壟斷是不道德的，因為對市場的政治控制增進了一小部分特權者的利益，卻威脅了許多人的生計。他們宣稱：「貿易應該是無限制的。」[6]和其他地方的情況一樣，抗議的聲浪傳入感受到新攻擊的官員耳中，大坂當局最後同意了自由貿易。

新論說和新宗教

在十八世紀末到十九世紀初的過渡時期，廣為傳播的還有知識份子的新論說，以及新的宗教表現形式。曾有一段時間，國學學者回到了日本最古老的文本，以重新發現日本文化的獨特性質。以他們的研究為基礎，國學運動的主要人物逐漸認為，「古代」代表著黃金般的過去，是能夠滿足當代社會需要的價值和道德訓示的寶庫。最重要的國學學者之一，於十八世紀中葉著書立說的賀茂真淵，注重研究大約編於一千年前的詩選《萬葉集》。賀茂真淵崇敬那些詩歌，認為它們捕捉到了在被外來學說，例如佛教和新儒學的「詭辯」所掩蓋甚至腐蝕前形成的日本人最初本性的真髓。按照賀茂真淵的說法，把日本人和其他民族區分開來的美德，一如《萬葉集》所揭示的，是「誠實、率直、活力、剛毅和優雅」。[7]

繼賀茂真淵之後成為國學運動領軍人物的本居宣長，進一步宣示不僅日本的價值具有獨特性，而且日本民族比其他民族尊奉的生活原則更值得稱道。本居宣長數十年浸淫於《源氏物語》和《古事記》。從研究中他得出一個結論：古代日本人愉快地生活在天皇的統治之下。而且，他在用畢生心血凝結而成，完稿於一七九八年的《古事記傳》中提出，天皇是在太陽女神天照和其他神道神祇的啟示之下實行統治的。對本居宣長而言，那種神聖的聯繫是理解值得讚賞的日本社會性質的關鍵。他曾經寫道：「天皇的大國是威嚴可畏的女祖神天照大神的家，這是我國優於他國的根本原因。」他認為，「其他國家不是天照大神的家，故而它們沒有關於統治者地位的既定原則。那些國家的人們，人心邪惡，行為不羈」。

蘭學學者則把他們的好奇心向外投放。一七二〇年，幕府解除了對進口西方書籍的禁令，不過基督教方面的書除外，他們希望能用西方的科學技術知識提高國內的農業和商品生產。因此，西方書籍的中譯本，還有數量較少的數學、天文學、植物學著作的荷蘭語譯本開始流入日本。日本醫師漸漸對解剖學和藥理學產生了非常濃厚的興趣，他們當中大多數人都受過儒學傳統的薰陶。在一個政府禁止屍體解剖且關於傳統草藥對特定器官的療效知識還有缺陷的時代，他們對新知識的追求，實現了人應該利用知識幫助不幸者的儒家理想。當時的一位知識份子說：「醫生的工作就是幫助他人，而不是提升自我。別閒下來考慮聲名，必須放棄自我，一心拯救他人。」[8]

一七七一年，杉田玄白和幾位好奇的同行醫生學者一起觀看了對一名在江戶被處死的女囚的非法屍體解剖，此後他們對西醫的敬仰顯著增強了。杉田玄白及其同事對照了德國醫生約翰・亞當・卡爾墨斯（Johann Adam Kulmus）寫於一七二二年的醫書《解剖學圖表》的荷蘭文譯本中的插圖和解剖圖表，對這本書的精確性留下了深刻印象，於是他們開始著手把這部解剖學傑作的荷蘭語譯本翻譯成日語。不幸的是他們不懂荷蘭語，當時也沒有可以指點他們的字典或語言讀本，他們只有一本論述把漢語翻譯成日語的一般原則的手冊。杉田玄白的小組歷經艱辛，終於逐字逐句地把這本荷蘭文著作翻譯了出來。杉田玄白後來回憶說，「有時我們從早到晚面面相覷，一行都翻譯不出」，有時「我們用一個漫長的春日苦苦思考如『眉毛是眼睛上面的毛髮』那般簡單的句子」。[9] 他接著說，大約一年之後，「我們掌握的詞彙漸漸增多」。一七七四年，杉田玄白及其同事終於將該著作全部譯出，並以「解體新書」為新書名。這是日本思想史上最偉大的功績之一。

《解體新書》的出版不僅激發了人們對西醫實踐的興趣，而且刺激了供翻譯者用的荷日詞典和其他參考用書的出現。結果，日本學者開始更廣泛地涉獵西方的文理著作，尤其是在一八一一年幕府成立了翻譯局後，一些大名也隨後贊助蘭學的學術機構，組織學者翻譯西方的地理、製圖學、物理、化學、博物學和軍事學著作。一八一五年杉田玄白回首往事時，對於每年都有新譯作出現，對西方事物興趣的傳播猶如「一滴油滴在寬闊的池塘，很快擴散開來覆蓋了整個池面」，感到由衷高興。

國學和蘭學學者並不希望自己的所作所為會對政治或社會起破壞作用。杉田玄白和其他探索西醫

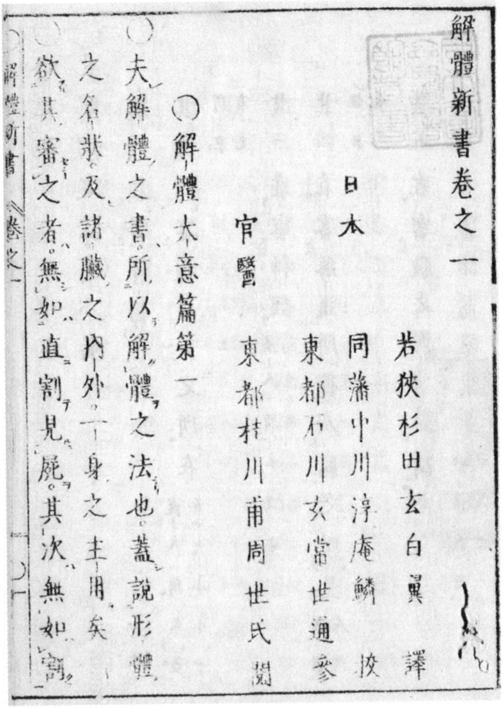
解體新書卷之一
若狹　杉田玄白翼　譯
日本　同藩　中川淳庵鱗　挍
東都　石川玄常世通　參
官醫　東都　桂川甫周世民　閱
解體大意篇第一
夫解體之書。所以解體之法也。蓋說形體之名狀。及諸臟之內外。一身之主用。矣欲其審之者。無如直割見屍。其次無如
解體新書　卷之一

《解體新書》／國立國會圖書館

奧秘的人不反對社會，相反，他們認為自己遵循了傳統的道德規範：人應該為了推進同胞的福利竭盡所能地求知。關於這一點，即便把分析人類社會的《夢之代》建立在對哥白尼天文學的理解之上的山片蟠桃，也支持認可商人價值的政權的合法性。與這些人相似，雖然本居宣長盛讚由天皇而不是由幕府將軍實行仁政，但本質上他是一位沉浸於對日本文化的起源進行學術探索的學者。然而，到了十九世紀中期，由蘭學和國學的最早提倡者引起的思想騷動，激勵了新一代日本人討論以儒學為基礎的社會等級制度的效用，用批判的眼光審視誘人的外國文化的潛在危險及益處，質疑幕府在國家中的作用——這個國家現在「憂患」如此之多，對天皇直接統治的美好回憶又誘發了對另一種可供選擇的政治制度的幻想。

對現行政治和社會制度更為直接的挑戰來自千年宗教運動。備前國的神道士黑住宗忠在一八一四年的冬至那天凝視升起的紅日時，和天照女神建立起「神聖的聯繫」，之後他就組織了所謂「新宗教」

中最早的教派之一。黑住宗忠曾經得過傳染性肺結核，這個病已經奪走了他父母親的生命，但他卻很快康復了。黑住宗忠相信自己受到了保佑，於是開始投身於改善病人和被蹂躪者命運的事業。新黑住教的核心教義是信仰太陽女神，認為她作為創造宇宙、化育萬物的「大元靈」，不僅能賜福給人民，而且能馬上為他們驅除邪惡。根據黑住宗忠的說法，只要信奉天照女神，每個人就能顯露出本質中「善」的一面，創造和平與繁榮，就能治癒疾病、延年益壽、子孫滿堂、收穫豐碩、事業成功。

天理教也允諾建立一種新的道德秩序，把人民從官吏無能、政權腐敗和政治經濟不公平造成的苦難中解救出來。一八三八年，自十三歲結婚後就備嘗艱辛、遭受虐待的農婦中山美伎，得到神諭說她被「天理王明神」附體，認為自己是「從天而降拯救人類的真『元神』」。[10]從一陣恍惚中回過神後，中山美伎捨棄了家庭，開始宣傳神的「天理」：信仰會清除產生自私行為的「八塵」，代之以宣導無私和互助的新倫理。

和黑住教與天理教一樣，其他新宗教也關注十九世紀早期的經濟混亂和社會的不和諧，在饑荒和原始工業化引起的經濟混亂很嚴重的地方大量吸收信徒。這些新宗教的宣導者宣稱，信仰是從饑荒和現世的悲傷中解脫出來的唯一辦法。用某個新宗教創始人的話來說，既然「人神相同」，只要有信仰，人就會成為塵世間的聖人。[11]信徒們認為，信徒的自治新團體最後會戰勝社會邪惡，「更新換代」，創造一個人人見多識廣，沒有痛苦、災害和恐懼的人間天堂。

失敗的改革和落空的期望

當局沒有遺忘十九世紀早期社會和經濟混亂，十九世紀三四十年代，幕府和幾位大名都為此發動了改革。到一八四一年時已經躍居幕府首席決策人的水野忠邦，制訂了一套詳盡的，依靠重整道德、儉約、重農等傳統做法推行改革的計畫。他迅速處罰了一些有嫌疑的貪官污吏，削減政府開支，命令武士厲行節約、自我約束；並解散了某些行會，認為它們的壟斷行為助長了通貨膨脹。在農村，水野忠邦下令禁止商品化農業和村辦工業，試圖使農民專心種植莊稼。為了增加幕府的收入，他強令商人捐錢，計畫徵收新的農業稅，還宣布了一個重大方案，企圖把江戶和大坂周圍原本屬於其他大名或將軍旗本的全部可耕地收歸幕府。

天保年間（一八三〇到一八四四），許多藩也實行了改革。這些改革嘗試形形色色：有一些藩像水野忠邦那樣強調節省，道德上回歸公正清廉；而另一些則闖出了新路子，創辦了由領地贊助的企業，壟斷了某些可以在江戶和大坂市場上交易的產品，以便牟取利潤，轉虧為盈。一些藩的改革取得了一定成效。例如在一八三八年開始改革的長州藩，當局通過減少官吏開支，賴掉大名對商人的債務，把鹽、清酒、棉花等商品的專賣權出售給新成立的商人行會，使領地保持了多年的收支平衡。在平衡預算和積累財富方面，薩摩藩採取了不同的策略，卻比長州藩更為成功。薩摩藩吏大膽地單方面宣布，在二百五十年內每年以減少到千分之五的利息償還積欠商人的巨額貸款，從而一舉解決了該藩的債務危機。藩吏們還鼓勵農民擴大蔗糖的生產，並引進新的經濟作物，由農民出售給政府後，再行銷到日本各地城市。

和長州、薩摩二藩相比，大多數大名的改革都不見成效。一個原因是那些推行改革的大名往往治標不治本，太多的大名依賴於傳統「藥方」：禁奢令、削減津貼、賴帳。這些最多不過暫時解決領地的財政危機。而且，那些大膽干預政治經濟以開創新壟斷事業的改革者通常缺乏經驗和專門知識。結果，他們的改革嘗試常常助長了混亂、短缺和物價高漲，反而產生出他們原想解決的經濟混亂。從幕政改革來看，水野忠邦和他們一樣不成功。他的政策沒有制止通貨膨脹，沒有永久性地減少赤字，也沒有促進經濟繁榮。他計畫沒收江戶和大坂附近的大名領地，結果導致了一場直到一八四三年秋他下臺才宣告結束的騷動。

天保改革留下了兩個長期的後遺症。在大名當中，許多人開始不信任幕府。它看上去很無能，卻威脅說要沒收大名的財產，一味堅決地將其權威強加給他們。而大眾心裡普遍的「期望落空」之感表明平民開始對政府失去信心，不再相信幕府或大名能夠解決遍及全國的社會和經濟問題。經過一段時間之後，這些「內憂」會和「外患」交織在一起，加劇了日益增長的絕望情緒，為用更激進的辦法解決十九世紀的問題鋪平了道路。

外患

俄國人自北而來。在十八世紀裡，俄國探險家和政府官員隨著國家向東擴展而東進，佔領了遼闊的西伯利亞，推進到千島群島，並沿著北美大陸的海岸散開，尋求皮毛、貿易和冒險。隨著北太平洋沿線俄國人的增多，一七九九年聖彼德堡的官員特許俄美公司管理那些領土，開發那個地區的資源。截至那時為止，許多俄國人已經開始想像和日本通商會帶來的巨額利潤。凱薩琳大帝委派海軍上尉亞當．拉克斯曼(Adam Kirillovich)率領海上遠征隊赴日本，要求建立正式的貿易關係。一七九二年六月，拉克斯曼抵達根室灣，但是直到次年的六月，首席老中、幕府執政松平定信才做出答覆。在一封措辭率直的信裡，松平定信聲稱，日本通常會摧毀或者扣押來自沒有和它建立友好關係國家的船隻，並關押其人員；不過，既然拉克斯曼「不懂日本法律」，他就寬宏大量允許俄國人回家。也許是因為這位老中想避免激烈的對峙，他做了額外的讓步：批准一艘俄國船隻在以後的某日進入長崎港。這就意味著以後有進一步談判的可能。

由於專注於法國革命，直到一八〇四年秋，俄國才派遣俄美公司的常務董事尼古拉．彼得羅維奇．列扎諾夫進入長崎港，請求正式開始通商。幕府再次予以拒絕。官員們讓列扎諾夫等了六個月，禁止他離開船和岸上幽禁的住所。然後才告訴他，允許踏上日本領土的外國人只有中國和荷蘭商人，以及受邀請的朝鮮和琉球群島特使。照會鄭重聲明：「這是為保衛我國邊境世代沿用之法，豈能因貴國而改變？」[12]最後它生硬地說：「你須儘快出航回國。」列扎諾夫又恨又怒，不過他的確北上回到西伯利亞海岸的俄國前哨。但在一八〇六年和一八〇七年，在他的命令下，沮喪不滿的船長們屢次襲擊庫頁島和千島群島南部的日本人殖民地。在一個餘燼未熄的漁村廢墟，他們在一個銅盤上鐫刻了警告的話：「如果日本人長期拒不同意通商的正當要求，俄國人將把日本北部夷為平地。」

「紅毛」由南北進，預示著同樣的可能性。一八〇八年，英國軍艦「菲頓」號大膽闖入長崎港搜尋荷蘭商人。這些商人在荷蘭被迫和英國的敵人即拿破崙統治下的法國結為戰時同盟後，被英國視為敵人。雖然他們沒有發現荷船停泊，但「菲頓」號的船員綁走了荷蘭官員。當長崎奉行命令「菲頓」號立即離開時，年僅十九歲的「菲頓」號船長厚顏無恥地要求供應食物、淡水和其他補給，否則將用五十架大炮轟擊港內的日本和中國船隻。長崎奉行相信這個英國人會瘋狂到把他的恫嚇變為現實，因此不得不為「菲頓」號提供補給，然後他就為自己未能保護長崎自殺了。

「菲頓」號輕而易舉地挑釁了幕府將軍的地方官員，突破了港口的防禦設施，使江戶的官員感到羞恥。當他們聽說英國將強行要求和日本通商的傳聞後就更加不安了。由於荷蘭人每年向幕府提交報告書，幕府完全掌握了英國人如何控制北印度的大部，在那裡種植鴉片並運銷廣東，交換中國的茶葉、絲綢、瓷器的情況。英國在廣東的貿易迅速發展，一八〇〇年到一八三二年之間，英國的鴉片銷售額增長了五倍。許多英國商人都贊同英國外交大臣的擴張主義政策，後者曾於一八三四年揚言，想知道「是否不可能和日本建立通商關係」。[13]

中國官員試圖禁止鴉片貿易，隨之中英兩國爆發了鴉片戰爭（一八四〇至一八四二）。英國在戰爭中令人驚愕的勝利，使日本人更有理由為「紅毛」的意圖煩惱。結束中英戰爭的條約使香港成為英國的殖民地，並確立了條約口岸制度。根據條約規定，中國的五個口岸成為開放城市，英國人可以在那裡居住和經商，而且享有治外法權，即英國人只遵守英國法律，接受英國領事裁判而不是由中國法官審判的權利。其他國家也很快和中國簽訂了相似的條約，每個條約都規定了最惠國待遇。由此，只要其中任何一國攫取了新的特權，所有締約國均可享受。荷蘭人關於鴉片戰爭結局的說明，帶給江戶不祥的資訊：西方的工業進步導致了對貿易貪得無厭的渴望。現在看來，英國或其他強國用炮艦外交把條約口岸制度擴展到整個東亞不過是時間問題。

許多知識份子被西方對亞洲的侵略所激怒。他們寫文章並向幕府上條陳，主張對外國人敬而遠之。其中會澤正志齋提出了一些最熱情、最有影響的論點。會澤正志齋出生於水戶藩，後來成為水戶學派的主要成員。十九世紀早期，這個學派的學者在尋找解決不斷出現的國內外危機的方法時，衝擊了日本的哲學和宗教。在一系列寫於十九世紀二十年代的政論著作中，會澤正志齋勾畫出外國在文化和宗教上的威脅。在他看來，西方的力量來自精神源泉。他把基督教看作一種國家的邪教，聰明的西方領導人巧妙地利用它來贏得本民族和那些他們想拓殖的民族的歸順。會澤正志齋斷言，歐洲列強「現在正竭力侵略世界上所有國家，耶穌的邪惡教條是其幫兇。在貿易或其他藉口之下，他們接近各地區的人民並與之為友，暗地裡則窺測誰為強國，誰為弱國。若一國守備空虛，他們就用武力奪取；

倘若不能乘虛而入，他們就用（基督教）邪惡的教條把人民引入歧途，從而奪取之」。14

會澤正志齋繼續說，由於文化上根深蒂固的弊病，日本現在已很脆弱。武士們生活在城市裡，變得柔弱嬌縱；商人一味耽於奢侈；商業的發展導致了社會各階層間的不公；幕府和藩政府的統治不負責任；人人都已迷失道德方向，幾個世紀以來被險惡的外來信條，如「佛教、腐儒的思想、瑣碎的成規」所腐化。他警告，這種情況十分危險，「日本現在的境地和身患絕症幾乎難逃一死的病人相似，因為它缺乏強健的內部構造，易受外界影響」。15

會澤正志齋腦中自有明確的對策：武士應該回到田裡，改革行政機構，加強海防，把外國人逐出日本領土，然而最最重要的是，日本人應該重新發現他們自己的「國家本質」，即「國體」。會澤正志齋使用的這個詞，和國學運動中一些學者表達的思想有共通之處。他所說的「國體」，指的是在所有那些使人衰弱的外來學說輸入之前，大約在古代的黃金時期就已經注入日本政治生活和諧的政教合一體。會澤正志齋認為，在本國神的庇佑下，過去的天皇舉行了統治的儀式，為人民提供食物和生活必須品，對他們施行倫理教化。他寫道，作為回報，「王國內萬民一心，他們愛戴君主，難以忍受和君主分離」。會澤正志齋認為，為了恢復那種團結和由此產生的力量，幕府必須使君主重新發揮領導國家宗教儀式的作用。這樣日本才能打造一個比西方優越的政教合一體，政權才會贏得全體日本人的忠誠，國家才能抵禦歐洲的威脅。在其完成於一八二五年的力作《新論》的結語中，會澤正志齋指出，「闡明『國體』，論述萬國大勢，充分瞭解虜情，加強國防，制定長遠之計——這些是盡忠盡孝的最佳形式，回報皇祖和天神的最佳方法，幕府和大名拯救子民、永施仁政的最佳途徑」。[16]

幕府統治機構認真地擔負起了保衛日本免遭暴力入侵的責任。一些觀察者認為，要有效防禦俄國的侵犯，日本必須把統治權擴展到蝦夷地。在十八世紀的最後一年，一位著名的地理學家、蘭學學者考察了北方島嶼，對這種觀點作了簡明概括：「我們必須和其他國家接壤，修築要塞抵禦外敵。」[17]緊接著拉克斯曼（Adam Kirillovich Laxman）來訪，江戶派遣有一千名武士的探險隊到達蝦夷地。到一八〇七年為止，幕府已經把遼闊的北方領土劃歸為自己的直轄領地，在港口小鎮函館建立了管理所，沿海岸駐紮了武裝部隊，並在俄國搶劫者恐嚇庫頁島和千島群島的村莊後加強了海防。

官吏們想方設法使「東夷人」日本化，以便蝦夷地看起來是日本本土不可或缺的一部分。按照一項指令的說法，「把蝦夷地置於中央政府管轄的原因是該島尚未發達，夷人的衣食住條件惡劣，且不知道德。派往那裡的官員可以開導、教化他們，逐漸使他們接受日本風俗，衷心歸順吾國，而不為別國籠絡」。[18]日本人對蝦夷地的入侵的確具有仁慈的一面：函館的行政長官派醫生深入腹地為愛努人治病。但是同化的努力本質上是強制性的。為了把「文明」帶到北部邊界，幕府官吏廢止當地的節日，責令愛努人參拜日本的神靈，強迫他們穿日本人的服裝，力勸他們放棄吃肉的「不文明」習慣，命令男人們按照日本平民的樣式刮鬍子、剪頭髮。為了鼓勵人們順從，官員邀請合作的愛努人參加正式宴會，向他們贈送「同化勳章」。

為了增強勢力，幕府採取了更為僵化的鎖國政策。頑固的新政策始於一七九三年松平定信致拉克斯曼的信件。該信告知俄國人，日本通常會摧毀它沒有正式承認的國家的船隻。不過，這位老中所述與歷史事實不盡符合。因為十七世紀三〇年代最初頒佈的鎖國令，只是專門針對羅馬天主教傳教士和伊比利亞商人而已；而且，十七世紀晚期和十八世紀期間，日本幾乎從未襲擊過進入日本水域的外國船隻，相反，他們不是施展外交手腕讓這些船隻離開，就是護送它們到長崎，把船員遣返回國。很清楚，松平定信的用意是將傳統改頭換面，以支持自己把鎖國規定推行到另一國家的決定，並證明使用武力的正當性。

幕府對列扎諾夫的回應是一個新開端。一八二五年，在一艘英國艦隻上的船員持械襲擊了薩摩南部的一個小島後，幕府發佈了《無二念打拂令》[19]，命令大名向任何未經許可靠近日本海岸的船隻開火，監禁所有先頭登陸人員。這個驅逐令幾乎具有普遍適用性。雖然一八四二年幕府放寬了法令[20]，只要外國船隻立即離開，就允許對其補充給養，但還是執意向西方世界關上日本的大門。一八四四年，荷蘭國王威廉二世寫信給幕府將軍說，「如今災難正威脅著日本帝國」。[21]他解釋說，汽船的發明使世界變小，歐洲各地工商業繁榮，西方國家希望能夠互相通商。他警告，「當此聯繫日益增多之時，任何希望保持孤立的國家都難免招致多國的敵意」。最後，威廉二世提出願意幫助日本人適應新的世界形勢，作為拓展兩國關係的交換。將軍的顧問們彬彬有禮卻堅定如昔地拒絕了國王的建議。他們回覆道，「祖宗之法」禁止建立條約關係，「祖宗之法既定，後世必須遵從」。[22]

美國引發危機

美國人將強迫幕府改變主意。十九世紀二十年代，從南塔克特、新貝德福德以及新英格蘭沿海其他港口起航的美國捕鯨船開始在日本近海出沒。十年後已有二百多艘船在北太平洋作業。在通常長達一年或者更長的出航中，這些船隻把三維治（夏威夷）群島作為基地，但是船長們也希望能在更接近白令海和鄂霍次克海捕鯨區的日本港口補充飲水和給養。十九世紀四〇年代，美國對幕府的鎖國政策所造成的不便，以及對停留在日本海濱的失事船隻船員所遭受的虐待越來越不滿。這促使一些美國政治家提議和日本建立正式關係。

貿易的誘惑使美國人更加迫切要求簽訂條約。十九世紀四〇年代美國得到加利福尼亞和俄勒岡海岸線，激發了人們對擴大和亞洲通商的想像。當時美國商人早已和廣東開展大宗交易，但是從東海岸港口出發的船隻要穿越大西洋和印度洋，這是一段漫長艱險的航程。一八四九年金礦的發現使加利福尼亞的經濟迅猛發展，商業界希望通過和中日兩國貿易使其進一步增長。與此同時，隨著橫跨大陸的鐵路不久竣工，舊金山將成為航運的終點，縮短了美國船隻跨越太平洋的航線。在這種情況下，日本對美國的意義不僅是潛在的交易夥伴，也是去往中國的船隻停下來補充給養，為新汽船加煤的停泊港。

許多美國人不僅希望從亞洲獲利，也想把他們所認為的西方文明的好處帶給地球上那些他們覺得不太走運的民族。工業革命使西歐和北美國家難以想像地繁榮起來，因此那些請求和日本建立關係的商人們認為貿易是合乎道義的。因為這樣一來，美國便可以與被禁錮在狹小島嶼上那麼多年的生活水準低下的日本人共用新工業時代的奇蹟。傳教士對亞洲的看法與此相似，他們聲稱基督教的祝福是虔誠的西方應該饋贈給異教的東方的禮物。著名傳教士和最早精通日本語的美國人之一的衛三畏（Samuel Wells Williams）寫了一段可能會使會澤正志齋心寒的話：打開日本的國門，將體現「上帝想讓所有國家諦聽福音的意旨。我完全相信東亞國家的鎖國政策違背了上帝對這些民族的仁慈之心。他們的政府必須因敬畏或武力改變政策，人民將獲得自由」。23

商人和宗教領袖的這種思想深深植根於美國人關於其天定命運的觀念之中。在十九世紀的前數十年，當美國橫掃美洲大陸時，該觀念為其佔有新領土的行為作辯護。推進到西海岸後，十九世紀四〇年代許多美國人熱烈地想在文化、商業、領土方面在太平洋地區獨佔鰲頭。這些人精力充沛，滿懷信心，雖然他們當中沒有人聽說過會澤正志齋，卻持有和會澤正志齋相同的假想：美國的威力建立在優越的政治、經濟、科學和宗教制度之上。他們認為美國已經遠遠超過像日本這樣的國家，毫不懷疑美國文化應該輸出到世界各地。「商業是世界開化和基督教化的偉大動因，」加利福尼亞一家報紙的社論開宗明義地說，「完美文明的存在不能沒有真正的自由原則。世界上最自由的政府是美國政府，因此它享有最高等的文明。立即和太平洋地區建立貿易關係，不僅將使我們從經濟上得利，也是履行我們的崇高天命——把美國的自由原則推向全世界的唯一手段。商業不僅使人類開化、基督教化，也使生活富足豐裕，在自由原則的協助下，它也推廣了『自由的區域』。」[24]

一八五二年，美國總統米勒德．菲爾莫爾派遣一支海上遠征隊前赴日本，並修書一封遞交給日本政府，說明美國的目的。儘管狂熱地認為美國負有向全世界傳播文明的使命，菲爾莫爾總統還是措辭謙遜，甚至有些天真。他一開始就說，他的全部希望不過是「日美兩國在友誼中共存，彼此通商」。[25]在此範圍內，菲爾莫爾接著說，美國對日本有三個特殊請求：首先，如果日本能「改變古老的法律，允許兩國間自由貿易」，對雙方都會「極其有利」；其次，他請求日本人「和善」地對待失事船隻的船員；最後，由於有許多美國船隻往返於太平洋，他「希望我們的汽船和其他船隻，得蒙允准在日本停留，補充煤炭、糧食和飲水」。

指揮美國使團的是驕傲、固執、冷酷的海軍準將馬修．C．培里——經過墨西哥戰爭考驗的老兵、美國最著名的海軍世家之一的後人。綽號為「老熊先生」的培里準將，指揮海軍最好的四艘軍艦從羅德島的新港出發，口袋裡揣著菲爾莫爾總統的信和國務院讓他在和日本人交涉時要有耐心並預祝一切順利的指令。給使團的指示也提到了如何對付日本人可能出現的固執：「若所有的爭論和勸說無效，海軍準將未能使日方政府放寬鎖國體制，或得到人道對待我國失事船隻船員的保證，他可以改變態度，毫不含糊地告訴對方，他們將遭到嚴懲。」[26]非常清楚，美國樂於發動戰爭，以確保日本答應美國對和平和友誼的要求。

一八五三年六月三日（西曆七月八日），培里率艦隊抵達江戶灣的入口。六天後，在大大展示了一番艦隊的威武壯觀之後，「老熊先生」登陸，向幾位幕府代表遞交了菲爾莫爾總統的書信，還有兩封他自己的將鎖國政策形容為「不明智、不現實」[27]的信。他說，因此他希望「日本政府能看到避免兩國之間不友好衝突的必要性，積極回應現在滿懷誠意提出的建立親善關係的建議」。最後他說，無論如何他會立刻離開日本的水域，但是來年春天他會再來，假如有必要的話，還要和「大得多的艦隊」一起來領教將軍對菲爾莫爾總統的答覆。

一八五四至一八六〇：對外國人的讓步和國內的強硬路線

培里的來航使幕府陷入了難以自拔的困境。當時負責處理這場危機的是注重實效的阿部正弘。阿部正弘自一八四三年擔任老中以來，一直監督日本海防的加強，完全瞭解日本的武備虛弱得讓人悲哀。在他看來，日本除了屈服於美國的要求，沒有多少選擇的餘地。然而他也知道，如果幕府放棄鎖國政策，責難會從許多方面傾瀉到幕府首腦的身上。為了擺脫困境，阿部正弘竭力取得一致意見。他把菲爾莫爾和培里的來信翻譯成日文寄給所有大名，徵求他們對於日本應該簽訂還是拒簽條約，是「戰」還是「和」的意見。大名的回覆沒有提供多少指導，其中少數人贊成開國，還有小部分人宣布願意冒開戰的風險堅持鎖國，但是大多數人不過是在胡扯，建議幕府拒絕貿易的要求，但又勸告他要設法避免戰事。

培里說到做到，一八五四年二月十四日(西曆)再次率領艦隊駛進江戶灣。阿部正弘這時依然沒有得到指示，他很快就和培里進行了談判，而後者這次率領的艦隊中共有八艘當時世界上最具殺傷力的軍艦。隨著談判的進展，培里向日本人贈送了意在證明現代工業奇思妙想的禮物，包括摩斯電報機、原型四分之一大小的蒸汽火車頭——它能一次載動若干人，還能笨拙地穿過約一百二十公尺長的微型鐵道。日本人用相撲表演招待培里一行，美國人則報之以化妝成黑人樂隊的演出。最後，在一八五四年的三月三十一日，兩國於神奈川(後更名為橫濱)簽訂了《日美和親條約》。條約首先承諾兩國永保和平，然後是細節：允許美國船隻在下田和函館兩個港口停靠，補充給養；救援失事船隻的船員；美國人可以在下田、函館兩處方圓約三十公里的地區自由旅行；美國領事進駐下田。培里滿意而歸了，因為他已經爭取到了菲爾莫爾總統希望的大多數權益，獲得了通商特權，結束了日本的鎖國政策。

在江戶，阿部正弘也可以因為度過了危機，避免了戰爭而感到安慰，但是，新一輪的風暴很快便鋪天蓋地。截至一八五六年底，俄國、法國和英國都要求並締結和《日美和親條約》相似的條約。該年秋，湯森．哈里斯作為美國第一任駐日總領事抵達下田。哈里斯是個囂張、貪杯的紐約商人，曾在中國做過生意，經商失敗後積極遊說，為自己謀得了在亞洲的外交職位。儘管個人運氣不佳，他卻堅決支持國際貿易。一到下田，哈里斯立即向日本官員搖唇鼓舌，讓他們簽署商約，威脅他們最好和他解決問題，別等到炮艦再次出現。

首輪簽署的條約和隨後流傳江戶將屈服於哈里斯高壓戰術的謠言，引起了關於幕府政策是非曲直的激烈爭論。論戰的一方是排外的大名，如有影響的親藩水戶藩已退職的藩主德川齊昭。在一八五三年回覆阿部正弘的諮詢時，這位頑固的政界元老咆哮說，選擇戰爭比屈服於外敵的要求光榮。阿部正弘簽訂了《神奈川條約》(《日美和親條約》的通稱)後，德川齊昭提出，這些日本的談判代表都該自殺，條約應該重新修訂，以使之更有利於日本，而且他仍然完全不相信貿易會對日本有益。「用我國的珍貴物品如金、銅、鐵交換他們毫無價值的呢絨或玻璃製品等，」他寫道，「有百害而無一利。」[28] 德川齊昭在內心是個民族主義者，認為日本開國不僅將使文化和生活方式，同時包括領土、國家以及經濟和政治秩序都處於危險之中。

在知識份子對幕府的批評聲音中，沒有人比吉田松陰更強烈了。吉田松陰是長州藩年輕的低級武士，鑽研過軍事學。十九世紀五〇年代初，他到長崎、江戶旅行，瞭解自己的祖國並拜見其他學者。一八五四年，極富好奇心和冒險精神的吉田松陰企圖藏匿在培里的旗艦上偷渡到美國，直接探究西方強盛的秘密，結果被發覺並移交給日本當局。回到長州後，吉田松陰獲准在當地的藩學授課。在那裡他把自己關於國家政策的思想灌輸給幾名年輕人，包括伊藤博文和山縣有朋。他們後來在明治維新中起了重要作用。吉田松陰堅決反對條約，因為它們破壞了日本國家組織的基本原則，即國體。「尊王攘夷」這個短語表達了這種思想。會澤正志齋和水戶學派的其他成員早已解釋過這個詞。他們用「尊王」表示幕府應該感激天皇，而把「攘夷」等同於對基督教的禁止。吉田松陰對這種思想的闡釋更為激

地圖 4.1

一八六〇年的日本

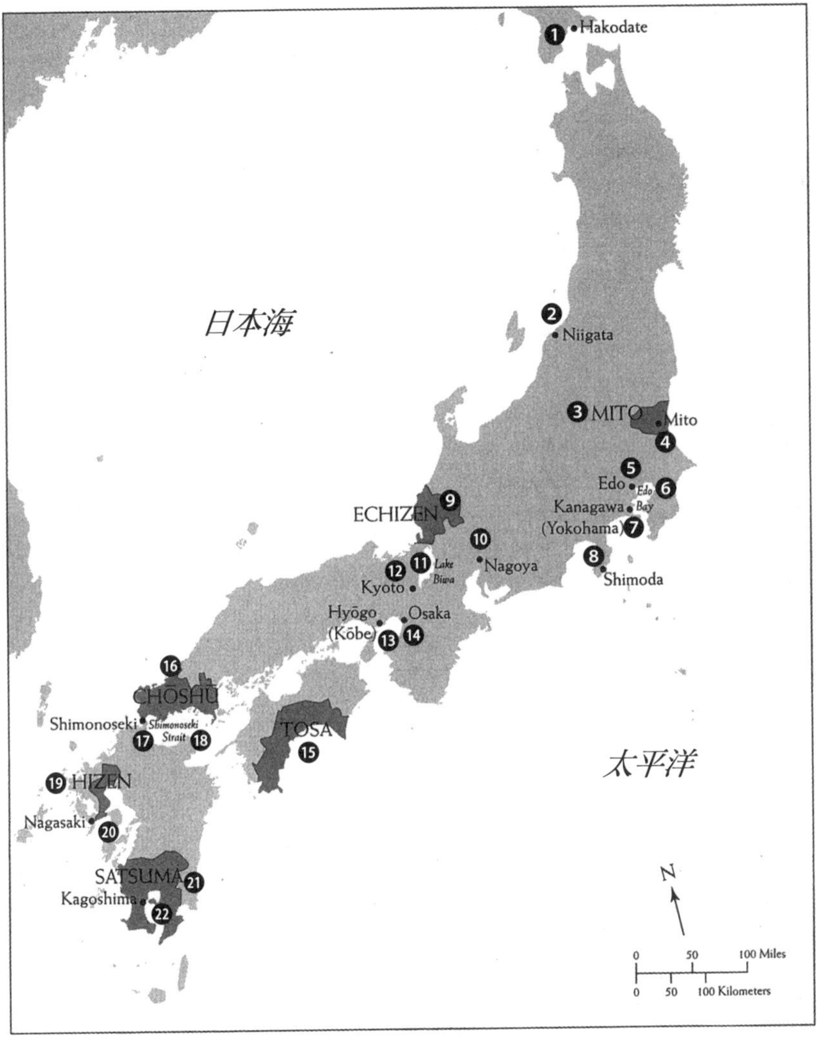

❶ 函館	❻ 江戶灣	⓫ 琵琶湖	⓰ 長州	㉑ 薩摩
❷ 心細	❼ 神奈川(橫濱))	⓬ 京都	⓱ 下關	㉒ 鹿兒島
❸ 水戶	❽ 下田	⓭ 兵庫(神戶)	⓲ 下關海峽	
❹ 水戶	❾ 越前	⓮ 大坂	⓳ 肥前	
❺ 江戶	❿ 名古屋	⓯ 土佐	⓴ 長崎	

進。他認為，「尊王」意味著天皇應該通過發表他對國家所面臨問題的意見直接參與政事，所有人都必須絕對服從天皇；而「攘夷」則必須廢除條約，把外國人驅逐出日本國土。因此，吉田松陰指控阿部正弘從兩個方面來說行事不當：不僅他所簽署的條約破壞了日本文化和領土的完整，而且他所做出的和外國人締約的決定篡奪了天皇的特權。為了扭轉事態，吉田松陰號召動機純良的年輕人挺身而出，採取直接行動，反對腐敗的官吏。

另有一些日本人希望找出更靈活的解決危機的辦法。許多知識份子向幕府和大名呈遞小冊子、請願書，支持「開國」，其中最有影響的人物之一是佐久間象山。佐久間象山是日本中部的武士，曾經師從幾位蘭學學者，是其藩主的軍事學顧問。鴉片戰爭後，佐久間象山尖銳地提出了讓許多日本人專注的問題：為什麼中國，一個看上去不會被蠻夷征服的文化典範和強大巨人，居然會在戰爭中敗給像英國這樣突然冒出來的小國？他回答說，原因來自文化上的自大，也就是說中國遭難是因為其領導人誇大地認為自己的文化比其他文化優越，並因此污蔑西方科學和數學的崛起。在十九世紀五〇年代撰寫的一系列文章中，佐久間象山推廣了「東洋道德，西洋藝術」的口號。他宣稱，以儒學為基礎的道德依然是私人領域的可行哲學，但它沒有為如何迎接西方的挑戰提供切實答案。他相信，日本如果想抵抗侵略成性的蠻夷，就必須採用西洋技藝中的有用元素並和東洋的道德相結合。

幾個強藩藩主的想法與此類似。雖然他們懷著和德川齊昭一樣的排外和民族主義情緒，但他們也相信，繼續拒絕西方關於締約和通商的建議沒有意義，頑固只會招致西方對日本列島的進攻和當時落到中國頭上的那種恥辱。一八五三年，井伊直弼還是彥根藩的藩主時這樣寫道：「如果我們堅持鎖國政策，無法想像世界會和平，我國會安全。」他繼續說，更可取的是開國，通過貿易積聚財富，而後「加強軍備，提高我國在海內外諸國心目中的軍事威望」。

把自己算在主張「開國」陣營的堀田正俊，接替生病的阿部正弘成為幕府首席決策人，著手與哈里斯進行關於商約的談判。到一八五八年二月（西曆），雙方已就商約中應包括的基本條款達成了暫時的協定。堀田正俊唯恐人們指責幕府不夠注意天皇的意願，於是向他的對手採取迂迴策略，請求朝廷的「敕許」，這是個嚴重的失策。自十七世紀早期以來就一直昏睡的朝廷，日漸意識到自己也可以在解決國家面臨的危機中發揮作用，而朝廷的嗜好就是斷然排外。三月下旬，孝明天皇告訴堀田正俊，朝廷不能接受條約草案，因為「變革（德川）家康時期傳下來的善法，會擾亂民心，使國家不寧」。[29]老中堀田正俊不知該如何解決與天皇的分歧，於是辭去職務。

接替堀田正俊的是果斷的井伊直弼，家族中第六位擔任幕府老中的人。他一就職，湯森·哈里斯就帶著中國在第二次鴉片戰爭中遭受重創，已經同意和英國簽訂新條約的消息抵達日本。而且，哈里斯暗示，「紅毛」夷將派遣軍艦前來日本，強迫日本簽署商約。井伊直弼確信哈里斯的恐嚇會立即成為事實，於是在一八五八年七月二十九日（西曆）簽訂了《日美友好通商條約》。該條約通常被稱為《哈里斯條約》，提出了兩國正式互派駐外代表，預定了將來神奈川、兵庫（神戶）、長崎和新潟開港，江戶、大坂為開放城市，外商可以在那裡築房居住，享有治外法權等等。此外，條約還規定日本的關稅由日本與各國協商決定，並把進口稅率限定在有利於外商的範圍內。在隨後的幾周裡，井伊直弼就又和荷蘭、英國、法國、俄國締結了商約，每個商約都包含了最惠國待遇的條款。

井伊直弼預料到會有人反對他的舉動，尤其在他沒有請求敕許的情況下就簽署了新一輪的條約之後。在他的反對者尚未組織起來之前，井伊直弼無情地發難了。一八五八年夏，幕府強迫反對條約的德川齊昭和其他大名引退，或將他們軟禁。在江戶，井伊直弼肅清了贊成對反對派大名採取調和政策的下屬，命令排外的朝廷貴族離職。幕府逮捕了效力於反對派大名和貴族的百餘人，並處決了其中的八人。同樣的命運也在等著吉田松陰。為了實現自己的「直接行動」的理想，吉田松陰計畫暗殺一名幕府要員[30]。幕府員警發現他的密謀後，逮捕了他並把他押送到江戶。一八五九年十月，吉田松陰被斬首於江戶。

一八六〇至一八六四：公武合體

一八六〇年三月一個大雪紛飛的早晨，水戶藩和薩摩藩的年輕刺客踐履了吉田松陰「採取直接行動，反對走向歧途的官吏」的教誨，井伊直弼就此為他對反對者的殘酷鎮壓付出了生命的代價。幕府因此受到強烈震動，開始改變方針，放棄了強硬路線，企圖通過對朝廷和大藩主採取安撫的姿態來加強他們對自己的擁護。在「公武合體」（朝廷和幕府結合）的名目下，官員們安排新將軍德川家茂迎娶孝明天皇的妹妹和宮公主，而且德川家茂同意親自前往京都和朝廷商討國事。一八六三年春，在三千餘名家臣的陪同下，德川家茂率領聲勢浩大的隊伍進京，這是兩百多年來幕府將軍首度造訪京都。沿東海道的朝覲之旅具有象徵意義，印證了會澤正志齋、吉田松陰等人曾經說過的話：幕府再不能像德川家康、家光時期那樣在政治上左右朝廷了。如果不公開借用天皇在文化上的聲望和宗教上的權威，將軍便不可能指望實行有效的統治。

幕府新的調和態度也促使他們向大藩主伸出橄欖枝：赦免了那些被井伊直弼處罰的人，甚至同意任命幾個外樣大名和德川旁支的首領作為「參與（顧問）」，後者在正常情況下原本是不能擔任幕府任何職位的。像往常一樣，大名們積極回應幕府的倡議，希望提倡政治統一不僅對他們自己，也對國家有利。也許態度最積極的是那些「雄藩」的大名，這是民間對那些在培里來航後開展了自強活動的大名的稱呼。薩摩藩的島津齊彬被認為是比較能幹的雄藩大名之一。島津齊彬熱情支持蘭學，派遣家臣到長崎和江戶向外國專家學習，資助西方科學和航海術著作的翻譯，供藩學使用。一八五六年他寫道：「武士的急務是協力瞭解國外情形，以便用他們的長處彌補我們的不足，增強我國軍事實力，反制夷邦。」[31]依照這些原則，島津齊彬引進了西法，訓練自己的炮兵，組建了全新的步槍隊和海軍軍官學校。他也對西方民用技術印象深刻，學會了攝影，在城堡內安裝了煤氣燈。他還雄心勃勃地在領地的城下町鹿兒島的海港創辦建造汽船的造船廠和生產現代大炮、步槍的冶煉所，以及製造火藥、玻璃、陶瓷和農具的西式工廠。

其他一些有影響的藩如越前、肥前、土佐，也都實行了類似的改革，雖然規模稍小。那些藩主從他們的親身體驗出發，認為當外敵入侵之時，幕府有責任在全國範圍內推行相似的改革，以增強日本的實力和財富。一八五八年，越前藩的松平春嶽向幕府上書，提出一系列具有代表性的建議：「從全國徵募能人；削減和平時期過分的用度，改變軍事體制；停止使大名窮困的參勤交代制度；做好防禦準備；維持全體人民的生計；創辦各種工藝學校。」[32]松平春嶽在接受邀請擔任幕府「參與（顧問）」之後，開始著手實現他議事日程上的安排。為了節省正在進行藩政改革的藩主的不必要開銷，使他們有更多的資金投入自強計畫，松平春嶽說服幕府放寬參勤交代的要求，答應藩主家的人質離開江戶，允許多數藩主每三年只在江戶住一百天。

然而，也有幾百名自稱為「志士」的人堅決反對「公武合體」。他們當中絕大多數出身日本西部的中下級武士家庭，當培里的艦隊抵達江戶大門時，他們大都還是十來歲的少年或二十歲剛出頭的青年。「不滿」把這些志士聯繫在一起。他們的家庭都經歷了削減俸祿和通貨膨脹所造成的經濟上的剝奪。許多年輕人發現，儘管他們在藩學受過教育並滿懷改善本地狀況的激情，但低微的身份成為自己被委以要職的障礙，他們因此嘗到了受挫的滋味。培里的炮艦外交和不平等條約的簽訂也把這些志士聯繫在一起。隨著十九世紀五〇年代西方威脅的加劇，關心祖國未來的年輕武士集中到京都和江戶。在這兩個充滿著時代感的大都市，年輕人蜂擁到私塾和劍術學堂。在那裡他們接受了會澤正志齋和吉田松陰推廣的「尊王攘夷」論，並獻身於採取直接行動反對日本敵人的「天誅」。

井伊直弼和西方列強簽署商約並鎮壓內部反對派的決定刺激了「尊王攘夷」派志士。一種理想主義的浪漫氛圍籠罩了他們，主要原因是他們曾經宣誓絕對忠於天皇，他們有置後果和個人安危於度外的勇敢精神，還有對清酒、女人、午夜歷險不知饜足的沉迷。虛張聲勢有可能是志士們採取的戰術，但他們也是政治上的實用主義者，而且非常認真地維護著日本文化的完整性。橫濱的志士致力於攘夷，曾於一八五九年和一八六〇年先後發動反對外國人的恐怖活動，殺死了幾個歐洲商人和俄國海員、一個葡萄牙商人的中國傭人，還有一個荷蘭船長。一八六一年，一個薩摩藩的極端主義分子殺死了湯森．哈里斯的秘書兼翻譯亨利．修士肯，和他一起的志士則襲擊了江戶的英國公使館，砍死兩名使館官員，重傷一名。

最重大的排外事件或許發生在從一八六二年至一八六三年的大約九個月內。一八六二年八月，四個英國平民在橫濱附近遊玩時，他們的坐騎誤入了島津久光的佇列。島津久光是一八五八年島津齊彬死後薩摩的實際統治者。當時他正在從江戶到京都的路上，打算進京促進「公武合體」的實現。島津久光的武士衛隊對他們所認為的外國人的傲慢極為憤怒，於是拔劍攻擊。剎那間他們傷了兩名外國人，並把商人查理斯．理查森砍死在路上。一八六三年五月初，長州藩的年輕激進分子用海濱的大炮轟擊穿過下關海峽前往上海的一艘美國貨船。該月稍遲的時候，他們又向途經長州的荷蘭和法國軍艦開炮。

年輕志士也抨擊那些國內仇敵，指責他們在十九世紀五〇年代後期大肆排除異己，制定無視君主意願且使日本易遭外敵侵略的政策。井伊直弼是倒下去的第一人。在一八六二年秋到一八六四年秋的兩年時間內，志士中的極端分子，其中許多人來自長州、薩摩、土佐和肥前等藩，發動了七十多次暗殺行動。遭人憎恨的警官和給他們通風報信的人名列暗殺名單之首。但是，「尊王攘夷」的鼓吹者們也殺死了宣傳利用「西洋藝術」的佐久間象山，甚至砍掉了矗立在京都一座寺廟門口的三尊足利將軍木雕像的頭顱。後面的這個舉動驟看很奇怪，其實傳遞了顯而易見並帶有象徵性的資訊。激進分子就在一八六三年德川家茂要進京都之前，砍掉了日本中世以專橫出名的幕府將軍的頭像，然後放在德川家茂按計劃要通過的大橋橋畔。他們還在那裡張貼指責幕府的佈告，其中一張這樣寫道：「今天許多人顯然更甚於這些叛賊，若他們不立即悔改，捐棄舊惡，襄助朝廷，所有忠臣義士將群起攻之。」33

一八六三年，「尊王攘夷」派的積極分子策劃了一場大膽的政變，即襲擊皇宮，把天皇從佔領京都的幕府軍隊手中解救出來，並計畫讓天皇擔任一支義軍的首領，起義反抗外國侵略者，沒收日本西部德川家的所有領地。然而，就在起義者將要於八月中旬舉事時，支持幕府將軍的守衛部隊起來反對他們，迫使其中許多人撤退到已經成為討幕派庇護所的長州藩。第二年夏，在剛建立的長州藩軍隊和其他少數幾個藩的「尊王」派的支持下，志士們又發動了一次襲擊，結果導致了一場災難。一八六四年七月十九日拂曉，起義軍衝進了京都，但是被聚集在宮殿周圍的幕府前導部隊擊潰。這一場被稱作「蛤御門之變」（或「禁門之變」）的事件導致許多志士死亡，衝突中的大火毀壞了京都近三萬所住宅。

一八六三年和一八六四年志士的過激行為，招來了幕府和西方列強的報復，薩摩藩首當其衝。一八六三年七月，為了替商人查理斯·理查森報仇，英國艦隊炮轟城下町鹿兒島，燒毀了鹿兒島的大部分地方，以及島津齊彬曾經滿懷希望建造的西式工廠。一八六四年秋，共有十七艘軍艦的英、法、美、荷四國聯合艦隊炮轟長州藩的海防設施，並派兵登陸破壞了下關炮臺的大炮，還向長州藩勒索了一大筆賠款。就在遭到這次打擊前的一八六四年七月二十三日，在幕府支持者的策劃下，長州藩因為鼓動激進分子襲擊京都皇宮而被扣上「朝敵」的罪名。幕府號召二十一個藩把武士組織起來去征討長州，截至十一月初，已有約十五萬名士兵在長州邊界蓄勢待發。直到長州的保守派高級官員同意正式道歉，鎮壓「尊王攘夷」派黨徒，處死三名煽動政變的核心人物，驅逐早已逃往京都的激進派朝臣，幕府才宣布勝利，撤回軍隊。

一八六四年對「尊王攘夷」派志士及其庇護所長州藩的進攻，使「尊王攘夷」運動發生了分裂，志士們分散開來回到了他們各自的家鄉。雖然「志士」作為不理性的極端主義者有時不為人所注意，他們的暴力行為卻有助於改變日本的歷史進程。這些激進青年堅定的民族主義理想和對天皇的頌揚，限定了十九世紀六〇年代能得到認可的言論的主要內容，他們也促進了君主及其朝臣的政治化。隨著這些志士雲集京都和其他主要城市，舊有身份和地理的區分開始消融，在來自國內各個地方的武士中產生了大家聯結在一起，懷有共同目的的新感覺。他們發動的暗殺、對外國船隻的攻擊和未遂的政變，促使將軍反對大名，朝廷反對幕府，使「公武合體」政策最終瓦解。更重要的是，許多從一八六四年的戰爭中倖存下來的志士，回到自己的家鄉後依然積極參與政事，促成了範圍更廣的武士和大名的聯盟，終於在四年後推翻了幕府。

一八六四至一八六八：最後的較量

受到長州藩投降的鼓舞，幕府的一些主要官員開始奮力爭取實行改革，以增強幕府的軍事實力，恢復幕府對朝廷的權威，使幕府有可能沒收對江戶政權不友好的大名的領地。為此，幕府向一八六四年抵達江戶的法國公使利昂．羅休（Léon Roches）求助。羅休決心和一個他認為能夠作為中央政府的屹立不倒的政權建立關係，遂於一八六五年同意出資在橫濱興建鐵廠，在江戶南部的橫須賀興建現代造船廠。到那時為止，幕府已經通過橫濱進口了一萬多支步槍，開始把武士部隊改組為騎兵隊、炮兵隊和步兵隊，旨在建立一支配備現代武器的職業常備軍。一八六五年四月十九日，從自強的努力中拾取了信心的幕府宣布再次征討長州。這時的長州藩在一次內戰之後，已經再次由許多「尊王攘夷」派的激進分子掌握了藩的實權。

江戶的軍事組織制服不了長州的新領袖，也制服不了他們的薩摩同胞。在長州藩，伊藤博文、山縣有朋和其他在內戰後擔任要職的前「尊王攘夷」派志士之前就認為幕府無能。在薩摩藩，一八六四年和一八六五年的事件挫去了過去鼓吹「公武合體」的島津久光的銳氣。他開始越來越仰仗西鄉隆盛、大久保利通和其他對幕府已經忍無可忍的年青一代中下級武士的建議。一八六三年，伊藤博文和幾位同仁曾潛行到英國，對西方的財富和力量印象深刻。薩摩和長州遭受的轟擊也使每個人都見識到外國人的軍事優勢。薩、長二藩驚愕於幕府具有攻擊性的部署，也感覺到最後的較量不可避免，於是和幕府展開競賽，增加自身的「財富和力量」。各藩都通過長崎商人訂購了數以千計的步槍和大炮。長州藩考慮向外商開放一個港口，薩摩藩則向英國訂購了以蒸汽為動力的棉紡廠和糖廠使用的機器。

正當幕府和西南藩處於戰爭邊緣時，對外貿易引起的經濟問題開始折磨日本，加劇了許多普通人對幕府政策的不信任，並最終使大眾質疑幕府存在的合法性。日本開港時，世界貿易總額正在呈指數上升。西方很快看中了日本的茶葉和生絲。總的看來，一八六〇年到一八六五年之間，日本的出口額是以前的四倍，進口額增長了九倍，對外貿易甚至超過了最樂觀的預期。不斷擴大的國外需求使種茶、養蠶的家庭興旺發達，但是它也給其他許多人帶來惡果。隨著生絲成本的上升，京都和桐生的織工不得不提高賣給國內顧客的成品綢緞的價格，結果最後面臨失業。在日本的某些地方，由於農民把稻田改種茶葉和桑樹，一八六三年到一八六七年間，米價竟上漲了至少百分之七百，城市居民發現自己要花更多的錢來購買食品。

貨幣危機為通貨膨脹火上澆油。德川統治後期，幕府按照一比五的金銀比價鑄造貨幣，但西方貨幣是以一比十五的金銀比價為基礎。這種差異引發了一八五九年至一八六〇年冬的「淘金熱」。當時外國人用白銀換取日本的金幣，然後出口再換取數量更多的白銀。為了制止金幣流出，日本改鑄舊幣，發行貨幣比價符合世界標準的新幣。但是，幕府的這種做法使貨幣貶值，加劇了通貨膨脹，使所有生活必須品，尤其是大米的價格進一步上漲。在培里來航後的幾年裡，其他災殃也加重了經濟問題：一八五四年，一場災難性的地震襲擊了江戶，大約十萬人喪生；一八六一年，西方人把霍亂帶到日本港口；一八六六年，農作物嚴重歉收。

最初，日本平民對於來到他們國家的外國人既有天真的好奇，又摻雜了緊張的憂懼和民族主義的憤怒。在培里來航之後的那一年，江戶的小販出售了大約五百種不同的瓦版，總計達一百多萬份。「瓦版」是一種廉價粗糙、用有趣方式傳播當時新聞的印刷品。許多瓦版印有培里的肖像、微型火車頭和美國人贈送的其他禮物的圖片、和外國人談判的記述、遠方國度的地圖，還有關於歐洲、俄國、美國的風俗和生活方式的情景，以及一些想像之地如南美「巨人國」和北歐「女人國」的故事。另一些瓦版則較有敵意，把培里描繪成佛教中的魔鬼，如某張瓦版的文章說，「老熊先生」的心裡跳動著仇恨，這個邪惡的海軍準將想要毀滅武士，破壞商人的生意，使農民窮困。還有一些瓦版提出趕走「外國狗」的方法，例如召喚當地神靈「以強光為武器殺死夷人」。34

十九世紀六〇年代，與西方人的到來有關的經濟重壓更加明顯，日本平民開始把批評的矛頭轉向幕府。越來越多瓦版抱怨維持生活的艱辛，因為通貨膨脹和失業如此普遍。一八六五年，江戶張貼的一張佈告譴責對外貿易給人們造成了苦難，號召人們除掉沒有履行自己職責、已被夷人征服的幕府將軍。一八六六年，農作物歉收導致食品短缺，江戶平民指責當局沒有採取賑濟措施，縱容米商囤貨居奇，並發動了該城歷史上的第三次騷亂。「官吏中惡人為數甚多，」其中一張佈告一開始就指出，「勘定奉行及其同僚認為物價上漲無何不可。我們已了無生計，故而將攻其官署，殺其黨羽，救民於水火。」[35]騷亂的結果雖然是幕府高官毫髮未損地逃脫了危機，但事情已經傳開。「難知下層人民何時作亂，」一個高官寫道，「但他們似已日漸不滿，這著實令人驚懼。」

一八六六年農民起義的次數超過了德川幕府整個歷史時期中的任何一年。這些起義使社會更加混亂。一八六六年夏，在江戶東北面的武藏平原、陸奧國信達地區的一百多個村子裡，好幾萬貧農、佃農、雇農起義，發洩共同的怨憤。「細察騷亂的緣由，」一位觀察者說，「可知生絲、蠶紙已抽新稅，利率上漲百分之三十，物價上升，尤其是米價及其他穀物的價格。」[36]憤怒的村民衝進徵稅所和剝削貧苦農民的富裕地主及放債人的家裡，他們還要求降低米價，減免稅收，歸還典當物和抵押的土地。遭到拒絕後，暴動農民燒毀稅冊，哄搶倉庫，洗劫富人住宅，拿走成袋的大米和桶裝味噌，搗毀傢俱，踩踏衣服，甚至挖了他們最蔑視的那些人的家族墳地。十九世紀六〇年代中期，許多人都為當時的艱難所迫而訴諸暴力。他們認為他們的行動是邁向美好明天的一步。日本各地的暴動者都在談論「改世」。對大多數農民而言，這個詞表達了對統治階級的不滿，展望了一個沒有不公，農戶辛勤勞動、互相幫助，豐收富足的鄉村社會。

在民眾不滿情緒不斷高漲的背景下，當一八六六年夏德川家茂命令幾位大名出兵第二次征討長州時，江戶政府和日本西部雄藩之間的緊張狀態達到了頂點。在幕府批評者的眼裡，幕府企圖懲治像長州這樣受人尊敬的藩是件魯莽的事。他們指責說，十多年來江戶政府沒有適當處理「內憂外患」，幕府搞砸了外交政策，國內政策也缺乏可信度，而且現在謀取個人私利似乎勝過辦理國家大事。正如島津久光在給朝廷的上書中指出的，幕府的外交政策「廣招責難與異議」。[37]到最後，「商人及賤民均藐視律法」，甚至由幕府直接管轄的城市也發生了暴動。島津久光繼續說，民間動盪不安，預示著國家分裂的危險，證明了幕府的統治令人不滿。他聲稱，在這樣的混亂中征討長州藩，是在冒日本「被潮湧的爭端徹底摧毀」的危險，給外國列強提供可以趁機擴大特權的條件。

德川家茂把指揮作戰的總部設在大坂，但事事出乎他的預想。薩摩藩拒絕出兵。一八六六年一月，薩摩藩和長州藩談判後締結秘密協定，保證假如幕府攻打其中任何一藩，另一藩必須加以援助。其他幾個大名也同樣無視德川家茂的出兵要求，而江戶和大坂的騷動又迫使幕府抽調最靠得住的部隊到那裡防守。德川家茂召集軍隊的困難，向此前促成「薩長同盟」的西鄉隆盛預告了戰爭的前景。這位薩摩武士寫道，將軍率領遠征軍「不過意味著他將親自接受報應。這場戰役不會增強幕府的權威」。[38]西鄉隆盛是正確的。長州軍隊決意保衛家園，輕鬆地抵擋住了兵力不足、指揮不當的幕府軍。一八六六年八月，德川家茂突然死去，幕府軍撤回了江戶。

使那些和幕府意見不一的藩感到驚恐的是，一八六七年秋，新任幕府將軍宣布再次實施自強計畫，包括改變管理方式，提高稅收，利用法國的貸款和軍事顧問恢復德川的軍事實力。西南藩的人們開始制訂計畫推翻這個看來很危險同時失去控制，而且抱定決心要消滅異己藩主的政權。對於和他的藝妓情人躲藏起來，從而在「蛤御門之變」後逃過一劫的長州藩領導者木戶孝允來說，這好像是「（德川）家康再生」。他認為日本「將墜入幕府和法國的羅網，除非政權儘快奉還朝廷」。[39]京都一些討幕派的朝臣，如有影響力的岩倉具視，則公開鼓勵人們起義。一八六七年夏他寫道：「天無二日，國靡二君。除非政出一門，否則沒有國家能夠倖存。因此我希望我們積極行動，推翻幕府。」

許多普通百姓也有同樣的看法。一八六七年初秋，名古屋附近的平民聲稱寫有「伊勢神宮」字樣的神符從天而降，這是「明天會更加美好」的預兆。在接下來的幾個月裡，類似的神符降落在從廣島到江戶太平洋沿岸村莊和市鎮居民的身上。無數人走向街頭慶祝，男女交換穿上異性的奇裝異服，拋開煩惱和憂慮，狂吃痛飲。他們從街道的這頭舞到那頭，在小巷裡男歡女愛，闖進飯館強迫客人加入節日般的肆意狂歡。到處都能聽見鑼鼓聲、鐘聲、口哨聲，還有縱酒狂歡者的歌唱，歌詞大膽狂放。

從某種程度上說，狂舞和尋歡作樂者吵鬧、淫蕩的行為象徵了他們對瞬息變換、不可預測的經濟和已經陷入混亂的政治的絕望。不過，擁向街頭的人群並不只是發洩他們的失敗感，他們的歌詞和小曲諷刺了幕府，嘲笑了它的政策，否認了它的合法性，有助於為它的垮臺鋪平道路。有首諷刺性的歌這樣寫道：

從西方，

圖說：一八六七年名古屋「嘿，這樣不好嗎？」（ええじゃないか）運動／國立國會圖書館

長州蝴蝶飛進來；
從橫濱港，
金錢湧出去。
有什麼不可以呢？
好啊！
這樣不好嗎？
這樣可好了！[40]

一八六七年十一月，在橫濱西部東海道的驛站藤澤，人們擠滿街道，跳舞、暢飲，闖進富人的住宅索要東西，在那裡一起吃吃喝喝，尋歡作樂。根據一幅描繪這些事件的畫卷，在狂歡的最後一天的黃昏時分，隊伍在靜默中離開集鎮，手抬棺材；黑旗飛揚，其中一面旗上寫著「日光山，

東照大權現神社」；心灰意冷的市鎮居民為德川幕府舉行了虛擬的葬禮。

德川幕府的真正葬禮已經為時不遠。接近一八六七年年底時，薩摩和長州軍隊的先遣隊向京都挺進。一八六八年一月三日（西曆）晨，薩摩勇士衝進皇宮，受到了岩倉具視和其他討幕派朝臣的歡迎。當天稍遲的時候，在孝明天皇死後登基已有一年的他十五歲的兒子，宣布廢除將軍職位，政歸天皇；設立新的政府官職，由朝廷貴族、藩主和其他「才德之士」擔任；答應「百事一新」，以結束人民的不幸。

「尊王」派遭到一些反抗，但是西鄉隆盛把薩摩、長州、土佐、肥前、越前和其他一些藩的志願者訓練成一支精銳「天皇軍」，將幕府軍趕回江戶。一八六八年四月，江戶投降。雖然新政府赦免了幕府將軍及其支持者，但東北地區零星的反抗一直持續到秋天，該處的一些藩主不信任並害怕那些來自日本西南大權在握的新領導。直到一八六九年春，德川幕府的海軍殘部在函館投降，「戊辰戰爭」才終於結束。

明治「維新」概念的形成

領導推翻德川政權的西鄉隆盛、伊藤博文、木戶孝允通常並不被認為是領導世界上偉大革命之一的英雄。他們沒有提出任何鼓舞全人類的激動人心的新價值觀，如十八世紀法國的「自由、平等、博愛」，也沒有像二十世紀的俄國和中國革命那樣，著手推進在經濟和社會中處於邊緣地位階級的利益。奪權過程中的種種情況，使得一八六八年的革命沒有出現非常戲劇性的場面。「討幕派」打著恢復天皇統治的旗號掩護自己的行動，他們的勝利來得相對較快，恐怖行動相對不多，暴力持續時間不長。

一八六八年的年輕領袖們決定，不能只停留在發動一場恢復過去遺傳下來的價值觀，使自己祖國免於淪亡的政變上，他們還要做更多。在十九世紀的前幾十年，日本的「內憂」對傳統政府組織是否能夠應對武士的貧困和士氣、適應由原始工業化和農業商品化驅動的經濟轉型、處理社會動亂、回應知識份子的批評，和為集體異議中顯而易見的新政治意識留出餘地等提出了嚴肅的質問。始於培里來航的「外患」，暴露了幕府組織上的缺陷和意識形態的破產，而且幕府屈服於外敵簽訂條約的要求引起了志士的憤恨和忍受開國通商後果的城鄉居民的憎惡。一八六八年奪取權力的人是不滿日本當局半殖民地狀態的民族主義者，而且正如松平春嶽和島津齊彬的上書中指出的，他們是同情面臨困難的同胞的日本人。十九世紀五六十年代發生的事情使他們變得激進，充滿憤怒和怨恨，對這個世界深深不滿並想改變它。

一八六八年，當伊藤博文、西鄉隆盛、岩倉具視等成為政權的掌舵人時，對於將來的變化並沒有一幅明確的藍圖，不過，他們對於想要航行的新方向卻有個大體感覺。一八六七年他們集中力量對付幕府時，他們之間的幾次討論已經指明，必須成立更為靈活的管理機構，使「才德之士」發揮才幹，在天皇的佑護下促進全國統一，改善每個人的生活條件。日本西南一些藩實施的自強計畫說明，人們已開始認識到工業化和對外貿易可以增強國家實力，創造國內繁榮。十九世紀六〇年代嚴重的經濟和社會混亂使許多激進分子相信，只有最激烈的行動才能產生一個穩定安寧的新世紀，因此他們拋棄了過去的哲學，嘗試重整社會秩序，重建意識形態的新思想。恐懼和憤怒、渴望和期盼，不信一個曾經輝煌的國家竟落到如此可悲的境地——所有這些混合在一起，使一八六八年的那些領導人和日本人民相信，僅僅富有革新精神的根本改變，才能撥亂反正，拯救未來。

一八六八年一月長驅直入京都的人用古老的象徵證明推翻舊秩序的正當性和他們正在考慮的革命政策的合法性。十九世紀六〇年代中期，他們當中許多激進分子說起要「瞞天過海」，暗指他們並不想真的把直接統治的權力歸還天皇。事雖如此，但是伊藤博文、西鄉隆盛及其同仁對天皇的忠誠是真心誠意的。起義者所想的是使天皇回歸到他的傳統作用：主持國家的儀式和認可以他的名義進行統治的行動。在這個意義上，「忠誠」向日本人民解釋了起義者之所以要除掉幕府，是因為它把朝廷變成了政治上的一潭死水。「忠誠」也驅使他們嘗試徹底改革日本的政治、經濟和社會制度。後來日本人從中國的古典著作中借用了一個很少使用的詞「維新」來形容權力的奪取和一八六八年之後倡議的新政策。這個表意詞翻譯成英語是「restoration」，日語讀音寫作「ishin」，指迴然有異的事物：一種只有利用社會全體的能量才能實現的萬事萬物的更新，一個新的開端。這個詞用得十分貼切，因為正如最近三個世紀裡世界上任何國家所經歷的一樣，十九世紀七八十年代，新的開端帶給了日本革命性的政治、經濟和社會變化。

1 Nakai Nobuhiko and James L. McClain,「Commercial Change and Urban Growth in Early Modern Japan,」in John W. Hall・et al. , gen. eds. , The Cambridge History of Japan, vol. 4: Hall, ed. , Early Modern Japan (Cambridge: Cambridge University Press,1991), p. 594(modified).

2 James L. McClain,「Failed Expectations: Kaga Domain on the Eve of the Meiji Restoration,」Journal of Japanese Studies 14:2 (Winthe 1988), p. 415.

3 Kozo Yamamura・A Study of Samurai Income and Entrepreneurship: Quantitative Analyses of Economic and Social Aspects of the Samurai in Tokugawa and Meiji Japan (Cambridge: Harvard University Press,1974),p. 132 (modified).

4 Susan B. Hanley and Kozo Yamamura, Economic and Demographic Change in Preindustrial Japan 1600-1868(Princeton: Princeton University Press,1977),p. 147(modified).

5 Harold Bolitho,「The Tempō Crisis, 」in Hall et al. , The Cambridge History of Japan, Vol. 5: Marius B. Jansen, ed. , The Nineteenth Century (Cambridge: Cambridge University Press,1989), p.230.

6 Anne Walthall, Social Protest and Popular Culture in EighteenthCentury Japan (Tucson: University of Arizona Press,1986), pp. 214-15.

7 Pethe Nosco, Remembering Paradise: Nativism and Nostalgia in EighteenthCentury Japan (Cambridge: Council on East Asian Studies, Harvard University,1990), pp. 123 and 199-200(modified).

8 Tetsuo Najita,「Ambiguous Encounters: Ogata Kōan and International Studies in Late Tokugawa Japan, 」in James L. McClain and Wakita Osamu, eds. , Osaka: The Merchants' Capital of Early Modern Japan (Ithaca: Cornell University Press, 1999), p. 221 (modified).

9 Hirakawa Sukehiro,「Japan's Turn to the West, tr. Bob Tadashi Wakabayashi, in The Cambridge History of Japan, vol. 5, pp. 438 (modified) and 437.

10 Carmen Blacker,「Millenarian Aspects of New Religions,」in Donald Shively, ed. , Tradition and Modernization in Japanese Culture (Princeton: Princeton University Press,1971),p. 575.

11 H. D. Harootunian,「Late Tokugawa Culture and Thought,」in The Cambridge History of Japan, vol. 5,p. 230.

12 George Alexander Lensen, The Russian Push toward Japan: RussoJapanese Relations 1697-1875(Princeton: Princeton University Press,1959), pp. 154-55 (modified).

13 W. G. Beasley, Great Britain and the Opening of Japan 1834-1858(London: Luzac,1951), p. 15.

14 Bob Tadashi Wakabayashi, AntiForeignism and Western Learning in EarlyModern, Japan (Cambridge: Council on East Asian Studies, Harvard University,1991,2nd ed.).

15 J. Victor Koschmann, The Mito Ideology: Discourse, Reform, and Insurrection in Late Tokugawa Japan, 1790-1864(Berkeley: University of California Press,1987), p. 57 (modified).

16 譯注：《新論》一書由「五論」組成，即「一曰國體，論以神聖、忠孝建國，而終於達到尚武與尊重民命之說。二曰形勢，論四海萬國之大勢。三曰虜情，論夷狄覬覦之實情。四曰守禦，論富國強兵之要務。五曰長計，論化民成俗之遠圖」。

17 Tessa MorrisSuzuki,「The Frontiers of Japanese Identity」in Stein Tфnnesson and Hans Antl v, eds. , Asian Forms of the Nation(Richmond, Surrey: Nordic Institute of Asian Studies in cooperation with Curzon Press,1996), p. 54.

18 Richard Siddle, Race, Resistance and the Ainu of Japan (London: Routledge,1996), p. 40(modified).

19 譯注：譯成中文意為：「只要看到異國船隻接近日本，二話不說，立即驅逐。」

20 譯注：該年幕府取消《無二念打拂令》，改行《薪、水給予令》。

21 D. C. Greene,「Correspondence between William II of Holland and the Shogun of Japan A. D. 1844,」Transactions of the Asiatic Society of Japan 39 (1907), pp. 110-15.

22 Centre for East Asian Cultural Studies, comp. and publ. , Meiji Japan through Contemporary Sources vol. 2 (Tokyo: 1970), pp. 6-8.

23 Arthur Walworth, Black Ships off Japan: The Story of Commodore Perry's Expedition (New York: Knopf,1946),p. 39(modified).

24 Allen Burnett Cole,「The Dynamics of American Expansion toward Japan,1791-1860」(Ph. D. dissertation, University of Chicago,1940), pp. 143-44.

25 Francis L. Hawks,comp. , Narrative of the Expedition of an American Squadron to the China Seas and Japan: Performed in the Years 1852,1853, and 1854,under the Command of Commodore M. C. Perry,United States Navy,by Order of the Government of the United States(New York: D. Appleton,1856), pp. 296-97.

26 Walworth,Black Ships off Japan,pp. 240-46(modified).

27 Hawks,Narrative of the Expedition of an American Squadron to the China Seas and Japan, pp. 299-301.

28 Meiji Japan through Contemporary Sources, vol. 2,pp. 18-19.

29 W. G. Beasley,tr. and ed. ,Select Documents on Japanese Foreign Policy,1853-1868(London:Oxford University Press,1955)，p. 181.

30 即間部詮勝。

31 W. G. Beasley, The Meiji Restoration (Stanford: Stanford University Press, 1972),p. 121(modified).

32 Select Documents on Japanese Foreign Policy 1853-1868, p. 180(modified).

33 Anne Wralthall,「Off with Their Heads!: The Hirata Disciples and the Ashikaga Shoguns,」Monumenta Nipponica 50:2(Summer 1995), p. 158 (modified).

34 M. William Steele,「Goemon's New World View: Popular Representations of the Opening of Japan,」Asian Cultural Studies (March 1989),p. 80.

35 Anne Walthall,「Edo Riots,」in James L. McClain, John M. Merriman, and Ugawa Kaoru, eds. , Edo and Paris: Urban Life and the State in the Early Modern Period (Ithaca: Cornell University Press, 1994), pp. 425-27, for this and the following quote (modified).

36 Stephen Vlastos, Peasant Protests and Uprisings in Tokugawa Japan (Berkeley: University of California Press, 1986),p. 114.

37 Beasley, The Meiji Restoration, pp. 258-59.

38 Charles L. Yates, ō Takamori: The Man behind the Myth (London: Kegan Paul, 1995), p. 81 (modified).

39 Beasley, The Meiji Restoration, pp. 266-67 (modified).

40 George M. Wilson, Patriots and Redeemers in Japan: Motives in the Meiji Restoration (Chicago: University of Chicago Press,1992), p. 103.

第五章

「新開端」

一八六八年三月十四日，日本的少年天皇把近五百名官吏召集到京都皇宮，宣讀了被稱為《五條御誓文》的國策。誓文保證：

一、廣興會議，萬機決於公論；

二、上下一心，大展經綸；

三、公卿與武家同心，以至於庶民，須使各遂其志，人心不倦；

四、破舊來之陋習，立基於天地之公道；

五、求知識於世界，大振皇基。[1]

九月八日，上諭宣布年輕天皇的年號為「明治」[2]，即「向明而治」的時代，象徵著誓文所表達的希望。

代表皇帝起草誓文的木戶孝允和其他年輕革命者，頭腦中帶著急迫、現實的目標。一八六八年春，新政府與其說是個現實，毋寧說是個夢想。天皇軍隊正向著江戶前進，它和北方一些藩的內戰有使國家分裂的危險；羽翼未豐的政府沒有財政來源，入不敷出；西方列強讓新的領導階層明白，他們希望日本能夠永遠結束排外主義，維護政治穩定。誓文的制定者正是在這種背景下著手處理這些迫在眉睫的問題。誓文第一條通過表明革命者的小集團不會獨斷專行，反而會讓其他具影響力的人物和機構參與決策來籲求國家統一。接下來的兩條對第一條作了進一步闡發，為全體人民，不論其社會地位如何，提供了「各遂其志」的機會。而最後兩條聲明則向國外觀察者表示，日本會成為國際社會一個穩定、負責的成員。

十九世紀七〇年代，明治新政權戰勝了對手，在日本強制推行了為自己爭取不容置疑的管理權、員警權和徵稅權的革命清算。隨著一八六八年的新政府積聚了力量，被承認為日本的合法政府，它制定了另外的長遠目標。一個常被提及的目標是捍衛日本的國家主權，防止外國的進一步侵略，正如長州藩的山縣有朋所言：「確立國家的獨立，維護國家在列強中的權益。」[3]也許最常為人提起的目標是這個言簡意賅、明確大膽的決心：成為與地球上最先進國家並駕齊驅的受尊敬的大國。一八七二年，伊藤博文訪問美國加州首府沙加緬度，就表達了這樣的想法。他向那些感到震驚的聽眾宣稱：「敝國的政府和人民最熱切希望的，就是與各先進國一樣，達到文明的最高點。」[4]

這些壓倒一切追求國家獨立和未來輝煌的目標，激勵政府採取了許多行動：修訂不平等條約使日本擺脫半殖民地狀態，促進國家統一，清除過去的弊端以積聚力量和財富。這些目標集中在一起，賦予了誓文所表達的期待一種嶄新開端的意義。到明治三十年左右，日本領導人已經行動起來，締造立憲政體，召集國民大會，推行工業化和資本主義，改造社會基礎和思想觀念。在伊藤博文的回憶錄中，他為這些成就感到驕傲，稱日本已經實現了誓文的約定，為國家獲取了「繁榮、力量、文化，並且此後在平等的基礎上被認可為世界上最強大、最文明的國家之一」。5

革命清算

對那些把德川幕府趕下臺的年輕人來說，比較緊迫的問題之一是創立能使他們在全國範圍內有效行使權力的中央集權政治組織。因此，就在「五條御誓文」宣布之後不久，他們就商定公佈了《政體書》——有時也被稱作《一八六八憲法》，把所有權力歸於太政官。在七世紀和八世紀早期確立日本國家的改革中，太政官作為改革的一部分首次設立。在它的重要性衰退以前，曾是日本帝國早期首要的決策和行政機構。一八六八年恢復了太政官，設太政大臣、左右大臣及若干掌管不同部門的參議。薩摩和長州二藩的革命者聯合朝廷的激進派同盟，幾乎毫不遲疑地壟斷了這個機構內所有的重要職位。十九世紀六〇年代晚期和七〇年代，岩倉具視、大久保利通、木戶孝允、伊藤博文和山縣有朋等人幾乎一直是行動的核心。大臣和參議頻頻會面，就所有重要的國策做出集體決定，再經天皇批准後頒佈律令。太政官成為革命政府的一個非常有效的組織，它是傳統的象徵，同時又使少數人得以攬權，迅速通過他們的決定，然後由他們自己的部門貫徹執行。或許正是因為這個原因，在十九世紀八〇年代中期開始實行近代內閣制之前，它一直是新政權的中央執行機構。

革命政府領導人也圖謀擴大他們對將近二百八十個仍然獨立的大名領地的控制權。在最早認為用太政官直接控制的近代新縣制代替舊藩制才能徹底解決政治分裂問題的代表當中，有伊藤博文和木戶孝允二人。但他們也意識到這種激烈舉措可能帶來的危險，因此，他們一步一步地行動，採取了脅迫和正面鼓勵相結合的方法勉力前進。一八六八年的夏秋二季，新政權派遣官員到各藩討論當地的行政問題。第二年初，新興中央政府中來自薩摩、長州、土佐和肥前的首腦人物說服藩主向天皇上交領地授予文書，其他許多藩主也跟著照做。一八六九年六月十七日，朝廷——那時已經遷往江戶並把它改名為東京，宣布接受各藩「奉還版籍」(「版」指土地，「籍」指戶籍)。在這個令人吃驚的行動中，新政府剝奪了藩主傳統的自治權，大大提高了自己控制管理的能力，儘管它允許藩主留在領地任「藩知事」。

到一八七一年，木戶孝允、大久保利通和他們在太政官的同僚已準備最後廢除各藩。幾年前，木戶孝允和其他人曾經痛恨過幕府提出的類似計畫，他們深切意識到自己也有可能遭到激烈的反抗，因此他們在東京召集了一萬人的部隊，以西鄉隆盛為指揮。當年夏天，天皇傳令數十名藩知事到東京，向他們宣讀了簡短的法令，廢除各藩，改設三府三〇二縣(不久減少到七十二縣，後又改為四十八縣)，每個府、縣

西鄉隆盛

都在太政官委派的新任府知事或縣令的管轄之下。據一位國外觀察者說，這個消息如「雷電」般激起了反響。英國駐日公使哈里・史密斯・派克斯爵士對於日本的新領導能如此迅速地集權中央也大為驚奇。他認為這是個「非人力所能及」的成就，在歐洲也許需要多年的流血犧牲。[6]新政權的成功可能是出於以下幾個原因：一些前藩主厭倦了在這樣的亂世實行統治；西鄉隆盛的軍隊嚇倒了一些人；還有一些則毫無疑問地受到給予所有遭免職藩主的豐厚俸祿和貴族頭銜的吸引；也有許多藩主肯定已經認識到，如果日本想作為一個統一國家存活於世，權力就必須集中於中央。為了強調自己破除過去的「陋習」，使所有人都能「各遂其志」和「大展經綸」的決心，明治新政府廢除了建立在儒學基礎上的舊有社會秩序，以及把士、農、工、商四個階層區分開來的特權和限制。一八六九年夏，東京政府接受大名「奉還版籍」時，也正式把全國人民重新劃分為華族、士族、平民三類。當時大約有四二七戶前藩主和舊朝廷貴族被封為華族。原來的高級武士改稱士族，較為普通的武士改稱卒，他們合計占日本三千多萬總人口的百分之六左右。農民、商人和手工業者統稱平民，占全國人口的大約百分之九十。在這些新等級之外的是流浪者和僧尼、神官等，大約各占人口的百分之一．七五和百分之一．二五。在隨後的幾年裡，新政權撤銷了原來關於職業和社會交往的限制，例如一八七一年規定流浪者為平民，並允許所有平民使用姓。大約與此同時，新政權批准農田轉讓，廢除了德川時期的行會和公會制度，准許各階層之間相互通婚，互收養子。

大多數人民都覺得不同以往的身份制使他們獲得了解放，但是新政策對一些武士卻造成了很大影響。舊武士不僅失去了稱姓的特權，一八七六年政府還剝奪了他們帶刀的權力。最嚴重的是，新政權取消了他們的世襲俸祿。一八七一年東京政府廢藩置縣時，承擔了向武士發俸祿的責任，這筆費用立即占了中央政府支出的大約三分之一。大久保利通和其他人都被這個金額嚇了一跳，迫切要求廢除俸祿。然而不是所有的新領導都相信這是個好計畫。木戶孝允認為對那些幾個世紀以來保護國家的武士棄置不顧是不道德的，而且他和岩倉具視都害怕可能會招來反抗。最後，大久保利通出於財政考慮的主張占了上風。一八七三年晚期，太政官把定期有利息的政府公債發給沒有俸祿的舊武士，三年後兌換。政府這樣做有效地緩解了自己的預算壓力，每年支付的公債利息總計只有俸祿數額的一半，而且通貨膨脹不斷降低了將來贖買公債的成本。

另一項不同凡響的新政策，即通過徵兵建立新軍隊，使供養武士階層的理由蕩然無存，推動了取消俸祿的決定。明治政府的一些領導人想把以前的武士轉變為職業軍隊；但是山縣有朋提出了一套有說服力的論據，說明建立一支由來自社會各階層的士兵組成的軍隊的好處。他的論斷部分出自他的個

地圖 5.1

現代日本行政區劃

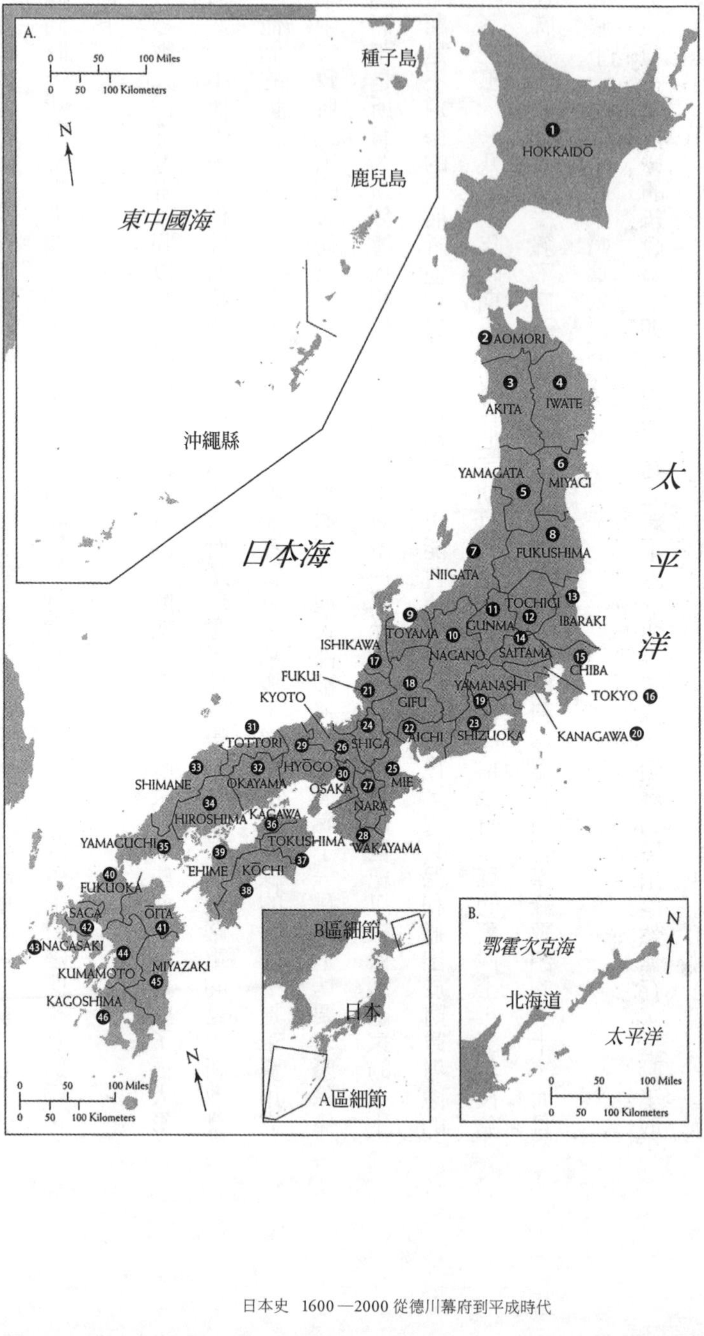

1. 北海道
2. 青森縣
3. 秋田縣
4. 岩手縣
5. 山形縣
6. 宮城縣
7. 新潟縣
8. 福島縣
9. 富山縣
10. 長野縣
11. 群馬縣
12. 櫪木縣
13. 茨城縣
14. 埼玉縣
15. 千葉縣
16. 東京都
17. 石川縣
18. 岐阜縣
19. 山梨縣
20. 神奈川縣
21. 福井縣
22. 愛知縣
23. 靜岡縣
24. 滋賀縣
25. 三重縣
26. 京都府
27. 奈良縣
28. 和歌山縣
29. 兵庫縣
30. 大阪府
31. 鳥取縣
32. 岡山縣
33. 島根縣
34. 廣島縣
35. 山口縣
36. 香川縣
37. 德島縣
38. 高知縣
39. 愛媛縣
40. 福岡縣
41. 大分縣
42. 佐賀縣
43. 長崎縣
44. 熊本縣
45. 宮崎縣
46. 鹿兒島縣

人經歷。作為長州藩「尊王攘夷」運動的領導人之一，一八六三年山縣有朋組織了「騎兵隊」。這是一支由出身社會各階層的志願者組成的民兵，大約有四百名隊員。一八六四年下關被炮轟時，騎兵隊血染戰場；在一八六六年幕府征討長州的戰爭和戊辰內戰中，騎兵隊又奮勇抗敵。這些戰績使山縣有朋傾向在全面徵兵的基礎上建立近代軍隊的觀念。一八六九年和一八七〇年山縣有朋訪問歐洲時，目睹了俄、法兩國軍隊的實力和現代性。這更加堅定了他建立類似的近代軍隊的決心。也許更重要的是，歐洲領導人指導山縣有朋，徵兵能夠組織動員國家背後的人民力量，在政府和公民之間繫上忠誠的紐帶。

回到日本後，山縣有朋被任命為兵部少輔，負責制定「徵兵令」。一八七三年一月十日

（西曆）頒佈的徵兵令反映了山縣有朋的希望：「經此革新，統治者與被治者將置於同一基礎，人民權利平等，兵農合一。」[7] 新法令明確規定：年滿二十歲的男子必須服三年兵役、四年預備役。正如它所效仿的法國法規，該法令免除了戶主、農莊及家族生意繼承人的兵役，還規定繳納代役金者也可以免役。由於海陸軍都還繼續接受武士志願者入伍，因此由全面徵募而來的平民組建成軍隊的理想並沒有立即實現。儘管如此，展開徵兵依然是一項里程碑式的措施：從社會意義上看，這是剝奪武士階層特權和締造一個以機會平等為基礎的社會的又一步驟；從軍事意義上看，它通過建立能夠提供國內安全的軍隊，大大增強了新政權的權威。

因開展行政管理、支付俸祿和進行軍事改革而產生的財政負擔，需要一個穩定可預測的收入基礎來支撐。對大米和其他穀物徵收的賦稅顯然仍是最可靠的稅收來源，但是，十九世紀七〇年代初擔任大藏卿的大久保利通，謀求採用新的徵稅原則。實際上，他想解決德川時代困擾著幕府和藩政府的每年稅收波動問題。他的方法是把過去用實物繳納的農業稅改為用定額的貨幣支付，根據每個人擁有的土地價值計算稅額，而不是根據假定的整個村莊的農作物產量。薩摩藩的前武士，進入東京大藏省前在九州當縣令的松方正義，出於另一個原因贊成地租改革。在一份在太政官成員中傳閱的重要備忘錄中，松方正義指出地區之間的稅率相差很大，為了避免在德川時期的最後幾十年裡到處蔓延的那種社會動盪，有必要使徵收的手續標準化，使人民承擔相同的稅額。

一八七三年七月二十八日（西曆），天皇公佈了《地租改正》，強調了「課稅不偏不倚，使人民均分稅負」[8]的願望。由此，政府把地契發給土地所有者，並且規定了地價，然後把稅率固定為地價的百分之三，由法定的土地所有者每年用貨幣繳納。地租改革孕育了重大結果：它按計劃建立了更為有效的制度，代替了德川時期複雜不公的徵稅法，使明治政權的稅收穩定，其數額大致相當於幕府和各藩徵收的全部地租。不過，改革的勝利也帶有無心造成且截然相反的後果：在統一了稅率標準，使一些農戶租稅減少的同時，它也增加了其他人的負擔。十九世紀七〇年代中期在一些地方，民眾鬱積的對租稅的怨恨演變成暴力行動，成為對新政權激烈反對的一部分，其時，新政權正圖謀確立自己對行政、立法、徵稅、軍事等不可抗衡的控制權。

擊退反對黨

十九世紀七〇年代早期，日本人站在歷史的十字路口。明治政權強制推行的革命清算預示著要粉碎傳統的政治和社會秩序，把國家命運的控制權轉移到新政府手中。同時，「五條御誓文」對「破舊有之陋習」和「求知識於世界」的保證，表明歷史變革的其他浪潮很快將席捲全國。對所有日本人來說，這些事件預示了不得不做出選擇的革命時刻的到來：人民可以反對新政權對權力的訴求及其改革，或者，他們也可以同意拋棄過去，支持新的領導階層，接受對他們生活及勞動環境的根本改造。到第一個十年末為止，絕大多數普通日本人都已斷定，懷抱追求美好明天的「明治夢」對自己較為有利。不過，在達成這個一致看法之前，某些人對於把他們的命運交給連名字都相對不為人知的領導人感到猶豫不決，對於改革的方向還心懷疑慮，他們選擇與新政權作對，拒絕遵守法律、納稅或者戰鬥。

在少數地區，拒不順從的農民激烈反對解散當地官吏的計畫、對稅收制度的改革和徵兵制的實行。例如，一八七一年在岡山，三千多名村民向城下町前進，要求實行減稅，讓過去待他們很好的藩主復職；在山形縣，民眾舉行示威，呈遞請願書，到東京上訪，對明治政府的代表進行人身攻擊。所有這一切都是為了反對新縣令的任命，以及新縣令對附加稅的強行徵收。一八七三年至一八七六年間，東京政府決心消除稅率的地區差異，結果卻增加了一些村民的實物稅負擔，農民反對新地租的暴動達到了頂峰。另一些農戶最嘲弄的則是所謂的「血稅」，政府法令在宣布男子有服兵役的義務時，用了這個不恰當的詞來表示作為公民的士兵應該時刻準備為保衛國家做最後的犧牲，然而一些農戶卻從字面來理解這個詞語。一八七三年春夏兩季爆發的反對徵兵的抗議活動不止十六次。當時謠言四起，說帶著巨大玻璃瓶的人在鄉村遊蕩，從那些應該當兵的人身上抽血。最後，明治政權改變了又打又拉的政策，通過更清楚地解釋自己的目的、一八七七年把地租降低近百分之二十，以及必要時派員警鎮壓抗議活動等方式，熬過了農村中反對浪潮的衝擊。

對明治新政府來說，更棘手的是大規模的士族暴亂。新政權剝奪武士階層傳統特權的計畫，遭到了許多集團的非難；但是驅使一些武士參與反對新政權的政變的，卻是一八七三年太政官否決了非同尋常的「征韓」建議。在一八六九年至一八七三年間，日本曾屢次要求朝鮮正式承認明治政府，但朝鮮政府沒有答應，這在很大程度上是因為「隱士之國」不希望危害到中國和它之間傳統的主從關係。那些古老的外交協議要求朝鮮定期派遣使者到北京，在那裡他們要以卑躬屈膝向中國皇帝磕頭的方式承認中國在文化和政治上的宗主權。作為回報，中國政府則賜予朝鮮國王榮譽封號，允諾加以軍事保護，並在禮節性地以厚禮答謝朝鮮的上貢之外，准許朝鮮商人開展雖然有限卻非常有利可圖的貿易。鑒於這個傳統，一八七三年時朝鮮不想猝然改變和日本的關係，因為中國有可能為自己在亞洲大陸的作用減弱而感到不快，由此收起保護傘，讓朝鮮獨自面對十九世紀七〇年代的無常局勢。

西鄉隆盛作為一八六八年的英雄之一，聲望無與倫比，他認為朝鮮的回絕是對日本天皇及其國務大臣的嚴重侮辱。一八七三年，他領導了一個從太政官內部分裂出來、要求征討朝鮮的小團體。西鄉隆盛的信件和其他著述給人留下的印象是，他是個沉默寡言、傾向於用簡單和絕對的字眼來描述世界的人。作為一個堅定信其所信的人，西鄉隆盛譴責朝鮮朝廷缺乏「美德」，正如當東京的同僚建議取消武士一貫的特權和責任時，他譴責他們「道德腐化」一樣。十九世紀六〇年代時，這位薩摩武士竭盡其力去推翻德川幕府，但從來沒有想過武士本身也會被拋進歷史的垃圾堆。在反覆考慮了這個問題之後，西鄉隆盛開始把入侵朝鮮半島視為釋放被挫傷的武士雄心和精力的出口、使大久保利通等似乎一心想壓制武士階層的領導們丟臉的方法，以及恢復武士將來在明治政府內地位的機會。受到這種想法的驅使，並本著對這種狂熱行為的奉獻精神，他甚至提議親自出使朝鮮，他相信自己會在朝鮮遭到暗殺。這樣就可以為日本的軍事遠征提供方便的藉口。

對幾位政要而言，西鄉隆盛的詭計不在考慮的範圍之內。大久保利通在東京極力遊說太政官成員，認為日本在捲入國外陰謀之前，必須先打好國家的實力基礎。四年後即因病過早逝世的木戶孝允，此時也在病床上寫下了強調同樣觀點的條陳。他認為日本的「財富和實力還不發達」，國家「缺乏文明」[9]，處於這種可悲的境地，國家領導人應該優先「處理財政和經濟」事宜；同時他審慎地指出日本人應該「留心自己的事務」，推動革命政府，而不是在海外玩弄危險的詭計，拿日本的未來去冒險。一八七三年十月（西曆），年輕的天皇和岩倉具視進行了一場決定性的會談，同意主和派的觀點後，這件事才得以解決。

朝鮮事件使日本統治階級的聯盟出現了一道裂縫。就在天皇做出決定後的幾天內，西鄉隆盛和征韓派的其他成員辭去政府職位，回到家鄉。結果日本的統治集團縮小了，岩倉具視、大久保利通、伊藤博文、山縣有朋、木戶孝允和松方正義崛起為執政團的首要成員，而且在他們的餘生對日本重要政策的制定發揮了決定性的影響。十九世紀七八十年代，這些人共同規定了如何改變國家的日程，把日本的精力和資源集中於以實現繁榮富強、和西方平起平坐、防禦帝國主義掠奪者等為目標的國內改革上。但是，在他們完成明治政府的清算，轉向圖謀未來之變的計畫之前，執政者們不得不對付一八七三年憤怒離開東京的那些人發動的叛亂。

首先起兵的是江藤新平，一個曾經努力改革日本法律制度的太政官要員。大久保利通及其支持者否定了「征韓」的提議後，江藤新平辭掉了司法卿的職務，回到家鄉——從原來的肥前藩劃分出來的佐賀縣。對那些不滿太政官的和平政策，不滿太政官企圖取消武士階層的前武士來說，江藤新平就像一根天然的避雷針。江藤新平起先致力於用國家立法機關來取代太政官，因為他的努力毫無結果，所以他把大約三千名持不同政見的武士召集在他的周圍，並於一八七四年二月(西曆)襲擊了銀行和官署。大久保利通親自率領遠征軍，很快平定了「佐賀之亂」。江藤新平本人設法逃跑，但是大久保利通的軍隊跟蹤追擊，把他逼回到佐賀。兩個月後，政府將江藤新平梟首示眾，以此威懾其他想造反的人。

明治政府迅速鎮壓了一八七六年在日本西部爆發的一系列狂熱卻彼此孤立的士族暴亂。隨後，西鄉隆盛領導反對者發動了對新政權來說最嚴重的叛亂。一八七三年，西鄉隆盛離開首都回到老家鹿兒島，陪伴他的有數百名脫離了近衛軍和京城員警機關的人。在前薩摩藩的鹿兒島，他以從前為皇室效勞而得的「賞典祿」為生，但他完全拋開了政治，愉快地過起了鄉紳的生活，耕作、打獵、垂釣，和心愛的狗一起在鄉間漫步。這種鄉村生活遠離了他所謂的東京腐敗政治的一切，帶給他許多歡樂，對此他表達得饒有詩意：「自古以來，災難即為世俗聲名的慣常代價。既如此，肩荷鐵鏟，穿過森林回家比之更好。」10

儘管西鄉隆盛渴望恬然地退出政治漩渦，但是十九世紀七〇年代的鹿兒島縣卻充滿了憤怒的年輕武士，他們覺得自己被明治政府出賣了，視西鄉隆盛為他們的英雄和救星。西鄉隆盛無法完全不受他們的影響。一八七四年，他拿出一部分年俸促成了「私學校」體系的建立，希望能對那些愁悶的年輕人進行一些紀律和道德的訓練。學校另外的資金出自縣裡的官吏，他們鼓吹地方自治，指責太政官不斷把決定權集中在自己手中，制定政策時忽略地方的要求。到一八七六年，由縣城鹿兒島的步兵學校、炮兵學校和所有農村地區的分校組成的私學校體系已經吸收了幾千名學生。武士子弟在校學習一些中國的傳統典籍，但是大部分時間則用來學習如何強身健體和軍事戰術。

之後不到一年，這些學生就使不太情願的西鄉隆盛捲入一場暴亂。一八七六年後期，起了疑心的東京政府派出祕探到鹿兒島搜集有關私學校的情報。幾周內學生們就把祕探揪了出來，並把其中一人拷打成招，說中央權力機構正計畫解散私學校，謀殺西鄉隆盛。這些學生不管逼迫下的招供是否可信，就預先為將來的行動做好了準備。一八七七年一月下旬(西曆)，他們獲悉東京官員打算派船把軍火轉移到大阪的倉庫後，襲擊了鹿兒島政府彈藥庫，並非法運走了彈藥庫中的武器和彈藥。

那時西鄉隆盛正在外打獵，但他一得知襲擊彈藥庫的事情就急忙趕回鹿兒島，為學生衝動的行為對他們大發雷霆。西鄉身材勻稱，個子比一般日本人高，頭又大又圓，與此相稱，腰身也粗壯。他動輒發怒也給人們留下了很深的印象。不過他的脾氣發作通常是短暫的，所以他很快就原諒了那些學生，順從不可避免的命運。但是，他的老同僚，甚至如大久保利通等薩摩人，永遠不會原諒那些學生對政府彈藥庫的襲擊。東京政府斷定這是公開的叛亂行為，確定採取報復行動。作為鹿兒島私學校體系的創始人，西鄉隆盛這位日益蒼老的老兵自然認為自己應該為學生的命運負責，後者已糊里糊塗地陷入了他們無望抽身而出的困境。但更危險的是，西鄉隆盛長期以來對政府政策的不滿暗示一八七七年是捍衛個人身份、武士精神和遭受無情攻擊的風燭般傳統生活方式的最後時機。西鄉隆盛斷定，除了揭竿而起沒有別的選擇。他唯一關心的是要澄清一點：他並沒有對天皇不忠。他寫道，罪犯是他以前的朋友和同僚，他們是「天地間之大罪犯」，欺騙、誤導了天皇，因此應該被免職。

現在西鄉隆盛主意已定，他迅速調動軍隊，二月十五日(西曆)晨叛軍從鹿兒島開拔。神奇的是，一場罕見的暴風雪席捲了城市，使人回想起日本歷史上另一個重要的日子。那天志士們砍掉了井伊直弼的頭，開始推翻一個腐敗的政權。一周之後，在前往九州的中途，西鄉軍遭遇了他們的第一個障礙，即駐紮在熊本城的政府徵募的士兵。西鄉隆盛組織武士一次又一次地向守城的四千名士兵發動進攻，但使他吃驚和懊惱的是，農民和商人出身的政府駐軍竟然堅守陣地，抵擋住了武士的進攻。熊本的攻防戰還在繼續，政府又急派另外的部隊向九州前進。三月，等到大約三萬名士兵可以調用時，大久保利通下令全面反攻，迫使人數最多時達三萬人的西鄉軍，一路血戰退回到鹿兒島。

九月，西鄉隆盛和幾百名還留在他身邊的人躲進鹿兒島以北的山地。九月二十三日，政府軍指揮官山縣有朋寫信給西鄉隆盛，懇求他放下武器。山縣有朋使用的是老朋友之間的親密言辭，在信中他表達了對西鄉隆盛行為的「憐憫」和「同情的理解」。儘管如此，他接著說，顯然「薩摩人無望達到目標」，現在應該結束這種朋友相鬥、同胞相殘的「悲慘情形」。西鄉隆盛沉默無語地看完來信，未做任何答覆。次日晨，山縣有朋發動進攻，戰鬥中，一顆子彈射中了西鄉。據官方的驗屍報告說，這顆子彈射中了他的右臂並穿過骨盆嵌進他左邊的大腿骨。這種戰場上受的外傷可能會使人昏厥甚至立即死亡，但是圍繞著西鄉之死產生了更浪漫的傳說。根據歌頌英雄的新說法，西鄉隆盛被子彈射中後，稍作鎮定，面朝向遙遠的皇宮，拔劍切腹自殺了。政府招募的軍隊獲勝了，「薩摩之亂」結束。

西鄉隆盛的叛亂是武士階級最後的抗爭。次年五月(西曆)一個春天的早晨，人們聽見了他們發出的死亡之聲。當時，大久保利通正前去參加在皇宮舉行的會議，一些前武士和他搭話。就在離十八年前井伊直弼喪生處幾步之遙的地方，六名刺客把大久保利通從馬車裡拖出來刺死。在對他們的審訊中，他們控告大久保利通擅自發佈律法，胡亂處理對外關係，結果損害了日本的國家榮譽——這是以前井伊直弼也曾面對的罪狀。然而，儘管一八六〇年標誌著反抗的開始，一八七七年和一八七八年卻代表了革命時期的結束。在這兩年裡，發生了對政府要員的最後一次暗殺，發生了用武力推翻新政府的最後一次危險企圖。這些事件的解決使明治政府的執政團可以自由追求對未來的夢想，而無須擔心保守的頑固分子持續激烈的反抗。

瞭解西方

十九世紀七〇年代，正當明治政府提出對權力的訴求，推行把權力集中到自己手中的初步改革，擊退他們的反對者之時，執政者們開始尋找可以指引他們通過持續不斷的努力，實現國家獨立、修改

1860年咸臨丸初次渡美，船長勝海舟

岩倉使節團監察小栗忠順

條約和西方平等以及實現國泰民安的明治夢想的思想和範例。許多明治領導人在考慮未來時，向西方尋求制定政治制度、創造物質財富和促進社會和諧的經驗教訓。其他民間的日本人也同樣著迷於西方國家政治上的活力、軍事上的無敵和科學技術的奇妙。國家領導人和一些最有影響力的平民對西方的強烈興趣創造了「文明開化」的時代。十九世紀七〇年代，日本人在尋求擺脫「舊來之陋習」，爭取過上更美好、更安全生活的方法時，「文明開化」成為所有人口中傳誦的詞語。

十八世紀末至十九世紀初，蘭學的迅速傳播推動了向西方看齊的潮流。但是在培里來航之後，許多日本人已不再滿足於僅僅通過書本瞭解西方，而是沉醉在一種時代精神之中。這種精神被某位年輕人形容為「奔向海外，承擔起考察遙遠國度的重任的願望」[11]。第一次出國求學的浪潮出現於十九世紀六〇年代。當時有少數人是偷偷跑出去的，其中就有新島襄。一八六四年，他乞求搭乘一艘美國商船，後來作為日本首位被任命的新教牧師回到國內。還有一些人作為特別代表團的成員出國：一八六二年，幕府派遣一些年輕武士到歐洲的萊頓大學學習；一八六三年，長州藩秘密派人前往英國，伊藤博文和井上馨也在其中；一八六六年，德川政府委派中村正直帶領一群學生到倫敦留學。

十九世紀六〇年代到西方去的日本人，大多作為幕府外交使團的成員出行。一八六〇年，為了交換《日美友好通商條約》的批准書，「咸臨丸」號載著日本第一個正式使節團前往美國，隨行者中有著名的勘定奉行小栗忠順和熟練掌握了荷蘭語及英語的年輕武士福澤諭吉。華特．惠特曼[12]對這個使團懷有強烈的興趣，特意寫了一首名為《百老匯大街上一支壯觀行列》（A Broadway Pageant）的詩，來描述美國人看到亞洲人行走在紐約街頭時的心情：

這時我也站起身來，回答著，
走下人行道，捲進人群裡，同他們一起注視著。
容貌壯麗的曼哈頓喲！
我的美利堅夥伴喲！

畢竟，東方人向我們走來，
向我們，我的城市。
這兒我們的大理石和鋼鐵的高髻美人們在兩旁羅列著，
讓人們在這當中的空間行走，
今天，我們地球對面的人來了。13

在一八六八年垮臺之前，幕府一共向美國和歐洲派遣了七個使團。除了外交任務，三百名左右到海外的代表還調查了所到國家的制度和文化，增加了日本對西方的認識，並做了許多事來修正日本人在歐美人心目中未開化之蠻夷的普遍形象。

一八六八年後，限制西方知識輸入的閘門打開了。十年內，數百名日本人在美國和歐洲求學，還有數量更多的外國人在日本生活，其中許多人為國家和縣政府所延聘，用西方的行政管理、醫學實踐、法律和哲學、科學技術、教育制度等方面更為先進的觀點指導日本人。國際交往逐漸開闢了瞭解大千世界的通道。像薩摩藩的代表團一樣，最後一次出訪歐洲的幕府使節團也參加了一八六七年在巴黎舉行的世界博覽會。明治政府分派代表於一八七三年駐維也納、一八七五年駐墨爾本、一八七六年駐費城、一八七八年駐巴黎、一八七九年和一八八〇年駐雪梨。一八七七年，新政權在東京組織了自己的第一屆「內國勸業博覽會」。為了八月十八日(西曆)開幕的這屆博覽會，政府建造了藝廊和用來展覽農藝、機械和自然物產的西式臨時建築。總計一萬六千多名國內外參展者展出了從風車到蒸汽機的近十萬件物品。天皇和皇后出席了開幕典禮，而這場博覽會在十二月三十一日閉幕前，吸引了每日平均超過二千五百名的觀眾。

岩倉使節團

在瞭解西方文化的過程中，日本更值得注意的一個大膽舉動是，一八七一年，岩倉具視率領由政府領導人組成的代表團，經過漫長的旅程抵達美國和歐洲。使節團的主要目標是對和日本保持正式外交關係的十五個國家做友好訪問，同時也想試探外國政府能否重新談判修改破壞了日本國家主權的惹人討厭的不平等條約。不過，使節團的規模和成員表明了它的第三個任務——直接瞭解西方，找出它們成功的秘訣，或許這才是最重要的。一八七一年十一月十二日，使節團的四十九名官員，包括政府核心集團的重要成員如伊藤博文、大久保利通和木戶孝允，從橫濱揚帆起航。他們把使節團分成幾個承擔不同任務的小組，分別研究西方的憲法和政治體制，收集有關貿易、工業、銀行業、課稅和貨幣的資訊，調查教育體制和學科情況。與官員同行的還有五十八名學生，其中有五個六歲至十五歲的女孩，她們按要求將在國外留學多年。

岩倉使節團／The New York Public Library

在舊金山上岸後，使節團又去了華盛頓。在那裡，和尤利西斯．辛普森．格蘭特總統以及國務卿漢密爾頓．菲什的會晤使他們清醒地認識到，只有日本改革國內的法律和制度，使它們和西方的那一套更加相似，以此證明了自己的現代性，世界的主要強國才會同意修訂條約。於是代表團先把外交商討擱置一旁，把精力集中在瞭解西方上。岩倉具視及其同僚分組參觀了形形色色的地方，如監獄、警察局、學校、博物館、造幣廠、商會、造船廠、紡織廠和製糖廠等等。根據使節團的官方日誌記載，他們的行動步伐可謂緊鑼密鼓：

火車一到，我們剛把行李卸在旅館，行程就開始了。白天我們從一地轉向另一地，觀看會去皮的機器和轟鳴的機車。我們站在鋼鐵嗆人的氣息中，周圍煙霧蒸騰，身上落滿了煤煙灰和塵土。黃昏時分回到旅館，幾乎還沒來得及脫掉髒衣服，晚宴的時間又逼近了。宴會上我們不得不保持威儀。如果受邀去劇院，我們不得不睜大眼睛，豎起耳朵，注意舞臺上上演的劇情。所有這一切使我們筋疲力盡。夜晚我們剛就寢天就亮了，派過來的衛隊就要帶我們去參觀工廠。14

岩倉使節團的成員也許已經筋疲力盡，但是他們被所看到的一切迷住了。官員們原計劃這次出訪為期七個月，但他們延長了一年，直到一八七三年秋，有關朝鮮問題的爭論引起了他們的關注，他們才回到國內。到那時為止，這些人已經參觀了美國的九個城市，在歐洲待了整整一年，遊歷了利物浦、羅馬、馬賽、巴黎、聖彼德堡、斯德哥爾摩等地方。

在岩倉使節團一路訪問歐美國家時，有兩個問題擺在他們面前：第一，西方是如何達到目前的水準的？換言之，是什麼造就了歐美似乎隨處可見的財富、力量和文化成就？第二，島國日本——惠特曼詩歌中「地球對面的人」，在地理位置上遠離了西方，如何才能形成自己對現代化的訴求，以便也能躋身世界先進國家的行列？沒有簡單的答案，但還是有某些先決條件不言而喻，最重要的是毫無疑義地承認西方科學技術的優越。一八七二年一月(西曆)，木戶孝允從美國致信國內，承認他以前對西方的先進認識不足。他得出結論，日本「現在的文明不是真正的文明，我們現在的開化不是真正的開化」。

[15]而且，使節團的成員斷言，現代化是過去不可避免的結果，是西方獨特歷史經驗的積累，而隨著時間的流逝不斷演進的文化價值、社會組織和教育實踐的總體，正是使美國和西歐諸國得以在國家的等級結構中佔據目前的優勢地位、壓倒亞洲傳統文化的原因。此外，雖然「西洋」是個簡便的說法，但使團成員逐漸意識到「歐美」並不是一個無差別的整體。有些國家發展得比其他國家快，或者如使團的日誌所言，英國「在世界上無所畏懼地擺架子」，「從巴黎出發，越往東文明越淺陋」。[16]理解這種差別對日本人來說極其重要，因為當時西方諸國相互之間正在展開財富和實力的較量。用十九世紀中期盛行的社會達爾文主義來解釋，那些最成功地採用了現代技術、文明制度、自由價值觀的國家，似乎註定了要支配國際環境；而那些沒有做到的國家，則面臨著殖民地化或者甚至是滅亡的危險。

世界是個危險的地方而且現代化深深紮根於西方自己獨特的過去經驗中——這個觀念擾亂了人心，但這次出訪歐美也產生出充滿希望的想法。岩倉使節團成員驚訝地獲悉西方的技術和工業不過是近幾十年來才輝煌起來的。「大多數歐洲國家閃耀著文明之光，財富充裕，實力雄厚，」使團的日誌上說，「貿易繁榮，技術優越，人們充分享受生活的樂趣和舒適。見此情景，我們往往會以為這些國家一貫如此，但事情並非這樣——我們此刻在歐洲所見的財富和繁榮，在很大程度上始於一八〇〇年之後的時期。不到四十年就創造了如此成就，閱讀這段文字的人都應該反省日本可以從中吸取的經驗。」[17]

如日誌的作者所暗示的那樣，西方的新近崛起表明，只要國家領導人明智審慎地引進國外的產業、技術和知識，日本應該能縮小自己和西方先進國家之間的差距。其中最應該優先考慮的似乎是政治改革和工業化。在木戶孝允看來，議會制度是高等文明的標誌，是使政治秩序理性化和確保統治者與被統治者之間目標一致的最有效途徑。而大久保利通對製造業的印象更為深刻，他從倫敦寫信回來說：「我們最近去了許多非常有趣的著名的地方。我們無處不去，所到之處無一物生長，只有煤和鐵。工廠增加到前所未聞的程度，以致黑煙從四面八方直沖雲霄。這足以解釋英國的財富和實力從何而來。」[18]

知識份子和教育家

許多民間的日本人也像明治的領導階層一樣，決心向外部世界學習，把現代化的益處帶給日本。一八六四年起航去美國的新島襄，一八七〇年從默斯特學院畢業，成為第一個從西方高等教育機構獲得學位的日本人。新島襄皈依了基督教，後來又繼續在安多弗神學院接受神學培訓，為岩倉使節團充當翻譯。新島襄於一八七四年回國，一年後，他成功地獲得了木戶孝允和其他明治領導人的許可，在東京成立了一所基督教學校。這所學校名為「同志社」，一八七五年十一月(西曆)開始運作。一開始只有八名學生，但很快就吸引了大批年輕人，他們都同意新島襄的觀點，即西化、文明和基督教三位一體，不可分割，為日本將來進步所必須。「自由的精神、科學的發展、基督教的道德誕生了歐洲文明，」新島襄曾經這樣指出，「因此我們無法相信日本能獲致這種文明，除非教育奠定在相同的基礎之上。」[19]

其他知識份子把翻譯作為傳播「文明開化」理想的方法。十九世紀七〇年代，穆勒、邊沁、斯賓塞、托克維爾、基佐和盧梭等關於公民自由、天賦人權、功利主義和理性實證主義的著作日文譯本開始出現。或許「文明開化」時期最有影響的外國著作是山繆爾．史邁爾的《自助論》（日文譯名為《西國立志篇》）。據說該書賣出了一百多萬冊，是在英美兩國銷售量的四倍。在倫敦逗留期間熟悉了史邁爾的勵志性著作的中村正直，不拘泥於原文，在翻譯這本書時，甚至完全重寫了某些部分。這本最暢銷的譯著含蓄地譴責了德川時期的身份等級制度，盛讚史邁爾「在世間爭取成功向上」的觀念。在整本書中，中村正直都強調這一要點：為了向前發展，使日本成為強國，每個人都應該努力工作，發揮自己的才幹。整整一代明治時期的年輕人都從中村正直翻譯的史邁爾著作開篇的幾句話中受到過啟發：「諺曰『自助者，天助之』，是明明白白的道理，能被經驗所證實。人事的成敗盡在於此。從廣義上說，當一個國家的大多數人民『自助』時，這個國家就會充滿活力，意志堅強。」[20]

十九世紀七〇年代最傑出、最不知疲倦的西方知識傳播者是福澤諭吉。福澤諭吉出身九州中津藩一個貧窮的武士家庭，從青年時期就蔑視德川時期身份次序的「狹隘的僵化」。為了逃脫命運的安排，一八五四年他先到長崎，然後又到大坂學習荷蘭語和西方科學。四年後他旅行到江戶，結果沮喪地

福澤諭吉

發現國際社會的通用語言是英語，而不是荷蘭語。福澤諭吉不畏艱難，又把孜孜不倦的熱情轉向英語學習。一八六〇年他作為日本第一個赴美使團的翻譯登上了「咸臨丸」號。兩年後他和其他幕府使團一起前往英國、法國、荷蘭、葡萄牙和俄國，所到之處盡其所能地汲取西方文明。

這些考察使福澤諭吉得出了和其他啟蒙人物一致的結論。他斷定，日本是虛弱落後的，因為日本的傳統文化沒有產生出對科學的好奇心和自力更生的獨立性，以及西方民族特點中肯定個人成就的風氣。為了在日本傳播他所尊崇的西方價值觀，福澤諭吉成了一名教育家、政論家和作家。一八六八年，福澤諭吉把他十年前辦於江戶的一所蘭學學校命名為慶應義塾（一九一〇年開始稱慶應大學），使它成為培養對西學感興趣的年輕人的中心之一。六年後的一八七四年二月（西曆），福澤諭吉和中村正直一起成為「明六社」的創始人。該社的宗旨是通過公開的講演和《明六雜誌》的發行，「促進文明與開化」。《明六雜誌》後來成為介紹新思想的重要媒介，涉及各種不同的主題，例如倫理學和宗教、政治和政府的本質、國際關係和對外貿易、婦女的位置和家庭在社會中的作用等等。後來，福澤諭吉開始發行他自己的雜誌，一八八二年又創辦了日本最早的報紙之一。

福澤諭吉卷帙繁多、文字透徹的著作——現代版的全集共有二十二卷，囊括了啟蒙思想對日本過去的消極面和恰似閃亮航標的西方文化的全部述評。他的《勸學篇》（一八七二至一八七六）包含了對日本的尖銳批評：「如果我們比較日本人和西方人在文學、技術、商業或工業方面的知識，事無巨細，我們無一能勝過他人。除了世上最愚蠢的人之外，無人會說我們的知識或商業與西方國家同等。誰能拿我們的手推車與他們的火車頭，或我們的刀劍與他們的手槍相較？以日本目前的情形和西方相比，我們無以為傲。日本唯一可以自豪的是它的風景。」[21]

依照福澤諭吉的說法，為了改變落後面貌，日本人必須照搬使西方得以發展的文化上的那套做法。福澤諭吉在其廣為誦讀的多卷本著作《西洋事情》（一八六七至一八七〇）中，新造了「文明開化」這個詞語。他寫道：「考察歷史，我們發現生活一直黑暗閉塞，但它朝著文明開化的方向前進。」[22]在同一卷冊中，這位年輕的西化論者還向讀者提供了他希望日本效仿的一些國外機構，如學校、醫院、報社、圖書館、博物館、濟貧院和孤兒院的資訊。不過福澤諭吉不僅僅向人們介紹西方偉大的外在表現，還號召日本人抓住西方的文化精髓。一八七二年，他寫下這樣一段話：「學校、工業和海陸軍不過是文明的外部形態，並不難以產生，所需的一切無非是錢。然而還存在一種無形之物，看不見、聽不到，無法買賣、難以借貸。它遍及整個國家，影響力強大。如果沒有它，學校或其他外部形態將毫無用處。這一極其重要之物，我們必須名之為『文明的精神』。」[23]

對「文明的精神」的觀察使福澤諭吉開出了最後的「藥方」：日本需要一種不受過去束縛，敞開胸懷重新認識自我和社會的新公民。「天不造人上人，也不造人下人」，他在《勸學篇》中開宗明義地說。每個個體都不再受傳統身份制的限制，可以憑藉努力工作、勇氣、勤奮和毅力自由發展。在福澤諭吉、中村正直和史邁爾看來，追求成功的個人主義是文明開化的真正源泉，只有有抱負和才幹的人才能創造一個安全、強大、繁榮的國家。

促進文明開化

一八七三年，木戶孝允、大久保利通和岩倉具視使節團的其他成員回到日本。他們對於國外的見聞確信無疑，同時也受到國內高漲的文明開化浪潮的鼓舞，開始致力於「富國強兵」。儘管如此，他們也意識到，自己不能冒冒失失地發動複雜的改革，為了理順政治、經濟、社會和文化變革中的種種關係，他們必須採取循序漸進的辦法。此外，西方也沒有提供現代化的單一藍圖，而是有許多可以效仿和從中獲得啟示的榜樣，因此他們不得不仔細研究現代化的各種樣板，觀察哪一種最適合日本。

一八七二年三月（西曆）由使節團呈遞給美國總統的天皇問候信，已經預示了多數人的意見。「我們以革故鼎新，改善現狀為盼，」日本天皇信中說，「以便和最開化的國家處於相似地位。但日本的文明和制度與別國不同，不能期以即刻達到目標。我們旨在從盛行於開化國家的不同制度中選擇最適合日本現狀者，施用於漸進的革新和政俗的改善，以與其同等。」24

岩倉具視一行剛返回日本，就面臨著對地租改革不滿和感到不平的武士挑起的混亂。這再次肯定了他們的結論：任何關於政治、經濟變革的雄心勃勃的計畫，都必須等到統治權進一步鞏固和革命時期結束後才能去實踐。與此同時，明治領導人也可以通過推廣西方的思維方法和引進物質文化的範例來促進文明開化，例如，在岩倉使節團回到東京之前，政府就決定制定近代學制。一八七二年八月頒佈的《學制》，把全國劃分為大學、中學和小學區，並要求全體兒童從六歲開始必須接受四年義務教育。新學制不再像德川時期的學校那樣強調儒家道德，而是代之以強調實用的文理學科、自我修養和個體發展的課程。因此，在截至一八七五年已經開辦的數千所小學裡，學生們不僅學習基礎的讀寫和算術，也學習西方歷史、地理和科學作品的譯著。

比新的教育理念更為切實可見的，是明治政府鼓勵推行的西式服裝、食物和建築。軍方為通過徵兵建立的新軍隊配備了西式制服，天皇及其官吏在公開典禮上開始改穿西服。不久，城市裡的許多普通日本人也開始偏愛西服，雖然有些人想出了古怪的混合穿法，比如在長褲外穿和服。黑摺傘、鑽戒、金錶作為開化、進步的通俗標記而變得惹人注目。城市裡自詡時尚的人認為吃牛肉，喝啤酒、咖啡很時髦。

新政權大興土木，日本城市的外觀作為追求文明開化的活力、決心和樂觀的象徵，由此也開始改

二〇一六年的銀座和光百貨，一百多年前的精工鐘錶店鐘塔仍屹立於此

變了。在大阪，明治政府聘請英國工程師兼建築師湯馬士・華達士(Thomas James Waters)設計了國家鑄幣廠。該廠於一八七一年竣工，包括長而低矮的廠房、廠長住宅以及會客用的亭子。雖然並不是所有評論家都對鑄幣廠正面中心比例略顯失調的門廊加以稱道，有人認為這只不過是對希臘建築拙劣的模仿；但是，該廠的建築的確突出了象徵財力、穩定和永恆的形象，而這些正是新政府想要宣揚的特質。明治政府的領導人在日本的松本和其他許多地方都建造了使人難忘的學校，它們通常都是兩層樓的建築，有精緻的門廊、華麗的大門和宏偉的圓頂。一位熱情的年輕學生驚歎：「它很新，一開始就是作為學校來打造的。它有兩層，四周都是窗戶，這使得房間顯得明亮耀眼。操場、壯觀的黑色大門、銘刻了學校名稱的柱子，還有旗杆，它看上去就像個學校。」[25]

政府為東京人民重建了銀座。這本是一個位於大商業中心日本橋南部，雲集了各色工匠簡陋店鋪的地方。一八七二年的大火焚毀了這個地區，明治政府委任華達士用紅磚重建了整個地區。三年後重建工程竣工時，銀座出現了近一千座西化的紅磚建築物，而且街道都由煤氣燈照明。後來，銀座成為在文明開化鼓舞下成立的企業的大本營：首家著名的西方化妝品製造商資生堂，就是在那場大火之後從銀座的一個藥房起家；而年輕的服部金太郎於一八八一年在銀座的中心成立了「精工鐘錶店」，並建造了一座鐘塔。近一個世紀以來，這座鐘塔一直是該地區的標誌性建築。

在離銀座不遠的地方，政府還為自己興建了「鹿鳴館」。「鹿鳴」二字取自中國古詩，表示歡迎嘉賓參加歡宴。然而鹿鳴館絕非傳統建築，在政府高官井上馨的構想之下，鹿鳴館成了一座按華麗的義大利風格建成的兩層磚樓。館裡有供閱讀、就餐、聽音樂和打撞球用的房間，因此成了東京菁英分子的社交中心。

鹿鳴館／alamy

井上馨

在那裡，富裕而開放的日本人可以和有影響的外國權貴混在一起。寬敞的舞廳也是鹿鳴館的特色。當周日夜晚的舞會成為社交活動中的固定節目時，「鹿鳴館」這個詞便轉變成了社交狂歡和十九世紀七〇年代末至八〇年代初流行的「西化」的同義詞。

「目前大量的歐洲風俗源源而來，」一八七四年一位有影響的官員這樣寫道，「恰似瓶子傾倒。服裝、飲食、房屋、法律、政府、風俗，甚至各種手工藝和學術研究，如今無不來自西洋。」[26]在十九世紀七〇年代的那十年裡，是人民不得不決定要反對羽翼未豐的政權，或者支持年輕的明治領導人的「革命時期」，「西化」風刮得最猛烈。自然也有些人排斥對文明開化誇大了的激情，比如，漫畫家和諷刺詩文作者用漫畫諷刺穿西服的人，或者通過編寫通俗小曲來表示他們與這種熱潮的疏離。有一首小曲這樣說：「拍一拍剛理了西式髮型的腦袋瓜，它會發出回音道：『文明開化』。」而且，因為害怕漫無邊際的「西化」會危及武士階層的未來，一八七三年西鄉隆盛和江藤新平決定離開政府，並領導了反政府的叛亂。

然而，對其他許多日本人來說，「文明開化」的觀念似乎帶給他們樂觀的希望：明天會更好，國家會繁榮，個人會興旺。東京是最早、最充分感受到「西化」衝擊的地方，但即便在金澤這樣遠離東京的「藩國」都會，「文明開化」口號中蘊涵的發展確定性也為一八六八年前壓垮人民的所有「落空期望」的集體記憶，帶來了另一種振奮人心的解決方法。在十九世紀上半葉的金澤，貧窮的武士毀掉自己的庭園，改種可以在城市市場出售的水果蔬菜。十九世紀七〇年代，仍是這些武士家庭的成員促成新學校、新醫院的建立，並且和他們的商人鄰居一起創辦新的商業企業。他們生產的陶瓷製品、紡織品等曾經在歐洲、澳大利亞的那些國際博覽會上的顯著位置展出。過去充滿了憤怒和痛苦，如今糾正那些世代相傳的錯誤的機會似乎不斷增多，這種對比鼓舞著日本各地人民消除對明治新政權的疑慮，至少是暫時地接受了它成為國家合法政府的要求。至於他們是否會繼續如此，取決於明治政府的領導人能否成功地推進「五條御誓文」中提出的「新開端」：建立代議制政府，促進經濟繁榮，締造充滿機會的社會。

1 Ishii Ryosuke, ed. , Japanese Legislation in the Meiji Era,tr. William J. Chambliss（Tokyo: PanPacific Press, 1958）, p. 145,and Robert M. Spaulding, Jr. , 「The Intent of the Charter Oath,」 in Richard K. Beasley, Studies in Japanese History and Politics（Ann Arbor: University of Michigan Press,1967）, pp. 6-26.

2 譯注：據稱這個年號取自《易經》的「聖人南面而聽天下，向明而治」。

3 Roger F. Hackett, 「The Meiji Leaders and Modernization: The Case of Yamagata Aritomo,」 in Marius B. Jansen, ed. , Changing Japanese Attitudes toward Modernization（Princeton: Princeton University Press, 1972, 3d print. ）, p. 244.

4 Charles Lanman, ed. , The Japanese in America（Tokyo: Japan Advertiser Press, 1926, rep. ed. ）, p. 22.

5 Itō Hirobumi, 「Some Reminiscences of the Grant of the New Constitution, 」in Count Shigenobuōkuma, comp. , Fifty Years of New Japan, vol. 1, ed. Marcus B. Huish（London: Smith, Elder,& Company, 1910）, pp. 125-26.

6 William Elliot Griffis, The Mikado's Empire（New York: Harper& Brothers,1890）, p. 526, and Iwata Masakazu, Ōkubo Toshimichi: The Bismarck of Japan（Berkeley University of California Press, 1964）, pp. 143-44.

7 Japanese Legislation in the Meiji Era,pp. 723- 24.

8 Japanese Legislation in the Meiji Era,p. 722.

9 W. G. Beasley, The Meiji Restoration（Stanford: Stanford University Press, 1972）,p. 374.

10 Ivan Morris, The Nobility of Failure: Tragic Heroes in the History of Japan（New York: New American Library, 1975）, pp. 258-66.

11 Hirakawa Sukehiro, 「Japan's Turn to the West,」 tr. Bob Tadashi Wakabayashi, in John W. Hall et al. , gen. eds. , The Cambridge History of Japan, vol. 5: Marius B. Jansen, ed. , The Nineteenth Century（Cambridge: Cambridge University Press, 1989）, p. 448.

12 譯注：美國著名詩人，代表作為《草葉集》。

13 Walt Whitman, 「A Broadway Pageant,」 in The First Japanese Embassy: JapanU. S. Centennial 1860-1960（New York: Information Office, Consulate General of Japan,1960）, np.

14 Hirakawa, 「Japan's Turn to the West, 」p. 463.

15 Beasley, The Meiji Restoration, pp. 369- 70.

16 Eugene Soviak, 「On the Nature of Western Progress: The Journal of the Iwakura Embassy,」 in Donald H. Shively, ed. , Tradition and Modernization in Japanese Culture（Princeton: Princeton University Press,1971）, p. 15.

17 Marlene Mayo, 「Rationality in the Meiji Restoration: The Iwakura Embassy, 」 in Bernard S. Silberman and Harry D. Harootunian, eds. , Modern Japanese Leadership: Transition and Change（Tucson: University of Arizona Press,1966）, pp. 357-58（modified）.

18 Beasley, The Meiji Restoration p. 370（modified）.

19 Hirakawa，「Japan's Turn to the West,」p. 455.

20 Hirakawa・「Japan's Turn to the West,」p. 482(modified).

21 Albert M. Craig,「Fukuzawa Yukichi: The Philosophical Foundations of Meiji Nationalism,」 in Robert E. Ward, ed. , Political Development in Modern Japan (Princeton: Princeton University Press,1968), pp. 120-21(modified).

22 Edward Seidensticker, Low City, High City: Tokyo from Edo to the Earthquake: How the Shogun's Ancient Capital Became a Great Modern City, 1867-1923(New York: Knopf,1983)・P. 35.

23 Carmen Blacker, The Japanese Enlightenment: A Study of the Writings of Fukuzawa Yukichi (Cambridge: Cambridge University Press,1964),p. 31 (modified).

24 Lanman,ed. , The Japanese in America, pp. 31-32(modified).

25 Tokutomi Kenjirō 〔Roka〕 Footprints in the Snow, tr. Kenneth Strong (Tokyo: Charles E. Tuttle, 1970), p. 110(modified).

26 Donald H. Shively,「The Japanization of the Middle Meiji,」 in Shively, ed. , Tradition and Modernization Japanese Culture, pp. 92-93.

第六章

締造立憲政體

對伊藤博文而言，這是被其同仁讚歎為他一生中最高榮譽的無比莊嚴的時刻。一八八九年二月十一日晨，伊藤博文身著耀眼的西服，在滿朝的日本貴族、國務大臣、縣令、高級武官和外國外交官的注視下，朝日本天皇走過去，把寫有日本新憲法的書卷呈獻給天皇。天皇的御座安放在整修一新的宮中正殿鋪著紅地毯的高臺上。天皇對這份文件既沒有看也沒有檢查，立即交給了首相黑田清隆，後者「懷著深深的敬意接受下來」。[1]天皇點點頭，轉過身，在新近譜曲尚非正式認可為日本國歌《君之代》的樂曲聲中離開了大殿。宮殿外，鐘聲齊作，大炮轟鳴。在持續了短短幾分鐘的儀式中，明治天皇把《大日本帝國憲法》賜予了國民。

1889年，《大日本帝國憲法》公布／alamy

然而，正如儀式的象徵性所表明的，天皇和這個新「國家基本法」的實際準備幾乎沒有關係；它的起草者是伊藤博文，他已經耗費了近十年時間來斟酌、草擬每個用語，但他並不是在風平浪靜的隔絕狀態中進行這項工作。就在伊藤博文和其他明治政府的領導人考慮、起草憲法的那幾年裡，論戰的風波一直在他們周圍盤旋，因為他們的許多同胞也試圖對國家新法的內容施加影響。如果日本想走「文明開化」的口號所希望的發展之路，想向西方證明自己值得尊敬，值得獲取近代國際社會內部的平等待遇，那麼幾乎每個人都同意憲法的頒佈就是最基本的要求。

執政者對憲法和代議制政府的思考

最終承擔起草日本憲法的任務的伊藤博文，並不是明治政府的新領導人中被認真考慮的首要人選。這個榮譽應歸於撰寫了允諾「廣興會議」誓文的長州人木戶孝允。他作為岩倉使節團的成員時，在國外花了很多時間考察西方的政治制度。他在歐洲瞭解到的情況使他相信立憲政體和代議制政府的實際功效。歐美領導人已經明白無誤地告訴他，木戶孝允和其他執政者不要指望修改不平等條約，除非日本掌握西方政治文化理性化的特質。換言之，除非日本不再是個人獨斷專行的國家，而是成為西方眼中依照理性的法律實行統治的國家。而且，在木戶孝允看來，西方政治制度的巨大活力源於人民自願給予政府的普遍支持。他認為，假如明治新政權能制定一部憲法，讓負責任的公民也加入政府，它也可以鼓起人民的幹勁和熱情。同樣的，他相信，一個國家如果沒有一部有效的憲法，就永遠無望實現內部的統一，從而也就總是處於遭受外國干涉的危險之中。木戶孝允相信立憲政體有許多好處，因此一回國就寫了他對制定憲法的建議書，一八七三年十一月交給其同僚參閱。在那份文書中，木戶孝允概括地論述了以天皇為權力的本源，國務大臣以君主的名義行使權力，兩院制議會履行立法職責的立憲體制。

不久，明治政府的其他領導人開始致力於憲法的創制。十九世紀七〇年代中期，政治菁英中特別具有影響力的大久保利通認為，在精心限制和嚴格界定的權力分配之下的君主立憲政體可以「建立治者與人民之間的協調一致」。一八七五年二月，木戶孝允、大久保利通和伊藤博文在大阪舉行了一次討論立憲政體的會議。在大阪會議上，年輕的明治領導階層決定設立元老院討論立法、審議憲法，定期召集地方官會議討論地方管理和稅法。一八七五年四月，詔書宣布了這些措施，並允諾依次審慎地採用立憲政體。

截至一八八〇年，主要由法學學者以及一八六九年列為華族的人組成的元老院，已經準備好了一套供執政團考慮的提案。從廣義上說，這份草案遵循了歐洲立憲政體的基本模式。由此，天皇將被授予海陸軍的最高指揮權和任命國務大臣以及宣戰、媾和、締約等權力，其他權力則將分給不同機構。草案提議立法的職責由「天皇和議會分擔」，上議院有權彈劾大臣，下議院獨掌審批年度預算的大權。

元老院的某些提案，尤其是它把大權授予議會的想法，和明治政府大多數執政者意見相左。提倡文明開化的人如木戶孝允和大久保利通歡迎憲法和代議制政府的出現，但是正如一八七二年天皇致格蘭特總統的信中所闡明的，明治領導人計畫採取謹慎的、切合實際的行動。他們不想盲目效仿歐洲的典範，相反，他們想「選擇」那些「最適合」日本的外國制度加以採用，以便既能適應日本的歷史經驗，又能有助於將來改革目標的實現。因此，在十九世紀七〇年代晚期的政治論爭中，核心集團的成員贊成保留天皇制，嚴格限制將來任何立法機關的影響。對他們而言，自七世紀日本國家形成以來一直作為國家磐石的天皇，是在風雲變幻的時代保持國家持續性的希望。他們堅決主張，作為日本的元首和所有政治權威及合法性的根本源泉，天皇必須保留下來。

在一八八〇年和一八八一年春之間，七名主要參議就元老院的草案提出了個人意見書。執政者中最年長的岩倉具視，認為草案的想法「太不日本」而不予理睬。他鼓吹加強天皇的特權，給予天皇頒佈具有法律效力的法令的權力，使政府在財政上獨立於議會。通過徵兵制建立了新式軍隊的山縣有朋對此表示贊同，並樂於分擔責任。他寫道：「如果我們逐步設立國民大會，堅決制定憲法，做到上述幾點，那麼民心憎惡政府、不服從政令、不信賴政府這三種弊病將來就能治癒。」[2]但是他又說，在這種情況下，「對應擬定憲法，國家應由萬世一系的天皇永遠統治這一點不容置疑。」伊藤博文也同意，天皇以及由天皇任命的大臣應該成為將來任何政治安排的重心。他還提出一定要慎重考慮、精心規劃，他說「我們不能匆促設立議會，這不意味著我們治人者想長期掌握國家大權、佔據最高職位。雖然如今很適合召開議會、設立君主立憲政體，但我們不能做任何嚴重損害國體之事。我們必須先打好穩固基礎，然後樹立基柱，最後蓋起房子，這一切必須依次進行。」

反對的事例和紛紜的論爭

十九世紀七〇年代，許多日本平民受到「文明開化」說的激勵，贊同明治領導人關於代議制機構可以開創日本嶄新、美好未來的說法。不過，他們信奉更加開明的憲政思想，而且希望以比伊藤博文及其同仁更快的步伐前進。一八七三年秋，作為太政官內部心懷不滿的參議之一，板垣退助也在有關朝鮮政策的激烈爭論之後辭去職務。但是，與江藤新平和西鄉隆盛舉兵反對他們過去的夥伴不同，板垣退助回到了故鄉土佐並成立了「愛國公黨」。作為黨魁，板垣退助起草了一份建議書，於一八七四年一月遞交給政府。建議書批評了東京官僚的專權恣肆，提出了「無代表則無稅」的原則[3]，要求立即設立「民選」議會，並授予其統治大權。[4]

一八七四年板垣退助游離於權力中心之外後，更多日本人把他的「土佐建議書」視為一種自私的政治攻擊，認為他只是妒忌薩摩、長州二藩出身的人，即所謂的「薩長藩閥」試圖獨佔大權，而不是對西式自由主義的嘹亮召喚。然而，無論板垣退助的動機是什麼，他的建議書立即得到了無數前武士的支援，他們對執政者試圖通過徵兵建立軍隊和取消俸祿極為不滿。許多地方的前武士都樂意並急於探索自由、民主、代議制政府等概念的含義，於是很快組織了一些政治團體鼓吹國會，同時也試圖通過發起信用合作社和提出管理新辦商業企業的建議，來改善武家的經濟條件。一八七五年，板垣退助以他成立於一年前的、按照山繆爾．史邁爾關於成功的建議命名的「立志社」為核心，建立了「愛國社」，希望能協調全國各地湧現出來的不同組織的努力。

十九世紀七〇年代中期，知識份子、城市居民和村民開始提出他們自己對「自由和民權」的要求。隨著民權運動熱情的高漲，越來越多的普通日本人加入到各地城鎮和鄉村湧現出來的政治團體中。令人難以置信的是，截至十九世紀七〇年代末為止，全國約有一千個這類組織定期集會，把商人、手工業者、勞工和農民聚集在一起聽演說，討論當時的主要問題。人們可以就從政治時事到經濟、歷史，以及由女性激進主義分子如岸田俊子、福田英子等提出的天賦人權學說和當代婦女需要之間的關係等的所有話題相互辯論。

許多團體都在議程上為新憲法和議院問題保留了特殊位置。隨著有關將來政治制度的爭論不斷展開，由不同社會地位者參加的民權運動的領導人提出，明治維新的基本目的是促進人民的普遍福利。他們還進一步宣稱，為了實現這個目標，就必須設立自由、廣泛的代議制機構。而且，一些地方性政治俱樂部的成員還花了大量時間，研究西方政治思想的經典著作，比如約翰．洛克的《政府論第二篇》、尚—雅克．盧梭的《社會契約論》、約翰．史都華．穆勒的《論自由》和《代議制政府》等。以這些

示意圖 6.1

1874 年至 1889 年日本的政治團體

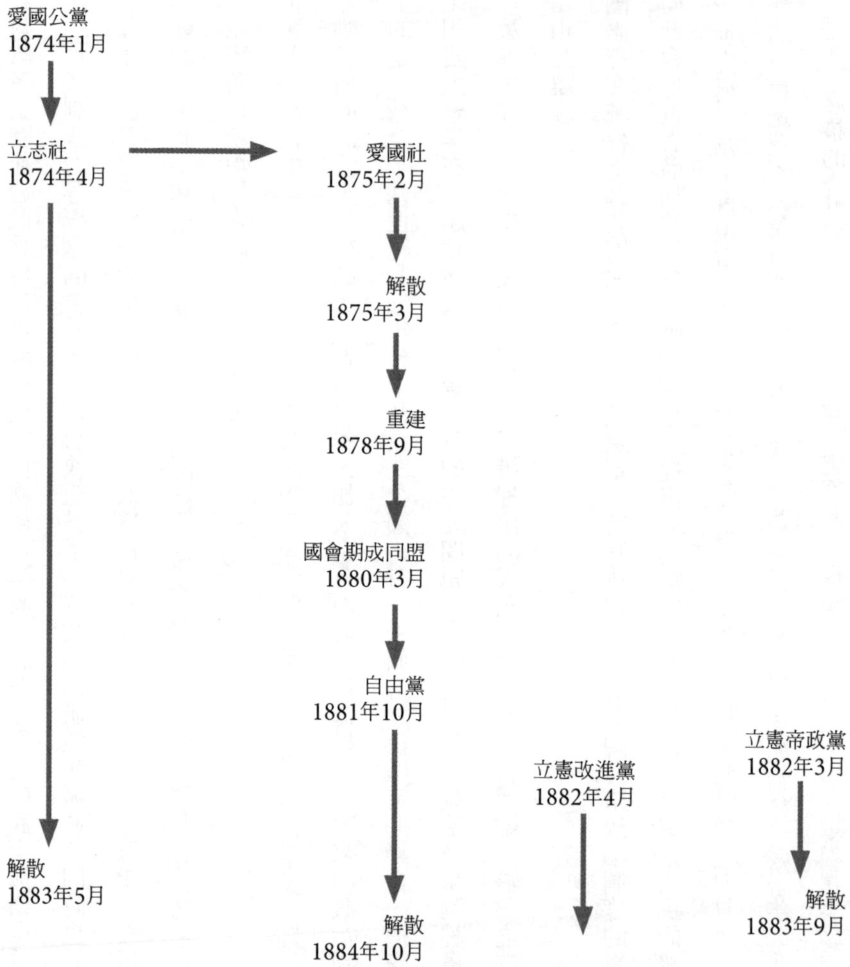

作為思想源泉，在民權運動中，人們把歷史視為獨裁政權和日益上升的民權之間的鬥爭，提出主要來源於西方將主權賦予人民而非君主的天賦人權學說的憲政觀念，就不足為奇了。受此啟發，出身前武士家庭、現已務農的河野廣中，在福島縣丘陵地區成立了政治團體「石陽社」，其章程中一開始就聲明：「我們走到了一起，因為政府應該為人民、生命的固有權利和個人自由而存在，它們比山高，比海深，將在世間永存。」[5]

令人訝異的是，一些地方團體不僅討論憲法問題，而且坐下來集體起草他們自己的憲法。迄今為止，歷史學家已經發現了大約三十個私擬憲法。雖然這些憲法草案的具體條款有很大差異，但從總體上看，人民擬訂的憲法所提出的分權方案比伊藤博文和明治政府其他領導人設想的更為開明。東京西北部山區小鎮五日市，有一個團體學習和討論有關憲政學說，主張保證人民享有公正、自由、幸福的權利，把廣泛的權力賦予國會，包括批准條約、否決任何侵犯人民自由的行政或國家行為的權力。

不僅如此，大多數新政治團體還呼籲以比一八七五年詔書允諾「依次審慎」更快的速度頒佈憲法。十九世紀七〇年代末期，當民權運動獲得發展的契機時，千葉的一位農民櫻井在東京一份主要報紙上尖銳地批評政府在憲政問題上採取漸進法，並進一步號召日本的普通百姓一起投入旨在迫使明治政府領導人成立代議制政府的請願運動，人們群起響應。一八八〇年三月，當「愛國社」召開半年一次的大會時，來自二十四個縣的數千名代表參加了會議，帶來的請願書上有十萬多個群眾簽名。與會代表把「愛國社」更名為「國會期成同盟」，發誓要發動一場基層群眾運動。到年底為止，大約已有二十五萬群眾在十二份請願書和四十二份建議書上簽名，要求立即成立代議制政府。

明治政府採取了做出適時讓步和頒佈法律條例進行壓制相結合的手段，試圖安然渡過問題日益棘手的難關。木戶孝允邀請板垣退助參加一八七五年一月的大阪會議，希望通過答應成立代議制政府使這位不滿的土佐武士重返政府。三年後，為了應付民眾越來越強烈的成立代議制政府的要求，政府設立了府縣議會，每年召開為期一個月的會議商討審議縣令提出的議案。另一方面政府又於一八七五年六月頒佈了《新聞條例》，授權員警可以勒令任何一家發表了被認為對公共秩序造成威脅的言論的報紙停刊。一八八〇年四月制定的《集會條令》，則嚴格規定所有公共集會必須經員警允許，討論的議題必須經事先批准，並且剝奪了士兵、員警、教師、學生參加政治集會的權利。

然而，政府的強制措施未能遏制全國範圍的請願運動，在一八八一年的危機中事態發展到了高峰。肥前藩出身的前志士大隈重信曾經提出一些財政方面的意見，但在幫助新政權鞏固權力上沒有奏效。他在立憲問題上和他的參議同僚意見不一，最終釀成了這次危機。大隈重信在其對元老院所擬草案的意見書中，附和了民權運動提出的更激進的要求，建議日本採用英國式的議會制。大隈重信和他的同僚完全不同，他贊成把主要的政治權力授予民選議會以及由在議會中占多數的黨派組成內閣的憲法方案，而且，他還勸告其同仁立即行動，爭取來年舉行選舉。

這些提議引起了其他參議的警覺，而當大隈重信反對他們出售為了開發北方島嶼的經濟潛力而成立於一八六九年的北海道開拓使的官產時，他們更加不安了。開拓使運作了十年沒有盈利，其長官黑田清隆提議把開拓使的財產按名義上的成本價，以無息分期償付的條件出售給以他一位薩摩老友為首的商會。出售的條件洩露出去後，大隈重信和其他民權運動成員在憤怒中爆發了，伊藤博文及其參議同僚身陷批評的旋渦之中。一八八一年十月，他們罷免了大隈重信的官職，同時為了平息輿論，取消了這次官產出售，並安排天皇發佈詔書，宣稱「茲定於明治二十三年（一八九〇年）召議員，開國會」。[6]

伊藤博文起草憲法

一八八一年十月十二日，天皇戲劇性的詔書促使執政者行動起來。在此之前，岩倉具視已經花了一個夏天的時間，制定了一套使執政者得以繼續控制即將試行的代議制政府的憲法綱領。他的思考聚焦於普魯士，認為在先進的西方國家中，普魯士是最適合日本的憲政樣板。像日本一樣，普魯士也是個新締造的國家，由各種各樣的半自治地區組成，它選擇依靠強有力的行政部門和官僚機構樹立自己的領導權，是因為實行民主議會制統治的社會和經濟基礎都非常薄弱。在天皇下詔的前一天，由岩倉具視提出且被太政官正式採納的「基本原則」，明確授予君主任命所有國務大臣和高級官員的權力，規定內閣獨立於議會，在議會對政府的財政控制失靈且議會又沒有批准新的預算時，內閣可以宣布上年度的預算仍然有效。執政者對憲法綱要取得了一致意見，於是委派伊藤博文起草具體文件。一八八二

伊藤博文

年三月，伊藤博文動身前往歐洲，與歐洲大陸一流的法學學者商議憲法問題。

制定憲法的承諾促使政權的反對派採取新的政治行動。許多反對者已被剝奪參與討論激發公眾熱情的憲法問題的權利，於是他們開始通過組建政黨，為自己在即將來臨的新體制中謀取更好的位置。詔書發佈兩周之後，板垣退助把「國會期成同盟」改組為「自由黨」。該黨以板垣退助為首，由贊同法國自由主義學說的常務委員會籌畫事務，採用了提倡主權在民和強力議會，以及堅決保證個人權利和公民自由的政綱。其他政黨也很快加入競爭。一八八二年三月十四日，就在伊藤博文前往歐洲的那一天，大隈重信宣布他有意成立「立憲改進黨」，成員包括福澤諭吉以前的學生，比如宣傳民權的犬養毅。「立憲改進黨」自稱是提倡英國式議會民主的溫和黨派，贏得了學生、城市知識份子和著名金融家的支持。不到一周的時間，一家具影響力的報紙《東京日日新聞》的主編福地源一郎和其他一些主要的新聞記者成立了「立憲帝政黨」，支持政府的事業。

雖然大多數加入新政黨民權運動的成員仍以關心如何影響未來議會制的結構為主，但一些激進主義分子，其中許多人為自由黨員，開始把精力轉向群眾示威運動，包括一些和憲政無關的示威。

所謂的「福島事件」，就是十九世紀八〇年代早期十二起以暴力收場的大規模示威運動中的第一例。一八八二年秋，東京政府任命薩摩藩的前武士三島通庸為福島縣縣令。三島通庸是個意志堅強、思想固執，絕對忠於上級的人。他一上任就立即開始鎮壓福島的民權運動，對傾向政府的立憲帝政黨予以官方的支持，並宣布打算加倍徵收地方稅和徵調民夫築路。一八七五年石陽社的創始人、自由黨福島支部的負責人河野廣中組織人們反抗三島縣令的「專制統治」，許多農民也拒絕納稅或參加築路。在東京政府的支持下，三島通庸迅速採取了行動。一八八二年十一月二十八日，一千名左右的抗議者向警察局進發時，三島通庸下令大規模逮捕自由黨成員和同情者，其中六人，包括河野廣中，後來被判犯有謀逆罪，並被處以長期監禁。在一次沒有成功的報復活動中，鄰縣茨城縣的自由黨激進分子密謀暗殺三島通庸和一些執政者。一八八四年九月二十三日，他們從根據地加波山發佈了革命宣言，員警迅速出動鎮壓。一名起義者在戰鬥中喪生，倖存者中有六人被絞死，其餘被監禁。

其他的抗議活動圍繞著經濟問題而發起，政府對此也同樣無法容忍。一八八一年，大藏卿松方正義為了對付經濟上通貨膨脹的爆發，實行了通貨緊縮政策。最後松方正義實現了目標，但付出的代價是持續了大約四年嚴重的農村經濟蕭條。養蠶的農戶和商品作物的小生產商遭受了尤其沉重的打擊，因為他們依賴短期貸款，作物價格的下跌使他們無法償還貸款。在日本各地，從北方的福島縣到南方的福岡縣，受到催逼的農民組織成「負債黨」、「困民黨」，要求延期償付債款和降低利率。在埼玉縣東部多山的養蠶區秩父，農民的抗議演變成武裝起義。當地的農民領袖，其中許多都是自由黨人，呼籲縣令降低稅額並與當地債權人商議免除債務。截至一八八四年十月底，這些請求還沒有得到任何答覆，農民組織軍隊洗劫了肆無忌憚的放債人居所，衝進官署銷毀債務記錄，威逼富人捐款救濟貧民。東京政府立即出動軍隊鎮壓起義軍。到十一月十日，他們已經恢復了秩父的秩序。在短短的時間內三千多名農民被捕，一八八五年二月，政府絞死了秩父事件的五名領導人。

國家迅速果斷且毫不手軟的懲罰瓦解了民權運動，使自由黨不敢再採取行動。一八八〇年秋，該黨投票決定自行解散。為了確保抗議的洪流不會再次爆發，政府對個別激進分子窮追不捨，例如，一八八五年員警逮捕了福田英子，因為她和情人懷著狂熱天真的希望，認為朝鮮半島上一個具有改革意識的政府會驅使明治政權在日本國內採取更進步的政策，因此他們密謀推翻朝鮮的君主政體，建立更開明的政權。兩年後的一八八七年，執政團頒佈了《保安條例》，對公共集會、言論、出版作了嚴格規定。新條例的核心第四條規定，東京警察首長有權把居住在皇宮三公里內，任何被認為「圖謀危害治安」[7]的人驅逐出東京。條例頒佈後的幾日內，因為在福島縣的強硬表現而新近被任命為東京警視總督的三島通庸，就逮捕驅逐了五百七十多名有嫌疑的激進主義分子，包括民權運動的幾位著名人物。

在歐洲，伊藤博文似乎忘記了由福島事件觸發的日本鄉村的喧嚷。後來他寫道，他的歐洲之行是「為了盡可能徹底研究立憲政治，包括它們的不同規定，以及由具影響力的人物提出的理論與意見」。[8]為了尋求這種智慧，伊藤博文先去了柏林，在那裡和憲法專家魯道夫．馮．格耐斯特（Heinrich

Rudolf Hermann Friedrich von Gneist）和阿爾伯特・莫塞（Albert Mosse）進行了磋商。接著，伊藤博文又從柏林到維也納，會見洛倫茲・馮・施泰因（Lorenz von Stein）。然後再前往巴黎、倫敦，在那裡伊藤博文等人聽了赫伯特・斯賓塞（Herbert Spencer）關於代議制政府理論的講座。伊藤博文和西方最出色的憲法理論家的會談和商討，顯然沒有為他打開任何思想上的新視野，而是使他再次認定了腦海中一直確信的事理，以及一八八一年太政官採納的「基本原則」，也就是說，日本對現代化和贏得國際社會尊敬的要求，只有通過締造日本式的伊藤博文所謂的「立憲法治國」，才能得到最大的滿足。一八八三年八月，伊藤博文回到東京後報告說，他的意思是主權應該歸於君主，統治權最好授予由國務大臣組成的內閣，它只對天皇負責，完全獨立於議會，此外，對包括民選下議院在內的兩院制議會應該只委以不完全的權力。

一八八四年，此前執政者對於他們想要的立憲制類型曾經看法不同，有時甚至背道而馳，如今想法已經統一，伊藤博文開始實施一些結構改革，以便為立憲政體做好準備。例如指定一些貴族組成議會中的上議院，組織內閣和官僚機構，最後，改革從一八七一年設縣的地方政府開始。伊藤博文選擇的時機很有利。十九世紀七〇年代末由民權激進主義分子發動的請願運動已迫使執政者保證一八九〇年公佈憲法，而政府對一八八四年運動的鎮壓，又為伊藤博文開闢了可以馳騁的空間。他要在眾人商定的期限內提交憲法。畢竟，詔書是神聖的誓約，而且執政的寡頭政體無論如何都打算實行君主立憲制；但現在他可以自由地按部就班進行必要的準備，起草一部無須和喧囂的反對意見妥協的憲法。

伊藤博文的第一步是於一八八四年七月七日頒佈詔令，即《華族令》，建立新的貴族制度。《華族令》效仿德國的做法，廢除一八六九年製造的社會地位的區別，把新的華族身份授予五〇八人，將華族分為公、侯、伯、子、男五等爵位。列入華族的有舊朝廷貴族——用天皇的話來說，「祖先顯赫，出身名門」，以及有功於新政權，尤其是「輔助朕躬恢復統治之文武百官」。[9]伊藤博文和山縣有朋因此成為伯爵，木戶孝允和大久保利通的後人則被封為侯爵，而板垣退助和大隈重信則依然是平民。所有華族都領受世襲俸祿，其中任職者在一八九〇年召開首屆議會時有資格進入上議院。

一八八五年十二月，伊藤博文改革政府的行政部門，創立了內閣制度。當月，太政官被廢除，代之以由總理大臣（首相）及若干負責各省的大臣組成的內閣。總理大臣的職責為協調政府政策的制定，簽署法律條例，監督其他內閣成員的活動。理論上他們直接向正式任命他們的天皇負責。與此同時，新規定還詳細說明各省應該如何處理事務，並規定各省必須選用「有才能的人」。

伊藤博文引進新的管理組織和程式時沒有遇到多少障礙，主要是因為人們已經熟悉了近世早期的官僚機構和日常事務。雖然舊制度平穩地過渡到新制度，人們對內閣制卻是毀譽不一。大多數西方觀察者立即稱讚日本的新內閣制，因為它體現了當時最受尊敬的近代官僚機構的觀念，職位都規定了特定的職能，大臣以下的所有官員都經過考試並在自己的部門受過專門訓練。然而，正如伊藤博文的批評者很快就注意到的，新制度也使得薩長藩閥鞏固了他們的權力基礎：在最初的十名內閣大臣中，有八人來自前薩（摩）、長（州）二藩。伊藤博文本人就是長州人，是日本的第一任首相，在任時間從一八八五年的十一月二十二日到把權柄交給薩摩人黑田清隆的一八八八年四月三十日。

伊藤博文也很關心府縣制的問題，很大程度上是因為山縣有朋令人信服地提出，穩定的地方政府是憲法成功頒佈的一個必備先決條件。因為正如徵兵，它能培育民眾的忠誠和促進國民團結。伊藤博文給了山縣有朋放手去作的權力，因此山縣有朋向從德國邀請來在憲法起草最後階段協助伊藤博文的阿爾伯特．莫塞徵求意見。「若問既然我國的傳統實踐中已有自治精神，為何請歐洲人起草法律，」山縣有朋寫道，「這是為了和大國現存的憲法步調一致，而德國的制度是最適合的。」10

有鑒於山縣有朋的偏好，他和莫塞商議後在一八八八年到一八九〇年之間頒布的那套制度就不足為奇了。這套制度用使縣、鎮、村政府進一步向中央政府負責的更全面的組織結構，取代了舊的町奉行—町年寄和村長—五人組制。最後，新制度呈現出兩副面孔：一方面，新法通過允許當地居民選舉一些自己的官員來培育民眾的忠誠；另一方面，作為這麼一點點政治參與的交換，山縣有朋希望下層民眾絕對順從，而且他讓每一級行政當局都接受上一級官員的監督。盤踞在金字塔頂端的是具有制定政策和分派義務等廣泛權力的內務省，結果便是沒有多少空間留給在近世早期已成為村町生活特色的社區自治了。

憲法的最後起草工作開始於一八八五年，起先是在東京的伊藤府邸，後來移到伊藤博文在東京南面一個近海小島夏島的別墅，因為那裡隱蔽且能看到富士山的美景。伊藤博文把某些親信同僚，如長期以來的下屬井上毅，以及德國人莫塞和赫曼．羅斯勒（Carl Friedrich Hermann Roesler）聚集在他周圍，後者於一八七八年離開羅斯托克大學成為日本外務省的顧問。三年來，這個小組準備、討論、修改了無數草案，耐心推敲所提出的每一個條款的細微差別和含義，直到一八八八年春，伊藤博文才準備把草案公之於眾。根據伊藤博文的建議，四月三十日，天皇成立了樞密院來審查、批准草案，並約定憲法頒佈後，樞密院繼續作為將來解釋憲法和就國事向天皇提供建議的諮詢機構。樞密院由天皇任命的十二人組成，實行終身制，允許內閣成員出席樞密院會議。伊藤博文把樞密院視為居於內閣之上的重要機構，他辭去了首相一職，成為首任樞密院議長。事先取得伊藤博文同意後，樞密顧問官對他的憲法草案作了小的修改。例如給予議會提出、討論和表決法律的權力，然後就在議長的憲法草案上蓋上了同意的印章。「伊藤憲法」，如報紙所稱，現在已準備好向天皇進獻它的最後成果，以便天皇陛下可以將其賜予日本人民。

公民道德和國家意識形態

當執政者走向立憲政體時，他們力求闡明政治的正統學說，推進理想的公民道德，以便把一八七一年前就存在的分散在各地大約三百個藩的居民，轉化為絕對忠於新政權、聯結在普遍政治價值觀核心周圍的「國民」。伊藤博文及其同仁有理由關注這一問題，因為文明開化時期的樂觀主義促使許多日本人贊同新政權。但是如果執政者不能令人信服地樹立新君主立憲國意識形態的合法性，他們幾乎無法指望改革的成功。因此，十九世紀七八十年代，所有國家領導人都有意把一些意識形態和公民理想結合起來，使普通日本人能理解年輕政權策動的逐步發展的政治安排，並為他們自己謀取在明治時期的新日本社會中有意義的位置。

每一個執政者對於合適的政治倫理的建立似乎都要做出點個人貢獻。伊藤博文曾經滿懷憧憬地提到一種平靜的、溫順的、誠實的、勤奮的，樂意為了鄰居犧牲個人利益的「普通人」，他說他們是「建立一個強大國家的絕好材料」[11]。對井上毅來說，他傾向於把忠誠和愛國心作為公民的要素，沒有這些美德就沒有國民的團結，也就沒有什麼事情值得去完成。山縣有朋當然堅信井上毅的觀點，同時他也堅決反對在政治領域中反對派政治團體所追求的個人利益，因為他們威脅著要把為了進步所做的一切努力淹沒在不和、分裂和混亂的汪洋大海之中。

執政者形成了他們自己的想法後，決定將天皇作為正統政治學說的核心，正如他也是新政治制度的核心一樣。但是，這一點必須大張旗鼓地向世人宣告，因為如岩倉具視在十九世紀七〇年代所指出的，德川時期幕府將軍已經奪去天皇的光彩，結果在國家的「偏遠地區人們不知天皇的意志」。[12]因此，年輕的明治領導階層讓天皇到日本各地巡幸，以便讓「全國人民一睹天顏」[13]。在德川氏統治的兩個半世紀裡，天皇僅僅離開京都三次，而明治天皇在位四十五年間共出行了一〇二次，包括一八七二、一八七六、一八七八、一八八〇、一八八一、一八八五年的六次大巡幸。年輕英俊的明治天皇通過各種可利用的交通工具出遊，行程共計數千英里，參觀了每個大島，接受從田間走過來的農夫謙卑的鞠躬和祝福。天皇還住宿在地方要人的家中，通常是從新建的大門進入他們的宅邸，而後在特意為天皇駕臨而裝修的廁所中方便。隨侍的自然是木戶孝允、伊藤博文、大久保利通、黑田清隆等人，他們都曾花了些時間出行。他們一致認為巡幸是個好計畫，天皇的出現「告訴了人民天皇的大德」，而且是「親自顯示天皇直接統治的機會」，「由此消除了」人們對立憲君主制提案的「疑懼」[14]。

當天皇巡遊列島時，許多地方政府開始發表對正統政治學說的意見，這些意見都附和了執政者鼓吹的價值觀。福地源一郎就是追隨伊藤博文和其他執政者的新聞記者之一。這位《東京日日新聞》的編輯雖然對他所稱的「北海道官產交易中政府的粗疏草率」大為憤慨，但還是承認立憲政體是合適的，天皇應該成為新制度統治權的關鍵。[15] 十九世紀八〇年代早期，福地源一郎在許多期刊上反覆闡述統治權問題，提出它應該依照各國的歷史環境而定。為了強調他的觀點，福地源一郎提起了日本的「國體」這個飽含激情的詞語，它通常也稱為「國家本質」。在十九世紀五六十年代，「國體」問題曾經是反對德川幕府的論說中心。福地源一郎提醒讀者，日本的國體取決於這樣一個原則，即日本自有史以來，一直由一個神聖世系的天皇統治，而且天皇的統治很英明。他

一八七二年，明治天皇

繼續說，當日本步入現代世界時，變更統治結構是適當的，但是權力的本質即「國體」，必須保持不變。他熱情洋溢地寫道，「神祇註定了在第一次即位時，國家大事就該委託給天皇」，因此，即便採取了立憲制度，「所有政府秉承天皇意志」仍有必要。他主張，只要堅持國體的「固定原則」，當天皇帶領眾人推動國家向現代化和平穩定地演進時，政府就能確保公民的忠誠。

某些知識份子也試圖闡發一種把代議制政府的新世界納入傳統價值框架內的政治倫理。當時還是個學生，作為一名憲法學者的漫長生涯尚未展開的穗積八束，在福地源一郎的《東京日日新聞》上發表了一系列文章，表達他對民主主義和政黨的憎惡，因為它們把平民以自我為中心的利益淩駕於國家的需要之上。他多次寫道：「個人自由必須為了社會整體而犧牲。」他宣稱，防範群眾暴力事件的最好方法是使統治權歸於天皇，然後由天皇通過享有一定任期並受公眾尊敬且薪金豐厚的強大獨立官僚機構實行統治。16

即便是在文明開化時期的多數時候採取守勢的儒家學者，這時也擠進關於政治倫理的對話中。到十九世紀八〇年代初，天皇的老師元田永孚以及道德家、作家西村茂樹，對於執政者對西式改革的熱情已經有所警覺。根據西村茂樹的見解，伊藤博文在促進傳統道德方面做得遠遠不夠，他對普魯士憲政思想的褻玩註定要失敗。因為執政團慌慌張張地把西方的事物移植到了日本。元田永孚生性爽直，他怒斥伊藤博文及其同仁似乎決意要把日本人變為「黃皮膚的歐美人複製品」17。儒家學者開出的藥方很簡單：回歸接受了時間考驗的價值。西村茂樹認為，道德是從個人生活到政府結構的萬事萬物的基礎。他強調，要做到有道德，就要堅守「自古以來即為我國傳統基礎的忠、孝、禮、義、勇、恥的精神」[18]。西村茂樹的觀點顯而易見，元田永孚對此也表示贊同。任何新的政治安排都必須緊緊圍繞天皇，因為他是道德楷模和世代相傳的規則的看管人。

當伊藤博文籌畫這部憲法時，沒有忽略各方對樹立合適的政治倫理的關注。實際上，在十九世紀八〇年代中期他召集起草委員會時，就已經形成了關於天皇並且大不同於歐洲專家勸說他採取的觀點。莫塞和羅斯勒贊成社會君主制。在這種制度下，以君主為代表的抽象國家矗立於社會之上，為了公民的利益實行改革。不過，他們接著說，歐洲的歷史經驗表明，無限制的君主特權會導致個人專制主義。因此，法律和法律組織都是有必要的，以便君主按照促進所有社會階層福利的方式行使其權力。

伊藤博文認同依靠法律和限制去對抗強硬的君主專權是任何現代立憲制的基本要素。他也同意他的主要副手井上毅的看法：當天皇「統治人民時，他並不親自管理政府」，這個職能更適合交給國務大臣[19]。然而，正如後來伊藤博文回憶到的，「君主是遠比其他國家更深地紮根於民族情感和我國歷史中的制度。實際上它正是一個曾經的神權國家的本質」。結果，他宣布，顯然「僅僅模仿國外模式是不夠的，因為還有我國的歷史特性需要考慮」。他明確地下結論說，憲法必須「留心保護未來天皇特權的真實性或生命力，[20]勿使天皇淪為這一制度下至高無上的裝飾品」。最後，伊藤博文和井上毅制定的憲法採用了日本過去的基本原則：天皇臨朝，但不當政。最後的憲法賦予國務大臣相當大的權力，但是伊藤博文和井上毅親自寫了有關皇室問題的條款，明確表示：「憲法的首要原則是尊重天皇的統治權。」國外的模式很有用，也許甚至更為根本；但是伊藤博文決定，日本對政治現代化的要求必須根據自身的條件，按照與過去最神聖的傳統一致的方式行進。

為了更好地向全體人民傳達他們對公民道德規範的見解，執政者頒佈了兩道廣泛宣傳的敕令。其一為主要由井上毅和山縣有朋撰寫、最後由親政府的新聞記者福地源一郎加以潤色的《軍人敕諭》。一八八二年一月四日，天皇在宮中親自把敕諭交給陸軍卿，這個儀式意在象徵天皇對軍隊的直接權力。敕諭的第一條就宣布，「忠節」是軍人的「根本職責」，並且反問，「生於斯國者誰能不盡忠節？」[21]隨後，敕諭訓誡，為天皇效命的理想可能會被政黨政治的自私和分裂所腐化；因此，盡忠節意味著置身於政治競技場的紛爭之外：「切記，國家的保衛及其權力的維護取決於國家的武裝力量，其力量的消長不論好壞勢必影響國家命運；因此，勿被輿論引入歧途或插手政治，而應一心一意恪守忠節，獲得此等榮譽重於泰山，肉身之死則輕於鴻毛。」

第二個敕諭面向更廣泛的受眾，即全國的年青一代。一八九〇年秋，就在第一屆帝國議會召開之前，山縣有朋首相指示井上毅和元田永孚，制定了宣揚支持新國家及其全新憲法和代議制政府制度等基本精神的文件，分發給所有學校。這些文件就成為《教育敕語》。《教育敕語》在概述教育指導原則的同時也包含了政治意識形態，它開宗明義地宣布日本獨特的國體，即官方英文版裡的「我們帝國的基本特徵」來源於從遠古時期開始就把日本的仁君和忠誠的臣民團結在一起的密切聯繫：「念我皇祖皇宗，肇國宏遠，樹德深厚，我臣民克忠克孝，億兆一心，世世厥美。」[22]由此出發，又引出一系列針對現實的規定：日本人應該孝順父母，關愛手足，真誠待友。最重要的是，敕語告誡學生要做「忠臣良民」，並教導他們「廣行公益，力行公務，常遵國憲，毋違國法；一旦危急，則忠勇奉公，以撫天壤無窮之皇運。」在全國各地，學校校長都要求師生背誦敕語。莊嚴地誦讀敕語，向天皇像鞠躬和高唱《君之代》，成為學校重要典禮中必須完成的儀式。

事實證明，「天壤無窮之皇運」的象徵意義具有巨大的強制力，它的威力甚至吸引了對民權運動最強烈的同情者。當然，批評者仍然大肆攻擊薩長藩閥的利己主義、機會主義和腐敗，指出這些與他們所鼓吹的品德背道而馳。但是十九世紀八〇年代期間，幾乎所有的政權敵對者都開始接受君主立憲制的基本前提。人們曾經大聲辯論，但到了十九世紀八〇年代後半期，政府的反對者提議的憲法草案，無不把天皇置於政治世界的中心。與此相似，不同政治派別的人們接受了執政者關於政治論說和公民道德的觀念：順從天皇；忠於國家；由天皇任命的大臣轄下無私且用心良好的官僚機構統治的神聖性；盡職盡責；拒絕接受利益團體政見中固有的分歧；把個人利益讓位給國家和集體利益的道德昇華。雖然這些還沒有構成正式的「國家意識形態」——到十九世紀九〇年代和二十世紀的頭幾十年它才會更清晰地形成，但是，天皇的正統性、公民責任、適度的公民權利等觀念對執政者卻極為有用。因為它們作為限制全體公民的政治和道德約束，把國民團結了起來，並使他們準備好接受伊藤博文的憲法。

《大日本帝國憲法》

對伊藤博文及其同僚來說，《大日本帝國憲法》向世界宣布了日本的現代性，證明了日本向文明的邁進，同時也確立了政治權威的新觀念——它們都被巧妙地包裹在歷史的遺產中，並用傳統價值觀使其合法化。對伊藤博文而言，「象徵意義」很重要，而且憲法的頒佈證明了他在各方面的創造力。公佈憲法的日期擇定在二月十一日。這是紀念傳說中的第一位天皇神武於西元前六六〇年神話般建立國家的國定節日。一八八九年的這天清晨，明治天皇身著古代朝服，在皇宮深處一個特別的神社前舉行神道儀式，告知其祖先新「國家基本法」一事，並告訴他們，他授予新憲法是出於「人類事業的進步趨勢以及和文明進展保持一致的考慮」。[23]他解釋說，他的目標是「鞏固國家的穩定，促進疆域內全體人民的福利」。他向他們保證，他的行動會確保「遵守律法直到永遠」。這個儀式結束後，天皇換上西服，出現在西式的會客廳，在那裡他從伊藤博文手中接過憲法，然後交給黑田清隆首相，向全體人員表明，憲法由一位仁慈的君主賜予了國家。

很清楚，憲法本身既包含了許多傳統慣例，也是現代性的體現。第一章的標題為「天皇」[24]，共有十七個條款。第一條先確定「大日本帝國由萬世一系之天皇統治之」，接下來的條款則宣布他「總攬統治權」和「神聖不可侵犯」。第一章的其餘條款詳細說明了天皇的職責，尤其重要的是，憲法授予天皇召開帝國議會的權力，還可以令其閉會、休會、解散。此外，根據第六條，天皇可以「批准法律，並令其頒佈執行」；第八條又擴大了這項特權，授權天皇在議會閉會期間「可發敕令代替法律」。另一些規定則使天皇成為海陸軍的最高統帥，擁有宣戰、媾和及締約的大權。然而，憲法也對天皇的特權作了限制，以預防天皇專權，如某條款明確規定，「敕令應於帝國議會下次開會之前提出」，並進一步宣布，任何敕令都不能「改變任何現行法律」。

第二章是關於「臣民權利義務」。兩項主要義務是納稅和響應號召參加海陸軍。權利則比義務多，包括享有「自由居住」權和住宅不被非法入侵或搜查的權利；財產不受侵犯；享有宗教自由，以及言論、著作、集會、結社的自由。不過大多數權利和特權都不是無條件給予，反之都以「在法律的範圍內」及「不違背臣民的義務條件之下」這樣的語句加以限制；而且國家出現緊急狀況時，任何權利都可以取消。伊藤博文在《憲法義解》[25]中說，「制定例外規定以備不時之虞」是非常必要的，「切記國家的最終目的是維持其自身存在」。結果，根據伊藤博文的說法，「當國家處於危難之時，不得不毫不猶豫地犧牲部分法律和臣民的權利」。[26]

後幾章確立了兩院制議會，並概述了國務大臣和樞密院的職責。大臣和參議都要為天皇提供建議，監督天皇的權力，確保只有經主管大臣同意，法律、法令、命令才能生效。剛取得參政權的帝國議會，分為由華族和天皇指定的皇族成員組成的貴族院以及民選的眾議院。任何一院都可以提出議案和向內閣交涉，所有立法必須經兩院同意。憲法也授予議會國家年度預算的表決權，但幾個條款又限制了這個重要權力，如第六十七條規定「根據天皇大權之既定支出……帝國議會不得廢除或削減之」，這一條折射出執政者害怕執拗的民選議會會削減給海陸軍的撥款，將來某個時候可能因此危害國家安全。第七十一條又更進一步地限制了議會對預算的權力，規定議會沒有通過預算時，「政府得實施上年度之預算」。

伊藤博文並未能躲過明治時代早期關於立憲制的激烈爭論，但是通過讓步，以及用法律壓制和思想意識上的勸導相結合的手段，他和他的執政者同仁最終實現了目標。《大日本帝國憲法》反映了岩倉具視在十九世紀八〇年代初制定的「基本原則」中的構想。它建立了和國民的公選代表分享權力的機制，但同時又限制了立法權的行使，保留了天皇的統治權，並賦予由天皇任命的國務大臣佔優勢的政治權力。

憲法的頒佈也標誌著實現另一個壯志，即被納入世界先進國家的陣營的重要一步。幾乎從他們掌權的那一天開始，明治政府的執政者就下定決心要增強國家實力，促進國民團結，以便推進締造一個在西方眼裡值得尊敬的近代強國的任務。他們相信，只有經過這一步，日本才能保持國家獨立，修改屈辱的不平等條約，如山縣有朋所說的「維護國家在列強中的權益」[27]。憲法幫助日本贏得了它拼命追求的國際社會的尊敬，獲得了強國地位。晚年，伊藤博文流露了他對憲法試驗的自得感。他寫道：「回首憲法實施的十六年，我在一定程度上滿意地覺得，儘管有許多缺點，但試驗從總體上說是成功的。」[28]

我們可以諒解伊藤博文對自己成就的自負，但實際上，隨著時代的進步，明治憲法之下的政治以他幾乎無法想像的方式發展。儘管它尊重天皇的特權，但是近代化的國家基本法使得新菁英分子，包括首相、內閣、樞密院、議會以及文武官僚機構，都在未來的歲月中為了施加自己的政治影響而有力地展開角逐。各菁英階層之間競爭的起落，最終把日本引向一八八九年二月的那個早晨，當伊藤博文走向鋪設著紅地毯的高臺，把他的憲法呈獻給日本天皇時，所完全未曾預見的方向。

1 Toku Baelz, ed. , Awakening Japan: The Diary of a German Doctor, Erwin Baelz（Bloomington: Indiana University Press,1974）,pp. 81-83.

2 George M. Beckmann, The Making of the Meiji Constitution: The Oligarchs and the Constitutional Development of Japan, 1868-1894（Lawrence: University of Kansas Publications, Social Science Studies, 1957）, pp. 126-30.

3 譯注：這一思想產生於英國，又譯「沒有代表權不能徵稅」、「無代表不徵稅」、「沒有代表則無稅」等。

4 Walter W. McLaren, ed. ,「Japanese Government Documents,」Transactions of the Asiatic Society of Japan, vol. 42, part 1（1914）, pp. 426-32.

5 Stephen Vlastos,「Opposition Movements in Early Meiji, 1868-1885,」in John W. Hall et al. , gen. eds. , The Cambridge History of Japan, vol. 5: Marius B. Jansen, ed. , The Nineteenth Century（Cambridge: Cambridge University Press, 1989）, p. 407（modified）.

6 Ishii Ryosuke, ed. , Japanese Legislation in the Meiji Era, tr. William J. Chambliss（Tokyo: PanPacific Press, 1958）, pp. 720-21.

7 「Japanese Government Documents」, pp. 502-4.

8 Itō Hirobumi,「Some Reminiscences of the Grant of the New Constitution,」in Count Shigenobu Ōkuma, comp. , Fifty Years of New Japan, vol. 1, ed. Marcus B. Huish（London: Smith, Elder, & Company, 1910）, p. 127.

9 「Japanese Government Documents」, pp. 88-90（modified）.

10 Roger F. Hackett, Yamagata Aritomo in the Rise of Modern Japan, 1838-1922（Cambridge: Harvard University Press,1971）, p. 110（modified）.

11 Itō,「Some Reminiscences of the Grant of the New Constitution,」pp. 124-25.

12 Carol Gluck, Japan's Modern Myths: Ideology in the Late Meiji Period（Princeton: Princeton University Press, 1985）, p. 74.

13 Takahashi Fujitani,Splendid Monarchy: Power and Pageantry in Modern Japan（Berkeley: University of California Press, 1996）, p. 53（modified）.

14 Gluck, Japan's Modern Myths, p. 75.

15 James L. Huffman, Politics of the Meiji Press: The Life of Fukuchi Gen'ichirō（Honolulu: University of Hawaii Press, 1980）, pp. 139-54.

16 Richard H. Miner, Japanese Tradition and Western Law: Emperor, State, and Law in the Thought of Hozumi Yatsuka（Cambridge: Harvard University Press, 1970）, p. 25.

17 Gluck, Japan's Modern Myths,p. 105.

18 Donald H. Shively,「Nishimura Shigeki: A Confucian View of Modernization,」in Marius B. Jansen, ed. , Changing Japanese Attitudes toward Modernization（Princeton: Princeton University Press, 1972, 3d print. ）, p. 213.

19 George Akita and Hirose Yoshihiro,「The British Model: Inoue Kowashi and the Ideal Monarchical System,」Monumenta Nipponica 49:4（Winter 1994）, p. 417.

20 Itō,「Some Reminiscences of the Grant of the New Constitution,」p. 128（modified）.

21 Centre for East Asian Cultural Studies, comp. and publ. , Meiji Japan through Contemporary Sources, vol. 3（Tokyo: 1972）, pp. 235-41.

22 Ian Reader, with Esben Andreasen and Finn Stefánsson, Japanese Religions: Past and Present (Sandgate, Folkestone, Kent: Japan Library, 1993), p. 71.

23 Itō Hirobumi · Commentaries on the Constitution of the Empire of Japan, tr. Itō Miyoji (Tokyo: Chuo Daigaku, 1906, 2d ed.), pp. 167-68.

24 Japan: An Illustrated Encyclopedia, vol. 1 (Tokyo: Kodansha, 1993), 「Constitution of the Empire of Japan, 1889」,pp. 232-35; Japanese Legislation in the Meiji Era, pp. 725-33; and Beckmann, The Making of the Meiji Constitution, pp. 151-56.

25 譯注：伊藤博文著有以發給顧問官的逐條說明為藍本的《憲法義解》。

26 Itō, Commentaries on the Constitution of the Empire of Japan, pp. 64-65.

27 Roger F. Hackett, 「The Meiji Leaders and Modernization: The Case of Yamagata Aritomo,」in Jansen, ed., Changing Japanese Attitudes toward Modernization, p. 244.

28 Itō, Commentaries on the Constitution of the Empire of Japan,p. 131.

第七章

走向工業高度發展的未來

大規模發展經濟的目標，是與貫穿明治時代早期「富國強兵」的不變理想相一致的。明治政府的執政者在尋找通向立憲政體的道路時，也著手工業化發展。他們期望看到各種各樣的好處從標誌著經濟發展的煙囪中滾滾而來。財富會為日本贏得西方的尊重，奠定國力的基礎。這樣，正處在近代化進程中的國家就能逃脫西方帝國主義掠奪的威脅。政府依靠分別建立於一八七〇年和一八七三年的工部省及內務省從國外引進技術，組織國內的製造業。很快地，另一個口號「殖產興業」便成為明治時期的又一個流行詞彙。

殖產興業的決定也為解決威脅著明治時期各種嘗試的國內問題提供了有效的方法。江藤新平和西鄉隆盛領導的政變足以使明治領導階層吸取教訓，明白他們有必要為以前的武士階層提供差事和更光明的前途。此外，一八五八年和一八六六年締結的商約把不公平的關稅和匯率強加給日本，結果進口商品頓時洶湧而入，日本金銀鑄幣則大量外流，導致了嚴重的通貨膨脹，使國內許多手工業生產和加工業陷入危機。整個十九世紀七八十年代，執政者一直擔憂如果不能贏得日本平民的忠誠，明治政權將會面臨怎樣的後果？因此他們決心通過擺脫開國以來的經濟危機，為日後的繁榮創造基礎，來保持長期的政治穩定，獲得人們對新立憲政體的接受。

截至召開第一屆議會的一八九〇年，日本人已經解決了早期的大多數經濟問題，國家正穩步行進在加入世界工業強國行列的道路上。與在立憲過程中一樣，執政團也起了主導作用，策動了制度上的變革，為加速經濟增長創造了合適的環境。除此之外，日本從居支配地位的農業經濟向繁榮的製造業經濟轉變，也離不開難以計數的普通民眾的開拓創造能力。

然而，經濟發展並不是不用付出代價。顯然，在十九世紀後半葉，日本各地都繁榮了起來，明治末期大多數人民的吃住條件都優於十九世紀六〇年代的前輩。但這並不是說每個人都平等地分得了經濟發展帶來的利益，一些人在奮力爭取自我成功並幫助自己的國家時，失去了健康甚至生命。因此，正如某些人認為新議會制使他們處於政治上的劣勢，成千上萬的人也覺得自己成了經濟現代化的犧牲品，就像一位批評者曾經說過的那樣，「被犧牲在工業進步的祭壇上」。

國家干預以及經濟的基礎設施

明治早期，優良的西方商品如潮水般湧進這個島國，日本的經濟前景顯得暗淡無光。機織棉布比在家用手搖紡織機織成的棉布結實且便宜，煤油比從植物籽中榨取的價格更高、照明效果卻不太好的傳統燈油銷量要大，中國的糖不知為什麼嘗起來比國內的糖要甜，進口的毛織品很快因其保暖性好及價格合理而為人們所喜愛。如表7.1所示，從一八六八年到一八八一年的十四年裡，有十二年日本的出口值都低於進口值，這一時期國家的累計虧絀達到進口總額的二十幾倍。情況很清楚並具有啟示性：除非日本能重建其國內經濟，發展進口替代品，平衡對外貿易，否則，正如一位官員所預測的，國家「將陷入難以描述的悲慘境地。鑄幣稀缺，通貨繼續貶值，物價上漲，國力將蕩然無存」。1

新成立的內務省長官大久保利通擔心國家的未來，提出日本如果想迅速工業化，就有必要實行國家干預。這個想法在十九世紀七〇年代早期成為許多執政者的信仰。大久保利通在作為岩倉使節團的一員，參觀了伯明罕的紡織廠和格拉斯哥的造船廠後寫道：「國之強弱繫於人民之貧富，人民之貧富繫於物產之多寡。」他接著說，儘管國家的普通百姓可以通過艱苦卓絕的努力興辦一些製造業，但在考察了歐洲的情況後，他得出結論：「溯本求源，未嘗不仰賴政府官員誘導獎勵之功。」

在許多傳統手工業面臨毀滅，前武士進行武裝反抗的情況下，執政者仍然努力去建設支撐工業化的交通和通信設施。海軍準將培里已送給日本人一台摩斯電報機，而且一八六九年明治新政府聘請一名英國工程師架設了從東京到橫濱的電報線，次年就開始了兩個城市之間的公共服務。工部省迅速發展電報業。到一八九〇年第一屆帝國議會召開時，政府已經鋪設了穿越山林河流近一萬六千公里的電報線，且有二百多個電報局提供全國主要城市之間的暫態通訊。同一年，公共電話局開始在東京和橫

表 7.1

日本進出口值（1865～1895）

單位：百萬日圓

年份	出口	進口	進出口總值	差額
1868	22.988	19.350	42.338	3.638
1869	12.909	21.659	34.568	(-8.750)
1870	14.543	35.004	49.547	(-20.461)
1871	17.969	22.076	40.045	(-4.107)
1872	17.027	26.175	43.202	(-9.148)
1873	21.635	28.107	49.742	(-6.472)
1874	19.317	24.487	43.804	(-5.170)
1875	18.611	31.899	50.510	(-9.148)
1876	27.712	26.544	54.256	1.168
1877	23.349	29.979	53.328	(-6.630)
1878	25.988	37.722	63.710	(-11.734)
1879	28.176	38.015	66.191	(-9.839)
1880	28.395	42.246	70.641	(-13.851)
1881	31.059	35.767	66.826	(-4.708)
1882	37.722	33.354	71.076	4.368
1883	36.268	32.449	68.717	3.819
1884	33.871	33.617	67.488	0.254
1885	37.147	33.499	70.646	3.648
1886	48.876	37.364	86.240	11.512
1887	52.408	53.153	105.561	(-.745)
1888	65.706	65.455	131.161	0.251
1889	70.061	66.104	136.165	3.957
1890	56.604	81.729	138.333	(-25.125)
1891	79.527	62.927	142.454	16.600
1892	91.103	71.326	162.429	19.777
1893	89.713	88.257	177.970	1.456
1894	113.246	117.482	230.728	(-4.236)
1895	136.112	129.261	265.373	6.851

根據Shinya Sugiyama，《世界經濟中的日本工業化1859～1899》（倫敦：Athlone Press，1988年），第46、47頁。

濱營運；到了世紀之交已有約五十個城市以擁有電話局而自豪。長途電話線將它們連接在了一起，接線員為不斷增多的用戶接通了四千五百多萬次電話。

日本近代通訊體系的中心是郵局。就在明治的年輕領導人掌權後不久，他們認定日本需要官營的郵政業以「使這片國土上的通訊簡單易行」。一八七一年初，政府下令東海道沿線驛站的官員開辦人們可以寄信的郵局。陰曆三月初一，第一批郵件離開東京，二十四小時後如期到達大阪。次年，大隈重信的門徒前島密被委以發展郵政體系的重任，他很快就將業務推向全國。被譽為「郵便之父」[2]的前島密，主要借鑒了他在英國生活一年期間所瞭解到的英國郵政業的情況，在日本建立了一套規定了統一價格、資費以郵票代替、經營郵政匯票和包裹郵遞的制度。到了一八九〇年，日本已有五千多家郵局，處理了近二億二千五百萬份郵件和約七千五百萬張匯票。

有些郵件是依靠古老的道路系統，由信使扛在肩上或用馬車甚至是新發明的人力車來回傳遞的，但政府越來越多地改用鐵路運輸。明治政府的年輕領導人認為，鐵路的修建不僅是郵政事業的需要，而且對工業的全面發展至關重要，對於日本的國防也有戰略上的必要性。政府同時意識到建造鐵路需要大筆資金，因此決定由政府而非私人企業來帶頭。結果一八六九年晚期日本領導階層正式決定，應該首先在東京的新橋與服務於東京的熙熙攘攘的新港口城市橫濱，以及大阪與日本西部最主要的商業中心、新興貿易中心神戶之間興修兩條鐵路線。為了籌措工程所需資金，日本人在倫敦市場發行債券。一八七〇年春，政府利用英國的材料和技術開始興建從東京到橫濱的鐵路。

一八七二年十月，東京—橫濱線的通車慶典幾乎和十七年後為了憲法的頒佈而安排的典禮一樣壯觀。天皇本人的出現凸顯了明治新政權賦予鐵路建設的意義，證明了蒸汽機車作為進步和文明典型標誌的重要性。十月十四日晨，明治天皇登上裝飾華麗的車廂，然後歡迎一些國外高官顯貴上車體驗東京到橫濱的首次行駛。日本的政府要員全神貫注地佇立在新橋車站，東京灣的軍艦則鳴放了二十一響禮炮。兩年後，沒有舉行什麼公開典禮，大阪和神戶之間的火車也開始搭載乘客和貨物。一八七七年，火車從大阪延伸到東京。十二年後的一八八九年，日本慶祝東海道幹線建成。人們可以從古老的宿場旁呼嘯而過，在不到一天的時間內往返於日本東西部的主要城市之間。

當政府創造了本國貨幣並開始組織起綜合的銀行體系時，其實又為支撐近代經濟發展的基礎設施增添了兩根重要樑柱。一八七一年的《新貨條例》確立以「圓」(円)作為日本的貨幣單位，代替混亂的鑄幣和德川後期流通的近一千六百種紙幣。一年後的一八七二年，《國立銀行條例》批准成立所謂國立銀行，以便為工業化促進商人資本的積累，以及保證貨幣制度井然有序的發展。國立銀行參照美國的做法，既可以吸收存款，也可以發行以日圓為主的紙幣。從一八七六年開始，紙幣不能再兌換為鑄幣。到十九世紀七〇年代末，已有一百五十多家國立銀行開門營業。其中最大的一家是由約四百八十位前大名和朝廷貴族成立於十九世紀七〇年代後期的第十五國立銀行，其資本為一千七百八十萬日圓，大致相當於所有國立銀行資本總額的百分之四十。

就在明治領導人創立近代經濟的基礎設施時，他們也開始直接經營軍事企業。新政權繼承了德川幕府和舊藩的一些企業，如十九世紀五〇年代後期幕府在荷蘭協助下建立的長崎造船所，以及在法國海軍工程師監督下成立的橫須賀造船所，還有一八五三年水戶藩在江戶灣一個名為石川島的島上建立的造船所。工部省及監管造船所的內務省年輕人很快就認識到為軍事力量發展起來的技術還有其他的用途。所以造船所不僅為日本的新海軍建造貨輪和軍艦，也創辦了機床廠和其他工廠。它們的產品促進了經濟中民用部門的發展，例如，橫須賀造船所的工程師製造出一些日本最早的鍋爐，那裡的技師計畫建造燈塔、政府大樓、道路和港口，它的許多衛星工廠生產出蒸汽機、鍋爐以及其他類型用於採礦業和紡織業生產的機械。

政府還建立了模範工廠，開展某些民用事業，希望以此刺激私人企業的發展。於此同時，工部省和內務省制定規劃者的腦子裡還有若干次要目的：創造就業機會；鼓勵經濟落後地區發展商業；證明近代技術的功效；建立產品能與國外商品競爭的輕工業，從而實現進口替代並扭轉日本長期以來的貿易逆差。與此相應取得最高成就的或許是「北海道拓殖使」。它作為明治政府拓殖和發展北海道努力的一部分，促進了釀酒業的發展，建立了製糖廠，開辦了麵粉廠，並督造了魚類罐頭廠。

大久保利通及其同仁也大力投資官營紡織廠，以便確立這個國家基礎工業的近代生產管理原則。棉紡和繅絲在德川時期是發展良好的本國工業，但在日本開港實行對外貿易後陷入了困境。日本的棉布生產商在一八五八年之後幾乎立即遭受打擊，因為由手搖紡織機織出來的日本棉布，在價格或品質上根本無法與在英國和印度諸多小村莊轟隆作響的新機器上織出來的棉布競爭。由於不平等條約的限制，內務省無法設定限額或對進口商品徵收附加稅，於是它鼓勵機械化以便提高國內所產棉布的品質。為了吸引地方上的有錢人投資最新的技術，開辦紡織廠，內務省從它寶貴的收入中拿出一大筆錢來使兩個紡織廠機械化，其中一個在大坂，另一個在鹿兒島，後者是由明治政權從薩摩藩主處繼承而來。

和棉布業形成對比的是，一八五八年德川政權簽訂了商約後，由於歐洲蠶瘟病的爆發，使商人抬高了日本蠶種和生絲的價格，日本的養蠶業和繅絲業開始興旺。整個十九世紀六〇年代，橫濱的碼頭在生絲的重壓下呻吟。一八六八年，生絲的出口量約占日本出口總量的百分之四十，其稅額約占新政府當權第一年所征出口稅的一半。然而，就是從次年開始，法國和義大利的養蠶業復甦了，對手工繅製並被指責為粗糙不勻的日本絲需求急遽下降。一名官員一針見血地指出了解決辦法：「日本生絲品質低劣，僅僅因為國家機器不良，因此我們應該製造歐式機器。」[3]

那些機器不久就在政府最著名的模範工廠——群馬縣富岡大造聲勢建立起來的繅絲廠裡開足馬力幹活了。內務省的官員不惜工本，因為他們想借這個專案奠定近代繅絲工業的基礎，使出口生絲重新成為新政權生存至關緊要的外匯來源。政府在短期內就建成了近代的磚頭樓房，引進了最新式的設備，並聘請了對里昂和橫濱的生絲貿易都有經驗的法國商人監督企業。一八七二年六月繅絲廠開工，操作蒸汽繅絲機的是大約四百名年輕女子，因為打造富岡建繅絲廠的另一個目的是為前武士的女兒提供工作崗位。她們一旦經過訓練，就可以分散到農村，指導其他新建立的私人繅絲廠。年輕的明治政府投資了一大筆錢，總計約為二十萬日圓，來建造和裝備富岡繅絲廠。對一些人來說，這筆錢花得值得。繅絲廠繅製的第一批蠶絲在里昂和米蘭銷路暢旺，甚至在一八七三年維也納世界博覽會上贏得了二等獎。

松方通貨緊縮和經濟新方向

不幸的是，明治執政者殖產興業的努力並非都進展順利。例如，儘管他們的觀念令人興奮，但幾乎沒有什麼官營企業能夠達到他們的期望。北海道開拓使付出了很大努力，但是成效緩慢，因為沒有多少移居者想在日本的北部邊境發展西式農業和工商企業。鐵路的發展也讓人失望。雖然有些人主張把鐵路向北方推進，他們把蒸汽機車看作文明和進步明確無誤的標誌；但是明治核心集團的一些人反對擴建鐵路，理由是年輕政府對不充足的資金應該有更好的安排。當西鄉隆盛還是一名政府官員時，就曾表示過最激烈的反對。「若因羡慕別國的強大，」直率的西鄉隆盛認為，「匆促向前，不考慮自身力量的局限，終將精疲力竭卻一事無成。務須即刻放棄建造鐵路一事，致力增強軍事力量。」[4] 具有諷刺意味的是，直到一八七七年日本的徵募軍北上鎮壓西鄉隆盛叛亂，乘坐火車到達橫濱和神戶之後，軍事將領們才充分意識到鐵路作為迅速部署軍隊手段的戰略價值。儘管如此，到一八八〇年為止，日本鋪設的鐵路還不到一百六十公里。

使許多執政者懊惱的是，花了大筆錢建立起來的模範紡織廠也沒能激起多少企業家的熱情。富岡繅絲廠問題成堆，從法國進口以蒸汽為動力的複雜機器對私人廠商來說太貴，無法考慮買來安裝在自己的廠裡。而且富岡繅絲廠的管理者對技術問題知之甚少，也沒有做好管理工廠的準備。因為害怕東京的上司會聽到關於他們無能的風聲，有時他們甚至禁止有抱負的企業家進入他們的工廠。此外，富岡繅絲廠雇用那些女工，本來抱著讓她們培訓私人繅絲廠以後幾代工人的期望，但是她們中卻很少有人待到工作熟練之後再走。最後一點是，雖然一開始富岡繅絲廠的生絲因品質上乘而聞名，但即使國家給予大筆補助，繅絲廠本身卻很少盈利。到一八七五年，富岡繅絲廠虧空已達二十二萬日圓，比執政者建立和裝備該廠所花的費用還多。它已經成為纏繞在政府脖子上的沉重經濟負擔。

十九世紀七〇年代晚期的通貨膨脹增添了政府的煩惱。一八七七年至一八七九年間，一百多家國立新銀行開張，其發行的紙幣向日本的金融市場注入了大量沒有貴金屬儲備支撐的貨幣。而且，由於政府用鑄幣作為進口所有軍事和工業設備的經費和支付外國顧問如華達士、莫塞等人的薪金，結果一八七七年至一八八〇年間日本的金銀儲備下降了一半。然而，問題的關鍵仍在於寅吃卯糧。十九世紀七〇年代，由於執政者同時要撥款鎮壓內部的反叛，兌付武士的生活津貼，補助官營企業和模範工廠，使海陸軍近代化等等，政府的財政負擔極其沉重。

當執政者設法增加收入以彌補赤字並解決面臨的許多其他問題時，他們幾乎沒有多少選擇餘地。

因為害怕引起農村的騷亂，明治領導人不願提高地租。岩倉具視說過一句有名的話，他寧願把九州和四國賣給外國人，也不想再借更多的債。這表明，大多數執政者都害怕短期外債會使外國借機控制日本的國家政策。大久保利通和十九世紀七〇年代大部分時間任大藏卿的大隈重信，主要靠印刷大量新紙幣來達到由政府贊助工業化的目標。結果，新日圓的幣值劇烈下跌，國內物價猛漲。當這十年慢慢消逝，投機和囤積又為通貨膨脹火上澆油。因為預計以後價格還會更高，農民開始從市場上抽回糧食。一八七七年到一八八〇年之間，東京的米價漲了兩倍多。作為連鎖反應，通貨膨脹損害了日本產品在國際市場上的競爭力，同時它大大降低了政府從固定的地租中所得收入的實際價值。通貨膨脹的危機，再加上其他在十九世紀七〇年代末湧現出來的經濟問題，似乎就要吞沒這十年中所取得的成就，把迅速工業化的夢想變為妄想。

一八八一年夏天和初秋期間，執政者對所面臨問題的討論趨向這樣一個結論：實行財政縮減計畫已經勢在必行。大隈重信因其對立憲政體的觀點已經在政治上失勢，大久保利通於一八七八年被不滿的前武士暗殺，因此制定財政政策的任務被放任松方正義的面前。松方正義出生於薩摩，是始於一八七三年的地租改革的策劃者，也是正統財政學說的支持者。松方正義沒有得到普遍的讚譽，大隈重信一再貶低他，說他是個平庸之輩，而且僅僅因他是薩摩人這一點，才得以免於終生做一名「普通縣令」——十九世紀七〇年代早期松方正義曾在九州當過縣令。但是自一八八一年十月出任大藏卿以來，松方正義果斷地著手解決通貨膨脹問題，穩定了貨幣，鼓勵自由資本主義成長，以便政府能從代價高昂的事業中抽身退出。在一八八一年至一八八五年期間，他大幅度削減行政開支，提高間接稅，出售了許多政府企業，包括富岡繅絲廠和北海道開拓使的財產。這些措施使國家出現了預算餘額，然後，松方正義用這筆錢悉數購買以前由國立銀行發行的紙幣，從而吸收了過量的紙幣。為了能永遠解決貨幣問題，松方正義制訂計畫把國立銀行變為普通的商業銀行（參閱表7.5），一八八二年又成立日本銀行作為壟斷紙幣發行的中央銀行。

這些舉動造成了兩個結果。就當時來說，這些措施使國家陷入了嚴重的經濟低迷時期。松方正義決定削減政府開支，增加賦稅之時，由於十九世紀七〇年代後期過度投機引起的市場自然調節，大米的國內價格開始下滑。禍不單行的是，此時世界經濟也在衰退。這些事情集中在一起，導致了市場需求的急劇萎縮和農民的絲、茶、大米及其他農作物售價的迅速下跌。一八八二年到一八八五年之間，貧困在日本的農家蔓延。

雖然缺乏確切的統計資料，但報紙上充斥著關於農村中不幸境況的報導，如金澤附近的乞丐請求關進監獄而不願活活餓死。種種傳聞軼事表明，那些年裡，多達十分之一的農戶因為交不起地租而失去土地。不斷增多的債務也許是松方正義通貨緊縮最有害的結果，它引發了從遞交集體請願書、組織負債黨到集體暴力行為等的多次農民騷亂，比如使民權運動的激進主義分子站到農民這邊的福島事件和秩父事件。

然而從長遠來看，松方正義復興了明治時期對經濟發展的夢想。他的政策對大量的農業人口來說雖然可怕，但他的財政縮減措施克服了通貨膨脹、穩定了價格、平衡了預算、整頓了稅收。他對銀行業改革的倡議，使政府在建設支撐未來發展的基礎設施方面，再一次取得成功。或許最重要的是，松方正義改革計畫的實施調整了政府產業政策的方向，把重點從國家對企業的直接所有權轉向認同盛行於西歐工業發達國家的那種自由主義正統學說的做法。在這方面，松方正義深受一八七八年他在法國期間從利昂賽(Léon Say)及其他法國經濟學家那裡學到的自由企業思想的影響。松方正義一回到日本，就大體闡述了他對國家經濟作用的思考。在一八八二年的一份建議書中，他寫道：「政府不應在創辦工商業上與人民競爭，因其永遠不如受追逐私利的直接動機驅動的企業創辦者精明和有遠見。因此政府最好不要直接介入商業貿易，而是留給個人和企業去經營發展。」[5]這種思想逐漸體現在隨後數十年政府對經濟現代化所採取的政策中。松方正義及其同仁主要依靠私營部門來引導日本對工業化的追求，同時盡可能提供幫助以便創造有利的制度環境，培育支援私人企業成長的氛圍。

私人企業家和輕工業的成長

甚至在松方正義掌握國家財政大權之前，普通人民依靠自己的力量所做的努力已經開始對日本經濟的成長發揮重要影響。初露頭角的企業家在日本列島上所有城市、小鎮和村莊湧現。在這些地方，對於德川後期種種問題的集體記憶——失敗的改革、高得離譜的穀物價格、因應促進商業發展所起的紛爭，就是明治早期人們積極尋求新機會最具有說服力的理由。在那些卓有成就的實業家中，幾乎沒有人創下超出當地範圍的名聲，但是在一個什麼都無法肯定的世界裡，他們竭力謀生，盡最大努力爭取成功。他們這樣做既使自身和四鄰發達富裕了起來，提高了製造業總值，也如表7.2和表7.3所示，提供了出口用的大量成品和半成品。

一些富有進取心的商人致力於改善傳統產品和手工藝品的品質和適銷性，他們獲得了成功。以古老的城下町金澤為例，一八七一年的廢藩置縣消除了地區之間貿易的傳統障礙，為當地金銀箔的製作者提供了參與國內甚至國際市場競爭的全新機會。十九世紀早期，這些工匠敲打出一片片薄薄的，用來裝飾家用佛壇、瓷器、漆器和屏風的金銀箔。他們請求地方當局允許他們開辦作坊生產箔片，但是因為幕府的法令限定只有得到官方許可的江戶和京都手工業行會才有權製作金銀箔。談判懸而未決，金澤只有不到一百個工匠從事這一行業。後來，明治政權解散了過去的行會，剝奪了它們的壟斷權利，金澤的金銀箔業立即重振旗鼓。到一八八〇年為止，從業者已經約為一千五百人。隊伍戲劇性地擴大，除了金澤產品在品質和成本上的競爭力之外，可以自由進入市場也是一個原因。十九世紀七八十年代製作的箔片，大多在京都和名古屋出售，用來修飾宗教人物像。第一次世界大戰後，金澤的製造商取代德國製造商，佔領了世界箔片市場的近百分之九十。

在西宮市，一位女企業家延續了她在德川後期擔當一家之長時的成功，通過提高產量，並為了擴

表 7.2

製造業產值（1874 ~ 1912）

年份	食品製造	紡織業	木材加工業	化工	非金屬製造	鋼鐵	非鐵金屬製造	機械製造	出版印刷	其他	總計
1874	422.801	59.991	44.243	72.492	16.829	2.128	4.586	4.300	0.855	57.497	685.722
1876	447.409	57.177	58.259	80.269	17.230	1.906	7.694	6.184	1.189	67.156	744.473
1878	469.619	84.922	55.514	89.755	17.079	3.440	9.912	10.106	1.657	75.985	817.989
1880	512.504	117.955	51.169	108.774	14.747	3.952	9.258	16.408	2.734	73.955	911.456
1882	544.286	103.966	50.816	96.917	12.350	3.260	9.664	16.819	2.936	75.157	916.171
1884	577.490	120.964	50.171	100.145	11.078	2.866	13.127	14.347	3.041	84.531	977.760
1886	551.573	163.733	58.579	107.410	14.867	4.372	14.389	14.541	3.966	104.592	1038.022
1888	623.352	225.027	50.372	109.021	17.497	7.429	17.848	15.814	5.237	112.780	1184.377
1890	668.917	300.419	48.360	111.969	18.087	5.281	21.763	17.653	6.766	130.111	1329.326
1892	711.623	402.335	49.049	137.243	23.743	2.735	22.239	20.459	7.483	152.575	1529.484
1894	810.746	468.878	59.610	154.611	25.182	5.930	21.007	28.953	7.802	155.914	1734.633
1896	891.765	539.823	65.490	147.296	32.202	9.531	19.596	39.037	13.125	138.751	1896.616
1898	1018.760	569.962	82.045	158.394	28.974	8.319	18.990	52.815	17.972	147.489	2103.720
1900	1018.479	508.749	87.867	186.362	30.959	5.800	22.746	68.881	23.191	147.954	2100.985
1902	937.327	515.433	88.788	203.385	36.491	7.645	24.609	70.952	29.161	179.623	2093.414
1904	947.204	469.038	96.023	229.442	36.334	15.644	25.498	98.028	32.564	144.873	2094.648
1906	1047.632	611.852	91.237	230.450	49.722	21.498	27.093	127.654	45.377	194.452	2446.967
1908	1110.726	642.078	93.979	255.730	53.938	27.393	46.669	159.410	50.596	184.361	2624.880
1910	1150.251	804.394	97.621	270.933	70.588	44.902	53.664	196.826	59.445	210.891	2959.515
1912	1242.572	942.136	101.163	307.339	83.626	58.360	64.067	272.202	77.726	208.548	3357.739

單位 百萬日元（按 1934 -1936 年不變價格）。

根據Kazushi Ohkawa、Miyohei Shinohara和Larry Meissner編著的/日本經濟發展的模式 定量分析》（紐黑文 耶魯大學出版社，1979 年），第 302 頁至 304 頁。

表 7. 3

進出口比例結構（1874～1911）

出口					
初級產品			製造業		
時間段	總計	總計	紡織品	其他輕工產品	重工產品
1874～1883	42.5	57.5	42.4	6.9	8.2
1877～1886	39.5	60.5	43.0	7.8	9.7
1882～1891	33.0	67.0	45.6	9.0	12.4
1887～1896	26.3	73.7	48.9	11.3	13.5
1892～1901	21.0	79.0	52.6	13.2	13.2
1897～1906	16.6	83.4	53.6	15.9	13.9
1902～1911	14.1	85.9	63.8	17.2	14.9

進口								
初級產品					製造業			
時間段	總計	未加工的食品	原材料		總計	紡織品	其他輕工產品	重工產品
			燃料	其他				
1874～1883	8.8	0.7	5.0	3.1	91.2	54.0	17.8	19.4
1877～1886	10.3	0.8	6.1	3.4	89.7	49.6	18.7	21.4
1882～1891	18.7	5.0	6.4	7.3	81.3	37.4	17.4	26.5
1887～1896	28.2	7.1	5.0	16.1	71.8	28.2	14.6	29.0
1892～1901	36.4	9.9	4.4	22.1	63.6	16.8	14.2	32.6
1897～1906	43.1	13.8	4.7	24.6	56.9	11.8	12.3	32.8
1902～1911	45.2	12.5	4.0	28.7	54.8	9.6	10.8	34.4

*按時價計算的進出口10年平均百分比比重。

根據根據Kazushi Ohkawa、Miyohei Shinohara和Larry Meissner編著的《日本經濟發展的模式：定量分析》(紐黑文：耶魯大學出版社，1979年)，第135頁。

大在日本西部和北部的銷路，她成立自己的輪船公司，把家族的白鹿釀酒廠打造為明治時期日本最大的清酒帝國。然後她把所賺利潤積極地分散投資到大阪的房地產，還創辦了海上保險和火險業務，又涉足大米批發、木材和煤的銷售以及木梗火柴的製作。也許她留給她的家族企業最重要的遺產是企業家精神。

除了傳統商品和手工藝品，十九世紀七八十年代，許多日本人也設法自己複製那些從西方輸入的迷人新生活消費品。東京的企業家建立了精工鐘錶店和資生堂化妝品株式會社，而大阪的幾個人同時開闢了日本的紐扣生產。傳統式樣的衣服並不需要這種紐扣，但是當十九世紀七〇年代軍隊和許多普通日本人在日常生活中也穿著西式服裝時，需求就產生了。因為進口紐扣價格高，大阪的生產者試著用傳統的銼刀、磨刀石和小刀把當地的牡蠣、鮑魚和海螺的殼加工成紐扣。由於承受不起過高的成本，他們無法進口國外的機器，但是他們用現有的技術加以彌補，發明了一種手動的螺絲錐來打孔眼，並調製出梅花油(plum blossom oil)來清洗和擦亮紐扣表面。幸虧有了這種技術改造，小規模生產商的數量迅速上升。這些小生產商通常每家雇用五六十名工人。到一八九六年為止，日本已能出口近十七萬五千日圓的貝殼紐扣，約為紐扣進口值的六倍。其他一些聰明有抱負的人也用類似的方法開辦了家庭工廠和勞動密集型的小型企業，生產新的生活消費品如眼鏡、火柴、錫盒、玩具、時鐘、搪瓷製品、餐具、自行車等，從而幫助日本實現了從農業經濟向製造業經濟的轉變。

農村地區的貢獻

由於農戶繼續從事副業和家庭手工業，明治時期加快了的工業化步伐也從農村經濟中獲取了動力。德川時期的遺產「商品化」就是個明顯的證據。因為直到明治早期仍沒有一個村莊的農戶不是通過生產某種手工產品——如鞋襪、草帽、蓑衣、紗線、布、蠟燭、燈油、沉香木、厚底短襪、醬、鹽、木頭和炭，並將它們投入市場來增加自己的收入。長野縣南的伊那谷就是一個例子，在那裡，德川時期原始工業化的影響一直延續到明治時期的頭幾十年。事實上，當國家對農村的漆器和紙產品需求旺盛時，每一種農村手工產品不是收支平衡就是擴大了產量。

在設於農村的傳統製造業中，最令人矚目的發展及組織變化發生在繅絲業。十九世紀六〇年代的繁榮已使日本製造商注意到生絲貿易的潛力，到了十九世紀七〇年代，他們想方設法提高產品的競爭力。與政府的決策人一樣，製造商們也相信只要實現機械化就能生產出更有光澤和韌性，更具商業潛力的生絲。然而，那些企業家發現，設備昂貴的富岡模範繅絲廠並沒有多少可以效仿的經驗。相反，他們用木頭樓房代替了磚房，以泥為地，讓當地的匠人設計木架代替貴重的鐵製機器，雇用村裡的工匠建造水磨代替蒸汽機。這些技術改造非常成功，因為他們把固定成本減少到不足政府耗資在富岡繅絲廠每個工人身上的十分之一。此外，農村繅絲廠有由附近農戶培育的世界上最好的蠶繭作為貨源，附近五十名左右的雇工或者更少，但是總產量卻勃然上升。到十九世紀末，生絲生產已達日本製造業總產量的大約百分之七到十，占商品出口總量的近三分之一。

除了生產多種生活消費品，日本農民還在其他許多方面影響了日本經濟現代化的步伐和方向。他們的某些貢獻顯而易見，而另一些貢獻則比較微妙複雜，但是所有的一切都使明治時期的農業興旺，稻米和其他農作物的產量有了令人難忘的成長（參閱表7.4）。明治早期的統計資料不完全可靠，但是把這個時期視作一個整體來看，似乎每單位稻田的生產力每年大約提高百分之一．七。這個不尋常的成績既不是農業經濟重新組織的結果，也不是由於耕作面積的擴大所導致。就如在德川時期一樣，這一時期農戶依然是典型的生產單位，而且大多數家庭還是保留著主要由自己耕種的少量土地，使這些傳統農家提高產量的是傳播常識的新方法的運用。德川時期，在分散的村落裡個別農民已經試驗過一些新耕種方法，但是儘管有像二宮尊德這樣的人在不懈努力，這些知識的傳播還是比較緩慢。明治早期日本各地對發展變化的高度重視，產生了一套包括出資聘請人員巡迴演講、組織農藝討論小組和種子交換協會等的制度。所有這一切，都有助於比以往更加快快廣泛地傳播有關作物品種、肥料、農業技術和畜牧業的資訊，進而使農戶可以更有效地利用現有耕地和勞力。

由於農民擴充了傳統知識，明治早期改革的步伐也加快了。有些農民成功地培育出六個水稻新品種，每一種都使產量大大提高，由此為改革做出了貢獻。最著名的水稻品種也許是一八七七年兵庫縣的一位農民培育的「神力」。到一八九〇年時，日本西部各地已經廣泛種植「神力」。相反地，「神力」等品種的生產潛力又是靠使用比傳統天然肥料——人糞和其他肥料養分更高的新發明，因此明治時期的農民想方設法更有效地利用新肥料。而且，新肥料要求進一步深耕，從而促使農村的改革家重新設計了犁，並使農民購買、役使更多的牲畜拉犁。最後，經驗還驅使農民採用一些提高產量的新方法，比如使用一種新發明的可旋轉除草工具。

和無數農民做出的貢獻相比，政府官員在促進明治時期農業興旺上不過起了微弱的作用。事實上，十九世紀七〇年代明治政府的領導人走錯了路子。他們嘗試引進西式的牛羊放牧法和馬鈴薯、玉米、葡萄、橄欖等作物，以及在日本的小塊家庭農場幾乎沒有用處的機器。直到一八八一年農商務省成立並接手了原先指派給內務省和工部省的許多規劃經濟的職責後，政府才最後成立農業團體和農事試驗場，來促進經過日本農民反覆試驗後出現的本國作物和技術的發展。

因為糧食生產的平均增長率大大超過了人口增長，後者的年均增長率約為百分之一．一，明治早期生產力的提高給日本帶來了多重效果。明治時期的農戶供養了整個國家。提高了的國內生產力還產生了一個讓人欣喜的結果：用寶貴的鑄幣進口糧食的需要被控制在最低限度。實際上，如表7.8所示，農村地區通過出口換回了巨額收入。或許更重要的是，農戶的收入增多了。鑒於明治早期統計資料的不連貫性，我們在估計農村的收入時應該小心。而且，明治時期的發展當然是不平衡的，農村貧困的例子，在十九世紀末期也歷歷在目。但同樣明顯的是，農業產量的平穩增長使農民可支配的收入增多了。許多農戶用多出來的現金提高自己的生活水準，對新生活消費品的國內需求成為刺激明治時期輕工業成長的關鍵因素。此外，國家用地租作為官營工廠和基礎設施工程的經費。最後，有些農戶自願

表 7. 4

農業產量（1874～1912）

	種植業						
年份	水稻	其他	合計	繭	家畜產量	產值	產量指數*
1874	920	408	1,328	33	8	1,369	
1875	970	414	1,384	35	8	1,427	
1876	922	420	1,342	37	9	1,388	
1878	886	435	1,321	41	9	1,371	
1880	1,000	501	1,501	52	11	1,564	100.0
1882	975	514	1,489	59	12	1,560	
1884	889	537	1,426	51	18	1,495	
1885	1,023	548	1,571	48	21	1,640	110.6
1886	1,087	584	1,671	49	23	1,743	
1888	1,086	597	1,683	52	30	1,765	
1890	1,184	617	1,801	52	21	1,874	119.7
1892	1,138	619	1,757	66	25	1,848	
1894	1,150	675	1,825	80	31	1,936	
1895	1,098	682	1,780	99	33	1,912	122.5
1896	996	653	1,649	81	33	1,763	
1898	1,302	713	2,015	89	36	2,140	
1900	1,139	733	1,872	121	43	2,036	138.6
1902	1,015	692	1,707	113	44	1,864	
1904	1,413	746	2,159	124	56	2,339	
1905	1,019	754	1,773	120	48	1,941	152.1
1906	1,272	778	2,050	130	45	2,225	
1908	1,427	823	2,250	153	49	2,452	
1910	1,281	819	2,100	168	62	2,330	170.4
1812	1,380	892	2,272	190	66	2,528	

*單位：百萬日圓（按1934～1936年不變價格）。

*5年平均數。

根據Kazushi Ohkawa、Miyohei Shinohara和Larry Meissner編著的《日本經濟發展的模式：定量分析》（紐黑文：耶魯大學出版社，1979年），第91頁和第288頁至292頁。

把部分收入投資於工業部門，例如一些家庭購置了設備以便經營繅絲或其他形式的副業，而有些則把多餘的錢存在所謂的「準銀行」（參閱表7.5）。這類機構在十九世紀八〇年代大量出現。它們大都由縣裡經營和生產經濟作物、相對來說不算大的中小商人和地主組建。貸款主要用來為加工農產品的家庭手工業提供資金，支援絲、茶等經濟作物的生產和出口。

行業之首「棉紡業」和日本工業先驅

明治早期，輕工業獲得發展的契機，棉紡織業崛起為製造業成長的最主要源頭。明治維新時日本只有一家紡織廠，十年後也還只有三家，而且全部都是官營，總產量僅為一百萬磅紗。然而到了十九世紀末，許多私人紡織廠幾乎佔百分之二十五。棉紡業的迅速擴展，如表7.6所示，深刻地影響了日本的貿易關係。十九世紀七〇年代，國家出口原材料，工業產品則嚴重依賴進口，其中大約一半為紡織品。三十年後，如表7.3所示，情況已經顛倒過來。二十世紀初日本大量進口原材料，主要出口工業產品，尤其是繅製的生絲和工廠生產的棉紗、棉布。同樣重要的是，進口替代政策也成功了，進口紡織品的數量下降到了無足輕重的地步。正如日本的農民供養了整個國家那樣，紡織廠商和工人使人們有衣可穿。

表 7. 5

銀行（1873～1899）

	國立銀行			銀業銀行			准銀行		
年份	數量	總資本[a]	平均資本[b]	數量	總資本	平均資本	數量	總資本	平均資本
1873	1	2,441	2,441	0	0	0	c	c	c
1874	4	3,432	858	0	0	0	c	c	c
1875	4	3,450	863	0	0	0	c	c	c
1876	5	2,350	470	1	2,000	2,000	c	c	c
1877	26	22,986	206	1	2,000	2,000	c	c	c
1878	95	33,596	168	1	2,000	2,000	c	c	c
1879	151	40,616	152	10	3,290	329	c	c	c
1880	151	43,041	168	39	6,280	161	120	1,211	10
1881	148	43,886	177	90	10,447	116	369	5,894	16
1883	141	44,386	190	207	20,487	99	573	12,071	21
1885	139	44,456	193	218	18,750	86	744	15,397	21
1887	136	45,839	208	221	18,896	86	741	15,112	20
1889	134	47,681	225	218	17,432	80	695	14,421	21
1891	134	48,701	232	252	19,796	79	678	13,827	20
1893	133	48,416	232	604	31,030	51	—	—	—
1895	133	48,951	236	792	49,967	63	—	—	—
1897	58	13,630	113	1,217	149,286	123	—	—	—
1899	0	0	0	1,561	209,973	135	—	—	—

注：[a]單位為千日元。

[b] 不包括第 15 國立銀行，資本額是 17 800 000 日元。

根據Hugh T. Patrick的《日本 1868～1914》，引自Rondo Cameron編著的，《 工業化早期階段的銀行業:經濟史比較研究》(紐約:牛津大學出版社，1967 年)，第 248 頁。

表7.6

棉紡織品生產（1880～1900）

年份	棉線				棉布	
	數量[a]		價值[b]		價值[b]	
	生產	出口	生產	出口	生產	出口
1880	0.156	0.000	---	0.000	---	---
1882	0.360	0.000	---	0.000	---	---
1884	0.635	0.000	---	0.000	---	---
1886	0.747	0.000	---	0.000	---	
1888	1.529	0.000	3.584	0.000	12.3	0.2
1890	5.032	0.001	8.982	0.002	13.6	0.2
1892	9.838	0.005	15.621	0.008	19.1	0.5
1894	14.305	0.566	25.810	0.956	27.2	1.9
1896	19.277	2.076	39.661	4.029	39.1	2.2
1898	30.936	11.013	56.286	20.117	48.7	2.6
1900	30.981	10.019	73.620	20.589	61.30	5.7

注：[a]單位為百萬貫（1貫=3. 75千克=8. 278磅）。
[b]單位為百萬日圓，按時價。
根據Keijiro Otsuka, Gustav Rains, Gary Saxonhouse的《發展中的比較技術選擇：日本和印度的棉紡織業》（紐約：Macmillan出版社，1988年），第28～29、47頁。

充當了日本棉紡業發展先鋒的人們贏得了「堅強企業家」的名聲，其中沒有人比澀澤榮一更加出名。澀澤榮一有著巨大的個人魅力和準確的商業敏銳性，還有某種無賴般的肆無忌憚。一八六四年，澀澤榮一離開江戶西北部自家興旺的農場，成為明治時期日本最著名的商人。澀澤榮一曾經作為大隈重信的下屬在大藏省任職過一段時間，為擬訂地租改革的計畫和近代銀行制度發揮了關鍵作

澀澤榮一

用。一八七三年，他辭官出任第一國立銀行行長和日本第一家股份公司「王子製紙株式會社」的經理。在十九世紀八〇年代裡，精力充沛的澀澤榮一參與組建了近五百個不同企業，涉及製造、保險和交通等不同行業。在他比較成功的事業中，有創辦於一八八二年的大阪紡織公司。澀澤榮一覺得官營紡織廠的規模太小——每家只有二千個紗錠，註定了它們不能盈利。於是動用他在銀行業的關係，從他自己的第一國立銀行獲得了一筆貸款，然後說服一些有錢有勢的朋友向他的新股份公司共投資二十五萬日圓。有了手頭的資金，澀澤榮一向世界上紡織機器的主要製造商曼徹斯特的布萊特兄弟購買了一萬個紗錠，安裝在參照蘭開夏一家紡織廠而建的工廠裡。二十世紀頭十年，大阪紡織公司和其他紡織廠合併，成立了領先世界的紡織品製造公司——東洋紡織公司。

東洋紡織公司和日本其他紡織公司獲得國際競爭力，不僅是因為如澀澤榮一這樣的企業家善於籌集資本，也是因為日本商人在十九世紀八九十年代實行了一系列重要的技術改造和革新。如澀澤榮一把蘭開夏的紡織廠照搬到大阪並配備了布萊特兄弟的機器，這表明日本在技術知識上依賴於西方。這種依賴性導致了一個不利的觀點：日本人只會借鑒、模仿，不會發明。但是，那些急於將日本人稱為

「技術模仿者」的人忽略了關鍵的一點：全盤引進那些經過檢驗而且花費得起的技術，不言而喻是日本於十九世紀末最迅速趕上西方的方法。此外，模仿產生創新，日本的紡織品生產商把他們從國外引進的原型做了更動，使它們適應日本國內的情況；而且還另闢蹊徑把其中一些構成要素加以組合，有時竟使生產效率比國外的更高。例如，澀澤榮一通過從中國進口原棉，把他的第一家紡織廠建立在勞力資源豐富的傳統棉布業中心大阪，降低了生產成本。此外，一八八六年，澀澤榮一在他的工廠裡都裝上了電燈，成為世界上第一個這樣做的紡織品生產商；之後他又安排工人輪班生產，這樣一來，昂貴的進口機器就可以一天二十四小時運轉了。

澀澤榮一也是日本最早把在英國占統治地位的「繆爾」(mule)走錠精紡機換成環錠精紡機的廠商之一。「繆爾」走錠精紡機的優點是可以把普通級別的原棉紡成品質精良的紗，但是它們不得不由熟練的高薪工人操作。由於環錠精紡機可以在紡紗的同時把紗線捲成筒，這樣一來效率高得多，但是這種機器要求等級高一點的原棉。想使用環錠精紡機的日本革新家設計出把多種等級稍低的原棉混合在一起的方案，克服了這個特殊的不利因素，生產出一種適合在國內和國外市場銷售的紗線。然而，這種混合的新式紗線往往容易折斷，因此需要別的工人把線接起來。澀澤榮一和其他工廠主還想通過這種方法削減資本成本，即把環錠精紡機上原來的金屬線軸換成木頭的。但是木頭線軸需要經常更換，反而增加環錠精紡機上的人手。對於這一點，日本現代紡織業的先驅們也有對策：他們解雇了原先招來操作環錠精紡機的高薪熟練男工，代之以年輕女工。她們會接受相對低的工資，做相對簡單的工作，例如把原棉混在一起、換線軸、接合斷裂的混合紗線。

因為建立了和西方同行業一樣高效且具競爭力的製造業企業，日本早期的實業家們感到非常自豪；但是澀澤榮一和其他一些人常常自謙地說，他們的成就不過是對國家無私而忠誠的報效。借用西方的技術無可厚非，但明治晚期沒有多少靠自己的努力取得成功的商人想和國外稱頌個人利益的經濟個人主義發生關係。澀澤榮一於一九一五年說道，他的唯一抱負是「把一生奉獻給實業的發展，通過實業我想我可以履行我對祖國的義務。從事業剛起步時我就沒有想過個人聲名和家庭財富。我的強烈願望是推動國家的集體福利，發展日本的實業，增加公眾財富，提高大小經商者的地位，使他們處於和歐美商人同等的地位」。6

在某種程度上，這種商業思想也是有其目的的，它逃避了有關個人財富積累的問題，遠在大多數普通日本人知識範圍之外。然而從不同的視角來看，在十九世紀的最後幾十年，一套強調商人無私和愛國美德的花言巧語或許是不可避免的，當時國家做了許多事來樹立公民道德的信條，空氣中都彌漫著有關「國體」、「國民」的言論。澀澤榮一一再聲稱他投入了全部精力推動「集體福利」，「絲毫沒想過個人名利」，這些言辭當然也從建立早期財閥的其他那些人嘴裡說出。所謂財閥，即把大規模的公司形式、近代管理原則和重工業引進到日本的企業集團。

大商業、重工業和財閥

三井、三菱、住友和安田是日本商業史上的四大財閥。它們在明治時期開始成形，儘管「財閥」這個詞本身直到二十世紀頭十年才廣為人知。每個財閥集團都由一個法律性質不同的公司和子公司的廣泛網路構成。在每個財閥內部，各公司從事各自的專門化商業活動，但是也通過個人和歷史上的關係、共同的所有權、由顧問委員會設定的集體目標、連鎖董事會、資金和技術的使用權等聯結在一起。和輕工業中盛行的小企業不同，每個財閥都控制著自己的金融機構，為它長期的企業規劃和融資提供可靠的基礎。財閥也得益於政府的支持和保護，後者進一步幫助四大財閥發展，接著又控制了經濟的近代部門，例如採礦、造船、機械製造、金屬製造、化學工業等重工業。

財閥的另一個特徵是強有力的領導。這使三井屋經受住了維新年代的混亂，最後成為日本最大的企業集團。開始把三井家族從作為最卓越商人基業的一系列「越後屋」吳服店切離的，是精明有心計的三野村利左衛門。根據三野村利左衛門所自述的多姿多彩生活經歷，他一八二一年出生於信濃一個貧窮的浪人家庭，青年時期在成為江戶的一名放債人之前是個普通勞動者和小販。巧合的是，他的店鋪離一八六三年至一八六八年間任幕府勘定奉行的小栗忠順的宅邸和官署不遠。小栗忠順對三野村利左衛門能熟練使用算盤和通過操縱貨幣牟利印象深刻，於是把這位年輕人推薦給三井在江戶的業務負責人，後者雇用了他作為店員。

三野村利左衛門很快就向三井屋證明了自己的價值。作為一個大膽鼓吹恢復德川政權的軍事實力、懲罰異己諸藩的人，勘定奉行小栗忠順常常強行向幾個主要的商人家族攤派他提議的軍事和經濟改革所需的費用。一八六六年，一連好幾次的搜刮威脅到了三井吳服店的生存，三野村利左衛門誘使他以前的恩人大幅度降低了幕府的索求。然而，感激好像不是三野村利左衛門情感的組成部分。就在兩年後，當時已經成為三井家族核心成員之一的三野村利左衛門預計幕府將要垮臺，於是說服三井家族向天皇軍隊慷慨解囊，幫助西鄉隆盛及其同盟者向江戶進軍並取得戊辰內戰的勝利。當所有那些戰爭結束時，小栗忠順成為唯一一個被明治新政府處決的幕府官員，而三野村利左衛門已經躍居三井家族中最具影響力的成員了。

三野村利左衛門和三井家族不久就因把賭注壓在天皇軍隊上而獲得豐厚回報。一八六八年初，明治政府的新領導人委任三井家族掌管政府的賦稅收入。新政權一心擊退反對派，把政治控制權推向全國，於是給了三井家族在確定向公眾徵稅的手續上廣泛的行動自由。結果直到一八八二年松方正義成立日本銀行為止，三井家族一直可以免息使用政府的賦稅收入。這筆橫財促使三井家族請求政府同意他們開設自己的銀行。在政府許可下，一八七六年，三井成立了日本第一家私人商業銀行。在隨後的幾十年裡，隨著三井銀行在全國各地的三十幾個主要城市開辦分行，吸收顧客存款，再加上吳服生意的利潤，三井家族為向貿易業和採礦業擴展籌措了足夠的資金。

一八七七年三野村利左衛門逝世後，益田孝成功地引導三井家族朝著新方向前進。益田孝是幕府胥吏的兒子。一八六四年作為幕府使節團的一員到過西方，後來得到執政者井上馨的照顧。後者是長州藩的激進主義分子，曾經促成各藩結為同盟推翻了幕府。因為與統治階層內部人員有著這樣一種關係，在西鄉隆盛叛亂期間，益田孝得到了為政府軍供應物資、有利可圖的差事，後來又為剛成立不久的三井物產會社取得了專營政府在九州富饒的三池煤礦所有煤炭的權利[7]。一八八八年，當執政者決定出售礦山時，益田孝積極競購，把三池的煤炭變成了「三井的金子」。益田孝行動迅速，又得到其他一些礦山，把它們合併到新組建的三井礦山會社，並在天津、新加坡等地成立了分支機構，宣布整個亞洲市場為其所有，甚至趕走了澳大利亞的競爭對手。

中上川彥次郎規劃了三井家族的下一步發展，他帶領公司朝著工業的新方向努力，並著手把三井的不同企業改組成一個發育完全的財閥。中上川彥次郎是福澤諭吉的外甥，一八六九年十五歲時離開了九州的家鄉來到江戶，在他舅舅的慶應義塾就讀。在把一些經濟學、美國的政治學和世界地理的英文著作翻譯成日語後，十九世紀七〇年代中期中上川彥次郎去了倫敦。歸國後他曾任職於當時由井上馨領導的工部省，一八七九年又跟隨井上馨進了外務省。一八八一年中上川彥次郎辭去公職，次年成為福澤諭吉新辦的日報《時事新報》的主編。一八八七年，不安分的中上川彥次郎又離開了那裡，開始掌管一家私人鐵路公司。

一八九一年夏，在教育、公職、新聞業和私營企業等領域都有所建樹的中上川彥次郎，在三井家族長期以來的心腹朋友井上馨的推薦下，被選中成了三井銀行的董事，當時的三井銀行由於十九世紀八〇年代末幾次不良放款已經陷入了危機。中上川彥次郎立即讓人們感覺到了他的存在。銀行的帳目使他警覺，所以他猝然終止了銀行由於感激明治政權給予三井家族無數恩惠而向政府官員提供無擔保貸款的慣例。而且，他還在某些政府高官沒有按計劃歸還抵押借款時查封了他們的私邸。他也向京都極其影響力的東本願寺追討不良貸款，使東本願寺的住持不得不發動全國性的募捐活動來還債，結果使去要債的銀行家成為各地佛教信徒討厭的人。

整頓銀行業的成功增強了中上川彥次郎的信心，他說服三井領導層的其他人著手投資工業企業。他預見到對紡織品的世界性需求還會繼續擴大，因此購買了若干棉紡織會社，包括鐘淵紡織廠，後來他把它建設成為日本最大的紡織廠之一。而且，一八九三年秋政府公開拍賣富岡繅絲廠時，三井銀行以低價搶先將它購入，增加投資擴大了它的生產規模，使其成為一個贏利的企業。除這些之外，中上川彥次郎還得到了王子製紙株式會社和芝蒲製作所，為二十世紀三井成為世界上最具影響力的工業聯合企業之一奠定了基礎。

就在改革銀行時，中上川彥次郎開始堅定地提倡運用他認為更理性、更現代的商業組織代替古老的三井家族會議。一八九三年，他把三井銀行、越後屋吳服連鎖店（後來改名為三越百貨店）、物產和礦山四事業改成分離的股份公司，並設立一個執行委員會協調規劃。在一九〇九年完成的新結構安排之下，三井家族的成員掌握了每一家公司已發行的全部股票；越來越多從慶應大學和其他主要大學招募富有經驗的職業商人管理企業；控股公司決定一般的政策，制定共同的策略，做出影響到旗下所有公司事務的經營決定。

其他財閥的發展方式和三井相似，儘管每一個財閥都形成了各自獨特的企業文化。岩崎彌太郎——人們心目中一個頑強、傲慢的人，創立了後來成為日本第二大財閥的三菱。岩崎彌太郎出生於土佐藩的一個農民家庭，青年時期購買了低級武士的身份，並於一八六七年加入土佐藩在長崎的貿易活動。為了獲得西方的技術和武器，該藩早在長崎開辦了一些機構。不久岩崎彌太郎就因為還清了土佐商人多年來積欠外國人的大筆債務而薄有聲名。一八七一年廢藩置縣時，土佐藩藩主出於感激，把十一艘船和一筆數量可觀的現金贈送給他，並給予他樟腦、茶葉、乾鰹和木材等藩營企業的控制權。

一八七四年，岩崎彌太郎大走鴻運，因為明治執政者決定按虛價把十三艘汽船賣給他，因為他們認為設備優良而且政府給予援助的私營海運公司，既可以滿足日本的戰略需要，又可以通過減少對外輪的依賴，幫助解決長期的貿易逆差問題。在確定了「私營公助」的政策後，一八七五年九月，政府把它剩下的近代汽船都移交給岩崎彌太郎，還同意給他補助。岩崎彌太郎十分高興，在船上畫上了不久後就聲名大噪的「三顆鑽石」的三菱標誌，並成立了總部設在東京的三菱汽船會社。新公司的汽船很快控制了日本水域，而且遵照政府的指示，開闢了橫濱到上海的航線。使許多人震驚的是，在短短的時間內，岩崎彌太郎用他最喜歡的降價策略迫使大英輪船公司（簡稱P&O）退出上海至橫濱航線。後來，岩崎的船隊取名為NYK（日本郵船會社），開闢了到中國、朝鮮和俄國的航線。到十九世紀末，NYK已經越出了亞洲的基地，成為在日本、澳大利亞、美國以及歐洲各港口之間航線上的國際領導者。三菱的三顆鑽石已成為全世界都會銘記的標誌。

隨著利潤滾滾而來，岩崎彌太郎很快又開始了新的努力。一八七八年，他創辦了東京海上保險會社，兩年後又開始經營倉庫和放款業務，後者發揮了為三菱各項事業提供貸款的作用，後來演變成三菱銀行。第二年，在他不斷增多的公司中又增加了位於長崎南面一座小島上的官營高島煤礦。一八八七年，三菱從明治政府手中以寬鬆的條件購買了長崎造船所，同年這個日益壯大的集團闖入了房地產投機領域，再次以優惠價格購得東京市區皇宮以南的大片政府土地，後來三菱公司把它發展成繁榮的丸之內商業區。一八九三年，接替其兄長的岩崎彌之助成立了三菱股份有限公司（三菱株式會社）。新公司完全為三菱家族所有，集中控制合併成股份有限公司內各部分的不同三菱企業的活動。

住友和安田兩大財閥的企業把更多精力集中於它們主要的核心業務。近世早期住友家族是大阪的大商人家族之一。他們靠從別子銅礦開採的礦石發跡，並成為官方指定的幕府供銅商。十九世紀早期別子銅礦的產量大幅度下降，但是明治時代經濟的大規模發展使住友家族獲得了新生。他們聘請外國工程師，在礦山引進西方技術，結果在一八六八年至一八八五年之間銅礦產量增加到原來的三倍。礦業的基礎穩固後，住友開始擴大經營範圍，到明治末期它的事業已經涉及銀行、倉庫、金屬加工等行業。其貿易部門出口銅、煤炭、茶葉和生絲，承運的則是一八八二年在住友指導下由大約五十家小公司組成的大阪商船會社（OSK）。

安田財閥集中精力於銀行業。它的創始人安田善次郎聲稱他在家鄉富山叫賣鮮花時賺到了第一筆錢，其後於一八六四年到江戶，成為街上的一名貨幣兌換商。在明治維新混亂不堪的那些年頭，安田善次郎顯示出操縱兌換行情的非凡天分，積累了資金，於一八八〇年開辦了自己的銀行。安田善次郎是個不怕難為情的吝嗇鬼——自帶午飯上班，為了趕上大清早打折的東京新電車，天剛亮就出門。他去世時是日本最有錢的人之一，擁有十九家銀行、三個保險會社、三條鐵路和一家電氣公司。雖然安田善次郎毫不留情的經商手法為自己帶來了巨大財富，但是他也像澀澤榮一一樣，把自己的成就歸結於為了國家的目標和服務於同胞。安田善次郎曾經帶著一臉的真誠，宣稱他從未在不先確定「企業目的的正當性，且為了促進人民福利和社會進步的公眾利益而營業」[8]的情況下開辦公司。

還有許多新的大企業依然獨立於新興的財閥，包括川崎正藏的築地和兵庫造船所、鈴木製糖公司以及幾個重要銀行。與此相似，十九世紀八九十年代出現了許多作為獨立企業的私人鐵路公司。私有鐵路的建造可以回溯到松方正義被任命為大藏卿之時。松方正義強烈鼓吹私人企業，擱置了由國家建造並管理鐵路的政府計畫，正如他對造船業那樣，開始實施通過政府補助和其他形式援助扶植私人鐵路發展的政策。政府策略轉變的第一批受惠者是一些投資者。他們於一八八一年成立了日本鐵道會社，而且政府批准他們建造從東京向外發散的四條幹線。但是執政者所做的不僅僅是把鐵路的鋪設權交給新企業，為了確保日本鐵道會社能籌到足夠的資金並為未來的事業樹立一個成功的先例，政府向股東保證每年按資本給他們百分之八的利潤，把土地借給會社，免去會社所屬房地產的租稅，甚至勘定並建造了從東京往北至青森的幹線。

表 7.7

明治時期的鐵路（1872 ～ 1907）

（單位：英里）

年份	國有鐵路	私人鐵路	總長	私人鐵路百分比
1872	18	0	18	0
1876	65	0	65	0
1880	98	0	98	0
1884	182	81	263	31
1888	506	406	912	45
1892	551	1,320	1,871	71
1896	632	1,875	2,507	75
1900	950	2,905	3,855	75
1904	1,461	3,232	4,693	69
1907	4,453	446	4,899	9

根據斯Steven J. Ericson，《汽笛聲：明治時期日本的鐵路和政府》（劍橋：哈佛大學東亞研究中心，1996年），第9頁。

一八八四年，日本鐵道會社的收益超過了期望值，一股投資熱潮席捲了日本，一八八五年到一八九二年之間，申請成立私人鐵道會社的有五十多家。政府給其中的十四家頒發了特許執照，並向十家提供相同類型的補助，以及使日本鐵道會社得以迅速成功的收益保證和租稅減免政策。結果是驚人的，按照總資產來估量，私人鐵道會社占了日本十大股份公司中的七家。到一八九〇年，私人鐵道會社控制的鐵路線長度已經超過了官營鐵路的長度。一九〇七年，日俄戰爭後政府決定把鐵路收歸國有時，私人會社鋪設的近八千公里鐵路已經縱橫日本所有主要島嶼。人們受到舒適的設備如車廂內的電燈、餐車、隨車的廁所等的誘惑，開始喜歡乘坐火車，乘客人次從一八九〇年的二千三千萬上升到十年後的一億一千四百萬。就在人數增長的同時，許多私人會社引進了現代企業制度，比如聘請受過教育訓練有素的職業經理，發展精妙的管理結構。廣受歡迎的火車旅行也產生了工業上的新行動：一九一二年，第一輛完全由日本自己製造的蒸汽機車上路行駛。這一年，正是四十年前日本首位正式的鐵路乘客明治天皇在位的最後一年。

「犧牲在工業進步的祭壇上」

一八七七年，古河市兵衛購買了從日光的德川家康陵墓穿過一個山口就能抵達的櫪木縣足尾銅礦。古河市兵衛是京都一個豆腐商的次子。他的經歷是明治經濟夢的具體表現：他通過出口生絲積累了一筆相當大的財富，然後又在一八七一年成立了日本第一家機械化繅絲廠，使財產成倍增加。他接手足尾銅礦的業務時，銅礦的產量正在不斷萎縮。古河市兵衛親自帶領礦工下到危險的廢礦井，最後於一八八四年發現了一大條新礦脈。他用他能買到的最好技術設備開採這條礦脈。到一八九〇年，足尾生產了日本近一半的精煉銅，成為亞洲最大的銅採煉聯合企業。一八九九年，經一份具影響力的月刊的讀者投票，古河市兵衛這個出身低微但為自己取得了成功、為日本創造了財富的人成為「明治十二偉人」之一，與伊藤博文、福澤諭吉、澀澤榮一等人同列。

足尾銅礦的一萬一千名工人中不會有多少人同意這個評價。十九世紀八〇年代，他們在危險的環境下長時間緊張地工作，手工鑿出安放炸藥的爆破孔，埋頭用鐵錘和鑿子開採含礦的岩石，並把裝滿礦石的手推車推到地面，然後把礦石碾碎、冶煉。一八九〇年，古河市兵衛建立了日本首家水力發電廠後，情況有所改善，風鑽和電氣化軌道方便了井下作業，離心式鼓風機使井下空氣涼爽乾淨。然而，其他危險和苦難依然存在。儘管礦山的官員對礦井幾乎未加管理，他們還是向工人索要回扣。到十九世紀末，礦山主要通過治安維持會自我管理。維持會推行殘酷的懲罰，經常割耳朵、鼻子或者斬四肢，甚至把冒犯者活活打死。為了彌補勞力的不足，從櫪木縣監獄招來了冷酷的罪犯，加劇了礦井裡的緊張狀態。一八八一年，五名該受罰的工人制服了警衛，從坑道裡逃跑，逃進了周圍山區。當局抓獲了四名逃逸者，但是不得不雇用十八個當地獵人追捕最後一人，直到開槍將其打死。

在這種情況下，招收工人實屬不易。古河市兵衛不得不依靠旅館老闆——他們是獨立的代辦人，負責雇用工人，安排工作任務，分配工資，並為私人旅館裡由他們看管的人提供食宿。儘管如此，礦工的工作和生活條件仍然惡劣。旅館老闆都為人苛刻。據一位新聞記者說，住的地方「就像用木板堆積起來的長長的兵營，薄薄的屋頂上壓著成排大小不一的石頭。屋子既沒有天花板也沒有地板，粗糙的草墊子鋪在敞開的爐膛四周空曠的地面上。沒有天花板，沒有榻榻米，沒有傢俱。經常垃圾成堆，餐具污穢不堪，被褥上落滿油煙灰塵，第一次看到這些髒東西的人會完全說不出話來」。[9]

古河市兵衛不受礦山工人歡迎，對居住在渡良瀨川流域的人們來說他更是個惡棍。足尾冶煉廠把廢水排放到河裡，早在一八八〇年當地居民就習慣了看見死魚在渡良瀨川漂浮。到十九世紀八〇年代後期，水裡的幾乎所有生命都已從該流域消失，近三千戶靠在河中捕魚為生的家庭陷入貧困。接下來的十年情況更加糟糕。採礦業務的擴大產生了對木材的無止境的需求——木材用來撐住坑道連接電氣化軌道，還生產了數噸用於熔化和煉銅的木炭。古河市兵衛砍掉了足尾周圍山坡上的樹木，結果幾乎沒有植被來阻止冬夏兩季雪水和雨水的流失。一八九〇年，洪水使谷底淤積了一層厚厚的泥沙。對村民而言，死亡之手已經掠過他們的土地。草木枯萎，秧苗不會生長，用受影響區域的樹上採摘下來的桑葉餵養的蠶死了，在野外勞動的男女手腳都化膿。

受害地區選出的第一屆眾議院代表，曾經參加過民權運動的田中正造，通過努力引起了國家對污染事件的關注。田中正造是櫪木縣一個農民的兒子，自學成才，他強烈地主張普通人「不應該被犧牲在工業進步的祭壇上」。一八九一年十二月，田中正造在議會發言時指出，即將生效的法律明確聲明「採礦企業危害公眾利益時，農商務省應收回授予的特許權」，他質問政府該做些什麼來減輕渡良瀨川流域人民的痛苦[10]。兩個月之後他再次挺身而出，慷慨陳詞：「政府已經拋棄了憲法規定它有責任加以保護的人民。毀滅人民就是毀滅國家。所謂的『政府』知道自己在做什麼嗎？」[11]

一八九二年初，東京的官員做出了答覆。農商務省的某人寫道：「國家由足尾銅礦所得的公眾利益，遠遠超過受害地區的任何損失。」[12]結果，政府的報告認為情況還不能證明具有關閉銅礦的充分根據。而且，政府發言人後來解釋，足尾污染事件證據的數量還沒有嚴重到使人相信「危害公眾利益」。這意味著政府在這件事上沒有法定的立場，因此救濟措施是可以由銅礦所有者與該地區人民之間商定的私事。政府不加干涉的政策導致了田中正造擔心的環境災難：在十九世紀九〇年代末之前，砷、鉻、硫磺酸、氧化鎂、氯、氧化鋁以及其他污染物毀壞了至少二十六平方公里農田，為數千個家庭造成了嚴重的經濟損失。雖然在科學方面的證據上一直都有爭論，但是大多數觀察者也都同意這一點：污染物使整條河流沿岸村鎮居民的死亡率高於正常，並且健康狀況普遍不佳。

由於問題不斷增多，渡良瀨川流域的人民組織了抗議運動。起初，他們向政府請願，要求救濟受害民眾，關閉足尾銅礦。接著，一八九七年，八百位村民前往東京，向官府抗議，其中的活躍分子還私下和政府官員見面，並最終說服農商務省大臣親自視察遭到破壞的村莊。同時，田中正造繼續在議會抨擊古河市兵衛，報紙也在頭版登載有關污染的事件。許多著名批評家，包括社會主義者幸德秋水和記者德富蘇峰，開始呼籲政府採取行動。

由於對日益高漲的公眾呼聲十分敏感，同時也為其官員在視察渡良瀨川流域時的見聞所苦惱，一八九七年五月，農商務省命令足尾銅礦的管理部門設立安全的場所存貯廢棄礦渣，建造過濾池淨化礦井水，安裝石灰水噴灑器中和從礦山煙囪裡冒出的酸霧。政府的命令規定了礦山方面答應要求的確切日期，並警告如果過了最終期限，礦山將被封閉。由於別無選擇，古河市兵衛安裝了污染控制裝置。到一九〇四年，足尾下游的許多村莊已經開始報告說有了比較正常的收成。

雖然情況有所改善，但是污染並沒有從渡良瀨川流域消失。首先，沒辦法清除或中和早已堆積在河床的污染物，此外，十九世紀末世界上每個地方的採銅業都是個非常骯髒的行業，當時沒有技術能完全淨化礦業的廢棄物或保護生態環境免遭破壞。結果，生活在渡良瀨川一帶的居民幾代以來依舊大量病倒。隨著日本第一起污染事件在國民意識中的淡化，一些家庭只得繼續忍受他們的痛苦，另一些則求助於現代司法制度。直到一九七四年，在銅礦採掘告罄，礦井關閉一年之後，在政府的調停之下，古河礦業公司和污染受害者之間才達成了最後的和解。

近代經濟的確立

十九世紀八〇年代，煙囪往外冒煙的景象和穿梭於城鄉間的火車的熟悉汽笛聲，告訴人們一個明白無誤的資訊：一代以前還是個與世隔絕的農業國的日本，已經朝著近代經濟的方向前進。到十九世紀末，製造業已牢固確立，近代前的生產方式日漸讓位於機械化的工業生產，不可逆轉的結構變化正充分展開。而且，經濟各部門的發展超過了日本的人口，因此人均產出持續增長。這是近代經濟的另一個指示器。製造業的增長率最快，相對於農業它每年都在國民生產總值中佔據了較大份額(參閱表7.8)。表7.2和表7.3的資料說明形成中的經濟現代性的另兩個特徵：技術先進的重工業的初步崛起，以及紡織品

表 7. 8

經濟結構變遷（1868 ~ 1910）

A. 農業和製造業的比例變遷

年份	國內生產總值*	農業	製造業
1885	3,774	42.1	7.0
1890	4,639	39.8	7.9
1895	5,375	37.0	8.9
1900	5,966	34.7	11.2
1905	6,214	31.6	12.6
1910	7,424	30.9	15.6

*單位：百萬日圓，按1934～1936不變價格。

B. 商品出口

	食品%	原材料%	半成品%	成品%	其他%	總計%
1868 -1870	4（31）	4（25）	6（41）	0（1）	0（2）	14（100）
1871 -1875	7（39）	3（18）	7（37）	1（3）	1（4）	19（100）
1876 -1880	10（38）	3（12）	11（41）	1（5）	1（4）	27（100）
1881 -1885	11（31）	4（12）	16（46）	3（8）	1（3）	35（100）
1886 -1890	16（26）	7（12）	26（45）	8（13）	2（4）	59（100）
1891 -1895	19（19）	10（12）	46（46）	24（23）	4（4）	102（100）
1896 -1900	22（13）	20（12）	81（47）	45（26）	5（3）	173（100）
1901 -1905	35（12）	27（9）	133（46）	85（30）	8（3）	288（100）
1906 -1910	47（11）	39（9）	197（47）	132（31）	6（2）	421（100

*單位：百萬日圓，按當年物價計算的年平均數。

根據Penelope Francks的《日本的經濟發展：理論和實踐》（倫敦：Routledge，1992年），第39頁，以及Shinya Sugiyama的《世界經濟中的日本工業化1859～1899》（倫敦：Athlone出版社，1988年），第224、225頁。

和其他工業產品取代早先作為出口主導產品的農產品和原材料所帶來的出口貿易模式的變化。

記述日本對經濟現代化的追求，比解釋和其他許多國家的經歷相比，何以這個國家的成功來得明顯快速要容易一些。無疑地，德川時代的遺產對明治時期的大形勢有著重要影響。十八世紀和十九世紀早期手工藝、原始工業化的成長和經濟作物的發展提供了大量知識、技能和組織經驗。這些在維新之後對於擴大商品化農業和以農村為基礎的製造業都很有用。與此相似，德川時代銀行服務機構的出現為明治時期的創業者樹立了可貴的先例。和十九世紀八九十年代出現的近代金融機構相比，老式傳統的貨幣兌換商和德川後期的商人家族對於買賣有著深刻的理解，並且十分熟悉存款的吸收和重新投資、信用證和貼現匯票的使用，運用現金墊款和其他信用工具為家庭手工業提供資金。他們的實踐為明治時期開辦商業銀行和準銀行的人提供了一套指導。或許還可以說，在日本進入明治時期時，紀律、勤奮、犧牲、節儉，以及忠於家庭和集體等傳統價值對於全體公民也很有幫助。

德川時期的遺產提供了適宜商業成長的肥沃溫床，但是明治時代的政府官吏和私營企業家也做了其他的必要工作，比方從西方引進產業資本主義制度，把近代生產技術移植到日本的土壤，促使近代經濟開花結果。並非政府的每一鏟子下去都能發掘出有用之物，模範工廠就是個例證。但是，明治政府的某些貢獻對於進行「殖產興業」的奮鬥是必要的。在這方面，構建基礎設施的努力，還有執政者通過保證其利潤和給予營業補助扶植造船業和鐵路等重要事業的決定就很突出。制定政策是更為複雜的問題。德川氏將軍已經發現了商業發展的某些好處，只要他們能緊密控制並防止其擾亂政治和經濟現狀。與此不同，明治政府的領導階層把經濟增長視為解決德川後期積累的財政問題的手段，以及在具有潛在危險性的西方面前維護日本自治的途徑。結果，雖然有時明治政府的不同執政者會贊成相反的工業策略，比如大隈重信和松方正義對於自由資本主義的效用問題就擺出了不同的姿態，但所有領導人都一致同意必須把發展近代經濟作為國家的目標。

國家目標的一致認定，有助於煥發日本各地企業家的活力。無論如何，他們被自己對更廣闊的經濟前景的憧憬所驅動。在追求經濟現代化的先驅中，有數量驚人的一批人生活在享有相對自治權的地方，經營著他們的紐扣廠、金箔作坊和繅絲廠；其他人則建立了實力更強的企業；少數人像岩崎和安田，則作為商業帝國的領袖譽滿全球。但是，無論這些男女在明治經濟史豐富複雜的板塊上處於何種位置，他們都在籌集資金、匯聚資源，獲取技術並加以改造使其適合國情，生產出售給國內同胞和海外顧客的產品。一些政府政策，尤其是十九世紀八〇年代早期松方正義的通貨緊縮計畫，創造了使持續增長成為可能的穩定環境，為那些實業家鋪平了道路。但說到底還是日本企業家個人的主動性為明治的經濟夢想注入了活力。

日本的經濟成就也帶有幾分幸運，幾乎有點意外之喜的性質。在某些方面，日本是幸運的。早在培里來航的數十年前，西方已經走上了工業化的道路。作為一個後發展的國家，這個剛開放的島國可以學習歐美的經驗，利用他們的技術創新。同時，十九世紀七八十年代的西方還沒有遙遙領先到讓日本人對趕上他們感到絕望，實際上，當時東西方的差距很小，足以鼓舞人們下定決心去縮短這個差距。在日本開始其發展經濟的旅程時，新的市場網路在全球範圍內出現了，這一點也對日本有利。十九世紀下半葉，交通和通訊的革命把世界變為一個全球性的市場。使日本人高興的是，他們發現自己早已發展了製造業，不久就能生產外國人需要的多種商品，從茶葉、生絲到金箔、紐扣和棉紡織品。

明治時代的早期，經濟發展出現了加速的趨勢。二十世紀初，日本在它最初的成功基礎上逐步成為世界主要經濟強國之一。但是，正當國家的全面發展似乎充滿活力地進行時，許多普通民眾很氣憤地發現，他們不得不忍受發展帶來的負擔。那些知識份子在日本最受尊敬的雜誌投票評選古河市兵衛為「明治十二偉人」之一，並認為他的足尾銅礦對國家的經濟現代化大有貢獻。但是這個企業的發展使大量未被讚頌過的工人在有損健康甚至縮短生命的環境下苦幹，以及普通家庭不得不喝有毒的水，吃種植在被污染土地上的食物。他們付出了令人吃驚的代價。日本對「富國強兵」的追求製造了無數英雄，同時也產生出大量為了國家強大而付出高昂代價的犧牲品。

論戰和鬥爭充斥著明治時期。在民權運動中，伊藤博文以及其他執政者在關於何種憲法和代議制政府制度最適合日本的問題上與反對派意見不一。古河市兵衛和田中正造對於日本的經濟發展也提出了根本不同的觀念。古河市兵衛這個不同尋常的資本家接受日本必須儘快工業化的主張，把生態和人類為此付出的代價降到了次要地位；而日本環境保護論者的先驅田中正造則認為，經濟近代化的首要目標是為人民的福利做出貢獻。當十九世紀漸近尾聲時，全國各地的人們也就家庭、教育、宗教和工作場所的條件可以如何改變等問題，提出了互競長短的意見，表明了他們對明治夢想的態度。

1 Thomas C. Smith, Political Change and Industrial Development in Japan: Government Enterprise, 1868-1880 (Stanford: Stanford University Press, 1955), p. 26.

2 譯注：即「郵政之父」。

3 Steven W. McCallion, 「Trial and Error: The Model Filature at Tomioka,」 in William D. Wray, Managing Industrial Enterprise: Cases from Japan's Prewar Experience (Cambridge: Council on East Asian Studies, Harvard University, 1989), p. 90.

4 Smith, Political Change and Industrial Development in Japan,p. 42.

5 Matsukata Masayoshi, Report on the Adoption of the Gold Standard in Japan (Tokyo: Japanese Government Press, 1899), p. 54 (modified).

6 Kyugoro Obata, An Interpretation of the life of Viscount Shibusawa (Tokyo: Tokyo Printing Company, 1937),pp. 136-39 (modified).

7 譯注：三井物產會社成立於一八七六年七月一日，是個綜合貿易公司。

8 Johannes Hirschmeier, The Origins of Entrepreneurship in Meiji Japan (Cambridge: Harvard University Press, 1964),p. 232 (modified).

9 Nimura Kazuo, The Ashio Riot of 1907: A Social History of Mining in Japan, ed. Andrew Gordon, tr. Terry Boardman and Gordon (Durham: Duke University Press, 1997), p. 38 (modified).

10 F. G. Notehelfer, 「Japan's First Pollution Incident,」Journal of Japanese Studies 1:2 (Spring 1975), p. 364 (modified).

11 Kenneth Strong, 「Tanaka Shōzō: Meiji Hero and Pioneer against Pollution,」 Japan Society Bulletin (London) 67 (June 1972), p. 10 (modified).

12 Kenneth Strong, Ox against the Storm: A Biography of Tanaka Shōzō-Japan's Conservationist Pioneer (Sandgate, Folkestone, Kent: Japan Library, 1995), p. 74.

第八章 經歷明治夢想

一八八五年夏，甲府市雨宮繅絲廠的女工放下手中的工作，抗議男監工反覆無常的行為。這些男監工偏袒長得好看的女子，對相貌平平的女工卻很嚴厲。一年後的一八八六年六月十二日，近一百名工廠女工再次衝出雨宮繅絲廠。這次這些罷工工人躲在當地一個寺廟裡，討論她們的痛苦處境並謀劃對策。她們對工廠主打算把勞動時間延長半個小時同時又要降低工資感到氣憤，也不滿廠方威脅要對不遵守新規定，或違背一年雇用期內不准在他廠工作規矩的工人處以種種罰款。

據抗議者說，甲府廠家的工作時間已經夠長了。一八八六年的夏季，勞動從早上四點半開始，中午十二點半到下午一點半休息一個小時後，又要回到機器邊接著幹活，一直持續到下午七點半，累得使人麻木。而且，大多數工廠工人來自甲府的城市貧民階層或城市周圍的農村，有些婦女在家和工廠之間往返一趟就長達一個小時，披星戴月，早出晚歸。然而，即便是那些住得較近的人也害怕在路上往返。成幫結夥的暴徒在鎮上和郊區四處遊蕩，延長勞動時間意味著增加了被搶劫、強姦，甚至被拐賣當妓女的危險。

雨宮繅絲廠罷工工人的數量很快增加了一倍，實際上包括了全部工人。由於繅絲廠無法開工，工廠長的代理人同意會見罷工工人的代表。起初廠方建議，只要婦女們同意午餐時間改為三十分鐘，基本取消上廁所後略事休息的時間，他們可以繼續把上班時間定為早上四點半到下午七點半。工人們沒有接受這個建議。經過長時間的談判，雨宮繅絲廠廠長放棄了延長工作時間的計畫，取消了對遲到(或早退)哪怕只有幾分鐘的女工處以大筆罰款的新規定，並答應考慮採取「其他方法改善(勞動)條件」[13]。滿意地解決了她們的大多數苦處之後，六月十六日罷工者復工，工資問題則留待日後解決。

甲府勞資雙方的對峙在退居明治歷史模糊不清的邊緣位置之前，得到了日本新聞界的及時報導。但是，這種關注極為短暫，在某種意義上可以說是對雨宮繅絲廠年輕女工的一種傷害。雨宮繅絲廠女工一八八六年的罷工是日本歷史上第一次有組織的工人罷工。她們的行動也代表了邊緣化的社會群體發出自己聲音的重大嘗試，表達了勞工階級對明治時期經濟近代化試驗的態度。就像那些在足尾礦井揮汗苦幹的礦工一樣，雨宮繅絲廠的女工也為了微薄的工資長時間辛苦勞作。她們對延長工作時間的反抗是討價還價，盡可能以最高價格出賣自己的勞動力。這些女工堅決抗爭，除了要求改善工作環境，還通過爭取對工作規章的發言權和堅決要求工廠老闆考慮採取「其他方法改善車間的條件」，在她們的雇用條件方面維護了某種程度的主動權。

或許，雨宮罷工事件只能引起短暫關注的原因在於當時還有許多其他問題競相使得公眾注目。隨著十九世紀漸近尾聲，明治政府進行了會對不同仁群的明治夢想產生重要影響的社會工程。就在明治政權計畫著手政治和經濟改革時，它先擬訂了社會變革的日程，包括用法律形式規定夫妻之間的關係，創立使個人願望服從於國家需要的教育制度，給予某些宗教以淩駕其餘宗教之上的特權等等。就像工廠裡的鬥爭，也正如有關立憲制問題的爭議以及古河市兵衛和田中正造關於經濟近代化應該使國家富足還是造福於普通人民的爭辯，政府干預家庭且決定兒童應該如何受教育和操縱人民宗教信仰的企圖，使得日本人或是滿意，或是憤怒，或是困惑，還有一些則努力發表自己的意見。

工廠工人

如果說明治時期的工業化產生了資本家和公司經理，那麼，它也產生了工廠工人這個新的階級。他們當中許多人經歷的情況和足尾以及雨宮的殘酷現實相差無幾。確切地說，由於近三分之二的計酬傭工仍以務農為生，即使在十九世紀末，工廠工人在日本全部勞動力中還只是占較小的比例。不過，工廠工人數量的上升引人注目，從十九世紀七〇年代的幾千人到一八九二年的近三十萬人，再到十九世紀九〇年代後期的四十多萬人。當日本邁向新世紀時，近代工人階級產生了階級意識的萌芽。他們向資方有關勞資關係性質的觀念提出了挑戰，為日本早已千頭萬緒的社會環境增添了新的內容。

在工業化的初始階段，紡織廠女工代表著最典型的工廠工人。世紀之交時，如表8.1所示，將近百

表 8.1
紡織廠女工的數量（1886～1909）

年份	繅絲廠	工人總數	女工人數(%)	紡織廠	工人總數	女工人數(%)
1886	411	26,800	na(87)	8,400	na	
1891	562	44,100	na(60)	26,400	na	
1899	2,117	115,000	107,000(93)	1,370	114,000	93,000(82)
1909	2,945	184,000	174,000(95)	4,256	151,000	237,000(82)

根據：William Johnston的《近代流行病：日本的肺結核歷史》(劍橋：東亞研究會，哈佛大學，1995年)，第75、77頁。

分之六十的產業工人都在繅絲廠和紡織廠做工，其中女性大大超過了百分之八十。明治初期，在繅絲過程中以水和蒸汽為動力的新型繅絲廠老闆雇用當地婦女，尤其是那些維新以前在由機戶成立的類似於工廠作坊裡操作過織布機的人。然而，隨著十九世紀八九十年代機械化繅絲廠急劇增多，招工的人把範圍擴大到經濟蕭條的農村地區。那裡出身貧困佃農家庭的未婚少女願意離家到新工廠工作。與此相似，日本中部那些通常坐落於市郊的棉紡織廠，最初也從當地的城市居民中雇用人手；但是隨著勞力爭奪賽的升溫，中間人開始分散到周圍各縣，搜尋願意告別家人朋友離家工作的姑娘。

一般情況下，招工者是獨立的中間人，每向紡織廠或繅絲廠交一名年輕姑娘，就向工廠收取一筆傭金。這些中間人向這些未來的工人保證，會有對健康有益的工作和生活環境：白天她們在又通風又乾淨的廠裡幹活，住的是寬敞的宿舍，吃的是豐富可口的飯菜，享有快樂的休息日，還能拿到可以提高他們家庭生活水準的豐厚報酬。作為與如此誘人的雇傭條件的交換，那些女孩子和她們的父親在契約上簽字，保證她們會做滿規定的年限，通常是三年或五年。為了敲定契約，中間人通常先把定金給那些家庭，這筆馬上預付的現金有時達到契約年限內預期收入的三分之一或者甚至一半。剩下的部分，來招工的人許諾，會一年或半年一次分期付給她們。這些錢女孩們既可以在休息時花費，也可以在十二月底到來年一月回家度新年假期時帶回。

無論她們的希望是什麼，一般女孩們的口袋裡很少有自己想要的那麼多錢。一旦幹起了活，她們幾乎什麼都拿不到，或許也就是在節日或其他特殊情況下偶爾拿點少量零花錢。此外，女孩子們不得不付定金的利息，償還公司提供的食宿，要是生產出工頭認為在細度、柔韌性或光澤度上有瑕疵的絲線，還要交付「懲罰費」。許多公司還張貼規章，禁止遲到或早退、在禁煙區吸煙、裝病誤工、塗改點名冊，甚至不許發牢騷或煽動別人發牢騷，違者將被罰款，罰令從工資中扣除。最後，在一個佃農家庭每年的現金開支平均約為五十九日圓的時代，大多數女孩似乎一年只掙到了二十五日圓至三十日圓，而一些被處以各種罰款和「懲罰費」的不幸女工，發現她們幹了一整年活卻一分錢也沒拿到。在某些格外殘酷的廠裡，甚至常有四分之一的女孩幹完一年卻倒欠公司錢。

而且，年輕姑娘們很快就發現，紡織廠和繅絲廠的實際工作條件與招工者描繪的美好場面截然不同。大多數工人每個月只能休息幾天，此外，每班十二小時分兩班輪流工作是棉紡廠的規定。澀澤榮一和其他工廠老闆都喜歡安排兩班工人輪流工作，以便讓他們昂貴的機器一刻不停地運轉。繅絲廠的情形一樣糟糕。根據農商務省彙編的一份報告，「通常黎明時開始幹活，晚上結束。夏季白晝長，有些地方工人工作到太陽下山，但是在其他季節，要就著燈光一直持續到晚上八點或十點。這意味著繅絲廠的工作時間是每天十三或十四個小時，甚至多達十七或十八個小時」。14

不僅勞動時間長，而且時時充滿不適和危險。車間又擠又吵又熱，夏天氣溫經常達到華氏一百度，常有女孩子在車間裡虛脫。在通風不良的工廠車間，空氣裡都是細絲和棉花上的絨毛，它們飄到眼睛、嘴巴和耳朵裡，還阻塞了女工皮膚上的毛孔。男監工像軍隊教官一樣兇惡，經常用竹棍敲打那些比一般工人速度慢的人。若是急急忙忙想做得快一點，女孩們有時會把手腳捲到機器裡。到十九世紀末，損毀手指或腳趾的事故十分普遍，公司的醫生都不再把它們記錄在案。此外還有其他危險。有些監工是好色之徒，他們姦污了一些女孩，又用威脅的手段迫使其他人就範。還有，由於到處都是易燃物，稍不留神就會引起火災。一八九二年，大阪紡織公司的一場大火燒毀了廠裡的機器，把廠區外的三十四所私人住宅燒成灰燼，奪走了九十五名工人(大多為女工)的生命。

許多工廠宿舍就像監獄，四周都是二．四公尺高的圍牆。牆頭插著碎玻璃和削尖的竹籤以防止女孩們逃跑。裡面的居住條件糟糕透頂。宿舍狹小，每個工人都不得不在不足一個標準榻榻米(約為一．八公尺乘以〇．九公尺)大小的空間內生活、休息。有些公司讓女工共用一個被褥，每四十或五十名工人共用一個浴室，也不給廁所消毒。十九世紀末典型的宿舍供應簡單的伙食，包括穀物、豆腐、豆子、乾沙丁魚和羊棲菜等海藻類的菜。來自赤貧家庭的女孩認為吃得比家裡好，其他人則抱怨伙食不好，而且上菜的方式讓人提不起食欲。據一份政府的報告說，飯菜量通常很少，幾乎難以滿足成長中年輕人的營養需求。

惡劣的工作條件、不衛生的居住環境、不合理的伙食、過度操勞以及性騷擾引起的緊張，所有這一切加在一起，使得女工們長期處於疲憊狀態。基督教徒、教育家岩本善治一八九八年參觀了一些工廠後寫道：「我看到了工廠，看到了工廠女工的宿舍。我也看到了上夜班的女工精疲力竭，赤身裸體，非常想睡覺，沒有什麼比躺下來閉上眼睛更奢侈了。」[15]因此，不足為奇的是，許多女工試圖翻過宿舍周圍可怕的圍牆逃走，或者趁難得可以出工廠大門的假期溜掉。由於員警經常和廠方合作對逃跑者窮追不捨，因此一八九八年時，大約百分之二十大阪紡織公司女工和百分之四十三重紡織會社女工從工廠成功逃走，看起來便非同尋常。十九世紀九〇年代後期，這兩家工廠只有百分之二十五的女工做滿了契約規定的年限。

在那些留下來的人當中，支氣管炎、肺炎，以及由顆粒性結膜炎引起的失明等疾病很常見。充滿了絨絮和高含量的二氧化碳的空氣對肺部造成了損害，大概每四個或五個女工中就有一個最後罹患肺結核。合計起來，女工的死亡率是全國十六歲至二十歲女性平均死亡率的兩倍多。公司的醫生對於嚴重的疾病如肺結核等沒有有效的治療方法，紡織廠和繅絲廠的老闆通常會讓生病的工人回家等死。一位婦女回憶世紀之交時她的遭遇時說道：「就在我到長野縣的山一繅絲廠幹活後不久，我的妹妹明子也到這兒幹活。」大約兩年之後，明子的病已到了晚期。「她到廠裡來時決心要一年賺一百日圓，讓我們的母親開心，」這位姐姐說道，「我永遠不會忘記她離開工廠時悲傷的眼睛，當時她已蒼白無力。我覺得病得像她那樣重的人不可能在崎嶇不平的山路上走一百公里，但是他們不肯讓她待在廠裡。沒錢送她進醫院，除了回家沒有別的辦法。」[16]

從十九世紀八九十年代的經歷中，產生了新興工人階級意識的萌芽。許多紡織廠女工在回顧她們的經歷時，既有著一定程度的自卑，又堅定地為她們對公司的成功所做出的貢獻而自豪。不足為奇的是，有些女孩把自己看作無助的受害人。繅絲工人中流傳著這樣一首歌謠：「工廠裡的活兒就是監獄裡的活兒，所不同的只是工廠裡沒有鐵鍊。」[17]其他的工人歌謠則表達了對剝削的辛酸認識：「殺死工廠裡的女孩／你用不著刀子／用柔細輕微的絲線／就能把她壓死。」與此同時，許多年輕姑娘自覺地把自己劃分到和工廠老闆及管理人處於不同層面的「工廠女孩」這一類別。此外，她們也知道使她們得到微薄工資的勞動轉化成了澀澤榮一及其他企業家的巨額利潤：「別嘲笑我們／叫我們『工廠女孩』，『工廠女孩』！／工廠女孩／是公司的寶庫。」

工人階級的女孩們具有反抗意識。有時，她們通過歌頌婦女中的英雄，比如敢於反抗男人的岩足菊子，來表達自己的態度。某天晚上在廠區外面行走時，岩足菊子遇到了一個曾經強姦並殺害了絲廠女工的人。岩足菊子奮起反抗，使勁地掐來犯者的睾丸，迫使他不得不鬆開扼住她喉嚨的手。不久，附近繅絲廠的女孩們傳唱道：

不要輕蔑地說，

「工廠女孩，工廠女孩」。
岩足菊子
是真正的工廠女孩。
岩足菊子
是工廠女孩的光輝模範。
讓我們揑碎
可恨男人的睾丸！
工頭先生，監工先生，
你們最好當心！
有岩足菊子的例子。
誰敢說
工廠女孩很軟弱？
工廠女孩
是財富的唯一創造者。

有時，女孩們大膽地把她們的憤怒指向工廠老闆。十九世紀八〇年代後期，有個女工這樣寫道：

「繅絲廠的老闆對我們很不好。他們認為我們就像奴隸或是灰塵。我們認為這些絲廠老闆就是吸血鬼，是我們的死對頭。」[18]，甲府雨宮繅絲廠的女工把這種憤怒轉化為直接的行動，發動了日本第一次工人罷工。雨宮事件鼓舞著其他紡織廠的工人採取行動。一八八九年，大阪天滿棉紡織會社的年輕女工為提高工資罷工。三年後，甲府近一百五十名紡織廠工人放下工作，對工資、工作條件和「不公平的待遇」提出抗議。一八九八年，富岡繅絲廠的女工罷工，要求改善伙食，延長新年的假期，提高工資。十九世紀末，日本各地的勞動婦女表現出日益高漲的自己是「工廠女孩」的意識，希望組織起來反抗工廠老闆和管理人，以此改善她們的生活。

十九世紀八九十年代，男性還不到工廠工人總數的一半，不過他們的地位卻非常突出。因為他們有為人極需的專門技能，而且他們都集中在專門從事金屬加工、造船，以及生產機床、軍需品和化學製品的「近代」工廠裡。通常，新式造船所、兵工廠和機械廠的廠主更喜歡雇用傳統工匠，如木匠、桶匠、鐵匠。他們能很快掌握新技術，成為鍋爐修理工、車工、機械師等等。與紡織廠女工一樣，從事重工業的男工也整天在又髒又黑又危險的車間幹活。不過，與那些婦女不同，男性雇工一般無須害怕體罰或者性侵犯，而且作為熟練工人，他們的工資要高於工廠女孩。具體參閱表8.2。

從事重工業的男性工人，還可以擺脫管理上的束縛，享有很大程度的自治權。工人們往往聚集在技藝更嫻熟的能手或師傅周圍。師傅經常承包特定的工程，然後招收一班學徒期滿的工人和學徒，他負責培訓並用他從工廠老闆那裡拿到的一筆固定費用付給他們報酬。因此在十九世紀九〇年代早期的

表 8. 2

1892 年部分職業的日均工資（根據性別）

職業	性別	日均工資(日圓)
熟練工人，東京軍工廠	男	0. 52(1885)
熟練工人，橫須賀造船所	男	0. 31(1885)
木匠	男	0. 27
金屬製造工	男	0. 25
散工	男	0. 18
紡織廠工人	男	0. 17
季節性雇農	男	0. 16
繅絲廠工人	女	0. 13
季節性雇農	女	0. 09
紡織廠工人	女	0. 09
織布工	女	0. 08

根據E. Partricia Tsurumi的《工廠女孩：日本明治時期紗廠裡的婦女》(普林斯頓：普林斯頓大學出版社，1990年)，第105頁，以及Hiroshi Hazama的《產業工人生活方式的歷史變遷》。引自Hugh Patrick和Larry Meissner編著的《日本的工業化及其社會後果》(柏克萊：加利福尼亞大學出版社，1976年)，第25頁。

橫須賀造船所，每個廠都有廠長，有處理有關契約、報表等日常文書工作的辦公室人員和若干工頭，每個工頭又監督著許多師傅。不過，上層管理部門幾乎不懂實際的生產過程，因此很少苛待師傅；而後者，用第一位認真觀察新工人階級的人橫山源之助的話來說，「作為有威望的人支配著其他人」。此外，由於師傅承擔著及時完成每一個項目的最後責任，並且他的收益取決於能否在他的支出和他從廠方拿到的預付款之間留出利潤，因此他小心謹慎地維護著自己監管工人以及決定車間工作計畫和進度的特權。

男性產業工人往往頻繁地更換工作。和似乎有無盡的女孩可以幹幾乎不需要訓練的紡織品製造業不同，在重工業行業，甚至連學徒和學徒期滿的工人都自恃他們掌握著新的暫不外傳的工作技能。所以，用一份報告裡的話來說，熟練男工「在有希望提高工資，哪怕為數不多時，都可以輕鬆地轉到其他工廠」。[19] 此外，從這個廠跳槽到那個廠的工人，除了得到更高的工資之外，還學到了一些新本事。這樣又使他們在去往一個新城市，跟上另一個新師傅時，可以要求更高的工資。

從事重工業的男工可以自由流動，有著足以引以為傲的獨立性，又自信於自己新學會的技能。因此，對資方他們採取了和紡織廠女工不同的態度。當鬥志昂揚的紡織廠女工視工廠老闆為「吸血鬼」和「死對頭」，為一些具體問題如提高工資和縮短工時罷工的時候，熟練男工趨向於關注尊重和地位等問題，呼籲工廠老闆拿出仁愛之心，為工人的福利著想，作為工人更勤勞忠誠的交換。因此，十九世紀末罷工的男工，通常都要求工廠老闆給予「人道的待遇」。例如，一八九九年日本鐵道會社的機械工人發動變相罷工時，便要求資方提高他們在企業內部的地位。他們與資方談判時，特別要求獲得新職別。它意味著能享有更多的尊重，獲得和級別較高的同類工人同等的待遇，以及獲得與白領官員和技師同樣半年一次的加薪和紅利。

上流社會不太看得起新興的工人階級。報紙上的報導經常把「工廠女孩」等同於妓女——另一種廉價出賣時間和肉體，結果卻遭受辱罵且身染疾病，做了幾年後被拋棄的「女工」。那些報紙的記者通常也不屑地把產業工人看作有工作的窮人，即包括傳統工匠、沒有技術的散工、人力車車夫和撿破爛的人在內的階層。用當時的詞彙來說，熟練工人比「下層社會」的其他成員賺得多，但是儘管他們自豪，有他們自己的尊嚴，他們仍然只能生活在大多數城鎮的劣等社區，住的是屋頂漏雨、牆壁黴爛的破舊棚屋。而且，根據橫山源之助的計算，在一八九八年，即便是每月上班二十六天，工資相對較高，可以帶給家裡十三日圓的機械工，要想讓收支相抵也有困難。扣除了租房子、基本的伙食如米飯和蔬菜以及燃料和照明等費用，再扣掉一日圓左右的酒錢，四口人的工人家庭剩下來買衣服、理髮、進公共澡堂的錢還不到一日圓。橫山源之助估計，東京合計近三分之二的機械工人生活在貧困中。他還描述了高利貸者經常上門，人們喝酒、賭博，發生家庭暴力，對孩子不聞不問的可怕生活。

新聞界人士對他們稱為「中產階級」和「上流社會」的階層要和善得多。前者由擁有自己街邊店鋪的傳統零售商，以及教師、專業人員、廠長和工頭等新興階層構成。根據社會評論家的說法，「中產階級」這個詞表明了對努力工作，過著穩定舒適生活的家庭的尊敬。財閥和「成金」(即「暴發戶」)組成了上流社會。所謂「成金」，指的是在與象棋相似的「將棋」遊戲中可以突然變得強有力的小棋子[20]。新聞界人士用這個詞來形容大阪的紐扣製造商，以及東京的精工鐘錶店和資生堂化妝品株式會社的創始人。正如它在法語中的同義詞「暴發戶」(nouveau riche)那樣，這個詞帶有輕微的貶義，但是大多數新聞界人士也欽佩「成金」的大膽和爭取成功的堅定決心。他們更為公開地表示了對財閥的敬畏，如工業鉅子古河市兵衛、澀澤榮一，以及岩崎、三井和住友家族的領袖。他們的大廈和豪華的生活似乎自然而然地使他們有資格接受大眾的奉承。

丈夫和妻子

如果說社會等級中的新階層以不同的方式體驗了明治的經濟夢想，那麼可以說，所有日本人都發現他們的家庭生活在世紀末處於變遷之中。在國家受到政治和經濟變化的衝擊時，政府把注意力轉向草擬一部涵蓋家庭關係、財產權、契約法和交易規則等的新民法。大多數法學學者都支持這一努力，認為在日本國內發生了巨大變化之後有必要編纂法典，不過這也是在回應西方國家的「在修改條約之前，日本必須採用西方能夠接受的民法」的嚴厲聲明。一八九〇年，經深思熟慮後，明治政權頒佈了以法國經驗為參照的法典，並宣布新法將於一八九三年一月一日生效。

一場針鋒相對的論戰幾乎立即爆發開來，受英國和德國法學薰陶的法律學者抨擊新法對其法國原型亦步亦趨。議會對日本法學團體內部突然出現的敵對感到為難，於是推遲了原定的民法實施日期，並召集新的立法班底重新考慮這些問題。伊藤博文主持了法典調查會，但很清楚的是，該調查會最具影響力的成員是東京帝國大學著名的法學教授穗積陳重。情況表明，穗積陳重及其支持者基本不反對民法中有關財產權、契約法和商法的部分，他們的注意力均集中於家庭和家庭繼承權方面。在法國影響下而做的這方面規定，用穗積陳重的弟弟、知名憲法學者穗積八束尖銳的言辭來說，有「最終破壞忠孝之道」[21]的危險。

穗積陳重是個傳統主義者，與他弟弟的觀點一樣，認為在十九世紀的最後數十年裡，「家庭制度逐漸削弱了」。他還擔心「個體開始取代家庭成為社會單位」[22]。他認為自己知道如何處理這個問題：通過為古老的家族制度奠定法律基礎，使家庭優先於個體。此外，他尤其讚賞家長掌握強權的傳統和盛行於近世早期武士家庭的長子擁有繼承權的做法。結果，一八九八年六月十六日，修訂後的《民法典》成為法律，它的規定使家庭成為一個共同體。它要求把家長的位置傳給長子（特殊情況除外），並把家庭大權授予父親：父親可以選擇家庭的居住地，管理所有的家庭財產和業務，決定家庭資產的支配，有權同意或反對子女的婚姻。

作為許多人稱為「家庭武士化」的努力的一部分，《民法典》的作者使女性附屬於男性家長。新法把「妻子」當作在重新改造過的家長制結構內的一個有用但可以替換的「元件」，而且實質上把已婚婦女降低到法律上無資格者的地位。妻子的主要義務，如一八九八年的民法所概括的，是為家庭提供男性繼承人，為家庭提供額外勞力。一旦結婚，婦女就不能在沒有丈夫的許可之下採取法律行動，不能未經丈夫同意在法庭上作證，也不能不經丈夫同意就處理相關事務，當然也不能先提出離婚，除非被拋棄或遭受虐待。另外，妻子和他人通姦，丈夫就可以提出離婚和刑事訴訟，但丈夫的私通行為不會受懲罰。當婚姻的確搖搖欲墜時，婦女可以離開家庭，而孩子則必須與家長一起生活。明治後期的城市平民開始用古老的武士用語「奧さん」（屋裡的女人）來稱呼近代的妻子，象徵著這種使武士的父系家長制傳統成為國家準則的變化。

一些官員和思想家認為婦女應該履行自己在家庭內部的義務，因此為成年婦女設想了不同的作用，這個作用概括在「賢妻良母」這個詞語中。山繆爾．史邁爾《自助論》的譯者，後來成為女子師範學校（現在的御茶水女子大學）校長的中村正直，將西方的最新思想融入他已熟稔，但依然有價值的日本「女人」觀中，從而新創「賢妻良母」這個詞語，來描述婦女的楷模。在中村正直看來，賢妻良母應該居於私人領域，但也應該給予她家庭內部受人尊敬的角色，即作為一個家庭合法的基礎、負責正確撫養和教育孩子的人，以及支持丈夫在公共領域的事業中向前發展的忠誠妻子。

鳩山春子是十九世紀末比較坦率地提倡「賢妻良母」觀念的人之一。一八八一年，鳩山春子畢業於女子師範學校，後來成為該校的傑出教師。她希望成為賢妻良母能使婦女提高地位，這樣她們在以男性為主導的家庭制度中就不僅僅是處於從屬地位的人。像中村正直一樣，鳩山春子勉勵她的學生做高效的家務管理者和慈愛的母親，她還勸告婦女把家變成丈夫可以放鬆身心，振奮精神，迎接事業挑戰的安全港灣。她吸收了十九世紀末流行於西方的家庭生活觀，認為妻子應該足夠聰明，受過足夠的良好教育，堪為丈夫的真正伴侶。

「賢妻良母」的鼓吹者主要把他們的言論指向富裕家庭的婦女。對許多人而言，著名政府領導人伊藤博文的配偶伊藤梅子就是新式妻子的典型。十九世紀八〇年代，她學習英語以便能站在丈夫的身旁和外國人交談，她甚至主持了所謂的「改進會」。在這個社團裡，東京上流社會的婦女聚集在一起研究歐洲的風尚，學著品鑒西方的食物，掌握陪伴丈夫參加在鹿鳴館舉行的正式招待會和舞會時所需要的新式社交禮節。與此不同的是，大多數思想家對商人和農民的配偶則採取了比較隨便的態度。她們可以做個傳統意義上的「好妻子」，在田間勞動或在商店幹活，掙錢幫助家人生存下去。「賢妻良母」說暗含的階級差別對這些婦女不無影響。在京都開化妝品店的一戶人家的兒子回憶，他的母親只有在和暴發戶以及員警、教師和政府官員等專業人士的妻子在一起時，才小心翼翼地用「奧さん」這個時髦的詞。他也看見了母親和新「奧さん」做生意時，時不時浮現在臉上的憤世嫉俗的微笑。他發覺，「使她們和大多數像我母親這樣的婦女不同的，是她們不工作」。23

另一個新詞「ホ-ム」（即音譯英語home的日語外來語）也引起了人們的關注。這個在世紀末日本使用的關於「家」的詞，和「賢妻良母」有相當多的共同之處，但是它的支持者更傾向於強調夫妻之間浪漫感情的重要性。和別人共同創辦了《女學雜誌》的岩本善治促進了這個詞的推廣。他譴責「家長制」滋生了壓迫，提出以「ホ-ム」作為不同的新家庭理想。在這樣的家庭裡，所有家庭成員都相敬相愛和快樂互助。確切地說，新式家庭的婦女仍然要撫養孩子、做家務，但是她們和丈夫平等。和傳統婚姻中新婚婦女走進丈夫家成為婆婆的幫手不同，在「ホ-ム」的新思想下，新娘立即成為她自己家的女主人以及與丈夫意氣相投的朋友和伴侶。

穗積陳重和許多政府高官想使一八九八年的民法作為關於家庭和性別角色的最終規定，但是事與願違。十九世紀末社會立法的努力反而引發了對「家庭生活觀」（當日本走進新世紀時，它進一步活躍了起來）的熱烈討論。雖然「賢妻良母」的觀念對後來幾代人產生了強有力的影響，但是清新的聲音也加入到關於國家在決定家庭和兩性關係中的作用的爭論中來。在以培養「賢妻良母」為目標的情況下，從建立於十九世紀末的女子中學畢業的女性開始提出意義重大的問題：構成理想家庭的要素是什麼？婦女應該在社會和家庭扮演什麼角色？越來越多的日本婦女親自投身到了界定「女性」的論爭之中。

兒童和學校

一八七一年九月二日，就在太政官廢藩置縣四天後，新政府成立了文部省並委以制定全國義務教育制度的責任。明治政府的領導人出於多種動機採取了這一行動，比如伊藤博文認為，如果沒有受過教育的公民，日本就不可能實現「文明開化」的目標。其他人如岩倉具視和大久保利通，則相信以成績為基礎的學校教育對於為將來培養能幹的國家領導人是有必要的。此外，在他們看來，全民教育可以給予全體日本人拓寬他們經濟前景的必要技能，從而有助於建立強大的國家。用木戶孝允一八六九年上書時說，「國家的富強紮根於人民的富強。如果人民無知識，貧窮落後，維新就只是一句空話，趕上世界先進國家的努力就必定失敗」。[24]

明治政府雷厲風行地制訂了計畫。一八七二年九月四日，太政官頒佈了《學制》，把日本劃分為五萬三千七百六十個小學區和二百五十六個中學區，要求建立八所大學，並命令每個兒童接受四年義務教育。《學制》的序言闡明了教育的兩個互為補充的目的：一方面，它強調每個人都應該把學校教育視為改善命運的手段；另一方面，政府也希望新制度培養出為了造福社會，建立強大的近代國家而學習實用文理學科的有道德的愛國公民。

十九世紀七〇年代早期，文部省的官員積極行動，使新制度生氣勃勃地運行起來。在他們的努力之下，截至十九世紀七〇年代中期，已有數十萬孩子在上中小學。德川時代遺留的教育機構顯然贏得了文部省的好感，因此當明治政府建立了許多新學校，開始培訓師資時，於一八七二年秋便把多數老寺子屋和私塾認證為小學，並把以前的藩學改為中學。除了得到大批有經驗的教師和現成的教室外，新政權還發現出版商習慣於買賣教科書，而且一代代的武士和平民家庭已經把學校教育當作日常事務的一部分，這使許多人容易接受新的教育指令。

儘管一開始兆頭不錯，但隨之而來的棘手問題也困擾著文部省。官員們對入學的形勢感到失望。遲至一八八〇年，只有百分之六十的學齡男童和百分之二十的女童上小學，比一代以前的入學率稍高。此外，武士後裔和城市兒童比農村孩子更有可能完成四年義務教育，國家邊遠縣份的小學入學率往往落後於全國平均水準。政府官員認為同樣麻煩的還有實際教學中表現出來的巨大差異性。學生們由於所上學校的不同而學習不同的教材。文部省下發了西方歷史、科學和哲學著作的新譯本，其中最具影響力的是史邁爾的《自助論》和弗蘭西斯・威蘭德(Francis Wayland)為布朗大學學生撰寫的關於價值及道德的哲學論文《倫理學的要素》(Elements of Moral Science)。但是，許多在日本新學校讀書的人仍不得不湊合著使用以前寺子屋用過的破破爛爛的習字帖和課本，如《商賣往來》之類，甚至有些學生還要痛苦地學完沉悶的儒家經典。

十九世紀七〇年代，文部省還要應付儒家傳統主義者的嚴厲批評。身為天皇侍講的元田永孚，後來大肆攻擊伊藤博文的憲政觀點是努力將日本引入歧途，這種努力註定要把日本人變為「黃皮膚的歐美人複製品」。他對關於道德和倫理的西方著作，或者教育應該滿足個人需要的觀念幾乎毫不假以辭色。在他寫於一八七九年的《教學大旨》中，元田永孚譴責西方書籍諸如《倫理學的要素》之類，破壞了傳統倫理，宣傳了不負責任的理論，這些理論必將產生出難以服眾的政府官員和不忠不孝的公民。他下了結論：災難在等待著日本，除非文部省很快意識到「教學之要明，仁義忠孝，究知識才藝，以盡人道，這乃是我祖訓國典之大旨……道德之學，以孔子為主，人人尚誠實之品行」。25

到十九世紀八〇年代早期，越來越多的執政者贊同元田永孚和其他保守主義者的意見。十九世紀七〇年代晚期和十九世紀八〇年代早期的政治混亂，使明治領導人渴望找到培養支持政府的忠實公民的辦法。山縣有朋非常擔心國民團結的問題，甚至宣稱如果日本想確保自己有個前景光明且安全的未來，就有必要充分注意「軍備和教育」。「除非人民愛國如愛父母，並願以生命捍衛之，否則國家甚至一日都不能生存」，山縣有朋接著寫道，「唯有教育能培養並保持人民的愛國精神」，而灌輸愛國精神的最佳途徑是向每位學童教授「民族的語言、歷史及其他科目」。26

這種觀念的終極表達出現在《教育敕語》中。它作為號召公眾支持新憲法以及敕語中奉若神明的政治體制的努力之一，頒佈於一八九〇年秋第一次帝國議會召開之前。《教育敕語》語氣虔誠，宣稱教育的基本目的是闡明傳統價值，激勵日本人民對天皇和國家忠心不貳。文中忠告人們「孝於父母，友於兄弟……恭儉持己，博愛及眾，修學習業，以啟發智能，成就德器」。最後，敕語教導日本的年輕人「常重國憲，遵守國法，一旦危急，則忠勇奉公，以撫天壤無窮之皇運」。[27]一八八五年，內閣制建立後的第一任文部大臣森有禮說得更簡潔：「今後教育原則，應為培養帝國所需之忠勇臣民。」[28]

在這類言論的指導下，十九世紀八〇年代期間文部省中途做了許多調整，以便使學校教育更能對國家的目標做出反應。在森有禮從一八八五年到一八八九年任文部大臣期間，他整頓了學校制度，更有效地根據能力遴選學生，使他們走上通向未來合適職業的求學之路。小學被置於適當的位置，其使命是「提供使學生瞭解身為日本臣民的責任，行為合乎道德規範，並謀取個人幸福的教育」[29]。有時間且樂意進一步學習的小學畢業生升入普通中學。在普通中學的五年裡，他們要學習道德規範和一些技藝，為他們日後擔當初級經理和工廠工頭等做準備。通過了有難度的考試之後，比較有潛質的中學畢業生可以進入新成立的兩年制（後改為三年）高等中學。森有禮解釋說：「在高等中學學習的人將進入社會上層。高等中學應該培養引領大眾思想的人，如果他們為官，應該是最高級別的官員；如果他們經商，應該是高層管理者；如果他們當學者，應該是不同文理學科的真正專家。」[30]

在森有禮的管理下，文部省還著手實現早先成立國立大學並且培養一流學者、官吏和商界領袖的設想。從一八七七年的東京大學開始，政府相繼於京都（一八九七年）、東北（一九〇七年）、九州（一九一〇年）、北海道（一九一九年）、大阪（一九三一年）和名古屋（一九三九年）成立了七所所謂的「帝國大學」。作為補充，一八八六年的《師範學校令》頒佈後，又成立了一些專門培養中小學教師的學校。每個縣都特意設立一所師範學校培養小學教師，東京的高等師範學校則培訓中學師資。

十九世紀八〇年代期間，文部省也採取措施加強對國家公立學校所授課程的控制。一八八六年，它下令小學學生必須學算術、閱讀、寫作、體育（一九〇七年又增添了科學、地理和日本歷史）。遵照森有禮的指示，文部省官吏日益把教學時間集中在宣揚愛國情操和傳統公民道德的倫理學課程上。截至十九世紀八〇年代末為止，《自助論》和《倫理學的要素》已經從課堂上消失，取而代之的是日本學者撰寫、由文部省親自發行的倫理學讀本。這些新課本都強調仁愛、真誠、善意、成功的決心、孝順、友誼、節儉、謙遜和禮貌。

本國倫理學課本的使用，表明政府官員最終取得了教科書的決定權。一八八一年，文部省公佈了它認可的教科書書目；一八八六年的《小學校令》則要求公立學校的任何教材都必須經文部省批准；最後，文部省於一九〇三年規定，所有小學都必須採用由它統一編撰和分發的教科書。結果，每個市鎮鄉村的男女學童不僅學習日本的價值觀和風俗習慣，而且瞭解一模一樣的關於日本昔日典範人物的故事：有公德心的二宮尊德；富於同情心，尊崇已故戰友靈魂的德川家康；以苦為樂，承受婚後貧困生活的富家女子；報恩的醬油商——發達後不辭辛勞地尋找並酬謝在他落魄時幫助過他的人。

十九世紀八〇年代確立的制度為後來的日本人留下了一份混合的遺產。森有禮和文部省官員在很大程度上實現了他們的抱負。到明治時代的末期，男女兒童的小學入學率都已接近百分之百。因為人們認識到，教育是通向較好工作和舒適生活的階梯。而且大多數觀察者都認為，以倫理學為基礎的課程培養了愛國的公民。與此相似，許多人把培養出擁有新興工業社會所需技能的識文斷字的青年歸功於教育制度（尤其是在一八九九年增設了從小學升入技術和職業中學的途徑後）。幾乎沒有人會不同意這一點：高等中學和大學造就了經過嚴格訓練的專職官吏、博學的學者和機敏的商人。

然而也有些人對教育政策的新方向感到困擾。一些批評者反對新制度的核心原則。反對派來自不同背景，分佈於政治領域的各個方面，但是所有人都堅信教育應該培養個人的興趣與能力，而不是使學童接受標準化課程的支配。他們進一步認為，教師的工作不是填鴨式地把指定的思想觀點餵給學生。相反地，他們提出，真正的教育家應該鼓勵學生積極參與學習過程，以便他們成為能夠獨立思考的成熟的成年人。

民權運動的主要人物植木枝盛，在題為「國民教育論」的文章裡闡述了自己的思想。與十九世紀七〇年代後期和八〇年代的其他許多民權運動「左派」成員一樣，植木枝盛也接受了天賦人權學說，他還認為未來最理想的政治秩序應該以「主權在民」的觀念為基礎。在他看來，如果日本人想享有他們的天賦權利，成為管理過程的文明參與者，就有必要實行增強每個個體才能的自由教育。因此，他寫道，教育的基本目的應該是「在盡可能廣泛的意義上鼓勵和推動天賦能力的發展」。最後他比較坦率地下了個結論：「自由比秩序更寶貴。沒有智慧的生命與其說還活著，不如說已經死了。」[31]

哲學家、歷史學家三宅雪嶺持有不同觀點。他反對無限制的西化，提倡發展將日本人視為自主擁有獨特國粹的文化民族主義。不過三宅雪嶺並不是褊狹的傳統主義者，相反地，他擁有全球視角，注意到了「細胞」，即構成系統且具有普遍人類經驗的個人與國家之間的相互關係。他解釋說，在所有有生命的實體中，每個細胞作為有機體的一部分，都為促進整個有機體的健全發揮了獨特作用。既然如此，那麼每個個體和國家都可以為世界文化的進步——三宅雪嶺稱之為關於真、善、美的全人類理想的實現，做出點貢獻。「獻身於國家即獻身於世界，」他寫道，「加強人民的特性就是強國強種。」[32] 三宅雪嶺接著說，既然世界文化的進步有賴於每個人和每個國家能力的自由全面發展，那麼日本的教育就不應該遵從文部省規定的僵化模式，而應該致力於增進每個學生的天分和能力。

另一些批評者質疑教育體制中的性別不平等。小學一開始是男女同校，但十九世紀八〇年代中期創辦的普通和高等中學卻只招男生。女性不滿於此，於是開始到私立學校就讀，其中許多是由基督教傳教士開辦的。到一八八九年為止，大約二十所私立中學和八所政府設立的公立學校，共招收了三千多名接受了初等教育後還想繼續求學的年輕女子。十年後，文部省對不斷增多的女子教育要求做出了反應，他們制訂了在每個縣成立女子中學的計畫。和男子中學一樣，新成立的學校為已經讀完小學的年輕女子提供四年至六年的教育。

新女子中學成立後，開設了一系列旨在把學生訓練成模範妻子和母親的課程。文部省內堅定不移的「賢妻良母」支持者特別主張課本應詳細說明婦女對家庭的義務，課程設置上也突出「家政學」（後來更名為「家務管理學」）等課程。無論名稱是什麼，教學都集中於這樣一些主題：個人健康、兒童保健、家庭護理、烹飪、製衣和舉止。此外，其他學科的課程內容也都作為婦女要能稱職地管好家就應該學會的知識來教授。結果，女子中學的學生把生物課程作為維持健康家庭的基礎來學，而解數學題目則是為了提高她們監督家庭在衣食方面開支的能力。

許多把自己看作未來主婦的女子對她們在新學校所受的教育表示滿意，其他一些女子卻有不同看法，其中就有矢島楫子。矢島楫子出生於九州的一個武士家庭，離開了酒鬼丈夫後她搬到了東京，一八八九年至一九一四年期間主持了著名的基督教女校——女子學園。矢島楫子和其他志同道合者對文部省指定的女子教育的方向提出了一些基本問題：為什麼教育婦女不該有家庭之外的事業？為什麼不讓婦女有經濟獨立的準備？這些批評者還說，與其教授不同的課程，何不給予婦女和男人相同的教育，以便讓男女在社會上發揮相似的作用？當這些疑問聚焦於婦女問題時，本質上它們也凸顯了植木枝盛和三宅雪嶺提出的同一個核心的困惑：教育應該是一個滿足個體渴望和需要的過程，或是為了造福國家、建立政府官員所想像的那種社會的社會義務及訓練呢？雖然在明治後期，這樣的問題還得不到解決，但的確具體化了當日本人在即將來臨的新世紀追尋近代性時，將不得不處理的一系列問題。

神職人員與皈依者

作為勸導人們忠於天皇，從而也為自己披上合法外衣努力的一部分，明治新政府開始實施把神道置於國家宗教生活中心位置的政策。一八六八年前，神道神社和佛教廟宇並肩共存。大多數人既信仰「迦微」（即神道中的「神」），也相信佛教神祇。兩種形式的禮拜儀式之間界限非常模糊，人們把某些「迦微」和佛教神祇視為彼此的化身。而且，神道具有雙重性質。一方面，天皇在京都舉行帶有象徵意義的規定儀式，重申其神聖血統，賦予幕府將軍以天皇名義進行統治的合法權利；另一方面，雖然大多數普通日本人對天皇的祭司作用有所瞭解，但是除非天皇逝世要舉國哀悼，否則他們並不參與如此高級的儀式。對多數男女而言，神道只不過意味著節日期間在村莊和街區的神社裡祭拜本地神靈而已。十九世紀末，明治政府開始改變這種情況。通過把神道的地位提高到佛教之上，使全體日本人加入到宗教活動中來，凸顯天皇和神道神祇對於國家宗教和政治穩定的重要性。

一八六八年，日本約有七萬五千個神社。不久，年輕的明治領導人邁出了創立所謂「國家神道」的第一步，即把那些主要的神社納入單一的國家等級體系，從而締造了神道第一個綜合的組織結構。高居新金字塔頂端的是供奉皇室祖神和國家保護神天照女神的伊勢神宮，其次是皇室和國家的其他神社，然後是逐級下降的五種民間神社。皇室和國家的神社接受中央政府的大筆捐助，其神職人員享有國家公務員的身份，而縣和地方政府也向許多等級較低的民間神社提供一些資助。同時，政府下令每戶家庭都要加入一個神社，從而在日本歷史上第一次使神社成員身份具有普遍性和強制性。

政府還制定了以國家和天皇為中心的禮儀日曆。近世早期，大多數神社依照當地的偏好舉辦節日，很少想到和其他教區協調活動。明治政府的領導人開展了一系列由天皇領導，在全國各地神社舉行的慶祝活動，大大改變了儀式生活的特徵。活動從一月一日開始。這一天，從東京的天皇到全國各地神道區的居民，都要祭拜四方神靈，歡迎新年的到來；接下來是二月十一日，紀念神武天皇征服了日本列島並建立大和朝廷；最後是秋天的兩個祭典：一是「神嘗祭」。這一天，天皇要向著伊勢神宮的方向鞠躬，向天照大神獻上當年第一次收成；而派往伊勢神宮的天皇代表，則要向天照大神進貢新收穫的稻穀。二是「新嘗祭」。這一天，天皇要步入皇宮中一個特殊的大殿，品嘗神賜的收穫物。到十九世紀八〇年代，這些儀式同時在皇宮、伊勢神宮、皇室和國家神社舉行，而且漸漸地，政府官員希望民間神社也能舉行慶祝儀式。

明治時代初期，那些十九世紀早期自稱通神的人物所創立的新宗教遭到了批評。在創教後的數十年中，天理教、黑住教和其他千禧年教派，通過信仰療法和許諾世間會有美好生活吸引了好幾萬追隨者。到十九世紀八〇年代，有幾個教派已經發展為活躍的全國性組織。儘管新興宗教把神道信仰吸收到它們折衷的禮拜儀式中，但由於以前的教民逐漸把他們的熱誠和捐助給予這些新教派，許多主流神道的神職人員開始和這些新教派敵對。明治政府也滿腹狐疑地看待它們。不僅因為它們常常因生活中的問題譴責現行的政治秩序，也因為它們已被證實具有超越性別、階級和地域的傳統界限把人民聯結在一起的能力。

當明治政權實施「國家神道」的計畫時，那些新興宗教開始擔憂自己的生存權利並想方設法躲避迫害。一些教派通過重申天照女神在諸神中的顯要地位，在它們的禮拜活動中融入更多的神道祝詞，強調傳統價值比如「誠」的重要性，故意強化它們和神道的同一性。同時，教派領導人小心地把國家意識形態納入其教義之中。正如國家神道的神職人員所做的那樣，數千名天理教和黑住教的傳教者也開始稱頌天皇統治的恢復。當他們雲遊全國時，還向信徒解釋政府的政策如徵兵、徵稅、義務教育和實施民法等，都是實現「迦微」神聖願望的神聖目標。當新宗教改變自己去適應國家對宗教的觀念時，明治政府的回報是承認天理、黑住和其他十一個獨立教派為教祖神教。實際上，這十三個教派還是獨立於構成國家神道的神社等級結構之外，但它們可以宣稱自己是合法宗教，其教義代表了正統神教的不同支派。

作為提升神道地位的做法之一，明治政府把宗教政策的天平向不利於佛教的一方傾斜。一八六八年三月二十八日（陰曆），政府下達《神佛分離令》，特別是要從神社中拆除所有拜佛所用之物，以及把神佛二教的諸神分開，從而結束了千年以來的宗教融合。在接下來的三年裡，新政權沒收了幕府將軍和個別大名分給某些寺院的領地，並發佈佈告鼓勵僧尼蓄髮、吃肉、還俗、結婚。效果是引人注目的。到一八七一年年底為止，侍奉德川家康被神化後的靈魂「東照大權現」的大約八十名和尚離開了日光。截至一八七六年，總計八萬七千個大小佛寺中約有百分之二十關閉，五萬六千多個僧尼還俗。

神道的狂熱分子，尤其是那些身處寺院神社混合體中，覺得低佛教僧侶一等的神道神職人員，把一八六八年的分離令理解為允許他們發動對佛教的猛烈進攻。備受責難的攻擊發生在那年的夏天，位於比叡山山腳，隸屬於延曆寺日吉山王神社的約四十名社人，手持長矛衝進了全不設防的延曆寺，焚毀了數百佛像和經卷。神道狂熱分子破壞、偷竊，或者出售無數的佛教經卷、畫像、佛像、梵鐘和其他佛具。直到一八七一年，席捲全國的暴力浪潮才逐漸平息。

明治時期，國家神道的支持者還不得不對付基督教的復興。一八五九年，江戶和橫濱等城市對外國人正式開放後，天主教神父就來到這些城市。他們高興地獲悉遙遠的九州北部還存在著「隱藏的基督教教徒」團體，其中大約一半，合計近三萬人，最後決定重返再現的教堂。一八五九年，基督新教三個教派的代表也來到日本，緊隨其後的是若干教派的傳教士。一八七三年二月，明治政權解除了過去對基督教的禁令，傳教士們開始公開發展皈依者。

在爭取教徒的競爭中，改宗者面臨一場艱難的戰役。正如一八八九年的憲法所反映的，日本人只有「在不妨礙安寧秩序，不違背作為臣民之義務的情況下，有信教之自由」。大多數政府官員對於外國的教義保持冷淡的態度。神道信徒揮舞著「破壞異端，宣揚正統」的標語攻擊基督教，許多佛教徒也採取反基督教的姿態。不知何故，他們相信為了復興佛教就有必要批倒基督教。十九世紀八〇年代，一位知名佛教徒這樣寫道：「基督教之理偏私不全，和佛理相較，猶如髮之毫末，或微弱之迴響。啊，佛理何其明白，基督教之理何其含糊，如月華前之星光。兩者怎能同日而語？」[33]由於這種普遍的反對難以克服，到十九世紀末，只有不到百分之一的日本人表明自己是基督徒，包括大約十萬名天主教徒和約三萬名俄國東正教教徒。

最後，政府提高國家神道和教祖神道的活動產生了多重結果。首先，許多普通人並沒有立即參與國家神道的新儀式，特別是村民，依舊安於老辦法，對禮儀日曆上的事情並不熱心，而是繼續一同慶祝當地的傳統節日。與此相似，甚至遲至十九世紀八〇年代，一些主要都市的員警仍不得不在街頭走動，提醒市民在宗教日曆上的節日期間懸掛國旗，例如在二月三日明治天皇的生日那天。

此外，佛教最終從對它的攻擊中倖存了下來。儘管十九世紀七〇年代早期混亂無序，普通家庭仍然進入寺院，在那裡舉行家人的葬禮，照管墓址，並仰仗僧侶舉行祭祖活動。基督教也堅持到了新世紀，部分原因是其信徒數量雖少，影響卻很大。傳教士建立孤兒院、醫院和痲瘋病院的努力，吸引了人們對賣淫、貧窮和其他社會問題的關注。那些有志於改造日本的人也在基督教關於慈善和為別人做好事的勸導中看到了希望。另外，十九世紀七八十年代，當政府不願開辦女子中學時，不同基督教派卻反其道而行之。許多傑出的日本教育家，包括岩本善治、矢島楫子、中村正直都是基督教信徒。基督徒還創辦了日本一些主要的私立大學，包括岩本善治曾經當過一段時間校長的明治女子學校，以及皈依者新島襄一八七五年成立於東京的同志社，後來它成為日本第一所男女同校的大學。

儘管如此，神道被賦予特權以及神社生活重新定位為以國家為中心，畢竟深深地改變了日本宗教信仰的性質。當十九世紀行將結束時，更多的日本人瞭解了神道教條的意味。漸漸地，隨著民間神社和皇室以及國家神社一起按照新的儀式日曆舉行慶祝活動，全國各地所有神社開始根據同一個計畫開展祭拜儀式。通過拉攏神職人員支持明治政府的領導，國家神道的倡議者成功地把政府的意識形態嫁接到神道神學上。新興宗教被貼上神道合法變種的標籤，對無數日本人民的宗教生活也產生了影響。被列入教祖神教的教派大為流行，把國家意識形態和宗教信仰的混合物帶到了全國所有地區和社會各個階層。明治時期最初數十年發生的事件，把佛教和基督教打入了另冊；而且通過開創宗教教條和國家意識形態協力勸說普通男女遵從政府政策的可能性，為二十世紀上半葉組織化的宗教和國家間的關係擴展創造了條件。

前瞻

一八九九年八月，編輯菊池幽芳開始在《大阪每日新聞》上發表《己之罪》。到次年夏天他的連載小說完稿時，菊池幽芳開創了通俗小說的新體裁：家庭小說。十九世紀九〇年代，越來越多日本人使用「家庭」這個詞，它由表意的「家」和「庭」構成，因此新出現的小說體裁稱為「家庭小說」，或者說是「家庭浪漫史」。它的特色是以一位女性為主人公，故事情節揭示了營造美滿婚姻的複雜性，並且有個快樂的結尾。家庭小說流行於新興的中上階層。當一個世紀即將結束，另一個世紀馬上開始時，它引起了公眾對牽涉到眾多日本人的關於家庭、婚姻和宗教問題的討論。

每章一個糾葛的情節迷住了菊池幽芳的讀者。《己之罪》一開場就是女主人公——一個從外地到東京上女子中學的天真少女，被人勾引。在她懷孕後，她的情人，碰巧是基督徒的一名醫科學生拋棄了她。她的父親來到東京幫助自己的女兒，女兒生下一個男嬰後，父親把嬰兒送走並告訴女兒孩子已死。後來，女主人公嫁給了京都的一個貴族，後者的第一次婚姻因妻子不忠而以失敗告終。這對夫婦最後有了個兒子。一次在海邊度假時，一個年紀稍大的男孩——女主人公發現他就是那個因罪孽而生的孩子，與她和丈夫所生的兒子成為朋友，但是後來這兩個男孩都淹死了。女主人公認為這場悲劇是對她向丈夫隱瞞年輕時風流韻事的懲罰，於是向丈夫吐露了實情。丈夫的感情受到了傷害，堅持與妻子分手。之後，他到了國外，而她成為紅十字會的護士。幾年後，當女主人公得知丈夫患了傷寒症時，就趕到了他的身邊。在得到妻子的照料並且恢復健康的日子裡，丈夫發現他開始欣賞妻子善良的本質，並認識到她的罪過只是因為年輕時的單純。小說的結尾是女主人公又懷孕了，這對破鏡重圓的夫妻快樂地等待著他們第二個孩子的出世。

《己之罪》為家庭小說的讀者提供了對於當時社會問題使人感興趣的各種觀點。女主人公的父親代表了提出「賢妻良母」說的思想家的觀點。他的志向就是給女兒一種能使她成為一個賢妻良母的教育。然而，女主人公悲慘地被無情的醫科學生欺騙，觸動了父母的擔憂，他們開始重新考慮讓女兒接受學生生活的計畫。不過，女主人公的護士職業又暗示婦女需要接受教育以便在必要時養活自己；而且，正是她掌握了職業技能這一點，使她有可能和丈夫復合。

《己之罪》也使基督教受到考察。菊池幽芳沒有指明女主人公的學校，僅僅暗示它是那種教會學校。作品中保守的言論抨擊它們鼓勵學生產生各種浪漫幻想，因此誘發肉體的欲望，使年輕姑娘成為放蕩男人容易捕獲的獵物。作者通過把那個醫科學生塑造為基督教皈依者，把女主人公形容為「最後落入惡狼魔掌的可憐羔羊」，[34]進一步影射基督教和西方式浪漫的邪惡之處。但是，菊池幽芳也讚美《女學雜誌》這個日本早期女權主義者以及男性基督徒知識份子和教育家的論壇，因此他也機智地把那頭「狼」塑造成一個誤入歧途的年輕人，一個違反了讚賞浪漫愛情和禁止男女「私通」的高尚基督教教義的流氓信徒。到小說連載結束時，《己之罪》已經把基督教的價值置於新民法的規定之上。菊池幽芳告訴讀者，接受耶穌基督的忠告，原諒社會上的罪行，比排斥墮落的婦女更好。他解釋說：「我第一次懂得統治社會不僅應該依靠道德，而且應該依靠愛；假如道德不是發源於愛，人類生活就無法和諧管理。」

對浪漫愛情的討論自然使菊池幽芳提出夫妻關係的問題。女主人公的父親和姑母象徵著或多或少屬於官方的觀點：女子的主要義務是為家庭服務。她的父親根據這一點構想她的教育，而她的姑母則說：「女人的眼裡只有家庭。可能會有些女子當丈夫在社會上有輝煌的事業時喜歡這個家，但女子生性不是這樣的。如果她能創造一個快樂的家庭，單單這件事就令人滿意。」女主人公夫婦的行為表明，非傳統的關係可能更讓人滿意。最終這對夫婦不理睬姻親的建議，而把他們的婚姻建立在平等和浪漫愛情的基礎之上。而且，他們是在女主人公在公共領域有了短暫卻成功的事業後才言歸於好。他們的第二個孩子是婚後幸福的象徵，而不是設定了功能的家庭單位的核心。

十九世紀末，明治政府及其支持者生機勃勃地制定法典，創立教育體制，並懷著圍繞既定準則模塑個人行為的希望操縱宗教。在政府領導人看來，這樣的社會工程補充了他們的政治和經濟改革，有助於實現建立富強現代國家的明治夢想。不過，如《己之罪》等小說中的人物所表明的，大多數日本人並不想讓政府決定他們自己的日常生活；相反地，他們知道什麼與自己利害攸關，努力根據各自的不同背景重新詮釋政府的目標，構建他們自己對未來的期望。在這一點上，十九世紀九〇年代不過是開始把二十世紀頭幾十年需要處理的問題提到了顯要位置。

浪漫小說沒有著墨的是礦工、工廠女孩和男性藍領工人。工人階級依然奮力爭取讓別人聽到他們的聲音，依然不為社會上境況比他們好的人所理睬。二十世紀早期，他們也提出了對明治夢想的疑問，尤其是質問為什麼某些政治、經濟和社會計畫是必須的？誰會從中受益？當工人們要求在決定國家未來的方向上有更大發言權時，他們不僅引起了後來對日本工廠狀況的關注，而且為關於什麼構成了理想的婚姻和家庭、教育應該怎樣構建，以及應該尊奉什麼信仰等問題的討論，增添了又一種觀點。

1 E. Patricia Tsurumi, Factory Girls: Women in the Thread Mills of Meiji Japan (Princeton: Princeton University Press, 1990), p. 54.

2 Kazuo Okochi, Labor in Modern Japan (Tokyo: Science Council of Japan, 1958), p. 7.

3 Tsurumi, Factory Girls, pp. 194-95.

4 Mikiso Hane, Peasants, Rebels, and Outcastes: The Underside of Modern Japan (New York: Pantheon Books, 1982), pp. 190-91 (modified).

5 Tsurumi, Factory Girls, pp. 91, 84, 97 and 197.

6 Tsurumi, Factory Girls, p. 56. 1886年

7 同上，p. 501.

8 譯注：按將棋規則，功能最弱、子力最低的棋子「步」一旦沖入敵陣，即可獲得護衛在王將左右的金將的戰鬥力，將棋術語稱之為「成金」。所以，「鄉巴佬一夜成大富」是「成金」一詞的形象解釋。國家通過投機或冒險轉瞬間成為「強國」，公司或企業追逐利用國家政策的惠澤分一杯羹成為巨富，日語中也可以稱之為「成金」。在已經「成金」的國家的帶動下，許多企業和個人懷著投機冒險心理，趨之若鶩般地投身於「成金」風潮之中，按其所從事的職業不同，出現了「鐵成金」（因經營鋼鐵而發財）、「船成金」、「株成金」、「絲成金」等大富小富。

9 Carol Gluck, Japan's Modern Myths: Ideology in the Late Meiji Period (Princeton: Princeton University Press, 1985), p. 111.

10 Hozumi Nobushige, 「The New Japanese Civil Code, as Material for the Study of Comparative Jurisprudence: A Paper Read at the International Congress of Arts and Science, at the Universal Exposition, Saint Louis 1904」(Tokyo: Tokyo Printing Company, 1904), p. 4.

11 Ueno Chizuko, 「Genesis of the Urban Housewife,」 Japan Quarterly 34:2 (April-June 1987), p. 136.

12 Motoyama Yukiko, 「The Political Background of Early Meiji Educational Policy: The Central Government, 」tr. Richard Rubinger, in Motoyama, Proliferating Talent: Essays on Politics, Thought, and Education in the Meiji Era, ed. J. S. A Elisonas and Rubinger (Honolulu: University of Hawai'i Press, 1997), pp. 116-17.

13 Byron K. Marshall, Learning to be Modern: Japanese Political Discourse on Education (Boulder: Westview Press, 1994), p. 53.

14 Gluck, Japan's Modern Myths,pp. 118-19.

15 Ian Reader, with Esben Andreasen and Finn Stefánsson, Japanese Religions: Past and Present (Sandgate Folkestone, Kent: Japan Library, 1993), p. 71.

16 Horio Teruhisa, Educational Thought and Ideology in Modern Japan, tr. and ed. Steven Platzer (Tokyo: University of Tokyo Press, 1988), p. 69.

17 Ivan Parker Hall, Mori Arinori (Cambridge: Harvard University Press, 1973)，pp. 411-12.

18 Donald Roden, Schooldays in Imperial Japan: A Study in the Culture of a Student Elite (Berkeley: University of California Press, 1980)，p. 40 (modified).

19 Horio, Educational, Thought and Ideology in Modern Japan,pp. 35 and 37.

20 Motoyama Yukihiko, 「Thought and Education in the Late Meiji Era,」 tr. J. Dusenbury, in Motoyama, Proliferating Talent,p. 358.

21 Notto R. Thelle, Buddhism and Christianity in Japan: From Conflict to Dialogue, 1854-1899 (Honolulu: University of Hawaii Press, 1987)，p. 99

(modified).

22 Kathryn Ragsdale,「Marriage, the Newspaper Business, and the NationState: Ideology in the Late Meiji Serialized Katei Shōsetsu,」Journal of Japanese Studies 24:2(Summer 1998).

三、新世紀的日本

〈年表〉

一八五五年　二月七日（陰曆為上年十二月二十一日），德川幕府簽訂《日俄親善條約》。

一八七一年　八月二十八日（陰曆），政府發佈政令，禁止使用「穢多」、「非人」等歧視性名稱，所有賤民都享有與其他帝國臣民同樣的權利和職責。

十一月（陰曆），憤怒的臺灣人殺死了琉球群島失事船隻上的船員（編注：八瑤灣事件）。

一八七二年　《地所規則》允許北海道拓殖使佔用愛努人的土地，重新分配給日本移民。

一八七三年　五月二十六日，和歌山縣村民攻擊「部落民」社區，打死打傷二十九人，搗毀三百所房屋。

一八七四年　五月二十二日，日本遠征軍在臺灣登陸。

一八七五年　五月七日，日俄簽訂《聖彼德堡條約》，給予沙俄統治薩哈林島的權力，日本則取得對千島群島的統治權。

一八七六年　一月，日本派遣三艘戰艦進入朝鮮水域。

二月二十六日，日本與朝鮮簽訂《江華條約》。

五月九日，上野公園對公眾開放。

一八七九年　四月四日，琉球群島併入日本版圖，成為沖繩縣。

一八八四年
十二月四日至七日，在日本幫助下，金玉均企圖在朝鮮發動政變。

一八八五年
三月十六日，福澤諭吉發表影響深遠的「脫亞論」。
四月十八日，日本與中國簽訂《天津公約》。

一八八七年
二月，德富蘇峰創刊《國民之友》。

一八八九年
二月十一日，明治天皇頒佈《大日本帝國憲法》。
二月十二日，黑田清隆首相允諾支持超然內閣。

一八九〇年
七月一日，日本舉行第一次普選。
十一月二十五日，日本帝國議會召開第一次會議。
十一月二十九日，日本帝國憲法生效，天皇正式召開首屆國會。
十二月六日，山縣有朋首相通知國會，日本外交政策將圍繞「主權線」和「利益線」構建。

一八九二年
二月三日，大本教出現。

一八九四年
三月二十八日，金玉均在上海被刺殺。
四月至五月，東學黨起義，控制了朝鮮南部省份，逼近漢城。
六月一日，日本政府獲悉，朝鮮已經要求中國幫助其鎮壓東學黨起義。
六月二日，日本內閣決定派遣遠征軍去朝鮮。
七月十六日，《日英通商航海條約》簽訂，做出最終將取消不平等條約的承諾。
八月一日，日本正式向中國宣戰。

一八九五年

四月十七日，日本與中國簽訂《馬關條約》。

四月二十三日，俄、法、德三國一致行動，威逼日本將遼東半島退還給中國。

五月五日，日本交還遼東半島給中國。

十月八日，朝鮮閔妃被暗殺。

一八九六年

十月二十一日，中國允許俄國建築從符拉迪沃斯托克（海參崴）穿越滿洲抵達貝加爾湖的中東鐵路。

一八九八年

三月二十七日，中國允許俄國租借遼東半島。

六月二十二日，大隈重信與板垣退助合併立憲自由黨和民主黨，組成憲政黨。

六月三十日，大隈重信成為被任命為首相的第一位政黨領袖。

一九〇〇年

三月十日，日本政府公佈《治安警察法》。

七月六日，日本內閣決定提供部隊參與組建國際聯軍，鎮壓中國的義和團運動。

九月十五日，伊藤博文組建政友會。

十二月五日，日本第一所女子醫學院成立。

一九〇一年

四月二十八日，安部磯雄等組建社會民主黨，五月二十日自行解散。

九月七日，鎮壓義和團運動後簽訂的《辛丑合約》，給予日本在北京—天津地區駐軍的權利。

一九〇二年

一月三十日，日本與英國締結《日英同盟》。

三月一日，東亞同文會成立。

東京的霞關區成為現代式建築的政府辦公樓集中區。

一九〇三年

六月一日，日比谷公園向公眾開放。
十月一日，日本的第一座永久性電影院電氣宮在東京淺草區開業。

一九〇四年

二月四日，御前會議支持內閣對俄開戰的決定。
二月八日，日本海軍攻擊旅順港附近的俄國軍艦。
二月十日，日本向俄國宣戰。

一九〇五年

一月一日，日本軍隊佔領旅順。
五月二十七日至二十八日，日本海軍在對馬海戰中擊敗俄國艦隊。
九月五日，日本和俄國簽訂《朴資茅斯條約》。東京日比谷公園及日本其他地區發生反對締結對俄和約的騷亂。
十一月十七日，《第二次日韓協約》締結，朝鮮成為日本的保護國。

一九〇六年

三月，伊藤博文抵達漢城，就任日本駐朝鮮統監。
八月一日，日本政府組建關東軍，保護其新近在滿洲擁有的權力。
十一月二十六日，日本政府設立南滿洲鐵道株式會社。

一九〇七年

六月，一個朝鮮代表團出現在第二次海牙世界和平大會上。
七月十九日，伊藤博文統監逼迫朝鮮國王高宗退位，表明日本意在控制朝鮮內政。
七月二十四日，《第三次日韓協約》簽訂，朝鮮國內行政事務的全面控制權移交給日本駐朝統監。
八月一日，伊藤博文解散朝鮮軍隊。

一九〇八年

一月，第一期《婦人之友》出版，該刊一九〇三年以《家庭之友》刊名問世。
八月二十七日，日本政府批准設立東方拓殖株式會社。

一九〇九年

十月二十六日，朝鮮愛國者在哈爾濱刺殺伊藤博文。

一九一〇年
八月二十九日，日朝兩國八月二十二日簽訂的合併條約開始生效。

一九一一年
一月二十四日至二十五日，幸德秋水等因參與所謂「大逆事件」被絞死。
九月一日，平塚雷鳥創辦《青鞜》雜誌。
九月二十二日，松井須磨子表演易卜生戲劇《玩偶之家》。
十月，新型百貨公司白木屋於東京日本橋開業。

一九一二年
七月三日，明治天皇去世，大正時代開始。
八月一日，勞工領袖成立友愛會。
九月十三日，明治天皇的國葬儀式在東京舉行，乃木希典將軍夫婦殉葬。

一九一三年
二月七日，桂太郎組建名為「立憲同志會」的新政黨。
十二月二十三日，加藤高明被推舉為「立憲同志會」總裁。

一九一四年
七月二十八日，第一次世界大戰爆發。
八月二十三日，日本對德國宣戰。
十月一日，新型百貨公司三越在東京日本橋開業。
十月，日本軍隊佔領卡羅林、馬紹爾和馬利安納群島。
十一月七日，德國將其在中國山東的租借地轉讓給日本。
十二月二十日，東京中央車站開始營運。
松井須磨子的《喀秋莎之歌》首開日本流行音樂紀錄。

一九一五年
一月十八日，日本向中國提出「二十一條」。
五月二十五日，中國接受「二十一條」的前四大項。

一九一八年
七月二十三日，富山縣婦女暴動，宣告「米騷動之夏」開始。
九月二十九日，原敬被任命為首相，領導日本首屆政黨內閣。
十二月七日，東京大學學生成立「新進會」。

一九一九年

一月五日，松井須磨子自殺。
三月一日，朝鮮「三一」獨立運動開始。
八月十二日，齋藤實海軍上將就任朝鮮總督，開始了所謂的「文治」時代。
十一月二十四日，大阪成立「東日本婦女協會」。
十二月二十二日，企業領袖與內務省官員組成「協調會」。

一九二〇年

十二月十七日，國聯授權日本統治卡羅林、馬里亞納和馬紹爾群島。
十一月十五日，日本成為國際聯盟成員國。
三月二十八日，「新婦人協會」成立。
三月十五日，米價、絲價暴跌，標誌著戰後經濟衰退的開始。

一九二一年

四月四日，信仰社會主義的婦女成立「赤瀾會」。
四月十五日，羽仁元子和她的丈夫創辦了自由學園。
六月二十九日，神戶的川崎和三菱造船廠工人舉行五十天大罷工。
十一月十二日，華盛頓和會開幕。
十一月二十日，南洋興發株式會社開始運作。
十一月，在日本的朝鮮學生組成革命組織「黑浪會」。
十二月十三日，日本簽訂《四國協定》。
十二月，溫和派的朝鮮移民團體領袖創辦「相愛會」。

一九二二年

二月六日，日本在華盛頓和會的最後一天簽訂《海軍軍縮條約》和《九國公約》。
三月三日，「部落民」的積極分子組成「水準社」。
四月二十日，國會修改一九〇〇年《治安警察法》，取消了婦女加入政治社團的禁令。
七月十五日，知識份子和政治激進分子建立日本共產黨。
十二月二日至十七日，日本從中國山東撤出軍隊。

一九二三年

二月二日，丸內大廈開業。

九月一日，關東大地震摧毀東京—橫濱地區（譯注：死傷二十餘萬人，毀損四十萬房屋）。

美濃部達吉在其所著《憲法述要》中闡釋「天皇機關說」。

一九二四年

三月，日本共產黨宣布解散。

六月十一日，憲政會首領加藤高明就任首相，開創了政黨政治時代。

十二月一日，《小作調停法》生效。

十二月十三日，「婦人參政權獲得期成同盟會」成立。

一九二五年

三月二十九日，國會通過成年男子普選權法案。

四月二十二日，《治安維持法》頒佈。

一九二六年

三月五日，勞動農民黨成立大會在大阪舉行。

八月六日，東京、大阪、名古屋的廣播電臺合併為日本放送協會（NHK）。

十二月四日，日本共產黨正式重建。

十二月五日，安部磯雄等組建社會民眾黨。

十二月九日，日本勞農黨成立。

十二月二十五日，大正天皇去世。

十二月二十八日，昭和時代開始。

一九二七年

四月二十二日，政府宣布三周內銀行暫停營業。

五月二十八日，田中義一內閣派遣軍隊前往中國青島保護日本僑民。

九月十六日，野田醬品公司罷工開始。

一九二八年

三月十五日，員警對共產主義者及其他政治積極分子進行大抓捕。

四月十九日，野田醬品公司罷工結束；田中義一內閣派遣軍隊前往中國濟南保護日本僑民。

五月三日，中日軍隊在濟南發生衝突。

第九章

帝國的建立

一九〇五年九月五日，東京正因夏末經久不散的熱氣而顯得有氣無力，數千人結隊來到了毗鄰皇宮的草木繁盛的東京日比谷公園。根據雜誌上的圖片，參加者中有少數婦女，儘管一九〇〇年的《治安警察法》禁止女性和未成年人參加政治集會。雖然當天下午天氣濕熱難耐，這些普通的日本公民還是聚集在一起聆聽演講。也正是在這一天，日本代表簽署了《朴資茅斯條約》，正式結束了和俄國的戰爭。戰爭是激烈的，但是日本在海戰和陸戰中都贏得了幾次勝利。在美國總統狄奧多·羅斯福（Theodore Roosevelt）的斡旋之下，日本與俄國在新英格蘭的古老小鎮簽訂了和約，俄國承認了日本的勝利，把亞洲北部俄國的領土和鐵路讓給了日本。

首相及其內閣把對俄國的勝利讚譽為日本近代歷史上的偉大時刻。對於把國家置於禍福難測的戰爭中的人們而言，戰勝一個西方強國代表著明治夢想的實現，同時也是一個輝煌的成就，證實了日本近代化努力的成功，證明國家擺脫了半殖民地地位，標誌著日本已經躋身強國陣營，具有更安全的未來。外界也同意這個評價。《紐約時報》的社論認為，這場勝利確保了日本未來的「和平和安全」，並創造了「工業成長和國家發展的無窮機會」。[1]

令人吃驚的是，九月五日，三萬名左右手工業者、店員和工廠工人聚集在日比谷公園，不是為了讚頌，而是為了抗議條約的簽訂。他們認為，政府沒有從俄國手中謀得足夠的讓步，相反，談判代表「笨拙」而且「意志薄弱」，滿足於「可恥地」和平簽訂了和約。鞭炮燃放的同時，氣球飛向天空，銅管樂隊奏響了愛國歌曲，演講者一個接一個地敦促內閣和天皇「拒絕屈辱的和約」，命令軍隊繼續「擊潰敵人的英勇戰鬥」[2]。集會結束時，一些狂熱分子朝皇宮前進。他們群情激奮。當員警試圖阻攔時，雙方發生了衝突。民眾只能用棍棒和石頭對付員警手中的刀劍，但他們佔有數量上的優勢。他們很快變得瘋狂，洗劫了警察局，並縱火焚燒政府大樓。第二天，當局頒佈了戒嚴令。到九月七日一場暴雨平息暴亂時，已有約三百五十幢房屋被毀，約五百名員警和至少五百名示威者受傷，十七人死亡。

暴亂傳遞了既明顯又微妙的資訊，其中一點是，日比谷的抗議者要確定他們在國家政治組織中的位置。他們以自己在農田、工廠、學校和戰場上付出的個人犧牲和心血而自豪，認為自己為國家自維新以來數十年間所取得的集體成就做出了貢獻，因此他們有權發表意見。作為國民，他們到日比谷公園集會，是為了表明他們對官方政策的異議。但在此刻的怨恨之外，共同的利益填平了示威者和政府之間的溝壑。日比谷事件中的男女都是愛國者，和國家領導人一樣，他們絕不願接受與作為世界主要國家之一的地位相抵牾的任何事情。在新世紀之初，熾熱的民族主義以及贏得國際社會尊敬的頑強決心，把公民和政府聯結在了一起。

一九〇五年九月，日比谷公園中民族自豪感的爆發和圍繞著共同目標的強烈情緒的匯聚，還包含著另一個重要資訊，那就是日本人民開始回答一個具有歷史重要性的問題了。一八六八年以前，日本是一個閉塞的國家，很少和外界交往。在整個有文字記載的一千多年的歷史中，僅在十六世紀後期由於豐臣秀吉的妄自尊大而去侵犯鄰國。那麼，如何建立帝國呢？日本在追求現代化時，國家領導人和公民都堅決要求獲得侵略性的對外政策的利益，因此發動了對中國和俄國的戰爭。

邊界和關係的重新確定

十九世紀七〇年代，就在人們歡呼日本在日俄戰爭中取得勝利的幾十年前，明治領導人努力爭取重建與亞洲鄰國的傳統關係。西方國家不願再容忍日本限制與國外交往的一貫做法，在伊藤博文和山縣有朋等人看來，日本是一個不得不服從西方外交準則的弱小國家。這些新準則要求各國劃清邊界，以便精確標注在地圖上，還要求各國與國際社會的其他主權國家締結正式條約，互派駐外代表處理兩國關係，解決任何可能出現的不可預見的問題。

德川幕府無需為確定日本的版圖操心，其統治領域大致與將軍領地和各藩的外邊界一致，文化上的親密關係也限於那些說日語並具有共同社會價值觀和宗教信仰的人們之間。在那種情況下，南部和北部諸島身份模糊不清也無關緊要，通常不認為蝦夷地和九州列島是幕府將軍的領地，但也不是明確的外國領土。然而，新的外交準則不允許疆域問題如此含混不清。因此，十九世紀七〇年代，明治政府的領導人開始了兩項任務：確定日本的疆域；按照西方國家的期望調整與最近的兩個大陸鄰國——俄國與朝鮮的關係。

北海道是從一八六九年開始正式使用的地名。明治政府尤其想明確北海道以北的邊界線，執政者們認為，出於經濟和戰略的原因日本需要那個大島嶼。俄國穿越北太平洋的擴張和對拉克斯曼和列扎諾夫（Laxman and Rezanov）[3]探險釀成事件的記憶，尤其在年輕的明治領導人心中激蕩，他們希望通過使俄國士兵和商人盡可能遠離日本的心臟，來遏止俄國對北部的野心。使執政者鬆了一口氣的是，早在一八五五年簽署的《日俄親善條約》已經承認了日本對北海道以及千島群島中往北遠至擇捉島等島嶼的主權，雖然它使庫頁島的歸屬問題懸而未決。

明治維新後，新政權通過設立北海道拓殖使，鼓勵移民北方並逐步努力同化愛努人，來鞏固日本對北海道的主權。為了開發前蝦夷地的商業潛力而成立於一八六九年的北海道拓殖使，在一八八二年被取消前只取得了微小的成就：促進了釀酒業和捕魚業的發展。也許它最持久的成果是札幌農學校的成立，後來它成為日本的七所帝國大學之一，一九四九年更名為北海道大學。札幌農學校成立於一八七六年，以美國的「贈地大學」[4]為參照，聘請了若干外籍教師，其中威廉・史密斯・克拉克（William Smith Clark）贏得了不朽的聲名。他宣導學生，「青年們，要胸懷大志」。這句話現在依然被重申。

地圖 9.1

北方諸島

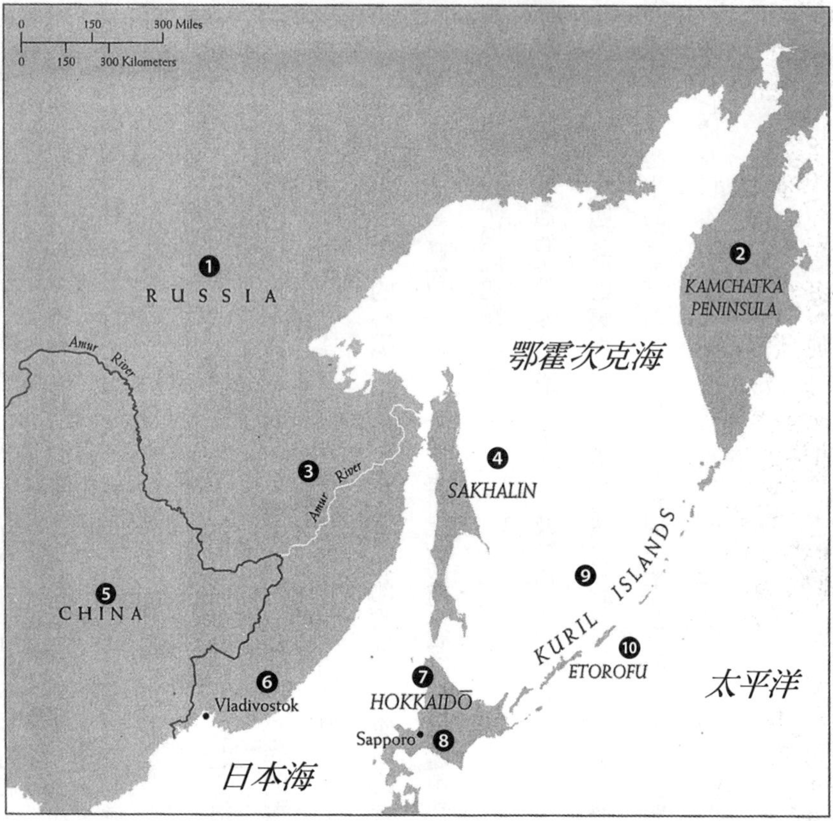

❶ 俄羅斯　❹ 薩哈林　❼ 北海道　❿ 擇捉島
❷ 堪察加半島　❺ 中國　❽ 札幌
❸ 黑龍江　❻ 海參崴　❾ 千島群島

札幌農學校的主要任務是推動北海道的農業向前發展。十九世紀七〇年代，明治新政權既要幫助前武士獲得謀生的手段，又要從內地移民充實邊境。這樣外界就會承認北海道是日本不可分割的一部分。鼓勵前武士移民到北海道當農民可以一箭雙雕。截至一八八九年，大約已有二千個武士家庭從允許他們利用政府貸款、以市場價的半價購買北海道荒地的計畫中受惠。與此同時，近八千名前武士在軍事殖民地定居。他們每家都得到一塊未耕地和房屋、家用品、農具，而且在同意耕種土地和遭受侵略時幫助保衛北海道後，還能得到三年的糧食供應。十九世紀九〇年代，在政府宣布將為所有的新移民，不論其社會背景如何，提供十年免稅免租金待遇，而且十年之後即獲得擁有土地所有權的田產後，移民人數更是大幅度上升。

作為北方政策的一部分，明治政府否認愛努人屬於不同的種族，著手完成將他們吸收到日本社會的計畫。十九世紀七〇年代，新政權因襲早年幕府的做法，命令愛努人不得戴耳環、紋身，強迫他們改穿日本服裝，梳日式髮型。不過，在明治時期，同化的計畫並不局限於外觀的改變，還要根除愛努人的整個生活方式。明治政府聽取了外國顧問，如前美國農業部長官賀瑞斯．卡普倫（Horace Capron，他曾經幫助制訂美國西進運動中鎮壓當地人反抗的計畫）等人的忠告，強迫愛努人參拜神道神社，取日本人的名字。為了節約時間，減少麻煩，人口調查處的官員有時讓整個聚落姓同一個姓。在學校裡，愛努兒童要學習日語，閱讀強調敬畏天皇和效忠國家就會獲得幸福的課文。

最主要的是，當局想把愛努人從獵人和採集者，根據某些人的說法是「野蠻、兇暴，尚非完全人類的野人」[5]，轉變為文明的農民，但是明治政府不許愛努人耕作他們原先漁獵的地方。一八七二年的《地所規則》把北海道描述成一大片荒地，具體化了土地使用權和所有權之間的界限。其中一條這樣規定：「當地人民漁獵伐木的山林河流，應分配並轉歸個人或集體所有。」這樣，愛努人賴以為生的山林成了所謂的「荒地」，被分配給日本移民作為家園和農場。移民遷居到愛努人的故園後，當局把土人安置到條件較為惡劣的區域，發給他們少量工具和種子，強迫這些被趕走的家庭學會種田。在一八九九年《北海道舊土人保護法》的實施中，這種政策傾向性達到了極點。這部保護法規定，打算務農的愛努人家庭可以獲得二公頃至五公頃農田，然而不久後，大多數愛努人的土地就落到了日本鄰居的手中，後者經常是通過不正當的手段巧取豪奪，結果愛努人不得不在漁場做工，生活在城市貧民窟裡。這些政策破壞了愛努文化，使其難以修復。但是到明治末期，北海道毫無疑問已經屬於日本。一九〇八年，北海道的一萬八千名愛努人只占了當地一百四十五萬總人口量的百分之一．二五。

至於如何處理日本人、俄國人及土著島民雜居的庫頁島和千葉群島北部的歸屬問題，日本執政者不太有把握。似乎沒有什麼有說服力的理由，可以使日本把主權擴張到那些稀稀落落的海灣和小港。如果日本這樣做，就會引起管理和防禦上的問題。因為根據西方式外交中的新語彙，生活在那裡的人們就會成為有資格要求國家保護的「公民」。還有，明治政府的領導人對於把國界劃在太靠近北海道海岸的地方猶豫不決。因為他們唯恐表現出對俄國心存畏懼，從而產生可能會有辱新政權聲望的不良形象。出於上述考慮，一八七五年，明治政府派代表赴俄國商談解決北部問題。會談進展順利，五月七日，雙方締結了《聖彼德堡條約》，日本放棄其佔領的庫頁島部分地區；作為交換，日本獲得了整個千島群島的所有權。

在西部，明治政府把對馬合併到長崎縣，堅稱朝日兩國的國界線就在朝鮮半島和宗氏大名以前的領地對馬島之間。但是事實證明，調整和朝鮮關係的其他方面是十分棘手的。傳統上朝鮮自認為是中國朝貢體系內的一個屬國。儘管這種主從關係具有排外性，德川時期中國宗主還是允許朝鮮遣使到江戶，通過宗氏大名和日本開展有限的貿易。一八六八年，明治政府的新領導人掌權之後，要求朝鮮朝廷承認「王政復古」。朝鮮一再回絕，日本政府核心集團中的一些人，特別是西鄉隆盛，對此感到不滿，於一八七三年建議征討朝鮮。西鄉隆盛的提議引發了執政者之間的激烈爭論，但是最後頭腦比較冷靜的領導人，如伊藤博文和大久保利通等人，認為西方對脆弱如昔的日本意欲征討朝鮮，將持反對意見。

不過三年之後，伊藤博文和大久保利通把侵朝一事重新提到了日程上來。明治領導人選派曾任北海道開拓使長官的黑田清隆與朝鮮重開談判。黑田清隆效仿培里的做法，一八七六年一月，率領一支現代艦隊闖進朝鮮水域。當中國未對日本的大膽舉動做出反應時，朝鮮覺得自己除了同意日本的要求之外幾乎別無選擇。一八七六年二月十六日簽訂的《江華條約》，規定「朝鮮為自主之邦，保有與日本平等之權。嗣後兩國如欲表示和親，須彼此以同等之禮儀相待。從前有礙邦交之諸條規，應悉行革除。務必開拓寬裕弘道之法，以期雙方之永遠安寧」。[6] 儘管言辭冠冕堂皇，隨後的「修好條款」卻絕對只對日本有利。因為它們規定朝鮮的三個港口對日本開放通商，允許日本在那裡設立領事館，日本居民享有治外法權。諷刺的是，在歐美強國用炮艦外交使日本淪為半殖民地國家不到二十年後，日本也強迫它最近的鄰國接受嚴重危害其主權的西式不平等條約。

劃定日本的南部國界線，以及重新確立與琉球群島的關係也牽涉到中國。和朝鮮一樣，德川時代之初，琉球群島既是獨立的國家，又是中國的屬國。使事情更加複雜的是，一六〇九年薩摩武士把琉球國王扣為人質，兩年後逼迫他瞞著中國簽署了承認薩摩為其領主，同意雙方開展貿易的協議。一八七一年秋，日本的新政權廢藩置縣時，決定把琉球置於鹿兒島縣（包括前薩摩藩的領地）的管轄之下，名義上取得了對琉球群島的主權。

當大約五十名琉球船民因船隻失事漂浮到臺灣（當時屬於中國福建省），而被臺灣土著居民殺害的事件發生之後，新政權下定決心要把日本的統治權向南推進。在日本國內，輿論要求明治政府懲罰未開化的臺灣人，為遇害的「日本國民」，即琉球漁民報仇。對臺灣採取軍事行動的政策看來是個不錯的選擇。與清政府官員的會談沒有得到什麼結果後，一八七四年初日本政府派兵征臺。五月二十二日，日軍在臺灣登陸，迅速鎮壓了當地人民的反抗。在出兵後的談判中，清政府承認日本的行為是「義舉」。次年，明治政府命令琉球國王中斷與中國的從屬關係。並最終於一八七九年強迫末代琉球國王退位，把琉球群島改成沖繩縣，正式吞併了琉球。

十九世紀七〇年代，日本政府靈活有力地獲得了國家的外交利益。不過，執政者的行動並不是實踐大陸擴張的預謀，相反地，在明治新政府的第一個十年，它僅是按照西方慣例劃清國界線以及重新調整和近鄰的關係。到十九世紀七〇年代末，統治者已經達到了下列目標：日本的統治權延伸到了北海道、千葉群島、對馬和琉球群島；輿論稱讚政府通過談判和俄國締結了條約，證明了日本勇敢抵抗西方國家的決心；人民大多歡呼《江華條約》的簽訂，認為這表明日本已經發展到可以開始享有西方強國認為理所應當是它方權利的某些特權。

新興的帝國主義思想

十九世紀八〇年代，當一種新的更有殺傷力的西方帝國主義表現出傾覆東亞的威脅時，日本對其鄰國的態度大大改變。十九世紀後期，曾經強烈地吸引了岩倉使節團的西方強國——英國、法國、德國、義大利和美國的政治集權和商業發展都上了一個新臺階。美國內戰和歐洲一系列軍事對峙的一個副產物是使人們意識到，國家財富能使任何國家維持國內的政治凝聚力，增強保衛自己免遭對立鄰國侵犯的能力。於是，為了使國家繁榮富強，十九世紀後期西歐和北美的政府競相實行工業化，建立全國性的交通和市場網路，鼓勵勞資合作，在面臨國外競爭時保護本國工農業。

建立強大的國民經濟的願望，導致了新的地緣政治態度的產生。處於政治集權和經濟近代化過程中的所謂西方強國，越來越覺得有必要建立能促進宗主國發展的殖民帝國。自十八世紀工業革命以來，歐美的商人、銀行家和實業家就通過打開海外的銷售市場，購買國外的廉價原材料和食品，追求個人利益的最大化。各國政府，以英國政府為最，通常會通過聲稱在遙遠的國度擁有「特殊權利」來支持本國的商人。然而，到十九世紀的最後數十年，帝國主義征服成為公開挑明的國策。許多國家開始盡全部的政治和軍事資源爭奪殖民地、保護國和勢力範圍，以便增加宗主國的財富、力量和威望。

由於相信任何成功的近代強國都必須是「帝國」，各國之間為爭奪海外殖民地展開了激烈競爭。歐洲各國很快蠶食了非洲：一八八一年，法國宣布突尼斯為其保護國；次年，英國佔領了埃及；一八八三年，德國的勢力開始滲透到非洲大陸的西南角。美國進入了太平洋地區，一八九三年推翻了夏威夷君主國，然後為爭奪薩摩亞、吉爾伯特和馬紹爾群島與英、德兩國展開了角逐。在亞洲，正如英國把緬甸據為殖民地那樣，一八八四年至一八八五年的中法戰爭，使越南成為法國殖民帝國的一部分。每個國家都叫囂著要在中國建立租界，截至十九世紀八〇年代，在中國享有特殊權益的西方國家已經不止英、法、俄、美四國，還有葡萄牙、丹麥、荷蘭、西班牙、比利時和義大利。到二十世紀的頭十年，建立帝國的熱望達到頂點，非洲大部份、中東、亞洲和太平洋都已淪為帝國主義的犧牲品。在地球上的這一大片地方，只剩下七個完全獨立的主權國家。

西方對亞洲的侵略，使許多日本人認為日本必須重新考慮和亞洲鄰國以及好戰的西方列強之間的關係。在當權者中，負責制定日本外交政策的首推山縣有朋。山縣有朋是個經驗豐富的執政者，曾經負責建立日本的徵募軍。十九世紀八〇年代任內務卿時制定了地方政府制度，一八八九年十二月接任首相。他也是個小心謹慎的實幹家，專注於日本的安全問題。他按照強權政治那一套看待世界，朝鮮尤其引起他的密切注意。他認為朝鮮是個虛弱落後的國家，將來有可能淪為掠奪成性的英國或野心勃勃的俄國的獵物，後者正打算修築穿越北亞抵達符拉迪沃斯托克(海參崴)的西伯利亞鐵路。山縣有朋斷定，這條鐵路的竣工對日本的切身利益是個長期威脅，因為它將使沙皇的軍隊進入東北甚至北京。而且他知道，俄國渴望有個長年不凍港作為新鐵路的終點，因為符拉迪沃斯托克(海參崴)冬季結冰，俄國的將領會覬覦氣候比較溫和的朝鮮港口。

山縣有朋擔心，假如英國或俄國在朝鮮半島建立了立足點，日本的獨立最終會岌岌可危。因此，在一八九〇年十二月六日在日本首屆議會的演說中，山縣有朋首相概括了其外交政策的目標。他說他任職期間的主要目標是「維持國家獨立，提高國家地位」[7]。為了達到這個目標，他接著說，日本必須準備好捍衛「主權線」和「利益線」。前者指新確定的國家疆域，而後者則指和日本的安全需要緊密相關的鄰近緩衝地帶。當日本即將邁進新世紀時，山縣有朋提出日本的主權線包括對馬的海岸線，利益線則穿過朝鮮。他最後說，「要維持一國之獨立，僅僅守衛主權線是決然不夠的，必須進而保衛利益線」。因此，山縣有朋提出了迅速擴充日本海陸軍的預算案。

在民間，教育家和報刊撰稿人福澤諭吉也為亞洲的形勢感到苦悶。十九世紀六七十年代，福澤諭吉鼓勵全盤引進西方觀念和制度。他相信世界是美好的，在這個世界上，國與國之間「互相學習，為彼此的幸福祈禱，按照自然界和人類的法則互相聯繫」[8]。然而，到了十九世紀八〇年代早期，當他為帝國主義的步步進逼而焦灼，轉而思考社會達爾文主義的教誨時，福澤諭吉變得憤世嫉俗了。福澤諭吉坦白說，以前他認為仁善公正的國際法主宰著國與國之間的關係；現在他認識到，實際上世界是根據叢林法則運行的，所有的國家都為了實力和財富而奮鬥，強的吞噬弱的。他警告道，美國和歐洲的先進國家比中國和朝鮮這樣的國家強大得多，西方的入侵會使亞洲遭受和非洲及中東一樣的屈辱和毀滅。

福澤諭吉警告，這個進程會直接危及日本。他滿懷熱情地相信他的祖國和鄰國不同。他驕傲地宣稱，在亞洲國家中，唯有日本已經開始近代化，開始按照西方的榜樣重塑自我。由此證明它已準備好和其他文明國家臂挽著臂走在進步的路上。他繼續說，不幸的是，西方沒有也不能認清這個事實。他哀歎，歐美人都戴著種族主義眼罩，分辨不出亞洲國家之間的區別，在他們看來，中國和朝鮮都是專制、半開化的，固守著過去的可笑習俗，他們認為日本也是這樣。福澤諭吉否認日本與中國、朝鮮一樣，但是，日本怎樣才能避免被西方的可怕力量碾碎呢？

福澤諭吉為他自己的問題提出了兩個答案。首先，他宣布，日本必須建立軍事實力，必須隨時準備動武。他寫道：「別人使用暴力時，我們也必須以暴治暴。」其次，他主張日本必須鼓勵亞洲鄰國進行改革，以便經受住西方的衝擊；如果他們拒絕，他認為日本應該強迫他們這樣做。他向日本同胞說起這樣一個寓言：居住在石屋裡的人不會免於火災，如果他的鄰居住在木屋。當然，住在石屋的人應該儘量勸說其鄰居改建房子，但是假如「危機在即，斷然侵入鄰居的地方是正當的。不是因為他覬覦鄰居的房子或者憎恨鄰居，他不過是想保護自己的房子免遭火災」。

一八八五年三月，在一篇發表於他自己的報紙《時事新報》上具影響力的文章中，福澤諭吉重申了他的主張。他以《脫亞論》為題，一開始就重提人們所熟悉的進步的日本和落後的中、朝兩國之間的比較。鑒於西方的傾向，福澤諭吉說日本不能和亞洲鄰邦聯繫太緊密，否則只會敗壞日本的名聲。他認為日本應該準備好採取冷酷的行動以保護自身的安全。他說：「與其坐等鄰邦之進步而與之共同復興東亞，不如脫離其行伍，而與西洋各文明國家共進退。對待支那、朝鮮之辦法，不必因其為鄰邦而稍有顧慮，只能按西洋人對待此類國家之辦法對待之。」

十九世紀八〇年代末至九〇年代初，其他有影響的作家更加公開地鼓吹帝國主義的益處。在出版於一八八六年的第一本書裡，德富蘇峰接受了赫伯特．斯賓塞和其他西方知識份子的觀點，即所有先進的工業社會本質上是愛好和平，沒有侵略性的。但是不久，德富蘇峰就徹底改變了想法。一八九三年他觀察到，日本在政治、教育和商業領域已經取得了巨大成就，但這些還是無法說服西方修訂日本已經忍受了三十多年的該死的不平等條約。用他的話來形容，這是「我們的憾事，我們的恥辱」。和福澤諭吉一樣，德富蘇峰也將之歸罪於種族主義的態度。他寫道，日本是「東方最進步、最發達、最文明、最強大的國家」，但是，看來日本永遠也不能擺脫「白人的輕蔑」[9]。他又說，帝國主義擴張為日本提供了贏得列強尊敬，確保自身安全和國家生存，甚至向東亞其他國家傳播文明的最後良好時機。

政府和輿論界領袖也敏銳地意識到，在朝鮮獲得的巨大經濟利益能滿足日本的安全需要。毫無疑問，《江華條約》簽訂後猛漲的貿易額預示了前景：一八七七年到一八九三年間，日本出口到朝鮮的商品值增加了四倍，日本商人也購買了朝鮮大米和大豆出口總量的約百分之九十。一八九四年六月，松方正義十年前任大藏卿時的政策為日本近代經濟的增長奠定了可靠的基礎，企圖使朝鮮的經濟發展符合日本的利益。他特別寫信給其同僚，提出日本應該使朝鮮開放新港口，「獲取採煤，架設電報線，修築釜山和漢城之間鐵路的權利」。他說，特許權「真正對兩國有益」。[10]同年夏，新聞界也要求在朝鮮取得新的經濟特權。德富蘇峰創辦於一八八七年、很快就成為最受歡迎的政治性期刊《國民之友》，熱情洋溢地引述松方正義的大多數期望，並要求結束目前對日本在朝鮮經營商業活動的限制。

那些在西方帝國主義席捲亞洲時思考國家命運的日本人並不是居心不良的人，他們對亞洲同胞並沒有特別的仇恨，也沒有一個當權者制訂或者認可要求取得海外領土或亞洲經濟控制權的任何具體計畫。然而，山縣有朋、松方正義、福澤諭吉和德富蘇峰等人共同形成了贊成帝國主義行為的思想。到十九世紀九〇年代早期，他們和許多國人，從政治右派到「左派」，從政府到民間，都達成了一致結論：世界是個危險叢生的地方，西方帝國主義和種族主義的態度對日本的獨立構成了嚴重威脅；為了維護國家的完整，日本考慮在國界外採取行動是正當的。他們利用到處蔓延的擴張主義的論調，促成了新興輿論的形成：日本必須果斷行動，甚至必須犧牲他國，假如日本自己不想被犧牲的話。

中日戰爭

日本在一八九四年至一八九五年因朝鮮問題而引起的戰爭中打敗中國後，開始成為一個殖民帝國。和十九世紀晚期亞洲的其他大多數民族一樣，朝鮮人也發現他們在如何才能最好地回應西方挑戰的問題上意見不一。十九世紀八〇年代早期，朝鮮朝廷被操縱在保守派手中。他們決意維護一個以儒學為基礎的社會，實行閉關自守的對外政策，並繼續聽從中國的建議，仰仗它的保護。但是一群自認為是進步分子的年輕人在金玉均的領導下，欽佩日本對西方的應對方略，認為朝鮮也應該進行類似於明治領導人所從事的改革，於是開始反對保守派。

日本駐漢城的領事館官員和進步分子建立了聯繫，希望幫助他們成立一個改革者的政權。這個政權能增強朝鮮的力量，從而使朝鮮可以抵制或許同樣也對日本懷有敵意的強國的控制。就在一八八一年和一八八二年，即福澤諭吉發表《脫亞論》的兩年前，當金玉均到東京尋求有關近代化發展策略的知識時，福澤諭吉和其他著名的西化論者幫助了他。在這些支持的鼓勵下，金玉均策劃了一場企圖推翻朝鮮君主制的政變。一八八四年十二月四日，金玉均及其追隨者手持從日本私運進來的武器，在日本駐漢城公使館衛兵的公開支持下，衝進了王宮。叛軍抓獲了高宗，殺死了幾名大臣，宣布成立「獨立、親日」的新政府。然而，朝鮮的保守派立即向中國駐軍乞援。經過三天的戰鬥後，保守派恢復了首都的秩序。所謂的「甲申政變」失敗後，金玉均逃往日本。作為報復，憤怒的朝鮮人殺死了四十名日本人，並把日本公使館燒成一片廢墟。

執政者呼籲伊藤博文平息混亂狀態。儘管伊藤博文正在做立憲制的準備，他還是立即前往中國和負責處理中朝關係的李鴻章協商。這位小心謹慎的日本特使知道，大多數國外觀察者都認為日本在道德上是錯誤的一方，而且他也不想引起更多會使日本和列強中任何一國交戰的可能，或和人人都認為強於日本的中國徹底攤牌的麻煩。與此同時，李鴻章也有他自己的問題要處理，特別是中越邊界上和法國的衝突以及英國侵入緬甸一事。由於雙方都無意過分固執，伊藤博文和李鴻章不久就達成了協定。一八八五年四月十八日簽訂的《天津條約》規定：中日兩國的軍隊都不得駐紮在朝鮮，今後出兵朝鮮時要事先書面通報對方。在日本國內，中央政府下令鎮壓激進主義分子。一八八〇年十月逮捕了密謀煽動新政變的福田英子和大井憲太郎，並迫使金玉均流亡到上海。

《天津條約》沒有帶來持久的穩定。在日本看來，朝鮮的國內政治依然令人無法想像的混亂不堪，朝廷緊接著甲申政變後發動的溫和改革好像只產生出令人失望的結果。與此同時，山縣有朋決心在日本列島周圍劃定利益線，福澤諭吉提倡日本對朝鮮要「按西洋人對待此類國家之辦法對待之」，再加上日益增長的出口貿易。這些揉合在一起使日本對朝鮮半島的局勢保持著敏感。在這些事情中，日本的戰略利益仍然佔據了特殊的顯要位置。一八八五年，德國陸軍少校雅各布·梅克爾(Klemens Meckel)到日本的陸軍大學執教，並成為總參謀部的顧問。他創造的一個比喻，在日本軍民腦中留下根深蒂固且難以磨滅的印象。他演講說道，朝鮮「是指向日本心臟的匕首」，因此必須保持在第三國尤其是俄國的控

成歡驛之戰／國立國會圖書館

制之外。十九世紀八〇年代後期，山縣有朋所說的「保證朝鮮獨立之措施」，對日本的戰略策劃者而言越來越成為毫無異議的自明之理。一八九四年初，事態發展到了極為緊張的階段。當年三月，據說朝鮮政府派人在上海暗殺了金玉均，事後中國政府將其屍體交還給朝鮮。但是當朝鮮政府戮其屍體以儆效尤時，引發了日本新聞界和許多同情金玉均的日本人的強烈抗議。就在那年春天，日本政府驚慌地發現，朝鮮南部各道（朝鮮地方行政區劃為「道」）極為流行的新宗教「東學黨」的領導人，正集結農民向漢城進軍，威脅要推翻政權，除非它實行改革，改善朝鮮窮苦人民的命運。高宗請求中國出兵援助，鎮壓國內暴動，日本政府的憂慮進一步深化了。當六月份大約三千人的中國軍隊在漢城附近登陸時，日本的決策者聚會磋商，決定做出反應。

行動已在每個人的日程之首。在日本領導人看來，中國在沒有知會日本的情況下出兵朝鮮，顯然已經違反

旅順口合圍／國立國會圖書館

了《天津條約》。虛弱的朝鮮再次緊緊地和分裂中的中國結盟，也使干涉半島事務的英、俄兩國幽靈得以復活。隨著討論的展開，日本駐漢城的領事建議，日本通過談判締結「朝鮮接受日本保護的條約，從而介入朝鮮的內政外交，以便實現進步和改革，使國家富強。因為這樣一方面我們可以使朝鮮成為日本強大的屏障，另一方面可以擴大我們的影響，增加我國商人享有的權利」11。不久，日本領導人即以此為目標，於一八九四年晚春派兵入朝。在和中國軍隊發生一系列衝突後，一八九四年八月一日，東京正式向中國宣戰。

幾乎沒有外國觀察者認為這個島國會戰勝大陸巨人中國。然而，一八九〇年由山縣有朋首倡的戰備措施已使日本做好了充分準備。九月十六日，日軍在平壤戰役中打垮清軍；次日在鴨綠江口和中國艦隊作戰，贏得了海戰的決定性勝利；十一月二十一日佔領旅順港；一八九五年二月十二日，在威海衛摧毀了中國艦隊，清軍水師提督愧而自盡。興奮的山縣有朋搖唇鼓舌，要把戰爭推進到中國內陸。但是二次就任首相的伊藤博文擔心軍費問題，而且如果日本深入中國中部和南部，西方會做何反應也沒有把握，所以堅決主張日本和中國通過談判結束戰爭。因此他和李鴻章再次坐下來解決兩國的分歧。

十年前伊藤博文到中國來，一八九五年，李鴻章不得不到日本去。這個跡象清楚地表明明治執政者手中握著更好的底牌。為了突出他的優勢，伊藤博文通知李鴻章，英語（他自己已經說了幾十年）是會議以及在下關（即馬關）簽署的任何協定的官方語言。正當李鴻章急急忙忙尋找翻譯時，伊藤博文卻把一系列苛刻的要求擺到了談判桌上：承認朝鮮為「完整無缺的獨立自主國家」；割讓中國東北的遼寧省、臺灣及其附近的澎湖列島；賠款近五億日圓；增闢四個條約口岸；給予商業特權，包括在長江上游河段航行以及在中國的通商口岸開辦工廠的權利。李鴻章在那種情形下盡可能巧妙地討價還價，但是沒有取得多少進展，直到日本的一個狂熱分子[12]開槍傷及他的左眼下方部位。這讓伊藤博文在世界面前丟臉，所以他同意把賠款減少三分之一，把日本對中國東北的領土要求改成割讓遼東半島，但是他堅持其餘要求。一八九五年四月十七日，《馬關條約》最後簽訂。它使日本成為世界上第一個非西方的強大帝國。

對許多日本人來說，十九世紀九〇年代是個特別值得驕傲的時期。因為日本實現了長期追求的修改與西方列強所簽署的條約的目標。一八九四年春，曾經極其頑固地拒絕放棄條約權利的英國，決定和日本親善以遏制俄國對亞洲北部的野心。一八九四年七月十六日在倫敦簽署的《日英通商航海條

地圖 9.2

1894～1895 年的中日戰爭

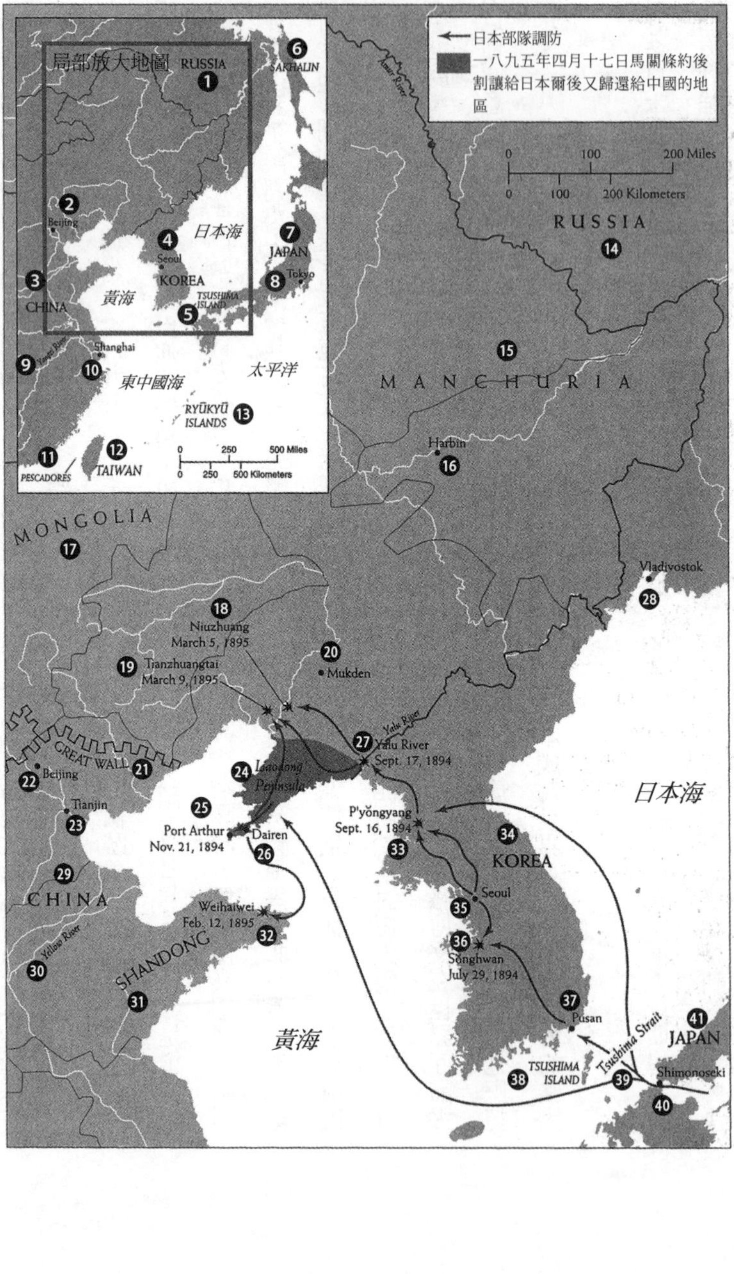

❶ 俄羅斯
❷ 北京
❸ 中國
❹ 漢城 / 朝鮮
❺ 對馬島
❻ 薩哈林
❼ 日本
❽ 東京
❾ 長江
❿ 上海
⓫ 澎湖
⓬ 臺灣
⓭ 琉球群島
⓮ 俄羅斯
⓯ 滿州
⓰ 哈爾濱
⓱ 蒙古
⓲ 牛莊
⓳ 田莊台
⓴ 奉天
㉑ 長城
㉒ 北京
㉓ 天津
㉔ 遼東半島
㉕ 旅順港
㉖ 大連
㉗ 鴨綠江
㉘ 海參崴
㉙ 中國
㉚ 黃河
㉛ 山東
㉜ 威海衛
㉝ 平壤
㉞ 朝鮮
㉟ 漢城
㊱ 成歡
㊲ 釜山
㊳ 對馬島
㊴ 下關海峽
㊵ 下關
㊶ 日本

約》，廢除了日本城市內分隔如飛地一般的英國人居留地，並規定五年後取消治外法權。到一八九七年為止，其他曾和日本締約的強國，因為對日本新興的軍事威力印象深刻，也相繼和日本簽訂了類似的承認日本關稅自主，規定到一九一一年所有關係完全平等的協議。

十九世紀九〇年代的事件——戰勝中國，簽訂對日本很有利的《馬關條約》，以及不平等條約的廢除，在日本掀起了高漲的愛國主義浪潮。報紙充斥著從前線發回來的歌頌英雄的報導，並通過刊登關於戰爭的連載小說建立了讀者群。一家大型日報甚至有獎徵集激發沙文主義情感的戰歌。同時，福澤諭吉號召他的同胞把一言一行都投入到日本獲勝這件事情中去，他還把這場戰爭的特徵形容為「文明對野蠻」[13]的「聖戰」。對德富蘇峰而言，戰勝中國給了日本過去不曾受到的國際社會的尊敬。他高興地說道，現在西方認識到了「文明不是白人的專利」，日本人也有「和偉大成就相符的特徵」。

威海衛陷落丁汝昌獻降圖（實為北洋水師管帶薩鎮冰獻降）／國立國會圖書館

民族自豪感的另一種表現是污蔑中國人。源於地理上的偏遠和文化上的自大，形成於鎖國時期的民族中心主義，長期以來決定了日本人對外人的看法。十九世紀末，文化特殊性的感覺和高漲的民族主義相結合，改變了過去對中國這個長期以來大多數日本人效仿對象的觀點。這種新的情緒帶著嘲弄和降尊紆貴的味道，出現在福澤諭吉等人的著作中，但是沒有比在關於戰爭的浮世繪中所表現的更顯而易見了。版畫製作者通常把李鴻章描繪成一個滑稽可笑的無能之人，他的顧問則穿紅著綠，花哨俗氣。他們坐在四周，張口發呆，不知該做些什麼。描畫戰場的圖景中，高大英俊的日本士兵一副英雄的樣子，有著精心修飾的頭髮和優雅的鬍子，看上去明顯像是歐洲人。與此形成對照的是，中國人拖著條「豬尾巴」，顴骨突出，鼻子寬大，眼睛歪斜。拙劣的和著名的藝術家都製作這樣的版畫，它們非常流行。幾年後，著名小說家谷崎潤一郎回憶說：「我幾乎每天出去，站在一家有大量描繪戰爭的三幅一聯圖畫的版畫店前。沒有我不想要的東西，不過我還只是個孩子。我非常嫉妒我的叔叔，新作一出現他就會全部買下來。」14

對俄國的勝利

不久，三國干涉歸還遼東半島的苦惱淹沒了日本人勝利後的激動。十九世紀末，歐洲列強準備瓜分中國，劃定帝國主義的勢力範圍，以及他們可以建立軍事基地、修築鐵路、開採礦產的租借地，其中沙皇政府決心割占中國北方一大塊領土。結果，一八九五年的四月二十三日，就在《馬關條約》簽署的數日後，俄國「勸告」日本把遼東半島交還給中國。沙皇的代表解釋說，法、德兩國也一致同意這個「友好的勸告」。日本政府尋求美、英的幫助，結果卻被告知反抗俄國是無用、危險的。在與內閣成員協商後，五月五日，伊藤博文首相忍氣吞聲地宣布日本將把遼東半島還給中國。

退讓的消息打擊了日本公眾。已動身前往遼東半島察看的德富蘇峰正好在談判雙方在下關達成協議後抵達。他在日記中寫道：「時值四月末，春天剛剛來臨。高大的柳樹正發芽吐蕊，華北的花朵此時開得最盛，芳香撲鼻。田野一望無際，春風吹拂。我四處遊覽，想到這是我們的新領土，我感到無比激動和滿足。」但是幾天之後，他得知了三國干涉「還遼」的消息，「氣得無法用淚水表達」，並且

「不屑在已交還給另一個大國的土地上再作片刻停留」。他帶著從旅順港海灘上挖出的一把鵝卵石，作為他「痛苦和屈辱」的「紀念品」，坐上他能找到的「第一班船回國了」。

三國干涉「還遼」後的幾個月中，當俄國開始干預朝鮮內政時，德富蘇峰和日本其他愛國者覺得更痛苦了。俄國顧問討好對反日派很有號召力的閔妃，這使日本駐漢城的外交使團感到尤為不安。一八九五年十月，駐漢城的日本公使指使公使館警衛和平民冒險家拘禁閔妃，讓親日的改革者控制朝政。事態進一步惡化了。十月八日清晨，一隊被陰謀沖昏了頭腦的日本人在朝鮮「新軍」的陪同下，衝進王宮刺死了閔妃，然後把她的屍體拖到花園，澆上煤油點火焚燒。高宗害怕自己的生命受到威脅，於是請一隊俄國陸戰隊士兵駐紮漢城。一八九六年二月，他又要求俄國公使館提供保護。該年稍晚時，朝鮮政府給予俄國在半島北部採礦和伐木的權利。

國際社會很快對駭人聽聞的殺害閔妃一事表示憤慨。東京政府事先沒有同意任何陰謀，因此一開始政府否認日本與此事有關。美國目擊者拆穿這一謊言後，日本政府收回前言並懲罰了幾名兇犯。然而，不管日本領導人在這個可怕的不幸事件中如何尷尬，他們到底還是熬了過來；同時痛苦地認識到，打敗中國並不能保證他人尊重日本在大陸上的利益線。在接下來的幾個月裡，俄國攫取了三國干涉時曾經拒絕給予日本的滿洲特權和領土，再次給了日本沉重的打擊。一八九六年，俄國從清政府手中攫取了修築從貝加爾湖附近向西橫穿滿洲抵達符拉迪沃斯托克（海參崴）的中東鐵路的權利。這條鐵路大大縮短了從莫斯科到中國沿海諸省的路程。兩年後，俄國又威逼中國同意它「租借」旅順、大連，借期為二十五年，並且允許它修建從旅順港的海軍基地到哈爾濱的中東鐵路支線。

當俄國盤踞滿洲、踐踏朝鮮之時，日本政府和人民懷著必須雪「遼東之恥」和堅決回擊俄國對亞洲北部的不斷介入的信念，團結一致，眾志成城。東京政府比以往更堅決地要使國際社會完全承認它對朝鮮的特殊興趣，維護朝鮮的獨立，免得它落入西方列強之手。為了達到這個目標，顯而易見地，日本需要額外的軍事實力以及更強硬的外交政策。於是，內閣和議會協力推動軍事預算案，從中日戰爭前的二千四百萬日圓到一八九六年的七千三百萬日圓，再到次年的一億一千萬日圓。這些撥款使日本的軍隊規模幾乎擴大了一倍，從歐洲買到足夠的軍艦，把日本艦隊打造成亞洲水域最大的艦隊。

與此同時，東京政府展開了旨在贏得日本同盟者和其他強國尊敬的外交攻勢。一九〇〇年六月，一些具有民族主義思想的中國人發動了排外的義和團運動。他們包圍了北京的英國公使館並殺害了德、日兩國的使館官員。在派往北京鎮壓義和團的四萬八國聯軍中，日軍占了將近一半。作為對其努力的承認，日本被邀請參加和平會議。這是日本第一次作為有充分資格的成員參加這種國際會議。一九〇一年九月七日簽訂的《辛丑合約》使日本有權在京津地區駐紮軍隊保護其使館人員。第二年，日本和英國達成了軍事協定。在一九〇二年的《日英同盟條約》中，兩國互相承認對方在中國的特權，肯定了日本在朝鮮的特殊利益。條約還規定，如果俄國和第四國一起進攻兩國中的任何一國，兩國應聯合行動。

日本即使在著手鞏固軍事和外交地位時，也坐下來和俄國一起竭力找尋解決亞洲北部問題的方法。談判既緊張又艱難，當俄國拒絕撤回義和團運動期間派往滿洲保護俄國鐵路工人及其家屬的約五萬大軍時，情況更是如此。在某種程度上，日本人寄希望於伊藤博文提出的「滿韓交換」提議，即採取帝國主義的分贓做法。假如俄國尊重日本在朝鮮的特殊地位，保證維護朝鮮的獨立，日本就會承認俄國在滿洲的最高利益。然而，沙皇代表對於草簽這樣的密約沒有多少熱情，會談走進了死胡同。

談判陷入困境後，日本掀起了好戰的狂熱情緒。大多數日本人都和德富蘇峰一樣，對三國干涉「還遼」覺得震驚和屈辱；並相信對西方條約的修改和一九〇二年的日英同盟肯定了日本作為主要強國的地位，它值得享有比俄國人願意給予的更多的尊敬。好戰的新聞界一再鼓吹同一個主題，尖銳地宣稱國家必須嚴懲「俄國熊」，採取果斷措施保護日本在朝鮮的地位。知識份子也發表意見，要求國家動用武力，迫使沙皇縮回它的手。一九〇三年六月，東京帝國大學的七名教授寫信給首相，他們的聲明被全文刊登在《東京日日新聞》上。他們號召立即發動戰爭，聲稱只有滿洲問題的「根本解決辦法」才能保護日本在朝鮮的地位。

儘管民眾日益緊張，內閣仍然慎重從事，詳細討論其他可行辦法，仔細考慮它認為可以推動談判的每一個提案。然而，最終好像仍然無法打破僵局。一九〇四年一月底，首相及其內閣決定發動戰爭。二月四日召開的御前會議重申了這一決定。日本的領導人對國家的前途並不都持樂觀態度，但是他們對以下三點取得了一致意見：只要俄國保持它在滿洲的影響，日本依然容易受到侵犯；近期沙皇不可能在談判桌上做出讓步；即使戰爭不分勝負，也會擴大日本的聲望，使日本躋身強國行列。下定決心後，政府迅速行動。一九〇四年二月六日，日本斷絕和俄國的外交關係；兩天後日本海軍襲擊旅順的俄國艦隊；二月十日，天皇在參拜日本戰死者的墓地靖國神社時，正式向俄國宣戰。

中日戰爭的主角乃木希典上將率領第三軍於二三月間進攻遼東半島，佔領了大連；一九〇四年八月包圍旅順；一九〇五年元旦攻佔了旅順。另一支步兵向朝鮮半島推進，與第三軍會合，一九〇五年三月攻佔了奉天。戰鬥極其殘酷。長期、激烈的旅順攻防戰中的殺戮，預示了第一次世界大戰的大量傷亡。單單進攻一七四高地，乃木希典上將就失去了一萬五千名士兵；攻佔二〇三高地時，又死了一萬人。日軍的旗幟在旅順飄揚之前，總計已有五萬六千多日本人喪生。兩個月後在奉天，大約三十二萬俄軍與二十五萬日軍交戰了十天。在血腥的巷戰中，日軍傷亡四分之一。到一九〇五年春，日軍已經精疲力竭：十萬多士兵陣亡，戰場上已沒有幾個有經驗的軍官，軍需品匱乏。儘管取得了一些令人矚目的勝利，總參謀部已沒有人認為日軍還有能力給予俄軍致命一擊，而後者仍可以把比日本多一倍的師團投入戰場。

一九〇五年春，東鄉平八郎上將在海戰中大勝俄軍，迫使俄國回到了談判桌邊。一九〇四年十月，俄國波羅的海艦隊中的四十五艘軍艦帶著把日本人轟出旅順港的命令，精神飽滿地從芬蘭灣揚帆出海。因為英國拒絕他們進入蘇伊士運河，艦隊不得不辛苦地繞道非洲，穿越印度洋。由於中立的港口不對俄國海員開放，他們有時不得不奮力到岸上搶奪煤炭、食物和飲水。遠航途中，他們士氣低落，靠在甲板上挑動抓獲的猴子和狗互相爭鬥來打發無聊的時間。耐心等候他們進入日本海域的是東

地圖 9.3

1904 ~ 1905 年日俄戰爭

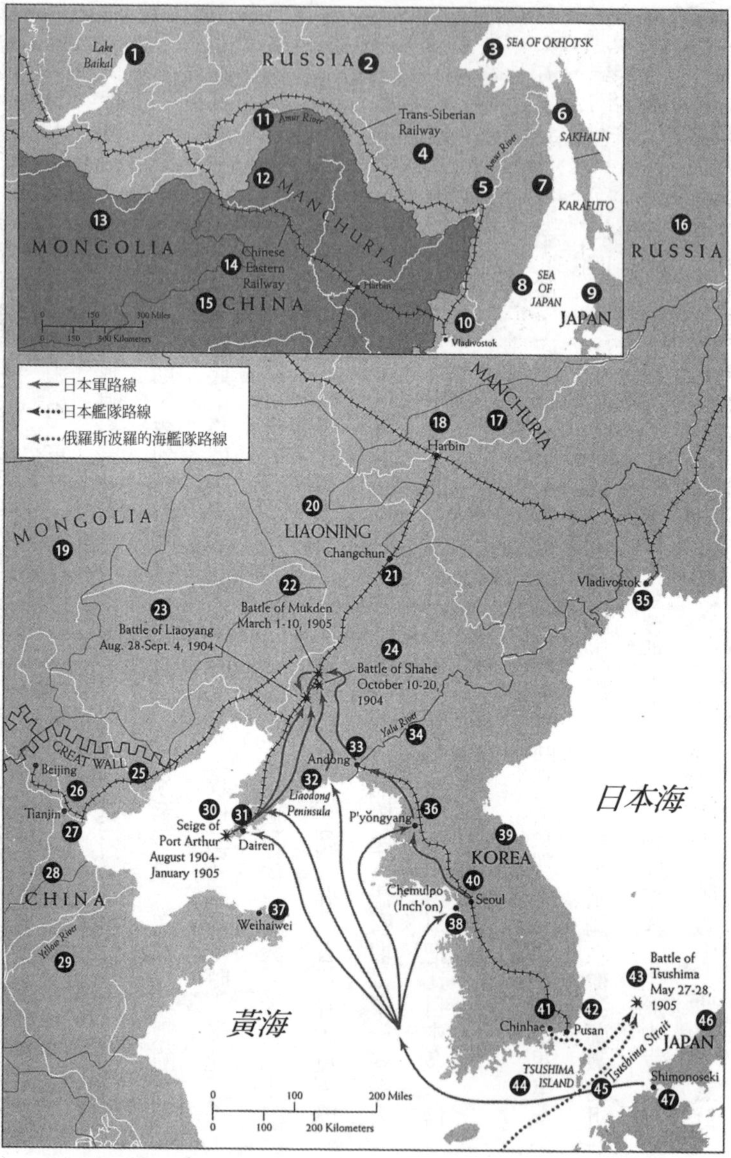

❶ 貝加爾湖
❷ 俄羅斯
❸ 鄂霍次克海
❹ 西伯利亞鐵路
❺ 黑龍江
❻ 薩哈林
❼ 樺太
❽ 日本海
❾ 日本
❿ 海參崴
⓫ 黑龍江
⓬ 滿州
⓭ 蒙古
⓮ 東清鐵路
⓯ 中國
⓰ 俄羅斯
⓱ 滿州
⓲ 哈爾濱
⓳ 蒙古
⓴ 遼寧
㉑ 長春
㉒ 奉天會戰
㉓ 遼陽會戰
㉔ 沙河會戰
㉕ 長城
㉖ 北京
㉗ 天津
㉘ 中國
㉙ 黃河
㉚ 旅順會戰
㉛ 大連
㉜ 遼東半島
㉝ 安東
㉞ 鴨綠江
㉟ 海參崴
㊱ 平壤
㊲ 威海衛
㊳ 仁川
㊴ 朝鮮
㊵ 漢城
㊶ 鎮海
㊷ 釜山
㊸ 對馬海戰
㊹ 對馬島
㊺ 對馬海峽
㊻ 日本
㊼ 下關

鄉平八郎新編的艦隊，包括戰艦、巡洋艦以及日本新近軍備的驕傲——水雷艇。五月二十七日，俄國艦隊毫無戒備地以平行的縱列駛進對馬海峽。為了讓日本大炮的火力發揮最大威力，艦隊司令東鄉平八郎組成了T字隊形，自己則在隊形的前面。到第二天晚上，日本海軍已經殲滅俄國艦隊：擊沉三十四艘，重創八艘，而他們自己僅損失水雷艇三艘。日俄戰爭已經陷入僵局。天皇的軍隊不可能把沙皇的軍隊逐出滿洲，俄國也無法把東鄉平八郎上將趕出他已侵吞的城市和領土。

日本人請狄奧多・羅斯福居中調停，這位美國總統於是在新罕布什爾州的朴資茅斯召開了和平會議。經過艱難的談判，一九〇五年九月五日，日俄雙方簽署了看起來標誌著日本勝利的《朴資茅斯條約》。和約的第二條規定，俄國必須承認日本在朝鮮的獨佔利益，不得反對日本在朝鮮採取的任何措施。其他條款則把俄國在遼東半島（日本人改稱它為「關東州」）的租借權、南滿鐵路和南滿的採礦權，以及薩哈林島南半部（日本人稱之為「樺太」）的主權都讓給了日本。這些都是條件優厚的條款，而且在世界大多數國家的心目中，日本在海戰和陸戰中的勝利，毋庸置疑地宣告了一個強國的誕生。

許多普通日本人對事情的看法有所不同。他們在火車站向出征的兒子告別，把畢生的積蓄都捐獻給國家的戰事，在勝利的慶典上提著燈籠，綁著綳帶，為前線將士折紙祈福。戰爭是在政府的密室裡策劃的，一開始只是個冷冰冰算計好要提高日本在國際政治棋盤中地位的策略，但是它變成了人民的戰爭，注入了人民的熱誠和情感。而且，大多數日本人不知道軍隊在滿洲犧牲的完整故事。相反地，在看了大量有關東鄉平八郎上將在對馬海峽了不起的勝利的愉快報導，以及報紙上有關旅順、奉天輝煌戰果的可歌可泣的故事後，一般的日本公民都抱著極大的甚至是異想天開的期望：日本可以要求取得俄國西伯利亞的大多數地方，或者至少是它的整個太平洋海岸。當出席和平會議的日本代表未能取得整個薩哈林島，也未能帶回彌補多達令人驚愕的一億七千萬日圓軍費的賠款時，日本人民覺得被出賣了。他們在日比谷公園和日本的其他許多地方發動了暴亂。日俄戰爭是日本第一次真正的國際戰爭。人民的示威表達了對國家成就的驕傲，宣告了國家的公民與執政者一樣，會堅決要求國家為自己獲取在世界上的顯要地位。

對朝鮮的殖民統治

一八九〇年，山縣有朋告訴議會他決心保護日本的利益線。他相信假如朝鮮改革，帝國主義列強聯合保證朝鮮的中立，日本的安全需要就能得到滿足。中日戰爭和屈辱的三國干涉「還遼」後，許多決策者採納了更為極端的觀點：日本自身必須足夠強大，以確保沒有別的國家可以不正當地影響朝鮮事務。與俄國談判的失敗，使永遠解決朝鮮問題的可能性變得渺茫。一些人的想法更向前邁進了一步，即日本有必要對朝鮮實行直接的政治控制。因此，與俄國的戰爭爆發後不久，在一九〇四年五月三十一日召開的會議上，內閣決定日本必須為朝鮮的國內穩定和國家安全承擔起責任。

一九〇五年秋，伊藤博文作為執行這項政策的特使來到漢城。十一月，他通過談判迫使朝鮮簽訂了《第二次日韓協約》。規定日本在朝鮮設立「統監府」，有權支配朝鮮的對外關係，有權動用日本軍隊執行朝鮮國內法律和維護朝鮮秩序。這些規定使這個半島國家淪為日本的保護國。次年三月，伊藤博文到朝鮮就任統監。一九〇七年七月，他策劃了高宗的退位。那時，高宗曾在一次希望增強朝鮮國際威望的徒勞嘗試中自稱為皇帝，把國家稱為帝國。在隨後的幾天內，伊藤博文又費盡心思想出一個新協約，把全面控制朝鮮國內事務的權力交給了統監府，然後於一九〇七年八月一日解散了朝鮮軍隊。攫取了廣泛的民政和軍政特權後，伊藤博文統監和數千名日本顧問開始改革朝鮮的貨幣和稅收系統，使朝鮮的電報、電話和郵政業務近代化。

一九〇四年五月日本內閣召開會議時，曾經仔細考慮過日本掌控朝鮮後將產生的經濟、政治和軍事利益。幾名大臣構想了一個貿易策略，即日本從朝鮮進口糧食和原材料，向朝鮮出口日本的棉布、陶器、手錶、香水、紐扣、眼鏡、手錶、煤油燈以及急速發展的其他所有輕工業產品。帶著這樣的目標，統監府把日本的漁場擴大到朝鮮海岸的水域，並且通過談判取得了木材租約和採礦權，把它們給予那些「有資本的可靠之人」。與此相似的是，正如在國內所做的那樣，日本政府為建成連接漢城和南部港口釜山的鐵路提供了慷慨的援助，並保證債券的發行。新鐵路線具有顯而易見的軍事重要性，但是它對經濟發展也發揮了重大影響。因為它經過朝鮮人口最稠密的地區，開闢了新市場，降低了商品運輸的成本。

如表9.1所示，截至一九〇八年，已有十二萬五千多名日本人響應政府號召，移居朝鮮。其中一些是僧侶和教師，一些人從事建築業，擔當工匠、搬運工，或在軍需部隊賣苦力。還有一些人開辦了生產皮件、陶器的小製造廠，而自由自在的小販則在朝鮮鄉村串遊，在村莊或小鎮中心定期舉行的集市上出售商品。許多移民還在朝鮮的城市開設飯館、茶室，以及接待移居國外者和統監府官員的妓院。

一些日本農民也移居到朝鮮。一九〇八年八月，日本政府特許成立「東洋拓殖株式會社」來推動這些事情。該會社由政府提供部分資金，凡移民到朝鮮者，給以打折的火車票和船票，安排田產（通常是從已垮臺的朝鮮王室手中沒收的土地），並提供低息的長期貸款，讓移民開始他們的新生活。農業移民的一個意圖是為日本農村貧困地區的人提供新機會，另一個是推動朝鮮的農業生產。按照策劃者的說法，這樣會

表 9.1

在朝鮮的日本居民（1908 年）

職業	數量	百分比
商業	47,398	37.6
雜工	16,815	13.3
官員	15,584	12.4
體力勞動者	15,237	12.1
製造業	11,763	9.3
農業	4,889	3.9
無業	4,424	3.5
妓女、娛樂業	4,253	3.4
漁業	2,956	2.3
醫生、助產士	1,166	0.9
教師	918	0.7
新聞記者	379	0.3
僧人	278	0.2
律師	108	0.1
總計	126,168	100.0

根據Hilary Conroy的《日本在韓國的掠奪1868～1910：國際關係中的現實主義和理想主義研究》（費城：賓夕法尼亞大學出版社，1960年），第469頁。

有兩個好處：對日本消費者有利的是，更多相對比較便宜的朝鮮大米、大豆和其他農產品會湧進日本的城市，而朝鮮農業人口收入的提高則會刺激對日本製成品的需求。然而，東洋拓殖株式會社一開始進展緩慢，在計畫開始的第一年即一九一〇年，只派遣了一百一十六戶到朝鮮。這些移民加入到沒有靠官方的幫助先行到朝鮮的約四千名日本農民的行列，當時後者已經擁有了朝鮮約百分之三的耕地。

日本的大企業不願到朝鮮去。許多實業家擔心朝鮮的政治穩定性，對朝鮮缺乏發展得較為完整的基礎設施感到不滿，認為中國市場能夠提供長期的更好的前景。不過，一八九五年後出口到朝鮮的商品額有了穩定增長，而且像澀澤榮一這樣的企業家不久便開始贊成到朝鮮投資。一九〇六年，這個不知疲倦的生意人穿針引線，使大阪三家主要的紡織會社（包括他自己的大阪紡織公司）達成協議，組成了一個出口同業聯盟。它們讓三井物產會社做銷售代理，用澀澤榮一的第一銀行提供的貼現國外匯票進行運作，把它們的產品投入朝鮮市場。這個冒險成功了。如表9.2所示，日本的紡織品廠商很快控制了朝鮮的紡織品市場，促進了進出口貿易的加速發展。

雖然有些朝鮮人歡迎日本的近代化計畫，但也有些人激烈反對對其政府和經濟的非法接管。西方帝國主義通常使既沒有共同意志，也沒有足夠資源反抗其征服者且正處於近代化過程的單一民族國家和不同種族群體或異族直接對立，然而日本捲入的是和一個與此截然不同的國家的衝突。朝鮮一直以來都是一個統一國家，時間幾乎正好和日本一樣長。朝鮮人民認為他們自己屬於同一種族，擁有共同的文化、語言以及比七世紀時的政治統一還要早一千或一千多年的宗教習慣。他們記得豐臣秀吉的侵

表 9.2

日韓貿易（1876～1910）

年份	出口		進口	
	出口額（1000日圓）	占出口總額的百分比	進口額（1000日圓）	占進口總額的百分比
1876	20	0.1	13	0.1
1878	245	0.9	205	0.6
1880	974	3.4	1,256	3.6
1882	1,587	4.1	1,202	3.9
1884	213	0.6	276	0.9
1886	829	1.7	563	1.8
1888	707	1.1	1,042	1.6
1890	1,251	2.2	4,364	5.3
1892	1,411	1.5	3,046	4.3
1894	2,365	2.1	2,183	1.9
1896	3,368	2.9	5,119	3.0
1898	5,844	3.6	4,796	1.8
1900	9,953	5.0	8,806	3.4
1902	10,554	4.1	7,958	2.9
1904	20,390	6.4	6,401	1.7
1906	25,210	5.9	8,206	2.0
1908	30,273	8.0	13,718	3.1
1910	31,450	6.7	16,902	3.6

根據Peter．Duus《算盤與劍：日本對韓國的滲透1895～1910》（柏克萊：加利福尼亞大學出版社，1995年），第263頁。

略和閔妃的遇害。當歷史和現實交織在一起時，他們有理由蔑視日本人。一位西方人這樣描寫二十世紀早期他在朝鮮看到的日本人：「從婦女相當暴露的衣著，店老闆的喧鬧和暴力，他們在街上亂丟的垃圾上，看不到日本文化的精緻。」朝鮮人驕傲而頑固，並不打算溫順地把自己的國家交給這樣的「黑腳」[15]，或者用那位西方觀察者的話說，「日本國的渣滓」。

反抗有不同的形式。一些朝鮮人，如幾名在朝鮮淪為保護國時自殺的高官，拒絕和日本佔領軍合作。一九〇七年六月，高宗皇帝派秘密使團到第二屆海牙萬國和平會議，呼籲國際社會宣布支持朝鮮獨立，但未能奏效。同一年夏天，就在伊藤博文解散朝鮮軍隊後，朝鮮爆發了大規模的武力反抗。心懷不滿的前士兵開始襲擊日本駐軍和在朝鮮的日本居民，報復與日本政權合作的同胞。伊藤博文出動日軍鎮壓，但是自稱「義軍」的朝鮮軍在各道據守陣地展開鬥爭。戰鬥十分殘酷，截至一九一〇年，大約一萬八千名朝鮮人和八千名日本人喪生。

在動盪局勢中，一九〇九年十月二十六日，伊藤博文巡察滿洲，抵達哈爾濱火車站。他剛從車上下來，一名年輕的朝鮮愛國者槍殺了他。當時，伊藤博文剛卸下統監一職不久。這一事件使東京「吞併朝鮮」的言論死灰復燃，而這正是伊藤博文本人曾經反對過的。不知何故他懷有一種幻想：他能引導朝鮮人民廣泛支持並理解日本人近代化的努力。然而，他被暗殺的事實使日本的決策者明白，用外務大臣譏嘲的話說，「朝鮮官民和我們還沒有處在令人滿意的關係中」[16]。現在，日本決定完全佔有朝鮮，因此草擬了合併條約。該條約於一九一〇年八月二十二日簽署，一周後即開始實施。它使朝鮮成為日本的殖民地，並把一切民事、軍事大權交給以天皇指定的總督為首的朝鮮總督府。鑒於日朝之間的緊張關係，天皇任命軍人寺內正毅為朝鮮第一任總督。這個殘酷的大將擔任此職直到一九一六年十月成為日本首相。

日本帝國主義

對西方的害怕和擔憂是日本帝國主義滋長的肥沃溫床。伊藤博文、山縣有朋和明治時期其他許多領導人還是年輕武士時，眼看著西方把日本淪為半殖民地國家。作為執政者，他們不得不對付西方對亞洲新一輪的入侵，這種入侵會傾覆他們的國家和破壞他們的近代化努力。日本政府深刻地認識到與西方列強相比下日本的弱點，因此採取了守勢，並認為建立帝國是在不穩定的潛藏著危險的國際環境中維護國家獨立的正當對策。日本害怕自己成為一位著名政界人物所說的「西方宴會上的『肉』」，所以它反過來自己先成為「餐桌邊的客人」。[17]

對其脆弱性的絕望，是日本的決策者將注意力集中在朝鮮的主要原因。這是一把不能落到西方機會主義列強手中的「匕首」。與此相似的是，《馬關條約》要求中國割讓臺灣和遼東半島，在很大程度上反映出海軍希望能有個基地守衛日本的南大門，陸軍則希望延伸利益線以保護朝鮮北翼。十九世紀

地圖 9.4

1910 年的大日本帝國

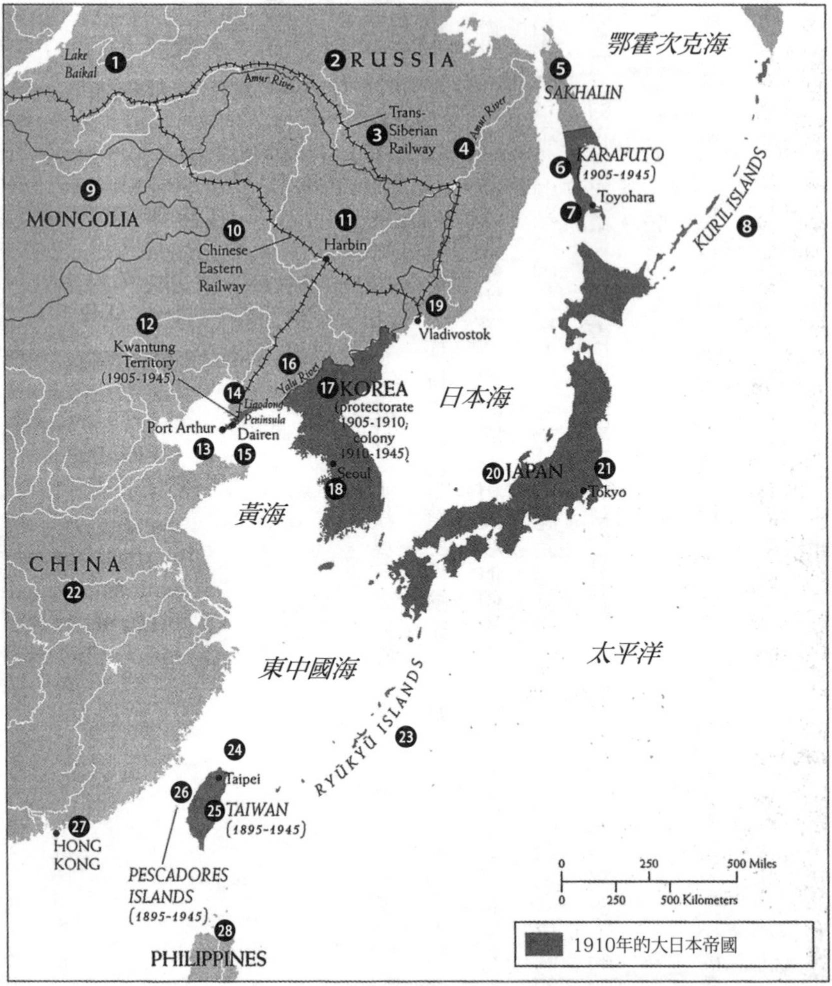
Lake Baikal
1
2 RUSSIA
Amur River
Trans-Siberian Railway
3
Amur River
4
鄂霍次克海
5
SAKHALIN
6
KARAFUTO (1905-1945)
Toyohara
7
KURIL ISLANDS
8
9
MONGOLIA
10
Chinese Eastern Railway
11
Harbin
19
Vladivostok
12
Kwantung Territory (1905-1945)
16
Yalu River
14
Liaodong Peninsula
Port Arthur
Dairen
13
15
17 KOREA (protectorate 1905-1910; colony 1910-1945)
Seoul
18
日本海
20 JAPAN
21
Tokyo
黃海
CHINA
22
東中國海
太平洋
RYŪKYŪ ISLANDS
23
24
Taipei
26
25 TAIWAN (1895-1945)
27
HONG KONG
PESCADORES ISLANDS (1895-1945)
28
PHILIPPINES
0 250 500 Miles
0 250 500 Kilometers
1910年的大日本帝國

1. 貝加爾湖
2. 俄羅斯
3. 西伯利亞鐵路
4. 黑龍江
5. 薩哈林
6. 樺太
7. 豐原
8. 千島群島
9. 蒙古
10. 東清鐵路
11. 哈爾濱
12. 關東州
13. 旅順港
14. 遼東半島
15. 大連
16. 鴨綠江
17. 朝鮮（保護國1905-1910，殖民地 1910-1945）
18. 漢城
19. 海參崴
20. 日本
21. 東京
22. 中國
23. 琉球群島
24. 臺北
25. 臺灣
26. 澎湖
27. 香港
28. 菲律賓

日本擴張主義中的經濟層面附屬於地緣政治的考慮。為了鞏固日本的政治和戰略地位，政府特別希望能在朝鮮獲取經濟特權和商業利益。在這一點上，戰爭是貿易的先導，戰略上的渴望也促使日本領導人發動對中國和俄國的戰爭。

然而，一八九四年和一九〇四年的事件，代表的並不只是一個小國為了保護自己免受大國對其生存迫在眉睫的威脅所做的本能反應；相反地，日本政府深思熟慮地、有意地、心照不宣地選擇了帝國主義的道路。它的擴張既有進攻的一面，也有防守的一面。截至十九世紀八〇年代後期，日本領導人已充分認識到那些把權力擴展到別國，獲得海外市場和原材料的國家所攫取的多重利益：國家威望、戰略優勢和物質財富。結果，雖然山縣有朋、伊藤博文、松方正義和其他執政者並沒有固定的思想意識或擴張計畫，他們卻有為國家謀劃擴張的勃勃野心，而且當機會出現時，他們不怕訴諸武力。日本渴望進入領先國家的行列，在一個帝國主義和國際地位攜手並行的時代，幾乎沒有什麼可以阻止日本領導人效仿西方強國的行為。

而且，日本的談判者不會客氣地坐在談判桌旁，他們在下關攫取了在中國開辦工廠和其他工業企業的權利時，進一步顯示了什麼是「帝國主義」。曾經有段時間，英國為了取得這樣的讓步向中國施加過壓力。開辦工廠的權利和已有的開展貿易的權利結合在一起，使中國遭受了前所未有的經濟剝削。而且，當日本發現自行裁決是最好的方法時，就斷然行動維護戰果。十九世紀九〇年代後期，日本派遣約六萬人的軍隊鎮壓臺灣人民反殖民統治的起義。在接下來的十年裡，日本佔領軍又殘酷鎮壓朝鮮起義者。對日本政府來說，新世紀和對近代化的追求包括毫不含糊地承擔對立憲制和議會制政府的義務，以及工業化、資本主義和強有力的帝國主義外交政策。

日本人支持海外擴張和帝國的建立。福澤諭吉和德富蘇峰等人促進了擴張主義政策背後輿論的形成。普通日本人對打敗中國人感到歡欣鼓舞，排隊購買描繪戰爭的版畫。少數社會主義者及和平主義者表達了對日俄戰爭爆發的不滿，但大多數日本人熱情洋溢地支持國家，贊成把臺灣和庫頁島納入日益擴大的帝國版圖。民眾的支持使政府比較容易地選擇了開戰，後來又吞併了朝鮮。這意味著全體日本人能從長期追求的雄心壯志的實現中獲得集體的滿足感，即獲得安全、平等以及在世界主要強國中一流國家的地位。對許多人來說，新世紀的黎明充滿著希望。

1 New York Times, September 8, 1905, p. 8 (modified), and September 10, 1905,p. 6.

2 Shumpei Okamoto, The Japanese Oligarchy and the Russo-Japanese War (New York: Columbia University Press, 1970),p. 208.

3 尼古拉．彼得羅維奇．列扎諾夫(Nikolai Petrovich Rezanov)

4 譯注：指美國政府撥給土地的大學，條件是開設有關農業和機械技術課程。

5 Richard Siddle, Race, Resistance and the Ainu of Japan (London: Routledge, 1996), pp. 61(modified) and 56.

6 Centre for East Asian Cultural Studies, comp. and publ. , Meiji Japan through Contemporary Sources vol. 2 (Tokyo: 1970), pp, 122-26.

7 Roger F. Hackett, Yamagata Aritomo in the Rise of Modern Japan, 1838-1922(Cambridge: Harvard University Press, 1971)，p. 138.

8 Carmen Blacker, The Japanese Enlightenment: A Study of the Writings of Fukuzawa Yukichi (Cambridge: Cambridge University Press, 1964)，pp. 124-36 passim.

9 John D. Pierson, Tokutomi Sohō, 1863-1957: A Journalist for Modern Japan (Princeton: Princeton University Press, 1980), pp. 229-37 passim.

10 Peter Duus,「Economic Dimensions of Meiji Imperialism: The Case of Korea, 1895-1910,」in Ramon H. Myers and Mark R. Peattie, eds. , The Japanese Colonial Empire, 1895-1945(Princeton: Princeton University Press, 1984)，p. 138(modified).

11 William G. Beasley, Japanese Imperialism 1894-1945(Oxford: Clarendon Press, 1991), p. 48.

12 編注：此指小山豐太郎。

11 Hilary Conroy, The Japanese Seizure of Korea: 1868-1910: A Study of Realism and Idealism in International Relations (Philadelphia: University of Pennsylvania Press, 1960), p. 255(modified).

12 Donald Keene,「The Sino-Japanese War of 1894-95 and Japanese Culture,」in Keene, Landscapes and Portraits (Tokyo: Kodansha International,1971),pp. 269- 70 (modified).

13 譯注：原指居住在阿爾及利亞，二十世紀六〇年代殖民地獨立後返回法國的法國人與阿爾及利亞人的混血後裔，他們雖然臉部的膚色與白人相近，但雙腳的膚色較深，所以得了這個不無貶義的綽號。

14 Beasley, Japanese Imperialism 1894-1945,p. 89.

15 Marlene Mayo,「Attitudes toward Asia and the Beginnings of Japanese Empire,」in Grant K. Goodman, comp. , Imperial Japan: A Reassessment (New York: Occasional Papers of the East Asian Institute, Columbia University, 1967),p. 18.

第十章

新覺醒和新現代性

夏目漱石在他最著名的小說之一裡這樣寫道：「在天皇下葬的那天，我坐在書房裡傾聽大炮轟鳴。對我而言，它就像為一個世紀的消逝做最後的哀悼。」[1]一九一二年六月三十日，明治天皇去世。隨著九月十三日為天皇舉行國葬時間的臨近，許多日本人開始憂愁甚至傷感地回想，他的長期統治對這個國家意味著什麼？每個人都懷著和夏目漱石在文章裡所表達的相同哀痛。他們似乎明白了，一個時代，一個日本邁出從傳統到現代的第一步的偉大時代，已經隱沒在歷史的長河中。報紙編輯在數不盡的專刊裡悲歎天皇陛下臨終前的疾病，然後在旁邊的專欄裡歷數他的功績：團結的人民、立憲制政府、工業化、國家安全。每個人都把它們譽為「明治的驕傲」。

國葬那天的早晨，乃木希典大將一身戎裝，前往皇宮向天皇做最後一次致敬。午後，這位深入人心的日俄戰爭英雄回家和妻子簡單地吃了頓飯。太陽下山後，當炮聲昭告天皇的靈柩穿過了宮門時，乃木希典和妻子坐在天皇像前，把遺書放在旁邊的榻榻米上。上面寫著：「我不能再為主人效勞，他的逝世讓我極為悲痛，我決心結束自己的生命。」[2]隨後，乃木希典大將拔劍剖腹自盡，而他妻子則用匕首刺中了心臟。

這對夫妻的殉死震驚了全國。這種主人死後武士隨之自殺的風俗受人尊敬，但很少有人付諸實施，明治維新後已被取締。對大多數日本人來說，乃木希典夫婦的自殺殘酷地破壞了他們的現代感。夏目漱石寫道，「我幾乎忘了還有『殉死』這個詞」。一個世紀最有名的人物之一，選擇以這種唐吉軻德式的如今無法想像的方式結束生命，暗示著另一種想法：明治時代不僅已經過去，而且它早已不合時宜。當人們從一九一二年夏末初秋的悲痛中走出來時，他們認識到，明治的驕傲即建設國家的起步階段，這種驕傲在十九世紀九〇年代就已經結束；現在是拋開懷舊情緒，追尋新世紀希望的時候了。

一九一二年明治天皇逝世的那天中午，他的兒子繼位，為大正天皇。大正天皇一直生活在充滿陰影的世界裡，直到一九二六年死於精神疾病。雖然大正統治的時間既短暫又因病症而烏雲密佈，但是「大正時期」這個概念卻表達了更樂觀的情緒和更振奮的精神。它們貫穿於從一九〇四年至一九〇五年日俄戰爭結束到二十世紀二十年代末經濟危機爆發的整個時期。在這二十五年中，許多日本人覺得他們生活在一個新時代，認識到了以「明治的驕傲」為基礎，建立全新政治體制和社會習俗的可能性。

雖然對現代性的訴求最終走向了許多不同的方面，但是新渡戶稻造勸導日本同胞成為「世界公民」，指示了一個受到普遍歡迎的方向。新渡戶稻造是貴格會的教徒，曾經留學美國和德國，妻子是美國人。他出版了幾部解析日本社會的名著，懇求他的國人放棄對以往道德規範的固執偏愛。他主張日本人應該具有構成民主主義、資本主義等新興世界秩序的所有民族所共有的態度、價值觀和行為。

簡而言之，日本應該成為國際社會的一部分，用大正時期的另一個詞來說則是「世界之一省」，在那裡甚至連亨利克・易卜生和列夫・托爾斯泰都「不再是外國人」。[3]

政黨政治家挑戰寡頭執政者

一八八九年二月十一日頒佈的《大日本帝國憲法》，建立了權責分離的制度。這部由伊藤博文起草的國家基本法，通過明確主權在於天皇，並授予天皇任命國務大臣、宣戰和締約的權力，把天皇置於統治結構的頂端。雖然伊藤博文及其同僚想讓天皇成為國家元首，但是他們希望把行政事務的實際管理權交給首相和內閣。伊藤博文認為，各大臣應該是英明謹慎的，而且在審議決定國家命運的重大決策時，是致力於為國家整體利益而行動的人。與此同時，為了利用全體國民的忠誠和活力，憲法制定者們感到有必要允許公民在一定程度上參與政事。為了達到這個目的，憲法規定成立民選的行使立法權和參與預算過程的眾議院。

即便確立了新憲法，在十九世紀九〇年代，明治政府的執政者還是煞費苦心地影響國策的形成。作為不惜一切推翻德川幕府、為建立近代日本政權而奮鬥的人，伊藤博文及其同僚自然會竭力佔據國家政治生涯的中心位置。在進一步向這個目標推進的過程中，他們採取了憲法之外的、使他們得

表 10.1

日本首相（1885～1901）

首相	組閣次數	時間
伊藤博文	第一次	1885 年 11 月 22 日至 1888 年 4 月 30 日
黑田清隆		1888 年 4 月 30 日至 1889 年 12 月 24 日
山縣有朋	第一次	1889 年 12 月 24 日至 1891 年 5 月 6 日
松方正義	第一次	1891 年 5 月 6 日至 1892 年 8 月 8 日
伊藤博文	第二次	1892 年 8 月 8 日至 1896 年 9 月 18 日
松方正義	第二次	1896 年 9 月 18 日至 1898 年 1 月 12 日
伊藤博文	第三次	1898 年 1 月 12 日至 1898 年 6 月 30 日
大限重信	第一次	1898 年 6 月 30 日至 1898 年 11 月 8 日
山縣有朋	第二次	1898 年 11 月 8 日至 1900 年 10 月 19 日
伊藤博文	第四次	1900 年 10 月 19 日至 1901 年 6 月 2 日

以獨佔首相職位、操縱內閣構成的做法。憲法頒佈之後，天皇開始指定某些經驗豐富的領導人為「元老」。他們可以在政事，包括國務大臣的任命上為天皇提供建議。最早被任命為元老的明治領導人是伊藤博文和黑田清隆二人（一八八九年）。之後不久，以松方正義和山縣有朋為首的另一小部分傑出人物也獲此殊榮。作為天皇的非正式顧問，元老們相互推舉對方來領導這個國家。到一八八九年二月憲法頒佈後的十年裡，伊藤博文、黑田清隆、松方正義和山縣有朋實際上輪流擔任首相。此外，執政者及其支持者把持了內閣的許多重要位置：松方正義是山縣有朋的大藏卿，山縣有朋是黑田清隆的內務卿，黑田清隆是伊藤博文的農商務卿等等。

1890年，第一回帝國議會／alamy

但是，許多日本人都期望，一八九〇年十一月第一次帝國議會的召開能成為日本政治新時代開始的標誌。直言不諱的新聞記者們對於權力集中在自行任命的內閣手中表示失望，認為這不過是使統治集團內部那一小撮人的統治長期不倒，讀者也是如此認為。在一八九九年由《太陽》雜誌舉辦、旨在選出受民眾歡迎和尊敬的人物的民意測驗中，沒有一個執政者能和福地源一郎（新聞記者）、澀澤榮一（實業家）或福澤諭吉（教育家）的得票數相比。在政治競技場內部，民權運動中久經考驗的人士指責九〇年代的內閣沒有奉行自由民主的原則。自命為「人民鬥士」，早先反對過所謂「藩閥政府」的板垣退助、大隈重信等人，組成了政黨爭取議會中的席位。政黨政治家們堅持不懈地、耐心地向「權力走廊」發起進攻，最後他們從執政者及其黨徒手中獲取了一些權力。在大正時期開啟了主要政黨的領袖按常規擔任首相並組建內閣的政黨政府時代。

一八九〇年七月一日，日本選民第一次參加投票，選舉三百名眾議院代表。掌握國家政治命運的鬥爭真正開始了。投票結果鼓勵了「民黨」的支持者，因為板垣退助的立憲自由黨和大隈重信的立憲改進黨合起來奪取了一百七十一個議席，占了大部分。一旦議會召開，政黨政治家很快就能確定在權力槓桿中的位置。十九世紀九〇年代，活躍的議會成員不時發言抨擊大臣，譴責政府的國內政策。在第一屆議會期間，田中正造指責官員容忍足尾銅礦的環境災難，而其他政黨政治家則攻擊一連幾個首相都未能實現條約的修訂。這也許是十九世紀九〇年代早期最讓人激憤的問題。在嚴厲批評內閣提議增加稅收時，他們也提出了「救助人民」的口號。

代表們最有力的工具是他們參加政府年度預算審核的憲法權力。政黨政治家覺得他們已經發現了首相們唯一致命的弱點，於是很快拔刀相向：就在第一屆議會上，代表們要求內閣提出的預算減少百分之十一；在之後幾乎每一次的議會會議上，他們都提出了類似的要求。根據憲法，只要議會否決預算提案，內閣就要沿用上年度的預算。然而，在一個國際緊張形勢日益加劇、國家安全要求軍備開支年年增長的情況下，沒有一個首相希望發生這樣的事情。結果，幾乎每年，實行寡頭統治的首相都不得不忍受預算的削減，為了維護他們的預算而在立法提案上進行交易。

十九世紀九〇年代早期的激烈議會鬥爭，使許多元老產生了反對政黨政治的偏見。他們譴責「黨派」政治家「盲目地」提出他們自己「狹隘、自私的議程」，以「引起分裂的方式」行事，使首相及其內閣無法有效地統治。一些執政者不滿足於口頭的針鋒相對，開始尋找進一步的手段來限制政黨的影響。

早在一八八九年二月十二日，天皇親自把憲法交給黑田清隆首相後的當天下午，黑田清隆就保證支持排除政黨成員的「超然」內閣。黑田清隆解釋說，因為政府是至高無上的天皇的僕人而非人民的僕人，因此必須任命站在國家高度的人擔任國務大臣，這樣，內閣就能「一直不變地超越並遠離政黨，遵循正道」。[4]

雖然黑田清隆言辭尖銳，但執政者最後仍不得不重新考慮他們對待政黨的態度。首先，在一次次選舉中，選民使大部分政黨成員入選眾議院；其次，現實的利害關係也有影響。儘管元老們深深地憎惡政黨政治家，但說到底他們並不希望憲法規定的議會制政府觸礁，這樣會使長期以來創立近代政治體制的艱苦努力付諸東流，會為日本的國際聲望造成無法彌補的損害，並且有可能危及完成修訂不平等條約的嘗試。舉例來說，伊藤博文就曾經告誡，建立議會制政府的哪怕「進展和方向上的一個微小差錯」，都會招致那些早就「質疑憲政在東方的適宜性」[5]的西方人的責難。

在中日作戰的一八九四年至一八九五年，愛國主義使大權在握的執政者與頑固對抗的政黨政治家之間出現了不同尋常的合作與和睦的插曲。日本人在國內問題上可能意見不一，但現在每個人都覺得，在國家的危急時期必須齊心協力。議會立刻全盤通過軍事預算，並一反常態支援內閣。為了共同利益一起行動的經歷，顯然「妥協」對許多元老和政黨政治家而言，看起來是個更能讓人接受的可能。在執政者看來，雙方的協定保證了他們的計畫能獲得更多立法上的支持，也增強了憲法試驗成功的可能性；而對政黨政治家來說，妥協為他們提供了進入內閣、在政策制定和預算審核中發揮更大影響的

示意圖 10.1

主流政黨（1890～1932）

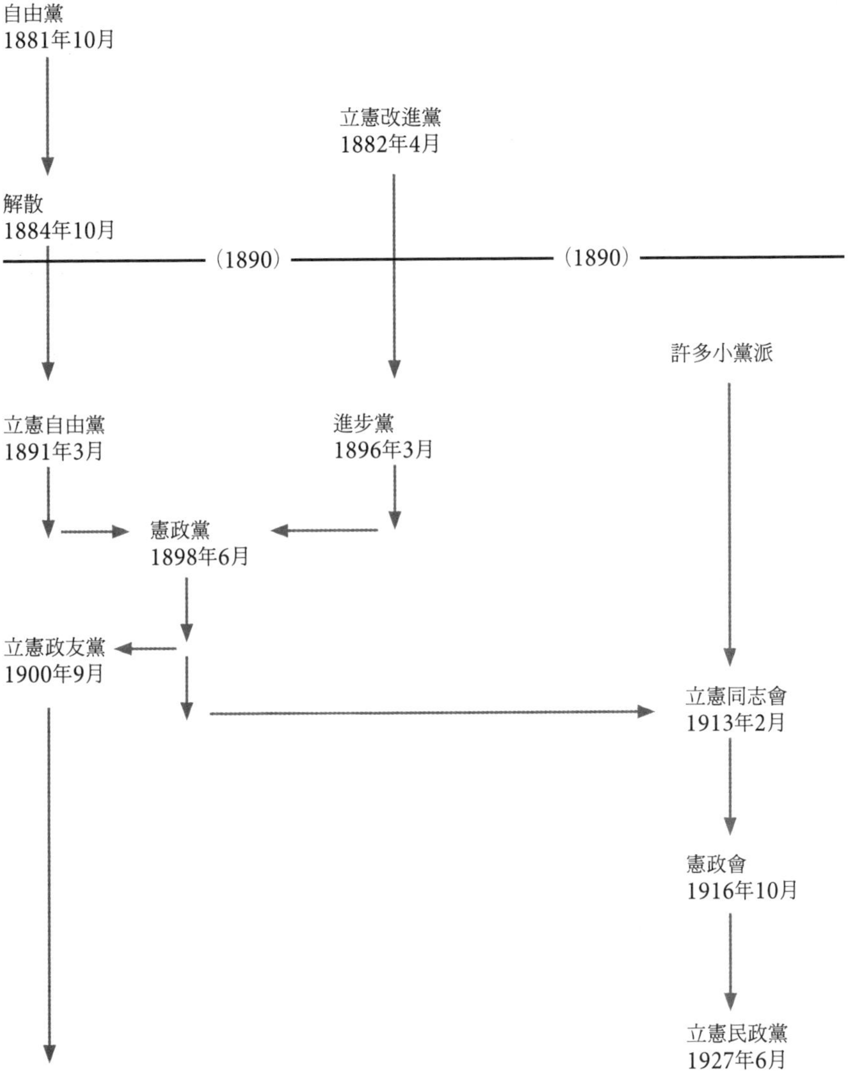

機會。

雙方的和解最早出現於一八九六年。四月，伊藤博文放棄了超然主義原則，任命立憲自由黨總裁板垣退助為內務卿；同年秋，松方正義委任進步黨總裁大隈重信為外務卿。兩年後的一八九八年，板垣退助和大隈重信把他們的組織合併為憲政黨。元老們確信新組織會在即將舉行的選舉中贏得眾議院中決定性的多數席位，於是決定提名大隈重信為首相。雖然一八九八年六月底成立的大隈內閣不久即因內部對各卿職位分配的口角而夭折，並沒有召開議會，但大隈重信還是作為被任命為首相的首位政黨領袖而為人銘記。

主流政黨、群眾政治運動和政黨內閣

憲政黨的崛起再次肯定了伊藤博文曾經信奉過的觀念，即實行寡頭統治的首相應該把政黨政治家吸收進他們的內閣。伊藤博文的理由是政黨畢竟成功地盤踞在議會，明治憲法也把重要職能委託給了民事和軍事官僚機構：內閣依靠官吏協助制定並實施法律，海陸軍則保衛國家。伊藤博文認為，許多政治菁英都應該參與決策過程，首相只有在成立了包括政黨成員、文武官僚在內的所謂「國家團結內閣」並贏得廣泛的支持後才能成功地實行統治。

而且，伊藤博文堅信，組建他自己的政黨的時機已經來臨。要做到統治真正有效，首相除了要有一個支持他並且組織良好的內閣，還需要贏得眾議院的好感。在理想的情況下，同情執政者的親政府政黨能夠控制議院，確保議會符合國家而不是黨派的利益，讓負責的政治家進入「國家團結內閣」。一九〇〇年九月，伊藤博文大張旗鼓地宣布，一百一十一名憲政黨黨員和他一起成立立憲政友會。加入新黨的還有另外四十一人，其中大多數是官員。

立憲政友會通常簡稱為「政友會」，它不久就在國家的政治舞臺上佔據了一席之地。伊藤博文一直擔任政友會總裁，直到一九〇九年為了推動日本在朝鮮的利益最後命喪哈爾濱火車站。接替伊藤博文成為政友會新總裁的是伊藤博文的忠實門徒，宮廷貴族出身的西園寺公望。他曾經在伊藤內閣中相繼擔任過外務卿、文部卿和大藏卿。西園寺公望在黨務上的主要副手是前新聞記者、外務部官員原敬。原敬是個強硬的人，常常因集敏銳的政治本能和遲鈍的道德意識於一身而受到懲罰。他把整個身心都投入到了增強政友會影響力這件事情中去。為了讓選民投票給新政黨，他許諾會給他們好處，例如改善學校、道路、橋樑和港口，把鐵路修築到選舉政友會候選人的地區。在他的指導下，該黨也贏得了縣長們的好感。那些縣長監督地方經濟的重要來源——縣稅收的支出；監管縣裡的員警——他們一方面可以掩蓋政友會競選活動中工作人員往票箱裡投入大量假選票或者偽造選票結果的事實，另一方面還可以被動員起來給反對黨的候選人製造麻煩。原敬也拉攏大企業，他們的捐款有助於抵補參加競選活動的合法開支以及支付在地方選區買賣集體選票的選舉掮客費用。這些花招引來了公眾普遍

表 10.2

日本首相（1901～1918）

首相	組閣次數	時間
桂太郎	第一次	1901 年 6 月 2 日至 1906 年 1 月 7 日
西園寺公望	第一次	1906 年 1 月 7 日至 1908 年 7 月 14 日
桂太郎	第二次	1908 年 7 月 14 日至 1911 年 8 月 30 日
西園寺公望	第二次	1911 年 8 月 30 日至 1912 年 12 月 21 日
桂太郎	第三次	1912 年 12 月 21 日至 1913 年 2 月 20 日
山本權兵衛	第一次	1913 年 2 月 20 日至 1914 年 4 月 16 日
大隈重信	第二次	1914 年 4 月 16 日至 1916 年 10 月 9 日
寺內正毅		1916 年 10 月 9 日至 1918 年 9 月 29 日
原敬		1918 年 9 月 29 日至 1921 年 11 月 13 日

的指責，但是效果卻很不錯。從一九〇八年到一九一五年，政友會在下議院佔據了絕對優勢的席位。

山縣有朋對政黨政治家的輕視猶如岩石般難以軟化，他組織了對政友會的反攻。一九〇〇年伊藤博文宣布建立新黨時，山縣有朋動員軍界、民事官僚機構和貴族院傾向他的人支持他自己的門徒桂太郎為首相。桂太郎比山縣有朋小九歲，和山縣有朋出生於長州藩的同一個地方，他才十幾歲時就英勇抗擊德川幕府，後來被提拔為山縣有朋一手建立的日本陸軍的大將。中日甲午戰爭中，桂太郎指揮過一個師團，戰後成為第二屆山縣內閣的陸軍卿。一九〇一年至一九〇六年任首相期間，他又成功地帶領日本經歷了和俄國的戰爭。

儘管桂太郎能幹而且很有成就，他最終還

是不得不向勢力不斷膨脹的政友會妥協。這個過程使他建立了日本的第二大政黨。為了回報日俄戰爭期間政友會的支持，桂太郎默許西園寺公望為他的繼任者。此後兩個人輪流擔任首相直到一九一三年。最後桂太郎越來越無法容忍和西園寺公望分享權力，於是在他第三次被任命為首相後，一九一三年二月初，這位前陸軍上將宣布他也要建立自己的政黨。若干小黨的成員因為對競爭對手政友會的成功感到沮喪，所以幾乎立即蜂擁到它的旗下。雖然桂太郎於一九一三年二月二十日下臺，幾個月之後死於癌症，他的政黨立憲同志會（一九一六年改稱憲政會，一九二七年改稱立憲民政黨）卻存活並興盛了起來。

兩個強大的主流政黨的出現，為日本政黨政府的實現鋪平了道路，而一九一八年的「米騷動」更是向政黨內閣轉化的催化劑。一九一四年到一九一九年之間，戰時的通貨膨脹無情地抬高了大多數生活消費品的零售價，而許多收入較低的家庭甚至中等家庭的收入卻只是稍微有所增加。一九一八年米價猛漲，僅六月份一個月裡，某些城市的米價就漲了百分之六十。憤怒的消費者決定自己來解決這個問題。騷亂始於七月二十二日，當時富山縣一個小漁村的婦女抗議當地的米價上漲，然後騷亂就像野火似的蔓延到大阪、神戶、名古屋和西日本的其他工業中心。到九月中旬「米騷動」被遏制時，已有近五百個城鎮鄉村捲入了這次風潮。全國各地憤怒的居民似乎都在聆聽演說，加入非暴力的靜坐抗議和遊行，強迫米商以打折後的「公道價格」出售存貨。在大規模的巷戰中與員警和軍隊發生衝突。一九一八年夏，一百萬或者更多的群眾走上街頭參加「米騷動」，使得這次騷動成為日本近代史上規模最大的群眾示威運動。

雖然一九一八年的抗議規模空前，群眾政治運動長期以來卻一直是日本歷史的一部分。近世早期，農民和城市平民寫請願書，在大名的官署前集會，有時也發動暴亂，抗議不合理的米價以及為他們帶來不利影響的政府政策。一八八九年的憲法規定民眾可以參與立法過程，從而改變了日本的政治文化。但是，選舉法只給予每年繳納直接稅十五日圓或更多且年齡在二十五歲及以上的男子選舉權，結果只有四十五萬名約占總人口百分之一．一的男子可以參加一八九〇年的投票。一九〇二年納稅額減少到十日圓時，也只有一百五十萬名男子，即百分之二．五的人口，有資格在一九一七年舉行的議會選舉中投票。結果，在明治和大正時期，既為了譴責政府的政策，也為了在決定地區和國家的未來時有更大的政治發言權，沒有選舉權的群眾參加了無數次示威活動，諸如一八九七年人們從足尾挺進到東京，一九〇五年聚集在日比谷公園進行抗議等等。

一九一八年夏，人們也發起了類似的示威活動。一方面，受盡壓榨的人民要求地方官吏和寺內正毅內閣控制米價，開倉賑濟，從殖民地進口更多糧食，總之採取一切必要手段降低糧食和其他基本商品的價格；另一方面，示威者要求新的領導階層上臺，並為他們爭取更多的權利。名古屋的一位示威者喊道，「我們是公民」。因為這年夏天對糧價的不滿而指責了「現任內閣的不足取」後，他說，「必須打倒目前的政府」[6]。另一個名古屋人贊同他的話，說道：「糧價飛漲是寺內內閣犯下的罪行。當務之急是儘快行動，推翻這個違背人民意願的政府。」這樣的想法植根於一個古老的觀念：政府應關心的最基本之事是人民的福利，進一步說，決策過程必須考慮民意。「普選權怎麼辦？」報導這些事件的一家報紙問，「這也是民心所渴望的。簡單地說，最近的騷亂是因『權力和財富分配不公』而起，『公平的分配』是民眾真正渴望的。」

抗議者激起了內閣內部的不同反應。正如對待一八八四年的秩父事件和一九〇五年的日比谷事件，寡頭統治的政府毫不遲疑地採取了極端行動。為了補充地方員警的不足，山縣有朋的門徒、前陸軍大將寺內正毅首相，一九一八年夏調動了海陸軍，動員了近十萬軍隊鎮壓二十六個縣一百二十個地方的騷亂。通常只要武裝步兵一出現，參加暴動的群眾就會躲在街道的路障後面，但是當士兵們覺得受到威脅時，有時也會把來福槍、機關槍對準那些手持石頭、棍棒和竹矛的抗議者。在衝突中沒有士兵死亡；但是截至九月份暴動結束時，有三十個平民喪生，更多的人受傷。在日本各地，員警把許多參加騷亂者丟進監獄，然後法院很快開始流水線似的審判。東京的一名法官一個下午就審理了五十五起案件。全國各地的地方官員到年底就結束了大多數訴訟。總計五千多人被判犯下各種罪行，被處以嚴厲的刑罰，其中有一些人被判無期徒刑。甚至連一些相對較輕的罪行，比如接受示威者強迫打折後出售大米，也要被處以大筆罰金或監禁。至於究竟是哪一種，則取決於法官的決定。

另一方面，官員們同意了走上街頭的人們提出的許多要求。八月中旬，中央政府宣布，深深關心著臣民福利的大正天皇個人捐贈了三百萬日圓成立國家救濟基金會。內閣也捐了一千萬日圓。到八月底，三井和三菱財閥各一百萬日圓的捐獻已使基金的總數達到一千五百萬日圓。此外，政府從朝鮮和臺灣進口了更多廉價大米，出資開展擴大日本耕地面積的計畫，撥款另建存儲糧食的穀倉，並實施調節商品貿易的新法律，以便減少通貨膨脹中出現價格泡沫的可能性。

一九一八年九月二十九日，抗議者取得了最重大的勝利：政友會總裁原敬接替寺內正毅擔任首相。天皇及其顧問把政府的統治權交給一個政黨的黨魁，只不過想拉攏那些公開嘲笑實行寡頭統治的內閣抗議者。但是對大多數觀察者來說，原敬被任命為首相具有更重大的歷史意義。它標誌著政黨政府的出現，因為他的內閣是第一個由下議院多數黨當選成員領導的內閣；大多數大臣職位都由政黨成員擔任，並在議會開會期間管理國家。放在一個更宏大的歷史環境來看，一些評論家認為，從「國家團結內閣」到政黨內閣的轉變不僅僅是一九一八年風潮的結果，而且它代表了為求建立政黨政府，由民權運動發起者肇始，由參加政治運動的群眾繼承並完成的長期鬥爭最高點。

大正民主與自由主義

當托斯丹・范伯倫（Thorstein B Veblen）一九一五年訪問日本時，他提醒每個人注意縈繞在他心頭的一個主題：在歐洲和美國，科學和工業的推廣導致了相似的文化價值和政治安排的出現，尤其是在像英國和美國這樣的國家。此外，他聲稱看到了「日本人和西方人之間思想上的相似性」以及「心理的相同」。[7] 因此，他預言，當日本變得更加現代時，日本人將丟棄「舊日本的精神」，擁抱遍及世界先進國家的「理想、道德價值和原則」。反過來，相近價值觀的建立也會支持與歐洲和北美相似的作為上層建築的政治制度。四年後，約翰．杜威（John Dewey）來訪時更為熱情，他為《新共和國》撰文說：「自由主義正在彌漫。」[8]。杜威向美國讀者解釋，「民主」已經紮根一段時間了，當日本按照規則使內閣「向議會而不是天皇負責」時，它就會永久存在。杜威不懷疑這種事情發生的可能性。他斷定，原敬的上任標誌著「日本將穩步走向民主。沒有血腥悲慘的巨變，變化也會來臨」。

杜威判斷錯了日本歷史上暴力和抗議的意義，不過，二十世紀二十年代的事件似乎給他和范伯倫補上了這一課。一九二二年到一九二四年間，天皇及其顧問倒退回指定人員組成「國家團結內閣」的做法上，先後讓兩名在日俄戰爭中贏得聲望的將軍和樞密院前議長組成主要包括職業官僚和貴族院貴族的內閣。然而，逆轉到無黨派內閣的行為激怒了許多日本人，他們發動了全國性的抗議運動以「保護憲政」。在一九二四年春的選舉中，憲政會和政友會獲得了議會中幾乎所有席位。元老們除了同意任命多數黨憲政會的總裁加藤高明為首相外，幾乎別無選擇。於是，天皇選擇最主要的政黨或者眾議院多數派聯盟的領袖擔任首相成為被認可的做法。一九二四年到一九三二年間，六個不同的人先後成為首相，每個人都是政友會或憲政會—民政黨[9]的總裁，而且政黨成員通常佔據了最重要的大臣職位。

雖然有些批評者把加藤高明貶為政治的業餘愛好者，只不過運氣好娶了三菱財閥創始人的長女為妻，但欽佩他的人卻認為他是個政黨政府的熱情勤勉提倡者。無論人們怎樣看待這位前外交官，很清楚的是，當一九二四年六月加藤高明第一次召集內閣會議時，他展開了日本政治史上另一個值得注

表 10.3

日本首相（1918 ~ 1932）

首相	黨派	組閣次數	時間
原敬	政友會		1918 年 9 月 29 日至 1921 年 11 月 13 日
清高橋是	政友會		1921 年 11 月 13 日至 1922 年 6 月 12 日
加藤友三郎			1922 年 6 月 12 日至 1923 年 9 月 2 日
山本權兵衛		第二次	1923 年 9 月 2 日至 1924 年 1 月 7 日
清浦奎吾			1924 年 1 月 7 日至 1924 年 6 月 11 日
加藤高明	憲政會	第一次	1924 年 6 月 11 日至 1925 年 8 月 2 日
加藤高明	憲政會	第二次	1925 年 8 月 2 日至 1926 年 1 月 30 日
若槻禮次郎	憲政會	第一次	1926 年 1 月 30 日至 1927 年 4 月 20 日
田中義	政友會		1927 年 4 月 20 日至 1929 年 7 月 2 日
濱口雄幸	民政黨		1929 年 7 月 2 日至 1931 年 4 月 14 日
若槻禮次郎	民政黨	第二次	1931 年 4 月 14 日至 1931 年 12 月 13 日
犬養毅	政友會		1931 年 12 月 13 日至 1932 年 5 月 16 日

意的階段：政黨政府的常規化。從一八九〇年召開第一次帝國議會到二十世紀二十年代中期，權力從寡頭政治執政者及其門徒手中落入政黨政治家的掌握之中。在這個革命過程中，出現了許多轉捩點：十九世紀九〇年代後半葉，寡頭政治執政者和政黨之間的相互妥協；一九〇〇年政友會及一九一三年同志會的成立；一九一八年的「米騷動」之後，徹頭徹尾的政黨政治家原敬上臺領導政黨內閣；最後是加藤高明上臺這件事所反映的一種認識，即政黨理所當然可以提名他們自己中的一員為首相，並且佔有內閣的大多數席位，在國家政策的制定中發

揮主要作用。幾乎在每個人的心裡，政黨政府的時代已經來臨，而且人們公開談論「大正德謨克拉西」[10]的興隆。

這種轉變的產生並非以實施憲法修正案或創立新政治制度為前提，相反，明治憲法本身的圓通性容忍政治重心的轉移，允許統治菁英間各種關係的存在。由於這個原因，政黨政治家可以利用元老及其幫手之間的不同。具有諷刺性的結果是，伊藤博文和桂太郎這兩個對政治懷著截然不同感情的人，分別成立了日本兩大政黨。不管這兩個政黨的起源如何動機不純，最後有著新思維方式的真正政治家掌握了兩黨的領導權。與把內閣視為君主僕人的元老黑田清隆相比，政黨領導人如加藤高明認為大臣應該對人民負責，並且應該從議會下議院的民選代表中挑選。

日本的大多數自由主義評論家都歡迎政黨政府的到來。那些自認為政治「左派」的人思想並不統一，相互之間在具體問題上常有分歧。但是大體上他們都贊成維護個人尊嚴，重視言論自由，提倡男女平等，歡迎民眾進一步參政，創建文化準則。作為一個群體，他們不想批判明治憲法，但是在二十世紀一二十年代，大多數人確實贊同修正政治制度和慣例，以便讓現代性的自由主義思想傳播開來。

或許，大正時期自由主義和議會民主最有力的鼓吹者是一位大學教授，當時一些主要期刊不知疲倦的撰稿人吉野作造。吉野作造和早先那些主張明治維新的終極目的是促進人民幸福的人思想相同。他認為，既然政府的存在是為了推進人民的幸福，那麼，應該主要由人民自己判斷政府是否以負責的態度行使職責。他對民本主義的信仰使他看不慣政友會和憲政會，因為他認為這兩個黨的領導人都是沒有充分注意民心的、鼓吹傑出人物統治論的、胸襟狹隘的人[11]。不過，在他看來，普選以及對議會負責的內閣形成了使普通人民得以塑造自己政治命運的機制。吉野作造也把民主、議會與將主權歸屬於半神半人的天皇的憲法調和在一起。由此使日本人有可能在投身於「不可避免的世界潮流」，即因「民主精神」而結合在一起的先進國家集團的同時，尊重他們自己國家的傳統。

大正時期也見證了政府組織理論的形成，這一理論使政黨內閣在日本的出現合法化。在憲法的解釋方面，最有影響的人是東京大學的教授美濃部達吉。在他的《憲法撮要》（一九二三年）中，美濃部達吉提出，國家是一個由各個機構或機關如天皇、內閣、官僚機構等等組成的法人。他強調，為了使日本這個軀體保持政治上的健康，每個機關都必須正當行使職權；同時，他把至關重要的作用歸屬於「代表國家主權」的天皇以及內閣，因為後者「表達了國家的最高願望」[12]。然而，天皇和內閣相互獨立，因此內閣並不依靠天皇獲得權力，而是作為「代表人民的機關」而存在。這個解釋上的細微差別，決定了議會必須由民選代表組成。美濃部達吉承認，憲法並沒有特別規定這樣一種發展，但是他樂觀地認為，新世紀發生的事情已使政黨政府成為日本的「慣例」，正如在英國一樣。

憲政會—民政黨提出的政治日程進一步加深了這樣一種感覺，即日本認識到了自由主義的黎明。在大正時期，政友會因為把保守的社會傾向和在對外政策問題上的強硬姿態融合在一起，以及慷慨資助軍隊而出名；與它相比，憲政會—民政黨的領導人傾向於密切關注財政經濟，贊成為了幫助解決社會問題實行政府干預，提倡與列強合作以維持國際秩序。二十世紀二十年代，當加藤內閣和若槻內閣削減軍事預算，主持男子普選權的實行，起草旨在保證最低限度社會安全的法律時，兩黨的對比臻於頂峰。雖然並非所有的議案最後都成為法律，但是憲政會—民政黨確定最低工資水準，加強保護婦女兒童的工廠法，提供失業保險，把健康保險計畫擴大到工人，提高退休公務員和軍事人員的養老金，為老弱婦孺提供安全的議案等，促使人們拿日本和西方的民主國家做善意的比較，使杜威「自由主義正在彌漫」的觀感有了憑證。

合作的帝國主義

第一次世界大戰期間，日本完成了帝國的建立，然後與歐美強國合作以維持它在主要帝國主義國家之中的位置。一九一四年夏，戰爭在歐洲爆發後，日本在「日英同盟」的旗號下實踐了自己的諾言，加入協約國一方作戰。八月十七日，日本外務卿向德國發出最後通牒，宣布了日本的意圖。出於宣洩長期壓抑苦痛的微妙心理，通牒中加入了一些二八九五年德國在參加三國干涉「還遼」時使用過的原話。一九一四年八月二十三日，天皇正式向德國宣戰，到十一月，日軍已經佔領了德國在中國的戰略要地，即伸向滿洲以南黃海海面的山東省租借地，又佔領了密克羅尼西亞的德屬加羅林、馬里亞納和馬紹爾群島。

地圖 10.1

1922 年的大日本帝國

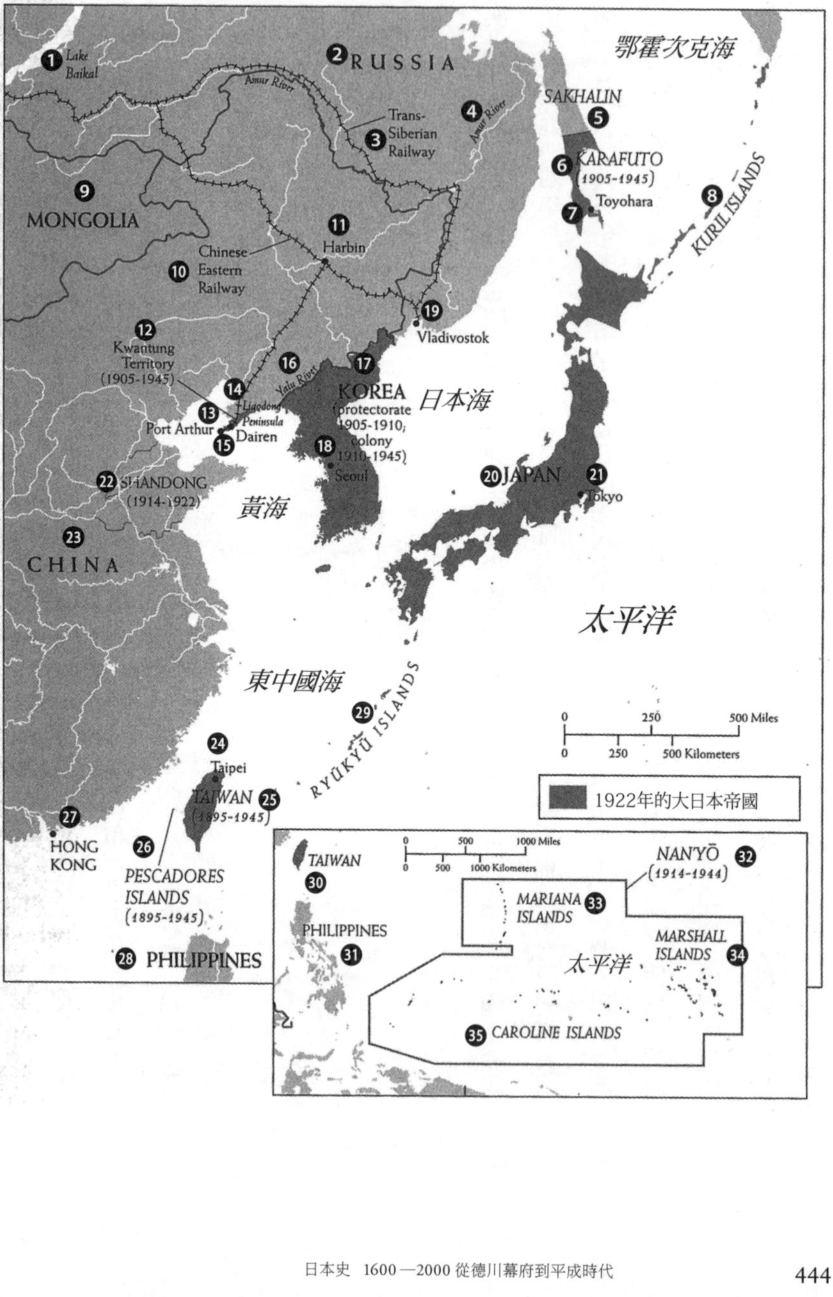

❶ 貝加爾湖
❷ 俄羅斯
❸ 西伯利亞鐵路
❹ 黑龍江
❺ 薩哈林
❻ 樺太
❼ 豐原
❽ 千島群島
❾ 蒙古
❿ 東清鐵路
⓫ 哈爾濱
⓬ 關東州
⓭ 旅順港
⓮ 遼東半島
⓯ 大連
⓰ 鴨綠江
⓱ 朝鮮（保護國1905-1910，殖民地 1910-1945）
⓲ 漢城
⓳ 海參崴
⓴ 日本
㉑ 東京
㉒ 山東
㉓ 中國
㉔ 臺北
㉕ 臺灣
㉖ 澎湖
㉗ 香港
㉘ 菲律賓
㉙ 琉球群島
㉚ 臺灣
㉛ 菲律賓
㉜ 南洋
㉝ 馬里亞納群島
㉞ 馬紹爾群島
㉟ 加羅林島

一九一五年一月十八日，日本政府在向中國當局提出的臭名昭著的「二十一條」中流露出包藏已久的帝國主義野心。「二十一條」共分五號，在日本內閣心裡，前四號包括要求中國確認日本繼承德國在山東的權利、保證中國的沿海港灣島嶼概不讓予或租予第三國、把日本在日俄戰爭中所攫取一九二三年到期的滿洲租借地期限延長到二十世紀末，都只不過是批准或擴大了現有的特權。第五號，日本政府狡猾地把它稱為「願望」而不是「要求」，則走向了完全不同的方向。這些條款要求中國雇用日本人為政治、財政和軍事顧問，顯而易見是要把中國變為日本事實上的保護國。憤怒的中國人民開始抵制日貨，甚至連日本的新同盟美國也譴責日本的行為。日本談判者在外交上擱置了引起反對的「願望」，但是逼迫中國政府接受了一九一五年五月二十五日簽署的一系列換文和條約中的其他要求。中國把這一天牢記為「國恥日」。

一九一八年十一月，第一次世界大戰的一系列空前屠殺和破壞在歐洲結束了。第二年春，主要參戰國的領導人在巴黎集會，簽署和平協定，制訂確保世界更穩定的計畫。許多分析家把這場「終結所有戰爭的戰爭」的主要原因歸結為沒有限制的近乎瘋狂的掠奪海外領地的競賽，以及通常是秘密簽訂的雙邊條約的激增。現在回想起來，這些條約把不同國家分成敵對的陣營，它們之間互相競爭的利益使得武裝衝突幾乎不可避免。為了增強未來的穩定性，英美兩國的調解人提出，各國必須抑制帝國主義的本能，簽訂旨在維持各國之間利益平衡的多國協議。世界新秩序最頭頭是道的鼓吹者是美國總統伍德羅·威爾遜。他提倡成立國家聯盟，作為平等代表所有國家、努力不讓任何一個國家淪為他國侵略犧牲品的最高機構。

在亞洲，威爾遜國際主義的焦點是中國這個帝國主義野心的溫床。一九二一年秋，美國邀請感興趣的國家到華盛頓為太平洋地區訂立新秩序。參加華盛頓會議的日本全權大使是幣原喜重郎，他是一名職業外交家，一九一九年赴華盛頓任駐美大使，回國後先後於一九二四年至一九二七年、一九二九年至一九三一年間在憲政會─民政黨內閣擔任外務卿。幣原喜重郎的使命是使帝國完整無缺。與此同時，他堅信日本的未來取決於它發揮作為工業大國的經濟潛力，成為繁榮的貿易大國的能力。他認為，亞洲北部特別是中國的和平穩定，為日本企業提供了利用日本在《馬關條約》和《朴資茅斯條約》中獲得的經濟特權的最佳時機。

在華盛頓的討論再次肯定了幣原喜重郎的其他判斷。在他看來，日本無法把自己和世界先進國家，尤其是英、美兩國隔絕開來。二十年前，在三國干涉「還遼」時沒有朋友的國家會導致何種變故的問題上，曾經給過日本一個沉痛的教訓。在那種情況下，一九〇〇年派遣軍隊參加鎮壓義和團起義的八國聯軍，以及一九〇二年簽訂《日英同盟條約》，成了搭建通向西方的橋樑富有希望的第一步。現在，華盛頓會議為日本和歐美大國建立更全面的合作關係提供了機會。此外，幣原喜重郎接受了威爾遜的看法：停止帝國主義國家之間爭奪領土的競賽，取消勢力範圍，將為日本的經濟發展創造有利環境。因此，幣原喜重郎及其在決策層內部的支持者贊成日本放棄「二十一條」所代表的高壓的擴張主義政策，與威爾遜維持中國和整個太平洋地區的和平及現狀的努力合作。這個目標也意味著，日本必須遵守不干涉中國內政的原則，並加入國際聯盟。一九二〇年十一月，國聯召開第一次會議。

華盛頓會議產生了一系列體現威爾遜希望的新外交公約和協定。一九二一年十二月十三日，日、美、英、法四國的代表簽署了《四國條約》，通過廢止一九〇二年的英日雙邊同盟，要求所有締約國尊重彼此的屬地，意見不一時共同協商，規定了日後集體解決東亞問題。會議於一九二二年二月六日結束，同日又簽訂了《華盛頓海軍軍縮條約》和《九國公約》，前者（也被稱為《五國條約》，因為義大利也成為《四國條約》的締約國）尋求公平處置太平洋上軍事力量的方法，其中一些比較重要的條款規定：美、英、日三國海軍的大型軍艦，如航空母艦和戰艦的比例分別為五比五比三，並進一步規定美國和英國不得在夏威夷西部或新加坡南部構築防禦工事；後者實際上使日本海軍和英美兩國可以駐守在太平洋周圍的艦隊處於均勢。最後，《九國公約》（它把中國、比利時、荷蘭和葡萄牙也加進了同意《華盛頓海軍軍縮條約》的集團中）重申了美國於一八九九年和一九〇〇年首次提出的「門戶開放」政策的原則，呼籲所有國家「尊重中國的主權、獨立，及領土和行政完整」；不要犧牲中國做進一步的擴張；維持「各國商業和工業機會均等原則」[13]。

按照幣原喜重郎的看法，華盛頓會議期間方針政策的確定對日本來說大有好處。就聲望方面而言，日本在巴黎和華盛頓躋身核心集團，再次肯定了它作為最重要的世界強國之一的地位。在商業上，日本企業處於擴大其在不斷成長的中國市場的影響，以及尋求南滿租借地發展得更好的位置。在政治上，日本不僅保留了它現有的殖民屬地，而且甚至取得了多國條約對其在馬關和朴資茅斯所獲權利的認可。此外，日本還從國聯獲得了前德屬太平洋諸島的委任託管權，日本把它們稱作南洋領土。為了表示對這些安排的熱心，日本決定從中國的山東省撤軍。

帝國的管理

在帝國主義國家集團中承擔重要角色的同時，日本人也不得不關注內部事務，決定該如何管理他們的帝國。後藤新平，一八九八年被任命為臺灣民政長官的內務省官員，是最早承擔起這個任務的殖民地行政長官之一。後藤新平醉心於殖民理論，他收集的當時分析歐洲帝國主義者如何管理海外保護國的著作之多，令人印象深刻。此外，他的身邊還有一個由年輕的世界主義者顧問組成的智囊團，其中包括新渡戶稻造。在新渡戶稻造還是個札幌農學校的學生時，曾經直接目睹了北海道的殖民地化。後來他成為國聯的副秘書長。

對後藤新平及其下屬而言，殖民主義是個全球現象，它給了每個宗主國一系列相應的特權和義務。因此，就像其他帝國一樣，日本也有權利追求它自己在海外領土的利益。不過，平衡特權的還有擔負起「提升」從屬民族文明這個任務的責任。這個道義上的責任在法語裡叫作「文明的使命」(politica da atração)，在英語裡則比較粗魯地稱作「白人的負擔」。後藤新平及其同仁在特權和責任上又附加了另外兩點：工商業的發展對日本在殖民地使命的兩個方面都至關緊要；為了造福當地民族和日本，為明治時期的經濟夢想賦予了生機的政策可以應用於國外。新渡戶稻造為那些不同的思想傾向披上了動人的外衣。他說：「殖民主義的最高和最終目的是人類的發展。如果我們忽略了人道主義，我們的偉大使命就不會取得多少成就。」14

新渡戶稻造

在臺灣，後藤新平致力於把他近代文明的殖民地管理理念付諸實施。他一就任，就開始協同各方努力促進農業發展，刺激商業活動。他的屬員受到明治政府實踐的鼓舞，也在臺灣傳播近代農業技術，出資興建交通通信設施；通過為日本公司提供有誘惑力的條件，如獨家壟斷權、低額賦稅、保證紅利等，吸引他們到臺灣投資。這些努力極大地提高了水稻產量，為有利可圖的製糖業奠定了基礎，使大正時期臺灣的生產總值增加了一倍。與此同時，後藤政權著手「提升」臺灣人民。後藤新平從其他殖民地的做法中得到啟示，制定了一個很長的日程表，包括推廣初等教育、建造醫院、改善衛生狀況、資助公共衛生計畫，把臺北改建為一個歐洲風格的有公園、噴泉、寬闊林蔭大道的宏偉都市。

在南太平洋諸島，二十世紀二十年代，日本官員接受了國聯盡力推動當地人民「物質福利、道德水準和社會進步」的命令，也致力於各項發展計畫。就像他們在臺灣的同仁那樣，身著白色制服的殖民地官員在涼爽的覆蓋著九重葛的村舍工作，熱心地收集資料，草擬修築道路港口、開辦學校、改善健康和衛生情況的計畫。在東京，政府官員和社會名流鼓勵人們移民到南洋。當局除了為移民者創造改善生活的新機會之外，也想讓他們建立可以為母國供應糧食的農業殖民地，同時也實行把近代化引入南洋群島的「道德上的強制」。

許多日本人回應號召移民到了南洋。截至一九三九年，日本殖民者已經達到七萬七千人，遠遠超過了當地的五萬居民。有些新來的人在當地水域捕魚；有些人經營農場，主要是種植咖啡和水果；還有一些人開辦小型雜貨鋪，這些鋪子的屋頂蓋著馬口鐵阻擋陽光，供應多種改變了當地人愛好和生活方式的日本商品。不過也許大多數移民都靠為南洋興發株式會社當佃農和農業工人來維持生活。該公司由一位日本企業家於一九二一年成立，享有稅收補助，可以免費使用土地，並從殖民地行政當局獲得了實質上的製糖壟斷權。因為擁有如此之多的特權，南洋興發株式會社涉足多個領域，從開採磷礦到種植椰子，成為在密克羅尼西亞占主導地位的商業機構。

日本人也湧到帝國北端的樺太島[15]，到一九二六年，他們已占當地約二十萬七千人口的百分之九十以上。對大多數移民來說，樺太好像是日本不可分割的一部分；它和一代之前的北海道相似，也有著類似的邊境氣氛和具有挑戰性的氣候。東京派遣的一名民政長官住在新改建的豐原城，負責管理該殖民地。他的其他主要責任是協調三井、三菱及其他日本企業的努力，以開發殖民地的經濟潛能，尤其是漁業和巨大的木材、煤炭和石油儲量。合適的交通設施的缺乏阻礙了那些自然資源的開發。不過到一九二五年，日本本土列島石油需求量的百分之十以上已經由樺太島提供。

大正時期還有大量日本人移民到滿洲。《朴資茅斯條約》給了日本佔領遼東半島南端關東州的權利。此外，日本還被授權經營俄國建造的中東鐵路的旅順到長春部分，日本將其改稱為南滿鐵路，並在鐵路沿線規定得含糊不清的地區行使司法和行政權。為了履行這些職責，一九〇六年八月一日，日本政府建立了關東軍，四個月後又成立南滿鐵路株式會社。前者作為帝國軍隊的一部分，由日本本土派遣的軍隊構成，以便保衛日本在滿洲的新權利；後者是個較為複雜的組織，既是個商業公司，又是日本政府的代理。「滿鐵」由私人和政府投資，董事會成員由東京的內閣任命，從經營鐵路和開發該地區經濟資源所牟取的利潤中拿出股息分給私人股東。同時，它也負責租借地區內一百多個城鎮的市政管理、公共建設工程、健康和教育事務。

日本內閣一心想使南滿鐵路株式會社成為南滿一股強大的殖民力量，因此把後藤新平從臺灣調派

南滿鐵路總部，大連／The New York Public Library

過來擔任「滿鐵」的第一任總裁。後藤新平精力充沛地開始履行新職責。截至大正末期，「滿鐵」改進了服務，它的快車以平均每小時五十六公里的速度奔馳在距離達七百二十多公里的旅順—長春之間，增闢了奉天到朝鮮的支線，在沿線火車站附近修建了旅館，鼓勵出口大豆到世界市場，開辦了大型煤礦和鐵廠，建造了電力廠，湊集了煉油廠的啟動資金，疏浚港口，使大連成為太平洋主要港口之一，同時還投資興辦學校、公園、圖書館和醫院。南滿各項事業的淨收入從一九〇七年至一九〇八年的二百萬日圓，飆升到一九一七年至一九一八年的一千五百萬日圓，再到一九二六年至一九二七年的四千五百萬日圓。這樣的成效給日本人民留下了深刻印象。

如此大規模的經濟發展使南滿作為亞洲大

陸工業化程度最高的地區而聞名。此外，由於居住在鐵路沿線地區的居民從滿鐵的各項計畫中受益最多，大量移民從日本本土列島移居到關東州，使南滿的日本人從一九〇七年的二萬五千人上升到一九三〇年的二十二萬人。他們當中的一小部分和在漢城激起人們嫌惡的那些人一樣，也是騙子和利用動盪局勢牟利而失敗的人；相對較少的人，或許是一千戶左右，則是尋求美好生活的老實農民；不過，大多數移民是來南滿鐵路株式會社廣布各處的企業工作的。

在朝鮮，二十世紀頭十年，頑固的寺內正毅大將及接替他出任總督的人堅決鎮壓異己，為穩定的殖民統治奠定了基礎。吞併了朝鮮後，日本政府立即禁止所有政治集會，用單一的政府出版物取代私人報紙，把記載著朝鮮名人的歷史教科書和傳記從圖書館和學校中清除。為了執行其法律，總督府以日本憲兵取代朝鮮員警，並授權他們在無須高一級司法審查的情況下進行「行政審判」。僅一九一六年，憲兵隊就執行了近八萬件這種審判，除三十件之外，憲兵們對朝鮮犯人處以罰款、監禁和肉刑，如用竹棍抽打。

整個二十世紀頭十年，總督府的官員設法完成內閣的命令：開發朝鮮半島，使其作為日本製成品的出口去向以及廉價農產品的進口來源，尤其是在一九一八年的「米騷動」之後。為了保證朝鮮本土商人不能從事可能會與進口商品到朝鮮的日本公司相競爭的行業，二十世紀頭十年後期，總督府頒佈了所謂的《公司法》，規定所有新企業都必須取得官方許可。在隨後的幾年中，想辦企業的朝鮮人遭到越來越多的挫折，因為他們發現要得到這種批准極其不易。從一九一〇年到一九一八年，總督府只發了一〇五張執照，其中九十三個張給日本人的公司。一九一八年結束的土地調查對近四萬項無正式檔案的土地所有權不予承認，結果朝鮮農村地區人民的生活急劇惡化。東洋拓殖株式會社和日本人的其他農業合作社攫取了許多新騰出來的土地，成為剝削人的地主，遭到被逐出土地的朝鮮家庭的敵視，後者則突然淪為佃種原先是自己土地的佃農，過著很不穩定的生活。

二十世紀頭十年，朝鮮人民對日本政治經濟政策的憤恨不滿不斷高漲。一九一九年，前國王高宗的猝死激起了反對殖民統治的民眾運動。三月一日，漢城的學生聚集在塔洞公園宣讀了《獨立宣言》，張貼在漢城其他地方的標語聲稱日本人毒殺了廢帝，並要求將威爾遜曾經熱情鼓吹的「國家自決」原則施行於朝鮮。在接下來的幾天內，全國各地都爆發了類似的非暴力示威運動。四月，以李承晚為首的一些人在上海成立了流亡政府。李承晚後來成為一九四八年至一九六〇年間大韓民國的總統。在朝鮮本土，「三一」獨立運動持續了好幾個月，在反對日本殖民主義的民族抗議運動中，一百多萬來自各行各業的朝鮮男女緊緊團結在了一起。

日本政府最終決定改進政策，但這要在憲兵殘酷鎮壓暴動之後。員警毫不留情地在朝鮮許多城鎮村莊毆打、洗劫有嫌疑的異己分子。在一起臭名昭著的事件中，甚至把抗議者關進教堂，然後縱火燒得一乾二淨。到了夏末，已有五萬多朝鮮人被關進監獄，七千多人死亡。一九一九年的暴動使許多日本人深為震驚。很少有人願意承認這一點，哪怕是對他們自己：他們的殖民統治太酷烈，以致激起了普遍的不滿。此外，作為帝國主義集團最新的唯一非西方成員，有些人害怕朝鮮的大規模起義將危及日本在世界列強中的地位。自由主義者吉野作造寫道：「朝鮮的起義是大正時期歷史的一個大污點，我們必須盡一切努力清除。除非我們成功地做到這一點，否則它不僅會有辱東亞最先進國家的名譽，也會嚴重影響國家的命運。」[16]

原敬首相竭力粉飾太平，告訴世界日本將教導朝鮮人民，以便最後他們能享有擴大了的公民自由，行使更多的政治自主權。「大多數朝鮮人的願望不是獨立，」他對一位美國記者解釋，「而是要求和日本人平等。我會保證朝鮮人在教育、產業、政府中享有這樣的平等機會。」[17]為了進一步平息風波，原敬決定派一名新總督前往漢城。一九一九年八月，齋藤實大將走馬上任，用民警部隊取代了令人憎恨的憲兵制度，取消了《公司法》，放寬了對出版和政治活動的限制，開始了所謂「文化政治」的時期。

當齋藤實在朝鮮緩和緊張局勢時，其他日本人則出訪西方，向他們解釋日本作為一個殖民國家的目標。在環遊美國的過程中，新渡戶稻造開始了他的演說，提出日本也是「明智地使國家的自覺意識適應有機增長的法則」並且成為「殖民強國」的少數國家之一，而朝鮮淪為這樣一種國家，「就像愚拙童女[18]的比喻，沒有準備好回應世紀的召喚」，所以「失去了獨立」。[19]新渡戶稻造還說，雖然控訴日本殖民政策的話比解釋其目標的多，「我把自己算作朝鮮人最好和最真誠的朋友。我喜歡他們。我認為他們是能幹的民族，能在訓練後實行自治，現在不過是監護期」。他聲稱日本的殖民地行政官員已經取得了無數成就：「礦業、漁業和製造業已經向前發展，光禿禿的山嶺覆蓋著樹苗。貿易突飛猛進地增長。」日本新的「文化政治」將來肯定會取得更多進步。「應該研究我們在朝鮮的作為」，新渡戶稻造對聽眾說，因為「日本是接過了提升遠東文明這個龐大任務的管家」。

世界各國對新渡戶稻造這樣的發言人褒貶不一。在殖民帝國內部，批評家對仁慈的家長式統治的那套花言巧語不屑一顧，相反地，他們斷言日本更經常地為了自己的無恥私利行事。他們宣稱，正如朝鮮的情形，各處的殖民地經濟都屈從於本土列島的需要。工業化計畫，無論是由滿鐵、南洋興發株式會社，還是由樺太島的礦業木材公司來實施，帶給日本企業家的好處都要比給當地人民的多。除樺太以外，殖民統治者緊緊控制著殖民地的內部事務，拒絕給他們統治的人民以政治發言權，而且只為二流的教育機構提供資金。從滿洲到南洋，被殖民的人們都認為，像新渡戶稻造這樣的帝國主義者是被膨脹了的道德優越感蒙蔽了雙眼的瞎子。對那些生活在殖民統治之下的人來說，生活已經揭示了辛辣的新箴言：無論決策者和理論家對於人道的政策談得多麼響亮，實際上是妄自尊大的官員、無情的員警、貪婪的商人決定了日常生活的真正面貌。

許多西方觀察者比較贊成帝國主義國家俱樂部中日本這個成員實行的殖民政策。歐美來訪者稱讚臺灣在日本人管理之下取得的「驚人的進步」；談論殖民地行政人員在實現他們改善密克羅尼西亞「土著的社會和道德狀況」的願望時所表現出來的「熱誠」；熱心地撰寫關於日本對朝鮮「仁慈同化」的文章，認為這是在「腐敗軟弱的君主劫掠、壓迫、侮辱他們自己的人民達幾個世紀」[20]之後，把近代化帶到了朝鮮半島。即便「三一」獨立運動期間針對平民的暴行嚇壞了他們，許多朝鮮的美國傳教士還是歡迎原敬的新政策，贊同首相對情況的估計。美以美會主教於一九二〇年五月寫道：「最聰明、最有遠見的朝鮮人相信，沒有迅速獨立的希望，他們必須長期專心於培養朝鮮人民處理政府事務的體格、知識、道德和能力。」21

二十世紀二十年代早期，西方人很容易同情日本。日本殖民制度的特點和目的與歐美相似，當新渡戶稻造說起「提升」當地人民的「龐大任務」時，他不過是在向持有相同觀點的人鼓吹同樣的想法。而且，如果說日本人在朝鮮就像嚴厲的家長，那麼，英國人、法國人和美國人也在規訓愛爾蘭的搗亂者以及其他殖民地的不滿者。因此，無論殖民地的日本官員一路遭遇了多少波折，截至大正末期，許多國外觀察者認為日本已經為它所控制的領土帶去了法律和秩序，為滿洲和樺太制訂了遠大的發展計畫，在朝鮮和臺灣發動了負責的改革，在南太平洋忙於受託管理該地的任務。

城市中等階級

彌漫於二十世紀前幾十年的新覺醒和變化感，促使許多日本人重新思考自我、家庭和社會等觀念。二十世紀一二十年代，對中國和俄國戰爭的勝利、「協調外交」以及和西方不斷密切的關係、議會民主的出現、持續的工業增長、全民教育的確立、新形式大眾傳媒的誕生，以及大量其他因素彙集在一起，激勵著許多人質疑已被公認的價值，展望新的生活方式。想在社會上進行試驗的願望首先出現在日本的主要城市。在這些城市裡，崛起的中等階級——也就是那些發展過後的早期中產階級，向現狀提出挑戰並重新制定社會準則，以滿足他們對新世紀的要求和期望。

大多數報紙和官方統計資料彙編把政府官員、醫生、教師、員警、軍官、銀行家、公司雇員，甚至某些在東京、大阪、名古屋等大城市謀生的有技術的工廠藍領工人列入中等階級。大體上這些人都受過良好的教育，有合理的報酬。在二十世紀一二十年代躋身中等階級的女教師、話務員、打字員、辦公室工作人員、百貨公司店員、助產士，甚至在吉岡彌生於一九〇〇年創辦了日本第一所女子醫科大學後出現的女醫生，最後在大正時期都獲得了完全的認可。

勞動婦女的比例以及整個城市中等階級的規模都很小，但卻在不斷壯大。一九二二年，日本二千七百萬婦女中大約有三百五十萬人在工作，其中略多於四分之一的人從事被認為是中等階級的職業。不過，趨向線在向上爬升。截至一九二六年，日本共有五萬七千名女護士，而一九一一年只有一萬三千人。一九二〇年到一九三〇年之間，政府部門的女性白領員工數量增加了一倍。東京從事中等階級職業的勞動人口，從一九〇八年的稍多於百分之五上升到了一九二〇年的百分之二十一．五。據估計日本五千六百萬總人口中百分之八．五的人屬於中等階級。這種增長率和新職業的凸顯使都市的中等階級覺得他們在為整個國家確定文化基調。

新工作地點既是日本現代化的一種體現，也反映了何謂中等階級。在東京，中等階級大多在市區

1921年銀座的街道／The New York Public Library

如銀座區、霞關區和丸之內區上班。銀座區保持著自己最早於明治時期確立的零售業和銀行業中心的名望，附近的霞關區則在世紀之交時成為重要之地，政府建造了雄偉的磚頭樓房，高級法院、東京警視廳以及多數國家部門都搬了進去。在二十世紀二十年代，許多重要的大公司和企業開始把總部設在正好位於銀座以西的丸之內區。一八九〇年，銀座就已經成為三菱的大本營。建築上的兩大勝利象徵了丸之內區的興盛：一九一四年華麗的東京中央車站的竣工以及一九二三年日本最大的綜合大樓之內大廈的落成。前者的尖塔和毗連的走廊是在東京市長後藤新平指示建築師要設計出讓世界震驚的建築物之後，「按照法國的風格」建造的。

中等階級的男女出於不同的原因出去工

作。對許多人來說，錢是個需要考慮的重要因素。大多數男人，假如單身的話，都要自己養活自己；而一旦結婚，他們常常是家裡負責養家糊口的主力。相似的是，一九二二年東京的一次調查發現，接受調查的女性百分之十三是單身、離婚或寡居者，其中很大一部分人要養活依靠她們的孩子和父母。這項調查還發現，大部分已婚的中等階級勞動婦女指出，她們的收入直接用於家庭預算，不是使收支相抵，就是讓家人可以享受一下某些奢侈品。不過，經濟上的需要並不是唯一的動機。許多男女，不管已婚還是單身，是想通過從事某一職業獲得個人的滿足感；還有一些人珍視過單身生活的可能性，而工作使得這種選擇成為可能。「我不準備結婚，」一位女話務員在調查的問題中這樣回答，「我想學會一種能讓我倚靠自己的技能。」[22]

新型雜誌為個人行為和家庭生活提供了可供選擇的資訊。在家庭月刊中讀者最廣泛的刊物是《婦人之友》，到大正末期它的發行量達到了近三百萬冊。它的創始人和編輯力圖調和傳統與社會近代化的新視野。這份刊物的作者特別勸告婦女要開發自己的天資和能力，發揮她們作為「人」的潛力，敢於追求教育、醫藥和其他事業。與此同時，《婦人之友》也讚美婚姻和家庭，連篇累牘地描寫身為一個慈愛的母親和忠實的主婦所獲得的滿足感。該雜誌所想望的是大正時期「超級媽媽」的形象，即一個既能調和女性自我意識的自由和傳統義務的負擔，又能小心地在事業要求和個人生活之間取得平衡的理想化女性。

羽仁元子把她自己雜誌裡的想像化為了現實。一八七三年，羽仁元子出生於青森縣一個養馬的前武士家庭。一八九一年，這個早慧的年輕姑娘成為東京第一女子高中的首屆畢業生。她是個基督教徒，後來在明治女子學校繼續求學。她愛上了京都的一個年輕男子，回到日本東北部後先後在一所公立小學和天主教女子學校教書，一八九五年她辭職嫁給了那個京都的求婚者。這樁婚姻純粹是個災難。「作為一個來自東北部的受過教育的人」，羽仁元子在自傳裡說，她受不了「無法忍受的庸俗」的帝都生活。在她丈夫「沉迷於酗酒」之後，她跑到東京「尋找更有意義的生活方式」[23]。她曾經在物理學界的先驅、女物理學家吉岡彌生的家裡做過短期的女僕，在那裡遇見了許多以事業為重的女子。一八九七年，她成為東京一家最大報紙的技術編輯。羽仁元子天資聰穎，當她開始尋找並撰寫貼近讀者日常生活的，諸如兒童保育和普通人生活中的宗教等問題的文章時，她成了日本第一位報社女記者。

一九〇一年，羽仁元子嫁給了比她小七歲的同行記者羽仁吉一，後來他成了她新聞和教育事業中的夥伴。在一九〇八年開辦《婦人之友》前，夫妻倆有了兩個女兒。羽仁元子把雜誌的出版視為質疑「對過時價值觀的迷戀」、喚醒「新夢想」以及鼓勵「個體真正自由發展」的方法。在隨後的幾年中，不斷有文章評論婦女的感情生活和就業等問題，討論消費者協會以及婦女參政權的重要性，提供多少有點說教意味但卻具體實用的家庭預算、健康問題和兒童教育方面的建議。在雜誌取得了巨大成功之後，一九二一年這對夫婦又創辦了一所學校：自由學園。第二年，自由學園便在由法蘭克・洛尹・萊特(Frank Lloyd Wright)設計的一幢校舍裡開學。校名中的「自由」一詞，反映了羽仁元子的信仰：婦女應該

「自由地」獨立思考，承擔起生活的責任，信仰耶穌基督。她的成功使她成為許多婦女的榜樣，但是在她的自傳裡，她謹慎地提醒仰慕她的人，家政和事業都能使人心靈豐富。「家是我們工作的中心，」她談到她自己和丈夫，「工作是我們家庭生活的延伸：兩者完全融合，不能區分。我真正地感激這個理想的結合，它正是我們工作和婚姻的真髓。我們一起找到了在生活中的位置。」

像《婦人之友》這樣的雜誌以及城市裡一些大報上的文章，在討論城市中等階級時，一直不厭其煩地提到「文雅」(Cultured)這個詞。無數的文章把典型的中等階級家庭描寫成住在城市郊區或鄰近的市郊，有一棟兩層的、有四個或更多房間的「文雅住宅」，房子裡有最新的設備，如鋪著地板的廚房和西式的起居室。丈夫、妻子和孩子組成了一個「文雅的家庭」，一個快樂地享受越來越具備世界性「文雅生活」的單位。家是那種理想化家庭生活的重要場景，鋼琴和收音機則成了一家人聚集在一起時的中心。

一九二五年，第一批廣播電臺開始在東京、大阪和名古屋播音，第二年政府把這三家獨立的公司合併成一個由國家壟斷的公司NHK(即日本放送協會，也稱為日本廣播公司)。二十多年來它一直是國家唯一的廣播公司。從一九二六年到一九三二年，收音機的數量從大約三十五萬台上升到了一百四十萬台。在此期間，廣播電臺實際上一直是城市的媒體。一九三二年所有大城市近百分之二十五的家庭有收音機，而在農村地區這個數位還不到百分之五。在他們「文雅」的家裡，中等階級家庭的一家人聚集在起居室裡，欣賞西方的古典音樂，還有「廣播小說」以及由一些主要的劇作家專門為這種新媒體而寫的家庭喜劇。

中等階級之家顯然從發現現代城市的樂趣與節奏中找到了滿足感。根據那些小說、報紙記載以及木刻版畫，星期天和節日裡，爸爸、媽媽和孩子乘坐公共交通工具到市中心遊玩（一九〇三年東京的馬車被電車取代，不久，後者就一天搭載十多萬乘客。計程車也從大正第一年開始在城市環行）。在城市裡，那些住戶也找到了幾代以來已經給東京人帶來樂趣的季節樂事，如春日裡漫步在河堤上觀賞櫻花，秋季的節日順便到神社買些護身符，或從街頭小販手中買點特別的食品。

大正時期，越來越多的家庭前往散佈在城市的新公園遊玩。上野公園是明治早期對公眾開放的第一所公園，在城市的北邊；到大正時期人們進出這家公園時，它已經包括動物園、幾個美術館和科技博物館了。不過，大正時期更有名的象徵是坐落在市中心的日比谷公園；它於一九〇三年開放，所在地原先是個閱兵場。在示威者曾經聚集在一起抗議《朴資茅斯條約》的日比谷公園，中等階級的家庭可以欣賞城裡一些最古老的樹木，看到江戶城以前的一些城壕和護城河。不過對多數人而言，真正吸引人的是公園裡的西式設施：草坪和季節性的花圃、專門為剛流行起來的單車運動準備的運動場地、一個有著優美噴水仙鶴的大噴泉、屋頂又大又圓的演奏台。星期天和法定假日樂隊會在那裡演出，還有供應外國風味點心的餐廳。

去現代的百貨公司也讓大正時期的家庭興奮。從日比谷公園穿過銀座到三越和白木屋百貨公司只是一小段路而已。這兩家百貨公司面對面分別矗立在商業城市江戶以前的中心日本橋的兩端。如果說

日比谷公園的杜鵑花／The New York Public Library

地點是傳統的，那麼商店可以毫不羞愧地說是現代的、新奇的。一九一一年，白木屋（現在的東急連鎖店的前身）蓋起了東西合璧的四層大樓，安裝了國內第一架電梯，讓女店員統一穿上西式服裝，以此招徠顧客。三年後，三越公司（前三井吳服店從一九〇四年開始使用的註冊名）興建了五層的文藝復興式大樓作為回擊。新三越百貨公司據說是蘇伊士運河以東最大的建築物。它的特點是安裝有中央暖氣系統、日本的第一架自動扶梯、電梯以及一排排的玻璃展示櫃。在那些百貨商店，中等階級家庭可以購買最新的產品：森永牌牛奶巧克力和飴糖（一九一三年開始銷售）、三環牌肥皂（一九一六年）、飛行者牌鋼筆（一九一八年）、含牛奶的可爾必思牌軟性飲料（一九二〇年）以及松樹牌縫紉機（一九二四年）。不過，新型百貨商店不僅通過供應商品，也通過提供文化和娛樂來吸引中等階級。它們的遊戲室、展覽廳、屋頂花園和西式餐廳使得造訪三越或白木屋成為所有家庭成員都期待的事。

叛逆的年輕人

在市區，中等階級的家庭經常會遇到「摩登女孩」和「摩登男孩」。他們傾向為自己設定一種新身份，是日本一些主要城市的學生和其他年輕的未婚成年人的文化偶像。二十世紀二十年代中期，這些年輕人甚至在人群中也不難辨認。「摩登女孩」喜歡留短髮，把頭髮剪得短短的，露出耳朵和脖頸，穿式樣大膽且短得嚇人的裙子、高跟鞋和可以炫耀雙腿的透明長襪。與此同時，一首流行歌曲設想了現代男孩的形象：藍襯衫、綠領帶、喇叭褲、圓頂硬禮帽、勞埃德眼鏡，即那種由哈羅德．勞埃德（哈羅德．勞埃德）推廣開來的膠框眼鏡。年輕男子精心選擇的髮型是全部頭髮往後梳的那種，也就是頭髮從前額處整齊地向後梳理。

東京的摩登女孩和男孩把「在銀座閒逛」變成了一種藝術形式。他們為這種消遣創造了另一個新詞：銀步[24]。由銀座和漫步縮略而成，意思是「漫無目的地四處逛逛，樂得碰碰運氣」。在銀座區，年輕人可以進啤酒館、酒店，逛逛爵士俱樂部，在舞廳試試最新的舞步，在劇院觀看日本劇作家的原創作品以及翻譯過來的亨利克．易卜生以及莫里斯．梅特林克等西方人的戲劇。另一個年輕人經常出沒的地方是淺草。它以頗受歡迎的電影院和「淺草戲劇」而聞名。前者如一九〇三年開放的日本首家永久性電影院——電宮，後者則包括各種各樣的音樂劇作品，從日本人表演的純正西方歌劇如《弄臣》《魔笛》，到輕歌舞劇以及本地製作的滑稽劇。

銀座和淺草的那些人創作了許多電影、戲劇，塑造了比生活更有力量的俘獲日本年輕人想像力的人物，促進了城市新文化意識向日本各地區傳播。新世紀第一位真正的國家級明星是松井須磨子。她一八八六年出生於農村，一九〇二年來到東京，曾經當過裁縫，有過兩次不愉快的婚姻。一九〇五年，她加入了一個戲劇社，由此發現她熱愛的原來是演戲。一九一一年，松井須磨子出演了易卜生《玩偶之家》中的娜拉一角，引起了雜誌和大眾報紙的激烈討論。因為它暗示不應該認為婚姻或男人在一家之中的權威是神聖不可侵犯的。兩年後，這位漂亮的年輕女演員出現在赫爾曼·蘇德曼的《故鄉》中。該劇在日本上演時，劇名改成了主人公的名字《瑪格達》。在法國和義大利，當時最偉大的女演員莎拉·伯恩哈特（Sarah Bernhardt）和愛蓮諾拉·杜絲（Eleonora Duse）使該劇獲得了巨大成功，而在日本，松井須磨子通過扮演一個偶像化的，違抗父親的命令成為一名歌

松井須磨子

劇演員的年輕女子角色，表達了另一種情感。

有創造性的、精力充沛的松井須磨子，幾乎憑一己之力為唱片業開闢了一個全新的市場。一九一四年，她在全國巡演列夫．托爾斯泰的《復活》，發行了留聲機用的唱片《喀秋莎之歌》，它售出了二萬張，引發了通俗音樂的熱潮。在隨後的十年，新曲調的出現捕獲了日本摩登青年輕快活潑的心。他們對今日的快樂似乎比對明天的責任更感興趣。一九二九年作曲用於同名電影中的《東京三月》在東京的各家酒吧和咖啡館免費散佈開來，其中充滿了國外的新名詞，如爵士、利口酒和舞女：

> 在爵士樂聲中跳舞，喝利口酒，直到深更半夜。
> 黎明，舞女抹去淚水……
> 忙亂中我撿起一枝玫瑰，
> 在玫瑰裡我發現了愛人的餘味。[25]

這首暢銷歌曲的其他幾段通過提起丸之內、淺草和銀座區的魅力，稱讚東京的年輕人文化。其中一段這樣開始：「我們看電影嗎？／要喝杯茶嗎？／還是該乘小田急溜走？」[26]最後一句指的是小田急電氣鐵道公司。它有快車開往東京以南的城鎮，那裡陽光明媚的海灘和樹木繁茂的小山為希望逃避家人朋友窺探眼睛的浪漫情侶提供了避居地。

一八九九年，就在進口了第一台愛迪生「維太放映機（Vitascope）」和電影攝影機兩年之後，日本人開始製作電影。到大正中期，十二個以上的公司每年拍出的電影大大超過了一百部。其中許多武士片和嘲笑辛勞白領職工的作品，如一九二四年的《星期天》，把中等階級的夫婦吸引到了電影院。「情色喜劇」如《撫摸大腿的女人》以及《電工和他的妻子》則以年輕觀眾為目標，後者由栗島素美子主演。她在二十世紀二十年代幾乎和二十世紀頭十年的松井須磨子一樣受歡迎。一九二四年，她的一部電影播映時，一天之內影迷就購買了四千多張她的照片。

正如新中等階級家庭的鼓吹者那樣，叛逆青年的出現預示了傳統兩性關係的重新調整。但是，如果說職業女性希望在雙方都滿意於家庭生活的情況下和配偶達到新的平等，那麼，摩登女孩則宣揚性開放，以表示自己不願被傳統道德的鎖鏈束縛。短髮就是公開的情欲。摩登女孩還喜歡挑逗性的調情、淫穢的雙關語和各種各樣的誘惑，這至少有雜誌上一些文章的說法為依據，如創辦於一九一六年作為婦女問題論壇的《婦女評論》以及《國王》，後者以有關時事和不落俗套的社會潮流、娛樂、時尚、運動、幽默以及藝術文章為特色。

行為可能和形象相符。在溫暖的夏季夜晚，東京員警定期巡查整個日比谷公園，叫那些來自中等階級家庭、在家人回家後偷偷溜進公園的年輕情侶們起來。《婦女評論》的男編輯把他採訪過的年輕女子向他遞條子，告訴他「今天我獨自睡覺，請過來吧」[27]這樣的事視為理所當然。整個國家都驚訝於松井須磨子生活的跌宕起伏。這位女演員總是充滿激情，有時在感情上三心二意，和她已婚的導演老師有著熱烈、公開的風流韻事，後者拋棄了妻子兒女和她同居。在他意外地死於流行性感冒後，一九一九年一月五日，松井須磨子在完成《卡門》的首場演出後在後臺上吊自盡，舉國震驚。

羽仁元子和松井須磨子是世界主義者，她們熟知行為準則、社會結構以及成為所有現代化國家中人民共同財產的思潮。在各行各業的日本人民開始探索展現在他們面前的政治、職業和社會中的新可能性時，她們代表了大正時期的特徵：無窮的活力和具有爆發性的能量。不過，這兩個人基本上屹立在兩極。羽仁元子代表了中等階級的婦女，她們在家人、家庭和職業圈定的情境中力求自我實現，她們的價值觀和行為模式使摩登女孩這個群體看起來是享樂至上的。與此不同的是，對一些年輕女孩而言，她們認為或者希望自己是個完全解放的人，她們的生活方式嘲笑著她們眼中中等階級主婦們陳腐的傳統主義，而松井須磨子則是個光輝燦爛的文化英雄。

在同一時期，羽仁元子和松井須磨子都擁有自己的追隨者。這一點說明了大正時期的新覺醒和對新現代性的追求伴隨著非常嚴重的緊張狀態和意見分歧。對許多日本人來說，自由、民主、與西方的合作、家長式統治的殖民主義，以及易卜生和托爾斯泰都「不再是陌生人」的文化環境的介入，代表了發展的主流和使他們成為不僅是日本人也是世界公民的進步之路。然而，並不是所有的日本人都贊同這一點。

正如想像中對中等階級生活的滿足打動不了像松井須磨子這樣的女子的心弦，經過一段時間後，某些日本人也開始懷疑民主、資本主義以及和西方大國合作這些事物的所謂價值。隨著二十世紀二十年代的漸次發展，這些心懷不滿的日本人發動了抗議，衝突和鬥爭成為大正時期充盈氣韻和活力的一部分。

1 Natsume Sōseki, Kokoro, tr. Edwin McClellan (Chicago: Gateway Editions, 1957) ,p. 246.

2 Robert Jay Lifton, Sh ichi Katō, and Michael R. Reich, Six Lives, Six Deaths: Portraits from Modern Japan (New Haven: Yale University Press, 1979),p. 31.

3 Carol Gluck, Japan's Modern Myths: Ideology in the Late Meiji Period (Princeton: Princeton University Press, 1985), p. 217.

4 Junji Banno,The Establishment of the Japanese Constitutional System,tr. J. A. A. Stockwin(London: Routledge,1992),p. 9.

5 George Akita, Foundations of Constitutional Government in Modern Japan 1868-1900 (Cambridge: Harvard University Press, 1967) ,p. 84.

6 Michael Lewis, Rioters and Citizens: Mass Protest in Imperial Japan (Berkeley: University of California Press, 1990), pp. 111 and 133(modified).

7 Thorstein Veblen, Essays in Our Changing Order, ed. Leon Ardzrooni (New York: Viking Press, 1943),p. 257.

8 John Dewey,「Liberalism in Japan」and「On the Two Sides of the Eastern Sea,」reprinted in his Characters and Events: Popular Essays in Social and Political Philosophy, vol. 1, ed. Joseph Ratner (New York: Henry Holt, 1929), pp. 149-71.

9 編注：由憲政會和政友本黨合併成立。

10 編注：亦稱大正民主運動。

11 Ryusaku Tsunoda, Wm. Theodore de Bary, and Donald Keene, comps. , Sources of Japanese Tradition (New York: Columbia University Press, 1958), p. 744.

12 Mitani Taichirō,「The Establishment of Party Cabinets, 1898-1932,」tr. Peter Duus, in John W. Hall et al. , gen. eds. , The Cambridge History of Japan, vol. ,6:Duus, ed. , The Twentieth Century (Cambridge: Cambridge University Press, 1988), pp. 87and 56.

13 Morinosuke Kajima, The Diplomacy of Japan, 1894-1922, vol. 3(Tokyo: Kajima Institute of International Peace, 1980), p. 528.

14 Mark R. Peattie,「The Japanese Colonial Empire 1895-1945」, in The Cambridge History of Japan, vol. 6,p. 239.

15 譯注：日俄戰爭後，日本根據一九〇五年《朴資茅斯條約》從俄國手裡取得庫頁島北緯五十度以南地區，並定日本名為樺太島。

16 Mark R. Peattie,「Japanese Attitudes toward Colonialism,1895-1945」, in Ramon H. Myers and Peattie, eds. , The Japanese Colonial Empire,1895-1945 (Princeton: Princeton University Press,1984), p. 106.

17 Mark R. Peattie,「Japanese Attitudes toward Colonialism,1895-1945」, in Ramon H. Myers and Peattie, eds. , The Japanese Colonial Empire,1895-1945 (Princeton: Princeton University Press,1984), p. 107(modified).

18 譯注：「愚拙童女」典出《聖經》。有10個童女，其中5個童女由於有充分準備，得與新郎同赴婚宴；另外5個則因為沒有準備，新郎到來之時被拒於門外未能及時赴宴。該故事教導人們要警醒，時刻做好準備，否則事到臨頭就會措手不及。

19 「Japanese Colonization」in Asiatic Review 16:45(Japan 1920), pp. 113-21.

20 Junius B. Wood,「Japan's Mandate in the Pacific」, Asia: The American Magazine on the Orient 21:7(July 1921),p. 751, and George Trumbull Ladd,「The

Annexation of Korea: An Essay in『Benevolent Assimilation', 』Yale Review, new series 1:4(July 1912),p. 644(modified).

21 Bruce Cumings, Korea's Place in the Sun: A Modern History (New York: W. W. Norton,1997),p. 157.

22 Margit Nagy,「Middle-Class Working Women during the Interwar Years」, in Gail Lee Bernstein, ed. , Recreating Japanese Women, 1600-1945(Berkeley: University of California Press,1991), p. 207(modified).

23 Hani,「Stories of My Life, 」tr. Chiko Irie Mulhern, in Mulhern, ed. , Heroic with Grace: Legendary Women of Japan (Armonk, N. Y. :M. E. Sharpe,1991), pp. 236-64.

24 譯注：也有人翻譯成「到銀座逛逛」或「漫步銀座」。

25 Christine R. Yano,「Defining the Modern Nation in Japanese Popular Song, 1914-1932」, in Sharon A. Minichiello, ed. , Japan's Competing Modernities: Issues in Culture and Democracy, 1900-1930,(Honolulu: University of Hawai'i Press, 1998), p. 254.

26 Harris I. Martin,「Popular Music and Social Change in Prewar Japan」, Japan Interpreter: A Journal of Social and Political Ideas 7:3-4(Summer-Autumn 1974), p. 342 (modified).

27 Miriam Silverberg,「The Modern Girl as Militant」, in Bernstein, ed. , Recreating Japanese Women, 1600-1945, p. 241 (modified).

第十一章

動盪的二十世紀二十年代

新世紀之初，作為日本最具影響力的經濟學家之一，河上肇博士對於工業革命帶給日本國民的福祉感到很是欣慰。他相信，經濟發展已經使日本變得更加穩定和強大，而那些從工廠和車間源源不斷生產出來的產品，則預示著國民生活水準的普遍提高。全體國民，不論是富人還是窮人，都能夠享有使得生活更加美好的物質產品。這一點對於河上肇來說十分重要，因為他是一個懷有純粹大公無私情懷的人文主義者。一九〇五年，當時河上肇只有二十來歲，他就離開了自己的妻兒而皈依佛門，進入了一個叫「無私家園」的隱修院。這個時候他的思想認識正處於轉變調整時期，他深深地陷入了一種神秘的冥思苦想狀態——「直接面對死亡」。清醒過後，他更加堅定地想要消除所有個人欲望，並且想要通過教學以服務於公眾。河上肇一再解釋說，他的道德準則的基石是耶穌在「福山寶訓」中的佈道之言：「有求你的，就給他。有向你借貸的，不可推辭。」（《馬太福音》第五章第四十二頁）

一九〇八年，河上肇擔任了京都大學經濟系的教授。在接下來的歲月裡，他開始對自己以前對工業化的熱情產生了懷疑。在他的周圍，他看到了貧困和財富的分配不均。一開始，他將這種貧苦工人和富裕中產階級共存的社會現象歸因於日本經濟現代化的相對不成熟，然而一九一三年至一九一五年間的一次歐洲之行使他相信：貧困甚至困擾著那些最先進的工業社會。在他的一本名叫《貧乏物語》[1]的暢銷書中，河上肇寫道，貧窮與富裕之間的鴻溝將會永遠存在，因為工業化將自私自利作為其道德準則的基石，並且使得資本主義剝削成為美德。

為了尋找既能促進日本的經濟發展同時又能消除貧困的方法，河上肇開始學習社會主義理論。逐漸地他接受了馬克思主義，最終他發現，「每個人都應該根據自己的能力進行生產並且根據自己的需要進行分配」的格言同他早些時候在耶穌佈道中發現的人本主義能夠產生共鳴。對於河上肇來說，馬克思主義勢必取代資本主義，因為它不僅能保證快速的工業化，同時也能使財富平均分配。一九二八年，他的學生關於任何理論的正確性都存在於人類實踐活動之中的批評深深打動了河上肇，這位舉止和善的教授辭去了他在京都大學的工作，開始為一些勞工組織辯護發言，並且以左翼候選人的身份參加了國會的競選。

從學者到政治活動家的轉變是河上肇自己的選擇，但是他的經歷標誌著許多日本人在大正時代思想上所發生的改變。正如羽仁元子和松井須磨子挑戰傳統的家庭和婦女理論所顯示的那樣，一些人開始懷疑工業資本主義的效率、合作型外交的精明，以及議會民主制解決困擾這個國家和全體國民的難題的能力。在二十世紀二十年代出現了很多關於日本政治、經濟以及社會前途的辯論，這些辯論往往很是喧鬧，並且爭論得十分激烈。

現代經濟及其對照面

儘管城市居民經歷了米價高昂的痛苦，第一次世界大戰卻給日本的企業帶來了很好的發展機會。隨著英國在中國和印度市場上的後退，精明的日本企業機會開始多了起來，它們增加了對這些地區紡織品和其他消費品的銷售；同時在國內，國產商品也開始取代了西方進口商品在商店貨架上的位置。此外，二十世紀初剛剛在重工業領域出現的那些新興企業，如神戶制鐵所（一九〇五年）、三井礦業開發株式會社（一九一一年）、住友電器株式會社（一九一一年）以及國有的八幡鋼鐵廠（一九〇一年），也都從協約國的軍火、機器零件、化工產品、水泥和鋼鐵產品的訂單中獲得了豐厚的利潤。隨著交戰國的商船捲入戰爭之中，日本的海運船隊獲得了新的業務，國內的造船廠也由於新的訂單而加緊了生產。總而言之，日本的真實國民生產總值在一九一四年至一九一八年間增長了百分之四十，平均每年接近百分之九；利潤也迅猛增長，在一些大公司常常超過實付資本的百分之五十。一九一九年至一九二〇年版的《日本年鑒》記錄道，從一九一五年到一九一九年，日本的百萬富翁人數猛增了百分之一一五。

由於第一次世界大戰的推動作用，在由一個主要依靠農業和輕工業的國家向一個重工業和城市工業在經濟中占絕大比重國家的轉變過程中，二十世紀二十年代的日本經歷了一系列意義深遠的轉折。在二十世紀二十年代，正如表11.1所顯示的那樣，製造業在國內生產總值中的比重已經接近並超過了農業部門。與此同時，剛剛興起的重工業則開始在整個製造業產出中佔據了更大的比重。

表 11. 1

日本經濟結構的變化（1890 ~ 1932）

A. 工農業比重的變化

年份	國內生產總值*	製造業比重(百分比)	農業比重(百分比)
1885	3,774	7.0	42.1
1895	5,375	8.9	37.0
1905	6,214	12.6	31.6
1912	8,121	15.7	30.0
1914	7,993	18.3	33.9
1916	10,134	19.4	29.1
1918	10,588	20.5	26.2
1920	10,937	18.6	27.3
1922	12,122	19.6	22.8
1924	12,475	18.9	22.2
1926	13,111	20.1	21.3
1928	14,401	21.2	20.4
1930	13,756	25.6	22.8

*以1934年至1936年的不變價格計算(單位：百萬日圓)。
根據Kazushi Ohkawa、Miyohei Shinohara和Larry Meissner的《日本經濟發展的模式：定量分析》(紐黑文：耶魯大學出版社，1979年)，第278～279頁。

B. 製造業產出的構成

重工業	1877年	1900年	1920年	1938年
總產出*	100	100	100	100
重工業	13.6	13.3	30.4	51.4
金屬品製造業	1.4	1.4	7.8	14.4
機械製造業	1.1	2.9	13.7	20.4
化學工業	11.1	9.0	8.9	16.6
輕工業	68.8	72.7	58.4	38.1
紡織工業	10.1	25.5	27.8	23.6
食品加工業	58.5	47.2	30.6	14.5
其他工業	17.8	14.0	11.2	10.5
制陶業	2.1	1.5	2.2	2.6
木器加工業	6.6	4.1	2.3	2.6
雜貨業	9.1	8.4	6.7	5.3

*此數位基於7年期平均數(1938年數位系根據5年期平均數)。
根據Ryōshin Minami的《日本的經濟發展：定量分析》，(紐約：St. Martin's出版公司，1994年第2版)，第100頁。

表 11.2

日本進出口的構成（1880 年～ 20 世紀 20 年代）*

時期	進口		出口			
	初級產品	製成品	初級產品	其他產品	輕工業製成品	重工業製成品
1877 -1886	10.3	89.7	39.5	60.5	50.8	9.7
1887 -1891	18.7	81.3	33.0	67.0	54.6	12.4
1892 -1901	36.4	63.6	21.0	79.0	65.8	13.2
1902 -1911	45.2	54.8	14.1	85.9	71.0	14.9
1912 -1921	52.6	47.4	9.0	91.0	71.7	19.3
1922 -1931	56.6	43.4	6.8	93.2	80.3	12.9
1927 -1936	61.0	39.0	6.7	93.3	73.6	19.7

*進出口總值的構成，基於10年期平均價格。

根據Kazushi Ohkawa、Miyohei Shinohara和Larry Meissner的《日本經濟增長的模式：定量分析》(紐黑文：耶魯大學出版社，1979年版)，第135頁。

在十九世紀九〇年代早期，也就是中日甲午戰爭前夕，如表11.2所示，日本依然大量進口製成品並且其出口嚴重依賴於初級產品。然而在第一次世界大戰結束後，那種情形已經在很大程度上發生了轉變：製成品在其全部出口中占到了百分之九十，在進口中初級產品也已經超過製成品。對於許多觀察家來說，日本的經濟結構看來已經出現了西方工業發達國家所具有的那種典型特徵。

儘管取得了令人矚目的經濟增長，在大正時代，一些伴隨成長而來的問題依然困擾著日本，雖然此時日本已經成為一個新興的工業化國家。其中特別麻煩的問題就是這個國家的經濟結構具有一種環海岸線的特徵。儘管在大正時代日本經濟增長很快，在一九一〇年至一九二〇年幾乎增長了百分之六十，在二十世紀二十年代也達到了百分之三十左右，然而，在中日甲午戰爭和日俄戰爭結束之後，如示意圖11.1所示，日本卻經歷了生產下滑，並且這種波動一直伴隨著整個二十年代。第一次世界大戰期間，日本工業生產的加速和對外貿易的發展已經使得這個島國對世界經濟的波動更加敏感。戰時繁榮過後，隨著與戰爭有關的產品出口需求的枯竭以及西方國家在南亞重新奪回市場，日本經歷了一次嚴重的經濟衰退。此後，正當經濟在戰後的蕭條中艱難恢復之時，一九二三年九月一日，關東大地震襲擊了東京和周圍的一些城市。當時正是中午，人們正在準備午飯，輕微的顫動開始了，隨後的劇烈震動和熊熊大火奪去了十萬人的生命，摧毀了東京百分之六十以上的房屋，將東京和橫濱之間的工廠和車間夷為平地，而這裡正是日本工業最為發達的地區。為了刺激工業基礎的重建，日本政府向銀行提供了可供貸款的新的財源。這些貸款隨後被貸給願意參加重建工作的企業。經濟增長率開始逐漸上升，然而到一九二七年的春天，關於那些貸款銀行將要倒閉的謠言開始盛行。四月份的時候，驚慌失措的儲蓄者們開始去銀行提款。隨著一些儲蓄機構的關門倒閉，日本政府宣布對銀行進行為期三周的停業整頓。在其後的一年裡，金融機構的帳目平衡剛剛有了一點起色，結果日本經濟卻又陷入了一場伴隨一九二九年美國股市崩潰而來的世界性的經濟大危機。

在大正時代，當日本的製造業分裂成截然不同的兩個部分時，出現了其他一些問題。在這個二重結構的頂層，如一些經濟學家所指出的那樣，主要包括那些獲利豐厚的製造業企業，以及隸屬於財閥企業集團的一些公司，還有幾家大型紡織企業。例如鐘紡紡織株式會社，這是一家成立於一八八七年

示意圖 11.1

經濟增長 1890～1930

A. 每十年國內生產淨值增長率(%)

1890～1900	67.6	1900～1910	42.7
1910～1920	61.5	1920～1930	33.4

此數字基於5年期平均數

根據Hugh T. Patrick的《1920年代的經濟混亂》，James W. Morley編的《戰前日本經濟增長的困境》(普林斯頓，普林斯頓大學出版社，1971年)，第214頁。

B. 年增長率

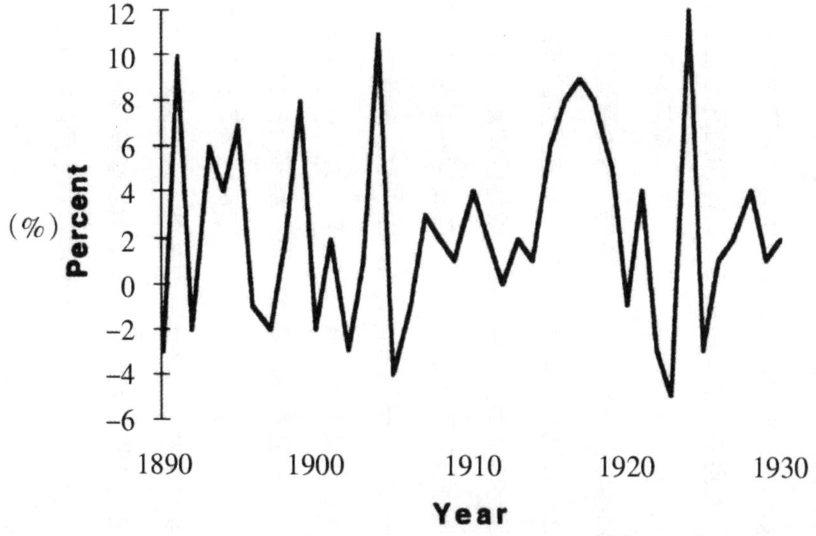

資料來源：《日本：插圖本百科全書》第1卷(東京，講談社，1993年)，第395頁

的公司，在一八八九年隸屬於三井財閥集團，隨後這家公司又轉而生產化妝品和藥品。與此同時，那些生產紡織品和其他消費品的中小型企業和一些為大公司提供部分中間產品的分包公司，則構成了這個二重結構的底層。

日本現代經濟的一個突出特點是那些小型和中等規模的企業繼續在其工業結構中扮演重要角色。一九二九年，雇工四人或四人以下的企業的產值在整個製造業產值中占到了百分之二十，雇工在五人至九十人的企業則生產了另外的百分之四十。此外，二十世紀二十年代大部分就業機會的增長，也出現在這些中小企業裡。有統計數字表明，在二十世紀二十年代勞動力就業增長了百分之十一，而雇工在五百人以上的企業裡，就業人數卻下降了九萬人（占一九二〇年勞動力的百分之十六）。因此，在大正時代的大部分時間裡，日本製造業產出的絕大部分是由那些小型的勞動密集型企業提供的。這些企業和明治時代盛行的輕工業具有更多的共同點，與煙囪林立的現代重工業起主導作用的大正時代的景觀相比，則顯得有點格格不入。

農業部門中的頑疾也困擾著大正時代的日本經濟。在十九世紀九〇年代到大正時代末期這一段時期中，農村中的物質生活條件已經得到相當大的改善。然而，生活水準的不斷提高並不總是能夠給日本的農民帶來經濟上的穩定，因為農業依然是一個十分脆弱的部門，往往一次農業歉收或穀價下跌就能產生災難性的後果。結果是，一方面，日本的農民享受了戰時繁榮帶來的好處，收入也由於不斷上漲的米價和蠶繭價格（這些蠶繭是由全國五分之二的農民家庭生產的）而大大增加；另一方面，戰後的十年也充

表 11.3
基於工廠規模的工資級差（1909～1933）

每廠工人數	1909年	1914年	每廠工人數	1932年至1933年
5～9	84.5	79.0	5 -10	61.2
10～29	90.0	83.6	10 -50	74.0
30～49	95.1	88.0		
50～99	99.0	92.5	50 -100	81.1
100～499	101.4	93.6	100 -500	89.2
500～999	100.0	100.0	500 +	100.0

根據Yasukichi Yasuba的《二重工資結構的演變》，轉自《日本的工業化及其社會效應》（柏克萊：加利福尼亞大學出版社，1976年），第258頁。

滿了危機。一九一八年以後，由於政府加大了對朝鮮和臺灣廉價穀物的進口，日本農民的稻米收入開始下降；同時，蠶繭的價格在一九二五年至一九二九年間下降了百分之三十，一九三一年則又下降了三分之一。二十世紀二十年代世界範圍的大豐收意味著日本農民在其他農作物上也不會獲得好的收益。隨著農產品價格的猛跌和這一價格後來幾年在令人失望的水準上徘徊，日本農村在二十世紀二十年代經歷了一個長期的經濟衰退過程。除了精神上的痛苦之外，農村居民和城市居民的收入水準開始出現明顯的差距。許多農村居民感到，他們並沒有得到城市居民所擁有的受教育和提高文化修養的機會。由於認識到自己正處在越來越不利的地位，農村家庭和他們的發言人開始表達他們的不滿，而這種不滿成為兩次世界大戰期間日本政治生活中一個激烈而又敏感的問題。

焦躁不安的佃農

在二十世紀二十年代的土地危機中，向地主租種部分或全部土地的農戶首當其衝。二十世紀以來，在自有耕地的同時又向地主租種一部分土地的自耕農的比重逐漸增加，在一九一七年占到了全部農戶數的百分之四十一左右；與此同時，百分之二十八的農戶完全沒有自己的土地，只有百分之三十一的農戶擁有自己所需的土地，他們要麼自己耕種，要麼租給別人耕種。不僅自耕農和佃農家庭要支付高額的田租，這些田租一般占到全部收成的一半左右，這種租率在明治時代早期很是流行；而且，日本中部和西部的農民立刻感受到了農產品價格下跌給他們帶來的不利影響，因為他們往往是從那些商業性作物，如大米、大麥、小麥、煙草和蠶繭的銷售中獲得自己的很大一部分收入。在農產品價格下跌給中農和佃農家庭帶來困境的同時，戰後的經濟蕭條又減少了這些家庭通過一個或幾個家庭成員進工廠做工以彌補收入損失的機會。

對二十世紀二十年代的不滿情緒來說，廣大農戶與從前相比越來越多地捲入世界市場這一事實，簡直就是火上澆油。在附近城市工廠裡的季節性和臨時性工作，使農民開始瞭解了其他國家生活方式的一些知識，並且他們也被告知，佃農必須順從於地主這一傳統行為規範並非什麼神聖不可侵犯的信條。同樣地，軍隊的徵兵也增強了那些出身佃農家庭的年輕人的自信心，他們在部隊中可以得到晉升，並且可以領導別人，包括那些參加戰鬥的地主的兒子。對於全體農民來說，接受學校教育的經歷，激發了對諸如民主制度和資本主義社會公正性這些話題的興趣，同時，報紙和雜誌的普及也給他們帶來了俄國革命在觀念上的衝擊，激發了關於社會主義、勞動價值和農民所普遍遇到的困境這些話題的討論。

二十世紀二十年代收入的下降，對於居住在那些經濟邊緣地區的貧苦佃農家庭來說，增加了對真正困境的恐懼。與戰前相比，很少有自耕農家庭具有災難性的經歷，但他們抱有的新世界主義的觀念和二十世紀頭十年的繁榮使他們對於生活到底能向他們提供什麼懷有很大的期望，並且促使他們不願接受生活水準下降的事實。所有地區，特別是在那些商業性農業發展很普遍的地區，自耕農和佃農團結在一起，同地主在農會裡展開集體性的討價還價。在明治時代後期，地主和佃農之間的爭執只是偶爾發生，但這種對抗的次數在二十世紀二十年代急劇增加。官方統計數字表明，大概有一萬八千起這類事件在這一時期發生，如表11.4所示。

在二十世紀二十年代，佃農家庭提出的抗議聲明有四分之三是以減租為目標的，並且他們的抱怨主要是表達對離鄉地主的不滿。傳統上，鄉居地主在佃農的政治和社會生活中具有直接的影響，這些影響往往是通過諸如調解土地糾紛、安排婚禮、主持節日宴會、贊助本地節日慶典等活動來施加的。此外，鄉居地主還常常為那些家道不幸的佃戶提供生活上的基本保障，在農閒季節提供諸如修理農具、清理倉庫等活計，並且在收成特別不好的年份還給予佃農一定的減租。然而，在大正時代，許多地主，在一些經濟發達地區幾乎有一半左右，拋棄了依附於他們的佃農而湧入城市，靠收取田租

表 11.4

佃農糾紛事件（1920～1929）

年份	糾紛事件數	涉及的佃農人數	農會會員數
1920	408	34,605	—
1921	1,680	145,898	—
1922	1,578	125,750	—
1923	1,917	134,503	163,931
1924	1,532	110,920	232,125
1925	2,206	134,646	307,106
1926	2,751	151,061	346,693
1927	2,052	91,336	365,332
1928	1,866	75,136	330,406
1929	2,434	81,998	315,771

根據(L. Richard Smethurst的《日本的農業發展和佃農糾紛事件，1870～1940》普林斯頓：普林斯頓大學出版社，1986年)，第321頁至347頁。

過活。他們有的找到了新的職業，充分享受城市生活帶給他們的快樂。這種舉動割裂了那種傳統的使地主與農民結合在一起的緊密聯繫和相互之間的責任義務，使得那些城居地主備受指責。

大正時代農民的抗議活動取得了多重的效果。在絕大部分這類事件中，如表11.5所示，抗議者要麼戰勝並逼迫地主做出讓步，要麼通過激烈的討價還價使地主讓步。從這一點來看，抗議者們已經取得了他們預先所設想的那種即時效果。然而，從長期來看，佃農們的這種運動仍在進行，他們開始對城市化和資本主義所帶來的後果提出質疑，並且造成了一種危機感。這最終導致了政府對農村生活的干預。

憤怒的工人

在新世紀之初，日本的城市工人也表達了改變那種他們稱之為不公平的惡劣工作條件的強烈願望。紡織車間的女工們在那種臭名昭著的工作環境中掙扎著過活，而那些新興產業裡男性工人的日子也不怎麼好過。十九世紀勞動力的遷移，已經給工人們留下了一個整天酗酒、賭博，虐待家人的壞名聲，人們往往認為他們道德敗壞。對工人的這種看法使他們陷入了一種自我懷疑的境地。一九一三年，一位工人嘟噥道：「這個世界是一個奇怪的地方，當我一身臭汗、全身油泥的時候，我覺得我的心都是骯髒的。我在懷疑，我們工人到底是不是有別於其他動物的人類。」[2]

在重工業企業工作的工人往往沒有什麼自尊心。第一次世界大戰以後，許多大企業往往要求工人身著色彩單調的工作衫或是提供某種臨時湊合的工作服，這與作為首要職工群體的那些西裝革履的經理和技術人員們形成了鮮明的對比。此外，在日本經濟的二重結構中，處於上層的那些現代企業對經理往往按年發薪，對技術人員則按月，而對普通工人則是按日計資，並且不向他們提供額外的福利，包括公司的住房、利潤分紅和醫療保健，而這些額外的津貼則開始作為那些中層經理和技術人員們薪水的組成部分。

儘管公眾對工人的印象不怎麼好，工人們和那些同情他們處境的人還是成立了各種團體以提高工人的社會地位，並且為他們爭取更好的工作待遇而與資方進行談判。在這種精神的指導下，以維護男工權益為宗旨的「友愛會」於一九一二年八月成立，目標是為其成員提供相互之間的幫助，培養他們的人格，改善他們的技能，提高他們的地位，並且注重促成工人們和管理層之間關係的融洽。一九一八年，有三萬人參加了這個團體，其中許多人向該團體的半月一期的簡報提交了報告，這份簡報提倡工人們過一種簡樸、高尚、穩定的生活。友愛會哲學的核心是一種相互聯繫的觀念，那就是工人們必須努力工作並且尊重他們的雇主，反過來，雇主們也必須承擔善待工人的責任。一篇登載在友愛會公共刊物上的文章寫道：我們工人天生軟弱無力，並且生活條件也很差，「我們渴求強有力的保護者能夠具有人性的溫存，我們祈求您的父母般的關懷，而我們也會努力工作，像孩子般向您表示孝順。」[3]

在大正時代中期，許多工人和工人運動領袖給善待工人的觀念帶來了具體的目標，那就是要求雇主增加工資，改善工作環境，並且要給予藍領工人只有管理層才能享受的額外津貼。當一些公司未能滿足工人關於更加善待他們的要求時，一些人放棄了傳統家庭倫理道德所推崇的那種含蓄方式，轉而採取了更加充滿暴力的直接行動。有的人直接放下手中的工具而離開工廠，就像明治時代那些失望的工人們所做的那樣。一九一八年，紡織企業裡只有不到一半的女工能在一家工廠連續幹上一年。一九

表 11. 5

佃農要求和糾紛的解決（1920 ~ 1929）

年份	糾紛數量	佃農的要求				糾紛的俯決							
		減租額		其他		妥協		佃農勝訴		佃農敗訴		不了了之*	
1920	408	—	,	—		255	62.5%	53	13.0%	5	1.2%	95	23.3%
1921	1,680	—		—		1,340	79.8%	109	6.5%	14	0.8%	217	12.9%
1922	1,578	—		—		815	51.6%	86	5.4%	—		677	42.9%
1923	1,917	1,831	95.5%	86	4.5%	1,451	75.5%	89	4.6%	32	1.7%	345	18.0%
1924	1,532	1,402	91.5%	130	8.5%	1,148	74.9%	75	4.9%	32	2.0%	277	18.1%
1925	2,206	1,919	87.0%	287	13.0%	1,625	73.7%	93	4.2%	13	0.6%	574	21.5%
1926	2,751	2,283	83.0%	468	17.0%	2,025	73.6%	101	3.7%	20	0.7%	605	22.0%
1927	2,052	1,459	71.1%	593	28.9%	1,371	66.8%	56	2.7%	9	0.4%	616	30.0%
1928	1,866	1,191	63.8%	675	36.2%	1,261	67.6%	60	3.2%	29	1.6%	516	27.7%
1929	2,434	1,490	61.2%	944	38.8%	1,615	66.4%	127	5.2%	63	2.6%	627	25.8%

*包括要求佃農向地主退佃的解決方案（很少引用）和一些不了了之的事件。

根據安 Ann Waswo的《日本的地主 農村菁英階層的衰落》（伯克利 加利福尼亞大學出版社，1977 年），第 99 頁至 108 頁。

〇五年至一九一五年間，鐘紡株式會社的一家大紗廠每年幾乎有三分之二的女工未經允許而離開工作崗位。在一些重工業企業，男工們經常跳槽，為的是尋求更高的工資和鍛煉他們技能的更好機會。在這些企業裡，人事變動率在二十世紀頭十年往往高達百分之七十五。

到二十世紀二十年代，越來越多憤憤不平的工人開始加入工會。在新世紀初，一九〇〇年的《治安警察法》已經規定，任何人使用暴力、威脅、公開誹謗、煽動和鼓動等方式，鼓勵他人加入工會和參與罷工都是違法的[4]。儘管該法案沒有明文禁止組織工會和舉行罷工，但它確實迫使工人們只能通過一些非暴力的友好團體來表達他們的願望和要求，例如像友愛會那樣的組織。不過，一九一九年原敬內閣以一種更加寬容的方式重新解釋了該法案，允許組織和平目的的工會和罷工，隨後，工會組織便如雨後春筍般湧現出來，如表11.6所示。隨著工會將普通成員組織起來，它們便開始以一種更加自信和強勢的姿態提出關於工人權利的要求。甚至友愛會也更改了自己的名稱，一九二一年改稱「總同盟」（更正式一點，叫「日本勞動總同盟」，即日本勞工聯合會），並且採取更加激烈的方式來爭取工人們集體談判提高工資的權利，以及努力尋求最低工資保障和禁止使用童工。

這些新的衝突導致了更多的罷工，如表11.7所示。各行各業的工人都參與到罷工中來了，例如，一九二一年三月，東京細布公司的女工們放下手中的工作，強烈要求公司增加她們的工資，實行八小時工作制，廢除夜班並且改善她們的伙食。在那年的夏天，大正時代最大規模的罷工爆發了。位於神戶的兩家名叫川崎和三菱的造船廠，有將近三萬名熟練工人放下了手中的工具，強烈要求管理層

表 11.6
工會組織（1918～1931）

年份	工會數	工會工人數	工會工人數占工人總數的比重
1918	107	—	—
1919	187	—	—
1920	273	—	—
1921	300	103,412	—
1922	389	137,381	—
1923	432	125,551	—
1924	469	228,278	5.3%
1925	457	254,262	5.6%
1926	488	284,739	6.1%
1927	505	309,493	6.5%
1928	501	308,900	6.3%
1929	630	330,985	6.8%
1930	712	354,312	7.5%
1931	818	368,975	7.9%

根據《日本史詞典》（東京：角川書店，1976年，第2版），第1288頁。

考慮給他們增加工資和改善工作環境的要求。持續時間最長的一次罷工，於一九二七年到一九二八年間在規模不大的野田醬品公司爆發，這家企業位於千葉縣，所產醬油十分有名。

野田醬品公司的工人罷工表明了二十世紀二十年代的勞資糾紛是多麼的激烈，彌合二者之間的分歧又是多麼的困難。在此期間，工人罷工平均會持續三十天，而在一九一九年則只有十一天左右。

表 11.7

罷工和其他工人停工事件（1897 ～ 1931）

年份	糾紛次數	參加人數	年份	糾紛次數	參加人數
1897	32	3,517	1915	64	7,852
1898	43	6,293	1916	108	8,413
1899	15	4,284	1917	398	57,309
1900	11	2,316	1918	417	66,457
1901	18	1,948	1919	497	63,137
1902	8	1,849	1920	282	36,371
1903	9	1,359	1921	246	58,225
1904	6	897	1922	250	41,503
1905	19	5,013	1923	270	36,295
1906	13	2,037	1924	333	54,526
1907	57	9,855	1925	293	40,742
1908	13	822	1926	495	67,234
1909	11	310	1927	383	46,672
1910	10	2,937	1928	397	46,252
1911	22	2,100	1929	576	77,444
1912	49	5,736	1930	906	81,329
1913	47	5,242	1931	998	64,536
1914	50	7,904			

根據《日本史詞典》(東京：角川書店，1976年，第二版)，第1288頁。

野田醬品公司的勞資糾紛開始於一九二七年九月十六日，當時大約有二千名工人要求廠主增加他們的工資，承認他們的工會，這個工會是日本勞動總同盟在當地的分支。然而，管理層卻寸步不讓。一九二一年十二月，工人們成立了工會組織後，雖然野田醬品公司老闆曾經滿足過工人們一系列關於縮短工時、改善居住條件的要求，但此時，廠主們已經下定決心要將任何引起麻煩的工會勢力清除出他們的工廠。一九二七年秋，作為對工人罷工的回應，管理層將所有參加罷工的工人全部正式解雇，隨後雇用了一些臨時性的工人。於是事情便變得更加糟糕，被解雇的工人襲擊了那些頂替他們的工賊，將硫酸潑在其中一人的臉上，導致那個人雙目失明。隨後，員警在某條罷工糾察線上毆打了其中一名工人，工人們則以威脅廠主相報復，這些廠主早已將他們的家與外界隔離開來，並把他們的家人送到遠方的親戚處。最終雙方在一個調解小組的斡旋下同意坐下來談判，這個小組是由德高望重的澀澤榮一領導的。一九二八年四月九日，野田醬品公司老闆終於答應重新雇用三分之一的被解雇工人，並且向其餘的人發放離職金，但最終迫使工人們同意解散了工會。

總的看來，在二十世紀一二十年代，那些願意轉換工作、加入工會、參加罷工的工人，一般都會從他們的雇主那裡取得不小的讓步。據有關估計，二十世紀二十年代的勞資糾紛，一半以上都是以資方屈服於全部或很大一部分工人的要求而收場，就如野田醬品公司老闆們所做的那樣。特別是在第一次世界大戰期間，那些重工業企業裡的工人，往往能夠更加容易地迫使資方增加他們的工資，並且將這個工資水準保持到戰後的蕭條時期。此外，在大正時代，有相當數量的紡織企業和二重經濟結構中處於上層的一些大企業，開始向熟練的藍領工人發放相當可觀的額外津貼。

隨著一些公司轉向家長式的管理方式，它們在面對不斷高漲的工人運動時，往往採取一種直接而又自覺的回應，並且勸說工人，使他們相信沒有必要參加工會組織以改善自己的生活。鐘紡集團率先在其紡織企業裡實行家長式管理。此後，日本的一些公司領導層逐漸認識到：他們並沒有源源不斷的女工願意冒受工傷甚至得肺結核的危險以完成五年期勞動合同。因此，這些公司開始實行各種計畫以改善本公司的形象，使得公司在職工的心目中就像是一個家庭。為了促進工人們和公司管理層之間的交流，鐘紡集團在企業裡設立了意見箱，工人們可以把自己關於如何改善工作條件的意見和評論投入該箱，此外公司還贊助了一份內部雜誌，並且向女工們的鄉人分發公司簡報。對於未婚的員工，公司往往改善他們寢室的生活設施和為他們加餐。對於住在公司裡的已婚員工，公司往往對消費者合作社、日托托兒所和職工幼稚園進行補助。對於全體員工，公司向他們開放各種文娛設施，並且為他們提供關於縫紉、社交禮儀、茶道、花道、書法、音樂等方面的夜校教育。

與此類似，在大正時代，重工業領域裡的一些大企業開始向那些稀缺且難得的熟練藍領工人提供補助金。一九一五年，友愛會在芝浦機器製造廠裡設立了一個分支機構。三個月後這家公司便建立了一個由職工薪水抵扣和公司捐款資助的共同互助社，並且開辦了職工醫務室，宣布任何受到工傷的職工都可獲得一年的補償。此外，該公司還實行了一系列的退休金計畫。在第一次世界大戰期間，一些造船廠和鋼鐵廠也向職工提供了類似的待遇，以留住越來越稀缺的技術人員和阻止一些經驗豐富的藍領工人跳槽到別的公司。其他一些大企業紛紛效仿。在二十世紀二十年代，各種獎勵計畫一般都包括終身職位的許諾和基於工齡的加薪，以及季節性紅利和根據工作年限的退休補助金，此外還有諸如健康醫療服務、公司內部培訓和開辦各種文娛設施，例如圖書館、康樂室和健身房等等。

就在各個公司的管理層相繼採取一系列福利措施的同時，他們也充分利用早期工人們所熟悉的那種甜言蜜語，以便樹立公司作為一個溫暖的充滿歡樂的大家庭的形象。在這個家庭裡，工人們互相尊重、互相照顧。正如桂太郎首相第二個任期內的郵政大臣後藤新平所說的那樣：「工人們應該像一家人一樣互相照顧和鼓勵。每個家庭成員都應該服從家長的命令，做家長期待他們做的事情，並且要始終維護家庭的利益和榮譽。我將努力使我們的工人樹立一種為了工作而無私奉獻的精神，我也十分推崇與人為善和相互信任的道德準則。」[5]為了使這些空洞的說教具有實際的意義，許多重工業企業都成立了工廠委員會。這些委員會往往具有諮詢的性質，他們將人數相同的經理們和工人代表們組織起來，討論諸如生產力、工資待遇以及福利設施等一些問題。

由鐘紡公司、芝浦機器製造廠所率先採取的措施，以及其他企業所建立的一些理想化模式，最終都被納入了日本的就業體系。儘管大正時代所引入的這些家長式做法在日本勞工管理實踐的長期演變過程中具有里程碑式的意義，但日本並沒有因此而變成工人們的天堂。事實上，只有小部分的藍領工人和更少的不熟練勞工從這些新計畫中受益。處在日本二重經濟結構下層的那些小企業，往往缺乏那些大企業所實行的額外津貼計畫的資金。此外，甚至重工業領域的一些大企業也往往未能向工人提供新計畫中的全部補助，鐘紡公司只是不同於其他紡織企業的一個例外。在那些紡織企業裡女工往往占大多數，並且這些工人常常不能充分利用那些教育和娛樂設施。在工作了一整天後，鐘紡公司裡很少還有女工會有精力和意願去學習茶道、插花以及其他一些中產階級女孩所重視的才藝。

與普通工人們所享受到的那麼一點點可憐的優待相比，雇主們卻從這些計畫中享受到了相當多的好處，即使在這些計畫實行的初期也是如此。在二十世紀二十年代後期，重工業領域的人事變動率急劇下降到只有每年百分之十五到二十，這大大低於前十年，儘管在此期間，一些紡織企業，包括鐘紡公司在內，發現要想留住員工是越發的困難。此外，更加穩定的勞動力為雇主們創造了更多的利潤，因為他們用不著再從預算中拿出一部分資金用於新員工的招聘和培訓。一些公司往往通過克扣那些非熟練工和臨時工的薪水，來補償用在留住那些待遇優厚的終身員工身上的開銷。這些非熟練工和臨時工往往沒有享受額外津貼的權利，並且在經濟衰退的第一時間就會被解雇。這些新計畫在很大程度上抑制了工人們參加工會組織的熱情。那些終身員工和在工廠委員會裡有發言權的工人往往同資方進行直接談判，以協商解決他們之間的分歧。與此同時，許多雇主堅決不承認工會組織作為與他們談判的合法對象，正如前述野田醬品公司的雇主們所做的那樣。結果，在一九三一年，僅僅有百分之八的非農業工人參加了工會組織。即便是這樣的比率，在二十世紀三〇年代也還是繼續下降的。

政治分歧的擴大

在大正時代參加工人運動的勞動者中，大部分人已經逐漸被納入日本不斷發展壯大的工業資本主義體系。他們像農村家庭一樣，也被動員起來爭取經濟利益的公平分配，就像一九一八年的報紙關於「米騷動」所報導的那樣。與此形成對比的是，在十九世紀二二十年代，其他日本國民都對資本主義失去了信心。河上肇也認同這一點。他認為資本主義不僅殘酷剝削弱勢群體，而且扭曲了人們在明治時代所懷有的夢想。在日本國民心目中，明治時代的生活是那麼的美好和富足。在認識到財富和權力往往結合在一起之後，一些激進的持不同政見者開始鼓吹諸如社會主義和共產主義等其他社會制度的優越性，其中的一些人建立了左翼政黨，以圖改善自己同胞的生活狀況。

在日本，社會主義理想和資本主義思想幾乎是同時開始傳播的。早在十九世紀九〇年代，一些人，如作為作家和大學教授的安部磯雄就鼓吹政府對生產和分配的嚴密監管更符合廣大日本國民的利益。一九〇一年春，安部磯雄和其他一些志同道合者成立了社會民主黨，這是日本的第一個社會主義政黨，但存在的時間很短。該黨綱領中所闡明的一系列非經濟的社會問題，在新世紀初激發了日本左翼分子的思想：反戰主義、軍備的削減、貴族院的廢除，以及實現公民的普選權。

其他左翼分子則提倡更加激進的社會變革。幸德秋水和菅野須賀就是日本早期最具影響力的無政府工團主義者。菅野須賀是社會民主黨的發起人之一。一開始他主張通過憲法程式將政府從政客、股市操縱者、軍國主義者和貴族手中轉移到人民的手中。他認為,「這個進程的第一步應該是將政治權力分配給全體國民,最終我們將廢除土地和資本的私有權,把勞動果實還給生產者」。[6]一九〇五年至一九〇六年,在舊金山與一些美國激進主義者商議之後,菅野須賀回到了日本。此時他認為,只有通過直接手段,如大規模的工人罷工才能推翻政府,並最終將政治和經濟權力歸還到工人階級手中。

當幸德秋水還是一名初出茅廬的記者時,她就以對政府的尖銳批評而聞名。在一九〇九年與菅野須賀同居之後她便鼓動他反對政府。她自認為是激進的無政府主義者,曾經宣稱:「煽動騷亂,從事革命行動甚至暗殺活動,對於喚起民眾的覺醒是必要的。」[7]隨後不久,她便認為明治天皇「是所有罪惡的根源,他必須得死」。一九一〇年,她和菅野須賀等參與了「大逆事件」。那是一次不成功的暗殺天皇的事件。在被員警抓獲並審判之後,一九一一年一月,幸德秋水、菅野須賀還有其他十名參加者被處以死刑。在被處死的前夕,幸德秋水在囚犯記事本中寫道:「鵝毛大雪蓋住了松柏的枯枝,整夜的大雪使這個世界一片銀白。雪啊,你下吧,下吧!越來越深,直到蓋住東京這個罪惡的城市,猶如整個大地埋入灰燼。」

有人將「大逆事件」比作日本激進主義者的「嚴冬」。然而,大杉榮很快再次振作起無政府主義者的精神,他在自己主編的一些刊物中闡述了自己的哲學。在他的眼裡,整個社會只包括兩個階級,壓迫者和被壓迫者。事實上,所有的社會結構,從政府到宗教,只不過是壓迫人們的工具。「社會在進步」,大杉榮寫道,結果是「壓迫人們的工具也在不斷發展」。他接著指出:「政府!法律!宗教!教育！道德！軍隊！員警！法院！國會！科學！哲學！藝術！所有這一切，以及其他的社會機構，都只不過是暴力和欺騙的手段！」[8]

作為一名自我解放運動的宣導者，大杉榮竭力反對一切通過國會所推行的改革，認為只有通過發動工人罷工以及其他一些激進的手段，才能推翻國家機器，顛覆資本主義制度。他的無政府主義和他反對一切社會習俗的偏好相得益彰。一九一六年，他拋棄了自己的妻子和情人，那位情人名叫神近市子，是一位著名的記者，轉而和著名女權運動者、無政府主義者伊藤野枝同居在一起。這件事情成為報紙上的頭條新聞，憤怒的神近市子行刺了大杉榮，當時大杉榮正和伊藤野枝在海濱勝地度假。

一九二五年三月，日本國會通過成人普選權法案，為那些左翼分子在憲法框架內尋求自己的政治抱負提供了新的契機。這項法案是在加藤高明首相及其憲政會同事的支持下通過的。這一舉措廢除了將公民所繳稅款和選舉權掛鉤的做法，將選舉權普及到所有年齡超過二十五歲的男性青年。從某種意義來說，加藤高明首相的這一舉措是基於以下考慮的，即公民廣泛參與政治是「不可逆轉的世界潮流」。用當時的話來說就是，如果日本想要跟上其他先進國家的步伐，它就必須這麼做。然而，對於日本國民進一步擴大他們政治權利的要求，憲政會也做出了回應。多少年來，吉野作造和其他一些自由刊物的投稿人，一直致力於在大城市舉行示威遊行活動，以促進公民選舉權的普及。這些活動與「米騷動」、農民運動和工人運動戰鬥性的增長，以及無政府主義者對暴力革命的號召一起，促成了那些立法者即使不情願但也不得不開始將公民普選權作為抑制大規模騷亂的手段。

當這項法案墨跡尚未乾時，日本全國各地便湧現出了許多以維護佃農和工人利益為己任的無產階級政黨。在這些新成立的政黨中，最具影響力的是勞動農民黨。它是由一些勞工領袖和同情他們的左翼政治人士，如安部磯雄等，在一九二六年三月成立的。此外，就是成立於一九二六年十二月的日本勞農黨。這兩個政黨相對來說都比較溫和，主張通過議會選舉和採取民主手段來改善工人階級和廣大農民的生活狀況。在勞動農民黨的成立宣言中，其成員「打算取代現有政黨」，比如政友會和憲政會，「因為他們僅僅代表了特權階級的利益」，並且要「通過合法手段」改革「不公平的土地和產品分配制度，以實現無產階級在政治、經濟和社會上的解放」。[9] 儘管具有這些雄心壯志，但在一九二八年的日本國會選舉中，只有兩名勞動農民黨候選人和一名日本勞農黨候選人取得了議會的合法席位，雖然這在成人普法權法案頒佈以來尚屬首次。

在這些政黨中，比較成功的還是成立於一九二六年十二月的社會民主黨，該黨最初是由安部磯雄領導的。該黨的成立宣言不承認自由放任的資本主義制度，認為這不符合社會大眾的經濟、政治和社會利益，因為資本主義的生產和分配體系損害了人民大眾的生計。該黨誓言要通過「正當手段」，建立一個「以工人階級利益為中心的政治經濟制度」。[10] 特別是該黨在一九二八年的國會選舉中成功地取得了四個合法席位，並且向國會呈交了一份綱領，號召將基礎產業收歸國有，進行土地改革，將田地重新分配給那些佃農家庭，通過福利法案以保障工人階級和廣大農民的利益，廢除對民權解放的一系列限制，將普選權擴大到婦女。

這些左翼政黨的鼻祖是一九二二年七月十五日秘密成立的日本共產黨，最初是由一些受到俄國革命鼓舞的記者和政治活動家所組成。由於政府的取締和內部的派系鬥爭，該黨於兩年後解散，直到一九二六年十二月才重新組建，並以地下活動為主。日本共產黨主要致力於一些宣傳性和教育性活動，影響甚微，然而它仍然團結了一些著名人士，如河上肇。他於一九三一年加入日本共產黨。加入日本共產黨的還有其他一些知識份子和學生，這些人都信奉馬克思主義，因為這為他們提供了分析日本社會的系統方法論。此外，馬克思主義也為他們提供了關於國家如何經歷從封建社會到資本主義社會，又從資本主義社會到社會主義社會轉變的強有力解釋；並且馬克思主義以全人類的幸福為出發點，號召人們採取革命行動，而這一點正與河上肇那些人心目中與生俱來的人本主義情懷相一致。

「移山的時刻已經到來」

在大正時代，一些女權主義者和學生參加了當時的社會大辯論。這些漸漸強大的聲音，表達了對許多領域正在開展的實現社會經濟和政治公平鬥爭的急切關注。它們所表達的對未來的希望，往往與那些中產階級和政府官員所提出的現代化觀念相衝突。在這些新的社會活動分子中，有許多人是單獨展開活動的，也有相當一部分人與那些新興的無產階級政黨相聯合，而其他人則參加了一些剛剛成立不久的社會組織。這些組織往往都是服務於各自所代表的團體利益。這些風起雲湧的社會運動更增添了那個時代的多元化氣息，使得二十世紀二十年代充滿了狂亂和騷動。

一九一一年秋，在觀看了松井須磨子在《玩偶之家》這齣戲中的精彩表演之後，一位評論家認為，娜拉這一虛構人物可以激勵日本的「新女性」重新定位她們在家庭和社會中的角色。一場關於「新女性」應該承擔什麼樣理想角色的激烈辯論，出現在一本叫作《青鞜》11的雜誌上。那份刊物於一九一一年九月由平塚雷鳥創辦，她為自己的雜誌取了一個和國際女權運動緊密聯繫的名字。為了將讀者們的注意力吸引到二十世紀婦女們的悲慘境遇上來，河上肇在這份雜誌的發刊詞中引用了一個關於日本太陽神天照女神的優美典故：

> 世界之初，女人是太陽。是一個真正的人。如今，她只是月亮。依靠他人生活，只能反射他人的光芒。這是一彎只有病態蒼白容顏的月亮……現在，《青鞜》這份由日本婦女創辦的雜誌，凝聚著當今婦女的心血和勞動，第一次發出了她們的聲音。12

平塚雷鳥的雜誌充分反映了日本婦女的心聲。她們給這份雜誌寄來了數以千計的表達良好祝願的信，還有請求解答她們在生活中所遇到的各種問題的意見諮詢。

在這份雜誌的第一期上，有一首很特別的詩，由一位名叫與謝野晶子的著名詩人所寫。她寫這首詩的目的是為了激勵日本和各國的女性姐妹：

移山的時刻已經到來。
雖然我這樣說沒有人會信。
曾幾何時大山們沉睡不醒，
但很久以前它們即已與火共舞。
不管你相信與否都無關緊要，
我的朋友，只要你相信：
所有沉睡中的婦女
如今正覺醒並行動起來！13

作為一個經常給《青鞜》和其他權威雜誌投稿的多產作家，與謝野晶子拒絕生活在一個基於男性權威的世界裡，厭倦過一種周圍充滿了要做一個好妻子、好母親說教的生活。與此相反，她強調對於新女性這個概念來說，擺脫外界的控制十分重要。作為一個名氣不如自己的詩人的妻子和十一個孩子的母親，與謝野晶子認為婦女承擔了許多角色——女兒、妻子、母親、他人的朋友、國家的公民、地球的人類，她們必須在這些角色中自由地追求自己的幸福。她相信，每位婦女都有能力履行自己的

與謝野晶子

責任，但這只有在她們實現了經濟上的獨立、教育和就業機會上的平等以及法律上的公正之後才能成為現實。同與謝野晶子對個人主義毫不妥協的強調相比，其他女權主義者往往傾向於通過全社會範圍的奮爭以實現男女之間的平等。在大正時代，許多縣份都成立了當地的婦女協會。它們創辦了一系列的女權刊物，關注的範圍很廣，從擴大婦女的政治權利，到廢除娼妓的合法化，再到通過立法禁止患有性病的男人結婚等等。所有這些，都以增進婦女的福利和爭取兩性間的平等為目的。到一九二七年時，日本最大的婦女協會是早於一九一九年在大阪成立的擁有三百萬會員的關西婦女組織聯合會。

二十世紀二十年代中，一些婦女關注的焦點是選舉權。她們認為，如果婦女們想要完全取得男女之間的平等，增加接受高等教育的機會，提高在家中作為母親的地位，選舉權是必不可少的。一九二〇年三月，平塚雷鳥與一位來自名古屋的前記者市川房枝，合作成立了「新婦人協會」。市川房枝曾經協助友愛會成立過一個婦女解放組織。僅僅兩年後，新婦人協會就取得了一次重大勝利。它勸說日本國會廢除了一九〇〇年《治安警察法》中關於禁止婦女參與政治活動的條款。在此之後不久，新婦人協會宣告解散。一九二四年十二月，市川房枝組建了「婦人參政權獲得期成同盟會」，以繼續爭取婦女選舉權的事業。一九三一年，婦人參政權獲得期成同盟會的努力終於得到了回報，因為立憲民政黨內閣同意支持一項關於允許婦女在當地選舉中投票的立法，甚至只要他們的丈夫同意，婦女們還可以在當地取得公職。儘管貴族院否決了該法案，但不管是政府還是女權主義者都相信，婦女的選舉權最終將會實現。

然而，並不是所有女性都相信民主政治和資本主義制度能夠解決她們的問題，於是她們轉而支持社會主義革命，以圖將所有的人，不論男人還是女人，從那種由自私自利的社會菁英所建立的經濟和社會體制中解放出來。山川菊榮就是這樣的一位女性。她以極大的熱情進行寫作，認為採取革命行動對於所有階層的婦女都是有利的。在她看來，普選權、個人權利以及擴大的受教育機會僅僅有利於那些中產階級和資產階級婦女，而她的心是向著那些正在奮爭的工人階級女性的。在一篇文章中，她回憶起了在一個寒冷的早晨和一群年輕女工的相遇。那些女工們衣衫襤褸，一邊狼吞虎嚥地吃著少得可憐的食物，一邊奔向一個骯髒不堪的機器轟鳴的車間。在山川菊榮看來，這些女工是介乎機器、人和動物之間的混合物。此情此景使她聯想起了曾經參觀一個工廠時的感受：「我真的想向這些女工們道歉，並跪倒在她們面前進行懺悔。我想這樣做的原因是我感到十分的愧疚。我——我們這些人正在折磨她們，欺騙她們，傷害她們。因此，我想向她們道歉，想對她們說我是她們的朋友。當她們跪在地上，赤著雙腳，在沒有暖氣的車間勞作時，我沒有一絲鄙視她們的感覺。我永遠不會忘記這種愧疚和苦痛交織在一起的情感。」[14]

只有來一次徹底的社會變革，山川菊榮說道，才能在日本重新建立一個更好的社會。為了實現這個目標，她開始鼓勵婦女們投身到「普遍的無產階級運動」中來。她在為「赤瀾會」——一個致力於實現社會主義夢想的社團所起草的宣言中寫道：「多少世紀以來，婦女們和工人們經歷了無數的壓迫。我們的社會是這樣一個社會，姐妹們淪為娼妓，統治階級為了實現其個人野心，奪走了我們親愛的父親、丈夫、孩子和兄弟。」正因為如此，她得出結論：赤瀾會將「全力以赴向這個慘無人道的可恥可惡的社會宣戰。所有想獲得解放的女性都來加入赤瀾會吧。社會主義是唯一能夠將人類從受壓迫和資本主義的深淵中解救出來的道路。姐妹們，為了正義和人性，參加社會主義運動吧！」[15]

就在關於新女性的大辯論顯示出新的更加激進的傾向時，一九一八年十二月，東京大學的一群男性大學生成立了「新人會」，即新男人會，並開始討論關於社會改革和民主政治等一系列問題。為了與在其他五十所大學裡建立的類似團體保持一致，新人會的成員開始將人民大眾理想化為日本社會中可以依靠的進步力量，並且發表慷慨激昂的演講，譴責那些已有的政黨和政府並沒有為廣大農民和工人謀取福利。這些學生在新人會主辦的第一期雜誌中問道：「在我們迎接黎明的時候，誰應該承擔改革當今日本社會的責任？是那些佔據國家要職的特權階級嗎？是那些受過教育的階級嗎？是那些官僚、軍閥、政客、資本家以及大學教授嗎？」當然不是，學生們回答道。「他們的行為充滿了邪惡、下流的記錄，並且缺乏能夠贏得民眾信心的道義。我們對統治階級已經失去了信心」。於是，新人會的組織者得出結論道：「改革的動力必定來自青年自身，青年人具有純潔的良知、敏捷的思維和旺盛的激情。青年人的血液是無瑕的，立場是公正的，思想是高尚的。誰能說我們青年人的出頭之日不會到來？」16

統治階級不會在政治和經濟上公正對待日本的普通民眾。這一觀念激勵著那些學生運動的參與者開展了一系列活動。一些人將西方社會主義理論著作翻譯過來，並且組織各種公開演講和巡迴講演團以致力於社會進步事業。在二十世紀二十年代，新人會中的很多積極分子都成為工人運動的組織者，甚至將友愛會引向了更為激進的方向。此外，還有一些人參與了農會運動。隨著二十世紀二十年代各種激進運動越來越具有吸引力，許多新人會成員都自認為是馬克思主義者，並秘密加入了日本共產黨，致力於用革命的手段來治療大正時代的經濟和社會頑疾。

少數民族的聲音

二十世紀二十年代中，日本的少數民族和異教徒也要求更多的社會和經濟公平。在德川時代，愛努人經常遭受那些大名領主和幕府官員的壓迫；近代以來，他們繼續受到各種各樣的歧視。儘管明治政府已經賦予了他們日本國民的資格，但政府在官方統計中將他們列為「前土著居民」的做法，還是使他們的文化與日本的主流文化顯得格格不入。此外，隨後開展的同化運動並沒有取得什麼成效，僅僅剝奪了他們世世代代賴以生存的土地，將他們隔離在孤立的小村落和城市貧民窟裡。十九世紀末到二十世紀初，隨著日本逐漸顯示出其殖民力量，種族身份的觀念與大和民族的優越感開始形成，對這一點那些來自朝鮮和臺灣的移民深有感觸，而這也強化了對愛努人扭曲的看法。越來越多的日本人開始不把愛努人看作一個有著自己獨特文化風俗的少數民族，而是將其視為與世隔絕的劣等種族。一九一二年，在東京大學主講殖民政策的新渡戶稻造教授將那種觀點表達得很清楚。他寫道：「愛努人是一個與拉普人有著很近關係的種族，還沒有從石器時代進化出來，並且除了掌握一些原始的園藝之外，沒有什麼文明可言。」[17]與此類似，其他一些學者和政府官員也將愛努人形容為全身長毛的未開化的野人部落，是一個不能融入現代文明的即將滅亡的種族。

由於缺乏教育，為貧困所困擾並且居住在與外界隔絕的分散小村落和城市貧民窟裡，愛努人並沒有什麼手段可以改變人們對他們所持有的態度，也沒有能力反對政府的現行政策。有鑑於此，在大正時代，一些重要的愛努人發言人開始尋求融入日本的主流社會。一九三〇年，他們成立了「愛努人會」，那是一個受到北海道社會事務部門監管的組織。此後，他們開始遊說一些國會議員，以通過一些保障他們福利和公平待遇的立法。愛努人的其他一些成員則開始保存一些過去的民間故事和英雄神話，以一種看似消極的做法，努力抵抗對他們文明的同化，扭轉本民族傳統的日漸式微。一九一五年，一位人類學家記錄下了一條據說是「長久被人遺忘」的傳說，說的是愛努人進攻古代日本的首都，並且綁架了一名貴族少女。在一九二二年去世之前，十九歲的知里幸惠編纂並出版了一套民間口頭流傳的故事集，包括現在著名的《貓頭鷹神之歌》。這個故事說的是一個男孩「曾經富有但現在很窮」，但是他的高貴氣質得到了貓頭鷹神的青睞，神靈看出了這個男孩衣衫襤褸的外表下的真實身份，幫助他恢復了自己原來的地位，淩駕於「那些過去很窮但現在富裕的人們」之上。[18]

大正時代，日本一些被社會所排斥的群體也發起了一系列反對歧視的運動。四十年前，即一八七一年，明治政府廢除了一些侮辱性的詞彙，如「穢多」和「非人」，並頒佈法令，規定「從今往後，必須在就業和社會地位等方面對屬於這些階層的人民一視同仁」[19]。然而，這一解放敕令卻具有正反兩方面的雙重作用。儘管從理論上說，這條法令廢除了在居住和婚姻方面的一系列限制，但同時也正式消除了屠宰業和皮革製造業的壟斷，因而損害到許多「部落民」的生計。這些被社會排斥的群體喜歡稱呼自己為「部落民」。

日本的「部落民」有八十萬人，占全國總人口的比例不到百分之二，他們的社會地位並沒有得到相應的提高。由於害怕這些所謂的賤民會給自己的社區帶來「污染」，許多普通國民反對政府的法令，甚至攻擊這些部落民所居住的社區。在一八七三年五月一次臭名昭著的事件中，有二十九名部落民死傷，他們的三百座房屋被毀。在明治時代，這些部落民很少能在工廠裡找到活幹，除非他們向雇主隱瞞自己的身份。學校的老師也將部落民的孩子安排在班級座位的最後幾排，並且當學生在操場上玩耍時，也將他們分開，以防止部落民的孩子和普通孩子有身體接觸。公共浴室和理髮店也拒絕接待他們。直到一九〇二年，廣島的一位地方法官還支持一位非部落民婦女與她的部落民丈夫離婚，理由是他來自一個「劣等種族」。

在新世紀之初，一些部落民成員開始組織自我改良的社團，鼓勵部落民接受教育，移風易俗，以便能夠融入主流社會。當這些努力收效甚微時，一些忍無可忍的部落民成員開始採取更加激進的措施。這些年輕的激進分子認識到，主流社會永遠不會給予他們實現理想和抱負的機會。於是在一九二二年匯聚京都，成立了水準社，發誓要通過自己的奮鬥實現徹底的解放。水準社在全國成立了二百個分社，發起了一場「部落民解放運動」，要求任何歧視部落民的人做出公開道歉。[20]這些舉措確實收到了不少成效：在大阪府，一些地主開始向部落民出租田地和房屋；在廣島縣，公共浴室也向部落民敞開了大門。

水準社所取得的這些不大不小的勝利，並沒能使所有部落民成員感到滿意。他們相信，只有整個工人階級實現了解放，他們才能得到真正的自由。一九二一年，一位新人會的活躍分子（一九二二年加入日本共產黨），在《解放》雜誌上發表了一篇很有影響的文章，號召進行全面的社會主義革命，並鼓勵部落民與其他工人和資本主義剝削的受害者聯合起來。由於水準社沒能取得立竿見影的成果令人感到失望，這篇文章產生了很大的反響，越來越多的部落民成員開始與一些工人組織和農民組織聯合起來，有些還加入了無產階級的政黨。

同樣生活在社會政治和經濟邊緣的是那些來自朝鮮的移民。從法律上講，日本對朝鮮的吞併使得朝鮮人民自動獲得了日本國民的資格，因此從第一次世界大戰開始，數以千計的朝鮮人為了尋求更好的教育和就業機會而移居日本。在二十世紀二十年代，越來越多的來自朝鮮南部農村的窮苦男青年湧入日本尋求就業機會，因為像東方拓殖會社這樣的日資農業墾殖公司奪去了他們賴以生存的土地，使他們全家淪為佃農。在日本待了一段時間後，許多人最終有了回國的念頭，但仍有相當多的朝鮮人留了下來，使得在日本的朝鮮人數量由合併之初的一千餘人上升到二十世紀二十年代末的三十餘萬人，如表11.8所示。

除了為數不過數千的學生以及一小部分餐館老闆和店主之外，二十世紀二十年代裡，絕大部分朝鮮移民從事的都是礦工、建築工以及低級企業裡的非熟練勞工等職業。由於沒有什麼資金可供他們創業，許多朝鮮人無奈地接受了貧苦不堪的事實，他們的薪水通常要比從事同種工作的日本工人低得多。更為糟糕的

表 11.8

日本的朝鮮移民（1910～1930）

年份	日本的朝鮮移民人數
1909	790
1915	3,989
1920	3,075
1925	133,710
1930	298,091

根據George De Vos和李昌洙的《殖民地經歷（1910～1945）》，轉自《日本的朝鮮移民：種族衝突和移民社區》（柏克萊：加利福尼亞大學出版社，1981年），第37頁。

是，這些移民勞工經常要忍受各種無端的指責，說他們從日本國民手中「偷」走了工作崗位，說他們接受低薪水的工作從而壓低了工資水準。因此，在日本的朝鮮移民發現他們往往成為社會歧視的犧牲品。報紙上經常把他們說成是沒出息的具有犯罪傾向的人。很少有房東願意把房子租給他們。一項政府研究報告也認為：「在社會習俗上，朝鮮人和日本人基本上是兩種不同的人，因為他們的日常生活極度骯髒無序，他們遭到居住在附近的日本國民所唾棄是理所當然的。朝鮮人往往心胸狹窄，疑心病很重，並且嫉妒心很強，也容易誤會別人。此外，在日本國民中有一種將他們看成劣等民族的趨勢。」21

面對持續升溫的敵對情緒和社會歧視，朝鮮移民逐漸遷居到了諸如東京、橫濱、名古屋、神戶和福岡等一些工業中心城市附近的貧民窟裡。最大的朝鮮人居住區位於大阪。一九三〇年時，這個城市百分之十的人口是外來移民，這些移民的居住條件和那些部落民相差無幾。面對惡劣的生活環境，這些貧民窟的居民採取了一系列不同的應對手段，一些人通過犯罪來發洩對日本人的不滿。這並不是這些移民忍無可忍的反常回應，因為幾乎在任何地方他們都受到了主流民族的歧視。其他朝鮮移民則開始選擇一些政治性的鬥爭，例如在大杉榮的幫助下，一九二一年十一月，一群朝鮮學生成立了黑浪社，以開展政治革命，爭取最終建立一個沒有階級、性別和國籍差別的平等社會。與此類似，還有一些朝鮮人開始成立勞工組織，其中有一些通過了激進的綱領。朝鮮勞工大阪聯合會的創立者發誓，要「保衛階級鬥爭的勝利果實」，並且要「推翻資本主義制度」。22

一些溫和派的朝鮮移民領袖擔心，政治性對抗和工人運動只會招致日本當局的敵對政策。一九二一年十二月，他們成立了「相愛會」，以改善移民社區的形象和增進朝鮮人與日本人之間的友誼。相愛會是一個調和性組織，它將殖民主義當作無法回避的事實，譴責激進行動是自取滅亡的做法。在東京和其他大城市建立了分支機搆之後，相愛會開始發揮互助社的功能，以幫助朝鮮勞工尋求工作機會，並幫助他們解決勞資糾紛，還為失業者提供食物和住處，並為他們治療疾病。相愛會得到了在日本的朝鮮移民的熱情支持。到大正時代末期，它的在冊會員數已經將近十萬人。

紛紛成立的各種新的宗教組織，為某些日本社會的失意者提供了庇護所。一九二四年日本政府的官方統計，將九十八個團體歸類為「新出現的宗教」。到二十世紀二十年代末，這個數目翻了四番，同時，新的教徒數量也達到了幾百萬人。與德川時代後期成立的新宗教組織一樣，二十世紀的群眾宗教運動往往都鼓吹他們的教宗擁有神授的神奇力量，可以幫助那些在經濟上和社會上失意的人戰勝生活中的苦難，並最終建立一個充滿希望的烏托邦社會，因此對他們的吸引力很大。

在這些新的宗教組織中，最突出的要算是大本教。它是由一名老年寡居農婦建立的，她幾乎沒有受過什麼正規教育。和許多其他在新千年成立的新教派的建立者一樣，這位老年農婦過著一種極端貧困的生活。用她自己的話來說，就是生存在「地獄之火烘烤的大鍋裡」。[23] 一八九二年，六十五歲的她突然進入了一種神奇的幻覺狀態，在清醒後宣稱她的身體已經具有某種強大的神秘力量，因此可以治癒他人的苦痛，對各種問題，從一般的婚姻障礙到生存危機，都能做出令人信服的解釋。大本教的大發展是在一八九八年，當時，農婦遇到了一個年輕人，他能夠有效地對農婦的宗教想法進行創造性的解釋。後來，年輕人娶了農婦的女兒，成為該教的領袖。他具有引人注目的堅強個性，經常身著那種日本婦女才穿的明亮和服去為他的教徒們祈福，並常常騎在一匹白馬上檢閱教徒們的公開遊行，而這往往是日本天皇在檢閱帝國軍隊時的慣常姿態。在位於京都的巨大朝聖中心外面，大本教的教宗譴責日本社會愈演愈烈的貧富分化，抨擊資本家和地主給普通民眾帶來的痛苦。他還創立了一套嚴謹的「末世論」，預言所有罪惡將會受到懲罰，社會財富將會重新分配。他的預言在日本的女工、非熟練勞工、小店主和小商販中產生了強烈的共鳴。這些人往往迫切需要關於新世界的精神寄託，以幫助他們減輕工業化和城市生活所帶來的苦痛。根據官方統計，在大正時代末期，大本教已經擁有大約四十萬名教徒，而據該教派自己宣稱，則達到了差不多三百萬人。

「國民的羊倌」

對於日本統治階級中的許多人來說，這個國家似乎正分裂成形形色色的群體：暴跳如雷的佃農、憤憤不平的工人、勇往直前的女權主義者、激進的學生，憤怒的少數民族、部落民階層，「摩登女孩」和「摩登男孩」等叛逆人群，以及無政府主義者和共產主義者。在二十世紀二十年代，伴隨著現代化而

關東大地震／alamy

來的混亂狀況——各種新思潮的吸引力、工業化所帶來的騷亂，以及伴隨新的生活方式和帝國主義擴張而產生的緊張壓力，都在持續衝擊著這個國家。二十世紀二十年代的混亂局面使許多政府官員和主流社會成員感到震驚。一直以來，他們都在尋求控制那些危害國家生存的激進主義的妙藥良方。

一些官員往往採取暴力手段來鎮壓所謂的敵人，並管束那些桀驁不馴的少數民族。一九二三年九月一日中午，關東大地震發生後，一位目擊者寫道：「東邊的天際上空，死亡的徵兆十分明顯」，地震使得大地成了「紅色的荒漠和火葬場，河流和運河上漂滿了成千上萬的屍體」。[24]在接下來的混亂狀態中，關於朝鮮人在井水中投毒的謠言開始四處傳播，警察局竟授權廣播電臺警告說：「那些朝鮮人正在焚燒房屋，屠殺居民，盜竊財物」，警告日本國民「採取一切必要的措施」來保護他們自己的生命和財產[25]。員警的這種做法加劇了日本國民的恐慌，儘管這些謠言毫無事實根據。一些預備役軍人和民眾武裝開始在東京和其他一些城市的街頭巡邏，甚至在混亂狀況平息以前襲擊並殺害了數以千計的朝鮮移民。在隨後的日子裡，員警逮捕了許多社會主義者和其他一些政治活躍分子。他們當中的許多人都在監獄裡遭到殺害，其中就有無政府主義者大杉榮和伊藤野枝，他們是被一名警官絞死的。

然而在二十世紀二十年代，除了暴力之外，政府更多的還是依靠法律手段來鎮壓那些激進活動。就在成人普選權法案通過的同時，日本國會還通過了一九二五年的《治安維持法》。該法案是由司法部的官員起草的，它規定：「任何以顛覆國家體制、廢除私有制度為目標的團體，或任何明知故犯參加這一團體的人」，將被判處十年有期徒刑。三年後該法案修改，進一步規定，參與上述活動的公民將會被處死[26]。一九二八年三月十五日，員警逮捕了一千六百多名被懷疑是共產主義分子的人士和一些激進學生。「3．15事件」發生後，政府以支持顛覆分子為名，取締了勞動農民黨，大學的校長們也逼迫解散了新人會。

與這些維護社會秩序和政治統治的強制性手段相比，日本統治集團裡還有一些人傾向於採取說教的方式來平息不同政見和將各種利益群體納入現行的政治體制中。因此，「國民的羊倌」——一位日本內務省官員對他自己和同事的稱呼，就是要謹慎制定各種政策以引導國民遠離那些激進思想，並解決日本的各種「社會問題」，克服快速工業化所帶來的分裂和紛爭[27]。為了實現這些目標，一些政府官員經常深入各種社會團體。那些利益團體的領導人也不時地和政府當局合作，以控制其普通成員的活動，因為這麼做通常給予了這些團體促進其自身利益的機會。

一九一九年，正當日本的工人和農民運動組織醞釀暴動的時刻，政府為了平息部落民階層中所存在的激進情緒，舉行了一次聯合大會。在那次會議上，各少數民族的領袖、國會議員和政府官員們討論了部落民所遇到的困境。會後不久，內務省就向那些對於社會邊緣人群來說十分重要的公共工程項目追加了撥款。對於朝鮮移民的問題，政府亦已開始向一些溫和的社團如相愛會，提供財政支援。這些社團可以利用這些錢來發展自己的福利事業，轉而擴大自己的團體。作為交換條件，相愛會的領導人必須與警方保持密切聯繫，並隨時舉報犯罪行為和團體活動。關東大地震發生後，相愛會甚至組織朝鮮移民說明東京進行清理工作，以圖緩和朝鮮移民與他們的日本鄰居之間的敵對情緒。

為了緩和勞資雙方的緊張狀態，內務省的一些官員開始遊說那些大公司提高工人的薪水，並擴大各種福利措施。一九一九年，日本政府成立了「和諧會」。這是一個半官方性質的組織，由各大公司的領導和內務省官員主管，目的是促進勞資雙方的合作與諒解。這個組織的成立宣言說道：「和諧」意味著尊重他人的權利，為了全社會的利益而相互謙讓，以及通過互相合作以促進產業的發展。具體來說，該組織的任務是在必要時仲裁勞資糾紛，開展關於工人問題的研究，以及為政府的決策提供建議。當該組織在一些問題的解決中顯得力不從心時，日本政府又在內務省下面成立了一個特別勞工事務署，並且還派遣訓練有素的調解人員深入到各縣的警察局。在一九二六年，這些官方和私人性質的調解努力平息了百分之四十的工人罷工。

農村地區為那些農民和政府機構之間新紐帶的成長提供了優越的環境。在新世紀的第一個十年裡，許多農民家庭開始擔心農村經濟的變化無常和大規模工業化帶來的可怕後果。東京大學的一位農學教授橫井時吉清楚地表明瞭這些農民反城市化、反工業化的傾向。他認為，現代經濟增長不可避免地造成了富裕的城市和貧困的農村之間的分化。儘管農民階級是唯一「誠實的階級」，但他們當中許多不幸的人往往遭受富人階層的殘酷壓迫。富有的資本家不惜一切手段剝削窮人，而城市居民也損害了這些農民的利益。[28]

同樣，一些農民對那些渴望冒險的青年、所謂的新女性和西方文化的不斷衝擊感到厭惡，因為這些東西始終不懈地強調個人主義、商業主義和享樂主義帶來的自我滿足。「我曾經遇到過一位頭髮剪得很短，塗了胭脂，抹了口紅，畫了眉毛的婦女，」一九二八年，一位農民寫道，「然而當我打量她的衣著時，發現並不與她的髮型和打扮協調。她看來很得意於別人對她的注目。我也覺得她很摩登，但我對她的行為感到羞恥！」[29]

在二十世紀初期，一些農民家庭抱成團來抵制現代化帶來的衝擊。他們採取的一項措施是維持農村地區固有的經濟條件。一九〇〇年至一九一四年間，許多農村社區都建立了農業合作社，幫助農民銷售農產品，以低廉的價格購買農具和種子，還引進了新的農業科技。另外一項措施涉及農民在精神上的防禦。很多農村地區都成立了「報德社」。該組織以德川時代的農學家二宮尊德的思想為指導，強調農村的道德觀念應該建立在以下基本價值觀的基礎之上：家庭和睦、社會責任、團結友愛、互相幫助、努力工作和勤儉節約。

許多政府官員也同意這樣的看法：日本的未來發展，鞏固剛剛贏得的世界級帝國和經濟實體地位的能力，必須建立在一個穩定、發達的農村經濟之上。他們也時常傾聽橫井教授的警告：「關愛弱者是一個國家的基本責任。只有政府才有能力制訂各項計畫，以促進商業、工業和農業的共同發展。[30]」於是，內務省官員努力推進農業合作化前進的步伐，並且將報德社整合為一個由法務省領導的全國性組織，鼓勵其進一步發展。此後，當第一次世界大戰後經濟蕭條開始威脅日本農村時，政府又於一九二四年頒佈了《小作調停法》，建立起協調地主和佃農間糾紛的機構；兩年後又頒佈了《自作農創設維持補助規則》，將低息貸款提供給符合條件的農民家庭。

日本何去何從

在一九二一年至一九二二年舉行的華盛頓會議上，幣原喜重郎贊同美國總統威爾遜關於自由貿易、平等競爭以促進經濟發展和停止帝國主義擴張的觀點。他還認為，世界強國之間應該互相合作以維持國際局勢的穩定，並通過簽署諸如《九國公約》這樣的多邊協定來實現這個目標；如果列強想要維持亞洲和平的話，就必須停止進一步破壞中國的領土和主權完整。從一九二四年六月到一九二七年四月，在擔任由加藤高明和若槻禮次郎為首相的憲政會內閣的外務大臣期間，幣原喜重郎有了實踐這些外交思想的機會。然而，這些外交思想始終遭到反對，並且由於二十世紀二十年代末與中國之間外交危機的產生，更使日本的外交政策備受懷疑。

在幣原喜重郎的批評者中，有一些是日本的反帝國主義人士，他們當中很多人自認為是自由主義者和左翼分子。絕大部分社會主義者是從哲學層面來反對帝國主義的，在他們眼裡，帝國主義在殖民地的擴張是資本主義制度剝削工人階級的一種形式。其他人則是以就事論事的態度來譴責帝國主義，他們認為，殖民地並沒有給日本經濟起到什麼好的作用，殖民地擴張只會招致日本的亞洲鄰國的敵對情緒。此外，還有一些日本人對他們的國家給別國帶來的苦難感到十分內疚。在二十世紀二十年代後期，一位傑出的經濟學家矢內原忠雄，在東京大學擔任此前一度由新渡戶稻造擔任的殖民政策教授一職，他強烈抨擊朝鮮被吞併後其國民在經濟上的不穩定、精神上的痛苦和政治上的無助。他質問：「為什麼日本的政策制定者沒有認識到朝鮮人民獨立自主的迫切願望？你們去朝鮮看看吧！」他寫道：「路邊的每顆石子都渴望獲得自由！」31

幣原喜重郎與西方展開合作的建議，並沒有在日本的泛亞主義者中引起什麼反響。這些人強調亞洲是日本的根基，並且時常拿東方和西方做比較。岡倉覺三，日本最知名的美術院校的建立者和後來的美國波士頓美術館亞洲展館的館長。在其二十世紀初出版的《東方理念》一書中清楚地突出了這一主題：「亞洲是一個整體，喜馬拉雅山是分水嶺，凸顯了兩個強大的文明。然而那白雪皚皚的高山屏障最終沒能阻隔愛在全世界的傳播，而那是每個亞洲種族與生俱來的信仰，使得他們能夠創造出世界上所有偉大的宗教，使得他們與地中海和波羅的海沿岸民族截然不同。那些民族樂於詳盡研究細節問題，注重尋求解決問題的手段，而不在乎生活的最終真諦。」32

在大正時代，許多泛亞主義者將這種情感理解為：如果日本想要有一個穩定和繁榮的未來，就必須尊重自己作為一個亞洲國家的歷史，並且和鄰國特別是中國，保持政治上、經濟上和文化上的緊密聯繫。為了促進日本和鄰國之間的相互理解，一些泛亞主義者建立了諸如「東亞同文會」之類的組織。這些組織在上海開辦了一所可以讓在華日本僑民學習漢語和中國文化的學校，同時在東京也建立了一所預備學校，中國學生可以在那裡學習，以便進入日本的大學。

在赴巴黎參加和會的日本代表團中，有一些人是泛亞主義者，這些人對西方的不信任情緒尤為高漲，德、法、俄三國干涉「還遼」的回憶以及過去西方對日本的種族侮辱久久縈繞在這些代表團成員的心頭。他們對美國總統威爾遜提出的新世界秩序充滿了惶惶不安的情感，他們尤其擔心西方會操縱國聯來永遠維持白人種族對世界的支配。近衛文麿是日本皇族成員、貴族院議員和參加巴黎和會的日本代表團全權特使，他的父親則是「東亞同文會」的創立者，他寫道：「我們真正的擔心是國聯有可能會使那些強國在經濟上統治弱國，並使得後進國家永遠屈服於那些先進國家。」33

由於對西方歧視亞洲的憂慮極為強烈，參加巴黎和會的日本全權代表起草了一份有關種族平等的條款，以圖寫進國聯公約。那份提議是一項措辭友好的申明，認為所有的國家都不應該基於種族、民族而互相歧視，而應該「盡可能做到在法律上對本國公民和外國僑民一視同仁」。一些觀察家認為，日本的這份維護反種族歧視事業的提議是虛偽的，使得自己與朝鮮關係的歷史充滿了爭議。然而，大部分日本公眾都將是否支持種族平等作為對西方誠意的一次考驗。畢竟，如一家報紙的評論文章所寫的，國聯只有在各個國家平等相待的基礎上，才能成功地促進國際合作和公平的經濟競爭。然而，沒有一個西方國家支持該項提議，失望的日本代表團只好將自己的一場關於種族平等的演講寫進和會的會議記錄來進行自我安慰。

幣原喜重郎的最大對手是另一些人，這些人像泛亞主義者一樣，相信日本的未來在亞洲，但是他們反對與亞洲國家合作以促進日本在亞洲大陸上的權利和利益。也許，積極外交政策最直言不諱的支持者是田中義一。他是一名職業軍官，在山縣有朋的提攜下晉升為將軍，一九二五年應邀擔任了政友會的總裁，兩年後，一九二七年四月他擔任日本首相兼外相。作為一名鐵杆的保守主義者，田中義一憎恨在日本出現的政治激進主義。一九二八年三月十五日，田中內閣批准了對日本共產黨和其他左翼人士的大逮捕。在外交政策方面，田中義一和他在政友會的支持者認為，日本是一個亞洲國家，其地區安全勢必時常會與英美這些西方國家的利益相衝突。

發生在中國東北的事件吸引了田中義一的注意。到大正時代末期，日本在華僑民占到了各國在華僑民總數的大部分，超過了所有西方國家在華僑民人數的總和。日本在華僑民一般是外交人員、公

表 11.9

中國的紗錠數（1895～1930）

年份	紗錠總數	華廠紗錠數	日廠紗錠數	西方紗廠紗錠數
1895	180,984	180,984	0	0
1900	539,895	379,347	0	160,548
1905	582,673	398,213	23,912	160,548
1910	755,917	540,073	55,296	160,548
1915	1,031,297	619,391	169,952	245,954
1920	2,832,920	1,774,974	801,662	256,284
1925	3,572,440	2,034,816	1,332,304	205,320
1930	4,497,902	2,499,394	1,821,280	177,228

根據趙岡的《中國棉紡織業的發展》（坎布里奇：研究中心，1977年），第301頁至304頁。

司經理、商店老闆和建築工人，其人數約有五萬人之多，絕大部分居住在北京和上海之間的沿海城市。此外，與日本擁有的殖民地相比，中國在經濟上已經越來越重要。中國為這個島國提供了越來越多的穀物、棉花、化肥，還有礦產。中國龐大的幾乎無法計數的人口為日本的產品提供了廣闊的市場，日本的工廠、銀行、貿易行很樂意在中國的通商口岸做生意。日本在華企業中，數量最多的是紗廠。其擁有的紗錠數清楚表明，對日本而言，中國在經濟上的重要性已遠遠超過歐美國家。

在北京以北地區，日本聲稱其在滿洲具有「特殊權益」。這項聲明是基於《朴資茅斯條約》的有關條款和日本的所謂中國不再擁有長城以北地區主權的論點之上的。此外，南滿鐵道株式會社已經竭力將中國關東地區變成了一個重要的經濟帶，吸引了成千上萬的日本移民遷往那裡尋求聲名和財富。那些從軍事角度考慮的人，則將滿洲看成一個不可多得的緩衝地帶——一個新的「佔據有利地形的前沿」。這使得人們再次想起山縣有朋的觀點——保衛朝鮮，最終將使帝國本土免受俄國熊的威脅。最終，日俄戰爭中流血犧牲的回憶，以及乃木希典陸軍大將和東鄉平八郎海軍大將取得的偉大勝利，使得圍繞著中國東北產生出一種貫注著普通日本國民情感的浪漫氣氛。當時有一首流行歌曲是這樣開頭的：

這裡是遙遠的滿洲里，
和祖國相隔十萬八千里，
我們的同伴躺在這滿布石頭的曠野下，
沐浴著落日的餘暉。*34*

田中義一認為，日本在東北亞有著極其重要的經濟和戰略利益，日本和該地區的關係與該地區同西方國家的關係是截然不同的，沒有哪個西方國家和日本一樣，與該地區有著生死存亡的聯繫。從長遠來看，田中義一認為，日本最大的潛在威脅來自一個重新統一在強大中央政府下的中國。統一後的中國將會限制與日本的商業往來，並收回滿洲地區的主權。在一九一一年的辛亥革命推翻了最後一個封建王朝後，中國便處於軍閥混戰的混亂之中。到二十世紀二十年代中期，其中的一個權力爭奪者蔣介石在華南建立了一個局部政權；一九二六年他率領軍隊發起了所謂的北伐戰爭，試圖將國民黨的統治權擴展到北京附近的省份。

隨著愛國主義熱情的日益高漲，二十世紀二十年代中，中國人民開展了轟轟烈烈的抵制外貨運動，並在各大城市舉行反對外來侵略的示威遊行。隨著局勢的不斷緊張，憤怒的人們開始將日本僑民當作外來侵略的化身。一九二七年三月，就在田中義一擔任首相的前夕，一些日本商人在南京的動亂中被殺害。於是，田中義一採取了派兵保護日本商人和僑民的政策。一九二七年五月二十八日，隨著國民黨軍隊推進到山東省境內，田中內閣決定從大連派遣二千名士兵趕赴青島。日本外交部稱這是「一項應急措施，日本政府是被迫自衛和保護僑民安全才這麼做的」[35]。一九二八年四月，田中內閣出於同樣的目的，從日本本土調集五千人的軍隊來華。五月，這支部隊和蔣介石的軍隊在濟南發生衝突。這次流血事件造成幾百名中國士兵和平民的死亡，一些關於日軍令人髮指暴行的報導，如閹割囚犯，挖去囚犯眼睛，在中國的各個城市中激起了更加強烈的反日情緒。

「濟南慘案」標誌著一個十年的不祥結局。在這個十年的開始，日本曾經承諾要與中國展開兩國間的合作，並且不干涉中國的內政。幣原喜重郎和田中義一兩人所奉行的相互矛盾的政策，反映了儘管此時日本已具有強大的軍事力量；但對於在一個仍然受到西方種族主義者支配的世界中如何安排自己的未來的問題，日本仍然存在重大的意見分歧。參與外交政策爭論的有反帝國主義者和泛亞洲主義者，他們主張採取其他方式與亞洲鄰居相互合作以維護日本的安全。關於日本國內前途命運的敏感問題則有更多不同的聲音。新世紀為日本的現代化提供了新的契機。然而，在大正時代末期產生了一系列問題：如何克服工業化帶來的挑戰？如何公平分享經濟發展的果實？如何平息貧困者的怨恨？如何滿足女權主義者和年輕人的要求？如何縮小城鄉差距以促進兩者間的和諧發展？如何建立一個既能容納不同聲音又能取得廣大國民支持的政治體制等等。這些問題並沒有什麼公認的解決辦法。事實上，到二十世紀二十年代末期，當這些關於日本未來方向的辯論達到高潮時，一場世界性的經濟危機和滿洲地區敵對情緒的爆發與升級，使得日本這個國家左右搖擺不定，並最終走上了一條意想不到的發展軌道。

1 譯注：又譯《貧困的故事》。

2 Thomas C. Smith, Native Sources of Japanese Industrialization, 1750-1920(Berkeley: University of California Press,1998), p. 242, n. 15.

3 Koji Taira,「Economic Development, Labor Markets, and Industrial Relations in Japan, 1905-1955」, in John W. Hall et al. , gen. eds. , The Cambridge History of Japan, vol. 6: Peter Duus, ed. , The Twentieth Century (Cambridge: Cambridge University Press,1988), pp. 631-32.

4 Andrew Gordon, Labor and Imperial Democracy in Prewar Japan (Berkeley: University of California Press, 1991),p. 81, n. 3.

5 Bryon K. Marshall, Capitalism and Nationalism in Prewar Japan: The Ideology of the Business Elite (Stanford: Stanford University Press,1967)，p. 72 (modified).

6 George Elison,「Kōtoku Sh　sui: The Change in Thought,」Monumenta Nipponica 32:3-4(1967),p. 445.

7 Mikiso Hane, ed. , and tr. , Reflections on the Way to the Gallow: Rebel Womens in Prewar Japan (Berkeley: University of California Press and Pantheon Books, 1988), pp. 55-56 and 61(modified)

8 Germaine A. Hoston, The State, Identity, and the National Question in China and Japan (Princeton: Princeton University Press, 1994)，p. 148 (modified).

9 George Oakley Totten, Ⅲ, The Social Democratic Movement in Prewar Japan (New Haven: Yale University Press,1966).pp. 207-8(modified).

10 Robert A. Scalapino, The Early Japanese Labor Movement: Labor and Politics in a Developing Society (Berkeley: Institute of East Asian Studies, University of California, 1983), p. 243, n. 34.

11 譯注：青鞜，即「藍色長襪」。

12 Sharon L. Sievers, Flowers in Salt: The Beginnings of Feminist Consciousness in Modern Japan (Stanford: Stanford University Press,1983), p. 163.

13 Laurel Rasplica Rodd,「Yosano Akiko and the Taishō Debate over the『New Woman'in Gail Lee Bernstein ed. , Recreating Japanese Women,1600-1945 (Berkeley: University of California Press, 1991)，p. 180.

14 Vera Mackie,Creating Socialist Women in Japan: Gender, Labour and Activism, 1900-1937 (Cambridge: Cambridge University Press, 1997), p. 96 (modified).

15 Vera Mackie,「Writing and the Making of Socialist Women in Japan」, in Elise K. Tipton, ed. , Society and the State in Interwar Japan (London: Routledge, 1997), pp. 134-35 (modified).

16 Henry D. Smith II, Japan's First Student Radicals (Cambridge: Harvard University Press,1972),p. 56(modified).

17 Nitobe Inazō, The Japanese Nation: Its Land, Its People, Its Life, with Special Consideration to Its Relations with the Untied States(New York: G. P. Putnam's Sons,1912),pp. 86-87(modified).

18 Richard Siddle, Race, Resistance and the Ainu of Japan (London: Routledge,1996), p. 127.

19 Shigeki Ninomiya,「An Inquiry Concerning the Origin, Development, and Present Situation of the Eta in Relation to the History of the Social Classes in

Japan,」Transaction of the Asiatic Society Japan, 2d series, vol. , 10(December 1933) · p. 109.

20 Ian Neary, Political Protest and Social Control in Pre-War Japan: The Origins of Buraku Liberation (Atlantic Highlands, Nj. : Humanities Press International, 1989), p. 68.

21 Michael Weiner, The Origins of the Korean Community in Japan, 1910-1923(Atlantic Highlands, N. J. : Humanities Press International, 1989),p. 85.

22 Michael Weiner, The Origins of the Korean Community in Japan, 1910-1923(Atlantic Highlands, N. J. : Humanities Press International, 1989),p. 107.

23 Emily Groszos Ooms, Women and Millenarian Protest in Meiji Japan: Deguchi Nao and Omotokyō (Ithaca: Cornell University Press,1993), p. 109.

24 Mark J. McNeal, S. J. ,「The Destruction of Tokyo: Impressions of an Eyewitness」, Catholic World 118(December 1923), pp. 311and 308.

25 Kim San and Nym Wales, Song of Ariran: The Life Story of a Korean Rebel (New York: John Day, 1941) · p. 37.

26 David J. Lu, ed. , Japan: A Documentary History (Armonk, N. Y. : M. E. Sharpe, 1997),p. 397.

27 Sheldon Garon, Molding Japanese Minds: The State in Everyday Life (Princeton: Princeton University Press,1997),p. 16.

28 Thomas R. H. Havens, Farm and Nation in Modern Japan: Agrarian Nationalism, 1870-1940 (Princeton: Princeton University Press,1974), p. 106 (modified).

29 Mariko Asano Tamanoi,「The City and the Countryside: Competing Taishō『Modernities' on Gender」, in Sharon A. Minichiello, ed. , Japan's Competing Modernities: Issues in Culture and Democracy, 1900-1930(Honolulu:University of Hawai'i Press, 1998), p. 93(modified).

30 Stephen Vlastos,「Agrarianism without Tradition: The Radical Critique of Prewar Japanese Modernity」, in Vlastos ,ed. , Mirror of Modernity: Invented Traditions of Modern Japan (Berkeley: University of California Press,1998), p. 83(modified).

31 Mark R. Peattie ,「Japanese Attitudes toward Colonialism,1895-1945」,in Ramon H. Myers and Peattie, eds. , The Japanese Colonial Empire,1895-1945 (Princeton: Princeton University Press,1984),p. 117.

32 OkaKura Kakuzō, The Ideals of the East, with Special Reference to the Art of Japan(Rutland, Vt. :Charles E. Tuttle,1970),p. 1(modified).

33 Oka Yoshitake, Konoe Fumimaro: A Political Biograpby, tr. Shumpei Okamoto and Patricia Murray (Lanham, Md. : Madison Books, 1992), p. 12.

34 Ikuhiko Hata,「Continental Expansion,1905-1941」,in The Cambridge History of Japan,vol. 6,p. 290.

35 Akira Iriye, After Imperialism: The Search for a New Order in the Far East,1921-1931(New York:Atheneum,1969),p. 146.

四、戰爭中的日本

〈年表〉

一九二九年

十月二十四日，紐約股票市場崩潰，預示經濟大蕭條的開始。

一九三〇年

一月二十一日，倫敦海軍會議開幕。

夏天，櫻花會成立。

一九三一年

三月，櫻花會成員策劃政變。

九月十八日，一些關東軍軍人炸毀瀋陽柳條溝附近的鐵道，「滿洲事變」(譯注：即「九一八事變」)爆發。

九月十九日，關東軍奪占瀋陽和長春；若槻禮次郎首相宣布不擴大敵對行動。

九月二十一日，日本的朝鮮軍部隊進入滿洲支援關東軍。

九月二十一～二十五日，大阪公共公園裡人頭攢動，呼聲震耳，張貼著數英尺大小的滿洲事變圖片。

九月二十二～二十三日，關東軍佔領吉林。

九月二十四日，若槻禮次郎首相認可了日軍對吉林的佔領。

十月十七日，一些櫻花會成員因策劃政變被捕。

十一月二十日，關東軍進入齊齊哈爾。

十二月十一日，若槻禮次郎內閣辭職。

十二月十三日，犬養毅內閣上臺，新任大藏大臣高橋宣布日本放棄金本位制。

十二月三十一日，關東軍佔領滿洲西南部。

一九三二年

一月七日，美國國務卿亨利・史汀生宣布「不承認主義」。
一月二十八日，上海事變（譯注：即「一・二八事變」）爆發。
二月五日，關東軍進佔哈爾濱。
二月九日，血盟團員槍殺前大藏大臣井上准之助。
二月二十九日，李頓調查團抵達日本。

一九三二年

三月一日，偽滿洲國成立。
三月五日，血盟團員刺殺三井企業集團總裁。
三月十五日，年輕的海軍軍官刺殺了犬養毅首相。
九月十五日，《日滿議定書》簽訂，日本在外交上承認偽滿洲國。
十月二日，李頓調查團發表報告書，譴責日本在滿洲的行為。

一九三三年

一月十二日，員警逮捕了河上肇。
一月二十八日，關東軍進入中國熱河。
二月二十日，小林多喜二以「思想犯」罪名被捕，死於嚴刑拷打。
二月二十四日，國聯接受了李頓調查團的報告。
三月二十七日，天皇詔書宣布日本退出國聯。
五月六日，中日軍隊在長城以南發生戰鬥。
五月三十一日，《塘沽協定》導致長城與北京與天津之間的冀東地區解除了軍備。
六月七日，佐野學放棄對共產主義的信仰，並贊同日本在滿洲的行動。

一九三四年

三月二十八日，日本政府頒佈《石油業法》。

一九三五年

二月十八日，貴族院議員發動對美濃部達吉「天皇機關說」的批判。
四月九日，內務省頒佈對美濃部達吉著作的禁令。
六月十日，《何梅協定》導致國民黨軍隊從河北省撤出。
六月二十七日，《秦土協定》導致國民黨軍人和政工人員從察哈爾撤出。
八月十二日，陸軍軍官刺死陸軍軍務局長永田鐵三將軍。
九月十八日，美濃部達吉從貴族院辭職。
十二月八日，員警搗毀大本教總部及主要廟宇。

一九三六年

一月一日，共同通訊社開始營運。
二月二十六日，「第一次清洗」導致「二二六事件」。
五月二十九日，日本國會通過《自動車製造事業法》，七月十一日生效。
七月三日，刺死永田鐵三的陸軍軍官被判死刑。
七月五日，「二二六事件」為首分子被判有罪，七月十二日起依法處決。
十二月十二日，蔣介石同意加入反對日本侵略的統一戰線。

一九三七年

三月三十日，文部省出版《國體的本義》。
六月四日，近衛文麿就任首相。
七月七日，「盧溝橋事變」爆發。
八月八日，中日衝突擴大到上海。
八月十四日，蔣介石發佈全國總動員令。
九月二十八日，爭取選舉權和男女平等的組織成立日本婦女組織同盟。
十月五日，羅斯福總統發表演說，反對「國際上無法無天」的「流行病」。
十月二十五日，中央經濟會議成立，負責制訂全面經濟計畫。
十一月十一日，國民黨軍隊開始從上海撤退。
十二月一日，矢內原忠雄從東京大學辭職。
十二月十三日，日軍進佔南京，劫掠城市和周圍村鎮。

一九三七年

十二月十四日，中華民國臨時政府在北京成立。

十二月二十七日，日產公司將總部遷往偽滿洲國，取名「滿洲重工株式會社」。

一九三八年

一月十一日，日本政府宣布設置厚生省。

四月一日，日本國會通過《國家總動員法》，五月五日生效。

四月十日，《電力國家管理法》開始實施。

七月一日，美國政府宣布對日實行飛機和零件的「道德禁運」。

七月三十日，工業愛國聯合會成立。

十月二十一日，日軍佔領廣州。

十月二十七日，日軍佔領漢口。

十一月三日，近衛文麿首相宣稱在中國進行戰爭的最後目標是建立「東亞新秩序」。

一九三九年

二月十日，日軍佔領海南島。

三月三十一日，日軍佔領西沙群島。

四月五日，《映畫法》生效。

四月八日，《宗教團體法》擴大了政府對宗教團體的控制。

七月八日，政府頒佈《國民徵用令》。

七月二十六日，華盛頓照會日本，將廢除一九一一年簽訂的《日美通商航海條約》。

十月二十日，《價格等統制法》和《賃金統制令》頒佈，凍結了所有價格、工資、租金，以及運輸費用。

一九四〇年

三月三十日，汪精衛在南京組成偽中華民國政府。
七月二十三日，近衛文麿首相呼籲開展東亞新秩序運動。
七月二十六日，內閣批准《基本國策要綱》，它成為東亞新秩序運動的藍圖。
八月一日，外務大臣松岡洋右宣布日本的目標是建立「大東亞共榮圈」。
八月六日，美國實行航空汽油和潤滑油對日禁運。
八月十五日，日本政黨紛紛自行解散，為成立「大政翼贊會」之前奏。
八月三十日，法國政府同意日軍進入法屬印度支那北部。
九月十一日，內務省組建遍及全國的鄰里組織。
九月二十三日至二十九日，日本完成對法屬印度支那北部省份的佔領。
九月二十七日，德、意、日三國締結軍事同盟條約。
十月十二日，「大政翼贊會」成立。
十月十六日，美國實行對日廢鐵禁運。
十月三十一日，日本政府禁止爵士樂表演並關閉了東京的舞廳。
十一月二十三日，產業愛國聯盟改組為「大日本產業報國會」。
十二月七日，內閣支援建立各種社會控制組織。

一九四一年

一月十六日，日本陸軍成立「大日本青少年團」。
四月十三日，日本與蘇聯簽訂互不侵犯條約。
四月十六日，美國國務卿赫爾正式提出他的「四項原則」。
七月二十二日至二十八日，日本佔領法屬印度支那南部。
七月二十五日，羅斯福總統凍結日本在美所有資產。
七月二十六日，美國著手整備在菲律賓的空中力量。
八月十四日，羅斯福總統和邱吉爾首相簽署《大西洋憲章》。
九月六日，日本帝國議會通過決議，如果到十月中旬外交不能奏效，就將開始對美敵對行動。

一九四一年

十月二日，赫爾國務卿通知日本駐美大使：羅斯福總統拒絕與近衛首相舉行高峰會談。

十月八日，天皇任命東條英機為內閣首相，指令他採取措施與美國進行談判。

十一月一日至二日，在一次長達十七小時的馬拉松式「五相會議」上，日本領導人決定再做最後一次和平努力，和平談判成功的最後期限截至十一月三十日午夜。

十一月七日，野村大使向赫爾國務卿提交談判方案A。

十一月十五日，赫爾國務卿拒絕了談判方案A。

十一月二十六日，赫爾國務卿拒絕了談判方案B；日本召開「五相會議」，決定開戰。

一九四一年

十二月一日，開戰的決定得到御前會議批准。

十二月七日，日本偷襲珍珠港(日本時間為十二月八日)。

十二月十二日，日本政府通知將中國和太平洋戰爭稱為「大東亞戰爭」。

十二月二十五日，日軍佔領香港。

一九四二年

一月二日，日軍進佔馬尼拉。

二月二日，「大日本婦人會」成立。

二月十五日，日軍攻佔新加坡。

三月五日，日軍佔領巴達維亞。

三月八日，日軍進入仰光。

四月三十日，日本國會舉行下院選舉。

五月二十日，「翼贊政治會」成立，絕大多數議員加入。

五月二十六日，「日本文學報國會」成立。

一九四二年

六月四日至六日，美軍在中途島海戰中擊沉日本四艘航空母艦。
六月九日，東條英機改組「大政翼贊會」，將所有群眾團體納入其卵翼之下。
八月七日，美軍在瓜達爾卡納島登陸。
十二月三十一日，日本決定放棄瓜達爾卡納島。

一九四三年

一月，谷崎潤一郎開始在《中央公論》上發表《蒔岡四姐妹》系列，但來自軍部的指責使之兩期後即遭中止。
四月十八日，美軍擊落山本五十六海軍大將的座機。
五月十二日至七月二十九日，美軍奪回阿圖島和基斯卡島。
九月二十三日，日本內閣通知在十七個工業部門使用婦女勞動力。
十一月一日，東條英機內閣設置軍需省。
十一月十一日，美軍在塔拉瓦登陸。

一九四四年

二月十日，《勞工登錄法》將範圍擴大到所有十二歲至五十九歲的男子和十二歲至三十九歲的未婚女子。
六月十五日至七月七日，美軍奪取塞班島。
六月三十日，日本內閣決定從城市疏散在校兒童。
七月十八日，東條英機辭去首相職務。
七月，日本政府查封《中央公論》和《改造》雜誌。
十月二十日，萊特灣戰役打響。
十月二十五日，第一批神風飛行員上天執行任務。

一九四五年

二月十四日，近衛文麿向天皇呈遞備忘錄，敦促儘早結束戰爭。
二月十九日，美軍逼近硫磺島海灘。
三月九日至十日，美軍轟炸東京，造成十多萬人死亡。
三月十七日，美軍佔領硫磺島。

一九四五年

三月，美軍奪回馬尼拉。
四月一日，美軍開始進攻沖繩。
六月二十一日，美軍牢牢佔據沖繩。
七月二十六日，《波茨坦公告》敦促日本無條件投降。
八月六日，美國使用第一顆原子彈摧毀廣島。
八月八日，蘇軍在中國東北、南千島群島、庫頁島和朝鮮發動進攻。
八月九日，美國使用第二顆原子彈摧毀長崎。
八月十五日，天皇在國家電臺宣布日本投降。

第十二章

「國家危急時期」

河本末守中尉小心翼翼地將四十二包黃色炸藥埋好，一九三一年九月十八日晚上十點剛過，他便引爆了炸藥，炸毀了穿過奉天北郊的南滿鐵路的一截鐵軌。河本末守和他的同夥打算使幾分鐘後經過的快車脫軌，然後嫁禍於當地的中國軍閥張學良。令人難以置信的是，當火車通過那段被毀壞的鐵軌時，它僅僅輕微地搖晃了幾下便安全通過了。河本末守不慌不忙地給總部發回了一份事先擬好的電報：「與鐵路沿線破壞鐵軌的支那軍隊發生衝突」[1]，聲稱為了對那起無端的侵犯給予回擊，一部分日本關東軍立即進攻張學良位於奉天和長春的兵營。不到四十八小時，關東軍就佔領了那兩座城市。一位名叫土肥原賢二的關東軍大佐設立了一個緊急委員會來接管奉天，使得那座省會城市事實上已經脫離了中國政府的統治。

當滿洲的戰鬥剛剛打響的時候，日本正陷於經濟蕭條的泥潭。一九二九年十月二十三日，紐約證券市場崩潰了，東京立即感受到了它帶來的衝擊。一九二九年至一九三一年間，日本的出口額下降了一半，GNP則下降了百分之十八，企業和設備投資也下降了三分之一。在一些中心城市，上百萬的男人和女人加入了失業大軍的行列，大企業開工不足，中等企業迅速破產，那些小企業的業主們則拖欠工人工資，甚至攜餘款潛逃。由於工資微薄，工作也不好找，許多年輕工人打算回到鄉下的老家以躲避這場大危機，結果卻發現他們親戚的日子也不怎麼好過。一九三〇年，隨著世界市場對日本生絲需求的一落千丈，許多養蠶農戶的收入只有一九二九年的一半。米價下跌得如此之快，在一些地區種糧農戶賣米的收入還抵不上種植的成本，農業整體收入指數由一九二六年的一百下降為一九三一年的三十三。當一九三一年和一九三四年日本北部地方兩度遭受農業歉收的時候，人們的日子更加艱苦了。一些在日本旅行的人報導說，食物是如此稀缺，以致一些農戶在冬日只好啃樹皮充饑，數以千計的農村家庭將他們的女兒賣給城裡的妓院。即使是逝者也受到了牽連：在一些地區，村民們想盡各種藉口避免參加鄰居的葬禮，就是去了的人也沒有向死者家屬留下傳統的香典費，而只是一張欠條，還解釋說「等經濟狀況好轉後我就會送錢來」。[2] 滿洲事變和大蕭條——在二十世紀三〇年代初期共同困擾著日本的兩場危機，對資本主義的效率和日本內閣處理一系列政治、經濟和社會問題的能力提出了新的質疑。顯而易見，每個人都承認日本已經進入了一段「國家緊急時期」，並且不斷迫使人們對日本將要何去何從這一問題提供新的答案。

地圖 12.1

滿州事變前夕的中國

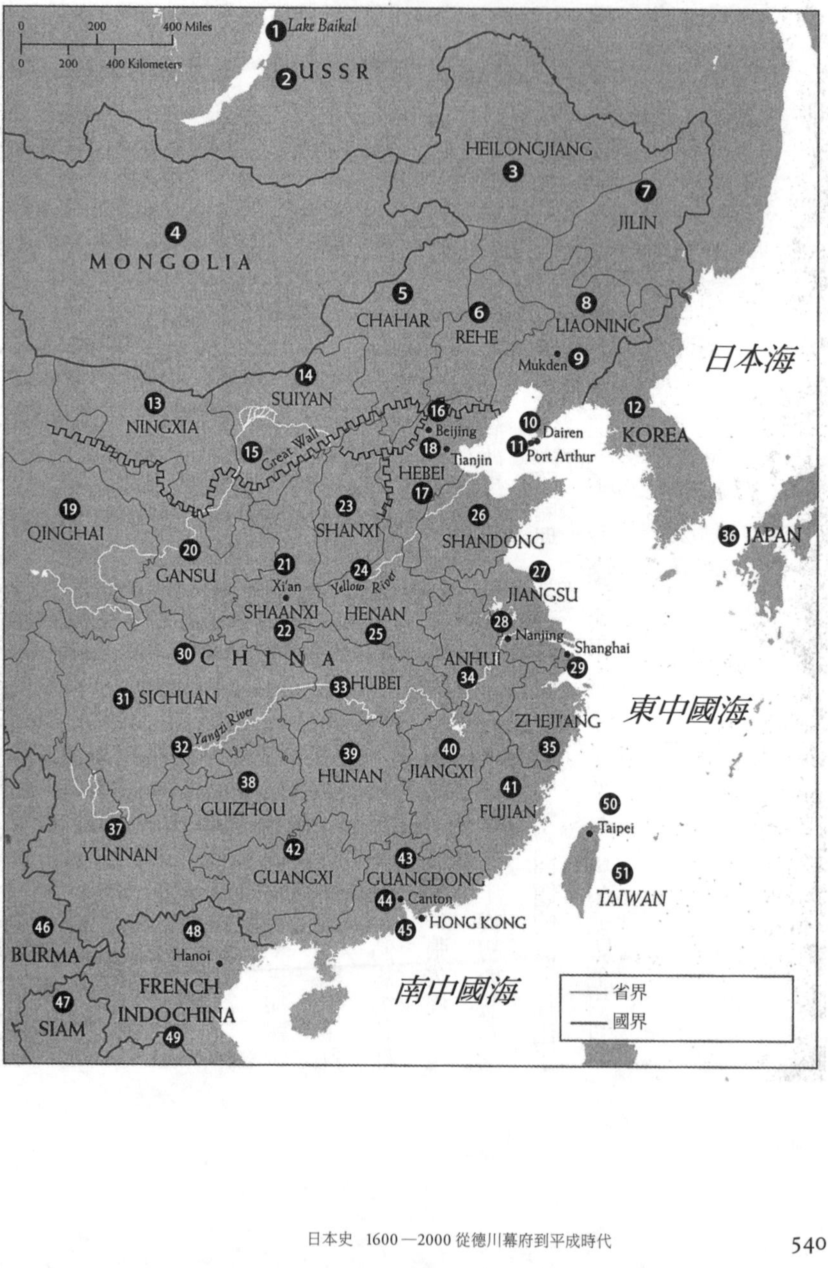

❶貝加爾湖
❷蘇聯
❸黑龍江
❹蒙古
❺察哈爾
❻熱河
❼吉林
❽遼寧
❾奉天
❿大連
⓫旅順港
⓬朝鮮
⓭寧夏
⓮綏遠
⓯長城
⓰北京
⓱河北
⓲天津
⓳青海
⓴甘肅
㉑西安
㉒陝西
㉓山西
㉔黃河
㉕河南
㉖山東
㉗江蘇
㉘南京
㉙上海
㉚中國
㉛四川
㉜長江
㉝湖北
㉞安徽
㉟浙江
㊱日本
㊲雲南
㊳貴州
㊴湖南
㊵江西
㊶福建
㊷廣西
㊸廣東
㊹廣州
㊺香港
㊻緬甸
㊼暹羅
㊽河內
㊾法屬印度支那
㊿臺北
51臺灣

滿洲事變

滿洲事變的主要策劃者是石原莞爾，此人是日本陸軍士官學校一九〇九屆的畢業生。這位二等中尉在進入陸軍士官學校前曾在朝鮮服役過一段時間。一九一八年他以全班第二名的成績畢業於士官學校，此後軍階便一路升遷。隨後，他在中國服役了一年，並且在德國待了三年，在那裡他從事研究工作和語言學習。一九二五年，石原莞爾回到了日本，以一名少校的身份在士官學院主講戰爭史。

作為一名唐吉軻德式的試圖打破因循守舊傳統的思想家，石原莞爾在他的授課中對未來進行了一番具有「聖經啟示錄」意味的描述。要學習的課程是很簡單的，他解釋道，戰爭比以往任何時候都更加充滿血腥，規模也更大。那些致命的毒氣和不可戰勝的坦克的發明，以及如今出現的那些具有遠端投射彈藥潛能的可怕飛機，意味著未來的戰爭將會把所有人都捲入恐怖的旋渦，不管是平民還是士兵，無辜的女人還是兒童。石原莞爾使用德國軍界很流行的觀念來警告人們，如果下一場戰爭到來的話，它將是一場全面的戰爭：它的破壞程度將會超出人們的想像，一個國家只有具備了全面動員它的物資、人員和精神資源的能力，才有希望在這場大浩劫中生存下來！

石原莞爾警告說，將第一次世界大戰想像成人類歷史上的終極戰爭也是愚蠢的。作為一名武士道精神的信徒，石原莞爾接受了該精神的基本信條：一場史無前例的大規模世界大戰最終將會爆發，戰後，和平將會在世界範圍內永駐人間。石原莞爾對武士道精神的信奉，使他認為這場災難性的大決戰將會在他的有生之年爆發；而他對二十世紀二十年代後期一系列戰略性態勢的感知也使得他得出這樣一個結論，那就是兩個各自代表截然不同的歷史和宗教傳統的新世界強國將會是那場大戰的核心。在太平洋的東岸，石原莞爾向他的聽眾說道，美國已經成為西方社會的代表，而大洋彼岸日本則已經毫無爭議地成為亞洲文明的領導者。他預言道，在不久的將來，這兩個代表互相敵對意識形態的國家不可避免地會在一場全面的終極戰爭中相遇，最終只有一個能夠生存下來，以主持世界和平的新紀元。他認為日本必須立即為這場迫在眉睫的大戰做好準備，那就意味著日本必須統治東亞，在滿洲則必須建立一個強大的工業基地來獲取必須的資源和工業能力，只有這樣才能贏得那場與美國一決雌雄的大戰。

一九二八年十月，石原莞爾想方設法進入了關東軍。從登上旅順港的那一天起，他就竭力鼓吹日本必須控制這個地區。他迅速與其他一些年輕軍官建立起友誼，他們都想在滿洲省份拓展日本的

「特殊權益」，從而建立一個抵制蘇聯勢力膨脹的緩衝地帶，並且可以為那些貧困的日本移民獲得廣袤的肥沃土地。這些年輕軍官們達成了一個共識：如果他們能夠掃除張學良的勢力並且佔領長城以北的廣大地區，他們就會對日本的歷史使命做出無比卓越的貢獻。「帝國軍隊對滿洲和蒙古的佔領，」一九三一年四月，石原莞爾寫道，「不僅僅對未來的戰爭至關重要，而且將會影響大日本帝國今後一百年的發展軌道。」[3]

一九三一年春天，石原莞爾認為，關東軍採取單邊軍事行動佔領滿洲的千載難逢時機已經到來。而在日本國內則不斷有批評的聲音，譴責民政黨內閣沒能解決世界經濟危機給日本帶來的一系列問題。與此同時，那些右翼勢力也譴責首相已經使得國家的未來危機四伏，因為他在前一年召開的倫敦海軍會議上同意延長對日本海軍軍備的限制。國際上，石原莞爾相信，沒有哪個國家準備對日本突然在滿洲採取軍事行動進行干預。西方資本主義國家仍然深陷大蕭條的泥潭而不能自拔，蘇聯正在全力以赴完成它的五年計劃。而蔣介石的北伐也僅僅取得了部分成功，這使得他只能集中精力來鞏固在南中國的統治。一九二八年十月，蔣介石已經在那裡建立了一個國民政府。所有這一切，石原莞爾在一九三一年春得出結論道，已經為關東軍對滿洲佔領的合法化提供了再合適不過的時機。

九月十八日午夜至十九日在滿洲爆發的軍事衝突震動了東京的日本政府。上午十點三十分，驚魂未定的若槻禮次郎首相立即召開了內閣緊急會議。外相幣原喜重郎開始懷疑，挑起事端的實際上是關東軍而不是中國軍隊。在意識到嚴峻的形勢後，他要求陸軍大臣南次郎做出「不會允許事態進一步擴大」[4]的保證。若槻禮次郎首相也對關東軍的這次軍事冒險感到惴惴不安。他和幣原喜重郎外相都相信，與西方國家展開合作並且不干涉中國內政是符合日本國家利益的，因此他要求陸軍大臣南次郎「命令關東軍的首腦不得擴大軍事衝突」。

南次郎和其他日本軍部的高級將領並不是對這些少壯派關東軍軍官們的行動無動於衷，他們也沒有摒除日本應該在滿洲進一步擴張勢力和擴大影響力的信念。然而，這些軍部高層人物還有其他一些顧慮：一些將領擔心如果日本打破華北的現狀將會招致蘇聯的干預；其他人則不願違反一條心照不宣的協定，那份協定形成於三十年前日本干涉中國義和團運動之後，那就是在沒有得到內閣批准和帝國議會批准之前，日本軍隊不得向海外派兵；還有一些人擔心軍隊的過激行動將會得罪那些德高望重的政治家和日本國會。因此，九月十九日中午剛過，結束緊急內閣會議的若槻禮次郎首相就向等候在外的記者們宣布了他的不將敵對行動擴大化的政策。南次郎則回到軍部給關東軍司令官發了一封電報，命令他維持目前的態勢，不准採取進一步的敵對行動。

來自日本政府和軍部首腦的這些命令並沒有對關東軍的年輕軍官們起到什麼約束作用。石原莞爾和周圍的人對他們這次行動的正當性充滿信心，他們以行使「前線命令特權」作為藉口來為此次行動進行辯護。這種權力在日本國內具有悠久的歷史因而受到軍界的默認，地方軍事長官在緊急情況下可以不必等待中央軍事總部的命令而採取行動。因此，在奉天和長春的事端剛剛發生之後，石原莞爾便派遣一個密探去吉林煽動騷亂，從而給人一種這個省會城市中九百多名日本僑民的生命和財產正處於危急狀態的假像。利用隨後發生的一系列微小事件為藉口，九月二十一日，石原莞爾和他的同僚們開始慫恿關東軍司令官向吉林這座所謂被圍困的城市派遣軍隊。然而，司令官拒絕了他們的意見，還拿出陸軍大臣的命令給他們看。隨後，這些年輕軍官們對他們的司令進行了一整夜的遊說工作，最終，這位精疲力竭的老長官終於在黎明時分向他們妥協，並且下達了派兵的命令。這些陰謀家們隨即迅速採取行動，第二師團兵不血刃佔領吉林，並且宣布周圍省份已經脫離中國而獨立。

隨後發生的這些既成事實，使得若槻禮次郎首相和東京的將軍們所面臨的形勢更加撲朔迷離。首相發現絕大部分的日本民眾支持關東軍的這一武斷舉動，儘管他自己對關東軍（以及駐守朝鮮的日本軍隊，他們跨過鴨綠江支援關東軍）的行為和將軍們遲遲沒有處分那些違反命令的校級軍官的做法不滿。從九月二十一日晚開始，一連好幾個晚上，激動的人群開始擁塞大阪的一個公園。一家廣播公司傳來的關於奉天戰事的消息讓這些民眾興奮不已。此外，日本的大眾媒體也不假思索地接受了中國最先挑起事端的指責。九月二十日《朝日新聞》頭版頭條報導說，奉天的軍事衝突「僅僅是對中國軍隊破壞南滿鐵路的還擊」。這篇社論強調道，中國「必須承擔此次事件的全部責任。面對這次對我們在滿洲和蒙古權益的嚴重侵犯，嚴峻的事實就是日本必須不惜一切代價來保衛它的權益」。[5]

面對日本公眾如此高漲的愛國情緒，若槻禮次郎首相發現要想對關東軍的行為加以管束是一件十分困難的事情。九月二十四日，首相重新召開內閣會議，批准了關東軍對吉林的佔領。隨後日本外務省起草了一份政府公報，以表明日本政府的姿態。日本採取行動的目的，若槻禮次郎政府向世界解釋

地圖 12.2

滿州及北亞

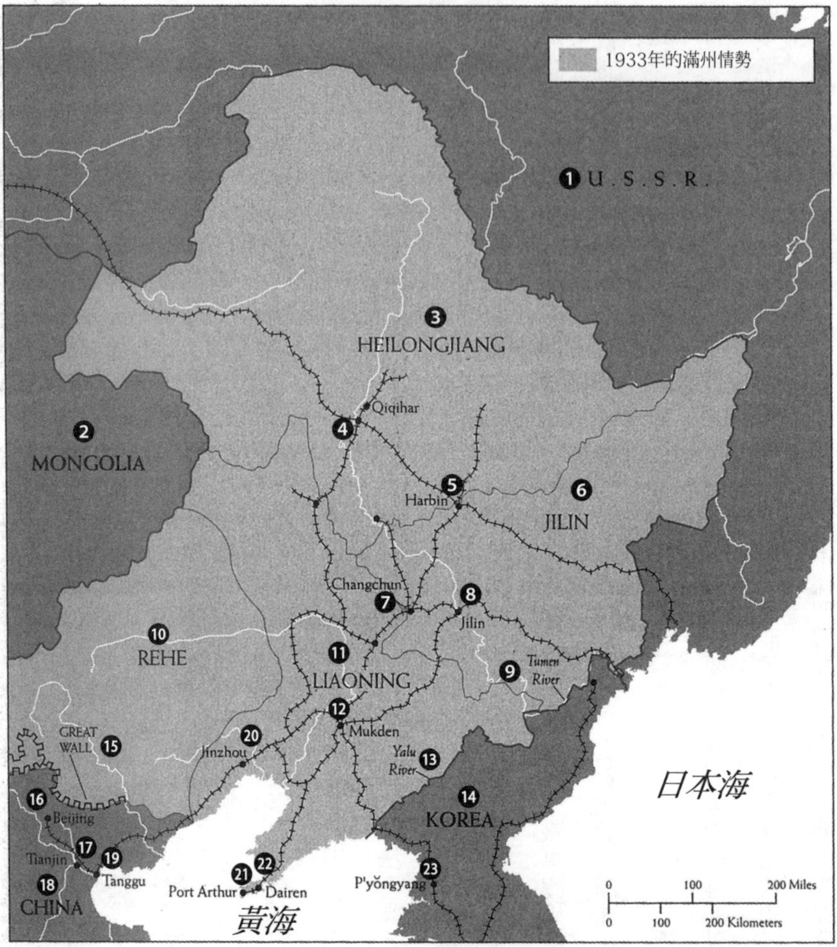

❶ 蘇聯
❷ 蒙古
❸ 黑龍江
❹ 齊齊哈爾
❺ 哈爾濱
❻ 吉林
❼ 長春
❽ 吉林
❾ 圖們江
❿ 熱河
⓫ 遼寧
⓬ 奉天
⓭ 鴨綠江
⓮ 朝鮮
⓯ 長城
⓰ 北京
⓱ 天津
⓲ 中國
⓳ 塘沽
⓴ 錦州
㉑ 旅順港
㉒ 大連
㉓ 平壤

說，僅僅是保護滿洲日本僑民的「合法權益」。日本，這份公報繼續提到，沒有「領土打算」，並且日本政府已經準備和中國政府展開合作，以避免目前的事態進一步惡化以致釀成災難性的後果；日本還會制訂出一系列富有建設性的計畫，以杜絕今後雙方之間的摩擦和衝突。6

然而，「建設性的計畫」只是一張空頭支票。一九三一年秋，擅作主張或不聽指揮的事件在滿洲時有發生，東京的日本政府只是一味重申自己的不滿，卻往往默認這些事件的發生。石原莞爾已經下定決心擴大日本的勢力範圍。十月八日，他穿上飛行服率領五架戰鬥機突襲位於奉天西南方向的錦州。這起對一個沒有設防的城市進行無端襲擊的事件震驚了外界；然而東京的決策層再一次默認了眼下的既成事實，只不過給關東軍發了另外一份電報，命令他們放棄任何擴大敵對行動的設想，以此來作為補救的措施。然而，一周後，石原莞爾又抓住另一起事件小題大做：中國軍隊炸毀了齊齊哈爾附近的一座鐵路橋，並且還火攻日方的維修人員。這次，東京的軍部高層電令關東軍派遣一支小分隊保衛這些鐵路橋，石原莞爾則以此作為佔領齊齊哈爾的正當理由。到了當年秋末，關東軍已經控制了遼寧、吉林、黑龍江這三個滿洲省份的省會。

就在關東軍擴展勢力範圍的同時，那些膽大妄為的年輕陰謀家們制訂了一份全新的計畫，幻想將滿洲改造成一個新的獨立國家，就像他們反覆鼓吹的那樣，滿洲將會是「該地區所有民族的天堂」。按照土肥原賢二大佐的構想，該計畫要求成立一個由中國的菁英分子來治理的共和國；然而，顯而易見的是，這些人只是日方的傀儡，一切關乎國防、外交、交通運輸、通訊的責任都將由關東軍來承擔。

日軍群集於哈爾濱／alamy

土肥原賢二打算讓溥儀出任行政長官來為該政權增添一絲合法性，因為他是滿洲人，並且是中國的末代皇帝。

儘管日本國內政要們反對建立這樣一個國家，但是在疲憊不堪的若槻禮次郎首相於一九三一年十二月辭職之後，滿洲的這些陰謀家們繼續推進他們的計畫。若槻禮次郎的繼任者犬養毅是一位具有溫和立場的政治家，他是政友會的總裁。作為議會民主制的忠實擁護者，犬養毅早在五十年前的一八八二年便幫助大隈重信建立了憲法改革黨，並在一八九〇年舉行的第一次普選中贏得一席之位，此後在眾議院連續做了十八年議員。一九三一年犬養毅開始組閣的時候，這位年事已高的政治家希望通過談判和平解決滿洲事件。然而由於年邁多病，他採取的措施總是要慢於形勢的發展。此外，新任陸軍大臣荒木貞夫是一個精力旺盛的頑固軍國主義分子，他公開支持那些年輕的校級軍官，以建立一個日本控制下的獨立新國家。在十二月末，關東軍就迅速佔領了整個滿洲的西南部。一九三二年二月，日軍又佔領了哈爾濱。緊接著，三月一日以溥儀為行政長官的偽滿洲國正式成立。

國內激進的右翼勢力和恐怖主義

如果說，二十世紀二十年代的日本政治是左翼派別占主導地位的話，那麼二十世紀三〇年代初期，那些激進的右翼勢力漸漸有了發言權。像他們的左翼表兄弟一樣，那些右翼派別的學生、鄉村激進主義者和軍官們聲稱：一些特權集團，特別是那些政客和大公司頭頭們的陰謀詭計給日本人民帶來了災難。然而，鑒於那些無政府主義者、無產階級政黨的領袖們和年輕學生們在實踐「新人會」思想（幻想建立一個由工人和農民組成的烏托邦）中的先鋒模範作用，那些激進的右翼分子號召再來一次由天皇主導的「昭和維新」。儘管絕大部分右翼激進分子對「昭和維新」具體能夠實現哪些目標僅僅懷有模糊的構想，但是他們幾乎全都認為，日本現政府無力解決國家所面臨的一系列問題，如同十九世紀六〇年代的那些「志士」一樣，應該由他們來推翻這個腐敗、無能的政權。他們認為隨著舊政權的倒臺，新的領袖將會脫穎而出，就像他們在明治時代所做的那樣來執行帝國的意志，建設一個強大繁榮的日本。

櫻花會是一九三〇年夏由橋本欣五郎大佐建立的社團組織，其成立綱領堂而皇之地指出了那些右翼派別的關心所在，以及他們對於「昭和維新」的目標所在：

審視當前社會形勢，我們發現高層領導人道德敗壞，政黨貪污腐化，資本家和貴族對人民大眾漠不關心，農村家庭正在忍饑挨餓，失業和經濟蕭條愈演愈烈。與此同時，我們觀察日本的對外關係，會發現統治者們為了博取外國勢力的歡心，置國家的長遠利益於不顧，而且對向外擴張毫無興趣，這說明明治維新後那個時代的積極進取精神已經蕩然無存。我人民渴望一個真正基於民眾利益，以天皇為中心，強有力的廉潔政府的出現。我們雖是軍人，不應直接參與政治，但我們為國家犧牲的決心會隨著時勢的發展和時代要求而愈益彰顯。我們將會為了改造統治機構，擴充國家實力而奮鬥終生！7

這個由一百來個平民和年輕軍官組成的櫻花會，不僅關注大蕭條所帶來的一系列社會和經濟危機，他們也認同石原莞爾對民政黨內閣所奉行的對華「軟弱」政策的蔑視。然而，石原莞爾可以通過在中國內地採取直接行動來發洩心中的憤懣，橋本欣五郎和他的同僚們則只能密謀在國內採取革命行動。他們將一九三一年三月二十日定為行動的日期。對這次行動的精心策劃，幾乎達到了戲劇性的誇張境地：櫻花會的成員將會率領一支由一萬人組成的遊行隊伍包圍國會；「敢死隊」將會用炸彈襲擊一些主要政黨的辦公地點以及首相官邸；那些領頭的將軍們將會要求內閣全體辭職，並且任命宇垣一成，一位著名的政黨政治的批評者作為日本的下一屆首相。但是，宇垣一成拒絕與那些造反者同流合污。他擔心起義的失敗將會玷污軍隊的名譽，更重要的是，他堅守一條在大部分軍人中直到現在還毫不動搖的信念：軍隊不得在違憲的情況下干預國內政治。當宇垣一成覺察到正在醞釀中的暴動時，他迅速地阻止了此次陰謀。

幾個月後的一九三一年秋，關東軍的大膽行動重新喚起了櫻花會成員的激情，他們開始密謀第二次行動。這次的計畫比春季的那次更加誇張，設想採取空襲的辦法一舉殲滅日本內閣。這些陰謀家們異想天開地認為，起義成功後荒木貞夫將軍將會出任下屆首相，而櫻花會的領導人則會在他的內閣中擔任重要職務。然而，高層將領們再一次否定了「昭和維新」的計畫。十月十六日晚，荒木貞夫將這次起義的頭目傳喚至一個藝妓館，嚴厲訓斥了他們。翌日，軍警拘留了橋本欣五郎和他的同夥，隨後命令櫻花會解散。

血盟團，一個由懷有理想主義情結的學生和青年農民所組成的激進組織，其展開的一系列暗殺行動增添了二十世紀三〇年代初期的危機氣氛。在大蕭條的直接刺激下，該組織將「不成功便成仁」作為自己的口號，發誓要除掉那些政界和商界領袖，因為他們認為這些領袖採取不公正的手段，以犧牲日本農民和貧苦工人的利益為代價而中飽私囊。一九三二年初，血盟團擬定了一份黑名單，該名單上列有二十二位顯要人物，包括前首相若槻禮次郎、元老政治家西園寺公望以及三菱家族的頭面人物。二月九日，一名只有二十三歲的血盟團員槍殺了前大藏大臣，因為他譴責這位大臣所奉行的政策給日本農民帶來了災難和饑荒。三月份，另一名血盟團員又槍殺了三井實業會社的一位經理，當時他正站在位於東京中心街區的公司總部門口。

一九三二年五月十五日，日本政界極為恐怖的一天終於到來了。那是一個星期六的下午，一群年輕的海軍軍官衝進首相官邸，刺死了首相犬養毅。其他一些被鎖定為目標的政界領導人僥倖逃脫了那天的暗殺行動。然而，隨著那些參與陰謀的起義者們向首都員警署、日本國家銀行、政友會總部，以及一些發電站投擲手榴彈，東京籠罩在一片恐怖陰影之中。「5・15」事件的參與者們發佈了一則聲明，深刻表明了那些起義者們要求「昭和維新」的憤怒情緒：「睜開眼睛看看你的祖國——日本的現狀吧。我們敢問，你能找到一絲對帝國真正熱愛的痕跡嗎？那些政黨正在貪婪地追逐權力和一己私利，那些掌握大企業的家族和政客們勾結起來拼命吮吸日本民眾的血汗；官僚和員警則忙於維護腐敗墮落的政治—產業聯合體制。民主岌岌可危，教育腐敗透頂。現在是開展激烈革命行動的時候了，起來，同胞們，現在就採取行動吧！」[8]

滿洲事變和一九三一年至一九三二年日本右翼所發動的一系列暴力行動，標誌著日本外交和內政的一個一百八十度的大轉折。在中國內地分割中國領土建立一個由日本軍隊控制的新國家的設想使得中日關係降到冰點以下，也開啟了日本與一個憤怒的西方分道揚鑣的進程。西方國家將日本的行動視為赤裸裸的侵略，這將會促使這個島國沿著一條可能採取進一步危險對抗行動的軌道繼續前進。在日本國內，一系列暗殺活動暴露了這個國家政治結構的脆弱，也導致政黨政治的威信每況愈下，從而激發了美化日本軍國主義傳統，建立一個新政權的思想體系的誕生。

一意孤行

也許，石原莞爾和日本軍界高層的一些將領認為日本在東北亞的所作所為是正當合法的。但除了這個島國之外，世界上很少有其他國家的人民認同這種看法。絕大部分中國人更是義憤填膺。在外交前沿，一九三一年九月二十日，蔣介石領導的國民政府請求國聯出面干預，此時日本正準備出兵吉林。在日本，數百名中國留學生收拾行囊返回祖國，而此時中國國內的反日情緒空前高漲：十月五日，數千人的遊行隊伍表現了廣州市民的悲憤，而十二月十日，又有大約一萬名學生走上廣州街頭舉行示威遊行；在上海，抵制日貨運動開展得如火如荼，以致上海市政委員會於一九三二年一月二十八日宣布該市進入緊急狀態。

許多西方國家接連譴責日本的行為，其中批評最激烈者當屬美國。一九三二年一月七日，美國國務卿亨利．斯汀生宣布美國不承認日本對中國軍事佔領的合法性，因為日本違反了現行的國際條約並且無視通行的國際慣例。為了進一步推行「不承認主義」，美國總統胡佛命令一支太平洋艦隊從西海岸出發，進駐珍珠港海軍基地。當日本以保護其商業和僑民為藉口，派遣海軍陸戰隊在上海登陸時，西方國家愈發憤怒了。不久，日軍和國民黨第十九路軍交火，當時該軍正駐守在上海的一個窮人社區。一九三二年一月二十九日，日軍飛機開始轟炸周圍城區，許多無辜的中國平民在轟炸中喪生。隨後日本繼續向上海增兵，在五月雙方最終同意簽署停戰協定前，已經有超過兩萬名中國平民傷亡或失蹤。中國民眾所遭受的蹂躪震驚了世界，中國人民開始被視為英雄，勇敢頑強地和兇狠殘忍的敵人做鬥爭。

世界輿論堅決反對日本對中國的侵略行徑，國聯開始置身其中。一九三一年十一月，國聯任命了一個由英國政治家李頓勳爵主持的委員會來對中國的形勢進行詳細的實地調查。一九三二年二月二十九日，李頓和他的同事抵達日本，就在幾天前，血盟團剛剛刺殺了若槻禮次郎內閣的前大藏大臣，而當李頓一行人抵達日本後僅僅數小時，偽滿洲國正式宣告成立。到一九三二年十月，該委員會結束了調查工作並編寫了一份報告。儘管該報告的措辭充滿了大不列顛式的含蓄與克制，但仍然清楚地否定了日本關於其在滿洲的軍事干預僅僅是正當而又必要的自衛行為的申明。「在沒有宣戰的情況下，」李頓報告得出結論道，「大片毫無爭議的屬於中國的領土被日軍強行奪取和佔領，隨後這些領土被分割並宣布脫離中國而獨立。」[9]

一九三三年二月，已經下定決心的國聯終於和一意孤行的日本攤牌。此時，這個國際組織正在討論李頓調查團的報告。出席國聯大會的日方代表是松岡洋右。一八八〇年，松岡洋右出生在日本西

日本外務大臣松岡洋右宣布退出國際聯盟／alamy

部一個並不起眼的港口小城。十三歲那年，他和表兄前往美國俄勒岡州的波特蘭市，一個美國家庭收養了他們。松岡洋右在西海岸完成了中學學業，在獲得俄勒岡州立大學的法學學位後，他回到日本開始了公務員的生涯。在外務省供職的十七年裡，松岡洋右先後在中國、俄國和美國擔任過外交官。作為一個志向遠大的人，松岡洋右於一九二一年加入南滿鐵道株式會社，起先是擔任主管，然後又出任副總裁。一九三〇年，松岡洋右作為政友會的候選人進入日本眾議院。一九三二年春，日本政府派他去中國談判以解決上海事件。年底，他作為日本首席代表出使國聯。

一九三三年二月二十四日，松岡洋

右登上了日內瓦的國聯講壇。作為一名精通英語的有感染力的演說家，他在演說中極力為日本在滿洲的所作所為辯護。他說，中國缺少一個能夠維護法律和維持秩序的合法政府；那是一個貧弱、落後的國家，「正處於四分五裂和困苦不堪的境地」，在那個國家「數以千萬計的人民由於兩敗俱傷的軍閥混戰、暴政、匪患、洪災和饑荒而命喪黃泉」；與此相反，日本是一個「偉大的文明國家，已經是並且永遠是維持遠東和平與進步的中流砥柱」。在一片毫無生機的混亂地區，松岡洋右爭辯道，日本已經將滿洲改造成了一片穩定、繁榮的樂土。為了發揚新世界公民的精神，他的國家也準備和中國友好相處。「我們現在對滿洲國無微不至的關懷，」他得出結論道，「最終有一天會實現日本幫助中國的願望和責任。對這一點，我是滿懷信心的。我真誠地希望你們考慮我們的申訴，並信任我們。」10 然而，松岡洋右的雄辯口才最終沒有說服與會者，國聯大會以四十二比一（日本）的結果表決通過了李頓調查團的報告（內有泰國棄權）。當松岡洋右率領日本代表團退出會場時，他的身後是一片寂靜。

一九三三年三月二十七日，在經歷了「許多不眠之夜」後，日本天皇終於發佈了日本正式退出國聯的公告。日本政府著手有計劃地廢除於二十世紀二十年代初期在華盛頓會議上所簽署的一系列國際協定。在日本天皇發佈公告整整一個月後，松岡洋右返回到日本，此前他曾在波特蘭停留，並在其「美國母親」的墓前立了一個墓碑，還種下一棵樹。當松岡洋右的船抵達橫濱港碼頭時，新聞飛機在他的頭頂盤旋，數以千計的日本市民揮舞著手中的小旗擁上碼頭來一睹這位新「英雄」的風采，日本廣播公司則對此進行實況新聞報導。這一切都表明，日本一意孤行的做法得到了本國民眾的廣泛支持。

保衛偽滿洲國，擴大敵對行動

在日本領導人的心目中，與國際社會的背離強化了他們的這一信念：這個國家的生存取決於它在亞洲霸權的確立及日本政府加強與其衛星國——偽滿洲國的聯繫。一九三二年九月，日本與偽滿洲國簽署了《日滿議定書》，擴展了日本在外交上對偽滿洲國的正式承認，並且使得日本承擔了維護偽滿洲國內部穩定及鞏固其防務的義務。一九三四年三月一日，溥儀廢除了行政長官的頭銜，舉行盛大、隆重的儀式加冕為偽滿洲國的皇帝。然而，龍袍加身的溥儀並沒有掌握什麼實權，因為關東軍司令官同時兼任日本駐偽滿洲國大使，並在幕後掌控一切。這位關東軍的首腦掌握了偽滿洲國人事任免的一切大權。在他的嚴密監視下，一個理事會在每週三舉行會議來討論「國家」的法律和政策，然後提交「國民議會」進行掩人耳目式的表決通過。日本對這個新「國家」的支配是顯而易見的：理事會的主任總是日本人，而在政府機構中，絕大部分部門的領導也是日本人。

儘管關東軍迅速掌握了偽滿洲國的軍政大權，但保衛這個「國家」仍然是一件棘手的事情。從戰略上來說，東京的那些軍界高層仍然將蘇聯視為日本的頭號敵人。陸軍大臣荒木貞夫一再鼓吹對蘇聯進行先發制人打擊的必要性。他還聲嘶力竭地警告日本國民，他所說的一九三六年大危機行將到來，戰爭的威脅迫在眉睫。作為對這些言論的警惕和對於一個新的充滿敵意的「國家」在自己眼皮底下出現的反應，蘇聯在滿洲事變爆發到一九三五年底之間，幾乎將其駐紮在亞洲地區的作戰師的數量翻了一番，從八個增加到十四個，作戰飛機的數量也從二百架增加到九百四十架。

中國民眾日益高漲的愛國熱情，也給日本和偽滿洲國的領導人製造了很多麻煩。那些游擊隊經常伏擊日軍巡邏隊，並且時常襲擊日軍在長城以北的哨所。在中國人眼中，這些游擊隊正在進行抵抗外國侵略的令人尊敬的事業；與此相反，日本的媒體則將他們報導為「暴徒」和野蠻殘忍的「亡命之徒」。事實上，這些反抗的隊伍主要包括一貧如洗的農民和張學良的支持者。此時張學良已經將其部隊的主力向西開進了熱河省。在一九三二年春，那些游擊隊差不多有三十五萬人。那些駐紮在滿洲里邊遠城鎮和鐵路沿線的日本士兵時常覺得他們被一片憤怒的中國人的汪洋大海所包圍。毛澤東所領導的共產黨的支持者們也給關東軍製造了新的麻煩。一九三五年十月，中共抵達長征的最後一站，在中國西北部的陝西延安地區安定下來，並開始組織抗日運動。

面對蘇聯勢力的膨脹和中國人民頑強的抵抗，東京的日軍總部和日本政府開始急劇擴充關東軍，如表12.1所示。為了執行「剿匪」和在偽滿洲國周圍建立非軍事緩衝區的命令，關東軍於一九三三年一月進入熱河省，在那裡戰鬥進行得非常激烈。與此同時，國聯正在討論李頓調查團的報告。日本對熱河的猛烈進攻對推進其與國聯談判的目標並沒有起到什麼積極的作用。然而，在三月中旬，日軍已經抵達長城，事實上已經將整個熱河置於偽滿洲國的統治之下。

然而，日軍不久就發現，建立緩衝區的需要是永無止境的。山縣有朋那套新奇國防理論的終極邏輯是為了保衛帝國所獲得的所有權益以及應付一系列軍事對抗，這就要求盡可能遠地拓展安全線。結

表 12. 1

關東軍的擴張（1930～1939）

年份	人數	步兵師團數	飛機數	坦克數
1930	10,000			
1931	64,000			
1932	94,100	4	100	50
1933	114,100	3	130	100
1934	144,100	3	130	120
1935	164,100	3	220	150
1936	194,100	3	230	150
1937	200,000	5	250	150
1938	220,000	7	340	170
1939	270,000	9	560	200

根據Alvin D. Coox的《諾門罕：日本對蘇聯之戰，1939》，第一卷(史丹佛：史丹佛大學出版社，1985年)，第84頁。

果，當熱河成為偽滿洲國西面的屏障時，為進一步確保其衛星國的安全，日軍又迫切需要掃除長城南面的「土匪」和中國軍閥的威脅。一九三三年春，由日軍訓練和指揮的偽滿洲國軍隊開進了河北省。隨後，策劃了一系列軍事和心理攻勢——賄賂當地軍閥，通過電臺向中國將領發送假命令，派飛機盤旋在北京上空以恐嚇城中居民，這一切迫使中國守軍開始南撤到天津和沿海地區。由於士氣低落，中國軍隊請求和解。一九三三年五月三十一日，雙方開始在一個叫塘沽的海濱小城談判。在日軍戰列艦和驅逐艦編隊的威脅下，中方被迫接受了日方所強加給他們的喪權辱國協定。《塘沽協定》建立了一個從長城延伸至北京—天津地區的非軍事區，使得日軍控制了具有戰略地位的山口關隘，這足以「保衛」直達北京的偽滿洲國東部邊境。該協定同時規定，中國必須「嚴厲控制構成中日衝突焦點的抗日活動」。11

儘管日本的確在關內站穩了腳跟，但他們仍然未能獲得做夢都想得到的安全。一九三四年秋，中國軍隊開始狙擊天津附近的日軍巡邏隊；一九三五年一月至五月，當地官員也策劃了五十餘次反日事變。作為對上述事件的反應，土肥原賢二發起了所謂的「華北自治運動」。那是一起精心策劃的企圖從蔣介石領導的國民政府手中割占華北五省的陰謀，目的是建立一個以順從的中國人為名義上的統治者的親日、親滿的所謂「自治」政權。這起陰謀使得土肥原賢二不辱其「滿洲里的勞倫斯」這一綽號。「剿匪行動」和土肥原賢二的陰謀導致了另外兩份中日之間的協定，進一步擴大了日本在華北的勢力。第一份協定簽訂於一九三五年六月十日，日中雙方的代表分別是關東軍的梅津美治郎將軍和國民政府在華北的軍事代表何應欽將軍，該協定規定國民黨及其軍隊必須撤出河北省。第二份協定簽訂於兩周之後，雙方代表分別是土肥原賢二和秦德純，該協定對毗鄰蒙古的察哈爾省作了類似於河北方面的規定。

政黨政府的倒臺

一九三二年五月犬養毅首相被刺後，日本的政黨和政黨政治家的影響力一落千丈。在通常的情況下，首相職位將由政友會總裁接任，因為政友會在國會中佔有多數席位，然而，在那些年高德劭的政治家心目中，此時卻是非常時期。大蕭條持久的影響、滿洲事變的爆發以及日本國內政治恐怖主義的猖獗，使得這些政治家們得出結論：政黨內閣既不能對日本的外交政策施加有效的影響，也不能控制混亂的國內局勢，更不用說帶領日本走出經濟蕭條的陰影。他們一致同意，解決二十世紀三〇年代初期一系列危機的出路在於恢復以前那種全國性的聯合政府，這使得更多的黨外人能夠進入內閣。這些政治家們並不是反對政黨政治，畢竟近三十年來，他們的發言人西園寺公望一直是政黨政治的堅定擁護者。然而，他們的確認識到，必須讓一個具有無可爭辯的聲望並且脫離一切黨派干係的人來做首相，在政治上他可以一言九鼎，並且可以鎮壓那些軍事冒進行動，奉行能夠真正維持世界和平的外交政策。

當神情嚴肅的西園寺公望驅車前往日本皇宮向天皇報告上述決定時，天皇同意他們的想法，但對於應該由誰來主持一個全國性的聯合內閣的問題，天皇有他自己的考慮。他認為，這位新首相應該具有「堅強的品格、鮮明的個性」，並能夠遵守憲法，恢復「軍紀」[12]。面對天皇的上述要求，西園寺公望及其同僚們認為齋藤實可以勝任首相職位。此人是一位退役海軍大將，以非凡的個人膽識和敏銳的洞察力著稱。一九〇六年至一九一四年間，他擔任海軍大臣，在擔任朝鮮總督期間，於一九一九年起義後推行了「文化統治」政策。

隨著日本的那些政黨逐漸失勢，軍隊和平民官員開始崛起並佔據了可以左右國家局勢的各部門要職。日本內閣中大臣職位的分派就是時局變化的一個重要反映。在一九二四年至一九三二年的政黨政府時期，總共有七屆內閣，每屆內閣都由兩個主要政黨之中的一個來組閣，如表12.2所示。這些內閣往往由十二名大臣組成，而其中與政黨有關聯的平均有八．七位。與此相反，在一九三二年至一九四〇年的八屆內閣中，沒有一位政黨政治家出任首相，並且在組成內閣的十三名大臣中，平均有九．九人來自軍隊和民間。此外，政黨政治家們越來越發現他們已經被排除在決策層之外了。例如，他們當中沒有一個有資格出席五大臣會議[13]。一九三三年，齋藤實首相開始召開此類會議。該類會議集中了外相、財相、陸相、海相和首相本人來制定關乎日本外交、財政和國防事務的政策指導方針。與此同時，軍隊和平民政治家開始控制日本政府的一些特殊機構，如內閣調查署，建立該機構的目的是超越現行司法權的藩籬，以便更好地協調各位大臣的計畫和意見。

那些機構和部門已經成為日本「改革家」和「新派官員」的大本營，這些稱號經常見諸報紙和雜誌的評論文章中。儘管被冠以「新派」的名號，其實並不是所有改革派官員都畢業於名列日本前茅的那些公立大學。事實上，他們當中相當一部分人是經驗豐富的「人民的羊倌」。在大正時代，他們曾經嘗試過各種辦法，以期解決當時的經濟和社會問題。然而，不管職位如何，那些二十世紀三〇年代中期的

表 12.2
日本首相（1927～1937）

首相	所屬政黨	組閣次數	任期
濱口雄幸	民政黨		1929 年 7 月 2 日至 1931 年 4 月 14 日
若槻禮次郎	民政黨	第二次	1931 年 4 月14 日至1931 年12 月13 日
犬養毅	政友會		1931年 12 月13 日至1932 年5 月16 日
齋藤實			1932 年 5 月 16 日至 1934 年 7 月 8 日
岡田啟介			1934 年 7 月 8 日至 1936 年 3 月 9 日
廣田弘毅			1936 年 3 月 9 日至 1937 年 2 月 2 日

改革家們都對資本主義充滿了懷疑，他們同情農村家庭的疾苦，認為那些政黨政治家缺乏引領日本度過「國家危急時期」的道義勇氣和足夠的聰明才智，同時他們致力於將官僚機構改造成為制定和執行國家政策的中心機構。

改革派官員將發展日本經濟和擴充國家作戰實力作為首要任務。對於他們當中的大部分人來說，這些目標只有在加強國家對經濟控制的情況下才能完全實現。《石油業法》和《自動車製造事業法》就是他們最早取得的兩項成就。第一項法案於一九三四年夏開始實施，它授權政府對石油的進口和提煉進行管制，並授權政府官員制定石油價格和儲備足夠的石油產品以應付戰時危急之需。一位名叫岸信介的雄心勃勃的年輕官員起草了《自動車製造事業法》以刺激該產業的發展，使其總體上在國家經濟中起關鍵作用並對日本的軍備具有特殊作用。該法案於一九三六年五月在日本國會獲得通過。它

表 12. 3

國會中的黨派席位（1928～1936）

選舉時間	政友會	民政黨	其他
1928 年	217	216	33
1930 年	174	273	19
1932 年	301	146	19
1936 年	174	205	87

根據Gordon Mark Berger的《政黨在日本喪失權利，1931～1941》（普林斯頓：普林斯頓大學出版社，1977年），第66頁。

規定汽車製造商必須取得政府頒發的執照才能生產（只有本田和日產兩家在一九三六年獲得執照），同時這些廠商可以獲得政府補貼和減免稅收，以及對來自進口競爭的保護。

儘管日本的政壇逐漸為明治時代興起的社會菁英所把持，但那些政黨並沒有完全退居二線。如表12.3所示，直到二十世紀三〇年代，政友會和民政黨仍然控制著國會。政黨政治家們也依然在立法和政府預算方面以及討論國家政策的利弊時扮演重要角色，他們還時常就政府政策質問內閣大臣和那些軍界及平民官員。在必要時，國會議員可以利用他們手中的權力對政府和軍隊的政策提出尖銳的批評。例如一九三四年，日本兩個主要政黨的代表譴責政府預算，認為該預算極大地滿足了軍隊的要求，而對緩解農村蕭條則撥款甚少。

然而，國會議員和內閣成員之間的爭論並不十分激烈，因為主流政黨所關心的事務與齋藤首相及其繼任者岡田啟介（他也是退役海軍上將）的政策相去並不甚遠。其中一個原因是民政黨和政友會的領導人不願意在一個軍隊勢力大行其道的時期拿自己黨派的命運做賭注。與此同時，另一個同樣重要的原因是兩黨的許多基層黨員激動地認為當日本將自己的命運繫於東北亞時，應該奉行更為「激進」的外交政策。一九三二年六月十四日，日本國會通過了一項決議，敦促政府立即加強和偽滿洲國的正式外交往來，而首相則傾向於等李頓調查團完成審議後再做決斷。這深刻反映了國會議員們的熱情。更有甚者，在二十世紀三〇年代，日本國會沒有一個政黨反對政府提出的年度預算草案。在那些預算中，日本的軍費從一九三一年的四億六千二百萬日圓急劇攀升到一九三四年的九億五千三百萬億日圓，一九三六年更是達到了十億八千九百萬億日圓。國會的那些政黨接受了二十世紀三〇年代的新政治觀點，也默認了那些政治聯盟的力量。這和他們在二十世紀二十年代的做法形成了鮮明對比。那時，政黨政府精簡了日本的軍事機構，而民政黨則尖銳地批評田中義一對中國的侵略。

壓制政治多元化

儘管報紙和廣播對松岡洋右在橫濱受到的熱烈歡迎進行了大肆渲染，從而給人以一種整個國家在政府的領導下團結一致的景象；但日本的很多民眾還是覺得，國家的海外擴張並沒有照顧到他們的利益，所取得的戰果對解決國內經濟危機也沒有任何助益。一九三一年和一九三二年，譴責關東軍行動的文章大量刊登在一些自由雜誌上。一九三二年四月期的《改造》雜誌刊登了矢內原忠雄的一篇文章。矢內原忠雄是東京大學一位研究殖民政策的專家。他譴責日本在滿洲的軍事行動，稱之為「自我失敗」，並預言日本最終將無力承受中國國內日益高漲的民族主義帶來的壓力。此後，日本的左翼人士紛紛採取進一步行動。一九三一年十一月期的一份名為《婦人公論》的主流女性雜誌刊登了社會主義者山川菊枝的一篇文章。文中問道：如果日本的孩子們最終將成為軍國主義政府的炮灰，那麼日本的母親們要不要多生育幾個子女？甚至一些地方性報刊也發出了譴責的呼聲。一九三二年四月，一份由長野縣農村青年創辦的報刊向讀者提出了這樣一些問題：「滿洲現在已為日本所占，但是你的生活是否改善，是否更加美好？你能否償還所欠的債務？你的姐妹能否有條件為自己做一套和服？你的兄弟能否去咖啡館聽爵士樂？我們大家都知道答案，那就是一個響亮的『不』！」14

不管這些持不同政見者如何竭盡全力，他們還是發現要想自由發表言論愈發困難了。一方面，國內愛國主義熱情的高漲，如松岡洋右在歸國時所受到的熱烈歡迎，抑制了人們反戰情緒的表達。此外，許多傑出的自由人士公開接受了二十世紀三〇年代早期的國內政治思潮和外交政策。這就進一步剝奪了那些不同政見者尋求合法地位的權利。甚至吉野作造，一位日本最知名的民主制度的支持者也準備偃旗息鼓了。他在一九三二年寫道：許多日本人將關東軍的勝利看作令人歡欣鼓舞的戰果，這和政黨內閣多年的「徒勞談判」形成了鮮明的對比。除此之外，很多人，包括他自己，已經不得不承認這樣一個事實：在日本，政黨政府是「那些道德敗壞的政黨領袖和同樣腐朽的大企業主之間的邪惡聯盟」，結果，政府政策只是迎合了那些「大企業的利益，而與此同時，老百姓，尤其是農民正日益貧困」。這足以讓人灰心喪氣，特別是當你發現在歐洲民主正在遭受攻擊時。「在日本民眾中，有這樣一種思緒」，吉野作造得出結論道，「如果民主制度不合那些發明它的人心意的話，那麼一直持些許懷疑態度的日本，就更沒有什麼特別的理由來堅持該制度」。[15]

更令人吃驚的是，就連與謝野晶子也開始讚揚日本的軍國主義。在大正時代，與謝野晶子那些維護女權的評論文章使其聞名遐邇。一九〇四年至一九〇五年日俄戰爭期間，她發表了一系列反戰詩集，從而進入公眾視野。其中最著名的一首則是她向弟弟的請求：

> 不要獻出你的生命。
> 天皇自己並不參加戰鬥。
> 帝國之心深不可測；
> 他怎能如此要求
> 讓人們流血犧牲，
> 讓人們鳥獸般陣亡，
> 難道人們只有戰死才有榮光？[16]

然而，一九三二年，與謝野晶子發表了一首題為「日本國民，冉冉旭日」的新詩，敦促日本士兵忍受「百般磨難」。還引用了一則在日本家喻戶曉的風吹櫻花的寓言，將陣亡將士「消散」的軀體美化成「比鮮花還要純潔」。17

那些大眾雜誌也紛紛美化日本的海外擴張，鼓勵國民團結起來隨時投入戰爭。像《主婦之友》和《婦人俱樂部》這樣一類雜誌，經常登載一些諸如戰地英雄事蹟和在戰爭中失去丈夫的寡婦們的悲慘遭遇，以及如何在國家危急時期節省食物和衣飾開支的教導。那些戰鬥中的士兵、紅十字醫院裡的護士以及正準備解開軍用包裹的志願者的照片，則更加直接地、赤裸裸地激起民眾的熱情。其他一些雜誌也紛紛登載類似文章。一九三三年之後，已經很難在街角的書報亭找到一本與官方觀點不同的刊物，日本政府往往將其在東北亞的侵略擴張說成是保護本國正當權益的自衛行動。

日本的民族主義者則進一步限制國內的政治言論。從明治時代中葉開始，日本一些保守主義者開始鼓吹「日本主義」，即民族主義，以此來抵制急劇的西方化。他們尤其希望維持日本的一些傳統觀念以及所謂日本帝國獨一無二的政體，即「國體」。對於明治時代的許多保守主義者來說，「國體」的概念是以兩條原則為中心的：自古以來天皇就是神聖不可侵犯的，親密的家庭般的紐帶關係將仁慈的君主與他的臣民結合在一起。一八九〇年的日本「帝國教育敕令」給「國體」下了明確的定義，即「我們偉大帝國的基本特徵」，並且宣稱「皇祖皇宗，肇國宏遠，樹德深厚，我臣民克忠克孝，億兆一心，世世厥美」。此外，敕令還號召天皇的「忠實子民」，應該「廣行公益，力行公務，常遵國憲，毋違國法，一旦危急，則忠勇奉公，以撫天壤無窮之皇運」。[18]

二十世紀三〇年代，一些保守的民族主義者將自己視為上述理念的保衛者。隨著日本進入一段國家危急時期，他們的愛國熱情開始走向極端，開始公然鄙視西方的自由資本主義思想體系，他們已不能容忍任何懷疑「家國一體」理念的人。甚至新渡戶稻造，一位日本殖民主義的忠實擁護者也引火焚身了。起因是一九三二年二月，他在一個記者招待會上宣稱，兩股勢力，共產主義和軍國主義正威脅著整個世界。對於這兩者，他擔心從長遠看「軍國主義將會危害更甚」[19]。有著三百萬會員的「帝國在鄉軍人會」立即譴責新渡戶稻造的言論是對日本軍隊的攻擊，還印發了大量小冊子傳單，譴責新渡戶稻造是「不忠誠、不愛國」和「背叛祖國」的人。面對洶湧的聲討浪潮，向來鎮定自若的新渡戶稻造先生終於決定在帝國預備役軍人同盟的領導人面前低頭認錯。他說，他的言論是被人「誤會了」。

右翼分子們對那些不遵從以天皇為核心思想體系的人進行瘋狂壓制，其中最引人注目的一起行動涉及一位憲法學學者，他叫美濃部達吉。在他的理論中，天皇僅僅是國家的一個「機構」，其他機構如國會、政府、內閣等等都在憲法的授權下行使特殊的管理許可權。這一理論在大正時代得到了日本社會的廣泛接受，為那些主張政治多元化的菁英集團和政黨內閣的興起提供了理論依據。然而，到了二十世紀三〇年代，日本的民族主義者開始大肆攻擊美濃部達吉。一九三四年，那些右翼團體，包括「帝國在鄉軍人會」，開始出版書籍和宣傳冊譴責美濃部達吉，控訴他的理論是欺君罔上，大逆不道。在這些小冊子中，指責美濃部達吉的「天皇機關說」不僅與日本帝國無與倫比的「國體」相違背，而且褻瀆了天皇神聖不可侵犯的權威。此外，「這種理論也完全不符合日本的傳統思維方式。我們敬告全體國民更加尊重帝國憲法，純潔帝國『國體』無與倫比的觀念，發揚日本民族精神，為實現這些目標而努力奮鬥！」[20]

一九三五年二月十八日，日本國會開始採取行動，貴族院開始質疑美濃部達吉的理論。三月二十六日，全體議員一致表決通過了對該理論的譴責，而就在三年前，美濃部達吉剛剛被選進貴族院。在該決議中，宣稱「政府應該採取果斷措施，扼制一切反對日本無與倫比高尚國體的演說和理論」[21]。就在同月，眾議院一名議員在東京地方法院正式提出對美濃部達吉褻瀆天皇一事的訴訟，認為美濃部達吉的理論是對日本國體的顛覆。四月九日，日本宮內廳開始封殺美濃部達吉主編的三本著作。九月十八日，身敗名裂的美濃部達吉不得不從貴族院辭職。

日本國會和宮內廳在鎮壓美濃部達吉理論的運動中所扮演的角色，反映了二十世紀三〇年代在日本興起的那股新的政治思潮的其他特徵：在這段國家危急時期，許多官員利用政府的強制力量來打擊那些持有不同政見的人士，以達到在「愛國」前提下的舉國一致。具有諷刺意味的是，那些右翼政治派別中的極端主義者也同樣受到了打擊。日本的統治階層已經不能容忍任何企圖推翻政府的造反分子。一九三五年，員警逮捕了一百四十七名被懷疑煽動叛亂的右翼分子。然而，正如所料，對那些左翼團體和人士，日本政府採取的鎮壓手段更加嚴厲，如表12.4所示。一九三三年，員警開始大肆搜捕一些自稱為共產主義者的著名人士，其中就有佐野學與河上肇這樣的名流；此外還有一些僅僅被懷疑持有顛

表 12.4

被捕的左翼人士（1928～1941）

年份	被捕人數	起訴人數	年份	逮捕人數	起訴人數
1928	3,426	525	1935	1,728	113
1929	4,942	339	1936	1,207	97
1930	6,124	461	1937	1,292	210
1931	10,422	307	1938	789	237
1932	13,938	646	1939	389	163
1933	14,622	1,285	1940	713	128
1934	3,994	496	1941	849	205

根據Elise,K,Tipton，《日本政治：日本緊急狀態中的特高員警》（檀香山：夏威夷大學出版社，1990年），第156、157頁。

覆政府想法的人士，其中包括長野縣的幾名小學教師。一九三三年他們被指控傳播有害帝國的思想。

員警和公訴人員企圖通過監禁的手段來脅迫共產主義者和左翼人士悔過，即「轉向」。這個詞語的本義為「改變方向」，然而在二十世紀三〇年代，這個詞語則專指一個人對自己以前信仰的公開背棄。一個領頭的公訴人解釋說，左翼分子並非完全「無可救藥」，「因為他們都是日本國民，他們遲早會認識到自己的思想是錯誤的」，而重新做一個忠誠、順良的臣民。[22]為了達到上述教化目的，員警反覆審訊被拘禁者，採取讓人自我譴責和其他一些心理攻勢，來使得被拘禁者因為沒有支持家國一體化的理念而深感內疚。如果所有這些手段無法奏效，員警就會轉而採取體罰措施。

在一系列變節事件中，最令人矚目的是佐野學。他是日本共產黨的一位高層領導人，於一九二九年被捕。政府官員以「思想犯罪」為由起訴他，指控他領導著一個企圖顛覆國體的組織，於是法院判處他終身監禁。一九三三年六月，佐野學宣布放棄自己此前的信仰，這震驚了日本的左翼黨派。在獄中，佐野學寫了一本回憶錄，其中譴責日本共產黨是「一股倒退的力量，在錯誤的方向上愈走愈遠」，讚揚天皇「在建立一個團結一致的日本帝國中發揮了中心作用」。此外，佐野學還為日本在滿洲的軍事行動辯護。宣稱：「日本對一個在文化上與自己相比極其落後的國家的擴張行為，符合人類歷史進步的原則。」[23]日本政府隨即公開了佐野學的上述言論，不出一個月，五百多名在押的左翼政黨成員，以及三分之一左右的共產黨員紛紛效法佐野學。當局對這樣的結果很是滿意。到二十世紀三〇年代末，員警以「思想犯罪」為由共逮捕了二千多人，其中大部分人都寫了「轉向」的聲明。

並不是所有被捕的人都屈服於員警的逼迫。小林多喜二，一位著名的無產階級作家，對自己的信仰至死不渝。日本的左翼黨派一直以來都讚揚他所著的《蟹工船》（一九二九年）。在那本著作中，他生動描繪了漁民們由於不滿惡劣工作環境而罷工，而日本帝國海軍對他們進行血腥的鎮壓。這深刻揭露了資本家和軍隊勾結起來剝削工人的罪惡行徑。一九三三年二月二十日，小林多喜二被捕，不到一天便死在獄中。員警聲稱心肌梗塞導致了他的死亡，然而，檢驗屍體的人發現小林多喜二的手指被打斷，前額上還有被火鉗燒灼的痕跡，身上還有許多觸目驚心的傷口，包括在大腿上數十處被釘子和錐子戳出的洞。一九三三年一月十二日，河上肇被捕入獄，他雖然沒有遭受酷刑，但四年的牢獄生活嚴重損害了他的健康。他從來都沒有背棄自己的馬克思主義信仰。然而，一九三七年一月，為了能夠出獄，他同意不再從事政治活動，這就意味著他默認了政府對言論自由的壓制。

經濟復甦與企業集團

頗具諷刺意味的是，儘管在二十世紀三〇年代初期，政黨政治家們遭到了潮水般的惡毒言論攻擊，卻是高橋是清，一位年邁的德高望重的政治家帶領日本走出了大蕭條的低谷。高橋是清出生於江戶，是一位名不見經傳的畫家和一個年輕女傭的私生子，當時以培里為首的美國海軍遠征艦隊正在迫使日本「開國」。高橋是清一出世，家境就十分貧寒。不過，當他成長為一名少年時，很幸運地被一個來自仙台的武士家庭所收養，隨後該領地的大名又將他送往美國學習，時間是一八六七年至一八六九年。回國後，高橋是清在剛成立的明治政府謀到了一個職位，此後他便一直在大藏省供職，直到一八九二年進入日本銀行。一九一三年，高橋是清進入政友會內閣，於一九一三年至一九一四年擔任大藏大臣，在隨後的原敬內閣中依然擔任此職，時間是一九一八年至一九二一年，其後便接替了原敬的職位出任首相。在首相任期結束後，高橋是清進入日本國會，並且擔任一九二五年成立的工商省的第一任部長。一九二七年春，他還一度重新出任大藏大臣，不過只有短短數周時間。

一九三一年剛成立的犬養毅內閣邀請經驗豐富的高橋是清入閣，以制定能夠解決大蕭條所帶來的災難性後果的政策。在凱恩斯本人提出有效需求理論以前，高橋是清就已經是一個凱恩斯主義者了。他憑直覺已經認識到一個國家要想擺脫大蕭條的困擾，唯一的辦法就是刺激消費需求。在一九三一年至一九三六年二月擔任大藏大臣期間，高橋是清堅定不移地執行了一系列赤字開支計畫。一九二九年至一九三一年間，中央政府支出已經從十七億四千萬日圓下降為十四億八千日圓。高橋是清扭轉了這一局面。一九三三年，他將政府支出增加了百分之三十二，達到十九億五千萬日圓，一九三三年又增加了百分之十五，達到了二十二億五千萬日圓。中央政府增加的支出中，四分之三來自政府債券及其他一些形式的赤字財政措施。

這些新增的支出中有很大一部分是對公共工程的撥款。這些工程旨在恢復疲軟的農村經濟。一九三二年至一九三四年，日本政府向農村提供了八億日圓的低息貸款，此外，還撥款給一些能夠向那些貧困村民提供臨時工作的企業。日本政府為了進一步刺激經濟發展，一九三一年至一九三六年間將軍費開支增加了一倍以上，如表12.5所示。

為了幫助日本經濟早日走出困境，一九三一年十二月，高橋是清一上任就著手使日本擺脫金本位制的束縛。不到一年，日圓對美元的匯率從此前的一百日圓兌四十八．八七美元下降為一百日圓兌二十八．一二美元，日圓貶值了百分之四十。結果，在國際市場上日本產品的價格大幅下降，這便刺激了日本棉紗、紡織品、陶瓷品、玩具以及鋼鐵的出口，從而促進了國內經濟的復甦，使日本成為第一個從世界經濟大蕭條中走出的國家，如表12.6所示。在二十世紀三〇年代，隨著化工和機械工業從軍

表 12. 5

軍費開支（1928～1936）

年份	軍費開支（百萬日圓）	占中央政府開支（%）	占國內生產淨值（%）
1928	519	29.4	3.6
1929	497	29.5	3.5
1930	444	41.7	3.6
1931	462	34.9	4.1
1932	705	39.1	5.5
1933	886	46.0	6.1
1934	953	48.3	6.3
1935	1043	50.7	6.3
1936	1089	52.0	5.9

根據休．T. 派翠克（Hugh T. Patrick）的《20世紀20年代的經濟混亂》，轉自詹姆斯．W. 莫利（James W. Morley）的《戰前日本的增長困境》（普林斯頓：普林斯頓大學出版社，1971年），第250、251頁。

表 12. 6

製造業與礦冶業指數（1930～1935）

年份	日本	美國	英國	德國	法國
1929	100.0	100.0	100.0	100.0	100.0
1930	94.8	80.7	92.3	85.9	99.1
1931	91.6	68.1	83.8	67.6	86.2
1932	97.8	53.5	83.5	53.3	71.6
1933	113.2	63.9	88.2	60.7	80.7
1934	128.7	66.4	98.8	79.8	75.2
1935	141.8	75.6	105.6	94.0	72.5

根據查爾莫斯．詹森（Chalmers Johnson）的《通商產業省與日本經濟奇蹟：產業政策的發展（1925～1975）》（史丹佛：史丹佛大學出版社，1982年），第121頁。

事訂貨中獲利甚豐，日本的國內生產淨值上升了百分之七十。這在這個國家的近代史上是絕無僅有的。

二十世紀三〇年代初期，那些居於領導地位的企業集團——三井、三菱、住友、安田，仍然在日本經濟中獨佔鰲頭。在大蕭條開始時，這些財閥的實力相對來說依然十分雄厚，憑藉充足的現金儲備，它們平安渡過了這場大危機。如表12.7所示，一九三〇年至一九三九年的七年間，上述四家日本最大的企業集團在它們各自企業中的投資額增加了百分之六十左右。由於資產負債表上的盈利甚多，這些公司將投資的相當一部分投放到那些增長迅速的欣欣向榮的化工和重工業領域。

然而，儘管取得了許多明顯的成功業績，這些財閥依然發現在二十世紀三〇年代他們的企業並不能像往常那樣開展業務了。在日本民眾中廣為流傳的憤世嫉俗情緒，刻畫了這些大公司追逐利潤和剝削工人與消費者的醜惡嘴臉，而來自右翼勢力的無休止的惡毒攻擊，僅僅是這種情緒的一種最誇張的宣洩。一九三一年秋，這些大公司大肆收購美元而進行投機活動的行徑，進一步惡化了它們在民眾中的形象。由於認識到政府最終將會使日圓貶值，這些大公司瘋狂購進美元，然後在大藏大臣高橋是清一九三一年十二月宣布放棄金本位，日圓對美元匯率在市場水準上自由浮動時，再拋售美元，購進日圓。這一進一出使得這些財閥獲利甚巨，僅三井一家就在此次貨幣投機中賺取了五千萬美元，日本民眾則怒火中燒。

一九三二年三月，血盟團刺殺了三井企業集團的一位主管後，針對這些財閥的譴責之聲日益高

表 12.7

各產業部門的財閥投資（1930 年／ 1939 年）

	三井	三菱	住友	安田	合計
重工業	188 /269	170 /230	58 /137	--/34	16 /639
化學工業	28 /82	--/65	2 /42	--/3	30 /192
紡織業	88 /155	34 /41	--/--	13 /15	135 /211
陶瓷業	22 /38	7 /18	3 /--	--/--	32 /56
食品業	61 /62	78 /126	--/--	--/--	139 /188
其他製造業	124 /206	11 /10	--/--	10 /24	145 /240
電力和能源	22 /65	13 /55	--/19	24 /52	59 /191
運輸業	--/23	87 /103	63 /63	--/13	150 /202
貿易和商業	133 /180	20 /39	--/15	6 /11	159 /245
金融業	70 /71	108 /143	59 /61	126 /141	363 /416
總計	736 /1151	528 /830	185 /337	179 /262	1628 /2580

*投資額為百萬日圓。
根據中村隆英、尾高煌之助編著的《日本經濟史：雙重結構》，岩波書店，1989，第123頁

漲，暴力傾向也越來越明顯。

這些財閥不得不擺出一副和解的姿態。一九三三年九月，池田成彬在出任三井的高層主管後，立即發起了一場新聞評論員稱之為「商業轉向」的運動。一方面，池田成彬將那些民憤最大的公司管理人員統統解雇。由於在滿洲事變初期私自將食鹽出售給張學良，並且在一九三二年上海事變期間用軍用電纜賄賂中國第十九路軍，利慾薰心的三井貿易公司總裁被立即革職。另一方面，池田成彬宣布，三井將不再從事唯利是圖的投機活動，而要積極地回報社會大眾。到一九三六年

末，三井公司已經向那些失業者提供了三百萬日圓的捐助，還提供三千萬日圓贊助一個名為「三井愛心回報社」的慈善基金，此外還有六千萬日圓投向各種公益事業。住友和三菱也紛紛向失業者提供資助。它們還在三井的帶領下，在各自的附屬公司發行股票，以此來反擊關於它們是保守、封閉的家族式企業的指責。

在二十世紀三〇年代，這些著名財閥又遇到了一項新的挑戰，那就是諸如日產、日窒（日本氮肥株式會社）、以及中島航空器製造株式會社等一些新興公司強有力的競爭。這些後起的企業集團常被稱為「新財閥」。它們和那些傳統的大企業集團有著重大的區別。例如，它們很少是那種排他性、封閉性的家族式企業，它們大多從製造業起家，而那些老財閥則植根於採礦業以及銀行和航運等服務業領域。此外，這些新財閥更願意與軍方和革新派官員合作。在這一點上，那些老財閥則顯得較為保守。例如，二十世紀二十年代，日本氮肥株式會社在日本駐朝佔領當局的許可下，在朝鮮北部修建了一些水力發電站。十年後這家公司已成為日本實力最為雄厚的企業集團之一，它的大部分贏利來自硫酸銨、火藥和甲烷的生產與銷售。這在很大程度上要歸因於它能夠以廉價的電力成本在朝鮮生產這些產品。

在這些新財閥中最成功的當數日產公司了。一九二八年，鮎川義介接手了表兄的一家採礦企業，建立了日產公司。在鮎川義介的領導下，日產公司在二十世紀三〇年代中期已經成為一家擁有七十七家子公司的大企業集團了。這其中就有日產汽車公司、日產化工株式會社、日立有限責任公司以及大阪船舶株式會社等一些著名的製造企業。到一九三七年時，日產已經超越了住友和安田。這主要歸功於鮎川義介在二十世紀三〇年代日本軍國主義勢力急劇膨脹時和軍界以及革新派官員所建立的密切關係。

這種新的合作關係在偽滿洲國更加普遍。在那裡，關東軍正在加緊發展工業以使這個「衛星國」成為日本的「經濟生命線」，這個名稱為松岡洋右廣泛使用。為了進一步推進工業發展計畫，偽滿洲國理事會建立了一系列新的金融機構，並且採取了一系列鼓勵日本本土到滿洲投資的政策。這些措施取得了一些成效。儘管日本的那些傳統大企業仍然對軍部一貫以來的偏見心存疑慮，但它們還是和其他公司一起參與了對偽滿洲國的投資，並達到了十二億五千億日圓的驚人數目。到一九三六年末，這個新興的「衛星國」已經成為日本煤炭、生鐵和大豆的最主要產地。

然而，關東軍的決策層並沒有對這些成就感到滿意。與日本本土對偽滿洲國的投資相比，偽滿洲國對日本本土的投資水準一直很低。一位國外觀察家甚至評論道:這個「衛星國」將會成為一個「名副其實的負擔而不是所謂的生命線」。[24]為了促進蓬勃開展的工業化進程，吸收日益增長的人口，偽滿洲國的官員們起草了一份五年計劃。這個新的宏偉藍圖要求放棄自由放任的資本主義，代之以政府對重要經濟活動進行嚴格調控的「管制經濟」。因此關東軍說服工商省派遣一位日本最傑出的年輕「明星」來偽滿洲國指導該計畫的實施，這個人就是岸信介。岸信介剛剛起草了《自動車製造事業法》，並且和日產公司關係密切。他立即邀請鮎川義介將他的高科技企業遷到滿洲。鮎川義介抓住了這一機會，一九三七年下半年，他將公司總部從日本本土遷到滿洲，並將公司更名為滿洲重工業開發株式會社。

與此同時，該計畫規定偽滿洲國政府持有公司的一半股份，公司還要遵守「滿洲國」的法令；作為回報，偽滿洲國當局保證公司享有百分之六的淨利潤和至少百分之七．五的債券回報率。於是，在政府的庇護下，鮎川義介的公司兼併了滿洲鐵道株式會社的大部分企業，一躍而為東北亞工業的領頭羊。

「二二六」事件

一九三六年二月二十六日清晨發生的一次事件，成為二十世紀三〇年代早期社會動盪的高潮。這天，日本最精銳的陸軍第一師團的二十一名下級軍官，率領一千四百多名士兵衝出兵營，企圖推翻現政府。那個早晨，大雪紛飛，東京籠罩在皚皚白雪之下，暗殺小分隊刺死了大藏大臣高橋是清、前首相齋藤實，以及軍事教育總監。然而，岡田啟介首相死裡逃生，衝進首相官邸的那些年輕軍官誤將首相的小舅子當作首相槍殺。首相的妻子將首相藏在一間密室裡，等到行兇者將其「屍首」帶走後，幫助首相化裝成一名婦女逃出官邸。儘管暗殺首相的計畫落空了，但中午時分，第一師團的士兵們已經控制了東京市中心，佔領了國會大廈、軍部等周邊陣地，還佔領了一處能夠俯瞰帝國皇宮的制高點。政變的領導者被這次突襲所取得的勝利沖昏了頭腦，企圖建立新一屆政府，要求由同情他們發動這次政變的將領來組閣。

二二六事變／Getty

與二十世紀三〇年代早期那些無果而終的政變策劃者一樣，「二二六」事件的煽動者們聲稱，發動此次政變並非出於個人目的，用其中一名參與者的話來說就是「僅僅為了喚醒日本民眾，成就一次昭和復興」。[25]他們關於「昭和復興」的憧憬，在很大程度上是那份廣為流傳的北一輝《國家改造法案大綱》（一九二三年）的摹本。北一輝長期以來就是一名民族主義理論家。在他的綱領中，北一輝號召舉行軍事政變，還要取消憲法，進行為期三年的戒嚴令管制，在此期間一個由軍隊領導的政府可以將那些政黨掃地出門。此外，他還鼓吹對那些關乎國家經濟命脈的工業實行國有化，打破土地集中的局面以有利於那些貧困的佃農家庭，「消除那些將天皇和他的子民們分離的障礙」。[26]如果這些可以順利實現的話，北一輝得出結論說，日本將得以完成促使亞洲其他地區文明化的崇高使命。

長期以來，北一輝努力培育和日本陸軍第一師團中那些激進分子之間的密切關係。他向那些年輕軍官們諫言說，如果現在就採取行動，還有時間來拯救這個國家。這些勸諫鼓動了那些軍官們決定在一九三六年二月二十六日發動政變。其他一些因素也促成了這次政變的發生。這些年輕軍官們已經經歷了幾乎四年的舉國一致內閣的統治，而在此期間出任首相的正是齋藤實和岡田啟介，這兩位前海軍大將都被激進分子們認為並沒有不遺餘力地尋求日本在東亞的利益。這些暴亂分子們最為痛恨的當數大藏大臣高橋是清，因為他們認為高橋是清的經濟復興計畫只是讓那些大公司中飽私囊，而廣大日本農民和小商小販並沒有獲得什麼好處。促成此次政變的另一個因素，則是日本陸軍中出現了兩個針鋒相對的派系。其中一支以荒木貞夫將軍為首，他們自豪地稱自己為「皇道派」。它的許多追隨者都宣誓要誓死效忠天皇，他們為荒木貞夫狂熱的政治主張所吸引。荒木貞夫認為日本只有依靠傳統的武士道精神、意志訓練和個人美德，以及鼓勵國民團結，才能鞏固國防。另一支即所謂的「統制派」，以南次郎、宇垣一成和永田鐵山等將領為首，他們的觀點和「皇道派」大相徑庭。這些人大多十分務實和頭腦冷靜，強調日本軍隊的機械化建設和國家的經濟發展規劃。他們傾向於用擴充兵力和發展現代技術來取代乞靈於傳統「武士道精神」這一令人費解的做法。

對陸軍中佐相澤三郎的審判在日本社會產生了劇烈的轟動效應。一九三五年八月十二日，忠於「皇道派」的相澤三郎刺殺了積極支持日本軍隊現代化建設的永田鐵山將軍。一九三六年一月二十八日，開始了對相澤三郎的公審。這是二十世紀三〇年代這一日本歷史動盪時期最為聳人聽聞的事件。這位中佐將被告席當成了自己的公開講壇，他對大蕭條時期社會思潮的鏗鏘有力的表達極大地感染了日本民眾。他說，天皇身邊盡是「邪惡的勸諫者」，美濃部達吉的理論使得那些政黨和財閥可以肆無忌憚地利用手中特權謀取私利；即使在軍隊內部，一小撮陰謀集團也正在威脅著這個國家的安全。相澤三郎聲明：「我除掉了永田鐵山，因為他是罪魁禍首，勾結其他權傾一時的政治家、大藏大臣以及一些軍隊中舊派系的成員如南次郎和宇垣一成將軍等，為非作歹，導致了軍隊的腐敗。」[27] 相澤三郎處處以一名致力於軍隊和國家改革事業的普通軍人身份出現，他的這一姿態贏得了廣大日本民眾的欽佩。數以千計的人寫信給他表示支持，還有人切下自己的手指郵寄給他，這是一種誇張的表示支持的傳統做法。

審判相澤三郎所產生的戲劇性效果刺激了陸軍第一師團下級軍官的行動，而二月二十六日的大雪，使他們想起了一八六〇年那個冬日的早晨。那天，一群懷有理想主義而又意志堅定的年輕武士，在櫻田門外刺死了幕府時代日本政策的主要制定者井伊直弼。櫻田門就坐落在如今造反者設在東京心臟地帶的露天營地的視野之內。然而在一九三六年，第一師團「決死之士」的期望卻如雪水一般化為泡影。海軍軍令部對政變的實施以及兩位同僚成為刺客的目標感到十分震怒。二月二十六日和二十七日，第一艦隊的四十艘軍艦停止了預定的調動，轉而駛入東京灣，將大炮對準叛軍的營地。面對如此緊急的事態，自幼便被教導要維護君主制度和明治憲法的昭和天皇，下令陸軍鎮壓叛亂。「我深感遺憾，他們居然謀害了我最忠誠、最信任的大臣，」天皇對一名侍從說，「他們這是在我的脖子上繞上綢帶。他們的所作所為既違背了憲法，也違逆了明治天皇的聖諭。我決不會寬恕他們，無論他們的動機是什麼。」28

天皇發出平叛命令的次日，陸軍參謀本部即調派十營士兵進入東京，用坦克和大炮包圍了叛軍營地。叛軍為情勢所迫，到二月二十九日中午繳械投降，叛亂平息。軍隊赦免了幾乎所有見習士官和普通士兵，卻對領導這場叛亂的少壯派軍官進行了迅速而又無情的審判：審判過程在攝像機鏡頭前進行，判決十三人死刑。叛亂分子的精神導師北一輝，也被拉去刑場陪綁，即使他並未實際參加政變圖謀。

在許多方面，「二二六」事件使這個國家得以清醒過來。一九三六年後，日本就再未發生過對國家權威的挑戰。全體日本人，包括民權派人士在內，都因政治恐怖主義和自命不凡的殉難行為而發生了轉向。在軍隊內部，「皇道派」的擁護者發現自己被打入冷宮，要不然就被調任形同虛設的崗位；而那些與「統制派」一致的將軍們則開始走紅，他們較少有意識形態方面的狂熱，更為小心謹慎。在平民政府裡面，元老政治家將內閣奉送到一位受人尊敬的職業官僚廣田弘毅手中。作為從一九三三年九月一直任職到一九三六年的外務大臣，廣田弘毅曾經闡述過一種強硬的對華政策，主張壓迫蔣介石承認偽滿洲國。在代理了首相職位之後，廣田弘毅仍然秉持以往的信條，即偽滿洲國的繼續存在是日本外交政策的基本目標。但是他也伸出了和解的橄欖枝，在公開演講和政府文告中聲稱，運用外交手段是解決中日分歧、恢復遠東穩定的最佳途徑。

甚至連普通日本民眾似乎也為一九三六年的正常狀態長舒了一口氣。這可以從九州一個小鎮上的一家旅店老闆女兒的日記中看出，十七歲的她畢業於當地的高中，受過在當時說來良好的教育。一九三六年七月三日，相澤三郎堅定地走在行刑隊前，步向刑場。當天的日記中，她寫下了對相澤三郎中佐的「同情」，這是在「二二六」事件的第一批造反者被處死的九天之前。不過，在此之後，國家事務就不再打擾她的世界。一九三六年夏秋的日子裡，她的日記裡充滿了時不時前往當地電影院，偷看男孩子在社區自行車商店表演「專業的」單輪腳踏車絕技，以及季節轉換帶來的喜悅。「要不了多久，我們就能看到水稻田裡的金色收成了。」她寫道。[29]但是，一九三七年夏天日中戰爭的爆發，打破了她的平靜世界。隨著日本滑入與其亞洲鄰居全面戰爭的困境，這個國家日益軍國主義化，鼓吹實行計劃經濟，進一步加強國家對企業的控制，以皇權為中心的思想作為日本國家的正統意識形態，成為新的公式化表述。

1 Seki Hiroharu,「The Manchurian Incident,1931,」 tr. with an Introduction by Marius B. Jansen, in James W. Morley, ed. , Japan's Road to the Pacific War, vol. 1: Japan Erupts: The London Naval Conference and the Manchurian Incident, 1928-1932(New York: Columbia University Press,1984), p. 228 (modified)

2 Kerry Smith, A Time of Crisis: Japan, the Great Depression, and Rural Revitalization (Cambridge: Harvard University Asia Center, 2001), p. 72.

3 Mark R. Peattie, Ishiwara Kanji and Japan's Confrontation with the West(Princeton: Princeton University Press, 1975), p. 118.

4 Takehiko Yoshihashi, Conspiracy at Mukden: The Rise of the Japanese Military (New Haven: Yale University Press, 1963), pp. 9 and 7.

5 Kakegawa Tomiko,「The Press and Public Opinion in Japan, 1931-1941」, in Dorothy Borg and Shumpei Okamoto, with the assistance of Dale K. A. Finlayson, eds. , Pearl Harbor as History: Japanese-American Relations 1931-1941 (New York: Columbia University Press,1973),p. 537 (modified).

6 John N. Penlington, The Mukden Mandate: Acts and Aims in Manchuria(Tokyo: Maruzen,1932),pp. 23-25.

7 Sadako N. Ogata, Defiance in Manchuria: The Making of Japanese Foreign Policy, 1931- 1932(Berkeley: University of California Press,1964),pp. 30-31 (modified).

8 Mainichi Daily News, Fifty Years of Light and Dark: The Hirohito Era (Tokyo: Maimichi Newspapers, 1975),p. 56(modified).

9 Tessa MorrisSuzuki, Shōwa: An Inside History of Hirohito's Japan(New York: Schocken Books,1985), p. 20.

10「Address Delivered by Yosuke Matsuoka, Chief Japanese Delegate, at the Seventeenth Plenary Meeting of the Special Assembly of the League of Nations」, in Matsuoka, Japan's Case in the Sino-Japanese Dispute(Geneva: Japanese Delegation to the League of Nations, 1933), pp. 49-61 passim(modified).

11 Shimada Toshihiko,「Designs on North China,1933-1937」, tr. with an Introduction by James B. Crowley, in Morley, ed. , Japan's Road to the Pacific War, vol. 2: The China Quagmire: Japan's Expansion on the Asian Continent, 1933-1941 (New York: Columbia University Press, 1983), p. 58.

12 Herbert P. Bix, Hirohito and the Making of Modern Japan (New York: Harper-Collins, 2000), pp. 253-54.

13 譯注：即所謂「五相會議」，由內閣中地位最重要的五位閣員組成。

14 Sandra Wilson,「Angry Young Men and the Japanese State」, in Elise K. Tip- ton, ed. , Society and the State in Interwar Japan (London: Routledge,1997), p. 109.

15 Yoshino Sakuzō,「Fascism in Japan」, Contemporary Japan, 1:2 (September 1932), p. 185.

16 Vera Mackie, Creating Socialist Women in Japan: Gender, Labour and Activism, 1900-1937 (Cambridge: Cambridge University Press, 1997), p. 60.

17 Louise Young, Japan's Total Empire: Manchuria and the Culture of Wartime Imperialism (Berkeley: University of California Press, 1998), p. 84.

18 Ian Reader, with Esben Andreasen and Finn Stefánsson, Japanese Religions: Past and Present (Sandgate, Folkestone, Kent: Japan Library, 1993), p. 71.

19 Ogata Sadako,「The Role of Liberal Nongovernmental Organizations in Japan」, in Borg and Okamoto, eds. , Pearl Harbor as History, p. 472.

20 Richard J. Smethurst,「The Military Reserve Association and the Minobe Crisis of 1935」, in George M. Wilson, ed. , Crisis Politics in Prewar Japan:

Institutional and Ideological Problems of the 1930s (Tokyo: Sophia University,1970),p. 8 (modified).

21 Frank O. Miller, Minobe Tatsukichi: Interpreter of Constitutionalism in Japan (Berkeley: University of California Press, 1965), p. 227.

22 Patricia G. Steinhoff, Tenkō: Ideology and Societal Integration in Prewar Japan (New York: Garland, 1991), p. 55.

23 George M. Beckmann,「The Radical Left and the Failure of Communism」, in James W. Morley, ed. , Dilemmas of Growth in Prewar Japan (Princeton: Princeton University Press, 1971), pp. 165-69 (modified).

24 John R. Stewart, Manchuria since 1931 (New York: Secretariat, Institute of Pacific Relations, 1936),p. 37.

25 Ben-Ami Shillony, Revolt in Japan: The Young Officers and the February 26, 1936 Incident (Princeton: Princeton University Press, 1973), p. 122.

26 George M. Wilson, Radical Nationalist in Japan: Kita Ikki 1883-1937 (Cambridge: Harvard University Press, 1969), p. 69.

27 James B. Crowley, Japan's Quest for Autonomy: National Security and Foreign Policy, 1930-1938 (Princeton: Princeton University Press, 1966), pp. 270-71 (modified).

28 Bix, Hirohito and the Making of Modern Japan, p. 723, n. 56, and Shillony, Revolt in Japan, p. 173.

29 The Diary of a Japanese Innkeeper's Daughter, tr. Miwa Kai, ed. and annot. Robert J. Smith and Kazuko Smith (Ithaca: East Asia Program, Cornell University, 1984, 2d print.), p. 164.

第十三章

追求新秩序

一九三〇年，對於那些希望能有一個晚上忘掉遷延日久的大蕭條的人來說，電影仍然提供了一種暫時的喘息機會。那些描寫悲傷與歡樂交織的都市生活電影繼續令觀眾們著迷，通過《辦公室的故事》《開心生活》和一九三二年上映的《醉生夢死》（描寫兩個外地男孩在東京適應新社區、新學校和新夥伴的經歷，帶有嚴肅的弦外之音）等經典喜劇影片，「無意義電影」（Nonsense Films）提供了一種更為徹底的逃避現實的方式。這種類型影片的典型是那些色情鬧劇。比如在一位令人感興趣的年輕導演成瀨巳喜男號稱「新婚夫婦編年史」的《新婚記》和《催情布丁的騷動》等影片中，銀幕上嬉鬧的人物時不時地撞上滑稽的尷尬處境和浪漫的意外事件，影片對情節和人物的塑造則幾乎不予重視。

一九三七年夏，日本在亞洲北部的軍事冒險上升為與中國的全面戰爭。很快，這個島國就派出了一百萬年輕人投入戰鬥。隨著日本集結力量準備在中國內地進行一場非同尋常的戰爭，日本政府發出了建立「新體制」的號召。它要求將政治權力置於專家治國論者和正直廉潔之人手中，更為有效地組織國家的經濟資源，將殖民地合併為一個自給自足的、有能力確保勝利的地帶，並激發國民支持戰爭的心理和道德方面的能量。

為了實現上述目標，一九三九年頒佈的《映畫法》呼籲「電影產業的健康發展」，[1] 換句話說，這意味著那些輕鬆無聊的色情影片和那些關注複雜社會問題的影片將會受到禁止。在日本政府的立場上，正如一份內務省指令所規定的，製片公司出產的影片應能「提升國民意識，樹立公眾道德，端正對國家內外政策的理解，以及以其他方式為增進公眾福利做出貢獻」。二十世紀三〇年代末期，每年掏錢看電影的觀眾多達四億人次。無論是否喜歡，他們都必須面對一張嚴肅的描寫現實戰爭的節目單，比如《五個偵察兵》（一九三八年）、《泥漿與士兵》（一九三九年）等等。具有諷刺意味的是，政府迫使統一思想和努力支持戰爭的企圖並未能平息與中國的衝突，最終只是使其對其他假想敵的態度更為強硬，其悲劇性結局是一九四一年日本發動了對美國的戰爭。

滑入戰爭

當在中國發生最新事變的消息剛傳到東京時，無論是軍隊的參謀本部還是新任帝國首相近衛文麿，都未對此引起足夠的重視。雙方的衝突看來只不過是又一次能夠得到迅速的例行公事般處理的小亂子而已。一九三七年七月七日夜間，一連日本士兵，根據《辛丑合約》的有關條款駐紮在北京附近的幾支國際部隊之一，在點名之後藉口有一名日本軍人失蹤，連指揮官要求進入附近的宛平城搜查，但中國人對這一要求猶豫不決。日本人企圖強行進入居民區，於是發生了小規模戰鬥。其後，即使那位行為不端的士兵已經平安回到了連隊，雙方仍急忙各派出一個營的兵力趕到衝突現場。

到七月十一日，現場的中國軍隊指揮官也已做出了妥協姿態。不過，很令東京感到失望的是，蔣介石拒絕對談判給予支援。此前，這位最高統帥已經預設了許多地區與日本軍隊達成的停戰方案；但在一九三七年夏天這一時刻，他卻在平津地區反其道而行之。蔣介石之所以敢於冒險採取這一大膽行動，是因為他的國民黨政府（由於國民黨支配著國家事務，所以這個政府也被稱為國民黨政府）正處於比十年前更好的軍事與經濟狀況。蔣介石於一九二八年就任新的南京國民政府的首腦，他的言行不斷地增加著分量。中國人民正在採取越來越好鬥的反日態度，幾乎無人願意接受對他們國家主權的進一步侵犯。所有這些都增強了蔣介石的勇氣。另外的壓力來自毛澤東領導的共產黨人。他們贏得了越來越多的尊敬，他們呼籲蔣介石結束內戰並加入他們反對日本侵略的「統一戰線」。這得到了各階層的廣泛支持。如果蔣介石要實現自己的雄心，使國民黨政府成為每個中國人都接受的合法政府，他就必須緊緊抓住中國民族主義的衣缽，放棄他一面對日妥協，一面動用資源進行「剿共」戰爭的兩手政策。張學良在退出熱河後，已在西安建立起自己的新基地。他使這一點在一九三六年十二月變得明朗化了。當時，蔣介石來到張學良的司令部，責罵他這位長期的盟友受到了共產黨人的影響。令蔣介石始料未及的是，他的這位盟弟逮捕並軟禁了他，並拒絕在他同意「統一戰線」的戰略之前釋放他這位國民黨領袖。

東條英機

盧溝橋事變的那天清晨，共產黨人向全中國人民發出呼籲：「抵抗日本新的侵略行動。」幾天之內，蔣介石也表現出他對「西安談判精神」的承諾，命令北平地區的軍事將領拒絕日本人提出的停戰條件。同時，蔣介石開始調動他最精銳的四支部隊北上進入河北省，公開違反《何梅協定》和《塘沽協定》。在事變爆發後的第十天，七月十七日，蔣介石站在他的廬山避暑地門廊前，發表了一個具有歷史意義的公開演講，宣布如果日本繼續侵略中國的主權，就不可能得到和平的協定。「如果我們再讓國土多淪喪一寸，」蔣介石最後說，「我們就會對中華民族犯下不可饒恕的罪行。」[2]

近衛文麿又決不願意允許日本示弱，與蔣介石七月十七日的高調演講一樣，近衛文麿也舉行了磨刀霍霍的記者招待會和廣播演講，要求蔣委員長為「非法的反日行動道歉」。那些重要將領們，比如東條英機、小磯國昭等，則討論採取何種行動給予蔣介石以沉重一擊。他們贊成一些同僚的意見，認為蘇聯是日本安全的最大威脅，但他們也堅持對國民黨軍隊不屑一顧，相信只要一次迅速、勇猛的攻擊就會令蔣委員長屈膝歸順，便可使軍隊騰出手來全力對付蘇聯。由於預期顯示武力的結果將會迫使

表 13.1

1936 年～ 1941 年間的日本首相

首相	組閣次數	內閣任期
廣田弘毅		1936 年 3 月 9 日至 1937 年 2 月 2日
林銑十郎		1937 年 2 月 2 日至 1937 年 6 月 4 日
近衛文麿	第一次	1937 年 6 月 4 日至 1939 年 1 月 5 日
平沼騏一郎		1939 年 1 月 5 日至 1939 年 8 月 30 日
阿部信行		1939 年 8 月 30 日至 1940 年 1 月 16 日
米內光政		1940 年 1 月 16 日至 1940 年 7 月 22 日
近衛文麿	第二次	1940 年 7 月 22 日至 1941 年 7 月 18 日
近衛文麿	第三次	1941 年 7 月 18 日至 1941 年 10 月 18 日
東條英機		1941 年 10 月 18 日至 1944 年 7 月 22 日

蔣介石退讓，七月二十七日，近衛文麿內閣正式批准陸軍派遣三個師團前往中國。次日下午，盧溝橋附近再次發生小規模戰鬥。到八月初，日本的中國駐屯軍已經佔領了北平。

很快，日軍猶如閃電撕裂了中國大地，南方的上海也燃起了戰火。八月初，蔣介石調集近十萬軍隊進入一九三二年上海事變期間建立起來的非軍事區。局勢十分緊張：日本軍隊在這一區域只有二千五百名海軍陸戰隊員，而連居住在上海的日本平民都知道，當戰火吞沒北平附近一座省城的最初十一天裡，曾有大約二百名日本僑民死於非命。因此，當兩名日本海軍陸戰隊員於八月九日被上海的中國保安隊擊斃時，海軍高級將領便要求東京迅速增派援軍。八月十四日晨，日本內閣批准增派數個師團前往中國大陸。在發佈的政府文告中，近衛文麿指責中國對待日本的「傲慢無禮」態度，表示日本政府別無選擇，只有「訴諸斷然行動」，以「嚴懲」「兇暴」的中國人。當天下午，國民黨軍隊的轟炸機飛臨上海外國人居留區，轟炸了日本海軍設施，給了近衛文麿一記耳光。幾個小時之後，蔣介石命令進行戰爭動員，宣布「中國決不放棄領土之任何部分，遇有侵略，唯有實行天賦之自衛權以應之」。[3]這樣，盧溝橋事變擴大為一場中日之間的全面戰爭，雖然此刻無論中國還是日本都未宣布兩國進入交戰狀態，戰爭仍然持續了漫長的八年零一天。

在中國的僵局

石原莞爾曾經警告那些「戰爭擴大派」，絕大多數日本的戰略制定者們都會預期在中國輕易獲勝，因為這是一個他們所鄙視的對手。通過迅速奪占重要城市和鐵路沿線——軍事學上稱為「點」與「線」，他們就可以逼迫蔣介石早早屈膝求和。但是，事實令他們感到驚恐不安，日本帝國的軍隊發現他們嚴重地誤判了國民黨政府的決心。中國投入了將近五十萬軍隊用於上海的防禦作戰，在這座城市的街道上上演了將近三個月的殘酷肉搏。只是在日本增派援軍於上海南面約四十八公里處一個不

地圖 13.1

1937～1939 年中日戰爭

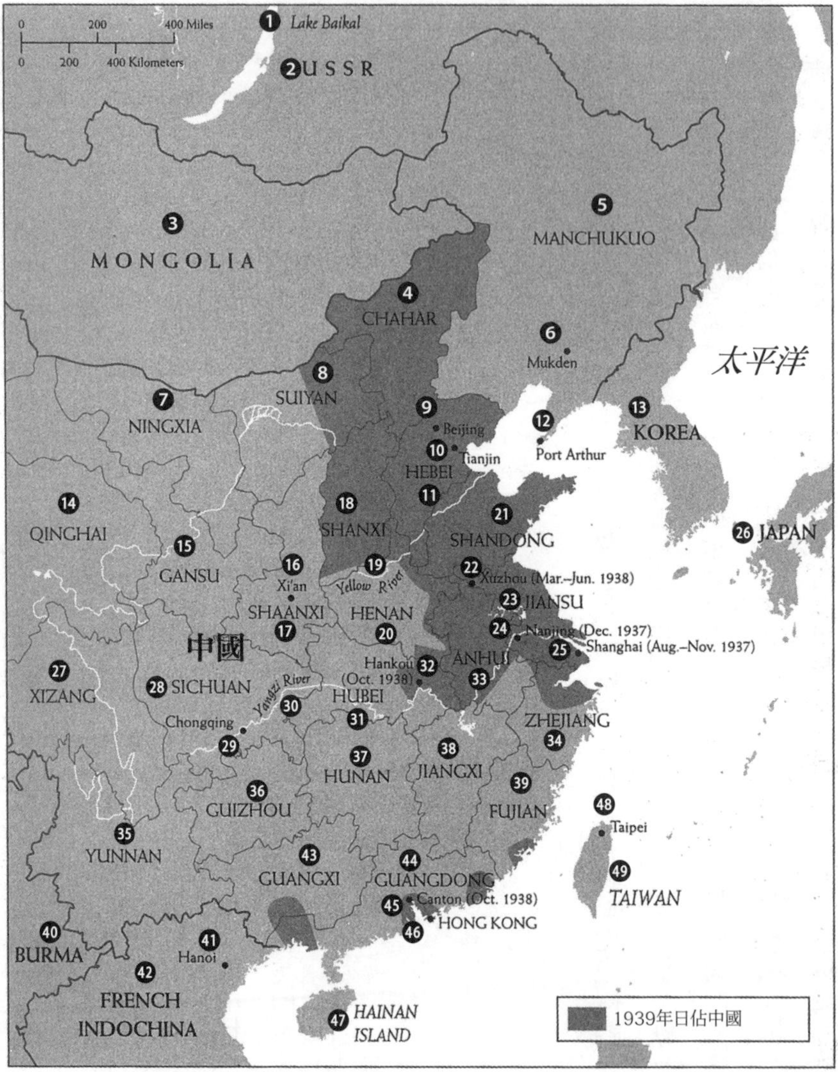

1. 貝加爾湖
2. 蘇聯
3. 蒙古
4. 察哈爾
5. 滿州國
6. 奉天
7. 寧夏
8. 綏遠
9. 北京
10. 天津
11. 河北
12. 旅順港
13. 朝鮮
14. 青海
15. 甘肅
16. 西安
17. 陝西
18. 山西
19. 黃河
20. 河南
21. 山東
22. 徐州
23. 江蘇
24. 南京
25. 上海
26. 日本
27. 西藏
28. 四川
29. 重慶
30. 長江
31. 湖北
32. 漢口
33. 安徽
34. 浙江
35. 雲南
36. 貴州
37. 湖南
38. 江西
39. 福建
40. 越南
41. 河內
42. 法屬印度支那
43. 廣西
44. 廣東
45. 廣州
46. 香港
47. 海南島
48. 臺北
49. 臺灣

設防的海灣[4]實行登陸，對中國軍隊進行側翼攻擊之後，日本人才好不容易取得勝利。如今，已有六十多萬軍人投入中國戰場，日本軍隊急速西進，攻擊中國的首都南京。一九三七年十二月十三日，日本軍隊攻佔並劫掠了這座城市，但蔣介石已經遷往大約九百六十公里之外、地處長江中游的武漢，他仍然堅決拒絕日本做出的所有外交談判的建議。

一九三八年初，近衛文麿宣布他不再承認蔣介石的國民政府為中國的合法政府，而日本的將軍們則仍在艱難地尋找給予蔣介石政權沉重一擊的機會，他們決定進一步擴大戰爭，增派八個師團前往中國。五月，日本軍隊突破了部署在徐州附近的國民黨軍隊一百多個師的防線，攻佔了這座南京北面的古城。多少世紀以來，這座城市一直為兵家必爭之地，具有重要的戰略地位。蔣介石仍然拒不考慮投降。日本軍隊加倍苦戰，十月二十一日佔領廣州。十月二十七日，在歷經長達五個多月的大小戰鬥，約有二十萬中國和日本軍人拋屍沙場之後，日本軍隊才精疲力竭地進入了漢口，但等待著他們的只是一座空城。蔣介石已將工廠、學校和醫院拆遷一空，裝船西運至著名的長江三峽上游的重慶——位於中國廣袤西南內地深處的國民政府新首都。

到一九三八年底，受挫的日本人發現自己已經身處僵局。即使在華軍隊人數已經接近八十五萬人，在中國南部的日本軍隊也根本沒有能力向重慶推進。而在中國北部，毛澤東領導的共產黨人鉗制著日本軍隊的一舉一動，他們伏擊掉以輕心的日軍巡邏隊，甚至在較大戰役中殲滅了更多的日軍部隊。隨著這場消耗性艱苦戰爭無情地向前推演，到一九四一年，陣亡的日軍士兵已經增至將近三十萬人，戰死沙場的中國軍人據說也已達到一百萬，而戰爭的結束仍然遙不可期。石原莞爾關於日本在中國深陷泥沼的預言已經成為現實。日本皇軍幾乎控制著中國所有的重要城市，但是他們既不能擊敗國民黨軍隊，也無法殲滅共產黨游擊隊。近衛文麿早就放棄了努力誘使蔣介石來到談判桌前的方案，而國家的榮譽又不允許日本從中國撤軍。中國已經成為日本的「拿破崙夢魘」，戰爭不知何處才是盡頭。

日本的新聞媒體熱衷於大張旗鼓地報導日本軍人的勇猛善戰，並充滿熱情地預告每場新的勝利，但是，嚴密的政府審查網路使得在中國進行戰爭的另外一面卻不為公眾所知，其中包括降臨於無辜平民頭上的戰爭暴行。即使在二十世紀三〇年代的那些和平歲月裡，日本軍人也認為他們淩駕於其他亞洲人之上，這些亞洲國家由於未能像日本那樣迅速實現現代化而被視為非常「落後」。這樣一種觀念，與面臨在充滿敵意的外國土地上進行戰爭的焦慮交織，加上日本的軍人操典漠視敵國人民的權利，就會導致日本士兵可能對普通中國人犯下令人髮指的罪行。最為臭名昭著的戰爭暴行是「南京大屠殺」。在日本軍隊於一九三七年十二月佔領這座城市之後，縱火焚掠，獸性勃發，強姦婦女，肆意殺害手無寸鐵的平民，這樣的暴行持續了幾個星期之久。南京和周圍村鎮居民遭受的傷害難以計數。當時的外國觀察家估計死亡人數在四萬人左右；其後的歷史學家們修正了這一資料，上升為大約二十萬人；今天的「南京大屠殺」紀念碑則記載有數萬人遭到強姦，共有三十萬人慘遭殺害。

南京並不是日軍施暴的唯一場所。在中國各處，日本軍人都在劫掠中國人的財產，射殺農家的牲畜，強姦各種年齡的婦女。在北方那些共產黨游擊隊活躍的地區，似乎每個村莊看起來都存在著敵對的游擊隊員，日本人嚴刑拷打和肆意虐待農民是家常便飯。他們用苯毒害村莊，或乾脆付之一炬；他們刺殺懷孕的婦女，並迫使兒童走進可能的佈雷區。在哈爾濱郊外，日本軍隊駐有罪惡的七三一部隊。這支部隊以防治傳染病和供應可飲水這樣的無害名稱作為掩護，實際上進行著細菌戰研究，以人的活體進行實驗，將淋巴腺鼠疫、肺炎、傷寒、梅毒及其他傳染病菌注入中國人的體內，以便產生出更為致命的細菌種類和更為有效的運載手段。七三一部隊的一個成員承認，他曾解剖過極度驚恐但仍有知覺的人體，從其體內器官中提取疫病細菌。他吐露說：「如果我們沒有種族優越的觀念，也就不可能做這樣的事情。」[5]到戰爭結束時，已有數千名中國人死於細菌戰研究項目，雖然日本政府從來未正式承認七三一部隊的存在。

隨著疲憊不堪的日本士兵在中國廣袤國土上蹣跚而行，日本國家領導人不得不尋求對這場以「膺懲」蔣介石為名而發動的戰爭做出解釋，並賦予其合法性。一九三七年九月，中國向國際聯盟提出正式申訴，指出日本的軍事行動是地地道道的侵略行為，而廣田弘毅外相卻辯解說是「自衛行動」。他解釋說，日本只不過想要使國民黨政府停止其反日活動而已。一九三七年秋，精力充沛的詭辯家松岡洋右就任由公眾頭面人物組成的內閣參議。他試圖把中國的政治領袖妖魔化成不僅給日本，也給全亞洲帶來危害的惡棍。他寫道，「縱酒淫樂的中國軍閥」和「赤色共產主義」，已經合併生成為一顆深植於「東亞母親胸前的癰疽」，他們將「帶來確定無疑和不可避免的毀滅」，如今已經威脅到了「所有亞洲國家」。他的結論是，日本必須「拿起手術刀」，實施時代所賦予其的「英勇的外科手術」。[6]

從年輕時就信奉泛亞主義的近衛文麿首相，則清楚地表達出日本作為亞洲新秩序合法領袖的更為遠大的目標。從他年輕時的巴黎之行起，近衛文麿就是《華盛頓條約》體系直言不諱的批評者。他指責《華盛頓條約》體系是西方國家企圖凍結各國的國際地位，以確保白種人能夠繼續支配世界的粗暴行徑。他認為，西方國家可能會在理論上認可日本的一流強國地位，但實際上，在一個由西方帝國主義國家所支配的世界裡，島國日本仍然是一個資源貧乏的經濟體。由《華盛頓條約》所建立並經倫敦會議所重申的軍備限制，僅僅是為了使日本屈從於西方列強，特別是屈從於美國和英國。據近衛文麿所稱，只有當日本獲得了經濟自立，並且顛覆了這種把亞洲國家貶低為世界事務中二流公民的帶有種族偏見的惡毒國際體系，日本民族才可能獲救。

一九三八年十一月三日，近衛政府在舉行慶祝攻佔廣州和武漢的儀式時，正式宣布了所謂的「亞洲新秩序」。當晚，近衛文麿首相在無線電廣播中鄭重宣告：「日本所追求的是建立一種確保東亞長久穩定的新秩序。我們發動軍事進攻的最終目的就在於此。」[7] 新秩序的建立需要「日、滿、華三國相互協作的關係」。不幸的是，近衛文麿感到痛惜，蔣介石只是西方國家的一個傀儡和爪牙，只想依賴西方的庇護來維持自己的腐敗統治，其悲慘後果將會使中國人民淪於共產主義和西方帝國主義的危險之中。近衛文麿承諾說，普通的中國人無須害怕日本人；相反地，他同情中國民眾的「強烈民族感情」，他們只是想要從蔣介石統治的崩潰中解放自己。近衛文麿希望看到蔣介石的失敗，從而出現一個新中國，能與日本和「滿洲國」結盟，以便「構建一個反對帝國主義的完備共同防線，創造一種新文化，實現整個東亞的密切經濟聯繫」。這樣一個善於隨機應變的政治家所做的蠻橫無理的演講，很值得進行細緻的剖析。按照他的詭辯，首先，近衛文麿為日本在中國的軍事行動進行辯解；接著，他描繪了一個有道德、有操守、無私忘我國家的清晰形象：日本是在做出犧牲，是把中國人民從國民黨壓迫和西方帝國主義侵略的雙重奴役下解救出來，從而創造一個「建立在真正正義基礎之上的和平新秩序」。

新政治體制

雖然近衛文麿能用誇誇其談來激勵他的國人，但這位首相還是缺乏能力將他的東亞新秩序設想

(左起)1940年7月，內閣總理大臣近衛文麿在家中會晤外務大臣松岡洋右、海軍大臣吉田善吾及陸軍大臣東條英機／Getty

轉化為現實的軍事或外交安排，從而能以有利於日本的方式結束在中國的戰爭。一九三九年一月，這位受挫的年輕貴族辭去了首相職務。一年半之後，近衛文麿再次就任首相，因為他希望發起一場導致國內政策激烈變化的「新體制運動」，以解決長期困擾日本的內憂外患。一九四〇年七月二十三日，在天皇公佈了對他的任命的當天，近衛文麿組成了他的第二任內閣。他在無線電廣播中宣稱：舊的世界秩序正在崩潰，變革的浪潮正在沖刷著亞洲海岸。近衛文麿告誡國民，為了適應這個急劇變化著的世界，日本必須重新煥發青春，重建自己的國內政治和經濟結構。三天以後，第二屆近衛內閣就批准了《基本國策要綱》，描繪出一幅「新體制運動」的藍圖。

在很大程度上，發起「新體制運動」的聰明人實際上是那些近衛文麿於一九三三年組建的智囊團成員。當時正值犬養毅首相被刺一年之後，組建智囊團的目的在於重新評估日本的憲政制度。到一九三七年六月第一屆近衛內閣成立時，這個顧問班子已經正式冠名為「昭和研究協會」，其中包括一百多名著名的知識份子、學者、新聞記者、政治家、企業家和社會活動家。他們分處於十幾個委員會裡，整天忙於就日本幾乎所有的國內外政策向首相提出別出心裁的建議。東京大學的一位激進學者山政道對這項任務做出的貢獻也許比任何人都多，主要集中於政治事務方面。考慮到近衛文麿作為一個尋求建立東亞新秩序的首相，絕對需要舉國一致的支援，山政道醉心於那些富有魅力的歐洲領袖人物操控強有力的法西斯主義思想體系以贏得國民忠誠的能力，也渴望日本「實現類似於納粹德國的內部一致」。[8] 山政道宣稱：在二十世紀三〇年代這個迅速變化的世界裡，自由民主已經過時。他力主日本應該自上而下地強行接受法西斯主義，建立一個新的奠基於他所豔羨的「極權主義原則」之上的「全國性組織」，以之取代政府的陳舊機構，並決定國家的政策。

一九四〇年八月，近衛文麿任命了三十七名有代表性的日本社會各界人士進入特設的「新體制籌備委員會」。該委員會充分利用　山政道的著述和昭和研究協會的建議，提出締造一個名為「大政翼贊會」的新組織。該委員會預想，大政翼贊會將是一個基礎廣泛的半官方的、以首相兼任總裁的政黨組織。同時，縣、郡、市各級還將建立支部，由各類職業和文化興趣的樂於合作的人群組成，以「保持與人民的直接聯繫」；在此之上，則是一個全國性的大政翼贊會議會局，最終將取代國會成為辯論和批准國家政策的機構。該委員會的成員們希望，這樣做的結果將會誕生一個具有廣泛持久群眾基礎的政治團體，能夠「翼贊」首相和他的內閣，貫徹政府的意圖。

由於深信由明治憲法所規定的權力分散的政治結構不再適應日本的需要，近衛文麿在這一提議中拋出了他的政治砝碼。他得出結論說，軍隊成為獨立王國和政治權力在數個菁英集團中的分散，助長了行政的混亂以及政府內平民和軍人閣員之間的明爭暗鬥，對於日本企圖找到走出二十世紀三〇年代晚期非同尋常的國際危機的道路來說，可能會產生致命的後果。近衛文麿希望，通過領導一個群眾性政治團體所產生的政治影響，將會加強他與國會、軍隊以及職業官僚打交道時的力量。就是說，通過大政翼贊會進行民眾動員，將會產生更為協調一致的政策，將會得到全體國民無條件的支持。

這一提議產生了各不相同的反應。首先，提議奇怪地得到了一個軍隊將領團體的同情和支持。這些將領們期望能夠控制大政翼贊會，以獲取民眾對正在中國進行的戰爭的廣泛支持；而那些黨派政治家們，則極度希望一個新的群眾性政黨將會容許他們拓展對官僚和軍人的政治影響。實際上，甚至早在大政翼贊會成立之前，這個國家的主要政黨都已經於一九四〇年八月十五日宣布自行解散了。不過，儘管有這些戲劇性的支持表現，仍然有大量的組織和個人對近衛文麿的構想大不以為然，最終使大政翼贊會逐漸成為了一個歷史上虛張聲勢的選擇。諸如曾經於一九三九年擔任過八個月首相職務的平沼騏一郎這樣的保守主義政治家，便反對提議中的大政翼贊會極權。指出這只會產生一個「新的幕府將軍」，將會篡奪天皇陛下政府的權力；而日本的國策，即廣受崇敬的「國體」，已經使國民團結在天皇周圍，天生履行著「翼贊大政」的神聖職責。在更為功利的層面上，內務省的高級官員們也擔心官僚既得利益的喪失，抱怨在目前本國歷史上極為關鍵的時刻，提議中建立的大政翼贊會組織網路將會造成對地方行政的阻礙。

一個天生的折衷主義者對於短兵相接的政治爭鬥沒有多少興趣，近衛文麿很快就對批評者讓步認輸（後來，這位年輕貴族稱自己是「用心良苦而結局不妙的命運之子」，註定與其本來設想事與願違）。一九四〇年十月十二日，當大政翼贊會宣告成立時，地方分支機構也建立起來，但並非按照職業或文化群體重新組合，而只不過是作為現存行政單位的附屬物而已，被置於地方官員的管轄之下，就像內務省的職業官僚們所期望的那樣。一九四〇年秋，內務大臣幾乎獲得了淩駕於大政翼贊會的所有權威。到十二月末，近衛文麿又一次屈從於對手的意願，任命他最堅定的反對者之一平沼騏一郎擔任內務大臣，終於使大政翼贊會被玩弄於官僚作風的股掌之中。大政翼贊會根本沒能威脅到國會的特權，國會照樣繼續召開，並且拒不批准給予大政翼贊會的財政預算，始終表露著對這個新團體的極不信任。

「法西斯主義已經來到日本」[9]，一九三二年吉野作造為此感到悲傷失望。這位值得敬重的自由主義者所擔心的是暴徒和「反民主」運動將會在日本產生「自下而上的法西斯主義」。他的評論提醒人們注意，日本已經與德國和義大利結成了歷史性的同盟：這三個國家都是在相對較晚的時期開始發展資本主義經濟的；在這三個國家內，民主都只享有過一個短暫而不穩定的優勢，就在民主仍然在為紮根生長而努力奮鬥之時，這些國家已在竭力掙扎，以求克服嚴峻的經濟和社會危機；這三個國家都害怕英國或美國妨礙其成為帝國的野心，所以千方百計實現經濟自立。在這個意義上，吉野作造有充分的理由相信，日本的法西斯主義者可能已經找到了一條奪權之路，他們將會否定議會政治，引進國家社會主義的經濟原則，就像他們的歐洲同伴裝腔作勢所做的那樣。

然而，直到最後，日本也終究未能經歷一個法西斯主義的時代。有些日本人認為自己是法西斯主義者，就像　山政道這樣的人物被法西斯主義思想體系所吸引一樣。然而，儘管日本的右派團體在歷史上起到了顯著的作用，但法西斯主義者並未完成主要的變革，法西斯主義作為一種運動也未取得長久的成功。如果說，「二二六」事變的失敗結束了自下而上實行法西斯主義的可能性，那麼，大政翼贊會的流產則證明，自上而下地強迫人們接受法西斯主義也幾乎沒有可能。

日本的歷史發展軌跡，它對現代化的探索，仍然保留著它自己的特點。與德國和義大利不同，日本的右翼勢力從未匯合成為一個足以推翻現存統治菁英階層的運動。既沒有哪個革命政黨或群眾組織實現了這一目標，也沒有什麼富有個人魅力的領袖人物成為國家元首。整個二十世紀三〇年代，明治憲法仍然發揮著效用，同樣的制度結構和自一八九〇年代以來一直治理國家的菁英集團繼續掌握著國家的事務。當然，二十世紀三〇年代晚期的日本，與明治時代晚期和大正時代的日本還是有所不同的。顯而易見的是，二十世紀二十年代和二十世紀三〇年代早期出現的內部爭端和外來威脅，具有歷倒一切的意義，嚴重衝擊著這個國家較早前在議會政治和自由經濟方面的自信。而且，政黨政治的失敗、國會扮演角色的越發緘默、軍人和平民官僚在二十世紀三〇年代內閣中影響的擴大，都造成了比以往更為武斷、更為專制、更為軍國主義化的統治方式。如果法西斯主義作為一個標籤不足以描繪二十世紀三〇年代的轉變，那麼，認為它是當時日本的一個流行術語則是恰當的，由此可以看出「一個國家統治方式」的演化。在這種演化過程中，政治、文化和經濟都被重新組合，以支援日本克服二十世紀三〇年代的經濟危機，並動員國民為一場不斷擴大的戰爭做好準備。

新經濟體制

如果考察整個戰爭過程、經濟自立和國防態勢這密不可分的三位一體，可以追溯到二十世紀頭十年的後半期宇垣一成、小磯國昭的著述。這兩位年輕的校級軍官認真觀察在歐洲發生的衝突，他們同意石原莞爾關於在現代戰爭中無法保持中立的觀點，認為國家間的衝突將會持續，因而要求擁有充沛的資源，任何不能自力更生的交戰國都難逃厄運。為使自己的國家做好以新的革命性手段解決國與國之間衝突的準備，小磯國昭出版了一本小冊子，概述了兩方面的內容：日本應擴展殖民地作為「資源基地」，這正是石原莞爾和關東軍於一九三一年所完成的使命；對本國經濟實行政府的中央集權控制，以便使軍事工業迅速崛起，從而有效地應付戰爭威脅。

在二十世紀三〇年代，革新派官僚和一些經濟學家也開始闡釋管制經濟的好處。在他們看來，二十世紀二十年代的動盪和大蕭條帶來的苦痛證明了自由放任經濟學說的破產，而他們則要尋求一種更為有效的途徑，來解決現代化過程中產生的壓力和脫序。隨著日本越來越深地滑入中國的泥沼，在關於日本國家命運的討論中不斷提出實行計劃經濟的主張，認定國家生存的先決條件是成為一個掌握豐富資源的帝國並對經濟實行直接管理。經濟學家有澤廣已在一九三四年的著作中寫道：「在現代戰爭中，勝負已經不再單純由戰場上的戰鬥力強弱來決定，相反主要取決於軍事工業的力量。國家必須運用各種經濟手段，專心致力於將所有資源投入為生存而進行的戰鬥。」[10]三年後，隨著日本準備進行與中國的全面戰爭，他又補充道：「國家必須運用它的力量，對經濟活動實行直接管制。在不完全的戰爭狀態下，也必須強制實行國家對經濟活動的領導。」

近衛文麿在他的第一個首相任期內，明確將自給自足和計劃經濟確立為國家目標。一九三七年秋，甚至在他派遣軍隊到中國作戰之時，近衛文麿仍將此前的內閣研究機構改組為閣僚級的部門，冠名為內閣企劃院（CPB），由革新派官僚和軍隊首腦所支配，任務是構想和制定經濟戰略，所採取的每一項措施都必須協調軍用和民用。很快，又設置了厚生省，並實行了電力工業的國有化。到一九三八年一月十一日，厚生省實行對所有醫療和社會福利專案的統一管理，以求提高本國年輕人的健康水準。由於未能通過體檢的新兵數量令人吃驚，這一政策對於軍隊來說尤其重要。一九三八年四月十日，《電力國家管理法》由國會通過並生效，強化了將全國的九家電力公司置於通信省監督之下的體制。雖然這些措施也被設計用來滿足公眾的需要，比如向國內經濟落後地區提供比較便宜的電力，但首要的是軍需工廠必須確保得到它們所需的足夠電力。

近衛文麿的心中甚至還有更為令人震驚的計畫。在籌備預定於一九三七年十二月二十六日召開的第七十三屆帝國議會時，內閣企劃院提出了一份國家總動員法案。該法案兼顧範圍和目標，在政策上准許政府「調配人力和物力資源，以使國家能夠全面充分利用其力量，實現戰時國防之目標」[11]。特別是，這部有五十項條款的法案規定，那些向內閣負責的政府機構，有權在生產必須品的產業部門之間分配勞力；有權在所有產業部門組成卡特爾以實現政府的計畫目標；有權為達到戰時生產計畫而徵用工廠和土地。

反對的聲浪隨之湧現出來。許多國會議員，雖然忠誠地支持侵略中國的戰爭，卻不願在國際局勢緊張時期用國家的工業結構做如此之大的冒險。那些大企業則震驚於政府對私人產權及其他自由資本主義核心原則的侵犯。甚至連近衛文麿的導師西園寺公望公爵，也宣稱「全國總動員法忽略了憲法的存在」，這成為許多保守派頭面人物指控全國總動員法時經常引用的話。[12]作為一貫的現實主義者，近衛文麿做出了一些妥協，以便確保國會能夠通過該項法案。他親自向國會保證，在中國事變的處理走上正軌之前，政府不再提出更多有爭議的法案，並進一步同意允許建立一個五十人的審查委員會來監督任何立法的執行。於是風平浪靜，一九三八年四月一日，國會通過了《國家總動員法》。

一九四〇年夏，當近衛文麿第二次組閣時，他開始再次企圖推進政府對經濟的統制。七月二十三日，他做了概述新政治體制的演講。在這次演講中，他談到了新經濟體制，表示如果日本想要在中國取得進展，就必須構建起國防體系。後來，近衛文麿的思想甚至超出了《國家總動員法》的規定，考慮進行更為根本的經濟體制重構。這種重構將不可扭轉地偏離日本經濟的資本主義發展趨向。像提出新政治體制的情況那樣，近衛文麿也離不開昭和研究協會的智慧，特別是從笠信太郎的代表作中汲取靈感。此人是為《朝日新聞》撰稿的大眾經濟學家，於一九三九年成為近衛文麿的智囊。

受到德國成功提高工業生產和減少失業率的鼓舞，笠信太郎提倡以納粹德國為榜樣，改革日本的資本主義體制。尤其是，他竭力主張政府應儘量限制企業贏利，並監管超額利潤的再投資。更引起爭論的是，他甚至主張將資本與管理相分離，建議排除那些掌握在私人手中的重要工業企業的所有權，將其轉歸政府雇員管理。他的想法後來大量體現在內閣企劃局的方案中，要求各產業部門組成卡特爾聯盟，以貫徹政府指令，在各企業間配置資源，分配生產限額。同時，打算成立由政府控制的最高企劃審議會，擁有對這些卡特爾聯盟的管轄權，從而保證政府官僚在協調經濟政策上的支配角色。

近衛文麿的計畫再次遭遇到激烈的反對。企業領袖們憤恨地譴責新經濟體制是由共產黨人秘密策劃的「赤色陰謀」。這些秘密共產黨人就隱藏在內閣企劃局裡，蓄意「摧毀我國的經濟，使我國變成蘇聯」。[13] 成員包括國內絕大多數大企業的日本經濟聯合會，指責政府官員是臭名昭著的白癡，嚴正警告政府對企業利潤的控制將不可避免地造成「企業的萎縮、生產的下降和稅收的急劇減少」。這些精心策劃的攻擊，迫使近衛文麿放棄了原先的設想。一九四〇年十二月七日，近衛內閣通過了新經濟體制方案，與革新派人士所預期的相比有很大不同。首相只能「鼓勵」組建卡特爾聯盟，聲明政府既不會將產業也不會將企業收歸國有，傳統管理階層仍會留在原來的崗位上，企業贏利將受到允許，也不再建立國家的監管機關。

雖然近衛文麿在創建新經濟體制的戰役中落得遍體鱗傷，但他還遠遠未在這場戰爭中失敗。在《國家總動員法》生效的一九三八年春和他最後辭去首相職務的一九四一年秋之間，近衛內閣及其革新派官僚掀起了一場頒佈一百多項法案和政令的暴風驟雨，把政府意圖強行嵌入到大量經濟活動之中。儘管他曾經鄭重承諾在中國事變的處理走上正軌之前，政府不再提出更多有爭議的法案，近衛文麿仍會時常尋求國會批准他的行動。但如果國會不順從，首相及其盟友就會安排以天皇法令的形式，或是援引《國家總動員法》的某一條款加以頒佈。例如，一九三八年秋，隨著日本軍隊向廣州和漢口挺進，幾年前公佈的《重要產業統制法》付諸實施，向那些具有戰略重要性的產業提供政府補貼，同時也強行對其進行更大程度的國家監管。一九三八年十一月，日本軍部成功地迫使那些重要企業履行政府所規定的利潤上限；一九三九年十月二十日，《價格等統制法》和《賃金統制令》將職工工資、零售物價和房租地租等加以封頂；而在一九四〇年間，政府又開始對稻米、食糖和火柴等實行定量配給。

在二十世紀三〇年代晚期，似乎日曆的每一次翻動都會釋放出某種新的經濟統制措施。在一些重要方面，這個十年經歷了私人資本與國家官僚之間關係上所發生的重大，甚至可以說是革命性的變化。這些具有創新意識的平民官僚和軍隊首腦結成了一個強有力的新同盟，制訂出大量計畫和方案，推動政府的施政方針發生變化。從十年前偏愛簡單地役使民眾，變為較多採取更有強制性的措施，力圖締造一個完全的統制經濟。在滿洲事變以後的歲月裡，日本政府發明了一套干預經濟的全新技巧和手段——中央計畫、工資和物價統制，以及工業原料和消費必須品的配給，推進了國防態勢的增強，並迫使日本的主要公司接受管理企業的新方法。不過，儘管官僚們對經濟的統制不斷擴展，但直到一九四一年秋近衛文麿最終放棄首相職位為止，此時已是滿洲事變爆發十年之後，日本人在極權主義經濟體制方面取得的進展，並不比他們在法西斯主義政治體制方面取得的進展更多。國家計畫的鼓吹者們並未取得完全的成功：財閥們仍然在經濟領域昂首信步，企業管理者仍然在為保護私有財產和私有產權而勇敢抗爭。就像政治和社會方面的情況一樣，日本的經濟也依然是一半自由，一半統制。

帝國的重構

近衛文麿呼籲在國內和亞洲建立新秩序，集中體現了日本渴望打破對國際資本主義體系的依賴。這一體系受到英美利益的左右。二十世紀三〇年代，世界劃分為實行貿易保護的美元區和英鎊區。與之相反，日本經濟計畫的制訂者則要求建立一個日圓區，以徹底改變他們國家在資源、市場、資本和技術方面越來越依賴於英美及其殖民地的趨勢。國際衝突在亞洲北部的擴大，使這種要求變得越發迫切。偽滿洲國建立後，日本企圖將它的殖民地、附屬國的經濟與本島更緊密地連為一體，從而構建一個自給自足的經濟陣營。在某些地方，這種努力進展得相當順暢。到一九三九年，大約百分之九十九．九的朝鮮出口貨物輸往日本，大約百分之九十三．二的南洋附屬國出口貨物和百分之八十六的臺灣出口貨物也都輸往日本。在偽滿洲國，一九三七年開始執行五年計劃。起初並未取得預期結果，但到一九四〇年，這個「衛星國」也已經大量向日本供應重要的煤炭、大豆、鋼錠、黃金、化肥及其他必須品。

在佔領中國的過程中，日本政府和軍方人士面臨的局面則更為艱難。隨著一九三七年和一九三八年間日本軍隊在中國內地的推進，日本企圖建立起一個「合適」的政權，既能立刻得到中國人民的忠誠，又能使中國人民屈從於日本的意旨。在華北，日本軍隊培植了一系列「治安維持會」，由那些認可佔領政策的中國人所組成。一九三七年十二月十四日，這些「治安維持會」搖身變為「中華民國臨時政府」。就職典禮在北京舉行，王克敏擔任這個賣國政權的「行政委員會」委員長。王克敏是一個銀行家，曾經擔任過張學良的財政顧問。

幾個月之後，一九三八年三月，日本人炮製出又一個傀儡政權——「中華民國維新政府」，總部設於南京，在日本顧問的嚴密監督下代為管理華中、華南被占省份的事務。一九四〇年三月三十日，日本佔領當局解散了「中華民國臨時政府」和「中華民國維新政府」，將二者合併重組為「中華民國國民政府」，由汪精衛出任首腦。汪精衛曾在日本法政大學受過教育，長期與蔣介石爭奪對國民黨的控制權。他認為日本與中國乃天然盟友，主張與日本談判解決雙方爭端，而無視日本三〇年代晚期在中國戰場上的肆意殺戮及其對平民犯下的戰爭暴行。儘管許多中國人痛斥汪精衛政府是一個叛逆的賣國政權，但冥頑不靈的汪精衛相信，通過與日本人的合作，他也許能夠扭轉日本佔領過程中令人不快的方面，起碼能夠維持在被占領土上中國主權的顏面。

既然已經決定要將中國被占領土納入日圓集團，日本佔領當局遂著手進行對中國資源的榨取。有些時候，日軍甚至粗暴地徵用它所想要的東西，奪占那些被認為具有戰略重要性的中國公司，並將這些公司置於日本企業或軍方的管理之下。一九三八年末，近衛文麿政府批准成立「華北開發會社」和「華中振興會社」。動用私人和政府雙方的力量，這些新經濟團體成功地完成了在佔領區開發礦產、開辦鋼廠、興修水電工程、興建港口設施以及重建長江沿岸被戰火毀壞的鐵道線的任務。一九三七年到一九四一年間，華北和內蒙的煤炭產量從一．〇七億噸增加到二億二千八百萬噸；一九三九年，華北、內蒙和華中地區的礦山僅出產了一百萬噸鐵礦石，而到一九四二年的高峰期則出產了五百萬噸。

作為日本的殖民地，朝鮮成為日本經濟構想的一個嚴峻挑戰。二十世紀二十年代，所謂的「文治時代」使得朝鮮半島的局勢有所緩和。但是，冷酷無情的宇垣一成將軍於一九三一年七月來此擔任總督，加上同年秋天滿洲事變的爆發，標誌著統治政策的轉變。日本為了日圓區的利益開始逐步發展朝鮮的經濟。由於這一政策得到人們某種程度的支持，所以取得了一定成效，如表13.2所示。日本佔領

表 13. 2

朝鮮產業中製造業產值的增長（1930 ~ 1939）

	1930 年	1936 年	1939 年
製造業	39.5	52.1	77.0
紡織業	12.8	12.7	13.0
化學工業	9.4	22.9	34.0
金屬業	5.8	4.0	9.0
陶瓷業	3.2	2.7	3.0
汽油、電力	2.4	5.6	2.0
機床	1.3	1.0	4.0
其他	4.6	3.2	12.0
農業	57.8	45.2	22.0
林業	2.7	2.7	1.0
總計	100%	100%	100%

根據Carter J. Eckert的《朝鮮的新與舊：一部歷史》（漢城：哈佛大學朝鮮研究所，1990年），第310頁。

當局擴大了水利發電能力，倍增了鐵路通車的長度，修築了四萬九千八百八十八公里的公路，並扶持了新型製造工業的成長。日本國內的一些老牌企業集團曾在這些專案上有所投資，但表現更為突出的則是一些新財閥。這些新財閥率先發展化工業，並且建設了朝鮮半島上百分之九十的發電設施，其中包括一個橫跨鴨綠江的大壩，規模堪比美國的胡佛和大河谷大壩。

同時，宇垣一成總督開始執行同化政策。在他的繼任者南次郎將軍任總督期間（一九三六年八月至一九四二年五月），這一政策得到了更徹底的推行。為了利用朝鮮的人力來支持工業化項目，也為了使以往經常採用暴力方式表達對佔領者不滿的朝鮮人變得比較馴順，宇垣一成和南次郎竭力壓制獨立的朝鮮文化特徵，反覆在朝鮮人中灌輸日本的價值觀念，就像那個新口號所標示的那樣：「朝鮮和日本，本是一家人。」這一同化運動的中心環節是建立支持戰爭的「愛國社團」；要求朝鮮人信奉日本神道，宣誓效忠日本天皇；制定新的基礎教育課程，擴充日本語言、歷史、道德倫理等課程的分量；並於一九三八年通過法令，准許朝鮮人成為日本皇軍中的「特殊志願者」。

南次郎總督對工業化和同化政策的結果感到滿意。一九四一年的一份總督府公告這樣寫道：

天皇陛下的仁慈已經遍及朝鮮各地，賜予朝鮮人民安寧的生活。為何朝鮮政府僅在三年時間裡就取得如此功業？那是因為歷任總督都完全獻身於傳播平等精神的使命。農業和礦業已經取得顯著進步，工業的發展也是有目共睹。工商業的繁榮與貿易量的增長每年都在擴展。教育正在改進，文化也在進步，朝鮮人的習俗和服飾與日本人的差異已經變得越來越小。特種軍事體制已經建立起來，由此，許多朝鮮志願者如今正在履行他們協助帝國國防的義務。14

與總督自詡將天皇的恩惠傳遍朝鮮半島相反，大多數朝鮮人卻在痛苦地抱怨日本人的傲慢自大。當然，二十世紀三〇年代在工業設施方面的投資，證明確實有利於朝鮮經濟的長遠發展，但可以肯定的是，日本的政策在當時是對朝鮮人的欺騙。大多數朝鮮企業都無法與日本企業競爭，許多日本企業享有免稅和官員保證其贏利的待遇。甚至連朝鮮人的第一家大型工業企業——京城紡織株式會社[15]，也不得不依賴與日本公司的聯合，才能得到原料、技術設備和市場。許多普通朝鮮企業既不能進入集中用於製造軍需物資的機械工業，也不被允許從事主要用來向日本軍隊供應軍火和兵器的化學工業。

此外，雖然許多朝鮮人在新辦的日本工廠裡找到了活幹，但大多數人只能從事並不重要的工作，待在一個以種族劃界的場所，被日本工頭和技師支使著幹活。即使有朝鮮人在工廠裡從事與日本人同樣的工作，也只能拿到日本同行三分之一到二分之一的報酬。實際上，殖民地時期的生活狀況一直非常嚴峻，貧困隨處可見，很少有人用電，一些地區的嬰幼兒死亡率高達百分之五十。每個居住在朝鮮的日本學生所佔有的殖民地政府基礎教育投資，大約是當地朝鮮學生的四十倍；而銀行在對朝鮮人貸款時，卻要收取比貸款給日本人高得多的利率。不過，朝鮮人最為痛恨的，還是日本殖民當局企圖根除他們賴以自豪的文化傳統。沒有什麼比一九三九年頒佈的命令更令人痛恨了。這份命令「和藹地准許」所有朝鮮人放棄他們的本名，轉而採用日本式的姓名。這份嚴厲的法案，在一個已經十分殘暴的殖民統治體系上又添加了不堪忍受的精神痛苦，成為拆穿日本詭辯其負有使命將現代價值觀念和工業發展帶給朝鮮半島的有力例證。

二十世紀三〇年代的生活

電影並不是二十世紀三〇年代流行文化變遷的唯一形式。剛剛進入二十世紀三〇年代，《我的藍天》和《給我唱支阿拉伯歌》曾經在日本大受歡迎，甚至形成一股熱捧西方音樂的新潮，將爵士樂帶到了大多數外省城鎮的舞廳。不過，由於中國危機的不斷深化，愛國主義的抗戰歌曲越來越支配了這個國家的廣播電臺。明治時代的經典作品也得以重新大行其道。「無論防禦還是進攻，我們都信賴浮動的黑鐵堡壘」，這是作於一八九七年的緩慢而沉悶的《戰艦進行曲》的開頭。[16] 更為流行的是適應大眾口味寫出的戰爭抒情詩：一九三七年為一次報紙競賽而作的《露營之歌》，充滿了對死亡的令人傷感的關注，短短六個月裡就銷售了六十萬份。隨著局勢的日益嚴重，政府開始禁止爵士樂的演出，並於一九四〇年的萬聖節之夜關閉了東京的所有舞廳。這些娛樂設施的消失，表明了日本都市生活場景的變化，恰恰反映出二十世紀三〇年代是越來越嚴厲地採取禁欲政策的十年。在東京，一九三六年的國會大廈（主要由朝鮮勞工建築而成）和一九三八年建成的第一生命保險大廈就是兩個例證。它們使人依稀感到已在德國柏林流行的建築風格的影響，對混凝土結構的強化令人產生沉悶的感覺。

在相當程度上，二十世紀三〇年代晚期的文化貧瘠是由政府努力進行戰爭和平民百姓一致支持戰爭所造成的。構建國防態勢的衝動在教育領域同樣盛行，甚至在美濃部達吉教授丟臉地離開國會之後，清洗「危害國家思想」的運動仍然絲毫沒有減弱。一九三七年，矢內原忠雄在官方的強大壓力之下，不願放棄他對日本在中國所作所為的批評，寧可辭去他在東京大學主講殖民政策的教職。次年，在東京大學其他幾位思想開明的教授譴責「二二六」事變並表示反對二十世紀三〇年代後期的「極權政治」之後，法務省對他們進行了「散佈危險思想」的指控。

除壓制批評聲音之外，政府還力圖通過指定新教材，在學齡兒童中反覆灌輸「安全的」公民意識。新教材名為《國體的本義》，即日本國體的基本準則，由文部省出版於一九三七年三月三十日。這是政府對「國體」這一概念所做的正式說明。據文部省所說，指定教材的目的在於消除社會動盪的根源，使國內外各色人等發揚固有的「皇道精神」；作為建設新日本的憑藉，必須保衛和維護天皇體制，使得與天地同歲的皇位永遠昌盛。[17]根據一種被神化了的天皇起源系譜，滋生出一系列國家主義的論說文章，用來探討所謂日本「特有」的風俗習慣、文化傳統、宗教信仰、倫理道德和生活方式。形形色色的著述汗牛充棟，無非是歌頌日本以往的成就，將那些成就的取得歸功於天皇家族的英明，並號召二十世紀三〇年代的日本人準備做出任何必要的犧牲，以維護天皇統治和國家主權不受侵犯。

政府在掌控了新教材之外，還驅使學生們接受更為嚴格的體育鍛煉，參加諸如柔道、劍道之類的軍事運動項目，以至於取代了體育科目中的棒球課。甚至連學生的校外時間也被各種新的責任和義務所占滿：在近衛文麿宣布日本建立「東亞新秩序」的目標之後，學生們不得不把他們的自由時間用來從事社區服務，比如清掃公園、收拾落葉等，因為隨著日本經濟向戰時經濟的轉型，這些日常的例行工作越來越沒人做了。此外，從一九三九年起，所有十二歲到十九歲的年輕人在完成學校的六年義務教育之後，都必須參加青年專門學校。這些學校開辦夜間教育，對男孩子進行軍事訓練，教給女孩子家政經濟，並向所有人開設關於日本歷史和倫理的課程。

政府的操控之手也伸向了大眾傳媒。外務省和通信省共同批准組建了新的新聞通訊社——同盟社。一九三六年元旦同盟社開始運轉，並被賦予特權，向日本的報紙和電臺發佈所有國際新聞和大部分國內新聞。同盟社的條例還規定，外務省和通信省有權批准其招聘高級管理人員，並可隨時接管其業務，只要認為這樣做有助於「公眾利益」。隨著二十世紀三〇年代危機的深化，政府對報紙的管制進一步加強。一九三七年七月，當局指令報社編輯回避反戰和反軍國主義的題材，同時又不得把日本描寫為好戰或具有侵略性的國家。一年之後，政府又頒佈禁令，那些與官方言論有抵觸的文章、暗示公眾對戰爭不予支持的文章、誇大應徵入伍者家庭困難的文章、介紹新的庸俗華麗時尚的文章，以及讚美都市酒吧、咖啡館和舞廳裡浪蕩女郎的文章都一律不得發表。

政府還越來越注意對無線電廣播的控制。他們有充分的理由這樣做，因為二十世紀三〇年代，無線電廣播成為這個國家新聞和娛樂的主要媒介。一九三七年盧溝橋事變後不久，通信省增強了日本廣播公司（NHK）的影響力，採取了納粹德國的口號「一家一台收音機」，甚至免費在市場、神社及其他貧困鄉村的公共場所安裝收音機。到一九四一年，日本的收音機數量已經從二百九十萬台增加到六百六十萬台（在世界上列第四位，排在美國、德國、英國之後），沒有多少日本人能夠不受日本廣播公司播音員的影響。

政府十分滿意於他們可以通過控制無線電廣播對公眾輿論施加影響。自從日本廣播公司在通信省的管轄下營運以來，同盟通訊社的建立給予了官僚們批准節目時間表和新聞內容的最後決定權。於是，一九三六年二月二十六日那天，每條新聞報導都一字不差地照樣宣讀官方文告；一九三七年七月共播報了一八四四條新聞，其中三分之二都集中於報導中國爆發了對日本的敵對行動。這沒有什麼好奇怪的，因為這些新聞或是來自同盟社，或是直接來自政府機關。到二十世紀三〇年代末，日本廣播公司因應戰時所需，開始播出每日一次的「情景劇」和每週兩次的「文化劇」，甚至連娛樂節目也都充滿了說教的腔調。

人們越來越意識到國家正面臨緊急狀態，這促使許多以往曾經做出過反政府姿態的團體重新評估它們的目標和策略。早在二十世紀三〇年代初，就表現出了這樣的傾向：當時，數千名工人組成了所謂的「日本工會全國評議會」，它的領袖希望通過非暴力對抗的方式和表明對國家和天皇的忠誠，來改善工人們的勞動條件。這個在日本較有影響的工會組織的發起者是石川島造船廠的一名領班。他和同事與那些保守派的右翼人士一道嘲笑政黨政治的腐敗墮落，譴責「在頹廢的西方已告失敗」的自由主義和民主主義意識形態，力圖建立一種以「君臣一體」為前提的新經濟秩序，在這種秩序下，勞資雙方將「一心一德，團結無間」。[18] 他們希望，勞資雙方由此將會消除它們之間的分歧，相互協作提高生產力，從而為工人們改善生活條件。老式的主流工會成員雖多，影響力卻逐漸式微；相反，「日本工會全國評議會」在東京—橫濱工業地帶的金屬鑄造工人、九州地區的煉鋼工人和大阪—神戶地區的運輸工人中間贏得了相當大的支持。

內務省的官員們也預想到了「產業安定」時代的到來，即勞資雙方團結合作，完成國家的「公共目標」，而非為了「一己私利」，在相互鬥爭中消耗力量。這些官員曾經極為擔心社會動亂的發生，如今他們則相信，只要進行干預，壓制暴力型工會組織的好鬥態度，同時向工人們提供工作保障和適宜工資，使他們有能力支援國家的目標，就能夠維持社會的和諧。於是，一九三八年七月，政府批准成立準官方的「產業報國聯盟」。內務省官員顯然在這個聯盟的領導層中扮演著指導者的角色，鼓勵各個工會組織「自願」解散，以便勞資雙方的代表組成行業性的「共商會」，提供一個解決爭端和不滿的管道。到一九三九年末，「產業報國聯盟」內已經擁有大約一萬九千個「共商會」，包括將近三百萬名工人。到一九四〇年七月，現有的工會組織全部自行解散，加入到同一個「大日本產業報國會」。

隨著二十世紀三〇年代的社會氛圍變得越來越趨於保守，市川房枝與其他許多女權主義者也在重新評估自己原先的選擇。由於政黨政治的衰落，市川房枝的「婦女參政權期成同盟會」失去了最有影響力的政府菁英圈子裡的支持者。這迫使其成員放棄了對選舉權的訴求。市川房枝對擴大婦女政治權利的信念產生了動搖，她改變了做法，企圖通過鼓吹母親和兒童的福利待遇來提高婦女在日本社會中的地位。盧溝橋事變爆發後兩個月，七個籲求參政權和婦女權利的組織響應官方建立「統一戰線」的號召，成立了「日本婦女組織聯盟」，宗旨是「應對國家危機局勢，準備為解決事變做出貢獻」。
19 一九三八年二月，市川房枝等十位著名女權運動人士表明了與政府合作的新態度，與其他十九位國內著名人士一起，向所有日本婦女發出號召：參拜天照大神，崇敬天皇家族，節約家庭開支，實現鄰里和睦，力求穿著簡單，戒除煙酒嗜好。

政府還採取軟硬兼施的手法，迫使「水準社」經歷了「組織轉向」。一九三一年，這個「部落民」團體曾經公開表明反對滿洲事變的爆發，宣布與中國工農大眾站在同一陣營。兩年以後，它又反對日本在政治上向法西斯主義轉化。內務省迅速對此採取措施。一九三三年，員警逮捕了「水準社」的一百多名領導成員。一九三五年到一九三七年間，內務省又將解決日本賤民家庭困難的預算額度增加了三倍，對「水準社」進行利誘。作為回報，這些團體也緩和了對政府的激烈批評，開始步調一致地響應政府「全民團結」的號召。基於這種情況，「部落民」組織同意使自己「遵守『國體』本義，通過實現民眾和諧為國家興盛做出貢獻」。一九三八年十一月，「水準社」舉行第十五屆全國會議，宣誓全力支持戰爭。20

比較起來，那些新宗教團體受到了更為嚴厲的鎮壓。由於這些宗教團體被控以「叛逆罪」，內務省官僚在全國範圍內開展了「剷除邪教」的運動。《國體的本義》之類著作的盛行，表明二十世紀三〇年代的政府助長了官方正統學說的威勢。這種官方學說的中心內容在於天皇作為日本國家的最高領袖和國民家庭的仁慈家長，具有神聖不可侵犯的權威。雖然並不是明目張膽地反對天皇，但許多新宗教團體信奉的教義確實威脅到了天皇形象的核心地位，例如，遭到起訴的大本教，就被譴責尊崇天照大神之外的神祇。在政府「檢舉江湖邪教」的運動中，最為戲劇性的時刻發生在一九三五年十二月八日。

這天，數百名員警圍攻了大本教總部，拆除了主要神殿，炸毀了一座偏殿，肢解了雕塑的神像，逮捕了近千名教徒。四年之後，國會通過了《宗教團體法》，授權政府解散任何教義不合「皇道」的宗教團體，並促使官員們迅速採取行動，鎮壓所有非正統的宗教教派。

對社會失序的反感和對圍繞國家目標「實現民眾團結」的渴望，促使二十世紀三〇年代的政府官員對那些反對政府政策的組織或是採取鎮壓手段，或是爭取它們的支持。有些組織，如著名的大本教，寧可被摧毀也不願屈服，但大多數此類組織則緩和了他們的訴求，將目標變得不那麼激烈，甚至於自行解散。雖然政府的壓力也許是這些「轉向」背後最為重要的因素，但卻並非如此之多的個人與組織選擇改變它們的政治和社會追求的根本原因。在某些事例中，可以看到婦女和勞工團體以合作的、節制的態度抓住新的機會，去促進對他們來說特別重要的任務。同樣，民族主義對於探求現代化的道路也是強有力的推動。許多二十世紀三〇年代的日本人相信，滿足國家的需要是天經地義的，將天皇置於自己的私人利益之上也是理所當然的，結果導致優先選擇了一種馴服和順從的生活態度，取代了與之大不相同的大正年間的政治多元化和社會多樣性。最後，強調忠誠於國家和毫不猶豫地為國捐軀，培育出一種幾乎盲目的民族主義，導引日本人越來越深地陷入日中戰爭的泥沼，最終走向了與美國及其盟國展開的災難性戰爭。

日本南進，面對美國

一九四〇年七月，近衛文麿第二次就任內閣總理，仍然無法擺脫第一個任期中令人惱怒的挑戰，即中國事變「空前嚴峻的考驗」。近衛文麿聲稱，他找到了解決這一無休無止極度痛苦的方案，就是將日本軍隊撤出中國，轉而進入東南亞諸國。在一九四〇年七月二十三日的廣播演說中，近衛文麿呼籲建立「新政治體制」，同時強調，如果日本想要在一個劇烈變化的世界裡「站在變革的最前沿」，就必須強化同偽滿洲國、中國合作的紐帶，直至認真考慮「向南太平洋區域挺進」。在八月一日舉行的記者招待會上，近衛內閣新任外務大臣，喜好賣弄的松岡洋右創造出一個常常被用來揭示日本政策本質特徵的新詞。他說，日本擔負著建立一個「大東亞共榮圈」的崇高使命。這是一個以日本、偽滿洲國和中國為中心，「自然」也包括法屬印度支那和荷屬東印度在內的地區。

近衛文麿和松岡洋右將法屬印度支那和荷屬東印度納入日本帝國的統治範圍，增強了地域大大擴張的「共榮圈」的吸引力。他們斷言，任何南進行動都將按照「八紘一宇」的崇高榜樣而「和平」實現，就像近衛文麿在他的廣播演說中謹慎強調的那樣。實際上，這是一個善於玩弄言辭的老手故作姿態的伎倆。正如每一個誦讀《國體的本義》的日本學生都熟知的那樣，「八紘一宇」的本意是「八根繩子一個屋頂」。最先出現在八世紀時的編年史《日本書紀》中，用來描寫傳奇性的第一任神武天皇將其統治擴展到早期日本列島的其他部族。多虧了天皇家族的恩惠，日本列島從此享受到無與倫比的繁榮與安寧。一九四〇年的亞洲，復活了的理想描繪出一個由日本及其天皇—家長領導的帶有大家庭性質的國家聯盟。松岡洋右為此大唱讚歌道，「皇道」將允許「每個國家和每個種族」找到他們「在世界上的恰當位置」。

不過，與僅僅建立一個「八紘一宇」世界的崇高理想相比，南進的誘惑更多地來自現實考慮。據近衛文麿所說，正是由於美英等國利用它們在東南亞所擁有的殖民地向蔣介石供應軍事物資，重慶的國民政府才得以苟延殘喘。其實，近衛文麿有點言過其實，二十世紀三〇年代晚期，只有微不足道的軍事物資通過滇緬公路和華南地區仍然開通的少數港口到達重慶。事實上，一九三九年有較多的援助來自西北部的蘇聯，但平均每月只有二萬五千噸，只相當於兩艘貨輪的載運量。對於日軍大本營來說，未能「膺懲」蔣介石總令人感到難堪，挽回顏面的辦法就是將西方當成替罪羊。一九三八年秋，甚至在近衛文麿拋出「大東亞共榮圈」的口號之前，代理陸軍大臣東條英機就曾在一次對後備役軍人的演說中提出了這一構想，並一度佔據了全國報紙的版面。東條英機宣稱，如果沒有倫敦和華盛頓懷有敵意的多管閒事，日本軍隊本可迅速而光榮地解決「中國事變」。他解釋說，只要切斷從東南亞到重慶的供應線，蔣介石政府就會像一個漏氣的氣球一樣迅速崩潰。

無論國民黨政府是否依賴於西方國家的援助，局勢發展的背後潛藏著無可爭辯的經濟現實，說明英美諸國如今已經成為日本安全的最大威脅，那就是它們是否允許日本為實現自己的國家目標而使用西方在太平洋和東南亞殖民地的資源。令許多日本官員感到心有不甘的是，二十世紀三〇年代晚期，從棉花到廢鐵和石油，日本進口貨物的三分之一仍然依賴於美國，而且情勢看來還在變得越發令人擔憂。一九二九年到一九三二年間，日本從美國購買了十六萬三千五百噸廢鐵，用來冶煉鋼鐵、製造軍火和艦船，占其進口量的百分之三十六；到一九三八年，日本購自美國的廢鐵增長為一百萬零六千七百噸，占其進口量的百分之七十四。同樣，一九三八年，日本從美國得到了超過百分之六十的進口機床，以及諸如釩、鉬等幾乎所有的精密合金。日本傳統上能夠自給自足的銅，如今也極為缺乏。一九三九年，日本從本國礦產中提煉出九萬噸銅，但由於需要大量使用這種金屬製造雷管和炮彈，當年不得不進口了十萬零五千噸銅，其中百分之九十三是從美國進口的。所有商品中最受關注的是石油，日本軍方給出的評估是「極為危險」。日本燃油幾乎百分之八十依賴於從美國進口，高級燃油的依賴程度更是超過百分之九十。到一九四〇年夏天，在日本的經濟管理者和軍事戰略家眼中，西方在東南亞的殖民地已經成為令人垂涎的資源寶藏，擁有它便能夠使日本躋身於經濟強國之列。用近衛文麿的話來說，可以使日本擺脫對越來越懷有敵意的西方國家的依賴。

日本覺得自己與美國在太平洋地區的競爭越來越不可調和，這可不是空穴來風。一般美國人是對日本人有一種道德上的分界線。如果說，許多日本人想像自己是把中國和東南亞國家從白人帝國主義手中解救出來的解放者的話，那麼，壓倒多數的美國人則將他們看作危險且自欺欺人的壓迫者。在南京及其他地方發生的暴虐事件的悲慘場面和詳細報導則比任何其他事物更多地激起大多數美國人的強烈義憤。在二十世紀三〇年代晚期的公眾輿論調查中，四分之三的受訪者堅定地表達了對中國的同情，而主張自己國家對中日衝突採取果斷立場的美國人，也比任何歐洲國家裡的人多得多。

在限制日本在亞洲胡作非為的方面，佛蘭克林．羅斯福總統和美國政府並沒有任何遲疑。羅斯福總統將日本對中國的侵略和對東南亞資源的覬覦視為對其外交政策最基本的信條明目張膽的威脅。其信條即每個國家都應享有政治自決的權利，都應享有與世界上其他國家進行自由、平等貿易的權利。在現實問題上，總統的顧問們也爭辯說，美國需要保護它自己取得東南亞原料的通道。國務卿科德爾．赫爾公開宣稱：「荷屬東印度提供了諸如橡膠、錫礦、奎寧、乾椰子肉等相當部分的世界必須品。許多國家，包括美國在內，主要依賴於這些商品。」[21]美國駐荷屬東印度首都巴達維亞的總領事也發出了嚴詞警告。他在一份備忘錄中寫道，「美國工業在相當大的程度上依賴於馬來西亞的原料」，倘若失去這些供應，「將導致我們整個工業和經濟組織陷於混亂」。

隨著太平洋地區兩大強國陷入相互鄙視和相互猜疑的僵局之中，近衛內閣和日軍大本營做出了「南進」的重大決定。一九四〇年八月一日，松岡洋右外相召見法國駐日大使，要求法屬印度支那政府允許與中國作戰的日本軍隊自由過境，並允許日軍使用當地機場發動對援華運輸線的打擊。松岡洋右警告法國大使道，法國已經向德國投降，「如果貴國政府決不接受我國的要求，我國也許將被迫冒犯貴國的中立地位」。[22]八月三十日，法國接受了東京的條件，儘管提出了日本將其行動限制在法屬印度支那與中國接壤的省份的附帶條件。到九月底，日本已經完成了對法屬印度支那北部的佔領。

松岡洋右洋洋得意，這位盛氣淩人的外務大臣發現自己的外交閃電戰收穫頗豐。一九四〇年九月二十七日，他在柏林與德國和義大利的代表會面，簽訂了《三國同盟條約》，將簽字國綁定為軍事和經濟同盟者。如果任何一方遭受其他某些國家攻擊的話，各簽字國有以政治、經濟及軍事手段相互支援的義務。松岡洋右希望通過這一協定，嚇阻美國對日本侵入法屬印度支那可能採取的任何針鋒相對的行動。十二月二十一日，松岡洋右又與泰國締結了《泰日同盟條約》，進一步強化了日本的力量。在這一條約中，兩國保證發展彼此「緊密而不可分離的關係」，當遭受協力廠商攻擊時，相互給予支援。一九四一年四月十三日，松岡洋右又前往莫斯科，與蘇聯簽訂了《日蘇中立條約》，使日本免除了南進的後顧之憂。一九四一年七月，日本官員再次誘使法國當局允許日本軍隊佔領了法屬印度支那南部。

美國政府對日本的每一次行動都做出了反應。隨著一九三七年後中國局勢的惡化，赫爾國務卿成為發動對日經濟冷戰的主要鼓吹者。在他看來，日本在戰略物資上對美國市場的依賴，使得這個相對較小的國家特別容易受到經濟制裁的傷害。他相信，對日本施加系統化的更大壓力，將會在某種程度上迫使日本有所醒悟。赫爾國務卿意識到，他必須注意自己的言論口徑，他並不希望將日本推到發動對美戰爭的境地，但他確實想說服日本領導人停止玩弄高風險賭博的愚蠢行為，因為在這樣的賭局中，美國可以不斷加大它的經濟籌碼，而日本則玩不起。同樣，赫爾希望，適度的行動將會對東京產生影響，日本將會縮回它伸出去的魔爪，亞太地區的和平將可能得到維持。

制裁行動於一九三七年十月五日開始。這一天，對侵略行徑明顯深惡痛絕的羅斯福總統（當時他曾私下裡將德國和日本稱為「強盜國家」）在芝加哥發表了著名的「隔離」演說。總統表示反對「世界上恐怖和無法無天

地圖 13.2

1941 年的東亞

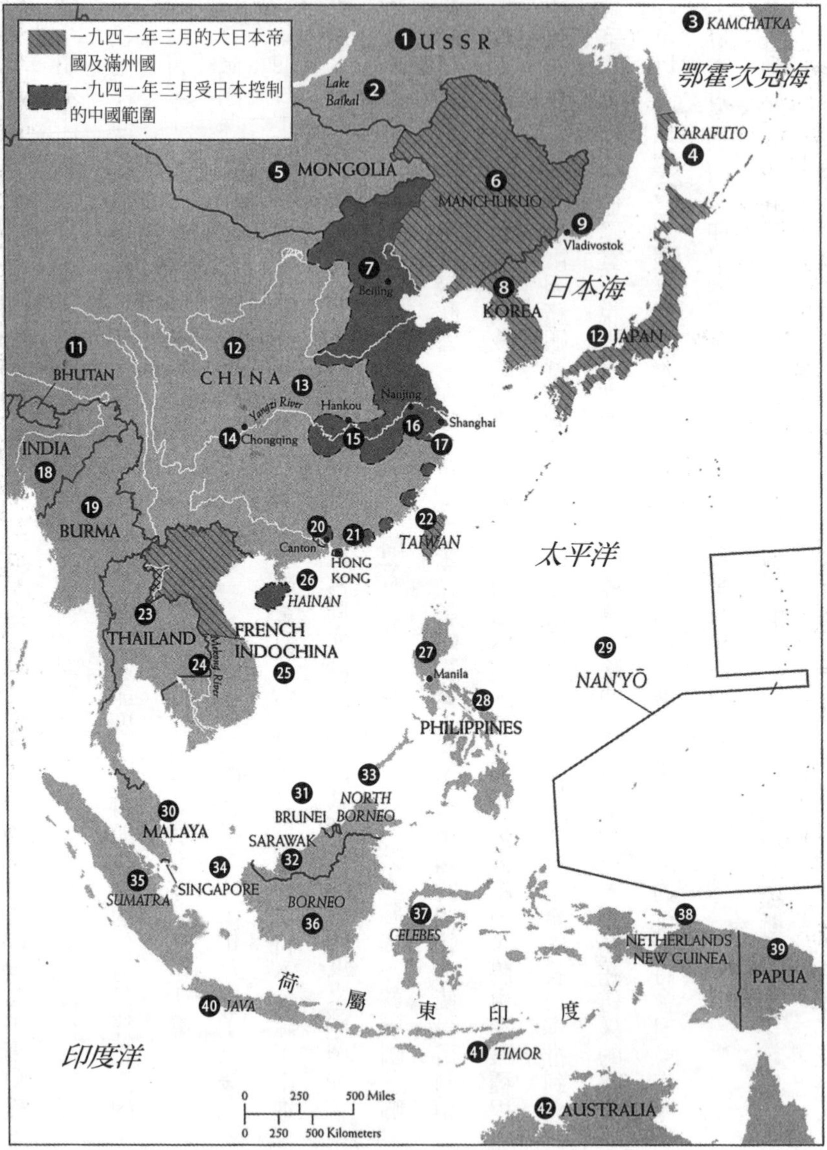

❶ 蘇聯
❷ 貝加爾湖
❸ 堪察加
❹ 樺太
❺ 蒙古
❻ 滿州國
❼ 北京
❽ 朝鮮
❾ 海參崴
❿ 日本
⓫ 不丹
⓬ 中國
⓭ 長江
⓮ 重慶
⓯ 漢口
⓰ 南京
⓱ 上海
⓲ 印度
⓳ 越南
⓴ 廣州
㉑ 香港
㉒ 臺灣
㉓ 泰國
㉔ 湄公河
㉕ 法屬印度支那
㉖ 海南
㉗ 馬尼拉
㉘ 菲律賓
㉙ 南洋
㉚ 馬來亞
㉛ 汶萊
㉜ 砂拉越
㉝ 北婆羅洲
㉞ 新加坡
㉟ 蘇門答臘
㊱ 婆羅洲
㊲ 西里伯斯海
㊳ 荷屬新幾內亞
㊴ 巴布亞
㊵ 爪哇
㊶ 帝汶
㊷ 澳洲

行為的流行症」，認為「在生理上的流行症開始蔓延時，社會就會認可並參與把病人隔離起來，以保障社會健康和防止疾病傳染」。雖然沒有公開點日本的名，但無疑暗示將日本當成流行病患者而加以隔離。這對日本是個嚴重警告。次年七月，在三天之內有一千多名廣州市民死於猛烈的空襲之後，羅斯福總統要求美國製造業者和出口商人對那些轟炸平民的國家實行「道德禁運」。一九三九年二月，日本佔領了海南島，隨後又佔據了位於從法屬印度支那到英屬北婆羅洲航程中途的西沙群島。羅斯福總統正式宣布對日本實行飛機和零組件的禁運，並下令將部分美國艦隊從大西洋上的基地調往太平洋沿岸。接著，一九三七年七月二十六日，華盛頓又宣布廢除一九一一年簽訂的《日美通商和航海條約》。這個條約規定了美日之間的貿易，廢除了它，便使羅斯福總統能將對日禁運擴展到包括鋁、鉬、鎳、鎢等重要物資。一九四〇年夏，由於日本準備進軍法屬印度支那北部，美國總統和國務卿正式宣布禁止對日銷售航空汽油和潤滑油。九月，當松岡洋右與德國、義大利簽訂《三國同盟條約》時，華盛頓又將廢鋼鐵納入了不斷增加的禁運物資名單。

到一九四一年，美國逐漸增加經濟壓力的政策走到了盡頭。四月，就在日本與蘇聯簽訂互不侵犯條約之後的幾天內，赫爾國務卿向日本駐美大使遞交照會，提出了恢復美日正常經濟關係的先決條件。這些先決條件被稱為「赫爾四原則」，包括尊重別國領土主權，不干涉別國內部事務，維護所有國家平等貿易的機會，以及不得使用非和平手段改變國家地位。一九四一年七月，日本派軍進佔法屬印度支那南部，表明它並無接受「赫爾四原則」的誠意。美國政府隨之簽署了一項即刻實施的命令，凍結了所有日本在美資產。據此，政府官員實行了對日全面石油禁運。到八月初，英國、荷蘭、紐西蘭和菲律賓也都採取了相同行動。

至此，已經沒有人再會懷疑美國保護其在亞洲利益的決心。一九四一年七月二十六日，羅斯福總統任命道格拉斯．麥克阿瑟為美—菲軍隊司令官，並派出數隊新式戰鬥機和遠程轟炸機前往美國的太平洋殖民地。兩周以後，羅斯福總統與邱吉爾首相在大西洋東北部紐芬蘭外海的美國軍艦上會面。八月十四日，簽署了《大西洋憲章》，強化了雙方的戰略聯盟。《大西洋憲章》的八項原則，重申了威爾遜的國際主義，闡明了實行開放與自由貿易所帶來的好處，呼籲解除那些「在國境外從事或可能從事以侵略相威脅的國家」的軍備。同時，《大西洋憲章》強調，美國和英國「尊重所有民族選擇他們願意生活於其下的政府形式之權利；他們希望看到曾經被武力剝奪其主權及自治權的民族，重新獲得主權與自治」。23

一九四一年秋

全面石油禁運和《大西洋憲章》的雙重衝擊，使得日本內閣和軍隊大本營極為氣惱，並最終使他們深信，對美戰爭無法避免，這是日本無法擺脫的宿命。一九四一年的整個八月份，近衛文麿召開了一系列的聯席會議，日本的重要領導人首相、外相、藏相、陸相、海相及官房長官等會集一處[24]，商討戰略和外交決策。每個人都對英美的強硬姿態深感不滿，他們認為，《大西洋憲章》的某些條款簡直等於宣戰書，因為它迫使各國接受英美對世界秩序的看法，否則就將面臨軍事報復。還有人猛烈攻擊說，美英是兩個靠捕食他人為生的強權國家，它們想要把日本逐出中國，但是如果日本被迫從中國撤退，就會造成滾雪球般的嚴重後果：華北將會淪陷於共產主義者之手；偽滿洲國和朝鮮將會遭受危害；日本將會遭受孤立，下降為三流國家。這樣一來，日本自一九三一年以來所付出的所有鮮血和財產的巨大犧牲，都將變得毫無意義。

這些會議喚起了對日本所面臨的經濟困境的關注。陸軍參謀本部悲歎日本遭受到A、B、C、D四國〔即American（美國）、British（英國）、Chinese（中國）和Dutch（荷蘭）〕的封鎖，表示日本正被扼殺在封鎖中，以戰爭奪取東南亞的資源是唯一選擇，否則日本很快就會喪失保衛自己的本錢。海軍的意見與陸軍一致。海軍認為，在中國內地的征戰徒留下懊惱和煩憂，石油戰略儲備消耗殆盡，剩下的石油只夠艦隊待在海上不到兩個月；一九四二年一月以後，如果美英兩國向日本攤牌，日本將無法採取任何攻擊性的行動。對於海軍軍令部長永野修身來說，不難做出選擇：日本要麼坐著什麼事都不幹，這意味著慢性自殺，最終仍將造成屈服於美英壓力的極大痛苦；要麼現在就採取行動，而這可能尚有七八成的獲勝機會。近衛文麿同意日本非常需要取得東南亞的資源，但這位瞻前顧後的首相，還是擔心結果會導致日本捲入一場它所無法獲勝的戰爭。

到秋季開始時，日本領導人已經達成了一致意見。九月初，近衛文麿首相及其他出席「五相會議」的人，前往皇宮的東殿參加御前會議。日俄戰爭期間，日本政府就曾召開過御前會議。會議由最高的民事和軍事長官在天皇面前召開，這給了首相當面奏明政策建議並取得天皇欽准的機會。由於日本日益深陷在中國的戰爭泥潭中，近衛文麿於一九三八年重新召開了御前會議，以使他的政策能夠就此披上無可置疑的合法性聖光，而這只有天皇的欽准才能提供。一九四一年九月六日的御前會議開得正式莊重。近衛文麿表示，儘管局勢前景黯淡，他的政府仍然希望做出最後努力與美國談判。在幾周前剛剛發出過邀請的情況下，他將再次發出邀請，希望與羅斯福總統在太平洋上的任何地點舉行私人會談，以向美國總統表達「合情合理」的和平條件。日本方面將表示從法屬印度支那撤軍的誠意，將同意不在中國國境之外採取軍事行動。作為對這些讓步的回報，近衛文麿堅決要求美國和英國「既不得干涉，也不得為日本帝國解決中國事變設置障礙；不得採取有可能威脅日本帝國在遠東防禦態勢的行動；與日本帝國恢復通商關係，並供應那些取自西南太平洋領土上的，為日本帝國維持生存所迫切需要的物資」。25

近衛文麿不動聲色地繼續表示，如果羅斯福拒不讓步，談判無果而終，那麼日本就將選擇開戰，「到十月上旬，如果還沒有通過外交談判解決我們上述要求的可能性，我們就將立即決定開始對美國、英國和荷蘭的敵對行動」。在聽取了政府提議採取行動的詳細情況之後，昭和天皇朗誦了他的祖父明治天皇的一首詩，曲折地表達了他希望政府領導人更多地採取外交行動的意願：

四海之內，
皆兄弟。
當今世界，
為何浪湧風急？[26]

隨著與ABCD四國開戰已如箭在弦上，日本陸軍完成了登陸攻擊菲律賓、馬來西亞、緬甸的作戰計畫，而頭腦聰明又富有想像力的海軍聯合艦隊司令山本五十六，則在制訂「偷襲珍珠港」的戰略方案。山本五十六是個現實主義者，他十分擔心美國的軍事潛力，但他也想賭上一把，希望對夏威夷美軍艦隊的突然襲擊會重創美國海軍，使日本贏得暫時的戰術喘息時機，從而有助於加強從千島群島到太平洋中部的馬紹爾和俾斯麥群島周圍的防禦陣地，然後再在荷屬東印度、馬來西亞和緬甸設防。擁有了東南亞的豐富資源和太平洋上的島嶼，日本就具備了必要的條件，能夠堅持一場消耗性的防禦戰爭，最終與美國達成停戰談判。因為據山本五十六估計，如果像多數人所預計的那樣，德國實現了對歐洲的征服，美國便不具備自己同時進行兩個方向戰爭的堅忍不拔的毅力。

無論近衛文麿對他在一九四一年秋天發出的和平邀請懷抱何種居心，美國領導人都幾乎不為所動。對於赫爾國務卿和羅斯福總統來說，美國的政策已經廣為人知，其中必不可少的內容是日本承諾從中國全面撤軍。在充滿緊張焦慮和嚴重危險的九月份，赫爾國務卿在許多場合對日本駐美大使野村吉三郎反覆宣示，美國不會放棄它的這一政策。赫爾也回絕了在羅斯福與近衛文麿之間進行高峰會談的任何可能性。在十月二日與野村吉三郎的會面中，赫爾重申了他的「四項原則」，直言不諱又簡明扼要地正告野村大使，除非日本首先同意全部從中國撤軍，否則根本不可能安排兩國首腦的高峰會談。野村大使完全明白，日本陸軍絕對不會接受從中國全面撤軍的條件，他對此感到灰心失望，電告東京談判已經陷入「僵局」。

由於近衛文麿對爭取與美國和解的出價猶豫不決，日本領導人的神經繃得極為緊張。對不可避免的戰爭的第一聲槍響的等待，使人的神經幾乎崩潰，要使這種緊張情緒得到釋放，看來只能選擇行動，迅速地行動。九月中旬，陸軍大臣東條英機告訴近衛文麿，在某些時候，即使無法估算是否能夠成功，國家也不得不甘冒風險。十月四日的「五相會議」上，在得知赫爾國務卿拒絕了日美兩國首腦舉行高峰會談的可能性之後，海軍軍令部長永野修身宣稱：「沒有時間再討論了，我們需要立即行動。」受到這次會議激烈言辭的衝擊，近衛文麿威脅說要辭去首相職務，隨後他即以「患病」為藉口，避居到他的海濱別墅。近衛文麿仍然不願為對美戰爭做出最後決斷。十月十二日，星期天，也是近衛文麿五十歲生日那天，他返回東京，把一些關鍵閣員召到寓所。仍然是那些老生常談的話題，從中國撤軍不可接受；美國的要求太沒有道理，將使日本虛擲多年的流血犧牲；赫爾和羅斯福報復心重，毫不妥協，想看到日本倒退回三流國家，匍匐在他們腳下。陸軍大臣東條英機提醒諸人，最後決定已於九月六日的御前會議做出，現在已到實施打擊的時刻，延誤打擊只會給予美國不斷壯大的時間。四天之後，已把國家帶到了對美戰爭邊緣的悲觀沮喪的近衛文麿首相，向昭和天皇遞交了辭職請求。

在多位政治元老的勸告下，昭和天皇任命東條英機接任日本首相。東條英機始終堅持敵視中國和共產主義的強硬政策，曾經因此獲得「剃刀」的綽號。在關東軍中的短期任職期間，東條英機作為好戰派的領袖，他的「東條特種部隊」曾經冒失地於中國事變開始時深入蒙古草原數百英里。一九四一年十月，昭和天皇之所以求助於這位將軍，是因為天皇同意那些想要「另起爐灶」的意見，以便尋找更多與美國談判達成和解的途徑。東條英機的資歷表明，在日本再次尋求外交解決之時，直率、嚴厲的「剃刀」能夠保持軍部對主張強硬路線者的控制。

東條英機認真執行了天皇的命令，尋求危機的和平解決。到十月末，日本領導人幾乎一直在無休無止地開會討論這個問題，挫折感顯而易見，到處彌漫。十月二十三日，永野修身發出警告：「海軍每個鐘頭都要消耗四百噸石油，不能再拖延了。」陸軍參謀總長附議說：「局勢緊迫。我們需要立即採取非此即彼的行動。要快！」最後，在十一月一日上午九點開始的一直持續到次日淩晨的長達十七個小時的馬拉松會議上，東條內閣得出了新的一致意見。日本將採取兩套方案對付美國。A方案，日本從法屬印度支那全部和中國大部撤軍，海南島及北部某些地區除外，日本可在這些地區駐軍二十五年；如果美國在全球各地都執行同樣政策的話，那麼日本也同意在亞洲遵行自由貿易的原則。倘若A方案不為美國所接受，那麼日本大使就改提B方案，即修訂近衛文麿九月六日概括的條件，加上一個限制條款，即美國須每年供應日本一百萬加侖的航空汽油。

會議在陰沉的氣氛中結束，沒有人確切知道羅斯福和赫爾會對這些方案做出何種反應。大多數出席十一月一日到二日會議的人對此都感到悲觀，他們堅持說，如果到十一月三十日午夜仍不能從美國得到適當的回應，就應儘早開始戰爭。新首相仍然沒有放棄和平努力。十一月二日下午，在與天皇仔細考慮過「五相會議」的決定之後，東條英機返回官邸，他對侍從說：「對神發誓，無論如何我都希望利用這些方案與美國實現和解。」27

在華盛頓，赫爾國務卿立即拒絕了A方案，並於十一月二十六日遞交給野村大使一份告知外交談判結束的照會。從年輕時起，赫爾即以專一而堅毅著稱，早在十九世紀末作為巡迴法官騎馬橫穿田納西州綿綿山巒的時候，他就已學會了需要真摯待人的準則。作為二十世紀三〇年代的美國國務卿，他譴責日本對中國的侵略，鄙視它對國際條約的無恥背叛，希望通過施加經濟壓力可以維繫和平。然而，經濟制裁並未嚇住日本領導人，相反他們變得更為一意孤行，決意開拓他們自己的獨立經濟圈，而這有損於美國的利益。對美國來說，東南亞是一個戰略和經濟上都極其重要的地區。日本南進，造成了赫爾對日政策的混亂，終於使得國務卿身心俱疲，決定「改弦更張」——放棄外交努力，將美國的前途託付給陸海軍。因此，赫爾在給野村的照會中再次拒絕了B方案，並重申了令日本人感到惱火的根本不可能做到的要求：日本必須從印度支那及整個中國撤軍，必須承認蔣介石政府，並聲明放棄在中國內地所有的治外法權。

東條英機接到赫爾的照會已是十一月二十七日。東條內閣認為這是一次侮辱，是一份最後通牒。事情已經很清楚了，美國和日本根本無法達成任何一致。華盛頓不會容忍東京建立「東亞新秩序」的設想，日本也非常討厭美國在這一地區的存在，認為這種存在是帝國主義性質的，是對日本國家安全和經濟生存的威脅。當天下午的「五相會議」就對美開戰達成共識。隨後，這一決定在十二月一日的御前會議上得到欽准。

東條英機在御前會議上公開表示，他的政府已經「用盡了各種辦法」以求爭取外交解決，但赫爾和羅斯福「拒不退讓一寸」。東條英機得出結論：「既然天皇的旨意無法通過外交途徑達成」，那麼，戰爭已經「不可避免」。[28]會議臨結束前，樞密院議長兼天皇的長期密友原嘉道，說出了許多日本領導人共有的觀點：

在與美國的談判中，天皇陛下不惜通過一再讓步以維繫和平。但出乎預料，美國政府始終在做蔣介石的代言人。美國顯得自負、固執和粗暴無禮。確實令人遺憾。我們實在無法容忍這種態度。

如果我們打算屈服，那我們所放棄的就不僅是中日戰爭和日俄戰爭的戰果，還包括「滿洲事變」的獲益。這是我們所不能接受的。我們不願強迫國民遭受更大的苦難，自中國事變發生以來的四年間，他們的忍耐已經達於頂點。但事情很清楚，我國的生存正在遭受威脅，明治天皇的偉業將付之東流，對此我們別無選擇。我相信，如果與美國的談判無果而終，開戰就將不可避免。29

甚至正當原嘉道發言之時，日本艦隊已經起航出海，帶著「襲擊珍珠港」的命令向夏威夷急進。攻擊行動定於十二月七日拂曉，這是當地時間，在國際換日線的日本一側則是十二月八日。

1 Gregory J. Kasza, The State and the Mass Media in Japan, 1918-1945 (Berkeley: University of California Press,1988), pp. 235 and 237 (modified).

2 James B. Crowley, Japan's Quest for Autonomy: National Security and Foreign Policy 1930-1938 (Princeton: Princeton University Press, 1966), p. 335.

3 James B. Crowley,「A Reconsideration of the Marco Polo Bridge Incident」, Journal of Asian Studies 22:3 (May 1963), p. 289.

4 譯注：即杭州灣。

5 Haruko Taya Cook and Theodore F. Cook, Japan at War: An Oral History (New York: New Press, 1992), pp. 164-65.

6 Robert J. C. Butow, Tojo and the Coming of the War (Stanford: Stanford University Press, 1961), p. 111.

7 Gordon M. Berger,「Three-Dimensional Empire: Japanese Attitudes and the New Order in Asia, 1937-1945,」Japan Interpreter 12:3-4(1979),p. 368.

8 William Miles Fletcher Ⅲ, The Search for a New Order: Intellectuals and Fascism in Prewar Japan (Chapel Hill: University Of North Carolina Press, 1982), p. 137.

9 Yoshino Sakuzō,「Fascism in Japan」, Contemporary Japan: A Review of Far Eastern Affairs 1:2 (1932), p. 185.

10 Bai Gao, Economic Ideology and Japanese Industrial Policy: Developmentism from 1931 to 1965 (London: Cambridge University Press, 1997), pp. 24 and 75(modified).

11 「On the National Mobilization Law」, Tokyo Gazette (May 1938),p. 2.

12 Nakamura Takafusa, Economic Growth in Prewar Japan, tr. Robert A. Feldman(New Haven: Yale University Press, 1983), p. 298.

13 Fletcher, The Search for a New Order, p. 152.

14 Shiota Shōbei,「A『Ravaged'People: The Koreans in Word War Ⅱ」, tr. John H. Boyle,Japan Interpreter 7:1(Winter 1971), p. 43 (modified).

15 譯注：1919年10月由金性洙創設。

16 Harris I. Martin,「Popular Music and Social Change in Prewar Japan」, Japan Interpreter: A Journal of Social and Political Ideas 7:3-4(SummerAutumn 1974), p. 348.

17 Japanese Ministry of Education, Kokutai no hongi: Cardinal Principles of the National Entity of Japan, tr. John O. Gauntlett and ed. Robert K. Hall (Cambridge: Harvard University Press,1937), p. 183(modified).

18 Andrew Gordon, Labor and Imperial Democracy in Prewar Japan (Berkeley: University of California Press,1991), p. 259.

19 Dorothy RobinsMowry, The Hidden Sun: Women of Modern Japan (Boulder: Westview Press,1983),p. 81.

20 Ian Neary,「Tenkō of an Organization: The Suiheisha in the Late 1930's」, Proceedings of the British Association for Japanese Studies 2:2(1977), pp. 64-76.

21 Jonathan MarshaLL, To Have and Have Not: Southeast Asian Raw Materials and the Origins of the Pacific War (Berkeley: University of California Press,1995), pp. 65-66 and 62.

22 Hata Ikuhiko,「The Army's Move into Northern Indochina」, tr. Robert A. Scalapino, in James W. Morley, ed. , Japan's Road to the Pacific War, vol. 4: The Fateful Choice: Japan's Advance into Southeast Asia, 1939-1941（New York: Columbia University Press, 1980）, p. 172.

23 Akira Iriye, The Origins of the Second World War in Asia and the Pacific（London: Longman, 1987）, p153.

24 譯注：即所謂「五相會議」。

25 Nobutaka Ike, tr. and ed. , Japan's Decision for War: Records of the 1941 Policy Conferences（Stanford: Stanford University Press, 1967）.

26 Herbert P. Bix, Hirohito and the Making of Modern Japan（New York: HarperCollins, 2000）, p. 414.

27 Tsunoda Jun,「The Decision for War」, tr. David A. Titus, in Morley, ed. , Japan's Road to the Pacific War, vol. 5: The Final Confrontation: Japan's Negotiations with the United States,1941（New York: Columbia University Press,1994）, pp. 264-65（modified）.

28 Tsunoda Jun,「The Decision for War」, tr. David A. Titus, in Morley, ed. , Japan's Road to the Pacific War, vol. 5: The Final Confrontation: Japan's Negotiations with the United States,1941（New York: Columbia University Press,1994）, pp. 264-65（modified）.

29 Akira Iriye, Pearl Harbor and the Coming of the Pacific War: A Brief History with Documents and Essays（Boston: Bedford ／St. Martin's,1999）,p. 94（modified）.

第十四章

大東亞戰爭

一九四一年十二月八日星期一，天尚未破曉，侍從武官就將東條英機首相喚醒。日本帝國海軍軍令部剛剛收到特遣艦隊發送的密電「虎！虎！虎！」：正在襲擊珍珠港，勝利在望。隨著整個早晨此類消息接踵而至，日本的戰績開始明朗。最後的清點發現，日本飛行員擊沉或損毀了八艘美國戰艦以及十二艘其他船隻，擊毀了將近二百架美國飛機，使美軍傷亡近四千人；而日本方面僅損失飛機二十九架，死亡六十四人。在東京，東條英機非常「高興」，為了這個「奇蹟般的勝利」和「順利的開始」而「向神致謝」。七點十分，天皇收到了詳細的簡報，分享了東條英機的「喜悅」。「一整天，」某位侍從武官在日記裡寫道，「天皇都穿著海軍制服，看起來興高采烈。」[1] 上午7時，當日本廣播公司播送皇軍已經「在西太平洋和英美軍隊進入戰爭狀態」的含義模糊的公告時，日本公眾首次獲悉一個重大的日子降臨在自己身上。整個早晨，激動人心的愛國歌曲充斥著各個廣播頻段，在城市街道的角落報販子振鈴提醒人們注意號外。中午，日本廣播公司的播音員向翹首以待的國民宣讀了天皇向美英兩國正式宣戰的詔書，東條英機也發表了簡短的演說。日本的目的，天皇和首相強調，是帶給東亞和平與穩定。他們把花言巧語裹上道德公正的外衣，批評中國不能理解日本的真正意圖，譴責美英兩國企圖把帝國主義統治擴展到全亞洲。天皇的詔書強調，「事態之趨勢」如果不加制止，最終「帝國之存立亦將瀕於危殆」。他斷言，日本除了拿起武器「粉碎一切障礙」之外，「別無生存之法」。

起初，日本的軍事機器似乎不可戰勝。在剛發動戰爭的第一個早晨，即偷襲珍珠港的數小時之後，日本飛行員轟炸了麥克阿瑟上將部署在菲律賓的飛機，並摧毀了其中的大部分。兩天後，日本轟炸機在馬來半島東岸中部擊沉了英國的新戰艦「威爾斯親王」號和重型巡洋艦「卻敵」號[2]。十二月二十五日，日本軍隊按計劃佔領了香港。一九四二年一月二日，長驅直入馬尼拉，幾周之後就接受了所有美國和菲律賓軍隊的投降（麥克阿瑟上將在敗走澳大利亞時發誓，「我將回來」）。日本皇軍突襲馬來半島，二月十五日佔領了新加坡——英國在東南亞的明珠和「無法攻取的要塞」。同日下午，日本傘兵從天而降，控制了蘇門答臘島的油田。三月五日，勢不可阻的遠征軍佔領巴達維亞，三天後進入仰光，截至這個春天快要結束時，日軍已經佔據了所羅門群島、吉爾貝特群島，甚至太平洋中部的威克島。日本的旗幟在全球四分之一的地方飄揚，當天皇在自己的花園散步時，他發現勝利果實來得太快，幾乎沒有時間好好品嘗。

事情不會就此下去。就在日本戰艦橫掃太平洋時，美國重整旗鼓。到一九四二年年底，日本帝國的海陸軍已經開始感覺到美國反擊的力量。在短短的三年內，日本將遭受可怕的失敗，其大東亞共榮圈會成為一個破碎的記憶。在珍珠港事變前的幾個月裡，日本領導人曾經警告過，如果日本不能打敗一個「自負、固執、無禮」的敵人，國家的命運將會如何？一九四五年夏，美國的勝利使日本倍感沮喪，事實證明，它在日本普通民眾中引起的反響比一九四一年秋「五相會議」上提出的嚴重警告所引起的還要巨大。

戰爭、政治及經濟動員

隨著國家孤注一擲地投入到與西方超級大國的全面戰爭當中，東條英機著手加強自己作為首相的特權，制訂全國總動員的計畫。一九四一年東條英機就任首相時，還繼續兼任陸軍大臣，並任命自己擔任內務大臣（他任此職直到一九四二年二月十七日），同時短期負責過其他一些省的事務，甚至兼任軍需大臣，這個軍需省是為了對經濟規劃予以更有效的指導而於一九四三年成立的。到戰爭中期，東條英機前所未有地承擔了各種職責，成為日本歷史上最有權勢的首相。

然而，不管他統攬了多少權力，東條英機從來不能完全馴服日本其他政治菁英。或許，軍隊具有獨立的最高指揮權，比其他任何因素都更能阻撓他獨攬軍隊大權的努力。這是個始自日本明治早期的基本統治原則，指軍隊享有相對自治權，它的四個最主要的官員即陸軍大臣、參謀總長、海軍大臣和軍令部長，直接且單獨向天皇而不是向首相彙報。結果，首相從來不能發揮真正的軍隊統帥的作用，即便在「珍珠港事件」之後也是如此。由於東條英機無權干預作戰決定，海軍經常在太平洋上自行其是，不和陸軍互相策應。一九四二年六月，日本海軍在中途島首次失利，損失了幾艘航空母艦，但直到海戰的一個月後，海軍軍令部長才把這次慘敗告知首相。

東條英機的陸軍背景使他向陸軍傾斜，但即使在陸軍方面，他的權力也是脆弱的。他軍隊裡的同僚，尤其是那些資格比他老的人，希望他能和他們協商，還有一些人則對應該如何達到戰爭的目標持有相反意見。一九四二年，東條英機希望把瓜達爾卡納島的部隊調往另一個戰區，參謀本部則要求為他們提供六十二萬噸軍需品。當東條英機拒絕供應時，參謀本部的一名主要成員衝進他的辦公室，罵他是個「愚蠢的傻瓜」，堅持要求他改變決定。那年後來的某個時候，石原莞爾——他認為東條英機完全瘋了，因為他使日本投入了一場必敗無疑的災難性戰爭，日本在物質上根本無法和美國抗衡——走進首相辦公室，向東條英機挑戰，要求他或者辭職或者開槍自殺。東條英機對軍隊行使權力，但卻沒有辦法左右它。

在戰爭時期，文職官僚機構也繼續行使重大的統治特權，某些對民眾動員工作至關緊要的機構甚至擴大了它們的權力範圍。和戰前一樣，政府依然是各職能機關和代理機構的聯盟，它們每一方都警惕地保護自己的特權，並相互爭奪資金、資源和權力。此外，一些為首的官僚都固執己見，東條無法使他們聽命於他。一九四四年二月，東條英機召集了司法省的幾個主要法官，命令他們對那些被證明犯有擾亂治安罪的人處以更嚴厲的懲罰。法官們把東條英機的命令撇在一邊，其中一人堅決地說，首相的指示違反了司法自治的憲法規定，另一個人則乾脆呼籲首相下臺。

甚至連議會裡的政治家也經受住了東條英機的各種侵犯，繼續保持作為戰時政治景觀的一個獨特部分。不像德意志帝國議會，日本帝國議會在戰爭期間定期集會，於每年的十二月二十六日召開為期三個月的會議，並保留了傳統的通過立法、批准預算、就戰爭和國家政策問題質詢首相及其大臣的權力。對首相來說，幸運的是議員們都是真正的愛國者，他們譴責惡毒的英美敵人的充滿激情的演說回蕩在華麗的議院會堂。此外，繼一九四二年的大選之後，為了證明他們對國家的忠誠，大多數議員加入了大政翼贊會（IRAA）的下屬機構翼贊政治會（IRAPA）。在翼贊政治會的指導下，戰時議會批准了內閣提出的所有主要議案，通過了首相的每一個年度預算。

表面上看，東條英機似乎滿足於和議會的融洽關係，因為議會通常幾乎不經審查就批准其動議，而且戰爭時期當然是議會對日本政治生活發生影響的最低點。但是，在團結與順從的表像底下，往往隱藏著對東條英機的不滿。戰前的一些自由主義者拒絕加入翼贊政治會，許多議會成員對某些具體政策提出了令人不快的批評（從一九四三年十二月到一九四四年三月的第八十四次常會的官方記錄來看，他們否決了近一百項政府動議）。因受挫於棘手的議會反對意見，並受到文武官僚機構內部好鬥的反對者阻撓，東條英機從來沒有成為一個納粹式的獨裁者。他盡可能充分地行使他作為首相的特權，但是他的權力最終很可能比羅斯福和邱吉爾在他們統治集團內部行使的權力要少。

無論東條英機和其他政府菁英之間存在著什麼樣的政治分歧，他們都想通過掌控私營部門使日本的經濟完全處於戰時體制之下。政府不斷努力組建卡特爾式的統制機構，這是近衛內閣於一九四〇年十二月簽署的《經濟新體制確立要綱》中提出來的。一九四一年春，「鐵鋼統制會」最先成立。十月，東條英機就任首相後，很快開始成立多種行業的統制會，包括煤炭、水泥、機械、精密儀器、機動車輛、外貿和造船等。

在新的體制安排之下，每個統制會都受到有關省的監督。各公司的所有權與利潤仍在私人之手，但是每個統制會都要對完成主管省訂立的生產指標負責。為此，每個統制會都指定了自己的會長，通常是某個成員株式會社的社長（三井的社長操縱煤炭統制會，三菱的總裁領導陸軍航空工業統制會），並成立了規劃研究委員會以協調成員會社的行動。「鐵鋼統制會」有三百名專職雇員，他們從各公司收集情報，把原材料分配給組成成員，通過確定生產限額調節內部競爭，而且通常要保證所有公司的運作和國家的目標保持一致。

統制會在某些方面實現了目標。一九四一年和一九四二年，儘管因為美國禁售廢鐵，以及太平洋上戰火蔓延，遠洋運輸的安全越來越難以預料，造成了原材料的短缺，但是鐵鋼統制會還是完成了指標的百分之九十。但是，東條英機對此從來沒有完全滿意過。在他看來，某些統制會，尤其是那些以大財閥的著名董事為首的統制會太過自行其是。他還抱怨主管省和統制會之間因資源而起的激烈競爭削弱了戰爭努力。某個政府官員估計，戰爭期間這種競爭使飛機的產量削減了一半。

東條英機對此十分不滿，於是在一九四三年十一月成立了軍需省，以便更能集中控制從事軍需品生產的企業。但是，這種改組全然無用，即便新機構身兼內閣計畫委員會和商工省的職能，並以東條英機作為首任軍需大臣。革新派的官僚、偽滿洲國的老官員、東條英機的首席經濟顧問岸信介抱怨官僚惰性。「軍需省通常要花兩個或三個月時間就一件重要事情做出決定，」他評述道，「然後內閣會議必須討論這個決定，接下來再發佈由各級政府和產業部門執行的命令，因此決定生效可能要在半年之後。即使一個英明的決定，有時到實施時也失去了價值，因為情況已經發生了變化。」[3]

東條英機及其內閣還面臨著另外的挑戰，即如何組織勞力並有效地把他們引導到與戰爭相關的產業。一九三九年，政府曾對工資水準加以控制。隨著「珍珠港事件」之後戰爭的擴大，當局提高了某些工業部門的補償和補貼，作為吸引勞工到戰略要害部門的一種辦法。但是截至一九四一年年底，軍隊徵召了二百四十萬人，一九四五年八月達到七百二十萬人。軍方的巨大需求很快使得採取更加強制性的辦法成為必然，當局轉而徵用勞工到工廠工作，如表14.1所示。一九三八年的《國家總動員法》和一九三九年七月八日頒佈的《國民徵用令》，授權政府把所有十六歲至四十歲的男性和十六歲至二十四歲的未婚女性登記在案。隨著徵兵吸收了越來越多的人員，政府開始號召男子當勞工。到戰爭末期，近一百六十萬名年輕男子收到了徵召他們到工廠盡義務的白色命令書，它們幾乎和紅色的徵兵通知書一樣令人膽寒。

一開始，日本政府不願徵用婦女到工廠做工，寧願她們待在家裡，做本分的妻子，生育未來的公民以便幫助管理「大東亞共榮圈」。一九四二年在議會的一次演說中，東條英機把日本婦女稱作為

表 14.1

徵用的勞工（1939～1945）

年份	人數
1939	850
1940	52,692
1941	258,192
1942	311,649
1943	699,728
1944	229,448
1945	47,771
總計	1,600,330

根據Jerome B. Cohen的《戰爭和重建時期的日本經濟》（明尼亞波利斯：明尼蘇達大學出版社，1949年），第318頁。

家庭成員燒飯做菜的「溫暖源泉」；其妻東條勝子也在位於東京一個高級住宅區的家中高高興興地宣稱「養育孩子是一件很快樂的事情」[4]，來推動丈夫的新人口生產運動。

一九四三年秋，越來越嚴重的勞力短缺促使政府重新考慮對徵用婦女的態度。內閣認為在自願的基礎上，可用婦女在十七個產業部門取代男子。次年一月，東條英機宣布婦女可以在其他基礎工業部門做工；一個月後，政府又把全國勞工登記的範圍擴大到十二歲至三十九歲的女子（男子則為十二歲至五十九歲）。最後，即使國家不再徵用女子，愛國主義、公民職責以及常常來自家庭和鄰居的沉重壓力，也會迫使許多年輕姑娘到工廠幹活。截至一九四二年二月日軍佔領新加坡時，日本工人總數的百分之四十二是女性（一九三〇年是百分之三十六），到一九四四年十月，數量空前的女子進入戰略產業部門工作。電子通信和製藥業全部雇員的百分之六十、兵工廠雇員的百分之四十，還有飛機製造業雇員的百分之三十都是婦女。

戰爭期間，隨著勞力短缺不斷加劇，政府轉而挖掘其他人力資源。從一九四四年開始，政府開始從中學徵召學生，最後有三百多萬名男孩被召到與戰爭有關的工廠做工。截至一九四五年八月，近五分之一的產業工人不到二十歲。日本政府甚至徵用戰俘和外國勞工。一九四五年，有大約五萬名戰俘和三萬名中國契約勞工在日本做苦工。骯髒危險的煤炭工業尤其喜歡使用外國勞工。幾乎沒有日本人想要應召到軍隊當礦工。煤炭統制會曾經指出，事故頻發以及勞動超時使得日本人「對於在地下工作感覺十分糟糕」，因此特別需要外國勞工。

戰爭期間，東京政府還要指示朝鮮總督府每年派遣一定數量的工人到日本。有些人是自願而來，但是大多數是被日本佔領軍憲兵隊的代理人從農田和城市街道上劫掠到船上，運到日本西部的港口，再裝上封閉的火車載到礦場和工廠的。一九四一年至一九四五年間，多達六十萬到一百萬的朝鮮人被送到日本，其中到礦場的人最多（一九四五年北海道全部礦工的一半是朝鮮人），但朝鮮工人也分佈於日本的其他經濟部門，從造船業到軍需工業和農業。他們的出現，有助於改變日本的勞動力短缺狀況。一九四一年，工業化經濟關鍵部門的工人幾乎都是日本的成年男子，到一九四四年，已有大約一半是學生、婦女和朝鮮人。

儘管有統制會引起的糾紛、各省之間的競爭以及徵用勞工的問題，國家機關的集體努力還是確

表 14. 2

戰時的生產量指標（1937～1945）

	1937	1938	1939	1940	1941	1942	1943	1944	1945
農業	100	98	105	99	95	100	96	76	59
水稻	100	99	104	92	83	101	95	88	59
礦業	100	106	112	120	120	118	119	108	51
煤	100	108	113	125	125	121	127	120	74
製造業	100	103	114	119	123	120	121	124	53
鋼鐵	100	115	123	128	135	140	156	146	52
機械	100	110	135	163	188	195	214	252	107
化學製品	100	114	122	120	120	100	87	80	33
紡織品	100	83	83	75	60	48	31	17	6
食品	100	101	104	90	78	69	58	47	32

根據Nakamura Takafusa的《蕭條、恢復和戰爭，1920-1945》，轉自John W. Hall的《劍橋日本史》第6卷：Peter Duus的《20世紀》(劍橋：劍橋大學出版社，1988年)，第489頁。

實做到了由政府控制經濟、掌握國家的人力和物力。在某種程度上，經濟對於人們提出的要求做出了積極的反應。雖然早在太平洋戰爭的初期就出現了原材料的短缺和生產上的瓶頸，但日本人民還是衣食無缺。日本的戰爭機器隆隆駛過了一九四二年，而如表14.2所示，遲至一九四四年，許多關鍵產品的生產量指標仍然超過了一九三七年的水準。

整頓後方

在「珍珠港事件」之後的一段時間裡，日本政府炮製了一套戰爭的說辭，以便爭取公眾輿論對國家努力的長久支持，並向亞洲人民說明自己行為的正當性。不足為奇的是，對日本戰爭目的的闡述吸收了早先近衛內閣用過的辭藻：日本不是僅僅為了自己，而是為了整個亞洲而戰；西方是「不道德」的——有錢有勢的、種族歧視的、文化上的帝國主義，包藏「膨脹的野心」，如天皇的宣戰詔書所言，是想「稱霸東洋」。日本的使命，用偷襲珍珠港數小時之後，內閣通過的一項政策聲明中的話來說，就是發動反對西方的「聖戰」，解放亞洲殖民地的人民，使「所有國家和民族處於和平之中」。為了確保人人都能理解其意圖，一九四一年十二月十二日，日本政府宣布了在中國和太平洋進行戰爭的新名稱：「大東亞戰爭」。

為了保證日本人民都能瞭解正確的言論，官員們加緊監督大眾媒體。對政府審查官員來說，幸運的是大多數記者都願意合作，盡可能突出戰爭新聞，搜羅那些國內消息，使之符合一九四二年內閣發佈的指示：使每一條新聞和每一個廣播節目都「與國家目的保持一致」。幾年後，全國性日報《朝日新聞》的一名通訊記者回憶，他的同行編輯比他在中國前線當陸軍中尉時所率領的士兵還要有「侵略性」和「好戰精神」。其競爭對手《讀賣新聞》的一個工作人員則回想起他自己的往事，他曾經連續幾天拜訪戰死者家屬，希望能發現特別生動的故事，關於悲慟的母親和理想主義的年輕士兵的英勇事蹟。

儘管如此，狂熱的國家權威人士還是不能容忍某些新聞報導，它們暗示人民對經濟統制不滿，譴責國家政策的失誤，以及隱含著悲觀主義的東西。不悅的官員們可以採取幾種隨意制裁的方法，從審查專門的報導到停發攻擊性的刊物，解雇不聽話的記者和播音員。日本出版協會是控制雜誌和書籍出版者的機構，它拒絕把紙張發給《中央公論》月刊去印刷一九四三年的七月號。因為這家期刊登載了谷崎潤一郎的連載小說《蒔岡四姐妹》(即《細雪》)的前兩章。年輕時的谷崎潤一郎曾經對描寫一八九四年至一八九五年的中日戰爭的浮世繪大加讚賞。二十世紀二十年代，他已成為日本的文學大師之一，西化和近代化的薰染成為其創作的一個重要主題。但是在「大東亞戰爭」的嚴酷考驗中，政府的審查人員認為《蒔岡四姐妹》是「不相干的」和「消極的」。因為它關於「資產階級家庭生活」的「傷感」情節無助於推進戰爭成果。而我們知道，直到今天《蒔岡四姐妹》仍然是日本文學的一部經典。一年後，新聞檢查機構對有「共產主義者」嫌疑的編輯進行逼供。在這個過程中姦污了一名婦女，殺害了《中央公論》的兩名男雇員，之後強迫《中央公論》和《改造》這兩份日本雜誌中的「無可匹敵的雙星」「自行」解散。這種由國家發動的殘暴行為，並非獨一無二的事例。一九四四年早些時候，《每日新聞》的一名記者把東條英機的軍事策略貶損為「不科學的」，結果「剃刀」下令開除編輯，並親自安排徵召這名不幸的記者入伍，還把他送往馬上就要上前線的部隊。

為了建立基礎廣泛的公眾支持，幾個政府機構成立了群眾組織，最終幾乎吸收了所有日本人來支持戰爭。一九四〇年十一月二十三日，如今已成為「勤勞感謝日」，政府把「產業報國聯盟」改組為「大日本產業報國會」。在內務省的指導下，新的「產報」（即「大日本產業報國會」）竭力確保工人們徹底瞭解完成生產指標的必要性，並願意承受為此必須付出的犧牲，儘管這種犧牲已經隨著勞動人口徵用比例的上升而越發嚴重。為了達到這個目標，「產報」的代表們向每家工廠、每片商店分發政府宣傳品，組織演講、集會和小組討論來解釋日本的戰時目標。為了爭取職工的合作，建立更和諧的工作場所，「產報」的所屬企業介入工人生活的許多方面，成立了所謂的綜合合作社。於是，「產報」除了以超出配給量的酒和大米獎勵勤勉的工人之外，還經營消費合作社，贊助儲蓄計畫，執行健康保險項目，並成立有關工人的家庭和法律問題的諮詢中心。在種種鼓勵下，「產報」的成員劇增，從一九四〇年的大約三百五十萬人上升到戰爭快結束時的六百四十萬人。

內閣以產業報國會為榜樣，敦促全國幾乎每個職業和行業都成立了「報國會」。農民加入「大日本農業報國聯盟」，作家加入「日本文學報國會」等等。這些新組織中比較突出的有「大日本婦人會」。一九四二年二月二日，當局把「日本聯合婦人會」及其他戰前成立的爭取選舉權、消費者權益和節制生育權等的婦女團體合併，成立了「大日本婦人會」。二十歲以上的單身女子和所有已婚婦女都必須參加這個新的群眾組織。到一九四三年，「大日本婦人會」已經擁有近一千九百萬名成員，用該會會長的話來說，她們組成了「一支組織起來打一場全面戰爭的大軍，一支大日本婦人的大軍」[5]。更具體地說，「大日本婦人會」安排會員為出發的士兵送行，立誓捨棄金銀珠寶而舉行簡樸的結婚儀式，去戰地醫院洗衣服，相互傳授食品營養價值方面的知識，每月一次盡職地為她們的孩子準備一頓「旭日盒飯」，即在白米飯當中放一顆紅色醃梅以象徵日本國旗的飯菜。

至於軍隊，他們努力爭取把日本各地原有的青少年團體合併成「大日本青少年團」。該團於一九四一年一月十六日成立，成員為十歲至二十五歲的男性青少年，其人數很快達到了一千四百萬。一開始，這些年輕人繼續開展和以前一樣的自發活動，如修建鄉村公路和學校等。在軍事人員的監督下，他們也抽時間一起看電影，參加週末體育競賽，以及其他加強年輕人和國家官員之間聯繫的娛樂活動。「珍珠港事件」之後，政府通過舉行集會、組織遊行、鼓勵四鄰參加報國活動等，進一步動員青少年團去鼓勵人們支持戰爭。

內務省對這些新的群眾組織感到不安，唯恐可能削弱他們對公民的權力。內務省的官員都是諳於官場搏擊的人，一九四〇年三月他們就控制了「大政翼贊會」。一九四二年春，他們說服內閣讓大多數報國會加入「大政翼贊會」，一九四三年秋，青少年團也跟著加入。到這時為止，內務省也已經把大約一百三十萬個町內會併入了「大政翼贊會」。每個會（平均十二戶左右）經一九四〇年九月十一日的一個政令批准[6]，都應該「促進人民的道德訓練和精神統一，協助所有國家政策的實施」。「大東亞戰爭」開始後，內務省讓相鄰團體負責分配食品和服裝的定額配給券，傳達政府指令，銷售戰爭公債，組織當地民防，集體收聽說明國家戰爭目的的特別廣播節目，監察成員對戰爭的態度，以及其他無數意在凝聚團體精神和把國家的社會組織聯繫在一起的義務。

到戰爭中期，對大多數日本人而言，內務省已成為統治權威的象徵，幾乎所有日本人都隸屬於一個或更多的「大政翼贊會」報國會。然而，無論「大政翼贊會」在動員全國民眾和培養團結、奉獻的民族精神方面取得了何種成就，它從來沒有扮演過像德國納粹黨那樣的角色。「大政翼贊會」沒有成為大眾政黨，也沒有取得制定政策的職能。此外，內務大臣總是不得不和國家的其他政治菁英分享權力，尤其是東條英機和海陸軍。整個「大東亞戰爭」時期，明治憲法規定的多頭政治體制一直保留不動。雖然如此，戰時的日本領導人還是造就了一個政府權力比以往更全面深入的全民防禦的國家，他們也成功地以在其他地方幾乎看不到的規模，把人民聚攏在戰爭努力的周圍。

統治「大東亞共榮圈」

相互聯繫的關於「新秩序」和「大東亞共榮圈」的設想，完全是日本人的發明，是戰略家們為尋求思想上的支持而構造的，意在反對他們所察覺到的英美對日本國家安全的威脅。但是，這些觀念並不只是空洞的想法，它們符合許多日本人心中的理想主義。「黃色和黑色人種從白色人種那兒得到了什麼樣的待遇？」一九四一年十一月，一個學生這樣發問道，「白色人種對美國印第安人做了些什麼？印度的四億人民經歷了什麼？在我們的鄰國中國，五億人民遇到了什麼？無知但是無辜的印尼人又怎麼樣呢？」他繼續說，日本的使命是「道德的」，是「建立在所有人種和睦相處的理想之上」。他下結論說，每個國家都必須「有它自己平靜生活的地方，履行自己的義務，與其他國家共同發展。這就是我們對『東亞新秩序』所期待的，我們將一起為亞洲人民建設亞洲」。7

亞洲復興的前景也引起了實際生活在西方控制地區的人民的有力共鳴。事實上，許多東南亞國家的民族主義者領袖歡呼日軍的到來，將其視為掙脫西方帝國主義桎梏的幫助。例如，襲擊珍珠港的幾小時之後，泰國政府就允許日本使用泰國國土上的基地，以便攻佔英國佔據的緬甸和馬來半島。一個月後，泰國也對美英宣戰。在緬甸，著名的英帝國主義抨擊者昂山組織了緬甸獨立軍，同一九四三年向仰光挺進的日軍並肩作戰。而另一個激進的民族主義者巴莫則從英國人的監獄逃脫，成為日本佔領軍管理下的政府首腦。再向東南方向，在荷屬東印度群島，著名的反殖民主義者蘇加諾和穆罕默德．哈塔從流亡地和荷蘭人的監獄中逃脫，成為日本軍事佔領者的顧問。

日本政府利用了亞洲民族主義者的希望。一九四三年，它給予緬甸和菲律賓獨立的地位，同年十一月，東條英機邀請偽滿洲國、泰國、菲律賓、緬甸和中國南京汪偽政權的代表參加在東京舉行的「大東亞會議」。會議結束時，巴莫起身感謝日本人幫助亞洲人民重新獲得兄弟相親和休戚與共之感。會議發佈了公報，宣布經濟獨立的共榮圈為走向「普遍的理解、和平、穩定」提供了唯一必然的途徑。在關於亞洲人民兄弟情誼的辭藻華麗的聲明中，有時為人們所遺忘的事實是，大東亞戰爭確實結束了亞洲從緬甸和法屬印度支那，穿過馬來半島，向外延伸到菲律賓、荷屬東印度群島和新幾內亞島的這一大片地方的西方殖民主義。

雖然西方殖民主義者可能已經從亞洲的大多數國家消失，但是許多民族主義者領導人，包括那些起初熱烈歡迎過日本人的人，後來都氣憤地認識到朝鮮人和中國人早已從殘酷的經歷中瞭解的事實，即日本殖民主義者也許和西方殖民主義者一樣貪婪、殘忍。東京政府依靠軍隊管理被佔領的土地。一九四一年十一月，當日本準備和美國開戰時，「五相會議」制定的政策指導方針指示佔領者「為了便於我們獲得基本的戰略物資」，必須嚴厲統制當地經濟。一年後，某個內閣成員更坦率地說：「對我們來說，這裡沒有限制。這些是敵人的財產，我們可以拿走，可以為所欲為。」[8]「大東亞共榮圈」的國家和領土早先被西方侵害，現在要把它們的能源、戰略物資和工業產品送交日本軍隊。荷屬東印度群島的石油是必爭之物。截至一九四三年，佔領軍政府已經完全控制了那些島嶼，以致東條英機自負地宣布永遠結束了日本的石油短缺。軍需官和私商從菲律賓獲取鉻、銅、鐵礦石和錳，從緬甸獲取鉛、鈷、鎢，從泰國和法屬印度支那獲取橡膠、錫，從馬來西亞獲取礬土。朝鮮繼續輸送大量的輕金屬和鐵合金，中國華北和偽滿洲國的礦場則出產煤。戰爭期間，日本人消耗的所有能源的三分之二是煤，一九四三年大約百分之二十的煤是進口的。如表14.3所示，日本公民也依靠帝國而獲得必不可少的糧食，尤其是大米。

與日本的貿易交換最終往往損害了當地經濟。日本政府確定進出口價格並固定有利於日圓的貨幣匯率。新佔領地區的佔領軍政府幾乎根本不注意發展有利於當地人民的製造業，收購政策也只是根據日本的需要而執行。在印度支那，軍隊任意強佔水稻收成，它需要更多的原材料時，又強迫一些

表 14. 3

大米的進口量和國內產量（1937 ~ 1945）

單位：千公噸

進口							
農事年*	朝鮮	臺灣	荷屬東印度群島	泰國	緬甸	進口總量	國內產量
1937	1,123	809	1,932	0	48	1,980	9,928
1938	1,692	829	2,521	0	25	2,546	9,862
1939	948	660	1,608	0	26	1,634	10,324
1940	66	464	530	461	313	1,860	9,107
1941	551	328	579	677	461	2,517	8,245
1942	873	284	1,157	741	628	2,581	9,999
1943	0	302	302	688	164	1,183	9,422
1944	583	217	800	39	35	874	9,784
1945	227	41	268	0	0	268	6,445

*到10月31日為止為一個農事年

根據Jerome B. Cohen的《戰爭和重建時期的日本經濟》（明尼亞波利斯：明尼蘇達大學出版社，1949年），第368、369頁。

農民毀掉稻田改種黃麻。最後甚至像巴莫這樣的早期支持者也感到希望幻滅。他悲歎道，「只有一個目標和利益，即日本的利益；東亞國家只有一個命運，即成為眾多永遠依靠日本的滿洲國或朝鮮」。[9] 這些成了所謂「共榮」的現實。

經濟剝削表現了日本人自認高貴而輕蔑對待當地人民的殖民統治，但這種殖民統治並不僅僅表現在這個方面。軍政府的首腦往往慣於把日本人說成是世界上「首要種族」的帝國「神代史」，把最好的旅館和娛樂設施留給佔領軍專用。大多數軍政府首腦還實行「日本化」的計畫，要求當地人民向所有日本軍人鞠躬，慶祝日本的節日（天皇的生日四月二十九日成了「共榮圈」的慶典），並用日本的官方日曆標誌年歲。結果，一九四二年成了從傳說中帝國建立的西元前六六〇年算起的二六〇二年。

更殘忍的是對人身的暴行。在中國前線的經歷，使得日本侵略軍憎恨似乎總是密謀反抗他們的佔領區民眾。日本皇軍也把這種懷疑的態度、對自己種族優越性的信仰和不人道行為的傾向帶到了東南亞和太平洋諸島。在亞太地區，日軍臭名昭著，他們只要受到最輕微的挑釁，就會侮辱、毆打和訓斥非日本人。有組織的、制度化的暴力是佔領時期政策的另一個方面。在荷屬東印度群島，日本佔領者以捏造的罪名逮捕著名的民族主義者，把抓捕到的農民塞進船裡運到其他地區當勞工，處決用短波收音機收聽同盟國廣播而被當場抓住的印尼人。佔領新加坡後，日本當局逮捕了7萬多名被懷疑搞破壞活動的華僑。據目擊者說，其中數千人被綁在一起裝上船，帶到海上，然後從船上推下去。在馬來半島，佔領軍關閉學校，把校舍改為軍營，分給當地人民定量只及日本人一半的口糧，並殺害那些到軍隊倉庫偷東西的馬來人。

婦女經受了可怕的痛苦。對婦女的蓄意侮辱在朝鮮最為嚴重，產生了許多問題。招工者受日本皇軍的指使貌似簽約雇用年輕女子到國外的紡織廠做工，實際上是送她們到遍佈亞洲的簡陋軍隊妓院。其他朝鮮女子也加入了她們的隊伍，其中許多人十歲剛出頭就被強行從城市街道和鄉村小路上拉來，充當日本士兵和殖民地管理者的「慰安婦」。在新加坡，被抓獲的中國、菲律賓、馬來西亞和荷蘭婦女也被迫從事這種服務。總計多達十萬至二十五萬婦女死在日軍的妓院，還有數目不詳的成千上萬的婦女死於疾病和營養不良，而在戰爭快結束的那段時間裡，驚恐的日本士兵開槍或用刺刀殺死了其他難以計數的人。

在亞洲，戰爭和濫用佔領時期政策而造成的殘殺令人難以想像。除了慰安婦以外，還有多達七萬名朝鮮男子作為勞工客死日本，或作為日本軍隊中的「志願者」而死。據菲律賓政府統計，平民的死亡和戰爭引起的死亡合計十二萬五千人。印度政府估計，在緬甸前線作戰時的傷亡是十八萬人。法國宣稱，二十個越南人中就有一人死亡，主要是因為造成了一九四五年嚴重饑荒的日本農業政策。聯合國的一份報告估計，爪哇有三百萬人，其他海島上還有一百萬印尼人或被日本人殺害，或死於饑餓、疾病和醫療保健的缺乏。估計有三十萬至一百萬印尼人被日本人強征為勞工，其中可能一半人死亡。某個官方記錄聲稱，被拘押在荷屬東印度群島的十三萬歐洲人中，有三萬人，其中包括大約七千名婦女和兒童，死在獄中。中國的痛苦最為深重，在一九三七年至一九四五年間，被殺害的中國士兵的官方資料是一百三十萬，但加上無法計算的平民死亡人數，大約是九百萬至一千二百萬人。這些資料並非精確計算後的結果，只能暗示亞洲受到戰爭之害的無辜者所遭受的無情殘忍的暴行。所有這些都成了所謂「泛亞兄弟情誼」的奇異現實。

戰爭局勢峰迴路轉

日軍在戰爭初期所獲的勝利超出了他們最樂觀的估計。受此鼓舞，一九四二年春，日軍大本營籌畫採取進一步軍事行動，以擴大山本五十六大將原來設想的防禦圈。日軍策劃在中國和東印度發動戰役，計畫入侵阿留申群島，甚至打算進攻澳大利亞，佔領夏威夷群島。其中幾個新的冒險行動奏效了，六月，日軍佔領了阿留申群島中的阿圖島和基斯卡島，但是日軍很快發現，他們的兵力太分散。一九四二年四月十八日，美國航空母艦「大黃蜂」號潛入距日本海岸不到九百六十公里處，詹姆斯．H.杜立特中將率領十六架B-25轟炸機空襲了東京、名古屋、大阪和神戶。雖然杜立特的轟炸機給日本人造成的難堪多於實際損害，但是兩個月後的六月初，在山本五十六大將駛向他一直覬覦的中途島，以便把它作為發動對夏威夷的軍事行動的基地時，一支未曾預料到的美國特遣部隊的猛烈襲擊使他損失了四艘不可替代的航空母艦。隨後，一九四二年夏，美國艦隊在瓜達爾卡納島登陸。新年之夜，在經過幾個月艱苦的叢林作戰之後，日本人決定從島上撤退。日本海陸軍發現，他們已經轉入守勢，這比他們所想的要快得多。比他們可能想像到的更可怕的是，戰爭的殘酷很快就要落到日本人民身上。

到一九四三年初，日本在珍珠港事件前的設想顯然已經偏離期望，英國沒有落入德國之手，事實證明美國人意志並不薄弱，也不像希望的那樣傾向於談判。更重要的是，美國的工業沒有因其資本主義的倫理道德而失去生機，它以令人吃驚的敏捷對打一場世界大戰的挑戰作出了回應。在一九四〇年至一九四二年之間，美國的國民生產總值增長了三分之一多，政府軍費開支從占國民生產總值的百分之十七飆升至百分之三〇．五。雖然日本的經濟在戰爭的頭幾年表現還不錯，但是，這個島國陷入了一場與一個生產力遠遠超過它的經濟巨人的力量不均衡的戰爭。石原莞爾關於「中國是個泥潭」的預言說到了點子上，他所認為的美國在生產上擁有超過日本的能力也是正確無誤的。甚至在第一個全年進行太平洋戰爭的一九四二年，美國與戰爭有關的製造業就超過了日本。到一九四五年，美國兵工廠生產的武器是日本的十倍。在兵力上日本也是望塵莫及，美國人將一隊隊飛機、航空母艦、戰艦和潛艇派往太平洋。

一九四三年，麥克阿瑟發動了對所羅門—俾斯麥群島和新幾內亞島海岸的進攻，而切斯特．尼米茲海軍上將則利用正在聚集的美國兵力保護中太平洋的安全，採取隔島「蛙跳」戰術，繞過日軍重兵把守的島嶼，襲擊比較容易攻擊的基地，使美國空軍越來越接近關係日本本土諸島和東南亞的生死攸關的航路。一九四三年，日本帝國海陸軍的日子實在不好過，從瓜達爾卡納島撤退時，陸軍損失了一萬多人。四月十八日，美國飛行員在所羅門群島伏擊了山本五十六的座機並使其斃命。五月，在美軍的反擊之下，日本丟失了阿留申群島。十一月，日本在中太平洋最重要的據點塔拉瓦陷落。十二月二十七日，東條英機對議會說：「真正的戰爭現在開始了。」

一九四四年，美國加緊反攻，日本的內部防線陷於崩潰。初夏，日軍失守塞班島，海軍的四百三十架飛機損失了四百零五架，空中力量遭受重創。這場慘敗結束了東條英機的首相生涯。一段

地圖 14.1
大東亞戰爭

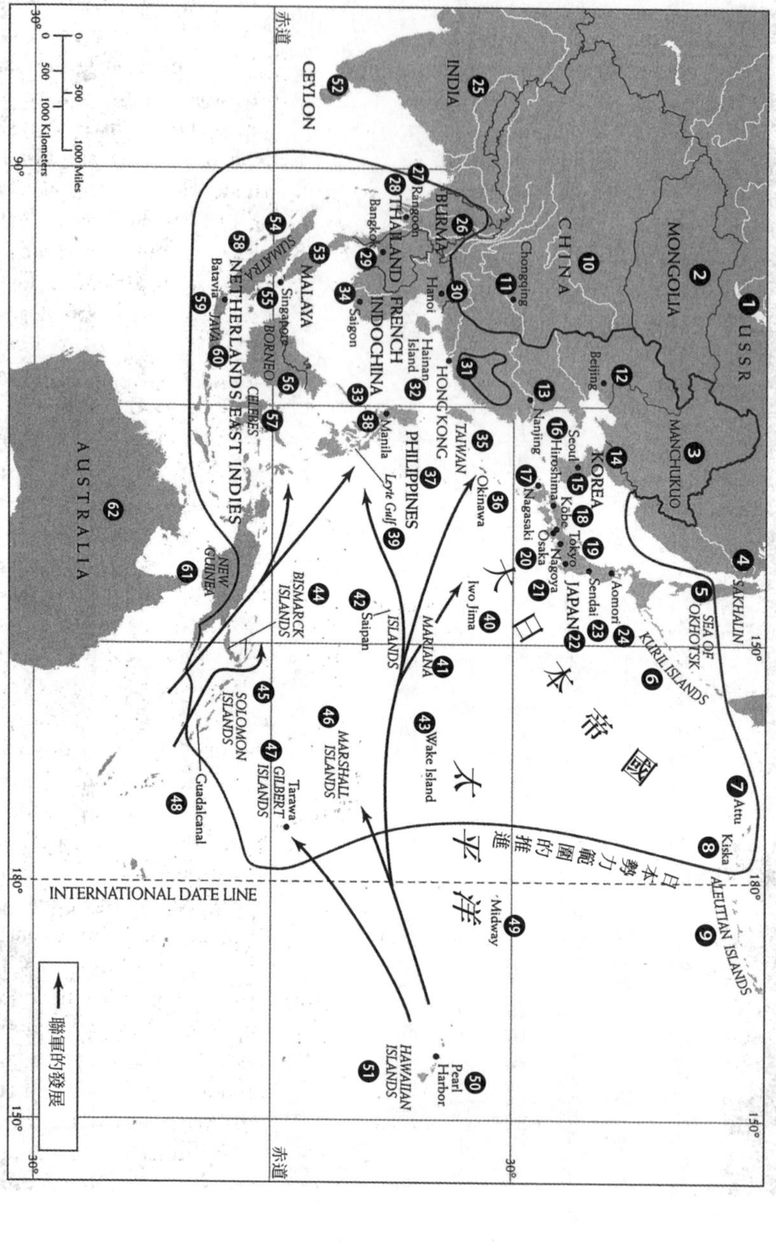

USSR
MONGOLIA
MANCHUKUO
SAKHALIN
SEA OF OKHOTSK
KURIL ISLANDS
Attu
Kiska
ALEUTIAN ISLANDS
CHINA
Chongqing
Beijing
Nanjing
KOREA
Seoul
JAPAN
Hiroshima
Nagasaki
Kōbe
Osaka
Nagoya
Tokyo
Sendai
Aomori
INDIA
CEYLON
BURMA
Rangoon
THAILAND
Bangkok
Hanoi
FRENCH INDOCHINA
Saigon
Hainan Island
HONG KONG
TAIWAN
PHILIPPINES
Manila
Leyte Gulf
Okinawa
Iwo Jima
MARIANA ISLANDS
Saipan
Wake Island
MARSHALL ISLANDS
GILBERT ISLANDS
Tarawa
BISMARCK ISLANDS
SOLOMON ISLANDS
Guadalcanal
NEW GUINEA
MALAYA
Singapore
SUMATRA
BORNEO
CELEBES
JAVA
Batavia
NETHERLANDS EAST INDIES
AUSTRALIA
Midway
Pearl Harbor
HAWAIIAN ISLANDS
INTERNATIONAL DATE LINE
大日本帝國
太平洋
日本勢力範圍的推進
聯軍的發展
赤道
0 500 1000 Miles
0 500 1000 Kilometers

1 蘇聯
2 蒙古
3 滿州國
4 薩哈林
5 鄂霍次克海
6 千島群島
7 阿圖島
8 基斯卡島
9 阿留申群島
10 中國
11 重慶
12 北京
13 南京
14 朝鮮
15 漢城
16 廣島
17 長崎
18 神戶
19 東京
20 大阪
21 名古屋
22 日本
23 仙台
24 盛岡
25 印度
26 越南
27 仰光
28 泰國
29 曼谷
30 河內
31 香港
32 海南島
33 法屬印度支那
34 胡志明市
35 臺灣
36 沖繩
37 菲律賓
38 馬尼拉
39 雷伊泰
40 硫磺島
41 馬里亞納群島
42 塞班
43 威克島
44 俾斯麥群島
45 所羅門群島
46 馬紹爾群島
47 塔瓦拉吉爾伯特群島
48 瓜達爾卡納
49 中途島
50 珍珠港
51 夏威夷群島
52 錫蘭
53 馬來亞
54 蘇門答臘
55 新加坡
56 婆羅洲
57 西里伯斯海
58 荷屬東印度
59 雅加達
60 爪哇
61 新幾內亞
62 澳洲

時間以來，在日本核心集團內部，對東條英機作為首相和戰爭領袖的表現的批評一直在增多。一九四三年，前首相岡田啟介在給宮廷顯貴的消息中明確警告，要催逼東條英機下臺。對首相來說夠難堪的是，一九四四年三月二十五日，在首相官邸舉行的招待會上，反對東條英機的情緒爆發了，眾議院議長高聲要求東條英機為日本軍隊走下坡的命運「承擔責任」並且「辭職」。某些人在日記裡寫道，鼓掌聲在整個房間同時響起。七月十七日，正好塞班島失守的十天後，一些老牌政治家開會，拒絕投信任票給這把「剃刀」。第二天，東條英機便辭去首相職位下臺了。

在老牌政治家的推薦下，天皇任命小磯國昭大將接替東條英機。(參閱表14.4)但是，這個自一九四二年出任朝鮮總督的老兵，並不比東條英機有更多的成就。塞班島失守後，海軍軍令部長預言「地獄即將襲擊我們」。同年秋天，尼米茲和麥克阿瑟在菲律賓群島會師。在十月份的萊特灣戰役中，日本海軍在武器和戰術上都遜於美軍，損失了六艘航空母艦。帝國海軍的艦隊被徹底摧毀，曾經驕傲的海軍不再是太平洋戰爭的重要因素。麥克阿瑟實現了自己「回來」的誓言，一九四五年初派部隊登陸並攻佔了馬尼拉。美軍在菲律賓的勝利，實際上切斷了日本和東南亞的聯繫，使西南太平洋成為戰略上的死水。現在，美國人開始直取日本，一九四五年三月佔領硫磺島，一九四五年四月一日進攻沖繩島。

菲律賓群島的丟失，預示著日本經濟毀滅性的結果。萊特灣戰役後，殖民地和被佔領地區的豐富資源外流的通道幾乎完全關閉。一九四二年，油輪曾把東南亞百分之四十的石油運往日本港口，一九四四年這個數字跌到百分之五，一九四五年則為零。一九四一年日本進口了五百一十萬噸鐵礦石，一九四四年只有一百七十萬噸，一九四五年第一季度只有十四萬四千萬噸運抵日本工廠。沒有了重要資源，製造業的產量下滑。表14.2說明，戰爭最後一年，鋼鐵、機械和化工部門產量急劇下降，由此造成的武器產量的下降(參閱表14.5)使日本軍方茫然失措。這些數位轉化為戰場上難以克服的劣勢。戰爭期間，空軍成了決定性的毀滅性武器。一九四三年一月，日本能把三千二百架做好戰鬥準備的飛機投到空中，與美國的三五三七架飛機作戰，而到一九四五年一月，這兩個數字變成了四一〇〇比二一九〇八。

美國的攻勢令日本軍方騷亂不安，他們的資源已經衰竭，於是開始鋌而走險，犧牲大批士兵、水兵和飛行員的生命，企圖以英勇無畏但是最終成為悲劇的方式延緩敵人的推進，或者想以如此駭人的生命代價迫使敵人坐到談判桌邊。從一九四三年的阿圖島戰役開始，日本士兵便拒絕投降，而是選擇

表 14. 4

日本首相（1941 ～ 1945）

首相	組閣次數	任職時間
近衛文麿	第三次	1941 年 7 月 18 日至 1941 年 10 月 18 日
東條英機		1941 年 10 月 18 日至 1944 年 7 月 22 日
小磯國昭		1944 年 7 月 22 日至 1945 年 4 月 7 日
鈴木貫太郎		1945 年 4 月 7 日至 1945 年 8 月 17 日

表 14. 5

武器的產量（1941 ～ 1945）

	飛機		戰車		艦船			
年份	戰鬥機	轟炸機	坦克	裝甲拖拉機	戰艦	航空母艦	巡洋艦	驅逐艦
1941	1,080	1,461	1,024	919	1	5	1	9
1942	2,935	2,433	1,165	1,489	1	6	2	9
1943	7,147	4,189	776	870	0	3	2	15
1944	13,811	5,100	342	741	0	4	1	31
1945	5,474	1,934	94	196	0	0	0	6

根據Jerome B. Cohen的《戰爭和重建時期的日本經濟》（明尼亞波利斯：明尼蘇達大學出版社，1949年），第211、237和262頁。

1945年4月，日本高等女校學生向準備前往沖繩進行自殺性攻擊的戰鬥機「隼」駕駛員揮手告別／alamy

戰鬥到最後一人，軍隊的條令禁止士兵「忍受淪為俘虜的恥辱」。在塔拉瓦，艦隊的戰鬥口令就是「不做俘虜」，即使有人做了俘虜，他們也希望自己被殺。這種選擇並非沒有理由，查爾斯·林德伯格，駐新幾內亞島美軍的平民觀察家，在他的日記裡寫道，一九四四年六月二十六日，在數千名被抓的日本士兵中，只有幾百人倖存，其他人都遭遇了「一場事故」。除了為了報效祖國和不想在監禁中死去的自然本能，日本軍方的領導階層還依靠要求士兵犧牲的策略。在中太平洋，軍隊司令官放棄海灘，把它們讓給美軍，然後在山區和叢林的據點整頓軍隊。日本士兵挖掘洞穴和地下掩體，一直戰鬥到死。生命的代價對於雙方都是高昂的。在阿圖島，日軍的死亡人數總計達二千六百人，只有二十八人被俘。在塔拉瓦，四千六百名保衛者喪生，只有一百人投降。在一九四四年和一九四五年的菲律賓戰役中，三十多萬日本人戰死。在沖繩島，實際上整個日本駐軍的十一萬士兵全部死亡，而美軍十七萬二千人的進攻部隊中也有大約五萬人傷亡。

一九四四年秋，「神風特攻隊」飛行員的出現開始把犧牲式自殺崇奉為國家的策略。當年十月，大西瀧治郎中將，一位軍需省的高級官員，抵達菲律賓群島協調對付美軍進攻的準備工作。大西瀧治郎清醒地知道，在飛機的製造上日本處於毫無希望的劣勢，他請求麾下的飛行員志願駕駛負載著炸彈的零式戰鬥機直接衝向美國戰艦。十月二十五日，二十四名飛行員身負第一次自殺任務起飛了。他們取得了難以置信的成功，擊沉了一艘美國護航艦，還損壞了其他幾艘。受到這些成果的鼓舞，大西瀧治郎急忙招募更多的飛行中隊，陸軍的飛行部隊也跟著照做。官員們把新的部隊單位命名為「神風特攻隊」，「神風」意指傳說中一二七四年和一二八一年日本的神靈為了趕走入侵的蒙古船隊而刮起的颶風。

由於海軍的削弱和空軍的衰敗，日本人將「神風特攻隊」自殺式攻擊作為戰爭最後一年主要的自衛手段。對於遭受嚴重物資短缺的軍隊來說，自殺性的飛行中隊代表了奇蹟即將來臨的機會，在給敵人沉重一擊的大膽嘗試中，他們希望動員日本最後的剩餘資源和青年的戰鬥精神。那些自願成為特攻隊者的勇敢，閃耀著不可否認的光輝，但是他們的犧牲對於延緩美軍推進幾乎無濟於事。到戰爭結束時，近五千名青年死於自殺性任務，但是他們只摧毀了幾艘戰艦。具有諷刺意味的是，他們最令人矚目的勝利只出現在作戰的第一天，而一九四四年十二月菲律賓海面上真正的颱風對美國艦隊造成的損害，甚至比「神風特攻隊」最猛烈的攻擊還要大。

到一九四五年，年輕的特攻隊員們感覺到，他們即將面對的死亡不會對戰爭結局有多大改變，其中一些人從幻夢中覺醒，在衝向死亡時對著無線電大聲咒罵他們的部隊指揮官和國家的政治領導人。然而，大多數人給家裡寄送的遺詩和遺書，仍然表達著對家庭、天皇和國家的堅定信仰。這些價值觀在黑暗戰爭的最後一年也支撐著他們的許多同胞。就在出發作最後一次飛行之前，一位年輕飛行員寫信給他的父親說：「日本人的生活實在美好，我為此驕傲。日本歷史和神話反映了我們祖先的純潔和他們的信仰，我心嚮往之。這種生活是祖先傳給我們的所有最美好事物的集中體現。來自過去的一切美妙事物在現實中的化身就是皇室，它也是日本及其人民的燦爛美好的結晶。能為保衛這些美好崇高的事物獻出我的生命，是一種無上的光榮。」[10]

另一位年輕人這樣寫道：「在目前艱苦的戰鬥中，我們應該高興地報效國家。我們應該懷著這樣的信念衝向敵艦，即日本一直是，將來也是一個隻允許快樂的家庭、勇敢的婦女和美好的友誼存在的地方。」

圍攻下的生活

年輕人犧牲精神的高尚並未能使日本民眾免遭美軍直接進攻的痛苦。一九四四年六月，B-29「超級堡壘」轟炸機開始出動，對經過選擇的工業設施，如九州的八幡制鐵所和東京西郊的中島飛機廠進行高空的「精確轟炸」。但是，不完善的轟炸瞄準雷達和其他機械上的障礙困擾著飛行員（對龐大的中島綜合企業的八次襲擊只造成了輕微的損害），因此一九四五年初，科蒂斯．李梅少將，第二十一轟炸機指揮部的司令官，決定改變策略。他在「超級堡壘」上裝上燃燒彈，讓它們低空飛行，轟炸城市。這種進攻對這個曾經參加過對德累斯頓和其他德國城市轟炸的人來說，具有某些可望實現的好處。日本的許多小企業都散佈在居民區，那裡非常易燃，密集的建築物為燃燒彈的破壞能力提供了最大的可能性。然而不僅如此，在一場對非戰鬥人員的殘忍行為早已變得十分平常的戰爭裡，李梅及其助手為了打擊普通日本人的士氣，動搖他們對其領導人的信任，企圖將大量的死亡和毀滅加在他們身上。

三月九日至十日晚上，三三四架B-29轟炸機，每架攜帶著近六噸石油、磷、凝固汽油和燃燒彈從馬利安納群島的基地起飛，向東京東北人口最稠密的淺草地區進發。到達後，進行了猛烈的轟炸。破壞是災難性的，四百萬磅燃燒彈產生的熱量如此強烈，以致溝渠和河流沸騰了，鋼鐵的樑柱熔化了，有八到十萬人死亡。正如抽著雪茄的李梅在他的回憶錄中所說，「燃燒、沸騰、炙烤到死」[11]。在四十四平方公里的淺草地區內，實際上一切都化為焦土。令人難以置信的是，一夜之間，東京五分之一的工業設施消失了，一百萬人無家可歸。

那些B-29轟炸機返回基地加油後再次起飛。在接下來的十天裡，它們使大阪、神戶和名古屋的人們對戰爭的殺戮和恐怖有了深切體會。日本人無法阻止美國人的轟炸，他們沒有有效的雷達，只有陳舊的防空排炮，而且到一九四五年春只能派出兩隊夜航戰鬥機。整個漫長的一九四五年夏天，「超級堡壘」不斷來襲，它們的彈艙裡裝了越來越多的燃燒彈。五月二十六日，五百架轟炸機在東京西北的居住區投下了四千噸燃燒彈。六月十日，一支二千架轟炸機和戰鬥機的大機群連續轟炸了從九州到本州北部的城市。截至八月，B-29轟炸機已經轟炸了日本的六十六座城市，密集轟炸燒毀了大阪和名古屋的百分之四十、東京和神戶的百分之五十、青森的百分之九十和整個仙台。B-29轟炸機破壞了日本一半以上的通信設施，把百分之四十的工業區燒為焦土，使火車和沿海航運幾乎完全停頓。日本近百分之二十五的住宅燃為灰燼，大約二十五萬日本人喪生，三十多萬人傷殘。

倖存者面臨著種種困難。一九四五年夏，所有的一切都供應不足。一九四一年，消費品占國民生產總值的百分之四十五，到一九四五年只有百分之十七。可供商品的價格上升了。戰爭期間工人的工資上漲了，但是商品的價格漲得更快，結果即使因通貨膨脹而調整了工資，一九四五年的實際工資仍比一九三九年少了三分之一。服裝實行定量配給，但是紡織品非常短缺，大多數婦女只能穿一種土褐色的東北農婦常穿的簡單褲子，男人則湊合著穿戰前的破舊衣服。柴火變得非常昂貴，甚至一周洗一次澡都是一種奢侈。一些教師甚至燒他們的個人藏書來取暖。

食物變得稀缺。正當美國空軍和海軍的封鎖切斷了運往帝國的物資供應之時，寒冷的天氣又使一九四四年嚴重歉收。截至一九四五年春，食物已不夠分配，絕望的主婦逐漸求助於黑市。城市居民擠上開往鄉村的火車，結果卻發現地瓜這種日本飲食中新的但卻很少食用的食品，比法定價格貴二十倍，大豆貴三十倍，大米貴七十倍。不管費用多高，東京的家庭都不得不從黑市購買近百分之十的大米、百分之四十的魚和百分之七十的蔬菜。

孤獨和破碎的家庭增添了戰爭的悲慘程度。早在一九四三年秋，內閣就敦促任何兵工企業不需要的人——帶嬰兒的母親、老人和體弱者，離開主要城市，儘管沒有多少人選擇這樣做。一九四四年轟炸開始後，政府命令三十五萬名從三年級到六年級的學生從十二個城市撤出，第二年春天又有十萬少年撤離。這些孩子常常又憂傷又想家，他們被安置在空閒的旅店和鄉村寺院裡，一邊努力跟上功課，一邊參加志願隊到附近的村莊幫忙。

當鄉村人滿為患時，日本的城市卻出現了一片荒蕪景象。在三月九日、十日後的幾周內，三百多萬人離開東京，六百多萬人湧出其他城市。據統計，戰爭期間東京的人口從六百八十萬降到二百八十萬，大阪從三百四十萬降到一百一十萬，神戶從九十六萬七千降到三十七萬九千。家人走了，那些留下來的人卻發現，沒有什麼可以消除生活在圍攻之下的精神緊張，也沒有什麼可以緩解煩悶。舞廳和娛樂區的酒吧早就關門了，因為它們的藝妓和其他表演娛樂節目的女性都被哄騙到廠裡幹活。或許只有少數東京居民因芭蕾舞的消逝（至少在像「空中決戰組曲」之類的作品成為常見的節目之後）感到悲傷，但是在李梅的

B-29轟炸機毀壞了原先的比賽場所，一些相撲運動員遇害，由此五月份的相撲比賽縮短為一周並移到戶外，許多人都覺得沮喪。一九四五年夏，少數幾個還供應飲料的地方是「人民酒吧」，它們由政府經營，一周營業一次，出售廉價啤酒和加了甲醇的清酒，後者被嘲笑地叫作「炸彈」，因為這種米酒會令口腔和喉嚨感到燒灼。

到一九四五年夏為止，許多日本人對於「大東亞戰爭」已經徹底幻滅。除了少數的後來多半死於獄中的堅定共產主義者和社會主義者的反對之外，日本從未有過任何有組織的反戰運動，非法的反抗行動也非常罕見。更為普遍的是，那些對戰爭心存疑慮的人用沉默的蔑視來逃避，調換職業或者繼續工作，就好像沒有戰爭這回事。在戰爭期間著名的經濟學家河上肇隱居在京都自己的家裡，谷崎潤一郎安靜地完成了《蒔岡四姐妹》的創作，期望將來能夠出版。憲法學者美濃部達吉關於憲法理論的著作曾於一九三五年遭到詆毀，但他卻不屈不撓地於一九四四年出版了《經濟法基本理論》一書。

隨著戰爭的進展，普通日本人採取亂塗亂畫和寫匿名信的方式表達他們對已經嚴重誤入歧途的「聖戰」的蔑視。全國各地的人們把「殺死天皇」、「推翻政府」和「結束戰爭」這樣的話寫在路燈柱上和工廠牆壁上。一位東京記者報導，戰爭結束前的那幾個月，在他們報社一天收到的近二百封信中，大多數都譴責「官員和軍隊無法分擔人民的苦難」。其他一些人只是說他們對鄰居越來越失望。「一場把財產和成千上萬同胞的生命浪費在殘酷戰鬥中的戰爭有什麼神聖可言，」一位孩子死在新加坡的家長這樣質問，「有誰真想成為士兵？」[12]內務省警察局的列表說明，從一九四三年三月至一九四四年三月的一年中，嚴重的反戰事件總計有四〇六起，次年達到六〇七起。

工廠工人是國家面臨的一個特殊問題，工人的工作馬虎和長期曠工使生產指標無法完成。甚至在一九四四年轟炸開始之前，工人的出勤率就是個嚴重的問題；而到了一九四五年，低落的士氣、工資支付的困難以及需要花時間去鄉村尋找食物，使曠工到了令人擔憂的地步。具體可參閱表14.6。上班的工人也不努力工作（雖然軍方急需飛機，但還是因為一九四四年所造飛機百分之十有毛病而拒收），他們越來越喜歡停工，通常是因為不滿工資低、待遇差。一九四一年，官員記錄有一百五十九次罷工和怠工，但是一九四三年有六百九十五次，一九四四

表14.6

東芝部分工廠的缺勤率（1937～1945）

年份	鶴見廠	小向廠	大宮町廠	柳町廠
1937	5.8	—	—	7.6
1938	7.5	—	—	8.0
1939	9.1	8.0		7.7
1940	14.8	8.2	7.9	8.5
1941	15.1	9.3	8.5	8.2
1942	17.2	9.2	9.2	11.3
1943	22.3	15.2	9.4	18.8
1944	21.1	22.7	52.0	25.5
1945	51.0	66.4	57.8	31.6

資料包括所有男女工人（鶴見廠除外，該廠的資料僅涉及男性），時間到六月份為止（柳町廠除外，該廠資料截至十一月份）

根據Andrew Gordon的《日本勞工關係的演變：重工業，1853～1955》（劍橋：哈佛大學東亞研究會，1985年）第316、317頁。

年的前十一個月有五百五十次。非常清楚，產業報國會建立和諧企業社團的目標只是一個難以實現的夢想。

針對後方的這些問題，政府要求人民更加努力工作，付出更多的犧牲。在很大程度上，大多數日本人都願意繼續戰鬥，不顧轟炸、物質短缺以及與家人分離和不斷增長的悲觀情緒。其中的重要原因是害怕國家和員警的威壓，不過還另有一個重要原因，就是對町內會、大政翼贊會和報國會內其他成員所帶來壓力的敏感，正如一九四五年一月一位家庭主婦所言，沒有人希望自己成為第一個被指控放棄支持國家政策的人。最終，大多數日本人都是忠實的公民，受到基本的愛國熱情驅使，不想在危急關頭拋棄國家，他們勇敢地經受了最後一次動員。一九四五年六月十三日，政府解散了大政翼贊會，以便將所有十五歲至六十歲的平民男子和十七歲至四十歲的女子組織起來，在他們的街區和工作地點成立「國民義勇隊」。在軍隊的命令下，這些「國民義勇隊」一起軍訓，用粗糙的竹棍操練，依靠自身力量沿著海岸挖掘掩體，為防禦秋季美軍的預期入侵做準備。根據官方新口號令人毛骨悚然的計算法，全體日本人現在要組成「一億特攻」，即「一億人玉碎的強大特攻隊」。

投降

美軍攻佔沖繩，外國軍隊出現在了日本的國土上，老牌政治家們認識到，到了該結束這場戰爭的時候了，但是軍隊拒絕接受任何這類意見。一九四四年，與蔣介石軍隊進行的一場效果驚人的地面戰役[13]，使日軍控制了中國另外幾個省份，增強了日軍的尊嚴和決心。截至美軍在沖繩島登陸時，雖然中國的時局對於「大東亞戰爭」的結果已不再重要，但是日軍還有五百五十萬軍人，而且他們寧願頑抗到底，不肯投降。他們認為，投降可能會威脅日本將來的完整，或危及天皇制的繼續存在。面對軍隊的強硬，一九四五年四月下旬，老牌政治家們建議天皇接受小磯國昭首相的辭職，任命鈴木貫太郎領導和平內閣。這位已退役的海軍上將受到天皇的信任——鈴木的妻子曾經是天皇的乳母，而鈴木貫太郎本人從一九二九年至一九三六年一直擔任天皇的侍從武官長。老牌政治家們希望鈴木貫太郎能用他的聲望使軍隊就範。

鼓吹談判和解的人們很長時間以來一直在多方尋覓，甚至在一九四二年日本軍隊取得勝利時，吉田茂和官僚核心集團的若干重要成員及商界菁英就偷偷摸摸地討論與美國開始和平對話的可能性。作為二十世紀三〇年代的前駐英國大使，吉田茂認為，為了日本的安全有必要和英美兩個大國合作，而且和戰前外務省英美派的其他成員一樣，他也堅定地反對共產主義。他的擔心出於兩個考慮，一方面，他認為戰爭持續的時間越長，東條英機的組織控制和中央集權的經濟規劃最終把日本變成共產主義式國家的可能性就越大；另一方面，吉田沒有為日本在「大東亞戰爭」早期的勝利所迷惑，他預測到了最終的失敗，他還擔心在隨之而來的混亂中，國家可能會發生革命運動，破壞日本的傳統政體。因此，他認為日本應該和美國人通過談判取得紳士般的和解。他相信，美國人會給以寬大的和平條件。

吉田茂把一群志趣相投的人吸引到了他的周圍，監視他們活動的員警稱他們為「Yohansen」（ヨハンセン，「吉田反戰」的縮寫）。和秘密的「Yohansen」聯繫在一起的是一些傑出人物，如前首相若槻禮次郎、已退休的三井財閥常務董事，甚至還有喜怒無常且難以預測的近衛文麿。原先近衛文麿認為自己的「東亞新秩序」是抵制共產主義和西方帝國主義的防波堤，但是在戰爭中期，他調整了對美國的評價。在這個三次出任首相的人搖擺不定的腦子裡，越來越害怕不斷惡化的戰局可能會使共產主義者隱藏在軍隊、大政翼贊會和大學裡醞釀日本的革命。

在吉田茂的支持下，近衛文麿寫了一份冗長的奏摺，並準備在一九四五年二月十四日那天呈遞給天皇。在他的奏摺中，近衛文麿請天皇注意蘇聯在歐洲戰爭中的勝利，並提出存在著「蘇聯最終會干預日本國內事務的巨大危險」[14]。此外，近衛文麿還警告天皇，「我看國內情形已具備引起共產革命的條件」：下降的生活水準、勞動人民的騷亂、「親蘇的情緒」和「在背後利用這一點的『左派』分子的秘密策略」。近衛文麿隱晦地暗示，最大的危險來自「似乎相信我們的國體可以和共產主義並存的年輕軍人」。他發出忠告，消除這種狀況的唯一辦法就是儘快結束戰爭。

近衛文麿對日本命運的古怪擔心沒有促使天皇在二月份採取行動。但是到了春季，鈴木貫太郎成為首相時，近衛文麿再次出面提出他的建議和忠告。隨著日本陷於絕境以及越來越多的城市被毀，鈴木貫太郎及其內閣中的其他中間派決定請蘇聯居中斡旋與美國和解，正如四十年前美國曾經調停日俄之間的爭端並使兩國達成和平協議那樣。六月，天皇表示支持該計畫，暗示現在他希望找到體面的方式結束戰爭。即使克里姆林宮對日本最初的建議沒有表態，鈴木首相還是抱有希望。七月份早些時候，鈴木貫太郎請近衛文麿把天皇的一封私人信件帶給莫斯科，信中陳述了天皇陛下對和平的衷心希望。在與天皇進行私人會晤之後，近衛文麿接受了這個任務。

但是，在近衛文麿做好去莫斯科的準備之前，史達林、邱吉爾和杜魯門已經聚集在德國的波茨坦討論日本的投降問題。杜魯門意識到了日本的和平試探，但他懷疑他們的誠意，所以沒有表示接受試探。他也不想對日本人表示寬大，尤其是在他得到原子彈在新墨西哥州的阿拉莫戈多試爆成功的消息之後。七月二十六日，同盟國發表《波茨坦公告》，要求日本「無條件」投降或者面對徹底的毀滅。公告進一步要求日本政府肅清軍國主義領導人，解除軍隊的武裝，把日本的主權限制在明治初期確定的領土邊界內，接受同盟國軍隊佔領日本本土，而對於日本被尊崇的國體根基即天皇的命運則隻字未提。

鈴木貫太郎陷入了困境，軍隊依然決意將戰爭進行到底；此外，無論內閣的一些成員多麼傾向於和平，他們卻無法接受一個開放式的投降。投降就要允許外國佔領軍推翻天皇制，把日本的統治君主作為普通戰犯起訴。只要佔領軍願意，他們就會這樣做。鈴木貫太郎害怕如果他完全拒絕《波茨坦公告》的條件，會進一步激怒杜魯門，於是宣布日本只能對公告「不予理會」。這位七十八歲的首相用了不適當的措辭，他原來的用詞「默殺」，除了可作「不予置評」外，亦可翻譯成「不予理會」[15]。於是杜魯門決定，對早已處於崩潰邊緣的日本施以無限制的暴力。

七月二十四日，杜魯門授權美國軍隊的戰略空軍對日本使用「特殊炸彈」，因為鈴木內閣拒絕接受《波茨坦公告》。由於歐洲的戰爭已經結束，美國人渴望回歸正常生活，美國總統杜魯門決定儘快結束太平洋戰爭。除了避免更多地損失美國人的生命，總統也在提防著蘇聯。蘇聯人正在偽滿洲國邊界召集軍隊，準備從北海道穿越海峽。如果杜魯門能在蘇軍參戰之前結束太平洋戰爭，他就能排除日本分裂的可能性，從而避免一分為二的德國給戰後歐洲造成的那種問題。

此外，杜魯門剛接任總統不久，而製造原子彈的計畫已形成了他自己的無盡動力，每個與此有關的人都希望原子彈能被使用，那正是美國花了這麼多金錢和努力來發展它的原因。對於自己的總統地位還沒有把握的杜魯門看不到有什麼充分理由質疑這種設想，也未曾詳細考慮兩種選擇：把原子彈投到日本，比如在某個荒島上搞一個示威性的爆炸；還是僅僅等著連續不斷的轟炸和美國海軍封鎖的雙管齊下，迫使日本投降。另外，他也消除了可能會有的關於使用新武器的任何道德顧慮，他不過是在用可利用的最好技術儘快結束一場可怕的戰爭而已。「別誤會，」他寫道，「我認為原子彈是一種軍事武器，我從不懷疑應該使用它。」[16]

後來，杜魯門及其顧問聲稱，使用原子彈挽救了許多生命。一九四七年，羅斯福和杜魯門兩位總統的戰爭部長亨利・L・史汀生給《哈潑雜誌》寫了一篇特殊的文章，成為政府的官方同意杜魯門對事情說法的版本。一九四五年秋入侵九州，第二年春再在本州登陸，史汀生寫道，將會「單給美國軍隊就造成一百萬人以上的傷亡」17。然而，這位秘書顯然憑空捏造了這個數字，因為根據一九四五年七月軍隊遞交給杜魯門的報告預測，計畫登陸九州最多會導致美軍三十三萬五千人傷亡或失蹤。與美國軍隊可能損失的這個數字相比，杜魯門知道，一旦他的空軍往不設防的日本城市扔下新研製的原子彈，爆炸「將造成難以想像的破壞和傷亡」。然而，在一場沒有多少人會把另一方看作人類同胞的戰爭中，杜魯門和史汀生認為這種犧牲是合理的和可以接受的。

八月六日早晨八點十五分，一架B-29轟炸機「艾諾拉・蓋伊」號朝廣島的男人、女人和兒童投下了一顆長約三十公尺，直徑約七公尺的「特殊炸彈」。原子彈在離地面一千六百英尺處爆炸，下面核爆中心的溫度超過了華氏七千度。爆炸半徑約二百公里範圍內的一切都被燒毀，在這個致命範圍內所有受熱浪燒灼的人都死了，他們的皮膚和內臟都被難以置信的溫度燒得爆裂。一股衝擊波以光速從核爆中心向外擴散，把混凝土建築物夷為平地，把木頭房子炸成碎片，使人體支離破碎。到處都是核輻射。大火荼毒著城市，濕氣聚集在飄揚的灰燼上，後又形成放射性的「黑雨」落回到地面。沒有廣島死亡者的精確數字，雖然一九七七年政府估計人數介於十三到十四萬之間。

八月八日，外務省監聽員聽到蘇聯的無線電廣播宣布，蘇聯要對日本宣戰，將出兵滿洲、千島群島和朝鮮。第二天，即八月九日正午之前，美國人又在長崎投下第二顆原子彈，殺死了六到七萬人。

廣島原爆受害者（陸軍船舶司令部寫真班）／廣島原爆被災攝影者之會

現在總計約有五十萬平民在對日本城市的轟炸中遇難。經過所有這些苦難，陸相和海陸軍參謀長仍然拒絕同意鈴木首相的投降要求。他們認為，還是可以設法避免徹底失敗，繼續抵抗可能還會使美國人保證戰後天皇的存在。

八月九日至十日晚及八月十四日晨，鈴木首相兩次召開了御前會議，請求天皇干預，打破他與軍方之間的僵局。每次發言天皇都代表著和平的努力，在第二次會議上，他命令軍方遵從他的願望。當天晚上，天皇在結束戰爭的詔書上蓋印，然後錄製了次日要廣播的內容。八月十五日正午，日本人民擠在家裡的收音機旁，或聚集在村裡連在收音機上的喇叭前，聆聽天皇宣讀投降詔書。這是日本歷史上半神半人的天皇首次直接對他的臣民講話，許多人不太聽得懂天皇在讚揚日本人民為之奮鬥和受苦的理想時，稍微有點古老的措辭。最後天皇號召他們「忍其所難忍」，接受失敗以「為萬世開太平」。

在這個厭倦了戰爭的國家，所有日本人，那些曾經歡迎過「大東亞戰爭」和遭受了戰爭可怕後果的人，都沉思默想著天皇關於國家未來的詔書。在東京，重新到海軍參謀部任職的大西瀧次郎中將在戰爭的最後幾個小時裡一直爭論投降是不可想像的。聽完天皇的廣播後，大西瀧次郎回到家中，給日本的年輕人寫了一封公開信。他稱讚了他創建的「神風特攻隊」死難飛行員的精神，並為他自己未能取得最後的勝利道歉，他號召日本青年聽從天皇旨意，為全世界的和平而奮鬥。然後，大西瀧次郎抽出自己的佩刀，在腹部切出傳統的十字形自殺了。當他奄奄一息地躺倒在地，鮮血流過鋪著榻榻米的地板時，寫下了這樣一首遺詩：

> 清新明淨，月光閃耀，
> 在可怕的風暴過後。18

在四百八十公里之遙的古城京都，河上肇也聆聽了天皇的詔書。二十世紀三〇年代，他因為參加地下共產黨而被捕，在監禁中健康受到了損害。這位著名的學院派經濟學家和政治活動家從他自我安設的隱居處露面，寫了兩首詩：

啊，如此幸福，
活至今日，
看到戰爭結束
這珍貴的一天。
此刻我也
爬出病床，
看天空
如洗的月光。[19]

1 Herbert P. Bix, Hirohito and the Making of Modern Japan (Tokyo: Harper Collins, 2000), p. 437.

2 譯注：也作「雷巴魯斯」號。

3 Dan Kurzman, Kishi and Japan: The Search for the Sun (New York: Ivan Obolensky,l960), p. 185.

4 Regine Mathias,「Women and the War Economy in Japan」, in Erich Pauer, ed. , Japan's War Economy (London: Routledge, 1999),p. 68.

5 Gregory J. Kasza, The Conscription Society: Administered Mass Organizations (New Haven: Yale University Press,1995), p. 19(modified).

6 譯注：這一天發佈了《部落會町內會等整備要領》。

7 Marilko Asano Tamanoi,「Knowledge, Power, and Radical Classifications: The『Japanese' in『Manchuria'」, Jurnal of Asian studies 59:2(May 2000), p. 260(modified)

8 Ienaga Saburō, The Pacific War, 1931-1945, tr. Frank Baldwin (New York: Pantheon,1978), p. 155.

9 Ba Maw, Breakthrough in Burma: Memoirs of a Revolution, 1939-1946(New Haven: Yale University Press,1968),p. 185.

10 Ivan Morris, The Nobility of Failure: Tragic Heroes in the History of Japan (New York: New American Library, 1975), pp. 309 and 313(modified).

11 General Curtis E. LeMay,with MacKinlay Kantor, Mission with LeMay: My story (Garden City, N. Y. :Doubleday, 1965),p. 387.

12 John W. Dower, Japan in War and Peace: Selected Essays (New York: New Press, 1993), pp. 124-26,13O, and 133.

13 譯注：即豫湘桂戰役。

14 John W. Dower, Empire and Aftermath: Yoshida Shigeru and The Japanese Experience, 1878-1954(Cambridge: Council on East Asian Studies, Harvard University, 1988, 2d print) ,pp. 260-64.

15 譯注：當時的譯員在把首相的聲明譯成英文時，恰恰選擇了第二種解釋，於是盟國方面認為日本拒絕了公告的要求。

16 Harry L. Truman, Memoirs, vol. , 1: Year of Decisions (Garden City, N. Y. : Doubleday, 1955), p. 419.

17 Harry L. Stimson,「The Decision to Use the Atomic Bomb」, Harper's Magazine 194: 1161 (February 1947), p. 102.

18 Morris, The Nobility of Failure, p. 332.

19 Robert Jay Lifton, Sh ichi Katō and Michael R. Reich, Six Lives Six Deaths: Portraits from Modern Japan (New Haven: Yale University Press, 1979), p. 155.

五、當代日本

〈年表〉

一九四五年

八月十五日，天皇宣布日本投降。
八月二十五日，市川房枝及其他著名婦女組成「戰後對策婦人委員會」。
八月三十日，麥克阿瑟飛抵日本。
九月二日，日本簽署投降文書。
九月二十七日，天皇前往盟軍最高司令部拜會麥克阿瑟。
十月十一日，麥克阿瑟發表聲明，呼籲解放婦女、成立工會、改革教育，以及實行經濟制度「民主化」。
十月十三日，幣原喜重郎首相任命松本烝治負責憲法修改委員會。
十一月三日，市川房枝等成立新日本婦女同盟。
十一月六日，麥克阿瑟接受「解散財閥」的安田計畫。
十二月十六日，近衛文麿自殺。
十二月十七日，日本婦女獲得選舉權。
十二月二十二日，國會通過《勞動組合法》(一九四六年三月一日起生效)。

一九四六年

一月一日，天皇發佈《人間宣言》。
一月四日，盟軍最高司令發佈「清洗令」。
二月三日，麥克阿瑟指示盟軍總部草擬憲法樣本。
二月十三日，盟軍最高司令召集開設遠東國際軍事法庭。
五月三日，盟軍最高司令向松本憲法修改委員會提交憲法草案。
五月七日，井深大和同盛田昭夫開始創建「東京通信研究所」(一九五八年一月一日改稱索尼公司)。

一九四六年

八月一日，日本勞工工會同盟召開成立大會。
八月十六日，經團聯（經濟團體聯合會）成立。
九月二十七日，頒佈《勞動關係調整法》。
十月七日，國會通過新憲法。
十月二十一日，國會通過《農地改革法》。
十一月三日，天皇頒佈新憲法。

一九四七年

一月三十一日，麥克阿瑟禁止定於次日舉行的大罷工。
三月三十一日，頒佈《教育基本法》。
四月十四日，國會通過《獨佔禁止法》。
五月三日，新憲法生效。
七月，麥克阿瑟解散三菱和三井商社。
九月一日，《勞動基準法》生效，設置勞動省。
十二月十八日，國會通過《過度經濟力集中排除法》。
十二月二十二日，《民法》改正（一九四八年一月一日生效）。

一九四八年

九月十二日，遠東國際軍事法庭作出判決。
十二月二十三日，東條英機等七人被遠東國際軍事法庭判處死刑，執行絞刑。

一九四九年

三月七日，約瑟夫·M·道吉發表他為日本經濟開出的處方。
五月二十四日，設置通商產業省。
十月一日，中華人民共和國成立。

一九五〇年

五月至十二月，盟軍總部發佈「清紅」令，數千名有共產黨嫌疑的人失去工作。
六月二十五日，朝鮮戰爭爆發。
七月八日，麥克阿瑟指示日本政府設置國家員警預備隊。

一九五一年

四月十一日，杜魯門總統解除麥克阿瑟所擔任的駐日盟軍最高司令和駐朝聯合國軍司令的職務。
九月八日，日本簽署《舊金山和約》及《美日安保條約》。

一九五二年

四月二十八日，《舊金山和約》及《美日安保條約》生效。
八月十三日，日本加入國際貨幣基金組織和世界銀行。

一九五五年

七月二十日，內閣設置經濟企劃署。
十月十三日，左翼政黨合併組成日本社會黨。
十一月十一日，保守黨派合併組成自由民主黨。
一九四六年成立的部落解放全國委員會，前身為戰前的全國水平社，改名為「部落解放同盟」。
經濟高速增長期開始。

一九五六年

十月十九日，日本和蘇聯簽署《日蘇共同宣言》。

一九六〇年

五月至六月，抗議《美日安保條約》的浪潮在全國興起，迫使岸信介首相辭職。
六月二十三日，國會批准《美日安保條約》期限延長。
十二月二十七日，池田勇人內閣制定作為政府政策的「所得倍增計畫」。

一九六四年

十月一日，新幹線「子彈頭列車」開始運行。
十月十日，東京奧林匹克運動會開幕。

一九六五年　六月二十二日，東京和漢城締結《日韓條約》。
八月三日，《公害對策基本法》生效。

一九六八年　十月十七日，川端康成獲得諾貝爾文學獎。

一九六九年　日本的產品與服務產量超過西德及其他所有資本主義國家，僅次於美國。

一九七二年　七月十日，政府頒佈《同和對策事業特別措置法》。

一九七三年　五月五日，沖繩歸還日本。
九月二十九日，日本承認中華人民共和國政府為中國合法政府。

一九七六年　「石油危機」結束了日本的高速增長時代。

一九七八年　二月四日，美國參議院揭發和指控日本前首相田中角榮及其他日本政客收受賄賂和傭金，「洛克希德醜聞」爆發。

一九八〇年　八月十二日，《日中和平友好條約》簽訂，兩國政府關係正常化。

一九八三年　十二月《無意間的水晶》成為暢銷書。

一九八四年　一月二十六日，田中角榮被判從洛克希德公司收受賄賂和傭金。

一九八五年　五月二十七日，「夥伴社」起草了示範性的法案，要求給予愛努人更大的公民權利。

一九八六年　五月十七日，國會通過《男女雇用機會均等法》（一九八六年四月一日生效）。
九月二十二日，世界主要貿易國達成《廣場協議》。

一九八七年　四月一日，《男女雇用機會均等法》實施。
人均收入超過美國。

一九八九年

一月七日，昭和天皇去世。

一月八日，新天皇即位，宣布年號為「平成」。

六月三日，「里庫路特醜聞」導致竹下登內閣倒臺。

六月二十六日，在日朝鮮人青年協會寫信給聯合國人權委員會，提出在日朝鮮人的幾點要求。

一九九〇年

日經股票指數從一九八九年十二月的高點下跌了百分之四十，標誌著經濟動盪的十年到來。

一九九三年

三月二十七日，代首相金丸信因收受賄賂而被捕。

八月九日，細川護熙成為一九五四年以來第一位非自民黨的首相。

一九九四年

十二月十日，大江健三郎獲得諾貝爾文學獎。

幾名中學生自殺喚起公眾關注校園欺淩現象。

一九九五年

一月十七日，阪神大地震襲擊神戶及周邊地區，數千人死亡。

一九九七年

十一月三日，日本第七大經紀公司三洋證券宣布破產。

十一月十七日，不堪不良貸款的拖累，北海道拓殖銀行破產。

十一月二十六日，日本四家頂尖經紀公司之一的山一證券宣布自行停業。

十二月十五日，日本銀行的季度商業信心調查顯示，工商界對日本的經濟前景深感悲觀。

青少年犯罪率比上年猛增百分之二十，達到一九七五年以來的最高水準。

第十五章

被佔領的歲月

一九四五年八月三十日，道格拉斯・麥克阿瑟將軍在菲律賓登上他的座機飛往日本。飛行途中，麥克阿瑟或是打盹，或是與隨行副官們談論他將要實行的對被擊敗的敵國的佔領的設想。這些設想他簡要地表述為剷除那些日本思想和行為中導致對外侵略的因素，同時促進民主在日本成長。下午兩點五分，麥克阿瑟的座機降落在東京南面的厚木空軍基地。他第一次向日本人展示了他採取戲劇性姿態的非凡能力，而這一姿態為將來的行動定下了基調。座機的前門緩緩打開，統率著已使日本屈膝投降的軍隊的麥克阿瑟將軍走出舷窗，他身著襯衫，未帶任何武器。他緩緩地注視著周圍的人群，然後從容不迫地走下飛機。「從墨爾本到東京，有一段很長的路程要走。」這是麥克阿瑟抵達日本時說的第一句話。*1*

麥克阿瑟的蒞臨，沒有發表演講，沒有盛大的儀式，也沒有檢閱軍隊，平息了那些擔心會有一場殘暴的軍事佔領的日本人心中的疑慮；同時清楚地表明瞭將軍希望他從前的敵人會與他合作，在這個國家推進民主，使日本回歸和平國家的行列。在其後的幾天裡，麥克阿瑟繼續通過姿態和象徵來使日本人瞭解他的意圖。九月二日，美日雙方代表聚集在停泊於東京灣的美軍「密蘇里」號戰艦上，舉行在日本投降的正式檔上簽字的儀式。在簡潔的甲板上，唯一的裝飾物是兩面美國國旗。一面曾經在「珍珠港事件」爆發的那天清晨飄揚在白宮門前；另一面是三十一顆星的舊國旗，在近一個世紀前，它曾經飄揚在由培里準將指揮駛入同一海灣，迫使德川幕府放棄鎖國政策的艦船的桅杆上。由此，麥克阿瑟傳遞出這樣的資訊，即我們已經取得了勝利，日本將迎來第二次開國。

美國人和日本人，麥克阿瑟和吉田茂

在紙面上，對日佔領是由同盟國共同採取的行動。由十一個國家（其後擴展為十三個國家）的代表所組成的總部設在華盛頓特區的遠東委員會（FEC）負責制定一般政策。在遠東委員會之下，設立了「對日理事會」（ACJ）及其下屬機構，「盟軍最高司令」（SCAP）既是一個指代個人的稱呼，也用來指負責處理日常佔領事務的辦公機關。設在東京的日本事務委員會由美國、蘇聯、中國和澳大利亞的代表組成。它作為遠東委員會的行政臂膀，針對情勢的變化召開會議，討論相關問題，並建議盟軍最高司令採取最恰當的辦法，策略性地履行經由遠東委員會授權的戰略措施。

然而，理論與實踐往往是兩回事。美國承擔了太平洋作戰中的主要任務，所以它當然想要獲得獨有的責任，對它從前的敵人確定佔領方針和執行佔領事務。早在一九四二年，美國國務院就開始計畫對日本的佔領事宜了，而當時美國軍隊仍然在太平洋上處於守勢。到了一九四五年夏天，美國的政策制定者們已就一些需要優先處理的事務取得了一致意見。這些意見最終形成一份《(日本)投降後初期美國對日方針》的檔。這份檔的一覽表上最為重要的是肢解日本帝國，重修憲法以加強議會權力，解散財閥集團，以及割斷神道與政府之間的聯繫。在完成了各項準備之後，美國政府做出決定，即只讓遠東委員會對它的政策起橡皮圖章的作用，例如，沒有美國代表的同意，遠東委員會就無法採取任何行動。隨後的進一步措施又給予美國在遠東委員會未能採取迅速行動時，可發出「單方面臨時指令」的權力。這種指令是美國在某些情況下採取行動的命令。

而且，麥克阿瑟將對日理事會變成了一個毫無權力的議事機構，在佔領期間，這個理事會在東京召開過一百六十二次會議。在一九四五年八月十四日被任命為盟軍最高司令的麥克阿瑟與來自華盛頓的早期政策建議看法一致，他把這些政策視為切實可行的措施。這些措施將會有助於促進他自己的明確選定的目標：將日本培育成為一個根深葉茂的民主國家，成為所有國家的一個和平鄰居。因此，他通常並不參加對日理事會的會議，即使有時出席，他也不會仔細傾聽代表們的意見。麥克阿瑟只是例行公事地將對日理事會的會議簡報歸併入他的供傳閱的資料夾，而更熱衷的是採取將短箋送交委員會負責人的方式，以通知代表們注意他已經著手實施的他自己的動議。不久，麥克阿瑟乾脆連那點禮貌也不顧了。一位官員回憶說：「盟軍最高司令的指令早些時候是以書面形式告知的，接著開始變為口頭通知，後來就沒有任何表示了。」到最後，信心不足而又無能為力的對日理事會除了還佔據著一間用來召開會議的辦公室之外，幾乎不再擁有任何東西了。

借用遠東委員會和對日理事會來托起自己的翅膀，麥克阿瑟大踏步地走向舞臺中央，並利用一切機會在發生的事件上烙下他的個性印記。作為盟軍最高司令，事實上他擁有驚人的權威，包括解散議會，檢查出版物，取締政黨，以及發佈具有法律效力的行政命令。有人說他是「藍眼睛的幕府將軍」，而麥克阿瑟也並未試圖打消日本人對他的這種印象。作為一個蓄意發出的信號，他特意選擇位於日本皇宮正對面的第一保險大廈當作他的司令部所在地。第一保險大廈是東京遭受狂轟濫炸後倖存下來的極少數西式建築之一，它醒目的輪廓側影遠勝過環繞著皇居的壕溝。更值得一提的是，當皇室的顧問們希望他前往皇宮覲見天皇時，麥克阿瑟並未答應，而代之以在自己位於前美國大使館的私人居所裡召見天皇。從記錄這次著名會見的照片上可以看到，瘦高的將軍穿著一件開領卡其布襯衫，未結領帶，而站在他身旁的天皇身材矮小，穿著為這次會見精心選擇的正式晨裝。這次會見在姿態和著裝兩方面都形象而毋庸置疑地表明誰是勝利者，誰是戰敗者。「告訴天皇……」麥克阿瑟通過翻譯，這樣開始對天皇說話。

不過，儘管麥克阿瑟慣於賣弄華麗的辭藻，且擅長在公眾場合做出誇張的姿態，卻並不是由他一手決定日本改革的步驟和方向的。華盛頓已經做出對日本進行間接佔領的決策，於是，日本的官僚

麥克阿瑟將軍和日本天皇裕仁／alamy

體制被保留下來，各項指令則由盟軍總部內各個平行的機構或部門發佈，大約五千名美國人在麥克阿瑟統領下處理各項事務。麥克阿瑟往往以他在戰場指揮部的方式來對待盟軍總部的工作人員，向他們指派任務，然後讓他們去奮力工作。慶倖的是，大多數人都贊同他的關於日本為什麼會走向戰爭和極權主義的看法，也認為日本人的熱情和勤奮將使這裡的改革事業比其他場合取得更快的進展。佔領期間的各種傳說講述了有關陸軍中尉艾塞爾·維德的故事。維德是盟軍司令部下屬的國內情報與教育部門的一名工作人員，她主張保護婦女權益。一九四五年到一九四六年間，她駕駛著吉普車到日本各地，會見各個年齡段和各種生活背景的婦女，和她們一起在鄉間溫泉洗澡，鼓勵她們採取行動爭取新的權益。維德中尉的日本助手寫道：「對她來說，日本是一塊白布，她可以在上面自由地描繪她心中的圖景。」

儘管麥克阿瑟具有支配地位，美國佔領當局又握有各種資源，但日本人還是在戰爭剛剛結束後的那段日子裡，設法堅持了他們自己的願望，由早先被美國佔領當局所操縱的消極反對派，轉變為維護自己權力的重要參與者。日本的官僚體制是一股能夠將佔領期間的政策推往特定方向的強大力量。

隨著日本政府繼續發揮其職能，那些對盟軍最高司令不抱好感的官員們有足夠的機會使麥克阿瑟的計畫偏離軌道，至少可以使其蹣跚難行。然而，大多數大臣都堅定地支持佔領當局的改革措施，這些措施與他們及其前輩在戰前所追求的目標相一致。正是由於這樣的原因，早在一九四五年十月初，不用盟軍總部的任何推動和指示，農林省裡積極的官員們就草擬了一部農地改革法案，其中的許多條款提出了要解決戰前已存在的令人憂慮的租佃問題。

如果要在日本方面找一個可與麥克阿瑟相提並論的象徵性人物，那麼非吉田茂莫屬。從一九四六年春吉田茂首次組閣，到一九五四年秋辭去首相職務，他曾兩度出任首相，（參閱表15.1）整整任職七年。戰前，吉田茂作為一個外交官，曾在日本駐中國和西方國家的大使館裡擔任過各種職務，其中最高職位是一九三六年被任命為駐英大使。在整個二十世紀二十年代和二十世紀三〇年代上

表 15. 1

日本首相（1945～1954）

首相	組閣次數	任期
東久邇宮稔彥王		1945 年 8 月 17 日至 1945 年 10 月 9 日
幣原喜重郎		1945 年 10 月 9 日至 1946 年 5 月 22 日
吉田茂	第一屆	1946 年 5 月 22 日至 1947 年 5 月 24 日
片山哲		1947 年 5 月 24 日至 1948 年 3 月 10 日
蘆田均		1948 年 3 月 10 日至 1948 年 10 月 15 日
吉田茂	第二屆	1948 年 10 月 15 日至 1949 年 2 月 16 日
吉田茂	第三屆	1949 年 2 月 16 日至 1952 年 10 月 30 日
吉田茂	第四屆	1952 年 10 月 30 日至 1953 年 5 月 21 日
吉田茂	第五屆	1953 年 5 月 21 日至 1954 年 12 月 10 日

半期，吉田茂始終主張果斷採取對華的和平政策，同時鼓勵日本在亞洲北部擴展它的經濟影響。他還堅持認為，與西方國家的合作，對於贏得它們認可日本在亞洲扮演的角色是至關重要的。作為外務省中「英美小集團」的成員之一，吉田茂強烈反對一九四〇年簽訂的德、日、意三國條約。由於不滿日本與德國結盟，吉田茂憤而辭職，戰爭期間不再擔任公職。甚至，由於吉田茂在「Yohansen」組織裡的地位和作用，一九四五年春，他被投入監獄，坐了兩個月的監獄。

吉田茂作為「國際主義者」的記錄以及曾經被投入監獄的經歷，使他贏得了盟軍最高司令的高度評價。佔領當局鼓勵他在戰後最初的兩屆內閣中擔任外務大臣，其後又支持他成為首相。也許由於第一次入主首相辦公室時已是一位六十七歲高齡的老人，就像他的著名的綽號「個體戶吉田」所暗示的那樣，吉田茂幾乎不能容忍任何對其政策的反對意見。不過，吉田茂還有一些其他的綽號，比如「袖珍邱吉爾」。這更富有想像力地捕捉到了他為人處事的神韻。像邱吉爾一樣，吉田茂不僅深愛雪茄，行為傲慢，而且信奉對日本經濟長期發展最為有利的保守主義政治和固執強硬的外交政策。吉田茂是日本的首相，同時也是一個無所畏懼的愛國者。他相信二十世紀三〇年代和二十世紀四〇年代上半期的日本國策只是一時失誤，可悲地偏離了由明治和大正年間的英明領導人所指明的民主主義和資本主義的發展道路；他還認為，日本在戰爭期間所遭受的屈辱賬可以算在少數幾個軍隊首領及其同謀者頭上。因此，他爭辯說，對日本的佔領只應是一場溫和的家內清掃，接下來應該進行一些旨在令其恢復健康的改革。這些改革將復興日本的經濟，並把日本重新建設成為國際大家庭中的一個可靠成員。他的這些觀點雖然使他反對，有時甚至嘗試推翻盟軍最高司令的某些改革措施，但是令人懷疑的是，在描繪整個佔領期的藍圖方面，吉田茂是否應比麥克阿瑟受到更多的稱讚。

舊夢想、新希望，普通的日本人

一九四五年秋季還發生了一件令人激動的事情，許多戰前被剝奪了自由的日本人——婦女、勞工領袖，以及左翼政治活動家，也都提出了他們自己的社會改造計畫，其中有一些是他們在大正時代即已提出卻在隨後到來的「民族主義抬頭時期」被拋至一旁的。於是，許多根據盟軍最高司令的命令剛剛脫離了多年牢獄之災的共產主義者，便於一九四五年十月合法地成立了日本共產黨。他們與其他不把美國人當成「佔領軍」，而是把他們看作「解放者」的左翼人士一起，組建工會，開展那些在他們看來有助於使日本超越過去的軍國主義和專制主義的活動。與此相類似，戰爭剛剛結束，市川房枝就召集了「戰後對策婦人委員會」。第二年，她又組建了「新日本婦女同盟」並擔任理事長。這是一個提倡爭取婦女選舉權並擴展婦女其他合法權利的組織。

許多普通日本人也都得以分享重溫舊夢的願望。在維德中尉開始她穿越日本的旅行時，也許曾以為她可以自由地描繪她所樂意描繪的事物，但是如果日本婦女自己沒有對未來的前後一致的想法，她能夠保留下來的形象只是那些毫無意義的塗抹而已。正是由於日本婦女的支持，經諸如市川房枝等婦女領袖的培育和對戰爭年代日本婦女鬥爭遺產的留心，才確保一九四五年九月十七日成功地公佈了一份給予日本婦女選舉權的法案。在一九四六年四月第一次戰後選舉中，七十九名女性競爭眾議院的席位，其中三十九人勝利當選。在這次選舉中，婦女們成群結隊前往投票站，百分之六十七的有選舉權的女性參加了無記名投票。這雖然少於男性高達百分之七十九的令人難以置信的投票率，但由於許多男性在戰爭期間陣亡，或仍然滯留海外等待集體解除武裝，所以參與議會選舉投票的女性(一千三百八十萬人)要多於男性(一千二百八十萬人)。

如果對過去的渴望是一座給人鼓舞的燈塔，那麼，戰爭與失敗的創傷也對各行各業的日本人民關於未來美好生活的想像造成了深刻的影響。對於中產階級和勞工階級家庭來說，一九四五年的秋天，所有的東西都十分短缺，工作、住房、食品、醫藥，以及大多數希望和夢想。根據盟軍最高司令的保守估計，戰爭消耗了日本總財富的三分之一和它全部可能收入的一半。到一九四七年末，接近六百萬的海外士兵和平民被遣返回日本，由於經濟已經處於崩潰的邊緣，所以歸國者面臨著極為嚴酷的就業環境。嚴重的通貨膨脹則使得事情越發惡化。即使政府對食品和日用消費品採取了廣泛的價格控制，但這些物品的批發價格還是在一九四六年裡上升了百分之五百三十九，第二年又上升了百分之三三六。在戰敗的混亂狀態中，農村地區的生活水準驟跌至戰前的百分之六十五，而在城市則只到百分之三十五。

儘管和平年代已經到來，但頭幾個月份裡的生活實際上仍很陰冷灰暗。日本人把他們的城市叫做「燒焦的荒原」，進入東京的第一批美國人也都因那裡已成一片廢墟而深感震驚。一個記者寫道，由於「恐怖的空襲」徹底摧毀了全部工廠區，「這些矮小的人遭受了太多的苦難」。[2]他還寫道：「從橫濱到東京的數英里間，所有建築都已被夷為平地。這片廢墟上唯一顯眼的東西是澡堂的煙囪、笨重的房鎖和偶然一見的帶有笨重鐵製鐵製遮蔽物的堅固堡壘。」那些在郊區或鄉間附近能有一間小屋留下來的幸運兒，要收留許多的親戚和朋友；而在城市中，千家萬戶則只能在倉促搭建的貧民窟裡找到棲身之所，擁擠在用燒焦的木板、油毛氈和其他亂七八糟的東西臨時搭建起來的簡陋小屋裡。那些不幸的人，包括戰爭孤兒和軍人遺孀，只能勉強棲身於燒剩下來的轎車、公車和主要鐵路車站的地下過道裡，甚至在城鎮瓦礫堆中掘出的洞穴裡。一九四七年初，在大阪的流浪者中，發現了東條英機的親弟弟。令人難以置信的是，直到一九四八年，約三百七十萬戶家庭仍然沒有他們自己的住房。

除去惡劣的居住條件，日本人的飲食狀況也很糟糕。當天皇宣布日本投降時，大多數日本平民都已經營養不良。隨後的一九四五年至一九四七年間終於災難降臨，連續不斷的壞天氣、飽受破壞的交通和供銷系統、不敷供應的肥料、使用過度的農具，以及筋疲力盡的農民都加重了痛苦和不幸。就像日本人在戰爭最後一年所做的那樣，人們依賴大麥和馬鈴薯果腹，而不是大米，他們用落在地上的橡樹果實、木屑和麵粉混合起來做饅頭和麵包，並從蠕蟲、螞蚱、老鼠、青蛙等動物身上獲取他們所需的蛋白質。一九四五年冬到一九四六年，美國緊急海運小麥、玉米、奶粉、鹹牛肉等物資給日本，但饑餓的陰影仍然籠罩在人們頭上很長時間。一九四七年，一般家庭要把他們百分之七十的收入花費在食品上，貧窮的城市體力勞動者人數比「滿洲事變」爆發時增加了差不多兩倍。雖然如此，依靠大約每日一千二百卡路里的熱量供應，大多數人還是活了下來，即使這樣的熱量標準只相當於政府規定的一般成人所需量的大約一半。

二十世紀四〇年代中晚期，疾病由於骯髒和貧困而倍加猖獗。一九四五年到一九四八年間，大約六十五萬人患上了霍亂、痢疾、傷寒、白喉、流行性腦膜炎、小兒麻痹症及其他傳染性疾病。由於衛生防疫系統千瘡百孔而且醫藥用品供應不足，接近十萬人死於這些疾病。肺結核這個老對手奪去了更多人的生命，僅一九四七年就有將近十五萬人死於肺結核，而直到一九五一年，每年死於肺結核的人數仍有十萬人之多。一九四七年，嬰兒死亡率驟升至每千名新生兒死亡七十七人；與之形成對比的是，四年以後下降為每千名新生兒僅死亡五人。各種年齡人口的死亡率，一九四七年高達千分之十五，而到二十世紀八〇年代晚期則下降為千分之六。

對某些人來說，精神創傷帶來了比肉體病症和物質匱乏更多的痛苦。陸海軍人的遺孀們發現，儘管在戰爭期間她們被百般美化，但戰後政府和社會幾乎沒做什麼努力來緩解她們的困境。她們不再收到郵寄來的軍人撫恤金，而婦女們幾乎不可能與歸國的復員軍人競爭工廠的工作崗位。一個婦女在寫給當時一家主要報紙的信中抱怨說，她死去的丈夫是「為天皇而戰」才拋棄家庭的，但如今這個世界卻冷漠地掉頭而去，對她和她的三個孩子不聞不問。[3] 公眾對於復員軍人的態度也是如此無情。退役的軍人們發現自己被指責為「辜負了國家的失敗者」，由於戰爭期間日本軍人在中國和東南亞等地的兇殘暴行開始見諸報端，他們甚至被公眾懷疑為犯下十惡不赦罪行的恐怖怪物。一個退伍老兵寫道，當他從海外回到日本的時候，「我的房子被燒掉了，妻子和孩子失蹤了，我所有的那點錢也很快因高昂的物價而被用光了，我成了一個可憐的傢伙。沒有一個人對我說一句溫暖的話，相反，他們看我的眼神中充滿了敵意」。

在貧困的氛圍中，關於大範圍的腐敗和有人通過增加別人的負擔來積累自己財富的傳言更加深了普通民眾的痛苦和不滿。大量的煤炭、石油、香煙、木材、水泥、鋼材以及其他軍需用品，都由於強盜、小偷、不法企業主和貪婪官員的巧取豪奪而不見了蹤影。對公共資財的偷盜成為一種普遍的社會現象，一份發佈於一九四七年七月的政府報告得出結論說：「物資就這樣從種種特有管道轉移出去，人們靠此發財致富，這已經成為威脅國家經濟的惡性腫瘤。」對於更多的人來說，每個人都想要麼結識那些退役士兵，他們偷帶回家的軍用挎包裡裝滿了戰利品；要麼結識那些無恥之徒，這些人鬼鬼祟祟地從死者身上剝下衣物，或是從醫院和療養院偷來沾滿鮮血和濃痰的毛毯。

對於活躍在全國各地一萬七千個露天市場中的大量非法商人來說，與這樣的故事也沒有太大差別。攤位的所有者出賣或交換各種合法或非法的物資，諸如穿舊的服裝、用廢棄大炮鑄件鍛打而成的鍋碗瓢盆，以及來自農村的各種食物。成千上萬的家庭依靠露天市場得到珍貴的新鮮蔬菜和家庭用品，這些是在別處無法找到的。但是，露天市場所有的東西，無論是合法獲取的，或不過是從運貨車上偷竊到手的，都價格昂貴。許多小販都是被遣返回國的士兵，或是遭解雇的工人。他們斤斤計較於每一分錢的得失，不可能白送顧客任何想要的東西。一個小販後來回憶他當時曾經如何對待一位身無分文的婦女，這個婦女的孩子裹著麻布，她忍受著人們的白眼，用一件珍藏的戰前和服來和小販交換，小販為了殺價，只同意換給她一塊已被蟲蛀的破布。在以後的歲月裡，這些商販或許會為他們當時所採取的手段而內疚，但他們也都不會忘記當一天的收入差不多相當於一個普通白領一個月工資時的狂喜。

人們以各種各樣的方式對戰後初期的悲慘現實做出回應。有些人用酒精來麻醉自己，另一些人則加入黑社會以苟延殘喘。有組織的黑社會幫派吞噬著那些弱勢地位的人和易受傷害的人，無家可歸的十來歲男孩沿街叫賣偷來的食物配給券，還搶劫醉酒者和流浪者，婦女則被迫通過賣淫來維持生存。某些「神秘女郎」群集在街上徘徊，就像「血櫻桃幫」的五十名成員一樣。更為普遍的是，一些單身婦女開始與美國大兵發生關係，這成為香煙和烈酒的重要來源，她們可以用來在黑市上交換想要的物品。還有一些婦女僅僅為了食物而出賣自己的身體。「連續三天我都沒有飯吃」，一名年輕的寡婦回憶說，一九四六年時她住在東京火車站的最底層，後來「一個男人給了我兩個飯團，說他有話要和我說，讓我跟他去公園，我跟他去了。從那時候起，我成了一個為人所不齒的『神秘女郎』」。

儘管像他們一樣精疲力竭和沮喪絕望，儘管現實可能一次又一次地令人失望，但絕大多數日本人都咬緊牙關，和家人一起努力克服困難，堅持信念。正如一九四五年晚些時候一名家庭婦女所寫的那樣，「我們是一個四口之家，有兩個孩子，一個十一歲，一個才八歲。對於我們來說，考慮未來是一件不被允許的精神上的奢侈品。我們把全部精力都用在每天的生活上，我們唯一關心的是今天如何活下去，而不是希望明天。我們僅用了五天時間就吃完了相當於十天的配給食物。但是也不知為什麼，我們必須得這樣吃，我們沒有其他選擇只能去黑市尋找食物。我丈夫每月的薪水是二百日圓，而我們家的生存成本是大約六百日圓。為了渡過難關，我們賣掉了所有能賣的東西。我知道我們已經無法再照這樣活下去了。」[4]

這種堅韌不拔最終贏得了勝利。日本人逐漸開始一步一步地重建他們被摧毀的生活和已成廢墟的國家。正當他們復活了舊的夢想，祈求著新的希望之際，他們面臨了由盟軍最高司令規劃的改革。一夜之間，這些普通的日本男女都作為潛在的變革力量湧現出來，無論是在選舉中投票，還是參加勞工運動，熱情地支持土地改革，認真審查各種修改憲法的建議，老百姓都表現出了他們的熱忱。說到底，就盟軍最高司令議事日程上的一些項目而言，都既有取得成功的機會，也有停滯不前的可能，除非日本人民成為盟軍最高司令的後盾，否則這些改革是不可能成功的。

非軍事化

三個「d」字母打頭的詞——日本社會的非軍事化（demilitarization）、政治程式的民主化（democratization），以及財富和權力的分散化（decentralization），拼寫出了一九四五年到一九四七年間對日佔領第一階段的主要任務。麥克阿瑟帶著不可動搖的信念來到日本，他堅持認為是日本軍隊、財閥集團以及右翼極端分子的陰謀，使這個國家走上了帝國主義征服擴張的歧途，最終導致了與美國及其盟友的戰爭。麥克阿瑟宣稱，正是日本封建制度的本性，將其推入了戰爭，因此僅僅一場簡單的戶內清掃是不夠的，對日佔領需要在日本國家和日本社會兩方面進行徹底的改革。麥克阿瑟清楚表明了他如何達到這一目標的設想。一九四五年十月十一日，麥克阿瑟發佈公告解除了對日本報紙的禁令。在這一公告中，他強調必須改造「傳統的社會秩序」。在這種傳統社會秩序下，日本人民已經被壓制了好幾個世紀」。他特別指出，改造日本社會的努力應當包括憲政體制自由化，婦女解放，鼓勵成立勞工組織，學校實行更自由的教育，以及日本經濟體制民主化等各個方面。

麥克阿瑟由拆除日本的殖民帝國和摧毀它發動戰爭的能力著手，開始了改造日本國家和社會的計畫。盟軍最高司令剝奪了日本對薩哈林群島、滿州、朝鮮、臺灣、太平洋上的託管地以及其他奪自中國的土地的領有權，這使得日本的領土縮回到了它在一八六八年時的四個主要島嶼上。佔領當局迅速解除了日本陸海軍的武裝，開始了遣散人數五百多萬的軍隊的繁重任務，而這支軍隊的大約一半仍然滯留在海外；同時，還要監督將那些生活在日本海外佔領地區的三百萬日本公民遣返回國。盟軍最高司令的設想和措施似乎正在順利進展，正如麥克阿瑟身穿襯衫降落在厚木空軍基地時所表示的那樣，一九四六年一月，美國撤回了它執行佔領任務的兩支部隊中的一支。

非軍事化很快轉換為無情的清洗，一張報紙的標題曾將之描寫為「不流血的革命」。一九四六年的新年假期剛剛結束，盟軍最高司令發佈了一道聽起來就不祥的指示：「不受歡迎者將被免除公職，並不得重新任職。」這份檔規定，解散極端民族主義團體，並且迫使日本官僚機構成立「甄別委員會」，用來免去公眾生活中的所有「積極宣導軍國主義和激進民族主義者」的職務。這場清洗如同一次不可抗拒的大潮沖刷著日本社會。到一九四八年夏天高潮來臨時，已有超過二十萬人被褫奪了公職。各個社會階層都受到了影響。從前的員警繳回了他們的徽章，出版業者和新聞記者清空了他們的辦公桌，政治頭面人物一次次地在人行道上踱步，以求找到安身立命的新途徑。這場清洗甚至觸及一些熱心支持盟軍最高司令推行改革的傑出人物，例如市川房枝，由於她在戰爭期間曾與日本政府資助的婦女團體進行合作，所以也一度被剝奪了公職。

清洗引起了各種各樣的反應。成千上萬的人震驚於二十世紀三四十年代發生在他們國家的事情，寫信檢舉那些對這場悲劇負有責任的人。在政府內部，則有許多官員認為清洗搞得太過頭了，以致冤枉了無辜者。有些官員想方設法改變這場清洗的軌道，以圖減輕它的衝擊力。於是，由於負責甄別委員會事務的文職官員對他們自己及其隨從的預料之中的寬大，日本中央官僚體制本身並未遭受多大

大日本帝國陸軍大臣東條英機(1884-1948)，攝於1941年／alamy

損害也就不足為奇了。只有一百四十五名官員被免職，其中六十七人如果能證明他們不是「武道會」(武術俱樂部)的成員，仍將會得到寬恕。「武道會」本是一個對柔道和傳統日本劍術感興趣的員警官員組成的團體；但是，盟軍司令部的官員們在一名翻譯將這個俱樂部的名字誤解為「軍事道德協會」之後，開始警覺起來。後來這個譯員截查了一封武道會成員之間往來的信件，信中用「別失去信心，我們將看到更好的未來」這樣的話來為對方鼓勁，於是，盟軍最高司令堅持將這個俱樂部的成員列入了清洗名單。

然而，官員們的官官相護並不能解救那些盟軍最高司令決意要把他們作為戰爭罪犯加以起訴的人。在戰爭期間和戰後，同盟國將大約六千名日本人投入監獄，主要是因為他們在作戰中犯下的罪行或是在佔領國虐殺平民，其中九百多人被處以死刑。一九四六年五月三日，盟軍最高司令召開了「遠東國際軍事法庭」，「以實行公正而迅速的審判，懲罰遠東的主要戰犯」。該法庭起訴了二十八名前日本政府高官和軍隊將領。在接下來的幾個月裡，來自在日本投降書上簽字的九個盟國加上印度和菲律賓的十一名法官，聽取了控告嫌犯密謀策劃侵略，進行侵略戰爭，批准或縱容暴虐行為的證詞。

那些批評對戰爭罪行進行審判的人聲稱，盟軍最高司令想要的僅僅是「勝利者的正義」。他們堅持說，根據嚴格的法律意義，參與國家進行戰爭的決定並不是在海牙和日內瓦簽署的各項協約中所定義的戰爭犯罪行為。此外，他們還對那些法官未被允許考量美國人的所作所為而感到遺憾，認為未能追究杜魯門總統批准在日本城市扔下原子彈的責任是一個不可饒恕的失職。來自印度的法官認同這一說法，他表示「決定使用原子彈」，造成了「對平民生命財產的不加區別的毀滅」。他爭辯說，由於「沒有什麼重要之事能被追訴」，這二十八名日本被告應被立即宣判無罪釋放。[5]不過，在經過兩年半的慎重審議之後，遠東國際軍事法庭將七名罪犯送上了絞架，其中包括土肥原賢二和前首相廣田弘毅、東條英機。前將軍荒木貞夫、小磯國昭和南次郎被投入監獄，前首相平沼騏一郎和「櫻花會」的創立者橋本欣五郎也受到同樣的懲罰。因松岡洋右已經病入膏肓，盟軍最高司令決定其免予到庭接受審判（一九四六年六月，松岡洋右死於東京大學醫院，死前接受了天主教的儀式）。岸信介已被起訴但未受到審判，由於至今尚不清楚的原因，石原莞爾也未被送上審判台[6]。

天皇也逃過了懲罰。英國和蘇聯派駐遠東國際軍事法庭的代表想要將天皇作為戰犯起訴，其初步證據是天皇出席御前會議，這顯示他協力促成了對外侵略並允許戰爭暴行的發生。與之相反，對包括前駐日大使約瑟夫·C·格魯（Joseph C. Grew）在內的一些身在華盛頓的美國政策制定者們來說，印象更為深刻的則是天皇在結束「二二六」兵變中所扮演的角色和他在一九四一年秋指示東條英機做出最後的外交努力以挽救和平時的謹慎，以及他在一九四五年做出停止戰爭行動的決定。此外，他們還爭辯說，如果盟軍最高司令想將帝國體制轉變為君主立憲制度，那麼天皇能在戰後時期起到穩定作用。他可以保證文職官員的合作，並有助於將這個國家的社會組織凝聚在一起。另一些人還擔心，如果沒有天皇，政府和社會可能陷入混亂，從而為共產主義者在日本奪權開啟大門。麥克阿瑟自己傾向於保留天皇作為日本國家的象徵。像杜魯門總統當時反覆考慮是否使用原子彈一樣，麥克阿瑟權衡實際的利害關係要重於道德上的考慮。這位藍眼睛的「幕府將軍」懂得，多少世紀以來，天皇一直是一把保護傘，給予那些以他的名義進行統治的人以合法地位。麥克阿瑟樂於採取這樣一種方式，即天皇鼓勵他的臣民接受盟軍最高司令的指示。麥克阿瑟認為，如果缺乏天皇的合作，將會威脅到對日佔領的成功。

民主化

盟軍最高司令允許天皇繼續在位，但美國堅決要求日本推進政治程式的民主化，從根本上改變了天皇在日本政治生活中的地位。美國的計畫制訂者們提出對日本的政治體制做重大調整。一九四五年十月，美國國務卿清晰表達了盟軍最高司令應當遵循的特別準則：（日本）憲法必須修改，以使人民享有受到保障的公民自由；（日本）內閣必須對議會負責，而不是對天皇負責；日本政府必須絕對「由全體選民授權並對全體選民負責」。[7] 麥克阿瑟衷心贊同這些建議。很快，他敦促戰前的首相近衛文麿在制定日本自由憲法方面扮演領袖的角色，並且開始推動新任首相幣原喜重郎指定一個委員會，以負責提出具體的修訂措施。

不過，幾乎沒有日本領導人贊成盟軍最高司令的理念，他們並不認為有進行劇烈變革的必要。幣原喜重郎最初在執行麥克阿瑟的授意時畏縮不前，並且公開表示不用改變現存憲法，日本也能達至民主。他聲辯道，我們所需要的，只是通過幾個諸如將選舉權擴大到婦女這樣的新法案，而不是制定一部新憲法。美濃部達吉也表示支持在一八八九年憲法框架下達成民主的想法。由於國會和他本人在二十世紀三〇年代擔任大學教授期間曾經宣導的「天皇機關論」，使得美濃部達吉在戰後作為一名傑出的憲政專家和樞密顧問重新開始了公共生活。在一九四五年九月發表的一系列報刊文章中，美濃部達吉明確表示他反對「在如此匆忙的情況下」修改憲法。近衛文麿也與採取根本性變革的理想閃身而過。他在九月下旬向天皇提交了一份報告，強烈要求保留天皇具有無上權威的原則，雖然這份報告也建議強化國會的職能。一九四五年十二月，在近衛文麿被作為戰犯逮捕後自殺身亡的當天，這一適度的建議也就與這個「命運的棄兒」一道同歸於盡了。

但是，麥克阿瑟沒有放棄。作為對盟軍最高司令催促的回應，幣原喜重郎任命了一個由學者和官員組成的委員會，去考慮修改憲法的事項。該委員會由法律學家和曾在二十世紀三〇年代短期擔任通商產業大臣的松本烝治為主席。但直到一九四六年二月一日，當《每日新聞》披露該委員會計畫提交內閣和國會批准的憲法草案時，這個委員會仍然處於舉棋不定之中。《每日新聞》披露的這份憲法草案具有明顯的保守傾向。一方面，它擴大了公民的權利，給予國會更廣泛的諸如有權任命內閣等職能；另一方面，這種盡人皆知的對盟軍最高司令偏愛的讓步也來得極為勉強，如同一八八九年憲法一樣，人權並不是絕對的，而是受到法律限制的。更有甚者，松本委員會重申了天皇享有至高無上權利的原則，並且呼籲保留日本的軍隊。

松本委員會提出的憲法草案迅速激起了聲勢浩大的抗議。公眾新聞報導嘲笑這一結果太過淺薄和保守，就像日本全國成千上萬普通男女寫給報刊編輯的信件一樣幼稚可笑。無論這個國家的領導人對修改憲法的見識如何，顯而易見的是，被戰爭折磨得筋疲力盡的大多數日本人想要的不是僅僅用來裝飾門面的修修補補，他們支持徹底的改革，這一改革將剝奪軍人的權力，擴展個人的自由，保證二十世紀三〇年代和二十世紀四〇年代上半期的災難永不重演。確實，甚至當松本委員會在一九四五年至一九四六年冬季正猶豫不決之時，許多有見識的政治團體就已在書寫它們自己的憲法，就像十九世紀八〇年代伊藤博文草擬日本第一部「國家基本法」時普通民眾所做的那樣。一九四六年初，在公眾中流傳的絕大多數憲法草案都帶有強烈的自由主義色彩，呼籲剝奪天皇特權，主張由人民重新界定君主權利，並要求確保公民的權利。

從私人方面來說，麥克阿瑟很不喜歡松本烝治。將軍認為松本委員會提出的憲法修改草案完全不能接受。這份草案基本上未加改變地保留了日本的政治結構，毫無價值可言。二月三日，麥克阿瑟指令盟軍總部的民政部門首腦考特奈・惠特尼將軍準備一部能夠對幣原內閣起「指導」作用的樣板憲法。

經過一個不平常的星期，盟軍司令部的特別工作組——二十四名職業軍官和以前的平民，包括幾名律師、幾名教授和記者、一名前國會議員和一名華爾街投資者，在第一保險大廈第六層的舞廳裡拿出了他們自己的《憲法改正草案要綱》。這是一項令人難以置信的大膽工作，此前從來沒有過征服者重寫其敵國的國家大法。儘管如此，起草委員會帶著理想主義從事他們的工作，充滿自信，滿懷著其中一名成員所說的「人類精神」。正如另一名參加者所回憶的那樣，任何時候她都沒有想要懲罰日本人，甚至也沒有打算教導他們做什麼。相反，她和同事們相信，他們的職責是寫出一部文獻，它將有助於締造一個更加民主的人人平等的日本。這樣的社會絕大多數日本人都十分嚮往，卻不可能從他們國家的領導人那裡得到。

在僅僅六天的緊張工作之後，惠特尼向麥克阿瑟將軍提交了一部全新的憲法草案綱要。盟軍最高司令十分高興，指示惠特尼提供一份這一日後被稱為「麥克阿瑟憲法」的油印件，並帶有象徵性地於二月十三日（美國的二月十二日，為亞伯拉罕．林肯總統的生日）交給松本委員會。這是一次緊張的會見。這些日本人的代表對麥克阿瑟藍圖中的許多方面「表現出顯而易見的震驚和困擾」。[8]天皇將繼續在位，但不再在政治生活中扮演決定性角色，也不再像一八八九年憲法所宣稱的那樣「神聖而不可侵犯」。更準確地說，麥克阿瑟憲法草案中最為重要的條款，就是剝奪日本天皇至高無上的權力，而將其轉變為「國家和民眾團結的象徵，其地位來自擁有獨立權利的人民的意願」。[9]從今而後，天皇的特殊政治職能將被限制為純粹禮儀性的，甚至在那樣的場合，他也「只能根據內閣的勸告和允許而行動」。

麥克阿瑟的憲法草案還廢除了神道，確立了政教分離原則，規定「宗教組織不得從國家獲取任何特權」，宣布「國家及其各級機關應當抑制宗教教育或任何其他宗教活動」。這一條款表明，旨在剝去天皇神性外衣而給其穿上新的世俗服裝的長期努力，邁出了決定性的一步。一九四五年十二月十五日，盟軍最高司令已經發出了它的開局攻擊，即發佈了一項命令，停止國家對所有神社聖祠的資助，並且禁止「在任何以全部或部分公共基金支援的教育機構中傳播神道教義」。這一命令宣稱，以往的風俗習慣導致濫用「神道的理論和信條來進行軍國主義和極端民族主義宣傳，它們被用來欺騙日本人民，誤導他們墮入侵略戰爭」。[10]

天皇由王權君主轉變為平民化的和禮儀性的君主的過程，在一九四六年元旦向前邁出了一步。這天，天皇發佈了一道官方文告，即著名的《人間宣言》。主要為回應來自盟軍總部官員的催促，這份文告以日文說明天皇不應被當成神的化身。採用深奧晦澀的累贅陳述是意味深長的，因為當這些言詞說明天皇並不是西方意義上的生活在人間的神之時，卻並未明確否認他從太陽女神天照大神那裡繼承而來的虛構和神聖的血統。文告說：「我與我的人民之間的鏈結，乃由相互信任和慈愛而形成。它們並不單純依賴傳說和神話。它們並不能肯定天皇是神的錯誤觀念，也不能證明日本人高於其他種族，命定要統治整個世界。」[11] 文告使用語言的含混不清並沒有難住盟軍最高司令，他的官員們聲稱這一文告是天皇「放棄神性」的聲明，就像後來他們相信「麥克阿瑟憲法」搬去了君權與神道之間的最後一塊楔子一樣。

除了君主權利和天皇在戰後日本的角色等問題之外，松本委員會還表達了他們對憲法草案第九條，即著名的「和平條款」的關心。在最後的定稿中，第九條款明確表示：「日本人民永遠放棄以國權發動的戰爭和以武力威脅或行使武力作為解決國際爭端的手段」，而「真誠希求基於正義與秩序的國際和平」，從而保證：「不保存陸海空軍及其他戰爭力量，不承認國家的交戰權」。並不清楚是誰最先提出了這一和平條款的設想。雖然數年過後，幣原喜重郎聲稱是他在一九四六年初的一次會議上向麥克阿瑟建議的，但這一想法很可能源於麥克阿瑟自己。無論這一構想最先由誰提出，它作為「麥克阿瑟憲法」草案中的一項條款，還是令松本委員會的成員們驚愕不已，因為此前從沒有任何現代國家曾經在憲法中宣布放棄作為一種國家「主權」的戰爭。

「麥克阿瑟憲法」草案中的其他條款較少引起震動，但也都大大有助於日本政治制度的清潔與重構。通過宣布國會作為「國家的最高權力機關」和「國家的唯一立法機構」，「麥克阿瑟憲法」草案直截了當地肯定了議會至上的原則。而且，新的「國家基本法」規定內閣集體向國會負責，特別是，憲法草案賦予國會任免首相的權力，規定如果國會通過了一項不信任案，首相及其內閣就必須集體辭職。通過廢除所有諸如樞密院之類的曾經與內閣和國會分享權力的有違議會政治的機構，憲法草案進一步強化了國會的地位。

「麥克阿瑟憲法」草案的第三十一條強調了日本人的基本公民權利，重要的是，所有這些都被視為「天賦而不可剝奪的權利」而受到了保障。這就是說，這些權利被認為是絕對的，不受法律限制的，而一八八九年憲法和「松本憲法」草案都曾對這些權利加以種種限制。諸如生存的權利、自由的權利，以及追求幸福的權利等等，對於任何一個生活在美國憲法體系下的學生來說，都是耳熟能詳的。其中的一項條款給予了「成人普選權」，而其他條款則允諾了集會與出版的自由，規定「沒有律師的即時介入」，任何人都不得被逮捕定罪，並以法律保證人民的居住安全，禁止無端的搜查與剝奪。相當有趣的是，「麥克阿瑟憲法」草案甚至比它的美國摹本更為自由。因為它還提供了學術自由、免費普及教育、促進公眾健康和社會安全、選擇職業、基於男女雙方同意的婚姻、勞工組織工會和進行團體交涉等的權利，以及「每人都有維持最低限度的衛生和文化生活的權利」。

警覺到「麥克阿瑟憲法」草案中含有針對自己的意思，松本烝治立即與幣原首相會商。松本烝治報告說，當惠特尼將憲法草案提交給他的委員會時，將軍十分明白地表露，如果日本人拒絕這份草案的原則，盟軍最高司令就「無法保證將會對天皇採取何種措施」，暗示將會把天皇作為戰爭罪犯送上法庭。[12] 經過仔細考慮，惠特尼建議就此達成一致，而他和他的助手們則在花園裡散步，「享受你們的原子能的陽光」。這種譏嘲的言辭清楚地表明瞭誰才是發號施令者。而且，公眾關於憲政的激烈爭辯也極大地限制了首相的選擇自由。對「麥克阿瑟憲法」草案置之不理，將有導致公眾更加尖銳地批評「松本草案」的風險，因為「松本草案」中幾乎沒有包含盟軍最高司令所提出的在日本人民中極受歡迎的那些條款，諸如關於個人權利與自由等長長的目錄。

幣原首相設法與麥克阿瑟會面，尋求達成某種妥協的可能性。一九四六年二月二十二日，兩人進行了一次三個小時的會談，麥克阿瑟未做出任何退讓。盟軍最高司令再一次明確無誤地表示，他支持盟軍總部草案中提出的基本原則。他又一次說起，他相信如果憲法的自由主義化不能即刻開始實行的話，英國和蘇聯的代表就會堅持要求廢除天皇制。幣原喜重郎屈服了，他指示松本烝治說服其委員會成員接受美國的意志，並修改其草案，以與美國提出的樣本相一致。三月四日，盟軍司令部特別工作組複審並通過了松本委員會的新草案。第二天，松本烝治將新草案提交給日本內閣。這份新草案的基本內容與麥克阿瑟草案的原本極為一致，唯一的實質性改動是提出了兩院制議會的條款，而這是在二月二十二日麥克阿瑟和幣原首相會面時就已經決定了的。

憲法草案的通過程式進行得相當順利。一九四六年三月六日，日本內閣批准憲法草案見報，所有主要政黨都迅速站出來贊成新憲法，只有日本共產黨不在其列，他們希望將天皇作為戰犯起訴，並建立一個日本人民共和國。接著，憲法草案提交到國會，在進行了某些小修小補之後，十月七日，新憲法在國會獲投票通過。在重新確定天皇地位和可能會對「國體」造成的消極影響等方面，新憲法時常遭到保守派人士的激烈反對。最終，一九四六年十一月三日即明治天皇九十四歲誕辰紀念日，他的孫子昭和天皇頒佈了作為一八八九年憲法修正案的新憲法。儘管新憲法中有著教權與政權相分離的條款，昭和天皇仍然遵循一種古老而備受敬仰的傳統，在三個主要的神道神社舉行的特別紀念儀式上，恪盡本分地向他的祖先報告他的行動。一九四七年五月三日，新憲法生效。

分權化

美國佔領日本的另一個目標是，要摧毀日本戰時菁英所鼓吹的財富和權力的集中，拆除那些被認為是推動日本人走上邪惡之路的社會結構，並且促進那些支援盟軍最高司令及其改革措施的新選民成長。於是，在一九四五年至一九四六年之交，從盟軍最高司令辦公的第一大廈向盟軍總部全體人員發出命令，指示他們打破財閥集團，培育勞工組織，執行農村改革方案，廢除中央官僚對教育的控制，以及重新制定公民準則。

與美國在佔領日本期間實行的許多其他新政一樣，華盛頓的政策制定者們做出了最初的決定，即解散日本最大的企業集團，就像當時所說的那樣「使財閥破產」。根據官方的考慮，有資料顯示主要財閥支配著日本國家大約四分之三的工商業活動。對於許多美國決策者來說，資料表明了兩點推測：第一，這些財閥的首腦與軍閥一起協力密謀日本海外帝國的擴張，以致造成了與中國和美國的戰爭。以一個著名的美國反壟斷主義者的話來說，這些大財閥就是「日本不負責任政府的締造者」。[13]第二，如此龐大的固有財富是有害於民主社會成長的。在一份得到盟軍最高司令簽署的指示中，美國國務院一九四五年末派往日本調查大企業情況的使團團長報告說：「經濟控制的集中化使財閥得以維繫他們自己與被雇用者之間的半封建關係，得以壓低工資，阻礙獨立政治意識的發展。於是，中產階級的形成，在其他民主國家中有助於反對軍人集團，在日本卻停滯不前。」[14]

日本人並非對美國佔領當局的意圖不以為意。那些大企業的首腦們意識到財閥集團某種程度的分解是不可避免的，因而倉促地公佈了他們自己的計畫，希望以此將盟軍最高司令大刀闊斧的砍削降低到最低限度。於是，一九四五年九月初，安田財閥提出了一項經濟改革的方案，立即得到了三井、三菱和住友財閥集團的贊同。在安田的方案中，這四家主要財閥擁有的公司將向公眾出售它們的股票，公司首腦與參與企業管理的財閥家庭成員隨之辭去他們的職務。

一九四五年九月六日，麥克阿瑟接受了安田的方案，但在附文中保留了盟軍最高司令採取進一步更為激進政策的權力。最終，在有影響力的惠特尼將軍的支持下，麥克阿瑟認定那些財閥集團公司需要擺脫的遠比上層經理和家庭成員多得多。於是，一九四七年一月初，大約六百名公司官員在清洗名單上發現他們的名字，數百名其他管理者在預感到他們將被趕下崗位時，提出了辭呈，最終，有總數接近一千五百名的企業家，包括四家主要財閥集團企業中的每一個總經理級的人物，離開了他們的公司。不過，令某些盟軍總部的官員們產生挫敗感的是，那些人中有許多很快就在其他公司企業中重新露面，因為他們僅被禁止在某些公司任職，而並未被剝奪工作的權利。例如，被趕下臺的三井銀行的頭頭，變成了初出茅廬的索尼公司的董事會主席。他的經驗及其與其他日本企業菁英的個人關係都給索尼公司帶來了莫大的幫助。

一九四七年，盟軍最高司令逐步增加了反財閥的力度。四月，美國佔領當局對日本國會施加壓力，迫使國會通過了《獨佔禁止法》，該法禁止卡特爾組織和壟斷性公司的存在。六月，反壟斷法剛一生效，麥克阿瑟即帶有幾分戲劇性地發佈命令，解散三菱會社和三井會社這兩家大公司，這使日本企業界非常震驚。隨後，一九四七年秋，麥克阿瑟又敦促日本國會通過了《過度經濟力集中排除法》，規定拆分任何支配著某種特定市場，從而使新來者無法生存的公司。當盟軍總部估計新法律可能施行到一千多家企業時，日本經濟界出現了激烈的反對聲，甚至許多默認廢除財閥的人也都發出了否定這項新措施的聲音，但是，麥克阿瑟堅持他的既定方針。在十二月十八日那個鬧哄哄的夜間會議上，盟軍最高司令的支持者們在每一間議會休息室裡都做了手腳，把時鐘停在二十三點五十九分不往前走，以推遲結束那年立法會議的預定程式。最後，參眾兩院都批准了當時已經廣受爭議的《集排法》，這是《過度經濟力集中排除法》的廣為人知的簡稱。

麥克阿瑟及其在盟軍總部中的盟友也意識到，一場強有力的勞工運動對於經濟力量的分散也是很有必要的。盟軍最高司令相信，在勞資雙方之間打造出一種更為公正的平衡，將會帶來許多實實在在的好處。特別是，雇主與雇工之間「封建」關係的廢除，將會糾正作為戰時特徵的嚴重分配不均，將會有助於一種工業民主的誕生，並為防範將來的任何軍國主義復活提供保證。同時，麥克阿瑟希望，改善工作條件和提高工資水準將會創造出一批中產階級的擁護者，能夠指望他們支持盟軍最高司令的所有改革方案。

一九四五年初秋，麥克阿瑟宣布，他期望日本通過保證工人享有組織工會的權利、集體談判的權利和舉行罷工的權利來提高他們的地位。令他高興的是，他發現自己正在推開一扇曾被開啟的門，因為許多日本官員也都支持給予工人們更大的權利。這些官員的態度反映了早些時候內務省裡「人民的羊倌」的理念。早在大正時期，這些人已經通過設法疏通議員們來認可更為強有力的工廠法案和增進工人健康保險的法案，以期將伴隨著西方國家裡工業化過程的種種看來不可避免的衝突降到最低限度。即使在日本深陷日中戰爭泥沼的二十世紀三〇年代，官員們仍在以一種服務於日本戰時動員的方式，繼續重申著他們調整勞資關係的努力。一九四〇年九月，政府控制的「大日本產業報國會」的建立，意味著獨立勞工運動的死亡。不過，戰後歲月出現的新機會，使得日本官員中提倡勞工權益者重新振作起來，而與他們站在一起的則是那些相信必須促進行業組織活動，以防止整個產業崩潰的日本人。這樣，就在一九四五年十月十一日麥克阿瑟公開表明以經濟民主化作為盟軍最高司令的主要目標之一的幾天前，日本內閣已經任命了一組官員、學者和勞工領袖去擬訂勞工法的草案。

令人印象深刻的是，當這個慎重的小組迅速制定出《勞動組合法》，而國會也於一九四五年十二月通過此法之時，盟軍最高司令仍然主要只是個旁觀者。在很大程度上，該法案搶先表達了日本人認為麥克阿瑟所想要的東西，它重複了美國在一九三五年通過的《瓦格納法案》中的某些條款，規定所有在私營和公營部門工作的職工（僅消防員、員警和獄警除外）擁有組織勞工團體和進行團體交涉，以及參加罷工的權利。在吸收國外法案條款的同時，《勞動組合法》還包括了幾乎是從內務省官員在戰爭期間草擬出來（但未獲國會通過）的法案原本中逐字逐句轉抄過來的條款，例如有條款規定，在司法實踐中遭受損害的工會組織有權獲得賠償。

一九四六年至一九四七年，日本政府採取主動行動制定出其他兩部重要的勞工法案。《勞動關係調整法》也吸取了《瓦格納法案》的若干條款，禁止資方的不公正行為，諸如拒絕組織工會，開除參加工會的工人或以其他方式歧視他們，以及干預工會的內部事務；等等。不過，為了得到這些法律的保護，工會也必須到政府登記註冊，並證明它們是民主性的組織，其目的在於進行集體談判，而非採取政治行動。《勞動基準法》，所謂「勞動三法」中的最後一個，則規定了最低工資和最長工時（每天八小時，每週四十八小時），以及享受節假日、工作場所的安全、新手培訓、女工和童工的雇用等問題。最後，為使這些法案付諸實施，日本政府於一九四七年設立了勞工部，由戰前的政治活動家山川菊枝擔任與婦女兒童有關的部門的負責人。

由於受到這些新的保護他們利益的條款的強烈刺激，以及渴求在當時朝不保夕的情況下保住他們的工作，日本的工人以一種前所未有的規模組織了起來。一千二百個工會組織湧現出來，其全部成員接近九十萬人，超過戰前高峰期的一倍多。一九四六年末，上述資料迅速增長為一萬七千個工會組織和四百八十萬工會會員；到一九四八年中期，進一步增長為三萬三千個工會組織和六百七十萬工會會員。此時，已有接近一半的工人加入了工會。這些新的勞工組織絕大多數稱為企業團體。就是說，與那種全行業範圍的吸收所有身懷特定勞動技能的工人，隨後在數個企業建立其下屬支部的水準式工會組織不同，戰後的勞工領袖們傾向於那種以公司為範圍的，招收某一特定企業中幾乎全部雇工——既有白領工人也有藍領工人，既有熟練工人也有非熟練工人，只將頂層管理者排除在外的垂直式工會組織。戰前強調這些企業的家族性、雇工的忠誠度，以及雇主的家長式管理的話語已經孕育著企業型工會組織的成長道路。在一九四六年和一九四七年中廣為人知的觀念即有雇用的保障依賴於被雇用者能否永久地依附於一家長期穩固的公司，刺激著這種工會組織的迅速增加。與此同時，勞工領袖們組建起一些全國性的勞工聯合會，例如著名的脫胎於戰前「日本勞動總同盟」的溫和的「日本勞動組合總同盟」，還有，共產黨領導的「全日本產業別勞動組合會議」。它們相互通報各地的發展狀況，幫助不同公司裡的工會組織，並說明它們協調行動。

佔領當局也將土地改革列為促進民主和防止軍國主義復活的主要手段之一。根據盟軍最高司令的思路，日本農村的高租佃率加劇了戰爭期間農村的凋敝，將無數個村莊轉變為滋生極端民族主義的溫床。當一九四五年日本投降時，這個國家七千二百萬人口的大約一半仍然生活在農村，全部農戶的大約四分之一，只擁有他們耕種土地的不到十分之一。由於擔心持續不斷的農村貧困可能產生騷亂，並會導致盟軍最高司令的所有改革方案脫軌，一九四五年十二月九日，麥克阿瑟簽發了一份公告，明確通知日本公眾和政府需要做些什麼，即沒收地主的土地，將土地以支付得起的價格出售給佃戶。

就像該項計畫所顯示的那樣，如果沒有日本政府的合作以及眾多農民自身的參與，盟軍最高司令肯定不可能完成這一根本性的社會秩序重構。確實，早在戰前，許多日本人已經將農村佃戶視為一個嚴重的「社會問題」；而一九四五年時，甚至早在麥克阿瑟表明他在這件事情上的想法之前，某些日本官員即已開始計畫土地改革。一份由農林省官員們草擬的改革法案，於一九四五年十二月在國會獲得通過。但盟軍最高司令在經過仔細分析之後，表達了對這份改革法案的失望，因為計算表明，僅有大約三分之一的日本佃農家庭可以根據這一法案得到足夠的土地供養他們自己。這個問題在日本官員和盟軍總部官員中引發了一輪爭論。當吉田茂於一九四六年成為總理大臣時，他提出了一個新的方案，並於十月二十一日在國會獲得通過。

一九四六年的農地改革法授權政府購買所有屬於在外地主的土地，法案也允許在鄉地主保留只夠他們家庭耕種的土地（在大多數縣份為二・五英畝，北海道為十英畝），再加上一份他們能夠出租的額外土地（在大多數情況下約為五英畝）。國家則根據一九四五年稻米價格和生產成本的複雜計算公式，給予地主補償，然後政府再以購買價格將土地轉賣給希望得到土地的佃農。購地的佃農既可以支付現金，也可以訂立一份三十年的百分之三・二抵押的契據。

根據多方面的衡量，土地重新分配的改革如同佔領期間所進行的任何改革一樣，富有戲劇性和具有重要意義。日本所有村莊裡的所有農戶都受到了影響，因為政府從二百三十萬土地所有者那裡購買了數百萬英畝的土地，又將這些土地轉賣給了四百七十萬戶佃農。不用說，許多地主感到他們的利益遭受了不公平的剝奪。「我的父親死了，土地改革了，加上沉重的稅收，所有這些使我的家庭陷入了赤貧，」一個年輕人充滿自憐地回憶道，「我們不得不放棄從遠古祖先那裡世代傳承下來的生活方式，而眼見佃戶們努力爭取原本屬於我們的福利。如今，我們必須揮動我們虛弱的臂膀，在自己的田裡幹活。」[15]在一個特別可怕的事例中，一個從前的地主戰爭期間去海外打仗，一九四六年從中國遣返回日本，當發現自己不得不放棄大多數土地時，他殺死了三戶佃農家庭，並縱火焚毀了六所房屋。

與之相反，那些缺少土地的家庭則得到了巨大的好處。一夜之間，佃農就在日本消失了。到一九五〇年，當土地改革結束之時，自有土地只占他們耕種土地面積不到十分之一的農民數量已經微乎其微，國內全部稻田的百分之九十都已由農民們自己耕種。而且，農民得到土地的價格不斷降低，到土改計畫的最後一年，戰後時代的過度通貨膨脹已經把土地的實際購買價格降低到土地標價的大約百分之五。換句話說，一九五〇年時，一戶佃農只要以僅僅十三包香煙的價格，就可以付清四分之一英畝的稻田抵押金；而在一九三九年，同樣面積的土地價格則要賣到相當於九年的香煙供應量。這個價格遠遠超出了一戶普通佃農的支付能力。

由於地主們失去了他們的財產，他們被迫放棄的作為鄉村菁英的社會地位，則由廣大的獨立農民取而代之。如同盟軍最高司令所希望的那樣，這些農民不斷發展成為贊同民主原則和資本主義的支持者。許多年後，一個農民追懷往事說：「戰前，你只能幹活、幹活再幹活，卻永遠也存不下錢，永遠也吃不到可口的飯菜，永遠也吃不飽。如今，甚至不用累死累活，你就可以存起錢來。雖然存不了多少，但已經足夠了，因為我們感覺不到需要用錢。與過去相比，我們的日常生活也變得相當奢侈。」[16]當麥克阿瑟宣稱，他確信自羅馬帝國時代以來沒有比這更為成功的土地改革時，也許這一次，他的自負和誇張並不是令人不可容忍的。

教育改革的需要作為分權化的又一個突出方面，不僅佔據著盟軍最高司令的頭腦，也成為日本政府官員和一般公眾著重考慮的事情。一九四六年三月，一個由二十七名美國教育專家組成的使節團到達日本，進行了為期三周的旋風式訪問。隨後，他們自信地提出了一套建議，提出了「學校的控制應廣泛分散而非高度集中」的原則。[17]當年秋天，盟軍最高司令將這份完整的報告交給一個日本委員會。很快，日本政府就將大量的教育管轄許可權從文部省轉移到學校，包括公眾選舉的府、道、縣教育委員會有權遴選教師，決定選用課本，以及設定學校的全部課程。由於被認為是菁英主義的因而是不民主的，戰前的雙軌體制遭到了廢棄，代之以美國式的單軌體制，包括六年制的小學、三年制的初中和三年制的高中。同時，政府通過設立一些四年制的學院，擴展了高等教育的體系。

在教育體制的結構性變革之外，官員們還發表演講，討論有關教育的哲學問題。為了回應對極端民族主義價值觀導致戰爭期間學校課程內容墮落的批評，政府廢除了《教育敕語》，又於一九四七年通過了《教育基本法》，宣布教育制度的首要目標是「尊重個人尊嚴，努力培養人們熱愛真理與和平」。[18]至此，學校已經拋棄了戰前的道德倫理課程，教育工作者忙於重編教材，以強調民主主義與和平主義的美德。大多數公立小學和初中的教員都迅速欣然接受了新的正規信仰。羞愧於其在推進軍國主義價值觀中所扮演的角色，悲痛於如此之多的學生因堅持教員們在課堂上講授的意識形態和重複著教員們所教的口號而赴死沙場，震驚於戰後歲月裡生活條件的惡劣，絕大多數教師都十分樂於把自己獻身於《教育基本法》設定的另一個目標，即「建立一個民主、文明的國家，為世界和平與人類福祉做出貢獻」。

盟軍最高司令決心根除社會權力的集中，敦促日本官方修訂《民法典》，尤其是麥克阿瑟想要廢除男性家長支配妻子和孩子的「封建主義的」權威，並廢除長子的特權地位。並非所有日本人都與盟軍最高司令的看法一致，諸如一些法律學界的保守主義者就讚美日本舊有的家庭制度是「東方美德之根基」和「日本精神之榮光」。然而，與對其他許多佔領期間的改革一樣，大多數日本人都樂於抱有與美國人同樣的目標。婦女們在戰前就曾慷慨激昂地反對《民法典》很多年，隨著憲法的修改和選舉權的擴大預示著性別平等的美好新時代即將到來，她們的不滿在一九四五年和一九四六年迸發出來。因此，甚至在盟軍最高司令發出他希望看到一部新民法典的資訊之前，法務省就已經任命了一個檢討委員會。可想而知，許多日本人的努力參與勢必會減少盟軍最高司令扮演角色所起的作用。當時的公民事務局局長及其後的最高法院法官回憶道：「日本將要廢棄它自己選擇的家庭制度。這一廢棄並非麥克阿瑟將軍強加於我們的。」另一位委員會成員表示同意，他聲稱有關繼承和家庭關係的條款需要加以修改，以便使家庭法符合新憲法所強調的人人平等和男女平等。盟軍最高司令委派去監督這一過程的一位屬員也同意這種看法，他寫道，他的工作人員從未命令過，甚至從未催促過，一部舊法規的修訂版就完成了，這個委員會「所做的遠比我們期待的要徹底得多」。19

轉向

如同盟軍最高司令改造日本的艱巨努力一樣迅如疾雷和勢不可擋，隨著時間的推移佔領政策發生了轉變，這是一種性質截然不同的政策調整，以致許多人稱之為「轉向」。這個詞彙有點過於簡單化了，因為麥克阿瑟從未允許自己做出完全向後轉的決定。不過，從一九四七年以後，這個老兵開始更改某些措施，甚至默許將一些改革措施幾乎完全顛倒過來。引起對日佔領政策重新取向的原因並非一端，沒有一個人或一個機構曾經設計過這一過程。由於美國力圖逐步服從於自己在戰後時代新的全球目標和戰略任務，因此在日本推進進一步改革的熱情減退，一九四五年至一九四七年間以「d」字母打頭的任務[20]，不得不讓位於重建經濟的「r」字母打頭的任務，即勞工的再培訓(retraining)、恢復失業者的工作和職業(rehabilitating)、軍隊的重新武裝(rearming)，以及完全以西方的國際禮讓重新排列日本的國際地位(realigning)。

與蘇聯冷戰的突然開始，一系列蘇聯衛星國在東歐的建立，毛澤東註定將在中國取勝的前景越來越明朗，兩個朝鮮之間不斷加劇的敵意，這些都使得許多美國官員相信，他們的外交政策需要一個穩定的、民主的日本來承擔抵抗共產主義在太平洋區域進一步擴張的堡壘角色。反過來看，日本的政治穩定依賴於日本的經濟復興。在一九四八年一月六日發表於舊金山，後來被人們廣泛引用的一篇演講中，哈里·杜魯門總統的陸軍部長表達了這些主題。「新的發展正在亞洲興起」，部長宣稱，要求日本擁有一個「自由的政府」和「一個健全而足以維持的經濟」，以便能夠「作為一個制止任何其他極權主義的戰爭威脅的力量而發揮作用」。[21]十分明顯，日本將要成為美國在太平洋區域的盟友。其他一些美國官員補充說，對於盟軍最高司令來講，幫助日本達成其新使命的最好途徑就是，通過限制已經顯得過於活躍的勞工運動和停止解散財閥，來促使日本經濟恢復元氣。正如一位盟軍最高司令下屬的評論員所說，勞工運動和解散財閥，將使日本淪為一個喪失力量的、貧弱不堪的、「僅有小商小販」的國度。

日本國會很快就插進來對此表示贊同。站在這一集團中心的是前任駐日大使格魯和一些戰時曾經參與制訂對日佔領計畫的前國務院官員，甚至早在當時，他們就已經爭辯道，一個健康的日本經濟將是太平洋區域長期和平的先決條件；此外，他們也不同意將諸如三井、三菱之類的老牌財閥等同於軍國主義的流行看法。可以肯定的是，這些財閥集團的首腦人物都是在「大東亞戰爭」期間支持自己國家的忠誠愛國者，而且他們的公司也在為日本海陸軍製造槍炮彈藥。然而，按照日本國會的說法，這些老牌財閥在二十世紀三〇年代並未鼓動軍事擴張，所以將它們廢除並不是一個好主意。由於一九四五年和一九四六年正值改革高潮，這種觀點未能產生更大的影響。但到二十世紀四〇年代末期，遭受挫敗的前設計者們在日本國會的非正式喉舌《每週新聞》上再次拋出了他們的論點，他們連篇累牘地抱怨分權化法案勢將造成「對日本經濟結構的核轟炸，如同臭名昭著的摧毀廣島的原子彈轟炸一樣影響巨大」。[22]

美國實業界人士要求轉向的呼籲助長了日本國會的地位。一九四七年秋，在訪問日本期間為投資公司進行實地考察之後，詹姆斯．李．考夫曼編制了一份長篇報告，對華盛頓官員們的思想產生了相當大的影響，他的律師事務所代表著許多戰前曾在日本經營的美國公司。在這份報告中，考夫曼警告了那些拖延對日本投資的美國最有力量的公司。他聲稱，這樣做將帶來嚴重的後果，因為盟軍最高司令部裡的「瘋子」正在推行「社會主義」，正在進行將會導致經濟崩潰的改革，而「這正中駐東京的蘇聯大使館裡數百名蘇聯人的下懷」。23

隨著針對盟軍最高司令經濟政策的爭論的展開，已經做出決定的官員們發現了其他一些質疑麥克阿瑟政策的理由。在美國國會裡，著名的參議員和眾議員們紛紛登臺，表達他們對於危險的共產主義者加入日本如火如荼勞工運動的擔憂；而另一些人則爭辯道，簡單說來，對日佔領就是在任意揮霍美國財政部的金錢。在對日佔領的頭兩年，美國已經花費了將近六億美元來支付盟軍最高司令部全體人員的工資和食品開支，而其他間接的開支甚至更加可觀。新的論點指出，日本經濟的復興將會大大減輕已經負擔過重的美國納稅人的重負。

來自日本人的令人信服的要求增加了批評的強度。也許，對盟軍最高司令政策最吹毛求疵者是吉田茂。雖然在一九四六年五月到來年春天擔任首相的第一個任期內，吉田茂曾經支持過麥克阿瑟的某些改革建議，但更經常的是他與盟軍最高司令的意見相左。在盟軍最高司令追求純淨化，諸如解散財閥，在憲法體系中重新定位天皇，以及界定向勞方傾斜而抑制資方的過程中，儘管首相可做的選擇很少，但仍可表達自己的意見。不過，在一九四九年一月舉行的選舉中，吉田茂的自由黨在得票數上以極大優勢勝出，從而奠定了吉田時代的議會基礎。這個時代一直持續到「頭號國民」於一九五四年末從首相位置上下來為止。隨著吉田茂於二十世紀四〇年代晚期意識到自己已經牢牢把握住了首相職權，他向盟軍最高司令大聲疾呼，促使盟軍最高司令調整政策方向，推進經濟的穩定與重建。此外，他還抓住每一個機會，公開表明他的另一個觀點，即認真負責的官員、保守黨的政治家和商界的領袖們必須不計個人得失，為一個民族獨立、經濟繁榮和政治穩定的日本貢獻他們自己的力量。

起初，麥克阿瑟試圖回擊來自四面八方的批評，但在二十世紀四〇年代末，對日佔領開始朝著新的目標一環套一環地轉動。首先進行修正的是勞工政策，日本國內的事件觸發了這一變化。隨著工人們於一九四六年秋大批建立他們的企業工會，好鬥的「全日本產業別勞動組合會議」號召興起全國性的勞工攻擊態勢，以贏得「生存工資」和長期工作保障。作為回應，二百六十多萬工會會員，包括學校教師和來自其他公共部門的職工，誓言於一九四七年二月一日開始罷工，以使這個國家陷入癱瘓。這些工人的絕大多數都是圍繞著麵包和奶油的目標，提出了增加工資和實行最低工資保障的要求。不過，「全日本產業別勞動組合會議」中的前共產黨員們擔任罷工的組織領導，他們逐漸以政治性的目標武裝起來。隨著罷工日期的臨近，工會方面的發言人呼籲作為激烈反共分子的吉田茂辭去首相職務，他們還進一步要求以「左派」的聯合政府取代吉田內閣。

吉田茂這個「頭號國民」對此怒不可遏。在公開場合，尖刻的首相給「全日本產業別勞動組合會議」打上「歹徒幫派」的標記。私下裡，他與盟軍最高司令協商，要求美國人進行干涉並禁止罷工。麥克阿瑟並非不表示同情。他與他的盟軍總部的顧問們曾經想像過以一場勞工運動奉獻給工業民主的理想，他們也不比吉田茂更能忍受政治化的工會運動。富有戲劇性地，在罷工即將開始的前夜，麥克阿瑟頒佈了禁令，表示在日本經濟仍然深陷泥潭處於危殆之際，他無法容忍如此具有破壞性的罷工行動，他也不會鼓勵社會混亂。為了確保工人們能夠留意到他的禁令，麥克阿瑟將軍命令罷工委員會的領導人親自去電臺廣播取消罷工。「根據盟軍最高司令的嚴厲命令，」這位勞工領袖以顫抖的嗓音宣布，「我們除了放棄罷工別無選擇。我只能想起這句老話：『退一步，進兩步。』工人農民萬歲！讓我們繼續團結在一起。」[24]勞工和盟軍最高司令之間的對抗時期開始了。

一九四八年十月，吉田茂組建了他的第二任內閣，開始對勞工立法進行徹底的檢查和修正。麥克阿瑟支持這一想法，於當年夏天致函日本政府，要求其約束公共部門雇員進行罷工的權利。勞動省也表現出撤銷某些早期法令的意願，以便巧妙地從根本上切斷工會組織的好鬥性，並維持勞資雙方之間的力量平衡。甚至在收到麥克阿瑟的來函之前，勞動省已草擬出一份檔，表明他們對工會的看法：「參照勞動組合法提出的關鍵目標，任何一個工會第一位的，而且是最重要的職責是，致力於經濟重建。」[25]勞動省的官僚們感受到了維持社會秩序和營造有利於經濟發揮全部潛能的環境的責任。一九四五年，當勞工處於劣勢時，這些目標導致官僚們提出有利於勞工的法律。到一九四八年，在數百萬工人已經加入政治性工會之後，官僚們也就向資本家方面傾斜，以阻抑社會動盪發生的可能性。

一九四九年，吉田茂著手遏制勞工的激進主義。他倡議修改《勞動關係調整法》，以便給予政府任命的委員會在工會認證方面更大的許可權，這一策略是設計來使工會組織脫離共產主義者影響的。一九五〇年，吉田茂征得盟軍最高司令的同意，將這些努力付諸實施。他發動了「掃紅」[26]運動，從政府部門和勞工運動中清除那些被指稱的共產黨人，很快，運動也擴展到了私人企業。到一九五〇年秋，二萬多名所謂「左翼分子」的教師、記者和工廠工人發現自己遭到解雇。具有諷刺意味的是，用來為這些解雇辯護的居然是盟軍最高司令過去曾發佈的第五四八號指令。該指令禁止人們設法「抵抗或反對佔領當局」。

在一九四八年裡，麥克阿瑟開始漸漸放棄了解散財閥的政策，表露出轉向的一面。一九四七年十二月通過的《集排法》招致了來自日本實業界領袖們疾如雹災般的批評。這些人預言，如果盟軍最高司令堅持解散或者重組一千多家公司，日本經濟就將崩潰。與此同時，考夫曼的報告也在華盛頓引起了對駐日盟軍總部中那些「瘋子們」的擔憂。國務院政策制定顧問喬治·F. 肯南（George Frost Kennan）也表示，《集排法》將導致經濟災難和造成無政府狀態，使日本不可避免地為共產主義所征服。一九四八年三月，有影響力的肯南親自拜訪麥克阿瑟，遞交了華盛頓方面寫有如下內容的信函，即盟軍最高司令必須修改它在日本的改革計畫，優先考慮經濟復興和政治穩定，以便使這個島國加入到反對國際共產主義的行列中來。

壓力太大了，甚至連麥克阿瑟也無力抵擋。一九四八年四月，麥克阿瑟同意成立一個「分權化檢查委員會」來反省早些時候所提出的，廢除那些有足夠力量阻止新來者進入它們市場的壟斷公司的計畫。這個新的委員會隨即宣布數百家公司不適用於《集排法》的範圍。該委員會第一次開會時，盟軍最高司令已經定下三二五家日本公司將被解散或重組，但該委員會很快將這些目標公司的數目篩除到只剩十九家，接著又到僅僅九家。麥克阿瑟的屬員們異乎尋常地屈服了，他們宣布分權化改革已經帶來了令人滿意的結果。在此同時，當日本的上訴部門開始否決對數千名前公司管理人員的清洗時，盟軍最高司令也保持沉默並且袖手旁觀。

非武裝化是另一項在佔領早期最為美國人重視的政策。隨著與共產主義世界的關係不斷緊張，迫使美國人重新思考日本在東亞可能扮演的防衛角色。一九四八年十一月，華盛頓指令盟軍最高司令組建一支十五萬人的準軍事部隊，以補充常規的日本員警。曾經率軍橫渡太平洋與日本人作戰的麥克阿瑟，對這一方案抱有很深的疑慮，直到一九五〇年朝鮮戰爭爆發，才迫使其勉強接受了這一方案。隨著一九五〇年夏美國軍隊離開日本開赴朝鮮半島，麥克阿瑟命令日本政府組建一支七萬五千人的國家員警後備部隊。在表面上，這支部隊的目標是保證國內安定，然而這些「員警」裝備著M-1步槍、機關槍、迫擊炮、火焰噴射器、大炮、坦克等武器，還配備了美國顧問。其中的一個顧問描述，這支部隊像是「一支小型的美國軍隊」。

重新武裝必須在法律上與新憲法第九條相一致。新憲法第九條明確規定「日本人民永遠放棄以國權發動的戰爭」，清楚表明日本將永遠不再保留陸軍、海軍和空軍。起初，吉田茂支持照字面意義來理解這一條款，甚至同意禁止為實行自衛而武裝；但國家員警後備部隊的建立，使得首相不可能執著於對這一條款的原來那種解讀；而一九五二年二月進行的日本民意調查顯示，百分之四十八的受訪者認為首相否認日本重新武裝是在說謊。吉田茂在文字遊戲中絕非業餘水準，他最終採納了這一命題，即憲法第九條允許日本保留武裝力量，只要這些部隊不擁有「戰爭潛力」。其後繼任的歷屆內閣也都樂於這樣談論「潛在的進攻能力」。他們認為就像其他主權國家一樣，並與聯合國憲章相一致，日本擁有不可剝奪的自衛權利，因此，保留一支具備單純防禦能力的武裝力量並不違背憲法精神。

獨立

進入到一九五〇年，麥克阿瑟顯然已經開始對佔領日本感到厭倦，大多數日本人也都有此同感。儘管從早些時候起，吉田茂就喜歡聽人譏諷駐日盟軍總部應該「趁早回家」，但一九四七年三月十七日，麥克阿瑟在一次新聞發佈會上建議，如今已到締結一部正式的對日和平條約的時候，以取代在美國「密蘇里」號戰艦甲板上簽署的日本投降文告。此後，麥克阿瑟就成為呼籲結束對日佔領的首要人物。他解釋說，經過兩年的掌舵，改革已經取得了巨大成功：日本被解除了武裝；民主政治成長所必須的憲政改革已經步入正軌；土地改革正在進行；打散心懷惡意的資本家財閥集團的計畫也已制訂。

在他看來，日本未來和平的基礎已經奠定，再拖延佔領恐怕將有畫蛇添足之嫌。

儘管麥克阿瑟較早地並令人頗覺意外地鼓吹與日本締結一部和平條約，但命運之神並未選擇他代表美國去談判簽訂這樣的檔。締結一部日本和其他將近五十個國家都能接受的和約的任務落到了傑出的共和黨人約翰．福斯特．杜勒斯的肩上。一九五〇年五月十八日，杜魯門總統提名杜勒斯作為自己的首席代表。到這個時候，麥克阿瑟大約已逐漸失去總統的信任。一九五〇年六月，朝鮮戰爭爆發，杜魯門總統任命麥克阿瑟為進駐朝鮮的聯合國軍司令。但同年，在將軍公開反對總統的軍事政策之後，生性好鬥而又坦率認真的杜魯門立即解除了麥克阿瑟駐朝聯合國軍司令與駐日盟軍最高司令的兩個職位。司令變成平民，尤其是令人生畏的「藍眼睛的幕府將軍」居然被免職的事實，對許多日本人來說是一次最清楚不過的實際教訓，使其能夠領會什麼才是他們將要經歷的民主。

杜勒斯開始與美國的戰時盟國協商。有些國家傾向於一種仁慈寬厚的解決。他們提出，第一次世界大戰結束後，志在報復的「巴黎和會」最終滋生出憤懣和怨恨，而阿道夫．希特勒和納粹黨正是駕馭著這種仇恨奪取了政權。將類似的羞辱施與日本，也會導致令未來人們難以承受的痛苦遺產，從而冒著給後代帶來不祥後果的風險。不過，另一些國家則遊說要締結一個嚴厲強硬的對日和約。那些曾經深受日本侵略苦難的東南亞國家，想要從日本得到嚴苛的令其難以承受的補償。而英國則擔心它在亞洲的市場，所以一再要求限制日本將來的出口潛力。這場爭論，加上越陷越深的與蘇聯的冷戰和朝鮮半島上如火如荼的熱戰，構成了杜勒斯對於日本未來全球角色的思考。他征得杜魯門總統的認可，決定對日和約應當建構起一個框架，使日本得以繼續經濟復興和政治穩定，以便將日本鎖定在西方盟國陣營，從而確保美國軍隊能夠向太平洋區域投放其武裝力量的特權，同時使日本重新武裝致力於區域性自衛。

杜勒斯與執拗頑固的日本首相進行了極為艱苦的談判。在整個佔領期間的所有事務中，沒有什麼比恢復自己國家的全部主權更令吉田茂心嚮往之的了。吉田茂曾經擔任過外交官，在第一次組閣的三年時間裡，他通過親自兼任外務大臣，向外界表達了使日本重新贏得國際社會尊重的決心。對於訂立一個什麼樣的條約才是可以考慮接受的，吉田茂抱有固執的且眾所周知的觀點。他決不會在一個懲罰性的和約上簽字，而要為達成一個非限制性條約而頑強抗爭，使日本未來的經濟和政治得以充分發展。考慮到種種前因後果，吉田茂贊成與美國結盟，他相信，如果在華盛頓會議上締結的協定保護了日本利益的話，可帶來一個較為樂觀的新局面。

儘管吉田茂在和約談判中的立場很固執，但「頭號國民」被迫至少表現出對他人觀點的敏感。他在日本政壇上的「左派」對手制定了他們自己的「和平原則」版本：日本必須中立化，不加入冷戰陣營的任何一方；日本不得重新武裝；美國軍隊必須從日本撤出。然而，吉田茂拒不考慮使日本中立化，他將此說成是「喋喋不休的夢囈」，是一種使日本難以保證未來和平的外交姿態，因此「無異於水中撈月，鏡裡採花」。[27] 然而，「左派」的和平原則在日本選民中得到了廣泛的支持，吉田茂甘願招致他們的不悅，並且冒著喪失實際職權的風險，藉以鑄造其在和約談判中的角色形象。

在遭到國內政治火力交叉攻擊的情況下，吉田茂採取一切方法機動對抗。他一再向公眾說明，日本未來的安全保障需要一個與美國的防禦性同盟，日本除了允許美國在自己的土地上駐紮軍隊，別無他策。但與此同時，吉田茂也毫不動搖地堅持，日本應當進行大規模的重新武裝。一九五一年一月，杜勒斯在一次個人會面期間將這一要求擱上檯面，建議日本組建一支三十萬人的地面部隊。吉田茂抓住機會從劍鞘中拔劍出擊，他說，他的國家無力承擔這支軍隊的建設，公眾不會允許這樣做，憲法也禁止這樣做，日本的鄰國也將對此感到恐懼。在某種程度上，吉田茂的這番推託還掩蓋著其他一些原因，雖然他自己是一個堅定的反共分子，但吉田茂決不願患上和美國人同樣的關於遭受國際共產主義威脅的狂想症，他也不會接受杜勒斯關於民主國家正面臨共產主義攻擊的緊迫危險的論點。還有一個最為隱秘的但可以理解的真實原因是，對那些正在指揮著新的國家員警預備隊的前將軍們，吉田茂並不信任。

在日本、美國及其他近五十個國家的代表群集舊金山，舉行正式和談會議之前，一九五一年春夏期間，各種方案輪番頒布。一九五一年九月八日，日本與它從前的四十八個敵國在《舊金山和約》上簽了字（蘇聯、波蘭和捷克斯洛伐克退出了談判過程；中國由於關於合法政府究竟位於北京還是位於臺北沒能達成一致意見，而未獲邀請）。吉田茂得到了他所想要的許多東西，絕大多數觀察家也都同意這個和約的條件可以說是寬宏大量的，並無蓄意報復。《舊金山和約》中止了仍然繼續存在的戰爭狀態，提出了所有佔領部隊在和約生效後九十天內全部撤離，恢復日本的國家主權，並清楚地表明瞭它擁有自衛的權利，最後，和約對日本的經濟貿易也未施加任何限制。正好相反，和約簽署國都意識到維持日本經濟重建的必要性，甚至對日本將來申請加入聯合國也給予了支持。

在日本簽署和平條約僅僅幾個小時之後，它的代表又在舊金山簽署了《美日安保條約》。作為冷戰所導致的一個結果，《美日安保條約》允許美國在日本無限期駐軍。雖然其後的公眾輿論調查顯示，絕大多數日本人都擁護和平條約，但也有許多人指責吉田茂在追求共同安全保障之時做出了太多的讓步。他的對手們擔心，美日之間的協定使日本的防衛需求從屬於美國的政策，實際上是將日本的未來置於危險之中。特別令他們氣惱的是，美國軍隊駐紮日本的條款，實際上是明確授權美軍維持整個東亞的和平。美國可以在任何地點、任何時間派出這些部隊，而無須得到日本政府的允許，甚至無須與日本政府進行協商。危險看來顯而易見，如果美國從它位於日本土地上的基地採取軍事行動，勢必輕而易舉地將日本拖進一場衝突，而這可能僅僅是美國對外政策的一個陰謀，完全與日本的利益無關。其他砸向吉田茂的批評是，他同意了其餘兩條有損日本尊嚴的條款。批評者們控訴說，這些條款危及日本作為一個主權國家的權利。這兩項條款之一是，授權美國軍人可應日本官員之請求，鎮壓日本國內的暴動和騷亂；另一條是，若非首先得到美國同意，日本不得將這些軍事基地或者其他軍事特權讓渡於任何第三國。那些貶損吉田茂的人抱怨說，吉田茂已經使日本淪為「從屬性獨立」的境地。

這些尖刻的嘲諷激怒了吉田茂，但這個曾經歷過無數政治風浪的老練政治家挫敗了他的對手，成功地導引《舊金山和約》和《美日安保條約》在一九五一年秋獲得國會通過。由於如今日本在冷戰中站到美國一邊，美國參議院也於一九五二年三月批准了這兩個條約，隨後，兩個條約於一九五二年四月二十八日生效。吉田茂認為，舊金山體制的實施是他個人事業的最大成功，日本重又獲得了主權，外國的長期佔領已經走向終結，這個國家已經與看來不可戰勝的盎格魯—撒克遜集團同呼吸共命運，這個島國將保證得到世界上最強大的工業化國家的經濟援助。吉田茂已經給出了他為戰後日本發展所描繪的藍圖。

當吉田茂達到其最為珍視的個人成就巔峰的時候，也就標誌著他在政治上開始走下坡路。日本公眾對於舊金山體制保持著可以理解的矛盾心理，諸如「從屬性獨立」之類的指責影響著公眾輿論的方向。由《朝日新聞》在一九五二年下半年進行的民意調查顯示，只有百分之十八的日本人認為他們的國家已經獲得了真正的獨立。到此時，吉田茂的支持率已經從一年前的百分之五十八跌落到百分之二十。由於公眾支持率降低，吉田茂變得比以往更為尖刻，他帶有傷害性的挖苦話使得許多可以給予他幫助的人士與之疏遠。東京大學校長曾對《舊金山和約》中的某些內容提出批評，吉田茂隨即給他扣上「學問娼妓」的帽子，然後不但固執地拒絕道歉，還拒不理睬別人彌合他們之間裂痕的勸告，甚至不願以「出於無心」為藉口收回他的無端謾罵。28

在一九五三的國會辯論期間，吉田茂痛斥一名社會黨的對話者（馬鹿野郎），稱他是「愚蠢的白癡」。這種謾罵譯成英文聽上去似乎比較溫和，實際上在日本文化中則相當污穢和猥褻，於是立即導致了一場對吉田茂的不信任投票。雖然吉田茂設法贏得了隨後的選舉，但次年即捲入了一場受賄案。他接受了有污點的競選運動政治捐款，以阻止逮捕他所寵愛的門徒，即未來的總理大臣佐藤榮作。一九五四年秋，日本經濟復興的範圍仍無法確定，吉田茂前往美國，以個人名義為《亞洲版馬歇爾計畫》辯護，但華盛頓方面並沒有給他面子，甚至日本國內的保守分子也開始轉而反對他。一九五四年十二月十日，年事已高的吉田茂辭去了首相職務，與他的老對手、被解職的道格拉斯·麥克阿瑟成為日本被占史上的難兄難弟。

一九四五年，麥克阿瑟和吉田茂這兩個大人物分享著同一個舞臺，他們都聲稱要締造一個獨立的、非共產主義的、擁有安定未來的日本。不過，當我們回顧這段歷史時，可以看出吉田茂和麥克阿瑟具有兩種性質截然不同的，基本上是相互對抗的日本歷史觀。反過來，這些關於以往日本之意義的相反概念，也助長了如何使戰後的視線聚焦到一點的激烈的意見分歧。對於吉田茂來說，明治時代與大正時代的輝煌——立憲主義、工業化和在國際舞臺上聲望的上升等，構成了日本光榮的過去，所有日本人都需要從二十世紀三〇年代走過的「歷史歧途」中重拾民族自尊，重新回到既定的前進軌道上去。吉田茂所要解決的問題直截了當，即保全在帝國框架下的憲政體制，維持官僚和保守政治家在政治程式中擔當不受挑戰的領導角色，培育一種由強有力財團拉動的資本主義經濟，抑制激進主義，使日本重新與西方列強結成夥伴關係。而麥克阿瑟對所謂明治時代遺產之概念則不那麼樂觀，對他來說，正是那個時代形成了日本後來對外侵略的基因。這是一個文化和心理潰瘍開始化膿潰爛的時代，恰恰分泌出了二十世紀三〇年代的極權主義和軍國主義。按照麥克阿瑟的思維邏輯，日本並不只是「出軌」而已，相反，它的問題是由它的封建餘毒所引起的痼疾，而盟軍最高司令的任務就是要創行深刻的結構性改革，以根除這一頑症。日本與其說復興過去，倒不如說必須向一個非軍國主義化的、民主化的未來前進，為新型社會力量的成長開拓必要的空間。

一九四五年到一九四七年間，隨著盟軍最高司令解除了日本的武裝，脫去了天皇的神權外衣，重修了日本的憲法，解散了最大的企業集團，促進了工會的成長，沒收和重新分配了土地，重建了教育制度，以及修訂了國民法典，麥克阿瑟版本的改革支配了日本的方方面面。麥克阿瑟將會因此而當之無愧地接受所有呈送在他面前的榮譽，而且比這還要多得多。他後來寫道：「我不得不成為一個經濟學家、一個政治科學家、一個工程師、一個製造業經理、一個教師，甚至是一個學識淵博的神學家。」[29]然而，如果沒有一大群人和麥克阿瑟一起把事業推向前進，可能也就不會有盟軍最高司令的改革。戰爭期間華盛頓的設計專家們，諸如考特奈．惠特尼將軍這樣的執行對日佔領的官員們，還有希望調整歷史上失衡的勞資關係和解決諸如農村貧困問題的日本官員們，以及從改革中獲益的全體選民們，所有這些人都為改革做出了他們的貢獻，達成了這一單憑麥克阿瑟自己永遠不可能完成的事業。

不過，到了一九四七年和一九四八年的冬天，一股新生力量正在形成，其核心人物正是吉田茂。在他的第一個首相任期內，吉田茂勉強接受了此前的許多改革，在那些唯恐盟軍最高司令已經走得太遠的老牌官僚和傳統保守政黨納入他的勢力範圍之前，吉田茂的抵抗是徒勞無功的。他們出人意料地在人們未能想到的地方找到了新的同盟者，例如在日本國會中，甚至在白宮和美國國會裡。這些彼此並不信任的政治夥伴集團開始共同推動對日佔領轉向新的路徑，將重點放在經濟的復興與重建上，吉田茂喜歡將之稱為「過度行為的矯正」。更為重要的是日本人民態度的轉變。為戰爭年代的苦難所壓倒，日本人民以令人驚異的開放心胸接受了一九四六年和一九四七年的改革。由麥克阿瑟提出的這些早期改革措施就附和了這樣的情緒，因此取得了重大的成功。不過，到二十世紀四〇年代末期，佔領疲乏症已經取代了戰爭疲乏症。投票的公眾開始複歸國會，在一次又一次的選舉中，多數民眾一般都支持重新選擇前進的方向。

戰後的第一個十年充滿了偉大歷史瞬間的諸般奇觀，例如強有力的對手、變動不定的盟友、扭曲而倒轉的政策，以及許多人物自身的矛盾。對日佔領已經變得常常遭到質詢，甚至對那些親身經歷的人們來說，也已時時感到混亂，但是，一九四五年到一九五二年這七年間發生的事情，永遠地改變了日本歷史的發展路徑。可以肯定的是，許多改革，無論是其最初形態還是經過「矯正」的版本，都加速了日本的進步，儘管這些進步的開端可以追溯到第二次世界大戰之前。有關政黨政府和責任內閣的觀念、日本與西方工業化國家的結盟，以及選舉權向婦女的擴展，這些全都是戰前日本人曾經嘗試追求過的理想。結果是顯而易見的，這些在戰前歲月即有人提議的改革，或是那些得到新選民們支持的改革都迅速獲得了通過，從而得到了發揮效用的最佳時機，其深遠影響遠遠超過了戰後十年。

當然，難以想像會有什麼事情比戰敗的創傷更為創巨痛深，也無法想像一次來自外國佔領的嚴重懲罰，居然會產生出一部使主權從君主向人民轉移，並且保障人民權利的憲法。土地改革的措施實際上涉及這個國家的每個農戶，武裝力量的建立被限制在僅能提供自衛的範圍，還有一場勞工運動，像任何其他地方所能發現的一樣波瀾壯闊而充滿活力。縱觀日本歷史，被美國佔領的歲月與十七世紀全國統一的時期和作為這個國家歷史上偉大轉捩點之一的十九世紀的明治維新時期一樣比肩而立。在那一段短短的時間裡，日本人民經歷的變化也許與世界現代史上任何革命紀元中所發生的同樣意義深遠和迅猛。

1 The Pacific Rivals: A Japanese View of JapaneseAmerican Relations (New York: Weatherhill and Asahi Shimbunsha, 1972), esp. pp. 117-28 and 161-64.

2 Russell Brines, MacArthur's Japan (Philadelphia. J. B. Lippincott, 1948), p. 40 (modified)

3 John W. Dower, Embracing Defeat: Japan in The Wake of World War II (New York: W. W. Norton, 2000, paperback ed.), pp. 64, 60, and 117 (modified).

4 Mainichi Daily News, Fifty Years of Light and Dark: The Hirohito Era (Tokyo: Mainichi Newspapers, 1975), p. 211 (modified).

5 Richard H. Minear, Victors' Justice: The Tokyo War Crimes Trial (Princeton: Princeton University Press, 1971), pp. 100-101 (modified).

6 譯注：一九四六年五月至一九四八年十一月，遠東軍事法庭對日本A級戰犯二十八人進行了審判，結果如下，判處絞刑七名：東條英機、廣田弘毅、松井石根、土肥原賢二、板垣征四郎、木村兵太郎、武藤章；判處終身監禁十六名：木戶幸一、賀屋興宣、白鳥敏夫、星野直樹、小磯國昭、梅津美治郎、鈴木貞一、橋本欣五郎、平沼騏一郎、島田繁太郎、大島浩、荒木貞夫、煙俊六、南次郎、佐藤賢了、岡敬純；判處二十年監禁一名：東鄉茂德；判處七年監禁一名：重光葵。在審判過程中，松岡洋右、永野修身死亡，大川周明因精神病免予起訴。此外，在此前後各國也都成立軍事法庭，對日本B級、C級戰犯進行審判，起訴了五千七百人，其中九百八十四人被判處死刑。

7 Theodore McNelly,「The Japanese Constitution: Child of the Cold War」, Political Science Quarterly 74 (1979), pp. 179-80.

8 Supreme Commander for the Allied Powers, Government Section, Political Reorientation of Japan: September 1945 to September 1948 (Washington D. C. : Government Printing Office, 1949), p. 105.

9 Sat Tatsuo,「The Origin and Development of the Draft Constitution of Japan」, Contemporary Japan 24:4-6 (1956),pp. 188- 99; Japan:An Illustrated Encyclopedia,vol. 1 (Tokyo: Kodansha,1993),p. 229-32.

10 Mark R. Mullins , Shimazono Susuma ,and Paul L. Swanson, eds. , Religion and Society in Modern Japan: Selected Readings (Berkeley: Asian Humanities Press,1993), p173.

11 Dower, Embracing Defeat,p. 314.

12 Richard B. Finn, Winners in Peace: MacArthur, Yoshida, and Postwar Japan (Berkeley: University of California Press, 1992), p. 97.

13 Marlene J. Mayo,「American Wartime Planning for Occupied Japan: The Role of Experts」, in Robert Wolfe, ed. , Americans as Proconsuls (Carbondale: Southern Illinois University Press, 1984),p. 36.

14 Howard B. Schonberger,「Zaibatsu Dissolution and the American Restoration of Japan」, Bulletin of Concerned Asian Scholars 5:2 (September 1973),pp. 16-31 (modified).

15 Mikiso Hane, Peasants, Rebels and Outcasts: The Underside of Modern Japan (New York: Pantheon Books,1982),p. 250.

16 Ronald P. Dore, Shinohata: A Portrait of a Japanese Village (New York: Pantheon Books,1978), p. 65.

17 Edward R. Beauchamp and James M. Vardaman, Jr. , eds. , Japanese Education since 1945: A Documentary Study (Armonk, N. Y. : M. E. Sharpe,1994), p. 87.

18 「Fundamental Law of Education,1947」,in Herbert Passim, ed. , Society and Education in Japan（Teachers College and East Asian Institute, Columbia University, 1965）,pp. 301 and 302.

19 Alfred C. Oppler, Legal Reform in Occupied Japan: A Participant Looks Back（Princeton: Princeton University Press, 1976）,p. 117.

20 譯注：前幾節中的「非武裝化」(demilitarization)、「民主化」(democratization)和「分權化」(decentralization)。

21 Vidya Prakash Dutt, ed. , East Asia: China, Korea, Japan, 1947-1950（London: Oxford University Press, 1958）, pp. 631-37.

22 「Japan: Confidentially, Some Confidential Shades of FEC-230」,Newsweek（December 29, 1947）, p. 31.

23 Schonberger,「Zaibatsu Dissolution and the American Restoration of Japan」, pp. 22-26.

24 Tessa Morris-Suzuki, Sh wa: An inside History of Hirohito's Japan（New York: Schocken Books, 1985）, pp. 247-48.

25 Sheldon Garon, The State and Labor in Modern Japan（Berkeley: University of California Press,1987）,p. 239.

26 譯注：即「清除紅色分子」。

27 John W. Dower, Empire and Aftermath: Yoshida Shigeru and the Japanese Experience, 1978-1954（Cambridge: Council on East Asian Studies, Harvard University, 1988）, p. 371.

28 The Pacific Rivals,P. 107.

29 Douglas MacArthur, Reminiscences（New York: MaGrawHill, 1964）, pp. 281-82.

第十六章 復興與豐裕

一九六四年十月十日下午，東京國家體育場，大約七萬五千名觀眾從他們的座位上站起身來，聆聽天皇陛下宣布第十八屆現代奧林匹克運動會開幕。作為那天慶祝活動的組成部分，空中自衛隊的噴氣式飛機在秋季蔚藍色的天空中描畫著奧林匹克五環，一萬只五彩繽紛的氣球飄浮在空中，來自當地一所小學的孩子們簇擁著上一屆奧運會的東道主羅馬市的市長步入體育場。出席奧運會的佇列包括代表著近九十個國家的七千名運動員。當古巴人身著彩裝，揮舞著日本太陽旗經過皇家專席時，人們歡呼喝彩；當日本代表團進入體育場時，人們掌聲雷動；接著，當阪井義則，這位在世界上第一顆原子彈爆炸的當天早晨，誕生於廣島城外的十九歲大學生，舉著奧林匹克火炬跑進體育場時，人們在一片靜穆中肅立。

日本的奧運籌委會精心地，同時也是蓄意地將東京奧運會上演為慶祝國家從戰敗中復興並且重返世界舞臺的盛大典禮。擔任奧運籌委會主席的是，一個為日本和平利用原子能做出貢獻的實業家。作為一個能與過去和諧共處的人物，他宣稱其責任「不僅在於組織一個由各國運動員們展現運動水準的

1964年東京奧運／alamy

盛會，還將集中表現日本人民作為世界民族大家庭中一個有價值成員的堅忍不拔的努力」。[1]

東京曾經被定為一九四〇年奧運會的主辦地，只是由於歐洲爆發第二次世界大戰而被取消。在外部世界的眼中，當時的天皇就代表著日本不可遏止的帝國狂熱和好戰意圖，以及封閉的菁英政治體制。而在一九六四年，天皇作為東京奧運會官方贊助人的角色，舉世矚目而且得到了很好的宣傳。他亮相在各種不同的聚光燈下，其作為一個完全恢復了地位的愛好和平的日本的國家高貴領袖，躋身於世界和平的舞臺之上。在奧運會開幕式上，池田勇人總理大臣緊挨著天皇就座，這對所有人都是一個無聲的提示，即日本是一個民主的國家，同時也是一個和平的國家。在新的政治體制下，天皇只是這個國家經普選產生的平民政府的象徵性代表。

一九六四年，東京奧運會籌委會也回應了許多日本人表達出來的強烈呼聲，即向全體日本人，也向國外到訪者展示了日本舉世矚目的經濟復興成果。日本政府對東京奧運會的全部支出為九千七百億日圓，其中大約百分之八十投在公共設施工程項目上。正如那名年輕的火炬手代表著日本人不屈不撓的精神，日本國家也以種種例證向到訪者顯示，自己已從戰爭的廢墟中崛起，到處都充滿了欣欣向榮的戰後繁華。例如，東京地下的地鐵線路正在不斷擴展；新的快速鐵道連接起首都與名古屋；當年十月一日，當時世界上速度最快的第一輛藍白相間的「子彈頭」列車駛出東京車站，將乘客在前所未聞的三小時十分鐘內送達四百八十公里之外的大阪。「和平年代的繁榮」成為這一時期不斷重複的樂章疊句，私人資本為東京裝扮上氣派的酒店和宏偉的百貨商店體現著不斷增長的成就意識、樂觀態度和幸福感受。

在奧運會期間，一種復甦了的對日本傳統的驕傲也興盛起來。和平與繁榮的形象取代了戰爭的記憶，許多日本人不再擔心因公開表明對本民族過去文化的尊重而遭受指責，他們為日本運動員在當年新列入奧運會項目的柔道比賽中所取得的完全勝利而感到自豪，也充滿自信地以劍道表演招待各國來賓。用籌委會主席的話來說，新建的奧運會建築也有助於推動東京奧運會行進在「具有獨特日本形象的軌道上」。建築師設計了以鋼筋混凝土建造的日本武道館，作為柔道比賽和軍事藝術表演的場所。

這處場館類似於法隆寺的木製「夢殿」。「夢殿」是日本最古老的宗教中心，就坐落在日本古都奈良城外。像「夢殿」一樣，柔道館設計了一個八邊形的地板，上面覆蓋著一個中央鑲嵌突出圓球的獨特屋頂。對於那些造訪日本武道館的奧運迷們來說，它位於皇宮的城壕與壁壘旁邊，似乎正在強調著過去與現在、傳統與時尚的聯繫。

大多數日本人都將東京奧運會的記憶珍藏在心裡，把它當成全民團結一致證明日本的政治、經濟和精神已從戰爭和失敗的恐怖中復興的輝煌時刻。在一位文壇領袖為一份主要日報所寫的文章中坦陳道：「出席奧運會開幕式，我油然感到日本已經最終恢復了她的能力，回到了國際舞臺，能夠作為東道主做出如此精彩的表演。」[2]在看到日本國家隊奪得女子排球比賽金牌之後，小說家有吉佐和子以一種相似的語調，歡呼她所感受到的當代社會脈搏，清晰表達出她的許多同齡人所擁有的關於戰後時代的感受。她說：「我幾乎能夠形象地看到責任得到了履行，這種責任正在那些喜極而泣的女排姑娘們的頭頂上盤旋。為了這一時刻，她們奮鬥了如此之長的時間。謝謝你們！」

然而，並非所有日本人都希望加入這場慶典。一位著名的建築評論家就不贊成體現在日本武道館中的象徵意義。他將那種幾何學上精確的，帶有堅硬邊緣的建築物稱為「反現代的洋腔洋調」，是令人聯想起「納粹時代柏林奧運會場館」的「法西斯式建築」。[3]同樣，隨著時間從二十世紀六〇年代進入到七〇年代和八〇年代，奧運熱潮逐漸消退，一些日本人開始對昭和晚期的經歷進行重新評價。某些批評意見開始貶低戰後時期出現的特定形式的民主；另一些批評意見則指出，日本的工業復興儘管十分偉大，但並未給全體國民帶來均等的福利；還有一些批評意見則開始懷疑當前的社會和文化發展割斷了與過去的聯繫。

自由民主黨的統治

隨著吉田茂的支持率在一九五三至一九五四年中滑到新低，日本的社會黨人開始嗅到在即將到來的國會選舉中奪取多數席位的可能性。為了增加己方的力量，一九五五年十月，兩個主要的左翼黨派聯合組建了日本社會黨。在接下來的那個月裡，其對立面，吉田茂的自由黨也與另一個保守黨派——日本民主黨合併組建為自由民主黨，簡稱自民黨。日本自由民主黨的前身，可以追溯到第二次世界大戰前的政友會和民政黨。正如這兩個政黨在大正年間曾經做過的那樣，新的自由民主黨也成為日本政黨政治的主宰。組建後的自由民主黨，由鳩山一郎擔任總裁，在隨之到來的國會選舉中大獲全勝。在其後的四十年時間裡，自由民主黨的十五位總裁依次出任首相，一直保持著對日本政權的控制，這種控制直到一九九三年秋天方告結束（參閱表16.1）。

在組織上，自由民主黨包含著許多不同的派系，並通過這些派系發揮其功能。在它的政治全盛期，曾有六個左右的同盟派系在黨內相互施加著影響。每一個派系都構成一個分立的實體，它們自己

表 16. 1

日本首相（1954 ~ 1993）

首相	組閣次數	任期
鳩山一郎	第一屆	1954 年 12 月 10日至 1955 年 3 月 19日
鳩山一郎	第二屆	1955 年 3 月 19日至 1955 年 11 月 22日
鳩山一郎	第三屆	1955 年11 月22日至1956 年12 月23日
石橋湛山		1956 年 12 月 23日至 1957 年 2 月 25日
岸信介	第一屆	1957 年 2 月 25日至 1958 年 6 月 12日
岸信介	第二屆	1958 年 6 月 12日至 1960 年 7 月 19日
池田勇人	第一屆	1960 年 7 月 19日至 1960 年 12 月 8日
池田勇人	第二屆	1960 年 12 月 8日至 1963 年 12 月 9日
池田勇人	第三屆	1963 年 12 月 9日至 1964 年 11 月 9日
佐藤榮作	第一屆	1964 年 11 月 9日至 1967 年 2 月 17日
佐藤榮作	第二屆	1967 年 2 月 17日至 1970 年 1 月 14日
佐藤榮作	第三屆	1970 年 1 月 14日至 1972 年 7 月 7日
田中角榮	第一屆	1972 年 7 月 7日至 1972 年 12 月 22日
田中角榮	第二屆	1972 年 12 月 22日至 1974 年 12 月 9日
三木武夫		1974 年 12 月 9日至 1976 年 12 月 24日
福田赳夫		1976 年 12 月 24日至 1978 年 12 月 7日
大平正芳	第一屆	1978 年 12 月 7日至 1979 年 11 月 9日
大平正芳	第二屆	1979 年 11 月 9日至 1980 年 7 月 17日
鈴木善幸		1980 年 7 月 17日至 1982 年 11 月 27日
中曾根康弘	第一屆	1982 年11 月27日至1983 年12 月27日
中曾根康弘	第二屆	1983 年 12 月 27日至 1986 年 7 月 22日
中曾根康弘	第三屆	1986 年 7 月 22日至 1987 年 11 月 6日
竹下登		1987 年 11 月 6日至 1989 年 6 月 3日
宇野宗佑		1989 年 6 月 3日至 1989 年 8 月 10日
海部俊樹	第一屆	1989 年 8 月 10日至 1990 年 2 月 28日
海部俊樹	第二屆	1990 年 2 月 28日至 1991 年 11 月 5日
宮澤喜一		1991 年 11 月 5日至 1993 年 8 月 9日

籌集競選基金，自己推進其成員的事業升遷。各派系間談判解決黨和內閣高層職位的分配，並輪換擔任首相。通過這種派系聯合，自由民主黨推行一種折衷主義的政治模式，甚至表現出一種保守的實用主義形象。也就是說，自由民主黨始終如一地保證忠實於議會民主政體、自由企業制度和私有財產的不可侵犯，以及諸如熱愛國家、尊重家庭、遵紀守法等公民價值觀。

同時，每一個派系都信守一些獨特的政策。這些政策體現了那些支持它們的特殊社會群體的利益。這些政策主要表現為確保農民的農作物價格；不斷擴展社會福利項目，以使老年人和那些小商小販受益；為產業工人改進工作條件，提高最低工資；為科教工作人員提供學術自由；等等。

自由民主黨各派系在爭取形形色色選民方面所取得的成功是它們得以長期控制國會和內閣的一個重要原因。另一個原因則是它們把握不斷出現新的社會熱點問題的才能，例如二十世紀六〇年代，它們宣導全力促進經濟增長，其後，七〇年代又大力推進為反污染立法，並撥出大筆國家預算用於擴建公園、開辦圖書館及建設其他增進城市生活品質的公共設施。與官僚機構的合作也很重要，因為自民黨立法者所通過的各種法律要靠那些官員們來履行。吉田茂自己就曾是戰前外務省的一名官員，他通過鼓勵各機構中為首的官員加入自由民主黨，從而培育出與官僚機構的良好關係。這種關係變得如此之密切，以至於連三位已經退休的官員也都成為自民黨內主要派系的首領，並且於一九五七年至一九七二年間連續擔任首相。他們是岸信介、池田勇人和佐藤榮作（佐藤榮作是岸信介的弟弟，年幼時被過繼給一家親戚）。

儘管具有操控政治舞臺的能力，但自由民主黨仍然時不時地陷入嚴重的麻煩。由於背負著某種聲名狼藉的歷史包袱，岸信介在一九五七年成為首相的初期頗為人所不齒。許多選民對他曾經擔任偽滿洲國官員以及在戰爭期間先任通商產業大臣，其後又任軍需省次長的經歷甚感失望。對立面的政治家們喜歡把岸信介稱為「戰犯」，盟軍最高司令確實也曾對他發出過起訴書。一九六〇年五月，在自民黨控制的國會中，議員人數占少數的反對派企圖阻撓通過那份幾乎未加修改的《美日安保條約》，岸信介對之採取了非常強硬的手段，甚至不惜動用員警進入國會，從議事廳裡拖走對方的議員，隨後又召集了一個僅由在場的自民黨議員參加的即時投票，使得條約得以迅速通過。首相踐踏民主程序的行為引起人們的堅決反對，勞工們舉行罷工，全日本有成千上萬的學生湧上街頭進行抗議。一九六〇年六月十日，危機達到頂點，艾森豪總統的新聞部長來日本安排即將進行的總統訪日事宜，結果憤怒的示威者包圍了他的座車，並威脅要把汽車推翻，他不得不倉皇爬上直升機，以躲避憤怒的人群。五天以後，在一場學生與防暴員警之間的暴力衝突中，一名年輕女子遭踩踏身亡。隨之而來的

1960年代美日安保條約的示威群眾在國會議事堂／alamy

批評聲浪猶如烈焰風暴一般進一步加劇，迫使岸信介於國會通過《美日安保條約》延長期的幾天後宣布辭職。

在二十世紀六七十年代，對全體選民來說，金元政治也成為一個特別敏感的問題。國會議員們對於政治基金有著巨大的貪欲。選舉戰是昂貴的，候選人需要經常拋撒一些誘惑，比如前往議員們在東京的辦公處，提供價值不菲的禮物，甚至塞現金紅包(「御禮」)等給那些能夠左右選舉的有影響力的支持者。一旦選舉獲勝，議員們又需要大筆金錢，用來提供家鄉選區選民們所期待的照顧和回報。自民黨政治家們特別具有與他們的選民建立密切關係的好名聲，他們施行地方賑濟，提供建立新產業或支撐老行業的款項，每逢婚禮、葬儀和節日，還會寄送禮物。為了能有一個飽滿的錢袋，政治家們便轉向大企業和那些願意在選舉中慷慨解囊的人，讓他們為簡短演講支付酬金，或是為自己出席晚宴和雞尾酒會的昂貴費用付款。每個人都知道，作為交換，這些國會議員將傾聽這些捐助者的意見，並在討論立法時充分照顧他們的利益。

在二十世紀六〇年代晚期和七〇年代早期，主要報紙和記者的調查報告都曝光了那些有時非法的，有時合法但卻不道德的政治基金募集活動。在許多人眼裡，這敗壞了自民黨的公信力。正當公眾們對日趨嚴重的腐敗感到灰心沮喪之際，田中角榮首相的受賄似乎證實了人們對於政治基金籌措存在重重黑幕的最糟糕的擔心。田中角榮是一個身體結實，依靠個人奮鬥獲得成功，臉上似乎總是帶著傻笑的人。他在戰爭年代經營著一家建築公司，從與政府的合同中賺取了大量錢財。一九四七年，仍很年輕的田中角榮第一次贏得選舉，進入國會。二十世紀五〇年代自由民主黨成立時，田中角榮就加入了進去，此後曾在池田勇人內閣和佐藤榮作內閣中擔任過大藏大臣。在他的政治生涯中，田中角榮逐步建立起善於在桌下操縱政治基金募集的名聲。確實，在他擔任國會議員的早期，檢察官就曾起訴他接受過來自主要煤礦老闆的賄賂；但是，他巧妙地給予他家鄉新　縣的選區大量關注和贈予，而選民們也一次又一次地回報他以國會議員的席位。

一九七二年夏，田中角榮一當上首相，那些關於來自擁有大片私有土地者和建築行業的支持者的隱秘捐贈的傳言，就形成了一股猛烈的爭議旋風包圍著他的政府。幾乎每一天，在主要的報紙上都有相關的醜聞被揭露。一開始，報刊曝光田中角榮讓一個離了兩次婚的前夜總會女老闆負責田中派的競選基金，數十億日圓的鉅款被用來潤滑自民黨的政治機器。這一機制使得國家蹣跚而行，最終於一九七四年十二月將田中角榮趕下了台。兩年不到，日本員警逮捕了田中角榮。根據美國參議院針對洛克希德公司指稱田中角榮在首相任期內曾經接受五億日圓的賄賂和傭金，以「鼓勵」國有全日空航空公司購買洛克希德公司的飛機之事進行調查。經過長達七年的審訊，東京地方法院判定田中角榮受賄罪名成立，雖然過長時間的審訊和差點致命的中風使他得以免受身陷囹圄之苦。

在此期間，有另外幾個政黨與自民黨爭奪霸權，左翼有日本共產黨。進入二十世紀八〇年代，日本共產黨在國會的五百一十二個席位中一般控制著二十到三十個席位。它宣導向社會主義和平過渡，並反對《美日安保條約》。還有日本社會黨，它擁有勞工組織的支援，有時能有超過一百名候選人進

市川房枝

入國會。它主張採取社會主義的經濟政策，並領導了一九六〇年五六月間反對岸信介首相的運動。更為擁護中央集權的公明黨主張政府的純潔性，它加入了一九六四年的政治爭鬥；此後很快贏得了相當的公眾支持，爭取到了一個平臺，呼籲清除政治腐敗行為和將大量資金用於社會福利項目，並與世界上所有國家和平共處。

幾個日本最有名的婦女政治家也對自民黨的政策及政治運行和佔有權位的做法持有異議。她們或是作為獨立的個人，或是作為反對黨的成員，加入到反對自民黨的行列。戰前的女權主義者和新聞記者神近市子，曾因刺傷負心的愛人大杉榮而坐了兩年牢；戰後她加入了社會黨，於一九五三至一九六九年間擔任國會議員。在國會裡，她成為一個活躍的發言人，籲求性別平等，反對合法賣淫，並促使國會終於於一九五六年通過《賣春防止法》而對其加以取締。另一個著名的獨立女權主義者是值得敬重的市川房枝。她於一九五三第一次贏得選舉進入參議院，其後二十五年裡一直領導著日本的人權運動，而對金元政治的腐蝕性影響則決不同流合污。

公眾對自民黨的反應是既愛又恨的矛盾心理。直到進入二十世紀八〇年代，那些大多從自民黨的立法中獲益的選民們一直忠實地支持著這個政黨；其他日本人則被接連不斷的腐敗醜聞所激怒，批評自民黨政治家缺乏理想，將個人利益置於國家最高利益之上。同時，甚至連那些與政治疏遠的選民們也經常不情願地相信國家的命運被操縱於少數政客之手。那些政客幾乎沒有什麼特定的思想準則，據傳經常因為小事在自己人中沒完沒了地爭吵，而且只會提出一些看來毫無希望又充滿瑕疵的經濟政策。在公眾輿論調查中，選民們的矛盾心理表露了出來，整個二十世紀七〇年代，有大量的，有時是大多數的被調查者寧願由某個自民黨之外的政黨來領導這個國家。然而，在整個二十世紀七〇年代和隨後的八〇年代，選民們仍然選舉足夠數量的自民黨議員進入國會，這個政黨仍然控制著首相職位，並在內閣部長的職位上佔據著壓倒多數。自民黨具有某種能力保有它所抓住的權力，這削弱了政治對手的作用，也引起了對日本民主制度的批評，說這是一種機能失調的一黨體制。

高速增長與政府主導

戰後十年與其後二十世紀八〇年代的經濟狀況的對照激發了人們的想像。一九四五年和一九四六年，日本尚是一片廢墟。第一個十年過後，未來仍未顯示出有多少希望。在二十世紀五〇年代中期，日本的國民生產總值（GNP）仍然僅為美國的十五分之一，工資水準也只比戰前最好的時期略高一些。

一九五七年，傑出的哈佛大學教授，西方學者中最為瞭解日本，後來擔任美國駐日大使的愛德溫·O·賴肖爾曾經令人洩氣地評論說：「日本的經濟狀況也許可以說是極為糟糕，沒有什麼得當的政策和有效的方法能夠使其免於緩慢的經濟耗竭，所有的政治和社會病症也都將與此相伴而生。」4

具有諷刺意味的是，甚至就在賴肖爾寫下這段話的時候，日本已經跨越門檻，進入了一個震驚世界的經濟增長時代。到二十世紀六〇年代初，大量資本加速了對工廠和設備的投資，被激發起來的國際市場競爭意識使日本的國民生產總值在世界資本主義經濟體中名列第五。整個二十世紀六〇年代為高速增長的醞釀期，經濟以平均每年超過百分之十的比率增長。在二十世紀六〇年代結束之前，日本的貨物和服務產值已經超越西德，成為排在美國之後的世界第二大自由市場經濟體。在一九七三年的「石油危機」之後，石油輸出國組織將原油價格提高了百分之七十，日本經濟在恢復其原先活力之前暫時收縮。令人吃驚的高速增長年代雖然結束了，但是從一九七五年到二十世紀八〇年代，日本國民生產總值仍然令人羨慕地每年增長百分之三·五到五·五，並且在一九八七年，按人均計算的國民生產總值超過了美國。

史無前例的經濟增長戲劇性地改變了日本人民的生活。到二十世紀七〇年代早期，大多數日本人已經居住在城市裡，這裡的生活設施絲毫不比其他先進國家的城市裡的遜色。在日本農村，實際家庭收入大約比一九五五年增長了四倍。農民家庭享受著與城市居民同樣的電視節目，駕駛著同樣的轎車，使用著同樣的冰箱和洗衣機。在二十世紀八〇年代晚期，世界充滿敬畏地看著一架又一架大型噴

示意圖 16.1

國民生產總值的增長（1955～1990 年）

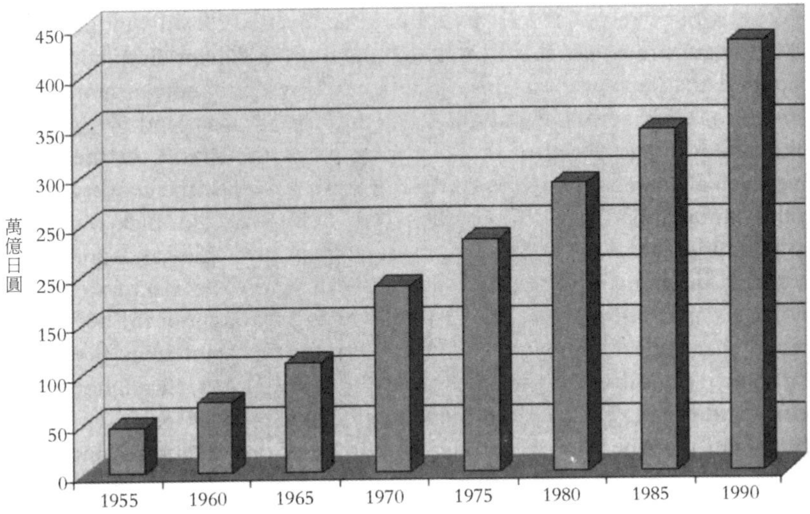

根據朝日新聞社編的《日本年鑑，1999》（東京，朝日新聞社出版， 1998年），第289頁。

氣式客機滿載著日本遊客前往夏威夷海灘度假；看著錢袋充盈的日本公司在美國搶購洛克菲勒中心及其他美國的標誌性建築；看著每年九月許多富有的日本人湧入東京國際機場品嘗剛剛運到的法國博若萊葡萄酒。

日本由戰敗屈服的形象一變成為經濟巨人，促使人們歡呼它的戰後復興是一個「經濟奇蹟」。其實，無論從時間上還是因果關係上看，都並非如此。儘管一般認為，日本的經濟復興簡單說來就是從戰爭的廢墟中鳳凰般地浴火重生。但實際上，它恢復到戰前的人均水準的時間比德國和其他西歐國家要長，人們之所以得出日本迅速轉變的印象，很大程度上來源於日本遭受的物質毀滅規模非常之大。日本重返世界先進工業國的行列，沒有任何不可思議的超自然因素。相反，它的復興歸之於以往成就的遺產；歸之於追求成功實現現代化的不屈不撓的決心；歸之於驚人努力的勤奮工作；歸之於總的說來機敏精明的計畫；以及歸之於未曾料到的偶然機遇，經濟學家們樂於將這些偶然機遇作為外生變數來考慮。

據許多專家說，「道吉方案」(Dodge Line)的履行標誌著日本經濟復興的開端。約瑟夫・M.道吉(Joseph Murrel Dodge)，一個沉默寡言的底特律銀行家，他曾經監督過佔領德國期間的貨幣改革。一九四九年二月，他作為杜魯門總統派給盟軍最高司令的財政事務特別顧問抵達日本。作為一個古典經濟理論的信奉者，道吉到處宣傳收緊銀根和緊縮政府開支是與惡性通貨膨脹作鬥爭的唯一有效手段。通過與當時的大藏大臣，後來的日本首相池田勇人的密切合作，道吉開出了一帖有點苦味的藥劑。即堅持必須平衡預算；減少貨幣供給；通過逐步淘汰現存的價格控制體系，消除政府對私人公司的補貼，來壓縮政府干預經濟的餘地。「道吉方案」引起了廣泛的爭議，一些經濟學家相信它熄滅了日本戰後通貨膨脹的火苗，排除了經濟發展道路上的枯枝朽木，掃清了隨後到來的經濟增長的場地。然而，代價是出現了一個嚴重的經濟衰退期。由於實際工資迅速減少，以及在公共部門和私人公司中有五十萬人失去工作，導致日本的勞動者極為不滿。

無論歷史最終如何評價「道吉方案」，日本經濟統計上第一個極其重要的顯著上升跡象發生於朝鮮戰爭期間。從一九五〇年到一九五三，日本作為聯合國軍在朝鮮半島作戰的兵站基地和供應倉庫發揮著作用。隨之而來的是，日本公司獲得了價值將近二十億美元的紡織品、木材、紙張、鋼鐵和車輛生產的合同。這是一筆飛來之財，使企業利潤大增，刺激了新工廠和新設備的投資，給予了日本經濟充分的回報。從二十世紀六〇年代中期開始，第二個未曾料到的外生事件，即越南戰爭，導致了一次新的從美國軍隊獲取訂單的迴圈，又一次強勁地刺激了日本經濟。

日本占統治地位的保守政黨對國家戰後復興的貢獻是，將經濟增長放在國家最優先的地位。在第一次擔任首相期間，吉田茂決定對那些被認為是重建經濟所必須的基礎產業給予特殊幫助。一九四六年十二月，他及其內閣支持由經濟學家有澤廣已構想的優先生產計畫。這位經濟學家在二十世紀三〇年代曾經宣導國家大力干預經濟。他提出的產業規劃要旨在於將稀缺的煤炭資源和進口石油分配給鋼鐵製造業，然後對諸如船舶製造和化學工業等其他的關鍵產業增加鋼鐵供應。這將通過提供工作崗位和刺激貫穿多個產業的需求，導引日本走出經濟深淵。過了一年半時間，目標部門的產量即有可觀的增長，並使許多公司做好了承接朝鮮戰爭期間潮水般湧來的訂單的準備。

隨著二十世紀五〇年代中期自由民主黨統治的開始，日本的保守主義領袖們個個都成為鼓吹「高速增長」的喉舌，並把國民生產總值解釋成為衡量國家一般福利的代用詞。自民黨強調將經濟發展置於首位的標誌性產物是，一九五五年經濟企劃廳的創設。經濟企劃廳在精神上繼承了兩次世界大戰之間的計劃經濟編制機構，是一個內閣閣員級的由經濟和統計專家組成的委員會，可以直接向首相報告。它的主要任務是評判日本的經濟力量，預測未來的發展趨勢，定期向內閣推薦綜合配套的特定政策，以著手解決當前的問題，確保充分利用將來的機會，並向私人企業提供有關其產業前景的建議。

一九五五年到一九九〇年間，經濟企劃廳制訂了十一個主要的經濟計畫和經濟遠景，就像人們所瞭解的那樣，這些計畫中包括池田勇人首相於一九六〇年十二月二十七日採納為正式政策的《所得倍增計畫》。這一計畫大膽地提出通過優先投資科學技術，並向那些對高速增長貢獻較大的產業推行特別的稅收減免和資助貸款，以及大力推進國際貿易等措施，從而在二十世紀六〇年代實現國民財富的成倍增長。令世人矚目的是，日本經濟每年都以一種甚至比計畫中提出的雄心勃勃的百分之七．二還要快的速度增長，在一九六一年曾達到非同尋常的百分之十四．五，國民收入確實在短短的七年間就翻了一番。

除經濟企劃廳之外，大藏省、建設省以及農林漁業省這些所謂的經濟官僚機構，也有助於經濟計畫以簡明扼要的形式表達出來並得以執行，從而達到國家的經濟目標。不過，在高速增長期間，沒有哪家政府機構像通商產業省那樣，發揮著更為重要的作用。一九四五年五月，舊工商省撤銷，通商產業省根據「產業建設政策」獲得了必須的權利。根據日本法律，通商產業省的官員掌控著進出口許可權，由此他們可將國外技術和原料輸入給優先的產業部門。而且，由於通商產業省有權批准新工廠的建設，並可向成立於一九五一年，由私人金融機構提供借貸的日本發展銀行建議向某一企業提供低息貸款，因此它對私人企業做出何種決定具有相當影響力。通商產業省也向某些公司提供大量頗受爭議的「行政指導」，要求或建議某家企業應該採取何種行動，並且提醒其注意可能發生預料未及的種種情況。使這種「行政指導」獲得便利的是存在著「高官下凡」[5]的社會現實，許多通商產業省的官員通常在他們五十歲剛出頭時就早早選擇從政府機構退休，隨後使接受日本大公司的高層管理職位。

二十世紀五〇年代和六〇年代早期，通商產業省利用其影響力，促進了在日本「經濟官僚」的寵兒，即造船業和鋼鐵冶煉業的發展，為的是使開始於兩次世界大戰之間的日本經濟轉型得以完成，即從一個地處東亞的輕工業品生產者向一個重工業的全球競爭者轉化。在二十世紀六〇年代，通商產業省開始轉向其他據信能夠贏得外國消費者的產業部門，由此像火車頭一樣為日本經濟的進一步發展服務。為達此目的，通商產業省的官員們建立起進口壁壘以保護尚未成熟的汽車工業，指導資金投向製造石油化工產品和精密機床的廠家。隨著一九七三年「石油危機」的發生，通商產業省預見到拉丁美洲和太平洋沿岸國家正在建立他們自己的工業基礎，來自這些國家的國際競爭將會加劇。為了在競爭中領先一步，通商產業省的官員主張日本應該成為一個「知識集約型」的社會，並將生產重點轉向諸如機器人、光學纖維、電腦、軟體、雷射器和生物工程等高科技領域。

企業社團與戰後復興

對於昭和時代晚期的種種機遇，日本的大企業都熱情地加以回應。在戰後的最初十年裡，人們熟知的造船企業，比如石川島重工和川崎重工，領取政府提供的貸款，從西方國家進口先進科技，引進新的技術設備，諸如電焊和自動鋼板切割機等。到二十世紀五〇年代後期，已經使日本成為世界上領先的造船國。在戰時已經變成一片瓦礫的豐田公司，朝鮮戰爭期間為美軍汽車提供修理服務和供應零配件，因此獲得了可觀的利潤。很快，豐田公司和日產等其他汽車公司就雇用了創新型的工程師，使它們新設的工廠實現了自動化，在流水線上安裝了機器人，通過與承包商簽訂代理權協調了生產和配送部門，改善了存貨清單控制，並推出了諸如豐田的花冠（一九五七年）和日產的藍鳥（一九五九年）這樣的時髦新車型。以上措施取得了非凡的效果，如表16.2所示，一九五三，日本的汽車製造商銷售了五萬輛轎車；僅僅七年之後，它就猶如安裝了火箭發射裝置，上升了十倍。一九七三年的石油危機給予日本汽車製造商一個在美國市場站穩腳跟的機會，因為美國消費者開始樂於購買油耗更少而燃效更高的汽車。到一九八〇年，日本已經比任何其他國家生產更多的轎車。三年後，豐田公司和日產公司已經躋身於世界三大汽車製造商的行列。到二十世紀八〇年代末，日本的汽車製造業已經佔據了將近百分之二十五美國市場。

同樣引人注目的是新興的電子器件製造商，比如松下公司和索尼公司。松下公司的創辦可以追溯到一九一八年。當時，松下幸之助剛剛二十來歲，在大阪開了一家小店，製造和銷售供自行車燈使用的電池。二十世紀三〇年代中期，松下幸之助開始生產小型家用器具，給自己的企業起名松下電器工業公司。二十世紀五〇年代，松下公司在國內迅速發展。它與荷蘭的飛利浦公司聯營，以便

表 16. 2

日本汽車產量（1953～1983）

年份	汽車產量	輸出數量	輸出百分比
1953	49,778	0	0.0%
1957	181,977	6,554	3.6%
1960	481,551	38,809	8.1%
1965	1,875,614	194,168	10.4%
1970	5,289,157	1,086,776	20.5%
1973	7,082,757	2,067,556	29.2%
1980	11,042,884	5,966,961	54.0%
1983	11,111,659	5,669,510	51.0%
世界四大汽車製造公司（1983年）			
	公司	產量	
	通用公司	5,098,000	
	豐田公司	3,272,000	
	日產公司	2,483,000	
	福特公司	2,476,000	

根據Michael A. Cusumano的《日本汽車工業：日產公司與豐田公司的技術與管理》（劍橋：哈佛大學東亞研究理事會，1985年），第3～4頁。

獲得最新的技術，並且引進了大規模生產的技術設備去構建一種家用電器的生產流水線。在一九五五年到一九六〇年間，松下公司的產品銷售量令人吃驚地增長了七倍，它以Matsushita、National和Panasonic等商標品牌攻佔了日本及海外的電視機、收音機、答錄機、電冰箱、吸塵器和洗衣機市場。

松下公司在收答錄機和攝錄影機領域最為強勁的對手是索尼公司。索尼公司由井深大和盛田昭夫於一九四六年創建。井深大是公司的工程技術天才，一九五〇年負責開發日本第一隻答錄機。後來一九五三，索尼公司從西部電器公司取得生產電晶體的專利後，井深大又負責開發晶體管收音機。隨後幾年裡，井深大率先將半導體技術應用在商業用途，生產出造型更小、價格更便宜的電視機、錄影機和其他新產品。

盛田昭夫是金融和市場運作專家，他盛讚其搭檔具有「偉大的創新天才」，自己則負責將索尼公司的產品推介到世界市場，在世界各地建立起海外製造工廠，並於一九七〇年將索尼公司打造成第一家在紐約股票市場上市的日本公司。盛田昭夫的成就是如此之大，以至於《時代》週刊一九九七年選舉他為二十個「本世紀最具影響力的企業天才」之一。一九九九年，盛田昭夫去世，《紐約時報》稱他「改變了世界對『日本製造』一詞的印象，從一種遮陽傘及假冒偽劣商品，變成為精細包裝的、高科技的和高可靠性的產品」。[6]

雖然索尼公司更喜歡自己開拓市場，但許多日本公司還是依賴於那些綜合貿易公司，或「綜合商社」，以儘快將其產品送上零售貨架。綜合貿易公司為其委託人安排國際和國內的市場機會，向他們提供廣泛的財政服務，包括貸款擔保、國外交易風險管理，以及公平參與權。在二十世紀八〇年代晚期，九家最大的貿易公司掌握著這個國家大約一半的進出口貿易，它們的交易總額大約高達日本國民生產總值的百分之二十五。所有這九家公司，在第二次世界大戰前都已經出現，其中有許多人們熟悉的名字。例如以大阪為基地的住友公司，配送著令人驚歎的各種各樣工業品和消費品；一九八九年，大約占到日本外貿總額百分之十的商品，通過三井公司設在海外八十多個國家中的一百五十多個事務所流出或流入；從事一般貿易以及為其顧客安排技術轉讓的三菱公司，當時正進入一些新領域，比如長途電信和資訊處理。

這些最大的綜合貿易公司，每家都成為一群附屬企業的核心，在某種意義上發揮著類似於戰前「財閥」的作用。這些新的企業集團通常被稱為「系列公司」，多是在美軍佔領期間遭到正式解散後又重新積聚起來，每個集團通常包括一家銀行、各種製造企業、幾個工程公司和保險公司。「系列公司」的外在特徵引人注目，它們與財閥之間有著重要的區別。例如沒有首腦公司來協調一致行動，公司股票為成千上萬的股東所擁有，作為其核心的貿易公司在法律上無法強迫加盟公司專門採用它們的服務。然而，構成一個企業集團的各家私人公司確實在相互密切合作，以這種方式增強「系列公司」在國內和國際舞臺上的競爭力。

有影響的行業協會，比如「經團聯」（經濟團體聯合會），也在通過說明確定經濟目標和加強與政府溝通，而努力對經濟政策的制定產生影響。「經團聯」成立於一九四六年，到二十世紀八〇年代幾乎涵蓋了一千多家私人公司和一百多個行業協會，代表著電子器件公司、汽車製造商、金融機構等等。「經團聯」擁有充足的財政支持、大量的工作人員，以及許多專門的研究委員會。它們制定如何促進經濟增長的方案，並為其主題在成員中形成一致，後將這些建議傳遞交給政府。由於「經團聯」由日本的主要公司和企業集團組成，因此實際上它能夠代表大企業向自民黨政府遊說。

一個將經濟增長作為國家優先目標的政府、眾多設計工業政策的官員、浮出水面的強有力的公司和企業聯盟，以及傾向於大企業的異口同聲的建議，這些看起來關於共同利益的一致性，促使二十世紀七〇年代的一些觀察家頻繁使用「日本式團結」這一概念，來說明一種導致這個國家戰後「經濟奇蹟」的政府與企業的獨特關係。不過，就像許多習慣用語那樣，這一概念顯得有點太簡單化了。試舉一例，日本從來不是一個計劃經濟體，而只是喜歡制訂經濟計畫。同時，通商產業省與其他政府機構之間的矛盾，經常破壞在某些專案背後形成雙方默契的企圖，二十世紀七八十年代的情形就是這樣。當時，一些官員，尤其是郵政通信省的官員，他們有自己的如何醞釀電信產業的想法，蓄意阻撓通商產業省促進高科技財團成長的大部分努力。此外，通商產業省在一些產業部門幾乎沒有起什麼作用。例如在汽車工業的發展過程中，除了提供進口保護之外，通商產業省就扮演了一個暫時的難以起到建設性作用的角色。最後，通商產業省的行政指導也並不總是受到大公司的重視。這些公司通常更樂於以他們自己的方式維護他們自己的特殊利益。因此在一九五六年，當通商產業省介入汽車製造行業，勸告豐田公司不得挑戰五十鈴公司在柴油動力卡車市場上的壟斷地位時，它的理由是日本不需要兩家柴油動力卡車製造商；但豐田公司總裁回應說：「政府沒有權力讓我們停止。豐田公司將繼續生產和銷售柴油引擎卡車，即使通商產業省反對這樣做。」[7]

在促進二十世紀六〇年代到七〇年代經濟高速增長方面，沒有人否認通商產業省和其他機構的經濟官僚所扮演的角色；但是應該看到，這僅僅是一種擬訂計畫的行為，在這個國家總體經濟成就背後還存在著更為錯綜複雜的原因。在日本經濟高速增長的過程中，那些重要的日本企業應該受到更多的關注，因為它們的努力和創新，才是舉世震驚的日本戰後復興的主要推動力量。整個二十世紀七〇年代，國內消費者要求推進日本經濟。索尼公司和松下公司率先行動，在主要的零售中心佔據了更多的零售貨架；而豐田公司和日產公司也在為分享國內市場咬牙苦幹。隨著這些公司逐漸培育了顧客基礎，以及對從國外引進的技術進行精益求精的改善，提高勞動生產率，製造出新的藝術級的商品，使它們的資產負債表情況好轉。它們使自己成為能夠帶領日本嘗試躋身國際市場的世界級的競爭者。如圖16.2所示。

中小企業也對日本戰後經濟復興做出了巨大貢獻。這些中小企業包括各種規模和形式，例如夫妻店、家庭餐館、建築公司、區域批發商，以及那些為日本大型企業服務的分包商等等。在經濟高速增長年代，中小企業的數量迅速增加，到一九八九年，已經占到日本所有註冊公司的百分之九十以上。中小企業由於多種多樣的原因而繁榮昌盛。自從明治時代以來，企業家們一直對經濟增長產生著重

示意圖 16.2

進出口額比較（1956～1990 年）

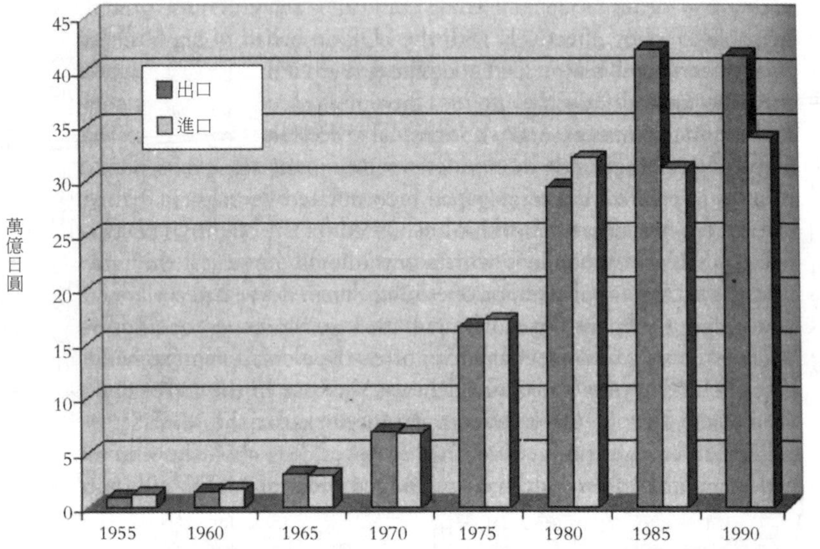

根據朝日新聞社編的《日本年鑑，1999》(東京，朝日新聞社出版，1998年)，第292頁。

要影響，他們熱情地歡迎科技創新，將受歡迎的新產品推介到消費市場，就像索尼公司在早期所做的那樣。其他的中小型企業在日本的產業結構中也自有其適宜的地位；分包商的存在使像豐田公司和松下公司這樣的世界級企業得以獲得高品質零組件的可靠供應，而無須自己投資設廠或擴充自己的常設車間。經濟官僚充分瞭解中小企業在發展經濟和實現充分就業目標上所起的作用，因此以減免稅收，提供增強生產力的資訊，構建財政支援基礎等方式，給予中小企業大量幫助。例如，成立於一九五三的中小企業投資公司，就專門向中小企業提供用於購買設備和實現企業現代化的低息貸款。

日本與其美國指導者的關係，以及一個良好的國際環境，也促進了昭和時代晚期的經濟復興。這一時期，資本主義國家決定以一種開放的國際經濟體系，取代戰前時代各自獨立自足的經濟圈，使商品、資本和服務能夠超越國境自由流動。作為這一努力的一部分，西歐先進國家和美國建立了國際貨幣基金組織（IMF）和世界銀行，意在促成國際金融合作，幫助戰後經濟重建。一九五二年，美國贊助日本成為國際貨幣基金組織和世界銀行成員，三年後又支持日本加入旨在降低貿易壁壘的關稅貿易總協定。為了進一步說明自己在太平洋區域的新盟友，直到一九七一年之前，美國一直容忍日本綁定三百六十日圓兌換一美元的匯率。這是一種對日圓價值的人為的低估，極為有利於日本產品的出口。而且，由於《美日安保條約》的存在，日本能夠以不到國家預算百分之一的資金用於國防事務。在這種情況下，意味著日本公司比其他國家的公司承受更少的稅收負擔，使之能將利潤盡力投資到那些對於經濟發展具有更大直接作用的地方。最後，在二十世紀的五六十年代，美國政府未曾反對過日本對諸如汽車等某些進口貨物的限制，相反，卻允許日本廠商幾乎自由自在地進入廣大的美國消費市場。總而言之，日本從一種以國際合作和擴大貿易機會、穩定商品價格為特徵的新經濟秩序中得到了巨大的好處。

沒有什麼單一的解釋能夠充分說明日本的戰後復興。更有道理的是，就像在明治時代曾經發生過的那樣，一系列因素匯合起來，推動著經濟的向前發展。除了有利的國際形勢和與美國的特殊關係之外，既往的遺產也具有無可爭辯的重要性。一種企業家精神的傳統、一個充滿有才幹的管理者和藍領工人的勞動力資源庫，以及成功組織大型企業的經歷，所有這些都支撐著這個國家在戰後處於有利的地位。政府通過提供穩定的政治環境，幫助修復國家的交通運輸基礎設施並使之現代化，穩定銀行系統和貨幣體系，制定有效的政策，設置管理機構，從而促進了經濟的高速增長。同時，工人們接受了新機器，掌握了新技術，而公司經理和謙遜好學的企業家則重建了舊公司，創建了新公司，接納了新科技，果敢前行，在國際國內市場上占儘先機。大多數日本人民都對取得這樣的成就感到歡欣鼓舞。農民們宣稱，與「從未吃得好，也從未吃得飽」的戰前歲月相比，他們的生活「純屬奢侈」。在昭和時代行將結束的最後十年裡，幾乎所有日本人都逐漸享受到了前所未有的物質充盈和豐裕。

豐裕與新中產階級

經濟高速增長加快了城市化的步伐，人們放棄了以往種田、採礦、伐木和捕魚的生活，來到中心城市周圍尋找從事製造業的工作。一九五〇年，日本人口的百分之三十八居住在城市，一九七二年，這一數字上升為百分之七十二。到一九九〇年，重新分佈的日本人口已經極為密集地集中在都市地帶。在九州北部，百萬以上人口的城市福岡和北九州一刻不停地向四面擴展為城市工業地帶。在日本中部，名古屋城區作為周圍大約四十個商業和工業衛星城市的核心，人口激增至超過二百萬。人口超過一千五百萬的神戶—大阪—京都城市網路編織得如此緊密，以至於來此旅行的人們難以識別出城市之間的界限。由此繼續朝東北方向前行，大約三千九百萬男男女女擁擠在東京大都市地帶。總的來說，日本人口的將近一半生活在三大都市（東京、大阪、名古屋）周圍的四十八公里之內，這只占這個國家全部陸域面積的百分之六。

在這些巨大的中心都市里，戰後歲月的黯淡無望逐漸讓位於生活的優裕富足。從二十世紀五〇年代晚期開始，日本經濟的高速增長帶來了更好的居住條件，更有營養且更多樣化的日常飲食，以及更為時尚的衣著服飾。每個地方都圍繞著一個共同的主題來反映今天與昨天的差別，即那時我們是多麼貧困，如今我們又是多麼富有。誰能否認這樣的對比呢？在經濟高速增長時期，建造起的一千一百一百萬套新的住房和公寓，使這個國家的房屋存量增加了百分之七十。人們迫不及待地扔掉了傳統的服飾和戰後歲月裡綴滿補丁的衣服，把家用縫紉機也擱置一旁，開始按照年齡、性別穿戴買來的服飾。在過去的幾十年裡曾經廣為流行的全副穿戴是西服和暗色領帶、迷你裙和進口毛衣、藍色牛仔褲配T恤衫和運動鞋、Liz Claiborne套裝和Gucci圍巾。日常飲食也變得更加具有世界性了。人們消費更多的肉、麵包和義大利麵食，飲用更多的牛奶和果汁。人們在德國式的啤酒屋裡放鬆神經，在具有美國、法國、義大利、西班牙、俄羅斯、希臘、韓國和中國烹飪特點的餐館裡吃喝喧鬧。

日本的中心城市大體可以界定為中產階級的家園，他們在這裡以不同的方式過著富足優裕的生活。「新貴」們——成功的企業家、大公司的高層主管，以及那些得以在他們移居城市前繼承了一些可以賣給開發商土地的人，能夠駕駛奔馳汽車，前往舊金山和巴黎度假，居住在包含著獨立起居室和餐廳的兩層小樓裡。那裡寬敞的房間鋪設著榻榻米，面朝著一個日本式庭院，還有使用起來得心應手的廚房，配備航太時代電子設施的現代化盥洗室，以及足夠多的可供父母和子女享受私密空間的臥室。在另一個街區，藍領工人、小公司的中層幹部，以及剛剛開始生活的年輕家庭，則擁擠在難以走進的公寓房裡。每家包括兩間小小的榻榻米房間、一個混合使用的廚房兼餐廳，還有一個極小的衛生間兼浴室，總面積很少超過三四十平方公尺。對於這樣一個家庭來說，使用的更可能是國產轎車，度假的地方也更可能只是在國內而不是國外。

在這兩個極端之間，一種新的文化圖示界定了許多都市中產階級成員的期望。二十世紀六七十年代，受過大學教育的男子極力追求成為大公司辦公室中領取薪水的白領職員，如大眾傳媒給這種所謂「新中產階級生活方式」的典型所起的綽號那樣，被稱為「工薪一族」。這種生涯並不輕鬆，因為這些白領職員將其腦力和精力完全奉獻給了公司，他們毫無怨言地接受異地臨時調職，極少享受假期，幾乎每天都超時工作還要表現得很愉快，即使感到疲憊或心緒不佳也要每週一兩次在下班後和同事一起聚會小酌。他的上司希望他能持之以恆地努力工作，忠實履行他的職責，即使最終成為一個看門人，也要無怨無悔。一個白領職員在公司的等級階梯上攀爬的高度，取決於其是否具備各種相應的才能，一旦到此地步，他就不再能夠指望得到進一步的提升。

做出這樣的奉獻，會得到一個美妙的結局。工薪階層有把握得到終生雇用，他知道即使他的健康出了問題或經濟變得糟糕，他的公司也不會拋棄他。甚至在得到晉升的希望已經十分渺茫之後，他仍然能夠得到每年一次的加薪。他可以在週末和節假日與朋友一起打打高爾夫球，或與家人在一起悠閒度日。最後，他還可以指望在退休時得到一筆相當於三到四年收入的退休金。總之，根據一位學者的說法，努力工作的工薪階層是日本人的典範，因為他們的生活方式「處於切合實際的希望範圍之內，現實足以激起他們最高的工作熱情」。8

一個典型的工薪階層希望能夠娶到這樣一位女子，即他對她既感到一種羅曼蒂克式的愛戀，同時她的行為舉止又符合老一輩人的所謂「賢妻良母」的標準。由於丈夫的收入足以應付家庭開銷，所以家庭主婦的主要任務就是提供一個舒適的家庭環境並且為之操勞。如果一個掙錢養家的白領職員能夠獲得好於一般的職業，那麼他的家庭可能就會生活在一個擁有得體的三房並且帶小花園的郊區房子裡。如果不是如此，那也會在一棟公寓大廈裡擁有一套公寓房。這些現代化的公寓大廈帶有文娛康樂設施。一戶住家雖然沒有樓上樓下的空間，但舒適程度足以與那些一家一戶的小樓相媲美。無論在哪種情況下，家庭主婦們都要整天清潔房間，採買烹飪，培植花草，有時也可與朋友在附近聚會，或是去學校旁聽些課程。她還要安排家庭收支，按時支付帳單，保證每個家庭成員的飲食得當和衣著整潔，並且小心地留出足夠的錢，以應付家庭預算和意料之外的開支需要。

一個母親除了做到妻子應做的一切之外，還必須培養孩子（理想上是兩個孩子）。由於父親待在辦公室裡的時間太多，有時幾乎是母親獨自一人擔負起培養孩子的重任。特別是那些「受過教育的母親（教育媽媽）」，更有責任夜裡也和孩子們待在一起，直到孩子們完成家庭作業，以使孩子們能夠成功地在教育階梯上攀登，從地區性的小學升入受尊敬的中學，再進入合適的大學。「新中產階級」的生活帶給婦女們的既有挫折感也有滿足感。幾乎沒有哪個家庭主婦不把收拾房間和清洗衣物視為單調乏味之事，有些婦女還會後悔讓她們的丈夫在辦公室裡花費這麼多的時間。「我不知道日本男人為什麼要結婚，」一位婦女感到疑惑不解，「如果他們從不打算待在家裡的話。」[9]然而，根據大眾傳媒的大多數報導，典型的家庭主婦—母親還是能在她們的生活中發現許多令人滿意之處，即她嫁給了一個她既愛慕又尊敬的男人，享受著經濟上的安全感，享有自己的自由時間和與家人在一起的時間，以有助於丈夫的事業和子女的成長而感到自豪。日本社會通過讚揚現代版的賢妻良母來回報婦女們的奉獻。正如一位專家所說：「日本婦女認為她們作為妻子和母親的工作是重要的，因為這體現了社會價值。」[10]

「新中產階級」的生活方式也強行使年青一代接受了這樣的預期，即工薪階層的父親和受過教育的母親的子女不可能指望繼承家庭的產業或農莊，但他們能夠循著父母的足跡生活。對於男孩來說，這意味著要特別努力地學習，甚至在高中畢業後還要花上一年左右的時間在專門的學校裡拼命用功，以便能夠通過嚴酷的大學入學考試跨入日本菁英大學的校門。女孩則可以走一條不同的道路進入成年期。許多父母認為她們接受較高教育的合適目標是那些地位較低的學校，因為幾乎沒有什麼公司會議室、政府辦公室，或專業社團會向職業女性發出邀請函。當孩子們從學校畢業時，父母親會鼓勵男孩子追求保險而有聲望的白領工薪階層的生活。以往的經驗表明，年輕女子或是作為一個專門處理乏味文書事務的「ＯＬ」，工作幾年，或是學習一些與身份相稱的高雅藝術，比如插花和花道，然後與一位循規蹈矩的先生結成理想的婚姻。這種理想婚姻就像一句流行語所諷刺的那樣，「有房、有車、，沒婆婆」。

農民家庭與幸福生活

迅速城市化的相反一端是大量農村人口的離去，成千上萬的農村男女青年在期望得到高收入的工作和過上令人興奮的多彩生活的誘惑下，離開農村進入急速發展的城市。日本人口從農村移居城市的速度令人吃驚。一九五〇年，初中和高中全部畢業生的一半留在農村從事農業生產；僅僅十年之後，一九六〇年，就只有百分之十的畢業生回到農村了；在接下來的五年裡，這一數字甚至又減少了一半。一九五〇年到一九七〇年間，日本全部農業人口從三千六百萬降至二千三百萬；到一九九〇年，這個國家的勞動人口中僅有百分之三到五在田裡耕作；而當美國佔領期行將結束時，還有將近百分之五十的勞動人口從事農業生產。

雖然人口減少造成日本比較邊遠的地區，特別是東北部和日本海沿岸一帶缺乏生氣，但農業機械化的迅速發展，最終還是使大多數留在農村的家庭得以享受比較輕鬆的生產效率較高的且日漸繁榮昌盛的生活。整個二十世紀六七十年代，拖拉機（一九五五年的使用量為八萬九千台，一九七〇年為三百五十萬台）、除草機、播種機等國產動力耕作機械的購買量不斷增長。它們減少了許多像春播那樣惱人的勞累農活；手動噴霧器和新型化學殺蟲劑阻止了夏季蟲害的發生；而脫粒機、穀粒烘乾機和小型貨車的廣泛使用，則幫助農民聚攏收成並將它們運往市場。因此，一九五〇年到一九七五年間，日本的稻米總產量從大約一千萬噸增長到一千四百萬噸。這一生產效率的提高，意味著農民能夠滿足這個國家全部的稻米消費需求，此外還留有一些時間和土地可用於其他高收入專案，比如為城市消費者栽種水果和蔬菜，培植新鮮花卉，以及飼養價格昂貴的肉牛。

農業機械化還影響到了生活方式的變化。節省體力的機械層出不窮，將人們從全日制的田間勞作中解放出來。有些人開始逐日往返於附近的鋸木廠和鑄造廠，成為固定職工，或是被雇用為計程車司機或當地小鎮上的售貨員；另一些人則在冬季農閒期離家外出幾個月，在大城市裡找一份諸如建築工人之類的臨時性工作。留在家裡的妻子、祖父和祖母越來越成為從事田間農活的主力，以至於人們將三者結合起來，形成了一個新詞「三老」。而婦女們的工作也並不僅限於田間勞作，因為大多數農家主婦和幾乎所有尚未出嫁的農家女兒都盡可能地補充家庭的收入。她們或是擔任當地商店和政府機構的雇員，或是在當地睡衣和手套工廠裡按件計酬地做兼職工作，甚至在建築工地上幫忙。

「三老」式的田間勞作將沉重的身體和心理負擔轉嫁到婦女，特別是那些丈夫外出工作的農家主婦

示意圖 16.3

農家年收入構成（1955～1990年）

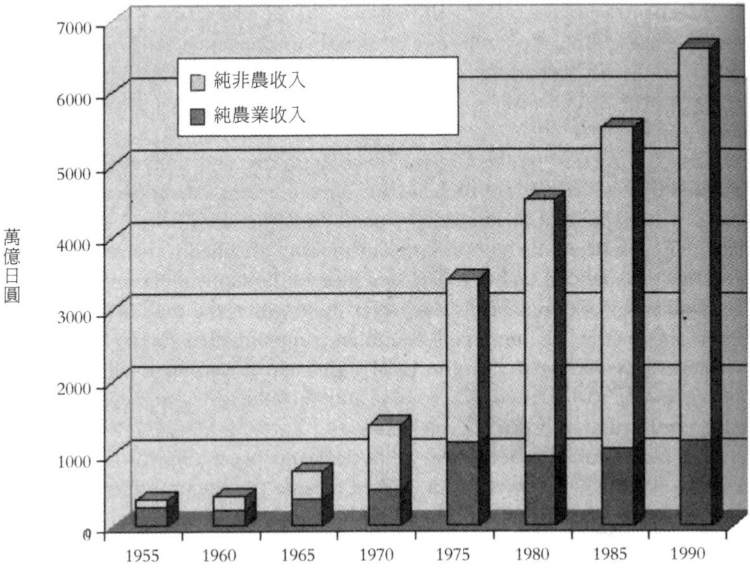

資料來源：載於內閣官房統計局編的《日本統計年鑑》，第24、45卷（東京，每日新聞社編印，1975、1995年），第124～125頁，224～225頁。

肩上。令人擔心的是她們勢必會忽略她們的孩子和丈夫。有人為她們辯解說：

> 人們聚集在田裡幹活時，互相之間都能體會他人的艱辛和快樂；但是若人們在不同的地方幹活，就很難理解彼此的感受。幹完農活回到家，還有很多家務活等著你。不錯，你應該有女人味，但是在像男人一樣整天從事戶外勞動之後，是不容易立刻恢復女人味的。一次又一次，婦女們疲憊不堪地走進家門，甚至想不起來對丈夫說一句慰藉的話。當婦女們勞碌不堪的時候，你怎麼能夠要求她時時保持

屋子的整潔呢？如果她的丈夫因此責備她，她就會不由得勃然大怒，或許她會為此感到一絲歉意，但她還是要說：「我整天都在幹活，你沒看見嗎！」11

無論農業現代化強迫社會付出了多少代價，生產力的提高和獲取非農收入能力的增強，還是使日本農村變得富裕多了。農業收入快速增長，一九六〇年到一九七九年間增加了百分之七百，其後在二十世紀八〇年代幾乎再次翻番，如圖16.3所示。引人注目的是，一九七三年，農戶平均收入高於同期的城市工人家庭的百分之七。令人吃驚的是，到一九九〇年，僅有八分之一的日本農戶繼續從事全日制農業，絕大多數農村家庭都從非農勞動中獲取他們百分之七十的收入。

新型的富裕農戶完全而滿懷熱情地投入日本活力四射的消費社會。他們與生活在城裡的中產階級兄弟姐妹們一樣，駕駛著豐田汽車，喜好藍色牛仔褲，建造時新的房屋，用家電產品塞滿房間。有意思的是，無論在城市還是農村，人們家裡都以「新三件」取代了帝國時代的三件聖物（鏡、刀和寶石），來作為他們新的豐裕生活的標誌性象徵。二十世紀五〇年代末期，據說每戶人家都想要電扇、洗衣機和電鍋；幾年之後，消費者的欲望轉向了轎車、冷氣和彩色電視；而定下二十世紀七〇年代消費基調的更為時尚的三件組則是珠寶、到國外度假和富麗堂皇的現代化住宅。

昭和晚期的難得好運，使得許多農民家庭對於未來感到有點不知所措。雖然幾乎無人會放棄已經擁有的省力器械和物質福利，但是農業特徵的巨大變化給他們生活帶來的衝擊，又使絕大多數人有些不安，甚至感到不滿。對都市家庭生活方式的渴望，成為一種普遍的反應。擺在人們面前的現實是，許多農家婦女都夢想成為「一個單純的家庭主婦」，許多農村家庭甚至存入他們從農業和在當地農業合作機構兼職得來的收入，然後按月取出，「就像一個工薪人員」。但是，仿效城市中產階級並不能抹去對未來生活的擔憂，許多農民懷疑鄉村的生活環境會一直如此之快地得到改善。幾乎每個農戶都想要知道，他們是應該鼓勵子女待在田裡，還是勸告他們尋找其他工作。教育部門的統計資料表明，越來越多的農家女兒和次子、三子正在尋求大學教育和比較舒適的城市生活。顯而易見，即使他們對子女畢業後將到遠離他們的城市裡工作和生活感到有些遺憾，但大多數農民家庭還是認可了生活軌道的這種變化。正如一位學者所觀察到的，對於昭和晚期的農家青年來說，「取得事業的成功與留在故鄉工作，是一對難以調和的矛盾」。12

昭和晚期經驗評說

儘管農業的前景難以預測，許多日本人仍然全心全意地歡呼二十世紀五〇年代中期到二十世紀八〇年代中期農村的迅速變遷，認為這是日本在追求現代化道路上的勝利頂點。可以想見，人們積極地評價既往的成就；相信經濟奇蹟將推動國家實現現代化；工業化世界將締造一個大眾社會；在這個社會裡，據一位著名社會科學家所說，「絕大多數人都會過上相當富裕的生活，都能接受良好的教育，並為他們的價值觀和生活方式感到自豪」。[13]許多專家和媒體評論員都相信，自由民主黨和中央官僚機構的統治，為日本提供了一個在它的現代史上前所未有的繁榮昌盛且國內穩定和國際安全的時代。在注意到政客與官僚機構之間存在著緊密聯繫之後，一位權威人士特別指出，「在制定重大社會和經濟政策方面所達到的高服務水準」，使日本得以實現「異乎尋常的成功」。[14]

外國觀察家也加入到讚美日本戰後復興和實現繁榮的行列。一九七九年出版的《日本第一》(Japan As Number One: Lessons for America) 一書在日本和美國極為暢銷。一位傑出的社會科學家雖然在書中承認日本社會還有相當多的缺陷，但他的結論是「與任何其他國家相比，日本能夠越來越成功地解決後工業化社會的各種基本問題」。[15]同時，愛德溫・O・賴肖爾，二十五年前他還是個十足的悲觀主義者，如今也稱讚日本是「所有重要國家中組織得最好又最具有活力的」[16]。著名未來學家赫爾曼・卡恩對日本的經濟表現是如此之看重，以至於他將日本視為美國顯而易見的接班人，宣稱二十一世紀將屬於這個島國。

許多普通日本人，包括中產階級在內，一般也對昭和晚期逐漸展現出來的狀況表示滿意，從而滋生出一種沾沾自喜的意識。在從二十世紀七〇年代早期到二十世紀八〇年代晚期的將近20年時間裡，儘管收入水準有明顯不同，但在由首相辦公室進行的每年一次的日本社會調查和由新聞機構舉辦的現場民意測驗中，百分之九十以上的日本人，包括男性和女性、農村居民和城市居民、工薪階層和

「ＯＬ」，認為他們自己屬於「中產階級」。

日本社會所共有的用戶至上主義及擁有最時尚物品的渴望，極大地助長了日本只有一個階級的觀念。同樣的時裝和食品，每個城鎮和縣市都看得到，也吃得到，這進一步鼓勵了一種共同體意識的滋生。電視機也同樣如此。一九六〇年，一半的日本家庭已經有了電視機，其中百分之九十以上的人家在他們家裡的黑白電視機上觀看了東京奧林匹克運動會。到一九七五年，同樣比例的日本家庭已經換上了彩色電視機。隨著人們平均每天看四小時電視，新聞播報、電視連續劇、烹飪節目、體育賽事，以及各種競賽節目，比如每年除夕之夜在ＮＨＫ電視臺播出的「紅白歌合戰」，都創造了一種每個人共同參與統一的國家文化建設的感覺。甚至連對於那些來自外地鄉間的人們來說，在戰前可能意味著恥辱也可能意味著驕傲的地區方言，如今也由於「ＮＨＫ日本語」成為國家標準發音而越來越不容易聽到了。

此外，在美國結束對日佔領之後，政府將控制中小學校的權力返還給了文部省。從二十世紀五〇年代晚期開始，東京的文部省官員就為全國的中小學校設定課程，積極行使他們審查和指定教科書的權威，造成的結果是全國的孩子們差不多在同一天學習完全相同的功課。得到文部省認可的教科書，一般來說灌輸著這樣的內容，即開明的明治維新領袖們將日本引上了現代化的道路；二十世紀三四十年代是一個脫離了正軌的時期，幸運的是很快就得到了糾正。書中以溫和的言辭談論日本是「進入」而非「侵略」中國，昭和晚期的幾十年則見證了人們重返所期望的和平與進步軌道的歷程。同時，倫理道德課程也於一九五八年重新在中小學校設立，為學生們提供了討論家庭關係、社會責任和民族價值觀的機會。

儘管學校教育、大眾文化和社會生活的物質標準都日漸標準化，但用單一的「中產階級」觀念並不能正確描述家庭、學校和工作的實際情況，就像日本農民家庭的生活史所表明的一樣。而且即便在這個國家的主要城市內，儘管許多人贊同和嚮往工薪階層的生活方式，但仍然只有不到四分之一的工作人口是享受終生雇用的白領職員，僅僅略多於高中畢業後進入大學學習的人數。所謂的「共同體」觀念遮蓋了都市與鄉村之間、男人與女人之間、青年與老人之間的繼續廣泛存在的差異，而且，隨著昭和時代行將結束，一億多日本人各自不同的生活經歷給不斷出現的對昭和晚期的批評增添五花八門的材料。

在一些日本人高度讚揚經濟奇蹟的同時，另一些日本人則對這種GNP增長崇拜表現得不以為然，認為經濟高速增長將不公平的社會成本強加在普通男女和孩子頭上。幾乎無人否認，日本公眾的生活水準在戰後數十年裡有所改進。換句話說，就是經濟增長的受益者遠超過受害者。然而，人口過於擁擠，上班途中時間太長，居住條件過於狹小等問題，仍在不斷困擾著城市居民。而且，失去控制的工業化已經把日本變成如同一個觀察家所說的「污染的國度」。在這裡，有毒的廢棄物毒化了食物鏈，受污染的廢水摧毀了沿海的捕魚業，汽車尾氣與工廠煤煙的混合產生出令人窒息的光化學煙霧雲層。17

二十世紀五〇年代晚期和二十世紀六〇年代，成千上萬的工業城市居民受到了污染帶來的疾病的襲擊。例如，三重縣受到哮喘及其他呼吸道疾病的困擾，鎘污染導致居住在富山縣沿岸村民和城鎮居民的腿腳殘疾。在日本西部，由森中牛奶公司銷售的有砷污染的奶粉，造成一萬二千名嬰幼兒腹瀉、發燒和患上白血病，其中一百三十人死亡。最為臭名昭著的環境污染事件發生在熊本縣水俁市。在這裡，化肥公司將汞混合物排入當地捕魚的水域，結果引發了大量突發的退化疾病，從四肢麻木，視力和聽力受阻，失去肢體控制，直到腦部癱瘓。這種疾病第一次出現於二十世紀五〇年代，到一九七九年，已有三百多名水俁病患者死亡，還有一千二百多人受到各種各樣病痛的折磨。

對此，自民黨和官僚機構終於做出了反應，制定出世界上最為強硬的反污染法。但是，在那些持懷疑態度的人看來，政府並未迅速採取足夠的措施，他們為此發起了群眾性的抗議活動，抗議政府未就他們所關心的事態做出充分的反應。一九五八年，水俁病受害者及他們的親屬首次組織起一個公眾運動，而別處的農民、漁民及其他普通日本人也團結起來抗議工業污染和環境破壞。抱有同情態度的律師、醫生、科學家和記者們也積極提供說明，並巧妙地建議受害者如何提出適用的法律訴訟。到一九六七年，日本國會終於通過了全面的《公害對策基本法》，法庭也做出了幾個有利於原告的標誌性判決。

反污染運動的成功鼓舞了其他各種公眾運動的開展。二十世紀六〇年代晚期和二十世紀七〇年代，沖繩縣民眾積極行動起來，阻止政府在這裡建造一座新機場，認為這將毀滅某個獨一無二的珊瑚品種，而其他幾個縣裡的居民也成功地阻止了政府在他們家鄉附近建造原子能反應堆的計畫。這種新的公眾運動的特徵是出現了由家庭主婦組成的自願團體。這些家庭主婦根據她們所稱的「母親邏輯」，投身反對食品價格上漲、交通擁擠、事故增加，以及不恰當的垃圾處理方式。此時的典型公眾運動傾向於將自己當成非政治的、無黨派的聯盟，匯聚在一個臨時的基礎之上，以達到一個特定的目標。即便如此，各種抗議團體的行動仍然被視為對自民黨某些政策的尖銳抨擊，是對那些將經濟增長列為最高目標的人的無情批判。

對昭和晚期經驗的其他批評，則主要針對「新消費主義」的過度浪費行為。這是由日本的暴發戶和較富裕的中產階級成員所信奉和實踐的。也許，日本的有錢人可能更樂於看到他們自己成為消費潮流的引導者，使自己無拘無束的消費模式成為那些受到陳舊的等級和階層規範束縛的人效仿的對象。但是對於批評他們的人來說，昂貴的網球訓練，上百美元一顆的甜瓜，用於週末兜風的豪華轎車，以及不惜耗費上萬美元成為高級高爾夫球俱樂部會員，所有這些並不代表一種令人振奮的新生活方式，而只是一種非常無聊的賣弄，說明一種精神空虛的生活正在郊區和富裕的都市社區裡蔓延。

對許多人來說，《無意間的水晶》（なんとなく、クリスタル）表現了東京有錢的年輕人已經陷入一種「價格不成問題」的噩夢般生活方式。這是一個大學生創作的獲獎小說，一九八〇年十二月問世以後風行一時，很快就賣掉了八十萬冊。小說描寫了一個女大學生兩個星期的大學生活，女主人公的音樂家男友外出旅行時，她與一個在迪斯可舞廳遇見的年輕男子發生了漫不經心的性關係。然而，相對於小說的情節來講，書中附有的四百多處注釋更說明問題，它提醒讀者瞭解這種「水晶」生活的壓力。「水晶」是作者創造的新詞，用來描寫信奉物質至上的女主人公這一代人的虛無主義的生活態度。「如果你在午夜想要塊蛋糕，」作者寫道，「就要去大山町3號＊的查娜緹點心店＊。在那兒，你能找到自己想要的蛋糕，再來杯白葡萄酒。然後，再去『殺手』大街＊上帶有舊金山風味的斯威森冷飲店＊要杯霜淇淋。」書中以一個個星號提示讀者參考詳細的注釋，內容多是誇耀那些銷售時髦商品的商店、街區及品牌名稱。[18]特別令那些批判無節制消費主義的人士感到憤怒的是，書中所表現出來的那種毫無意義的淺薄教養和荒唐可笑的自炫自負。例如「買一件科麗傑牌夏季毛衣，如果再配上一隻科麗傑購物袋：我喜歡這種勢利行為＊」，「喝愛斯珀瑞索濃咖啡吃蛋糕固然不錯，但偶爾也會像法國人那樣來杯白葡萄酒：我就樂意這樣矯揉造作」。

那些批評《無意間的水晶》中主人公「矯揉造作」和「勢利行為」的意見，也用來抨擊現實社會中「核心」家庭的生活方式。這幾乎已經成為都市中產階級的典型家庭形態。雖然日本的家庭形態向小家庭的轉型比那些浮誇言詞所描寫的過程要長得多，但還是頗有幾分戲劇性的。二十世紀二十年代，超過百分之三十的日本家庭是三代或四代同堂；到一九八五年，已有百分之六十一的日本家庭是核心家庭，百分之十八是單身家庭，只有百分之十五的家庭是祖孫三代生活在同一個屋簷下。對於那些保守的時事評論家來說，家庭形態的演變標誌著傳統價值觀念的銷蝕。單獨住在小房子或狹窄的公寓裡，工薪階層及其妻子很難照顧到年邁的雙親，這將增加老人心中「獨自一人毫無指望地死去」的無可擺脫的恐懼。[19]而且，身為工薪階層的男主人不在家裡的時間太多，幾乎沒有時間用來培養孩子；而中產階級的家庭主婦雖不工作，對此也很難有什麼幫助，她已經過度關注物質生活，花費太多的時間來和圈子裡的朋友打網球，然後又精心切出下午茶裡糖塊的時髦樣子，結果喪失了「撫養孩子的天生本能」。於是，在這些批評者的眼中，正是由於父母親教育責任的缺失，造成日本的孩子儘管學習很用功，但正變得內向而孤僻、膽怯而懦弱、自私而任性。

住在「下町」的家庭則對新型中產階級的生活方式做出了真實而自覺的批判。「下町」常被譯為「商業中心區」，指的是那種擠滿了小店主和工匠的城市社區。一個典型的「下町」街區可能包括麵包房、米店、書店、理髮店、美容店、花店和一些擺著幾張桌子的小飯館和咖啡屋，這裡製作和出售豆腐、麵條、榻榻米、和服、塑膠瓶和機器零組件，還有小店專賣蔬菜、水果、魚鮮、食品、雜貨、玩具、文具、體育用品、家用電器、啤酒和日本酒，以及蒲團[20]和其他床上用品。「下町」居民大多住在他們店鋪的樓上，時常誇耀他們的文化價值和社會身份。這些都源自日本前工業化時期的城堡街市商業生活的傳統。

雖然「下町」居民的行為意識依賴於對既往傳統的高度選擇性閱讀，但他們確實堅持著以往的生活路徑，與他們的鄰居融洽交往。這與中產階級家庭的條條框框形成了鮮明的對照。一份人類學的研究表明，「小業主家庭」是「下町」理想的典型表現。父親、母親，以及成年的兒子兒媳共同經營著家庭的商務活動，即雇幾個工人，來織造婚禮時用的昂貴絲綢錦緞。祖母也會來幫一把手，她收拾包裝盒，接聽電話，燒飯做菜，還要照顧孫兒孫女。這樣一種生活方式把家庭和商務、住房和作坊結合在一起，三代合作以維繫家業，使之能夠完整傳承給仍在蹣跚學步的子孫。「下町」的店家喜歡「自主經營」。他們可以根據自己制定的時間表作息，以辦公室職員從不可能有的方式與鄰居交往，還可以參加從政治俱樂部到志願消防隊和體育運動隊的各種社區組織。每當夜幕降臨，全家人圍桌而坐，樂享天倫。「下町」人家從溫暖的社區鏈結裡感受舒適，從自主經營家業中獲取自豪，若是將自己與那些身為工薪階層而做著乏味工作的人相比，他們就會油然而生幾分沾沾自喜。21

懷舊的流行

政府對「下町」家庭和社區的補助和維持，成為一種渴望既往價值準則的懷舊行為。這些過去的價值準則二十世紀七〇年代開始風靡日本全境，二十世紀八〇年代更是大為增強。在數十年的急劇變遷——戰敗、被佔領和復興、工業化、城市化、富裕化以及文化準則規範化之後，對於某些有價值的傳統將要從他們手中滑落並且永遠消失，許多日本人都感到一種深深的惋惜。對他們來說，身懷絕技的「下町」數代同堂家庭代表了日本傳統的人與人關係的轉世再生。這種人與人關係，既非那些已經侏儒化的工薪階層家庭所能仿效，亦非正在經歷劇變，受到滅亡威脅的現代農民家庭所能維繫。

日本國家鐵道會社所舉辦的「發現日本」活動，把如今幾乎已經看不到的歷史上的浪漫場景串聯到一起。據一位學者研究，發起這項活動的本來目的是為了動員度假的家庭和親友乘坐列車前往風景名勝，廣告口號相當誘人，即「到一代人魂縈夢牽的地方去，到被我們遺忘的發祥地去」。[22]大幅的彩色海報醒目地張貼在旅行社的櫥窗裡和日本國鐵會社的鐵道月臺上，主要吸引年輕人，通常是一兩位穿著藍色牛仔褲，二十來歲的城市單身女性，前去尋找一些比較真實的，幾乎被遺忘的日本固有景象：村姑在當地神社裡耙掃秋日的落葉，飽經風霜的農夫正在裝運蔬菜，孤獨的和尚在寂寥的山間廟宇裡念經，婦女在岩石嶙峋的海濱採集昆布等等。這些用來作為自我尋根的微型戲劇性場面的地點，通常不是日本著名的旅遊勝地，而往往是名不見經傳的自然景象。乍見似乎熟悉，然而又很遙遠到足以代表那些較為單純的時代和地方。每張「發現日本」的海報都仿佛具有某種不可思議的洞察力，在一閃而過的瞬間一瞥中，居然就能將某個短暫的、單獨的場景變為永恆的、普遍的描繪，傳遞著什麼象徵日本人，如何感知日本人的資訊。

具有諷刺意味的是，雖然農民家庭本身已經不再保留原樣，但「發現日本」之旅仍然有助於點燃一場「故鄉熱」，想像農村生活的浪漫化，使得鄉村民俗成為日本傳統的光輝範例。故鄉是一個人曾經生活的地方，或是他的祖輩居住的地方。這個地方，用一個日本人的話來說，「是每個人無論何時都迫切感到想要回去的地方；是每個人心靈都可以歇息的地方；是每日例行公事般的生活可以暫時被放下的地方；是鄉風民俗具有高度價值的地方」。[23]於是，二十世紀八〇年代，城市居民紛紛深入鄉村腹地去尋根，而村民們則通過參加手工藝展覽和收穫期競賽，主辦業餘木偶演出和民間歌舞表演，復興傳統節日（或發明新節日）等活動，為國內觀光客們提供滿足他們尋根渴望的場所。像那些力圖「發現日本」的人一樣，那些歌頌「故鄉」的人也希望在現代人的心靈中保留一點空間，留給真誠正直的農業勞動、家庭與社區的溫情鏈結、古色古香的往昔回憶，以及農家房舍的茅草屋頂，使人們懂得這些事物如今仍然具有某種意義。

懷舊的流行是一種方法，它利用昨天的實際經歷來為明朝不確定的生活做好準備。當人們對變化了的世界感到沒有把握的時候，以往的舒適和愜意往往能夠緩解現存的憂慮，並提供一個道德指南，在未知的將來發揚光大。隨著昭和時代臨近尾聲，日本人開始認真思考所處的環境，想要知道經濟增長究竟能不能像以往的生活方式一樣，讓人為之懷想。他們已經看到，業已發生的一些事件可能會帶來難料的後果，自由民主黨的統治即將被打破，日本將從經濟增長的黃金時代墜入經濟衰退的深淵，一種新的世界秩序正在出現。就在日本人發現自己正涉險進入一片二十世紀九〇年代的未知水域之時，關於昭和晚期的各種評論層出不窮。這些評論發展成一場持續的大討論：日本應該如何吸取以往的教訓？應該怎樣進入又一個新世紀和新千年？

1 Yasukawa ,「Message from Tokyo Olympic Committee」, Contemporary Japan (October 1963), pp. 638-41.
2 Mainichi Daily News, Fifty Years of Light and Dark: Hirohito Era (Tokyo: Mainichi Newspapers, 1975), pp. 341-42.
3 James L. Maclain,「Cultural Chauvinism and Olympiads of East Asia」, International Journal of the History of Sport 7:3 (December 1990), p. 395.
4 Edwin O. Reischauer, The United States and Japan (Cambridge: Harvard University Press, 1957, rev. ed.), p. 51.
5 譯注：指日本退職的官僚進入與之有聯繫的大企業任職。
6 Nick Lyons, The Sony Vision (New York: Crown, 1976), p. 41, and Hanada Hideji,「If Morita Akio Had Become Japan's『Business Premier』」, Japan Echo 27:1 (February 2000), Internet edition.
7 Dennis B. Smith, Japan since 1945: The Rise of an Economic Superpower (New York: St. Martin's Press,1995), p. 109
8 Ezra F. Vogel, Japan's New Middle Class (Berkeley: University of California Press, 1963, 2nd ed.), p. 268.
9 Anne E. Imamura, Urban Japanese Housewives: At Home and in the Community (Honolulu: University of Hawaii Press, 1987), p. 67.
10 Merry White,「The Virtue of Japanese Mothers: Cultural Definitions of Women's Lives」, Daedalus 116:3 (Summer 1987), p. 153.
11 Gail lee Bernatein,「Women in Rural Japan」, in Joyce Lebra, Joy Paulson, and Elizabeth Powers, eds. , Women in Changing Japan (Boulder: Westview Press, 1976), pp. 44-45.
12 William W. Kelly,「Finding a Place in Metropolitan Japan: Ideologies, Institutions, and Everyday Life」, in Andrew Gordon, ed. , Postwar Japan as History (Berkeley: University of California Press, 1993), p. 215.
13 Murakami Yasusuke,「The Age of New Middle Mass Politics: The Case of Japan」, Journal of Japanese Studies 8:1 (Winter 1982), p. 36.
14 Kubota Akira,「The Political Influence of the Japanese Higher Civil Service」, Japan Quarterly 28:1 (January-March 1981), p. 45. (modified).
15 Ezra F. Vogel, Japan as Number One: Lessons for America (Cambridge: Harvard University Press, 1979), p. viii.
16 Vogel, Japan as Number One (New York: 1980).
17 Koji Taira,「Dialectics of Economic Growth, National Power, and Distributive Struggles」, in Gordon, ed. , Postwar Japan as History, p. 171.
18 Norma Field,「Somehow: The Postmodern as Atmosphere」, in Masao Miyoshi and H. D. Harootunian, eds. ,Postmodernism and Japan (Durham: Duke University Press, 1989), pp. 172-79.
19 Margaret Lock,「Restoring Order to the House of Japan」, Wilson Quarterly 14:4 (Autumn 1990), pp. 46-47.
20 譯注：即日本式床墊。
21 Theodore C. Bestor,「Tokyo Mom-and-Pop」, Wilson Quarterly 14:4 (Autumn 1990), pp. 28-31.
22 Marilyn Ivy,「Tradition and Difference in the Japanese Mass Media」, Public Culture 1:1 (Fall 1988), p. 21.
23 Jennifer Robertson, Native and Newcomer: Making and Remaking a Japanese City (Berkeley: University of California Press, 1991), p. 23.

第十七章
又一個新世紀

一九八九年一月七日，昭和天皇逝世，豪華的葬禮令人回想起一九一二年國家為其祖父明治天皇舉辦的盛大葬禮。在二十世紀初，葬禮上大炮的轟鳴聲對小說家夏目漱石而言，聽起來「就像為一個世紀的消逝做最後的哀悼」。世紀末，昭和天皇的去世對許多日本人來說，同樣意味著日本歷史上另一個重要時期的結束。昭和天皇即位於二十世紀二十年代，當時，政黨第一次要求在國家的決策過程中扮演重要角色，「摩登男孩」和「摩登女孩」闡釋了新的文化準則，日本是西方資本主義國家的朋友。在位二十年後，日本成了戰敗國，在世界的眼裡，它應該因其軍國主義政策和狹隘的心理受到譴責，它的未來黯淡而且沒有希望。大約四十年後，在日本有文字可考的歷史上時間最長的天皇統治時期的尾聲，日本重新獲得了國際地位，其經濟威力使人人驚訝，日本社會更加開放平等，並確定了自己作為地球上先進的、現代的國家之一的身份。隨著昭和天皇的逝世，許多事情要停下來反思。對許多人來說，日本似乎已經完成了對現代化的追求。

昭和天皇的兒子兼繼承人皇太子明仁，選擇「平成」作為自己的年號。「平成」一詞，來源於中國古典著作《尚書》和《史記》中的兩段文章，表達了「地平天成」、「內成外平」的希望。然而，日本的新天皇很快便發現，和平不等於平靜安寧。在平成時期的第一個十年，日本看起來勢不可擋的經濟發展速度變慢，接著在工商業的衰退中停滯不前。自民黨眼看著大權旁落，年青一代質疑中產階級價值的普適性，不滿的少數民族對設想的文化同質均一的合理性提出挑戰，國際局勢也因蘇聯的解體而重新調整。

二十世紀九〇年代的巨變，使日本面臨著一系列新的問題：如何謀劃日本未來的民主事業？如何恢復經濟的發展？如何在保持社會凝聚力的同時鼓勵個人自我實現？如何尋找與外界相互作用的道路？突然之間，對現代化的追求似乎更像是在一條奔流不息、不停變換、永無止境的湍急河流上旅行，而不是追求一個固定的、可以實現的目標。大約一百年前，在明治時期和大正時期之交，日本回顧半個世紀的迅速變化，曾經拋開懷舊之情，開始接受挑戰，探求新世紀的機遇。如今又該這樣做了。

破碎的泡沫

超強的美元使美國人富了起來，二十世紀八〇年代早期，美國人大肆購買日本和其他國家的商品。美國對國外商品的貪婪胃口很快導致了長期的貿易逆差，保護貿易論者開始提倡進口限制和其他措施，以保護美國生產商免遭國外競爭。因為擔心這種要求貿易限制的情緒最終可能會危及戰後時期的自由貿易體系，一九八五年九月，主要工業國的代表會聚在紐約的廣場旅館，決定干預外匯市場，以便支持日圓，削弱美元。對貨幣的這種操作，專家們一致認為，可以通過降低美國對昂貴的國外商品的需求，以及鼓勵美國的交易夥伴購買比較便宜的美國商品來調整貿易差額。此外，日本和其他主要出口國同意刺激國內需求，作為鼓勵從美國進口的方法。所謂「廣場協定」的結果是，日圓價值短期內大約上漲了一倍，從一九八五年二月的二百六十日圓兌換一美元，飆升至一九八八年的一百二十一日圓兌換一美元。而在日本國內，政府也通過頒布包括降低稅收和利率和擴大信用的一股腦刺激措施來推動消費。

然而，「廣場協定」沒有達到預期的結果。強勢的日圓使日本公司能以比以前更低的價格進口原材料，投資建設現代化的新廠，結果具有諷刺意味的是，生產成本的降低進一步刺激了日本的出口。一九八五年至一九八七年間，日本對美國的年貿易盈餘從四百九十億美元大幅度上升到八百九十億美元。日本公司賺得缽滿盆滿，開始向國外擴展，從一九八六年到一九九一年，日本的海外投資上升到二千多億美元。由於索尼公司高價購買了哥倫比亞電影公司，松下公司買下了美國音樂公司（MCA），這兩個日本公司成為全球娛樂市場上驕傲的競爭者。同時，本田公司和其他汽車生產商在美國腹地開辦了汽車廠，日本的房地產公司也把夏威夷和加利福尼亞的著名高爾夫球場和豪華旅館弄到了手。在日本國內，充分的就業、更高的工資以及增長中的企業投資使投機熱達到了高潮，主要股票的日經指數從一九八六年一月的一萬三千點以下三級跳跳到一九八九年的近三萬九千點，而主要都市中心區的房屋和土地價格也以同樣令人眩暈的速度上升。

一九八九年，日本過熱的「泡沫經濟」破滅。西方工業國家的不景氣和東南亞、拉丁美洲、東歐發展中國家的激烈競爭降低了日本企業的銷售額。隨著利潤下滑，日經指數迅速下跌，在一九八九年十一月到一九九〇年底期間，從三萬九千點跌到二萬四千點，跌了近百分之四十；到一九九二年八月又再跌一萬點，成了一萬四千點，比最高點下降近百分之六十五。與此同時，公司擱置了它們的擴展計畫，想買房子的人猶豫了，房地產市場崩潰了，產生出價值數百萬億日圓的不良資產。

隨著投機泡沫的破滅，二十世紀九〇年代成了消費下降、生意縮減，停滯不前且充滿悲觀主義的，最後難以擺脫使人沮喪的工商業衰退的十年。在一九九二年至一九九五年期間，經濟的實際增長率以每年幾乎不到百分之一的速度緩慢爬升，這是戰後時期最蒼白無力的表現，而索尼公司為了保住哥倫比亞電影公司，忍受著沉重的營業損失。更糟糕的還在後頭，當經濟滑入蕭條期時，那些從銀行貸款作為購置股票和不動產資金的投機者不能按時還貸，也無法賣掉他們迅速貶值的資產來償還債務。根據一些估計，日本的銀行有價值一萬億美元的不良貸款，而當它們在二十世紀九〇年代中期減少貸款時，嚴重的信用恐慌加劇了國家的經濟困難。

由於金融部門陷入危機，日本不可避免地被捲入一九九七年夏泰國貨幣崩潰引起的泛亞工商業衰退[1]。截至初秋，日本的失業率和企業破產的數量已達戰後時期的新高。十一月，三洋證券和山一證券，日本的這兩家主要經紀人事務所，以及日本北部的大銀行北海道拓殖銀行破產。用某位分析家的話說，這使那個月成為「日本金融史記錄中最不平靜的一個月」，讓人想起二十世紀二十年代晚期的銀行危機。[2]一年後的一九九八年秋，正當一些樂觀者認為日本的經濟基礎是穩固的，並預測最後會有轉機之時，結果卻聽到經濟企劃廳的領導宣布，國家的經濟在一九九七財政年度（一九九七年四月一日至一九九八年三月三十一日）收縮了百分之〇．七，而後又預言進入新千年時情況會更加糟糕。事實上，一九九九年十月至十二月這個財政季度的國內生產總值下降了百分之一．四，二〇〇〇年春的失業率保持在戰後最高水準，百分之四．九。

平成初期，自民黨的政治泡沫也破裂了。一九八九年春，竹下登首相，他已經接管了自民黨內部的田中角榮派，卻在公眾獲悉他接受了里庫路特公司（一家出版和房地產公司）一億五千萬日圓的非法捐贈後辭職。竹下登的繼任者宇野宗佑與一名藝妓一直有染，然後又塞給她對他們長期曖昧關係的低俗細節保持沉默的封口費。當消息洩露出去後，對自民黨更是雪上加霜。宇野宗佑在位僅六個星期就不光彩地下臺了。自民黨把黨總裁的職位，也是首相一職，交給了不知名的議會議員海部俊樹。他的主要優點是沒有捲入任何醜聞。儘管海部俊樹出乎意料地受到日本公眾歡迎，但當他的第二次任期屆滿時，自民黨仍舊恢復常規，選擇一名老派的內部人員宮澤喜一來領導該黨和國家。這不是個好選擇，一九九三年三月，金丸信——竹下登之後的老田中派頭頭，也是宮澤喜一的代理首相，因為收受一家

表 17.1
平成早期的首相

首相	黨派	組閣次數	任期
竹下登	自民黨		1987 年 11 月 6 日至 1989 年 6 月 3 日
宇野宗佑	自民黨		1989 年 6 月 3 日至 1989 年 8 月 10 日
海部俊樹	自民黨	第一屆	1989 年 8 月 10 日至 1990 年 2 月 28 日
海部俊樹	自民黨	第二屆	1990 年 2 月 28 日至 1991 年 11 月 5 日
宮澤喜一	自民黨		1991 年 11 月 5 日至 1993 年 8 月 8 日
細川護熙	日本新黨		1993 年 8 月 8 日至 1994 年 4 月 25 日
羽田孜	日本新生黨		1994 年 4 月 25 日至 1994 年 6 月 30 日
村山富市	日本社會民主黨		1994 年 6 月 30 日至 1996 年 1 月 11 日
橋本龍太郎	自民黨	第一屆	1996 年 1 月 11 日至 1996 年 11 月 7 日
橋本龍太郎	自民黨	第二屆	1996 年 11 月 7 日至 1998 年 7 月 30 日
小淵惠三	自民黨		1998 年 7 月 30 日至 2000 年 4 月 5 日
森喜朗	自民黨		2000 年 4 月 5 日

經營包裹郵遞的佐川急便公司的非法捐獻而被捕。當時員警的突擊搜查發現，有價值十億日圓的金條隱藏在他的辦公室裡和家裡的地板下。

「里庫路特醜聞」和「佐川急便醜聞」，再加上自民黨不能有效處理日本的經濟困難，削弱了人們對自民黨的信任，並引發了政治不穩定時期。許多較年輕的政治家對那些年長者感到幻滅，因此脫離自民黨，成立了若干獨立的政黨，包括日本新黨、日本新生黨和先驅新黨。選民們也拋棄了自民黨。一九九三年七月，自民黨在選舉中喪失了對眾議院的控制。經過複雜談判後，日本新黨的首領細川護熙組織了一個七黨聯盟，並於一九九三年八月八日成為自一九五五年自民黨成立以來的第一個非自民黨首相。不久，細川護熙和佐川急便公司也有值得懷疑的交易暴露了出來，於是他被迫辭職。在他之後，在自民黨由橋本龍太郎領導重新控制內閣之前，還經歷了另外兩任非自民黨首相。

但是，當日本步入新世紀時，自民黨依然前途未蔔。公眾對橋本龍太郎的繼任者小淵惠三幾乎不抱希望，後者表示自己是個「溫和單調」的人[3]。二〇〇四年四月，小淵惠三因中風導致腦死亡去世，自民黨的老牌黨員森喜朗接掌了國家，並宣布在他的任期內將締造一個「精神豐富」，人民「生活安定」，實現他們「對未來的夢想」，贏得「世界信任」的社會，以此來努力實現「日本的新生」[4]。雖然這些目標看起來崇高，但民意測驗表明，大多數日本人並不太相信森喜朗的聯合內閣有能力帶領日本走出經濟和政治困境。（如表17.1所示）

批評與尋找千年末感傷的療法

森喜朗的口號表明，平成早期的種種事件引起了日本對經濟和政治未來前途的嚴肅討論。在政治方面，從二十世紀九〇年代一開始，就呼喚有伊藤博文和吉田茂之風的「堅毅」政治家出現，他們常常被描繪成具有巨大的「性格魅力」、「有遠見和膽魄」[5]的領導人。在自民黨內部，橋本龍太郎和其他設法掌權的政治家喜歡把他們自己宣傳為「新領導人」，會把嶄新的視野和新生的精力帶給這個國家。本著這種精神，一九九七年十一月，仿照一九八六年英國瑪格麗特．柴契爾首相對英國證券業大規模撤銷管制規定的做法，橋本內閣宣布了全面改革日本金融制度的計畫，並將這次改革喻為「日本式大爆炸」。然而，內閣無法把這種許諾變為「把國家從似乎沒有止境的衰退中拯救出來」的具體措施，大多數日本人並沒有感到改革取得了什麼成果[6]。一九九八年七月，選民使自民黨在參議院大選中慘敗，迫使橋本龍太郎辭職。無法振奮人們精神的小淵惠三和森喜朗躍居國家的最高政治職位，這促使許多日本人思考該怎樣吸引更有能力的人投身於政治。

有些批評家提出一系列問題，如日本是否應該走向兩黨制或多黨制，而不是關注領導人的人格。一些人指責，自民黨一黨統治時期，助長了黑金政治，誘惑著政黨領導人無視民意，閉門造車，暗箱操作，導致了膽小的「政治家處理小問題，忽視重大問題」[7]的不幸狀況。依照這種見解，兩黨或多黨之間更公開的競爭，可以促成「各種思想有意義的交鋒」。這種交鋒能夠引起廣泛實在的公眾討論，從而導致其他更有想像力的政策形成，迫使首相和議會成員以更負責的態度為公眾服務。[8]

由於這個原因，人們開始猜測自民黨是否能夠，甚至是否應該在向更多元化制度的轉變中倖存下來。選舉結果清楚地表明相當一部分日本人已經對自民黨失去了耐心，而且令人吃驚的是，自民黨本身在這個問題上也有分歧。某些政治家，如橋本龍太郎和小淵惠三，顯然希望重新獲得昔日的榮耀。

但是其他人卻認為「如果自民黨解散，那是一種解脫」，如一位資深黨員所說，「我們老人應該解甲歸田，為我們已經完成的事業自豪。年輕人應該成立新黨，或者加入其他黨，如果他們想那樣的話。問題是，這個黨遲早會解散。如果事情是那樣的，我寧願它在時機成熟時擺脫牽絆重新起航，而不願等著整艘船下沉」。9

其他一些目睹了二十世紀九〇年代變故的人，則把注意力轉向官僚階層。除了一些不同意見外，幾乎每個人都同意，在明治後期和大正時期，還有從佔領時期直到昭和後期的半個世紀裡，國家機關各省中都有日本「最好、最聰明」的人。這裡是制訂經濟計畫、籌畫教育體制，進行贏得全世界尊敬的社會立法和能幹而且盡責的專業人員的家園。但是不知為什麼事情出錯了，東京鬧市區的霞關，大多數重要省的所在地，已經成了由缺乏想像力又傲慢自大，而且思想僵化的笨蛋佔據的泥潭，他們只知「維持現狀」，「保護既得利益」。一些人認為，這種缺陷導致的結果是「整個政府喪失活力」，不能再對緊急情況做出敏捷的反應。10

對官僚不稱職的普遍不滿在關西大地震之後達到了頂峰。一九九五年一月十七日，這場地震襲擊了神戶和附近地區，導致五千多人喪生，十萬多座建築物被毀，四十萬人無家可歸。在霞關的高位上監控情況的官員大大誤判了災難程度，首相在動員自衛隊和消防廳方面也行動遲緩。批評者指出，由於官僚們「可恥的不作為和優柔寡斷及惰性」，本來應該很快被撲滅的大火，結果卻肆虐了好幾天，被困在瓦礫堆中的數百人白白送命11。隨著公眾對這場災難的恐慌不斷增長，村山富市首相承認政府沒有迅速行動，三個月後，孩子們繼續背著飲用水和救急食品上學，被毀損的鐵軌使大阪至神戶和西部地方的高速火車仍然不能通行，而國會議員還在環坐著無休無止地爭論救濟和重建基金，憤怒的人們紛紛指責政府行動遲緩、效率低下。

官僚的作用也成了有關經濟失調討論的中心。按照一些專家的看法，經濟泡沫越來越大變得危險乃至破裂，是因為霞關的「官僚」對銀行和經紀人事務所的魯莽行為視而不見。問題的核心，據說是「管理者和被管理者之間的曖昧關係」。[12]一九九五年和一九九六年，人們發現大藏省官員收受了正是他們應該監督的金融機構的賄賂，大藏省「已成為腐敗溫床」的看法更為尖銳。這種罪行導致大藏省四名高級官員被捕，而一百一十二名下屬則受到了某種形式的「行政處罰」，從書面申斥到減薪和停職。所有這一切都使未來暗淡無光。「只要無能的官僚依然在位，拒絕放棄權力，」一位極為憤怒的批評者寫道，「我們的前途就非常暗淡，甚至毫無希望。」[13]

人們積極提出克服官僚腐敗和懶散的辦法。人人都希望吸引更有才能和道德的人擔任公職，大多數監察人員也同意，應該縮小被認為人員過多，因而笨拙無能且反應遲鈍的官僚機構的規模。因此，一九九七年十一月，橋本龍太郎首相專門召集一群專家召開管理改革會議，建議把現有的22個省和內閣一級的機構合併為十二個省和一個內閣辦公室。橋本首相由於認識到需要「對臃腫的官僚機構實施皮下脂肪切除術」[14]而受到稱讚。另一些人則提出了不同的主張，宣稱未來的關鍵是恢復「結構平衡」，也就是重新確立議會和內閣控制掌管各省官員的權利。所以，一九九八年七月小淵惠三上臺時，他承認「公眾對政治的不信任已經到了極高的程度」，因此提倡「恢復政治權威」，意思是「必須」使當選的官員「毫不含糊地改變政治領導人與官員之間的權力平衡」來「行使真正的政治領導權」。15

二十世紀九〇年代，雖然銀行家和其他金融機構的首腦受到了攻擊，但其他大多數公司的領導人則安然度過了這一時期，他們的尊嚴和公眾對他們的尊敬都毫髮未損。當不間斷的工商業衰退和反覆發作的金融危機造成了損害時，商界的支持者提出了復興經濟的建議。在謀劃未來的發展方向上，一些分析家極力主張日本嘗試在發展新電腦和軟體產業方面超過美國。其他人則建議，最佳選擇是繼續走作為一個製造國的路線，畢竟，如一位觀察者所指出的，「工商業衰退並沒有耗竭國家的製造力量」，而用另一個人的話來說，日本人應該記住「造東西是他們國家最擅長的事情」。16

然而，世紀之交發生的事情引起了人們對那些解決方法的極大懷疑。二〇〇〇年夏，世界各地的人們發起法律行動，抵制已經被日本輪胎製造商普利司通收購的美國火石輪胎公司。因為它在設計和製造上的毛病造成了五十起死亡和數百起人員受傷事故。在此之後，普利司通的股東們發現他們的股票價值跌了一半。事實上，與此同時，當起訴人在一周內兩次搜查三菱汽車公司的總部，找到證據證明公司蓄意掩蓋製造上的問題時，公眾對曾經驕傲的三菱的信任已經煙消雲散了。之後不久，一萬五千人在食用了雪印公司——日本一家主要的乳製品公司，被污染的產品後病倒。調查揭露出那家公司慣常偽造新鮮證明，並從商店回收陳奶後銷售。這樁醜聞引起了消費者對其他食品公司潮水般的抱怨，很快，大眾媒體上就有了各種各樣不勝枚舉的故事，從罐裝果汁中的蒼蠅到薯條中的死蜥蜴等等。

二十世紀九〇年代的危機——「失落的十年」，用許多人的話來說，籠罩著全體日本人的未來。關於如何克服千年末感傷的討論熱烈而聒噪，但是傾聽沉寂的聲音和記住沒有說出口的話也很重要。不管平成時期的頭十年留下了多少不和諧的跡象，幾乎沒有日本人懷疑過，當他們準備邁進另一個新世紀時，民主和資本主義仍是日本要走的正確道路。儘管二十世紀九〇年代的經濟表現疲軟而令人失望，儘管人們忍受了一連串平庸的，其顯而易見的無能有使國家陷入癱瘓危險的首相，但是，卻沒有要求拋棄議會民主或私人企業制度的嚴肅呼籲。與之相反，對於這一點的信任幾乎是普遍的，即日本在二十世紀的成功，來自政黨政府和建立在市場基礎上的資本主義的昌盛；而當國家轉向其他方向時，失敗就會增多。於是，當平成時期進入新世紀時，問題的核心在於，如何宣導一種更具功能性的憲法制度？如何完善基於私企所有制基礎上的自由市場經濟？

國際社會中的日本

昭和後期，日本的對外政策建立在數條原則之上。第一，是由吉田茂制定，並由連續幾屆自民黨內閣懷著不同程度熱情重申的，日本絕對優先考慮和美國的關係。一九五一年簽署並於一九六〇年修正的《美日安保條約》規定，日本在戰略上依賴美國，經濟上兩國互相依賴。實際上這意味著，日本在經濟上與西方資本主義國家密切合作，在軍事上依靠美國保護它免遭未來敵人的侵害；而當大的世界危機來臨時，日本不能公然反對美國的領導。

企圖修復與亞洲鄰國的外交關係成為戰後日本對外政策的第二個特點。然而，冷戰的緊張態勢和東京想托庇在美國羽翼之下的決定卻製造了許多糾紛。一九四九年，毛澤東建立了中華人民共和國。此後，美國把中國排擠出了以形成「舊金山體制」而告結束的對日談判。因此，一九五一年九月，在日本簽訂和平協定的當天下午，東京又和臺灣單獨締結了條約，並和美國一起承認臺灣島上的政權為中國的正式政府。許多日本人都不接受這樣的行為，他們認為，從長遠看日本必須和中國交好，無論中國政府的政治傾向是什麼。直到二十世紀七〇年代初，當聯合國承認了中華人民共和國，美國在中國問題上做了徹底改變時，這種可能性才成為了現實。不久之後，一九七二年的九月，田中角榮首相到北京簽署了聯合聲明，規定兩國互設大使館，承認中華人民共和國政府是「中國的唯一合法政府」，說明日本「完全理解」臺灣是中國領土「不可分割的一部分」。最後，中日雙方於一九七八年八月十二日簽訂了《中日和平友好條約》，重申此前的協定，並使兩國關係完全正常化。

在日韓兩國最終於一九六五年六月簽署《日韓條約》之前，兩國代表進行了長期談判。這個條約和其他一系列補充協定承認大韓民國政府是半島上的唯一合法政府，雙方建立外交和領事關係，並要求文化合作。被擱置一旁的是日本和朝鮮人民民主共和國的關係。一九五一年朝鮮戰爭爆發後，北朝鮮被美國視為「流氓國家」。在整個昭和後期，北朝鮮在日本眼中也幾乎是個「非國家」。

日本想和蘇聯建立新關係的企圖則要花費更多的工夫。一九五六年十月十九日，這兩個老對手簽署了《日蘇共同宣言》，結束自一九四五年八月九日以來一直存在的戰爭狀態，恢復了兩國的正式外交聯繫。然而，因日本被包括在美國環繞著蘇聯建立的防禦圈內，以及所謂的北方領土問題——莫斯科和東京對北海道以北海岸附近四個小島有相互不可調和的主權要求，再加上長期的互不信任，使得雙方幾乎不可能建立友好關係。

在「舊金山體制」的限制下，對日本的決策者來說，第三個指導原則是盡可能讓政治遠離貿易，以便日本能夠成為全世界的交易夥伴。這種努力在西歐和美洲沒有遇到不可逾越的障礙，即便在日本逐步上升的貿易順差招致了不公平競爭的指控，以及二十世紀八〇年代後期西方政治家和商人對日本進行情緒化的任性攻擊之後。一九九〇年，西德、英國、加拿大、法國和義大利都在日本的前十位交易夥伴之列。令人難以置信的是，如表17.2所示，日本和美國的進出口貿易額接近其他九國的總和。

在亞洲，重建的外交格局為日本公司在除北朝鮮之外的整個亞洲地區，創造了豐富的貿易機會。早在一九五二年，日本就和中華人民共和國締結了一系列貿易協定，使得雙邊貿易到一九七二年關係正常化時增長到了十二億美元，截至一九九〇年，又達到181億美元。此外，與臺灣的所謂「私人貿易」繼續擴大，即便在日本終止了和臺灣的正式外交關係，把「私人貿易」納入官方範圍之後。一九九〇年，臺灣是日本的第四大交易夥伴，進口了一百五十四億美元的日本商品，向日本出口了八十五億

表 17. 2

日本的主要交易夥伴（1970～1990）

	1970年		1980年		1990年	
	日本的出口值	日本的進口值	日本的出口值	日本的進口值	日本的出口值	日本的進口值
美國	5,940	5,560	31,367	24,408	90,322	52,369
西德	550	617	5,756	2,501	17,782	11,487
韓國	818	229	5,363	2,996	17,457	11,707
澳大利亞	589	1,598	3,389	6,982	6,900	12,369
中國	569	254	5,078	4,323	6,130	12,054
英國	480	395	3,782	1,954	10,786	5,239
加拿大	563	929	2,437	4,724	6,727	8,392
法國	127	186	2,021	1,296	6,128	7,590
義大利	192	143	955	939	3,407	5,008
蘇聯	341	481	2,778	1,860	2,563	3,351

根據《日本：插圖本百科全書（第一卷）》（東京：講談社，1993年），第399頁。

美元的商品。日本和韓國的貿易增長得更快。一九九〇年，日本從韓國進口的商品總值計一百一十七億美元，出口總值為一百七十五億美元，使日本成為韓國的第二大交易夥伴。日蘇貿易一直處於低得多的水準，但蘇聯是日本鋼鐵產品和建築工業的主要市場，而西伯利亞諸省也出售石油、木材、金屬，如鉑、鎳等給日本公司。

不足為奇的是，貿易問題容易促成與東南亞國家的相互影響，其中大多數國家於二十世紀五〇年代和日本簽署了外交協定。在二十世紀六〇年代期間，日本公司的前哨和宣傳，從本田汽車到索尼電器的幾乎每件商品的看板，沿著從馬尼拉到新加坡的城市地平線競相招展。截至昭和晚期，日本已經成為印尼石油和其他國家輕工業產品的老主顧，同時，日本的電器、汽車、機床和鋼材等也湧進這些地區。一九九〇年，日本和東南亞國家的貿易額超過了五百億美元，儘管除了印尼之外，這裡每一個國家在和這個亞洲經濟巨頭的貿易中都出現了嚴重的貿易逆差。

整個昭和晚期，日本人都在爭論「舊金山體制」的價值問題。某些人相信「從屬的獨立」對他們的國家相當有利。商人們能清楚地看到，與歐洲、美洲的經濟往來以及與亞洲恢復和平關係，正以多種方式促進了經濟的高速發展，日本人已經開始享有給人深刻印象的國內繁榮了。同時，那些痛恨他們國家在二十世紀三四十年代對外侵略的人，因為武裝部隊規模的縮小，再加上憲法第九條的規定，也相信這使任何形式的軍國主義不可能再死灰復燃。

然而，批評者也很快就注意到，有得必有失。在心理上，日本的國家利益附屬於另一個國家，即它的征服者，這不斷侵蝕著日本人的驕傲。當一九五一年簽訂的安全條約同意美國直接管理沖繩島，承認日本人在該縣只有「居住權」時，更加深了這種屈辱感。在一九七二年沖繩歸還給日本之前，美國政府管理那裡的事務，這裡好像是一塊殖民地。美國軍隊在那裡建立了許多基地，以致在一些人看來，沖繩就像一艘巨大的美國航空母艦。而且，一些日本人始終懷疑駐紮在沖繩基地和日本各地的美軍是否能夠有效地阻止來自外部的威脅；相反他們害怕，那些外國軍隊的存在可能會使日本捲入一場他們不想參與的戰爭，或者甚至使日本陷入冷戰雙方可怕的核衝突。最後，對「舊金山體制」的怨恨導致了相當多的國內騷亂，例如一九六〇年，數百萬人抗議安保條約的重訂並推翻了岸信介政府。在一九六七年至一九七〇年的反越戰運動中，一千八百萬名日本人走上街頭反對戰爭，並要求立即歸還沖繩。

一九八九年柏林牆的倒塌和一九九一年十一月蘇聯的解體，不斷打斷了歷史的進程。這些事件在歐洲標誌著冷戰時代的結束，而對許多日本人而言，它們進一步意味著「舊金山體制」已成為一個過去的名詞。如果說，昭和天皇的逝世，以及經濟、政治泡沫的破裂促使日本人重新思考本國的未來，二十世紀九〇年代早期也提供了評價其外交政策原則和目標的全新機會。擺在每個人面前的第一項議程幾乎都是重新審視和美國的關係，其後則是重新考慮未來日本在亞洲和世界舞臺上的角色。

在某些一貫批評「舊金山體制」的政治人物看來，新的國際環境代表了等待已久的機會，日本可以從美日聯盟中脫身出來，制定比較自主的外交政策。但是，其他一些政府要員和有影響的媒體權威人士，並不如此樂意把過去和未來截然分開；相反，他們認為日本必須繼續接近美國，因為把兩國聯繫在一起的複雜的經濟關係，使雙方合作成了兩國今後繁榮的先決條件。而且，當蘇聯不再像過去那樣構成威脅之後，冷戰的殘餘卻比在世界任何其地方更加頑固地存留於東亞，即朝鮮半島依然嚴重分裂，新的俄羅斯聯邦不想解決北方領土爭端。鑒於這些不穩定因素，許多人依然認為，和美國的軍事聯盟是局部衝突不會擴大乃至把觸角伸向日本周邊的最可靠保障。

在霞關那些要求日本繼續保持與美國聯繫的主要政治家和官員中，許多人都希望日本能在世界舞臺上擔任與其經濟地位更相稱的角色。平成初期，一位知名大學教師指出，日本是個國民生產總值比統一的德國高百分之五十的「經濟強國」，而「這種規模的國家繼續扮演政治和軍事上的小角色是再也不能接受的」。[17]這種言論並非指日本應該成為軍事上的超級大國，相反，它支持這樣的觀點，即國家應該參與所謂的「集體自衛」來為全球安全做出貢獻。「集體自衛」這個詞指的是，憲法第九條應被理解為，允許自衛隊加入日本的盟友或聯合國組織的行動，以維護國際穩定。

最後，一些日本人強烈要求他們的國家在亞洲發揮更大的影響。對一些自民黨黨員而言，這意味著強調安全問題。該黨的某份意見書指出，「作為一個亞洲國家，日本必須努力在亞洲地區維護和平和穩定，始終尋求其他亞洲國家的理解和支持」。[18]然而，某位作家所稱的「日本過去的問題」，使得他的國家要獲得對這一立場的贊同還是十分困難的[19]。特別是日本政府頑固拒絕對以前的「慰安婦」表示懺悔，或者賠償從那場可怕的戰爭中倖存下來的受害者，更激起了亞洲各地人民的憤怒。此外，日本的鄰國從來沒有完全接受日本官方的悔罪表現。

社會義務，自我實現

平成時期的頭一個十年，也充滿了新的社會現象。許多人開始認識到，日本正在迅速變成一個

「老年社會」。二〇〇〇年，日本人口的百分之十多一點是六十五歲以上的老年人；而到二〇二五年，六十五歲以上的人口將達到百分之二十七，或者說有三千萬人，使日本成為世界上最頭重腳輕的人口金字塔。和年老柔弱的日本形象同時並存的是精力充沛、能說會道、自主自立的婦女形象。她們在二十世紀末為自己確立了在公司和各種職業事務所裡的位置，與她生活中的男子形成了新型關係。年輕人也躋身社會，許多人認為，他們過於經常地破壞傳統的社會契約，其言論行動驚世駭俗。世紀之交的變化重新塑造著社會，它們迷惑和困擾著一些人，對其他一些人而言則令人愉快並充滿希望，它們打開了關於性別、家庭、工作場所和學校的大膽且新穎的討論的大門。

照顧老年人，尤其是五百五十萬預計到二〇二五年或是有精神疾患或是臥床不起的老人，使全國對婦女作用問題的爭論出現了新內容。一種觀點認為，變化中的人口狀況奏響了熟悉的旋律，它幾乎和日本對現代化的追求本身一樣古老，即社會的需要要求家庭主婦待在家裡照顧家人。這種言論還為許多中產階級的主婦從創造性地操持家務中獲得了滿足感和自尊心，規定了輕鬆自在的角色。這在某種程度上使一些觀察者覺得難以理解。她們這樣做對國家而言是幸運的，因為雖然大多數老人聲稱自己不想和孩子生活在一起，但他們幾乎沒有別的選擇餘地，所以當日本進入二十一世紀時，女兒或媳婦仍然是老人主要的照顧者。一九九九年，總計每十五個中年家庭婦女中就有一個在家照顧老人，預計到二〇二五年是令人吃驚的二比一，這樣政府就無須大量投資給療養院和其他公共養老設施了。

其他社會批評家對此持有相反觀點。他們認為女兒和妻子應該走出家庭，走向工作場所。有研究表明，到二〇二五年，每個退休人員只能由二．三個處於工作年齡段（十五至六十四歲）的人供養，這個數字比一九九〇年的五．八人要少得多。與這個問題結合在一起的還有另一個新的社會現實，即二十世紀九〇年代，女性不像以前的幾代人那樣急於結婚，而且她們選擇少要孩子。根據厚生省的調查，一九九四的生育率已經下降到歷史新低一．四六人，比一九七五年下降了近百分之三十，大大低於維持穩定狀態人口所需的水準。非常清楚，根據許多社會科學家的計算，如果日本想要履行為老齡人口提供足夠的養老金和醫療福利的社會義務，那麼就應該有更多的婦女參加工作並納稅。

關於自尊的新觀念以及對個人自我實現的更有力強調，促使婦女從嶄新的視角思考就業和工作場所的問題。女性活動家越來越多地質疑那種女性註定拘囿於家庭的不可避免的命運，她們堅持認為婦女有權選擇生活所提供的各種可能性。本著這種精神，學者及雜誌《女性主義》的創辦人渥美育子寫道，「男人的作用一直是在外創造財富，女子的作用是在家養育孩子。日本的女權主義理論認為二者同等重要。男人應該更多地參與孩子的養育，女子應該更多地參與財富的創造」。渥美育子補充說，「目前的女權運動目標在於，建立那種婦女不僅可以在經濟上獨立，而且可以自由選擇生活方式的社會。在這樣一個社會，如果她想當家庭婦女，沒問題；但如果她想工作，也不會被歧視。我們的運動不僅想改變女子在家庭中的作用，也想改變她們在社會中的作用」。[20]她的話應和了大正時期的活動家與謝野晶子的理想。

一九八六年的《男女雇用機會均等法》進一步改變了當代的現實，重新描繪了未來的景象，它呼籲各企業「努力給予婦女」和男人競爭任何工作崗位的「平等機會」，規定每個人都應該同工同酬。兩年後對《勞動基準法》的修訂，廢除了始於大正時期的對婦女加班和從事被認為有害於她們健康和安全的工作的限制。《男女雇用機會均等法》實施十年後，日本婦女還是只能掙到男人的一半多的工資（與此相比，美國大約是百分之七十五，澳大利亞是百分之九十）。京都一所名校的一位即將畢業的學生向一家大報紙求職，而面試她的報社官員卻問她道：「你確信結婚後不會辭職嗎？我們不想冒這樣的險。」[21]不過，《男女雇用機會均等法》和新的勞動標準畢竟把婦女的渴望合法化了，並喚起了對工作和性別的公眾意識。

變化中的人口統計狀況、新的社會理想和經過修正的法律準則結合在一起，吸引了越來越多的婦女走上工作崗位。在二十一世紀前夕，全職的女性職工超過了全職的家庭主婦，有學齡孩子的母親整整一半仍在工作。但是，婦女依然主要集中在小企業、家庭企業和服務行業，而在大公司裡，絕大多數的女性還是被稱為「粉領」的OL，或是在生產線上從事沒有出路的工作的人。不過與此同時，前所未有之多的女子進入了以前男人的專屬領地，成為工程師、建築師和醫生。一九九八年，加入電子界巨人NEC的九百三十二名工程師中有二百名是女性。即使在主要公司的辦公室裡，也能看到職業女性正以不斷增長的數量升遷為經理。在《男女雇用機會均等法》實施後的十年內白領女經理的數量翻了一番，達到了全部經理主管人員的百分之八。儘管如此，成功來之不易。「在日本，」一位年輕女經理指出，「玻璃天花板[22]離地板幾乎只有幾公分。」[23]

職業婦女向公司提出挑戰，要求公司進行改革以滿足更多樣化的勞動人口的要求。她們越來越大膽，要求《男女雇用機會均等法》所規定的同等報酬和待遇。隨著婦女開始抱怨男同事和男性雇主無禮及歧視性的行為，「性騷擾」一詞進入了日本的詞彙表。上班的母親為改革的日程表增添了其他內容，她們特別要求公司提供這樣的方便，如彈性的工作時間表、請假回家照看的時間、和學校假期一致的假期、輪班制和設在工作場所的日托幼稚園。這些婦女的未來憧憬包括，值得一做的工作、公平的報酬，以及做一個日本人眼中的好母親的機會。她們聲稱，她們不想做男性員工的克隆版，相反，她們秉承與謝野晶子的遺緒，想要人們承認她們在生活中所扮演的許多不同角色。

二十世紀九〇年代，日本婦女也把兩性關係和婚姻放到桌面上討論。當單身女子察覺她們有了較多的工作機會，發現她們能夠自己養活自己，用不著在經濟或心理上依賴男人時，她們開始晚婚並且慶祝單身生活。一九九三年，日本婦女的平均結婚年齡上升到二十七歲，比二十世紀五〇年代推遲了近五歲，結婚之遲在世界上僅次於瑞典女子。而且，在世紀之交，東京有超過百分之八的已過了所謂適婚年齡（十八至四十四歲）的婦女從未結過婚，表明單身生活在日本的較大城市中已逐漸成為可以接受的選擇。許多單身婦女都靠自己，不受男性的支配，為自己創造了自由的、讓人回想起二十世紀二十年代日本城市中心地區的開放生活方式。根據一份報紙的報導，二十世紀九〇年代的年輕女子想要「獨立自足地生活，擁有情人，建立以平等為基礎的關係」。24

無論終身不婚的選擇有多大的誘惑力，大多數二十來歲的單身女子（根據政府一九九二年進行的民意調查顯示是百分之九十四）認為，她們最終是要結婚、持家和養育孩子的。不過，這些女子對於理想的婚姻生活也有新的憧憬。一個令人驚訝的變化是，在一九九二年做調查時，近百分之九十有工作的單身女子宣稱，她們打算在婚後繼續工作。看起來這種女子全部都想要——對事業的自我滿足和在家庭中的自我實現。她們向政府和私人企業提出了另一個挑戰，即幫助婦女尋找平衡工作與家庭責任的途徑。

事情的結果證明，滿足對事業和家庭生活的高要求的現實比大多數婦女在婚前所期望的嚴酷得多，平成早期大約所有為人妻者的一半在有了孩子之後就放棄了工作。日本社會繼續尊敬家庭主婦這一「單獨的領域」，以及完全肯定她們行使母親責任的事實，這使得婦女從辦公室回歸家庭的轉變變得輕鬆自如，並有助於讓回到家庭的婦女感到滿足。不過，許多全職的家庭主婦都承認這樣一個越來越明顯的事實，即她們和配偶之間的關係更加平等，也更加恩愛。已婚婦女不管她們有沒有在外上班，都前所未有地認為她們的丈夫必須多多參與家庭生活，盡其所能分擔照顧孩子和家務勞動的責任。

除了容易找到工作，婦女還利用有關離婚的新觀念以便在提出她們的要求時獲得一定的優勢。在一九七〇年至一九九五年期間，日本的離婚率大約提高了一倍。到世紀末，每新締結一百樁婚姻就有二十四起離婚，與之相比，法國是三十二起，英國是四十二起，美國是五十五起。和西方一樣，想要從事全職工作並且具有相應技能的日本婦女，在婚姻變味時尤其易於考慮離婚。正如某位專家所指出的，假如一個中年的上班男人醉醺醺地回到家，他的妻子迎上來宣布說：「我已經決定開始上班。」他最好用一杯水醒醒酒，問：「全職還是兼職？」如果答案是「全職」，那麼他必須認識到情況「危險」。[25]

變化並不容易，在日本的偏遠地區，老一代的男人尤其難以接受關於婚姻的新觀念。有人曾經詢問東京西南大約三百二十公里處的三重半島上，坐落在起伏群山中的一個小鎮上的某個養牛農夫，他是否愛他的三十四歲的妻子。他皺了皺眉，看上去很困惑，然後回答說：「是的，也就那樣吧，我猜。她就像空氣或水，沒有它們你沒法活，但大多數時候你意識不到它們的存在。」[26]一位七十二歲的鄰居上村優里悲傷地說，「我和我丈夫之間從來沒有任何愛」。說她四十多年的老伴從來沒有對她說過喜歡她，或稱讚她飯菜做得好，或牽她的手，或送她一件禮物，或者以任何方式對她表示感情。他過去甚至常常打她，上村優里回憶道，「但是，唉，我們活了下來」。

日本較大的人口密集地區的年輕男子比較快地理解了新現實，但是甚至在那裡也能聽到有些人嘟噥道，「如今做男人真可怕」。[27]一則雙缸洗衣機的電視廣告反映了城市中產階級的丈夫和父親的地位下降到新的低點：只見一位衣著整潔的家庭主婦，嫌惡地皺著鼻子用一雙超長的筷子夾起她丈夫的內衣褲，把它們扔進結實的缸內，而她的年輕女兒則說，「我們把爸爸讓人討厭的東西分開」。不過，無論平成早期大量存在著什麼樣的媒體形象，還是有相當一部分年輕男子接受甚至歡迎婚姻生活的新趨勢。在一九八七年的一項調查中，百分之五十二的男人和百分之三十七的女人同意「男主外，女主內」的說法；而到了二十世紀九〇年代中期，只有百分之三十五的男人和百分之二十五的女人持有相同觀點。

在很大程度上，年輕男女建立新型婚姻的自願性是和家庭模式的繼續演變糾結在一起的。日本各地，在昭和晚期很大程度上象徵著中產階級理想的「核心」家庭，到二十世紀末幾乎已經完全取代了數代同堂的大家庭。在比較傳統的安排之下，大多數婚姻是包辦的，朋友、家庭和社會期望的夫妻們像上村夫婦那樣，把對配偶的私人感情放在一邊，為了家庭讓這種結合順順當當。在平成早期，較小的「夫妻導向」的核心家庭內部，夫妻之間的水準關係優先於世代之間的垂直關係。結果，二十世紀九〇年代的青年男女，比二十世紀七八十年代的新中產階級更多地把相互之間的愛情看作結婚的主要理由。到二十世紀九〇年代中期，全部婚姻中的四分之三自稱「出於真正愛情的婚姻」。相比較而言，二十世紀六〇年代早期只有大約一半的婚姻自認為如此。現代夫妻更喜歡他們的關係中有比老一代更多的浪漫。

隨著世紀之交新態度的出現，人們可以看見越來越多的年輕男子和妻子一起在超市里閒逛，輪流做飯和給嬰兒換尿布，星期天驅車全家出遊並且在「家庭飯店」吃飯。儘管離婚率在上升，大多數婦女仍然似

表 17. 3

日美兩國婦女對婚姻和家庭的態度（1990 年）

女性就「自1970年以來，婦女的狀況起了怎樣的變化？」這一問題所作的回答

單位：百分比

	婚姻		母親的作用		家庭主婦的作用	
	日本	美國	日本	美國	日本	美國
有所改進	59	34	50	36	56	37
沒有改變	28	16	31	20	33	23
每況愈下	10	45	17	41	10	37

根據岩男壽美子的《當今的日本和美國婦女：一種對比》（《日本回聲》20：3，1993年秋），第70頁。

乎同意，夫妻導向的生活方式產生了更幸福的婚姻和更讓人滿意的家庭生活。如表17.3所示，二十世紀九〇年代大多數日本婦女認為對妻子和母親來說，過去的二十年裡情況已經大有改善。甚至上村夫人也說她的丈夫對她比以前好了。「幾天前，他還試著為我倒茶，」她激動地談論道，「這是個大轉變。我告訴了我的所有朋友。」

男性對公司生活的看法也在改變。早在二十世紀八〇年代中期，一些社會評論者就注意到了「新人類」的出現，他們是「新品種」的日本年輕勞動者。按照創造了這個詞的記者的說法，「老一代人發現不可能理解他們或與他們交流」。[28] 批評家說，「新人類」嘲笑由德川時期的思想家石川梅岩闡釋，後來又經許多人重申的格言，即生命的意義發現於工作的鍛煉之中。觀察家們指出，和公認的智慧形成尖銳對比的是，二十世紀九〇年代的藍領工人拒絕接受K工作，即他們認為骯髒（kitanai）、辛苦（kitsui）、危險（kiken）的工作。與此同時，近來應聘白領職位的大學畢業生想要有充足的假期，不用加班，工作不久就有豐厚的薪水，而不必等到爬上公司資歷階梯的頂層。甚至最負盛名的公司也被越來越多的幹了三四年後就辭職的年輕白領雇員弄得很是苦惱。一九九〇年七月發佈的一份關於勞工狀況的政府白皮書顯示，日本的年輕工人對於他們的工資、工作時間、晉升機會和發揮個人才幹的機會，不如美國和英國的年輕工人那樣感到滿意。

一些社會評論者把年青一代對更多閒暇時間、更高工資和更舒適工作環境的要求，視為對昭和晚期一些主要公司強加在白領工作狂身上的，過分強調對工作全身心奉獻的抗拒。另一些人則譴責世風日下，一位高層官員指出，上班族「不再被尊為企業的戰士」，結果，他們「已變得以習慣性地拼命工作為恥」。[29]還有一些人把憤怒發洩在年輕人身上，因為他們「生在對物質的沉溺中」，「長在寬裕的環境裡」。一名觀察者下結論道，X世代自然想「過悠閒自在的生活」，利用緊張的就業市場達到他們自己自私的目的[30]。不管人們把責任歸於哪一方，所有人都同意，演變中的工作態度向新世紀提出了嚴峻的挑戰。一些人預見了終生雇傭制的末日；而另一些人，更多的是杞人憂天者，則認為，反對努力工作的新倫理最終意味著「社會衰退，日本，其勞動力喪失了勤勞的品德後，將成為一個二流國家」。

麻煩的年輕人和受攻擊的學校

青少年和兒童在平成初期也引人注目。幾乎沒有社會批評家會否認大多數日本青年是通情達理的、快樂的和適應性強的。民意調查顯示，青少年在這樣一些問題上，如有必要成為良好的世界公民和維護環境以及哪怕損害經濟增長也要提高生活品質等，有著比他們的長輩更強烈的社會責任感。然而，二十世紀九〇年代期間，老一代人越來越煩惱於難以琢磨的，但對他們而言是顯而易見的社會道德的崩潰，其表現就是他們的孩子疏遠父母和兄弟姐妹，飲食失調，男女亂交以及遊戲性地吸毒。

持續不斷的霸凌現象也使全國震驚。自二十世紀七〇年代早期以來，霸凌就是校園場景的組成部分，典型做法是幾乎每天都嘲笑、羞辱和毆打受害人。在一個案例中，有人強迫一個同班同學不停地跑腿，用記號筆在他臉上畫上鬍鬚，逼他爬到樹上在其他孩子的觀看中唱校歌，甚至舉行了他的模擬葬禮。分析家在瞭解到霸凌的作惡者通常來自酗酒和夫妻間暴力是家常便飯的不健全家庭時，並不感到吃驚；但是，他們幾乎無法理解那些溫順地默許自己被欺負的普通學生的心理。愛知縣有一個八年級的學生，在同班同學暴徒似的屢次向他敲詐大筆金錢，包括不可能拿出的十二萬日圓後，於一九九四十一月二十七日上吊自殺。他是那年受欺負後自殺的若干心理崩潰的年輕人中的一個。在他長長的遺書中，充滿了無情的自責和對自己年輕生命每個方面的痛苦罪惡感。「如果我拒絕給錢，」他寫道，「這種事就不會發生。我實在抱歉。請別責怪拿走錢的人，我應該受到指責，因為我是心甘情願給錢的人。」對他的父母，他補充說，「我實在抱歉我總是讓你們擔心。我是個如此自私的孩子，有我這樣的兒子，你們一定很不容易」。31

被控有罪的青少年數量的激增增加了社會的不安。在戰後的數十年裡，犯罪率出現了下降趨勢，一九八六年至一九九六年間，被警方認為是違法者的青少年人數從一百六十萬下降到只有八十多萬；然後，到了一九九七年，青少年犯罪比前一年增加了百分之二十，達到了自一九七五年以來從未出現過的水準。而且在一九九七年，十四到十九歲的年輕人，他們只占日本人口的百分之九，卻犯下了百分之三十四的殺人和搶劫案，以及整整百分之四十五的暴力犯罪，如攻擊和毆打等，其中有二千五百起是對中年男子的襲擊，年輕惡棍們將此稱為「偷襲老爹」。

對許多學者來說，大多數年輕違法者出身中產階級這一事實比犯罪率本身更令人不安。人們可以理解為什麼戰後幾年窮孩子會「偷襲老爹」，那時一年一萬件搶劫案是很平常的。一九五五年日本大約一半的少年犯來自貧困或不健全的家庭。然而，二十世紀九〇年代中期，近五分之四的年輕惡棍和雙親生活在一起，大約百分之九十的家庭可以描述為徹頭徹尾的中產階級。使大多數成年人感到震驚的是，據因盜竊被捕的青少年說，他們的主要動機不過是鬧著玩。社會評論家說，日本人在物質上變得豐裕的同時，似乎在精神上已經破產了。

青少年賣淫，婉稱「援助交際」的劇增，似乎印證了這個判斷。迷戀年輕女孩的中年男人只需撥叫商業性的語音郵件服務，就能篩選出這樣的留言，如「我是一名十六歲的高中女生。我希望明天早晨有人因某種援助交際來見我。我身高一百六十五公分，體重四十九公斤。我認為自己非常可愛。我的價錢是大約兩小時五萬日圓」。[32]談好後，這個男人可能就會見到一個活潑且打扮入時，從外表看很普通的學生。她從事性交易只不過是因為她想要一個用家裡給的零用錢買不起的十萬日圓的品牌手提包和其他名牌奢侈品。一九九五年，警視廳因賣淫和其他與性有關的罪行對五千多名未滿二十歲的少女實行保護性拘留；而在一九九六年十月東京市政府舉行的一次調查中，被詢問的高中女生中有百分之四聲稱她們為了錢進行過「交際」。

隨著青少年犯罪和雛妓數量增多，教育體制因為沒有教育好國家的未來而備受攻擊。也許，青少年犯罪使全國驚駭的主要原因是，如一位專家所說，「全國一致同意，日本最重要的資源是孩子，國家最重要的工作是教育」。[33]由此指責的利箭漫天橫飛，一些家長批評老師過於鬆懈，而另一些人則認為學校制度太過嚴厲，結果導致了在犯罪行為中才能緩解被壓抑的緊張情緒。老師們也反唇相譏，一名教師寫道，「自私頑固的學生的出現，在很大程度上必須歸罪於成年人培養他們的方式。孩子們被放任自流，培養孩子的目的不再是造就獨立的社會成員，而是強調個性」。[34]另一位老師譴責父母道，「在他們生活中沒有道德規範」；他們溺愛孩子甚至到了抗議老師評價的地步，用一位八年級教師氣憤的話說：「(他們)打電話來說：『我知道他比那樣的(評價)好！』」[35]

二十世紀九〇年代期間，那些被委以教育學生之責的人不得不對付兩種不同的傳統：一方面，從明治晚期到「大東亞」戰爭結束，教育政策非常強調道德訓練，把人培養為支持政府的忠誠和負責的公民；另一方面，十九世紀末植木枝盛等日本人提出，為了培養能幫助推進世界文化的文明自主的公民，教育應該「鼓勵和推動天賦能力的發展」。同樣地，經盟軍最高司令批准，一九四七年頒佈的《教育基本法》宣布，教育體制的基本目標是說明每個孩子發揮他或她作為一個個體的全部潛力，以便他或她能「通過建設一個民主文明的國家，為世界和平和人類幸福做出貢獻」。

在平成早期，歷史的雙重遺產沉重地壓在教師們身上。並不讓人驚訝的是，這個職業中的一些人鼓勵同行教師使每個孩子充分發揮內在的創造力，而另一些人則堅持這樣的觀念，即「教師的真正挑戰」，如有人所稱，「並不是學業上的指導，而是指引——教育孩子們在學校和社會如何做人」。有關教育的爭論，也是對如何使婚姻、家庭、工作場所適應新世紀現實等問題關注的一部分。在所有這些情況中，社會義務和個人的自我實現就像兩根似乎界定了未來可能性的柱子相對矗立。

少數民族的挑戰

彌漫於二十世紀七八十年代的中產階級的同質均一感是始於明治時期的培養普遍民族共同體之感努力的產物。當時，新秩序的支持者談及經過千秋萬世形成的日本人的獨特個性，並規定了借鑒於偶像化的神代史的公民倫理準則，以鑄就擁護集體目標和期望的國民。戰爭歲月的論調加深了這種情感，即日本人是一個特殊的種族，其成員是同一祖先的後嗣，說同一種語言，有一套不僅把他們和西方人，也和亞洲鄰居區分開來的特殊宗教信仰和文化風俗。

二十世紀七〇年代，在二十年的瞬息變遷之後，一些知識份子和社會評論家以「日本人論」為題創作了大量作品，再次開始探索獨特的日本文化的本質特徵和其民族性格。一些分析家撰寫了嚴肅而富有洞察力的作品，另一些則提出了令人不能容忍的要求，其中就有位主管農業的大臣主張，日本不應該進口澳大利亞的牛肉，因為他的同胞腸子比西方人的短，故而無法消化牛肉及其他西方食品。然而，無論昭和晚期「日本人論」變得如何稀奇古怪和自我陶醉，但他們都對這一觀念的形成做出了貢獻，即生活在日本列島的每個人都屬於獨特的種族文化。實際上，當一九七九年日本認可聯合國的

《公民權利和政治權利國際公約》時，其代表報告說，「日本法律保證任何人有享有自己的文化，公開承認並信奉自己的宗教，或使用自己的語言的權利。然而，該公約所提的那種少數民族在日本是不存在的」。[36]

日本的部落民和其他少數民族社區對此看法不同。昭和晚期，部落解放同盟，即戰前的水準社，重新點燃了為平等而奮鬥的戰火。二十世紀五六十年代，部落解放同盟發動了反對地方政府的「行政鬥爭」，要求通過改善住房條件，鋪設街道和供應淨水來改善部落民街區的居住環境。一九六九年，該運動獲得了成果，政府頒佈了《同和對策事業特別措置法》來作為一系列社區發展計畫的基礎。從一九六九年到一九九三年，國家和地方政府花費了近一百四十億日圓安裝排水系統，改良街燈照明和消防服務，建造高層公寓大樓，在特定目的地區域設立學校、診所和社區中心。

雖然政府的努力縮小了部落民街區和主流社會的差距，但是《同和對策事業特別措置法》並沒有從法律上禁止許多形式奇特的歧視，因此，社會活動家們發起運動，要求法規明確禁止所有形式的社會偏狹行為。同時，一些社區領導人重新採用過去的「譴責」策略，以便與那些微妙的偏見作鬥爭。在兵庫縣一起非常著名的事件中，部落解放同盟的支持者把五十二名教師關在學校裡，並威脅要把他們留在那兒，直到他們簽署自我批評的聲明，答應為爭取批准在學校成立有關部落民問題的研究小組助一臂之力。當老師們拒絕後，部落民抗議者猛烈言辭的折磨使得四十三名教師心神耗竭住進了醫院，其中有十三人住院竟長達六周之久。

日本的愛努人也認為，關於無所不包的同質均一性的聲明是一種危險的誤導。整個二十世紀中期，愛努人社區依然貧困，兒童在戰前愛努人協會曾為之努力實現的無種族界限的學校裡，繼續面對負面的成見和公然的歧視，同時成年人在愛努圈子外找工作或嫁娶時也會遭遇頑固的偏見。只有到了二十世紀七〇年代，新一代人開始積極面對社會的敵意時，情況才有所改變。一些活動家從部落民抗拒被邊緣化的努力中汲取靈感，而世界各地原住民運動的出現也刺激了其他年輕愛努人團體的活動。國內事件，尤其是一九六八年為紀念明治維新和「北海道歷史」一百年在札幌舉行的慶祝會也產生了影響。天皇參加了這些慶祝活動並耗費了一大筆公帑，但它們幾乎沒有提及愛努人的貢獻，除了把他們描繪為早期探險者的嚮導和苦力之外，並沒有在新建的「開拓者村」或「發展博物館」裡給他們留下一席之地。

所有愛努人都不滿一九六八年的歷史健忘症，它似乎否認了他們的存在。一些團體，其前身即愛努人協會，迫使中央政府提供一百二十億日圓資助那些與部落民社區正在實施的專案相似的發展計畫。相比起來，愛努人更激進。他們借鑒了部落民的「譴責」策略，成功地迫使有關方面取消負面描繪他們的電視節目，迫使刊印歧視性卡通畫的雜誌社公開道歉，並在日本最大的旅行社刊登有關參觀「真正的愛努村」，體驗「因多毛而出名的愛努人古老風俗和文化」[37]的廣告後，與這家旅行社分庭抗爭。

出現於二十世紀七八十年代的愛努人日益強烈的自我認同感，激起了人們對愛努人的歷史與文化的迅速高漲的興趣。前所未有之多的社區舉辦節日活動以描繪愛努語的祈禱，朗誦口頭文學，表演經過再創作的舞蹈，以及展示傳統刺繡服裝，活躍分子甚至創造了「愛努人」的新象徵。一九七三年，愛努旗出現了，人們開始充滿渴望地說起愛努人的家園。它既指傳說中的黃金時代，也指在被日本殖民者蹂躪之前，愛努人共同居住的與自然界和諧共處的理想之地。隨著自我感覺的改變，聲稱代表日本一萬七千名愛努人一半的愛努人社團，在一九八四年五月二十七日發佈的檔中提出了對未來的期望。這份題為《新愛努法》的檔提出了一部模擬法，它承認日本原住民的民族和經濟「自立」，允許他們保留自己的語言和文化，保證他們的基本人權和對政治過程的完全參與，並且廢除所有形式的種族歧視。

朝鮮人成為二十世紀末日本人數最多的少數民族。當時居住在日本的大約七十萬朝鮮人中，約百分之九十是殖民時期自願或被迫來到日本的朝鮮人的兒孫，以及他們日漸增多的曾孫。日本曾經把某些公民權利擴大到了朝鮮人，如一九一〇年吞併朝鮮後允許他們在整個帝國境內尋找工作。然而，《舊金山和平條約》生效後，日本政府完全剝奪了留在日本的朝鮮人的公民權，並把他們的身份降為僑民，使他們只具有法律上不能完全保證的在日本的永久居住權。因為日本根據父母的國籍給予公民身份，同時由於加入日本國籍的過程在手續上十分複雜，而且以威嚇申請人而自得的冷酷尖刻的官僚使這一過程變得更為可怕，所以一九五二年後，選擇留在日本的大多數朝鮮人雖然生活在日本，卻沒有公民的全部權利。他們的後裔儘管絕大多數在日本出生，畢業於日本的學校，一生都在日本，而且只說日語，但是情況也是如此。

除了生活在法律上的不確定性中之外，朝鮮少數民族還不得不忍受與其他被邊緣化群體相同的社會和經濟上的歧視。例如校園裡的嘲弄、超市裡的竊竊私語，以及空公寓突然全部「租出」，因父母反對而導致婚約告破，藍領工人因暴露隱瞞的身份而丟掉工作，還有成功的朝鮮族運動員和演藝人員迫於壓力假裝是日本人等等。有時法律地位的缺失與社會偏見互相結合，使朝鮮人處於極為艱辛困窘的夾縫之中。一九四五年秋，據估計廣島和長崎共有七萬朝鮮人，其中許多人被征到生產戰爭物資的工廠做工。他們中大約有四萬人在原子彈爆炸中遇難，或在一年內因與轟炸有關的傷病而亡。一九五九年和一九六八年，日本政府先後通過立法，把特殊醫療服務、衛生保健補助和稅收的免除擴大到那些因原子彈爆炸或殘或病的人。雖然那些法案沒有一部包含了對國籍的要求，但整整二十年裡，在仍然居住在日本的七千名左右原子彈爆炸的朝鮮族倖存者中，只有不到五百人享受到了這一待遇。

和其他少數民族一樣，昭和後期朝鮮族也參加了反對歧視和偏見的鬥爭。例如社團領導人要求公共建設工程計畫的目的地區域應該包括朝鮮人的居住區，而且市民團體把反映社會不公的驚人事例公之於眾，個人也控告公司的歧視等。一九八九年，日本的朝鮮青年協會致信聯合國人權委員會，概括了朝鮮少數民族的主要要求，其中突出的是，保證朝鮮人作為「日本社會毫無爭議的組成成員」的人權和「選擇工作和從事經濟活動」的自由，並且享有社會保障福利、地方政府選舉中的投票權和地方職位的競選權，以及為因原子彈轟炸而受害的朝鮮人提供救濟措施。

儘管被邊緣化的群體遭受了諸多不幸，但即使最激進的活動家也承認，在二十世紀的最後數十年裡，對社會歧視的抗議和比較正面的自我形象的形成，結合起來改善了少數民族的處境。對部落民、愛努人、朝鮮人，還有中國人、沖繩人和被遣返回國的日本移民的後裔，以及來自亞洲其他地區構成了日本其他大規模少數民族群體的僑民來說，生活條件已變得較為舒適，所受歧視已不太明顯，發展和自我實現的機會也比以前豐富。更準確地說，截至二十世紀九〇年代中期，百分之六十二·七的部落民家庭擁有了他們自己的住宅（全國平均數是百分之五十九·八），部落民兒童進中學讀書的比例接近於主流人口，所有部落民青少年的百分之二十上了大學（其他日本人是百分之二十八），而在二十世紀六〇年代只有百分之二。愛努人要求有政治發言權的努力得到了回報，國際上，一九九二年他們被邀請參加聯合國「世界原住民國際年」的開幕式；在國內，一九九四萱野茂成為第一位入選議會的愛努人。

政府官員的態度似乎也在改變。二十世紀九〇年代，長崎市撥出預算的一大部分說明遭受原子彈轟炸的朝鮮族受害人，廣島市最終也批准在和平公園建立朝鮮人紀念碑。截至那時，國家政府已經在教育和地方政府的服務中為朝鮮族人留出位置，並把日本公民所享受的社會保障福利擴大到大多數朝鮮族人。甚至加入日本國籍的服務也有了明顯變化，如一位主要官員所說：「不用說，擁有相同國籍並不需要人們擁有相同的文化和生活方式。只有當改變了國籍的人能夠說『我是某某裔的日本人』，而不隱瞞他們原先的國籍時，才能說日本社會已經從內部國際化了。」38

儘管二十世紀九〇年代出現了明顯變化，但觀察者一致認為二十一世紀還有許多事情等待去做。

婚姻和就業中的歧視還是普遍的。一些觀察者也認為，日本政府忽略了新的形式越來越微妙的隱蔽的歧視。然而，少數民族積極提出的清晰權利要求，已經否定了任何認為日本是個單一民族社會的觀念。同樣地，少數民族向日本社會提出挑戰，要求它更加開放和多元，正如一黨制政府的批評者呼籲更加多元、更加大眾化的政治體制。而且，部落民和其他少數民族堅決認為，在他們獲得更大的自我實現機會時，他們也能為整個社會的福利做出貢獻。這一點，與主流社會青年男女在履行社會義務的同時，要求尊重個體需要的更平等的婚姻和工作關係大體相適應。

時間和自我

二十世紀初，許多日本人都期望生活在一個越來越民主和工業化的社會裡。與此同時，他們希望日本最後能成為國際社會的一分子，成為「世界的一個省」，甚至像亨利克·易卜生和列夫·托爾斯泰那樣的人都「不再是外國人」。在二十世紀的黎明，大衰退和滿洲事件以人們預想不到的方式引發了幾乎吞沒這種夢想和抱負的海嘯。但是，在從「大東亞」戰爭的破壞中恢復的過程中，又出現了人們對以往期望的重新投入。到二十世紀末，這個太平洋遠側的島國已經實行了和西方的議會民主及工業資本主義沒有根本不同的政治經濟體制。而且，日本顯然吸收了世界的一切，日本人和其他發達國家的公民一起分享著共同的物質文化，從小鎮購物街所售的各種商品到主要城市各種式樣的建築，同時，他們也把西方社會的音樂、藝術和文學本土化了。

有點讓人吃驚的是，二〇〇〇年的新年慶典不太關注二十世紀深刻改變了日本的巨大變化，相反，注意的是國家當今面臨的問題。《日本時報》的元旦社論指出，「過去的十年是一段灰暗的經歷。在經濟領域日本已從世界成功的頂點跌落為蹣跚的巨人；管理的藝術搖搖欲墜；當教室變成了戰場，青少年以『援助交際』的名義出賣肉體時，則凸顯了國家道德的真空」。[39] 然而，似乎沒有人能提供任何激動人心的富於靈感的克服世紀末病症的辦法。報紙充斥著尋找「新的目標感」和「繪製世紀的新路線」這種含混不清的老生常談。二〇〇〇年一月一日凌晨一點，小淵惠三首相向全國致辭，溫和地報告說日本沒有遇到嚴重的電腦Y2K問題[40]。大多數日本人也同樣低調地步入新世紀，一些人遊覽佛寺，那裡的鐘聲象徵著過去一年罪愆的消除；另一些人則前往神社購買護身符，祈求來年神靈的保佑。在日本各地，家人聚集在一起，享用專門的新年食品，觀看電視上的「紅白歌合戰」。

沒有對激烈的政治變革的呼籲，這一點表明，也許大多數日本人相信，議會民主的手段和原則最終會給他們的國家帶來良好的秩序和經濟的繁榮。不過，也有一些人想開闢通向未來的新文化之路。如果說大多數日本男女在世紀末以似乎很「日本」的方式慶祝二〇〇〇年的新年，那麼，還有一些人則提倡新的世界主義。與流行於世紀初的，日本應該向別國學習，成為一個易卜生和托爾斯泰都不再是外國人的國家的舊觀念相比，二十世紀末和二十一世紀初的新國際主義意味著超越國籍，超越目前的困難展望未來，為世界文化做出貢獻。

建築師和城市規劃者丹下健三是一位著名的新文化主義者。他於一九五五年事業剛起步時設計了廣島和平紀念廳。十年後，在一場地震破壞了南斯拉夫的史高比耶城之後，他領導了這座城市的重建。他也是一九九一年竣工的令人驚歎的東京都新市政廳的主建築師。許多評論家盛讚丹下健三畢生的傑作，稱讚他運用日式設計中的不對稱和其他傳統原則以及現代材料，建造了新穎、大膽、富有想像力的大廈，通過把結構主義與生硬的幾何風格分離開來，使國際建築界為之著迷。

前衛的時裝設計師三宅一生從事著另一種藝術工作，他希望能作為「第三者」，即沒有任何特別國籍身份的人介入世界文化。「遠離祖國，在巴黎居住、工作，」有一次他回憶道，「我非常困惑地看著自己，自問：『作為一名日本服裝設計師我能做什麼？』然後我意識到我的劣勢，缺乏西方傳統，但這也會是我的優勢。缺乏西方傳統，」他繼續說，「正是我開創當代的和世界的風尚所需要的。但是作為日本人，我是來自一個傳統豐富的國度，我認識到我有這兩個奇妙的優勢。就這樣，我開始嘗試設計全新風格的服裝，既不是西方的也不是日本的，而是超越國籍的。」[41]最後，終於在兩個世紀之交，兩個千禧年接合之時，這種既是日本的又是現代的，甚至是超越國籍身份的創作成為可能。

昭和晚期和平成早期，世界越來越喜歡日本的事物。各地人民吃著壽司，在當地食品市場購買成包的速食面，練習柔道和空手道，在卡拉OK錄音的伴奏下唱歌。日本價值的表現和行為引起了各地人民的好奇心，也經常贏得他們的讚賞。二十世紀六〇年代，當諾貝爾獎委員會首次決定頒獎給日本作家時，它選擇了川端康成，一個「純日本的」小說家。其作品被認為在探究關於愛情和人類存在的給人以美感但又脆弱不穩的本質的同時，表達了一種典型的日本式憂鬱。臨近世紀末，《蒲公英》和《來跳舞吧》等電影使日本和國外的影院爆滿。前者是關於日本人和食品的一系列幽默小插曲；後者則細膩地描述了一個上班的中年男子，如何通過陷入與一位美麗的舞蹈學校教師的處於萌芽狀態的關係，來面對他的孤獨，以及他妻子對婚外情的威脅是如何反應的。

在某些情況下，對日本人生活方式和價值觀的具體描寫包含什麼樣的普遍意義的問題，激起了日本以外人們的興趣。因此，就在丹下健三的建築贏得了世界讚譽之時，大江健三郎成為第二個獲得諾貝爾文學獎的日本人。他的著作探查廣島的經歷，以及四國島的山村居民和東京中央政府之間的對抗，還有一位父親及其殘疾兒子的生活。雖然大江健三郎的小說只是關於昭和晚期的特殊經歷，但在一位著名文學批評家看來，他建立了「特定環境和普遍觀點之間的聯繫」。大江健三郎的手法，他評論道，「關注的不是日本有多遠，而是有多近。大江書寫的日本的痛苦，因而也是當代全體人類的痛苦」。42

電視連續劇《阿信》塑造了不同類型的形象，在它播放的四十一個國家裡也吸引了一大批國際觀眾。推測起來，許多觀眾收看的目的是隨著阿信的故事瞭解普通日本人的生活。阿信在日本北部一個貧窮的村莊裡度過童年，後來成了住在雇主家的女僕，她克服了一系列障礙，最後成為東京一家超市的所有者。但是《阿信》蜚聲國際的真正秘密，按照一位分析家的說法，是主人公展現了超越語言和文化障礙的價值，即「性格力量、熱心、毅力、勇氣和勤勞」。[43]至於三宅一生，Elle雜誌給予他法國時尚界所能給的最高讚美，即他的風格超越了時尚。

新世界主義未來的路線並不清楚，在新世紀之初也不可能知道日本何時，或者甚至能否找到解決其經濟和政治問題的辦法。大約在八百年前的十三世紀初，詩人鴨長明厭惡對他來說充滿了太多不幸和災難的世界，他想尋求更為安靜的生活，於是離開首都京都，居住在附近山區的小屋裡。他在那裡撰寫了對存在本質的短評《方丈記》。他開宗明義地說，「河流永不停息地流動，但河水從不一樣。寂靜的池子裡漂浮的泡沫時聚時散，從不作片刻停留。人類及其存在也是如此」。[44]鴨長明的思想反映了人生無常的佛家觀念。正如他筆下的河水奔流不息，產生旋滅旋生的泡沫，雖然可以辨認但樣子已經不同。現在關於何謂「現代的」和何謂「日本的」的觀念，也在對周圍歷史事件的反應中不斷改變著。

在此過程中，改變中的身份觀念產生了差異與爭論，以及對政治、經濟和社會之未來的一種多樣性的觀點。在現代歷史進程中，日本人關於他們是誰，他們應該如何與世界其他民族共存的觀念已經大大改變。現在，改變還在繼續，日本人對於他們步入新世紀時面臨的問題和挑戰並沒有唯一的答案。對歷史學家來說，更喜歡把變化看成一種累積和進化，但歷史本身告訴我們，時間的流動也會遭遇瀑布和間斷，因此把過去和現在割裂，使未來總是無法預測。

1 譯注：即所謂的「亞洲金融危機」。

2 Fujiwara Sakuya, 「Japan's Financial Woes and the Hope for Big Bang」, Japan Echo 25:1 (February 1998), Internet edition.

3 Obuchi Keiz , 「From Foreign Minister to Prime Minister」, Japan Echo 25:5 (October 1998), Internet edition.

4 「Prime Minister Mori: A Full Life of Encounters with Remarkable People」, the Consulate General of Japan, Boston, July 24, 2000.

5 Tokuyama Jir , 「The Leaderless State」, Japan Echo 18:4 (Winter 1991), pp. 35-41.

6 Masuzoe Y ichi, 「The LDP's Electoral Setback」, Japan Echo 25:5 (October 1998), Internet edition.

7 Masanura Kimihiro et al. , 「The LDP in Crisis」, Japan Echo 16:3 (Autumn 1989), p. 17.

8 Noguchi Yukio, 「The Persistence of the 1940 Slump」, Japan Echo 24: Special Issue (1997), Internet edition.

9 Iwami Takao, 「Japanese Politics in an Age of Realignment」, Japan Echo 21:1 (Spring 1994), p. 9.

10 Noda Nobuo, 「The Built-in Defects of Japanese Government」, Japan Echo 18:4 (Winter 1991), pp . 44-45.

11 Sassa Atsuyuki, 「Fault Lines in Our Emergency Management System」, Japan Echo 22:2 (Summer 1995), p. 23.

12 Kishi Nobuhito, 「Is MOF to Blame for Japan's『Second Defeat'?」 Japan Echo 25:5 (October 1998), Internet edition.

13 Sakaiya Taichi, 「The Myth of the Competent Bureaucrat」, Japan Echo 25:1 (February 1998), Internet edition.

14 Yoshida Katsuji, 「The Administrative Reform Debacle -Hashimoto's Nemesis」, Japan Quarterly 45:1 (January-March 1998), p. 30.

15 Obuchi, 「From Foreign Minister to Prime Minister」

16 Fujiwara, 「Japan's Financial Woes and the Hope for Big Bang」, and Takeuchi Yasuo, 「Revitalizing Japanese Manufacturing」, Japan Echo 23:4 (Winter 1996), Internet edition.

17 Sat Seizaburo, 「Time for a Review of Japan's Security Policy」, Japan Echo 17:4 (Winter 1990), p. 23.

18 「Japan's Role in the International Community: Draft Report」, Japan Echo 19:2 (Summer 1992), p. 52.

19 Ikeda Tadashi, 「Toward an Open Ended Asia Policy」, Japan Echo 22:1 (Spring 1995), p. 21.

20 Kathleen S. Uno, 「The Death of 'Good Wife, Wise Mother'?」, in Andrew Gordon,ed,Postwar Japan as History(Berkeley: University of California Press, 1993), p. 314.

21 Suzuki Kazue, 「Equal Job Opportunity for Whom?」, Japan Quarterly 43:3 (July- September 1996), p. 54.

22 譯注：即不被公開承認的不讓女性或少數族群晉升至權力或者責任核心位置的歧視藩籬。

23 Jean R. Renshaw, Kimono in the Boardroom (New York: Oxford University Press, 1999), p. 132.

24 Merry White, 「Home Truths: Women and Social Change in Japan」, Daedalus 121:4 (Fall 1992), p. 70.

25 Ogawa Naohiro, 「When the Baby Boomers Grow Old」, Japan Echo 23: Special Issue (1996), p. 19.

26 Nicholas D. Kristof,「Who Needs Love? In Japan, Many Couples Don't」, New York Times, February 11, 1996, Internet edition.

27 White,「Home Truths」・p. 70.

28 Chikushi Tetsuya,「Young People as a New Human Race」, Japan Quarterly 33:3 (July-September 1986), p. 291.

29 Sugahara Mariko,「Five Fatal Symptoms of the Japanese Disease」, Japan Echo 21:2 (Summer 1994), p. 69.

30 Ijiri Kazuo,「The Breakdown of the Japanese Work Ethic」, Japan Echo 17:4 (Winter 1990),pp. 38-40.

31 Nishiyama Akira,「Among Friends: The Seductive Power of Bullying」, Japan Quarterly 43:4 (October-December 1996), pp. 51-57.

32 Mark Schreiber,「Juvenile Crime in the 1990s」, Japan Quarterly 44:2 (April-June 1997),pp. 84-85.

33 Merry White,「The Virtue of Japanese Mothers: Cultural Definitions of Women's Lives」, Daedalus 116:3 (Summer 1987) p. 154.

34 Kawakami Ryoichi,「A Teacher's Diary」, Japan Echo 25:1 (February 1998), Internet edition.

35「Crisis in the Schools」, Japan Echo 25:3 (June 1998), Internet edition.

36 Richard Siddle, Race Resistance and the Ainu of Japan (London: Routledge, 1996), p. 179.

37 Richard Siddle,「Ainu: Japan's Indigenous People」, in Michael Weinen, ed. , Japan's Minorities: The Illusion of Homogeneity (London: Routledge, 1997), p. 32.

38 Chikako Kashiwazaki,「The Politics of Legal Status: The Equation of Nationality with Ethnonational Identity」, in Sonia Ryang, ed. , Koreans in Japan: Critical Voices from the Margins (London: Routledge, 2000), p. 29.

39「Let's Make a New Start」, Japan Times, January 1, 2000, Internet edition.

40 譯注：即「千年蟲」或「2000年問題」。

41 Dorinne Kondo,「The Aesthetics and Politics of Japanese Identity in the Fashion Industry」, in Joseph J. Tobin, ed. , Remade in Japan: Everyday Life and Consumer Taste in a Changing Society (New Haven: Yale University Press, 1992), pp. 179 and 194.

42 Kat Sh ichi,「 e Kenzabur and the Nobel Prize」, Japan Echo 22:1 (Spring 1995), pp. 78-79.

43 Iwao Sumiko,「Popular Culture Goes Regional」, Japan Echo 21:4 (Winter 1994), p. 74.

44 A. L. Sadler, tr. The Ten Foot Square Hut and Tales of the Heike (Routledge, Vt. : Charles E. Tuttle, 1972), p. 1.

附錄

詞語註釋

1. 愛努人：居住在蝦夷地（包括北海道、千島群島一帶和庫頁島南部）的土著居民，明治維新後成為日本國民。
2. 參勤交代制：規定大名定期（通常是每隔一年）居住於江戶，並將他們的正妻、直系繼承人，以及重要侍從留在江戶作為人質的制度。
3. 天照大神：太陽女神，日本天皇世系的始祖神。
4. 幕府：將軍的「帳篷政府」。德川將軍從一六〇三年到一八六八年主持國家政務。
5. 文明開化：「文明和啟蒙」，在那些希望將西方文化和思想引進日本的人士中間十分流行的詞彙。
6. 部落民：在一八七一年的法律廢除了「穢多」、「非人」等稱謂後，用來指那些「賤民」後代的稱謂。
7. 武士：日本的武士。
8. 武士道：「武士之道」，用來形成武士階級的信念和行為的道德規範。
9. 町人：商人和手工業者的通稱；住在城市裡的所有武士階級以外的人。
10. 町人道：「商人之道」，用來形成商人和工匠家庭的信念和行為的道德規範。
11. 大名：前近代時期的領主，統治著一塊土地，估計生產能力能夠達到一萬石以上稻米。
12. 太政官：中央政府的行政機構，它的建立代表著「大化改新」成果的一部分；一八六八年至一八九五年間（明治維新以後）寡頭政府的最高行政官員。
13. 立憲同志會：第二次世界大戰前日本的兩大主流政黨之一，成立於一九一三年，後改稱憲政會（一九一六年）和立憲民政黨（一九二七年）。一般來說，與其對手「立憲政友會」相比，立憲同志會較為開明，二十世紀二十年代主張社會立法，削減軍事預算。
14. 蘭學：十八世紀和十九世紀上半期日本關於西方科學、醫學和數學的統稱。當時日本人能夠得到的絕大多數教材是以荷蘭語寫的，或是從其他歐洲語言譯成荷蘭語的。
15. 蝦夷：歷史上住在日本本州北部的居民，曾經抵抗邪馬台國徵稅。
16. 穢多：前近代時期和近代早期世代相傳製作獸皮，並將皮革製成武士裝備的賤民家庭；生活在隔離的社區裡，常常在城堡外區，他們更願意被稱為皮革製作者。
17. 蝦夷地：愛努人的故鄉，包括北海道、千島群島一帶和庫頁島南部。
18. 福澤諭吉（1835～1901）：出生於日本西部的低級武士家庭，在長崎學習蘭學和西方科學。一八五八年在江戶開辦了慶應學塾（即今日慶應大學前身），自學英語，十九世紀六〇年代三度前往歐美遊歷。作為一位著名教育家和作家，被認為是十九世紀七八十年代日本最主要的主張「文明開化」的論者和向西方學習的鼓吹者。

19. 元老：「前輩政治家」，明治時代晚期和大正時代就政治事務向天皇提出建議。

20. 後藤新平（1857～1929）：出生於日本北部，一八八三年進入內務省，監管幾個公共健康項目。一八九八年至一九〇六年間執掌臺灣民政，其後成為南滿鐵道株式會社首任總裁，督促日本在關東州租借領土上的殖民活動。一九二〇年任東京市長，一九二三年任內務大臣，並在一九二三年關東大地震後的城市重建中扮演了極其重要的角色。

21. 原敬（1856～1921）：故鄉在日本北部。一八八二年進入政府擔任公職之前做過新聞記者，一九〇〇年幫助建立了政友會，又於一九〇六年至一九一四年間幾次成為內務省大臣，運用「酒肉政治」去擴展黨派勢力。一九一八年「米騷動」之後，成為日本歷史上第一個在下院擁有席位的首相，使其黨派成員佔據大多數內閣職位，並在國會選舉中獲得絕大多數席位。

22. 日比谷公園：一九〇三年，將原大名宅邸開放，很快成為東京的一個「公共空間」。一九〇五年九月，示威者曾在此集會，抗議簽訂《朴資茅斯條約》。後來，中產階級家庭將日比谷公園列為他們周日出遊的地點。

23. 非人：前近代時期及近代早期以娛樂別人和行乞為生的「賤民」。幕府曾經徵用一批「非人」，執行諸如協助行刑和照料罹患傳染病者的任務。

24. 北海道拓殖使：日本政府於一八六九年設立，旨在推進北海道的移民事業及其經濟發展；但除了剝奪土著愛努人的土地權利之外，取得的成就十分有限。一八八二年，政府計畫將該機構的財產以微不足道的價格賣給具有內部關係的私人，由此激起公憤，該機構隨後被撤銷。

25. 內務省：一八七三年設立，擁有從國外引進科學技術，以及在國內組建新式工業的權利。其後，內務省更有權監管地方政府部門，掌控員警並監督選舉。一九四七年被撤銷。

26. 市川房枝（1893～1981）：名古屋人。當過教師和新聞記者。一九二〇年加入著名女權主義者平塚雷鳥組建的「新婦人協會」；一九二四年，組建「婦人參政權獲得期成同盟會」，激勵人們爭取婦女選舉權；直到一九四〇年仍是一個為婦女爭取選舉權而鬥爭的女性領袖；第二次世界大戰後，建立「新日本婦女聯合會」，主張為婦女爭取合法權益，先後五次被選為參議院議員。

27. 御前會議：有天皇出席的正式會議，此前在軍政聯席會議上達成的議案於此得到最後批准。

28. 教育敕令：一八九〇年十月頒佈，宣傳愛國主義、傳統儒教價值觀，以及對天皇忠誠，國家是一個以天皇為家長的大家庭的觀念。直到一九四五年，全日本所有學校的學生都要定期參加朗誦敕令的儀式。一九四八年六月正式廢除。

29. 大政翼贊會：成立於一九四〇年十月的群眾性政治團體，旨在推進「新體制」運動。保守主義者攻擊該團體的立足點違背了明治憲法精神，最終，內務省控制了該組織，並利用其動員民眾支持「大東亞戰爭」。

30. 《慶安御觸書》：即《勸農規定》三十一條，德川幕府於一六四九年頒行。彙編包括三十二章，規定農民辛勤勞作，節儉度日，自給自足和恭順服從。

31. 伊勢神宮：一批重要的神道神殿的建築集群的名稱，坐落在三重縣境內。位於伊勢的中心神殿，據說可以追溯至西元前三世紀，供奉著日照大神。

32. 維新：一個來自古典漢語的詞彙，意味著復興和萬象更新。在明治維新中，具有「王朝復辟」之意。

33. 石原莞爾（1889～1949）：一個職業軍人，一九二八年加入關東軍，在策劃滿洲事變中扮演了首要角色。一九三七年成為陸軍參謀本部作戰部長，但他與其他將軍在日本對華政策上意見分歧，因此倍感孤立。一九四一年辭職。

34. 伊藤博文（1841～1909）：出生於長州藩，「尊王攘夷」運動的積極分子。二十世紀六〇年代在英國留學，歸國後主張與西方國家簽訂條約。作為明治寡頭政府的首要政治家，他敦促制定了日本第一部憲法，先後擔任過三屆首相。他一八九〇年創立「政友會」，一八九五年，作為日本談判代表與李鴻章簽訂《中日馬關條約》，並擔任日本首任朝鮮總督，一九〇九年被朝鮮民族主義者刺殺。

35. 伊藤野枝（1895～1923）：出生於九州，在東京上高中。一九一五年成為女權主義雜誌《青鞜》的編輯，是一個有奉獻精神的無政府主義者。一九二一年，她成為社會主義婦女團體「赤瀾會」的創始人，與其愛人和無政府主義同志大杉榮一起，在關東大地震的災後時期中被員警殺害。

36. 岩倉使團：一個由政府重要官員和留學生組成的代表團，由岩倉具視組織和率領。在一八七一年到一八七三年間訪問了美國和歐洲，旨在努力與西方國家修訂條約，並學習西方的政治和經濟制度。

37. 岩倉具視（1825～1883）：一位宮廷朝臣，成為倒幕運動的領袖，導致一八六八年一月三日德川幕府向天皇朝廷投降。一八七一年率領岩倉使團前往歐美，並任用伊藤博文起草明治憲法。

38. 殉死：一個武士由於主人死亡而自殺。

39. 開國：「打開國門」，十九世紀五〇年代那些希望與西方國家締結條約關係的人士常用的詞彙。

40. 神：居住在高天原或某種自然現象中的神靈，通常供奉在神社中，女神一般都仁慈地降福人間。

41. 神風：十三世紀晚期兩次摧毀蒙古入侵艦隊的所謂「神風」，強化了神道神靈護佑日本的信仰。

42. 關西地區：日本西部。傳統上，圍繞京都和大阪的地區被稱為「關西」。

43. 關東地區：日本東部。

44. 河上肇（1879～1946）：畢業於東京大學，先後任教於東京大學和京都大學，成為著名的古典經濟學權威。他關心窮人的狀況，後開始研究社會主義思想，最終為馬克思主義經濟學所吸引。一九三二年加入處於地下狀態的日本共產黨，次年被捕入獄，一九三七年釋放出獄，但健康受到損害，因此從京都大學辭職。

45. 皮田：皮革製作者。參見「穢多」條。

46. 木戶孝允（1833～1877）：長州藩的低級武士，投身「尊王攘夷」運動，促使長州—薩摩兩藩結盟，聯合倒幕。明治維新後，起草「五條御誓文」，並加入岩倉使團，遊學歐美。

47. 畿內地區：緊挨著京都的地區。

48. 岸信介（1896～1987）：畢業於東京大學，後進入農商省，成為一名領頭的革新官員。二十世紀三〇年代晚期，在制定偽滿洲國的經濟政策中扮演關鍵角色。一九四一年到一九四四年，作為東條英機內閣的閣員指導日本的經濟動員，戰後，作為戰犯被捕，但逃脫了指控；一九五三贏得選舉，進入眾議院。從一九五七年二月到一九六〇年七月，擔任過兩屆首相。其弟佐藤榮作則擔任過三屆首相。

49. 近衛文麿（1891～1945）：京都朝廷貴族之子。一九一六年被任為貴族院議員，參加日本代表團出席巴黎和會，二十世紀二十年代成為著名的泛亞主義者。一九三七年六月到一九四一年十月擔任三屆首相，對日中戰爭的擴大負有責任。發起「新體制」運動，創建「大政翼贊會」，並致力於建立「大東亞共榮圈」。

50. 黑田清隆（1840～1900）：薩摩藩人。二十世紀六〇年代參加倒幕運動，一八七四年就任北海道拓殖使。一八七六年一月，派出一支小型現代化艦隊進入朝鮮水域，迫使朝鮮簽訂屈辱的《江華條約》。一八八一年，在因與北海道拓殖使官產出售醜聞有牽連之後辭職。一八八八年再度出山擔任首相，後來成為政壇元老。

51. 關東軍：日本陸軍的一個組成部分，創建於一九〇六年。二十世紀二十年代，關東軍中從事政治活動的年輕軍官力主把滿洲從中國分割出來，並在亞洲北部建立日本控制區，從而挑起了「滿洲事變」。

52. 關東州：日本所佔領的中國遼東半島南端戰略要地的名稱，包括大連港和旅順要塞等不凍的海軍基地。這是依據《朴資茅斯條約》的條文從俄國獲取的。

53. 軍政聯席會議：內閣關鍵閣員和軍隊最高指揮機構之間的會議。從一九三七年晚些時候開始，常為討論和做出重大決策而舉行。

54. 松方正義（1835～1924）：薩摩藩武士。十九世紀六〇年代參加倒幕運動，一八六八年後成為縣知事，其後加入東京政府，幫助執行一八七三年的地稅改革，其後擔任過大藏大臣，並擔任過兩屆內閣首相。

55. 松岡洋右（1880～1946）：生於山口縣。一九〇〇年畢業於美國俄勒岡大學法學院，歸國後從事外交活動。二十世紀二十年代晚期成為南滿鐵道株式會社副總裁，一九三〇年當選為國會議員，在國會裡成為幣原喜重郎「合作帝國主義」政策的激烈反對者。作為日本派駐國際聯盟的代表，在「滿洲事變」爆發後，竭力主張日本退出國聯。一九三七年到一九四〇年擔任內閣顧問。一九四〇年和一九四一年擔任外務大臣，期間幫助制定了「大東亞共榮圈」的目標，敦促日本進軍東南亞，並在外交上將日本與德國和義大利綁在一起。戰敗後作為戰犯被捕，因病被判免於監禁。一九四六年六月死亡。

56. 南次郎（1874～1955）：職業軍人。一九三一年進入若槻禮次郎內閣，任陸軍大臣。一九三四年擔任關東軍司令官兼駐偽滿洲國大使，其後擔任朝鮮總督。戰後被作為戰犯起訴，被判終身監禁。

57. 美濃部達吉（1873～1948）：東京大學教授。「天皇機關說」理論的主要鼓吹者，認為天皇只是國家機器的一個「機關」，其他機關如國會、政府機構、內閣等等，也都享有憲法賦予的特定治理許可權。二十世紀三〇年代，右派人士攻擊美濃部達吉的思想犯有對天皇不敬罪，因此迫使其從貴族院辭職，他的著作遭到查禁，人身也在一九三六年的一次暗殺行動中受傷。直到一九四六年之前，美濃部達吉一直脫離公眾生活。此後作為內閣顧問，起草戰後憲法。

58. 通商產業省：簡稱通產省。一九四九年在此前的商工省（1925～1943；1945～1949）基礎上設立，旨在促進經濟高速發展，有權引進新科技，配置財政和自然資源給經過選擇的產業。許多觀察家都認為，通產省官員設計了日本戰後復興的有效產業政策。

59. 成金：暴發戶。

60. 《國家總動員法》：一九三八年四月一日頒行，授權政府在各產業部門調配勞工，將所有產業組成企業聯合以貫徹政府的計畫，為戰時生產徵用工廠和土地等等。一九四五年被美國佔領當局廢除。

61. 國學：一場出現在十八世紀的學術運動，希望通過對古籍的縝密分析，來發現日本傳統文化的本質所在。

62. 新體制運動：一九四〇年由近衛文麿發起，設想重建日本的政治和經濟體系，使之成為一個對付西方帝國主義和共產主義雙重威脅的堡壘。其內容包括呼籲實行計劃經濟，建立「大政翼贊會」之類的群眾政治組織以支援政府。

63. 新宗教：意在利用以往的宗教傳統使神道或佛教獲得獨立發展的宗教運動。允諾信徒在現世就能得到救助，在那些生活在社會底層的人群裡逐漸流行。新宗教的第一波浪潮，包括興起於十九世紀早期的黑住教和天理教，其後還有更多教派形成於明治時代晚期和大正年間。

64. 日本放送協會（NHK）：一九二六年成立，為遞信省控制之下的國家廣播公司，壟斷了所有的無線電廣播。一九五〇年，新法律允許成立商業廣播機構，NHK被重組為公共公司，經費來源於每戶家庭每月繳納的收聽費用。從一九五三起，NHK增加了電視播放，如今在教育節目上富有專長。

65. 日本橋：江戶城裡的主要商業區。位於一座建於一六〇三年的橋樑附近，並因此橋而得名，為東海道的起始地。十九世紀晚期和二十世紀初，作為商業區而繁榮起來。

66. 二宮尊德（1787～1856）：鄉村建設的鼓吹者，組織了一些專案以促進一些藩國的農業生產。以「農民賢哲」聞名於世，為農民寫成三十餘卷實用的和道德的箴言，敦促人們「報恩」，就是說，以勤奮勞作、勤儉節約和幫助他人，作為對天照大神護佑的報答。在二十世紀三〇年代的學校教科書中，二宮尊德被歌頌為一位美德的楷模。

67. 新渡戶稻造（1862～1933）：畢業於札幌農學院，後留學德國和美國，成為基督教教友派信徒，其後擔任東京大學殖民地政策教授，曾出任國聯常務副秘書長。自稱是國際主義者和反軍國主義者，實際上卻是日本政府對待愛努人政策的公開支持者，也是日本在朝鮮的殖民地政策的堅定辯護者。

68. 小栗忠順（1827～1868）：德川幕府的主要官員之一。一八六〇年日本訪美使團的成員之一。從一八六四年到一八六八年，指導幕府的軍事和經濟改革，主張懲罰與幕府持異議的藩國。明治維新後唯一被依法處死的原幕府官員。

69. 大久保利通（1830～1878）：薩摩藩武士。十九世紀六〇年代投身倒幕運動。一八六八年後成為一名首要的寡頭政治家，是一八七三年地稅改革的主要設計師，並致力於推進工業化。指揮軍隊撲滅了西鄉隆盛的叛亂，一八七八年被西鄉隆盛的同情者刺死。

70. 大隈重信（1838～1922）：武士出身。一八六八年加入明治政府，幫助建立起現代貨幣體系和國家鑄幣廠。一八八二年組建立憲改進黨，一八九八年成為第一個被任命為首相的政黨首腦。一八八二年建立了一所學校，成為早稻田大學的前身。

71. 《治安警察法》：一九〇〇年三月由山縣有朋內閣公佈。目的在於限制反政府的團體活動，特別是正處於萌芽狀態的勞工運動。其中有專門條文限制勞工組織工會和舉行罷工的權利，禁止婦女、軍人和神職人員的政治行為，強調員警有權查禁和解散任何集會或遊行示威。對勞工組織的限制一九一九年後有所放寬，禁止婦女參加政治活動的條文於一九二二年被取消，而《治安警察法》本身，則於一九四五年九月被美國佔領當局廢除。

72. 《武家諸法度》：用於界定大名領主和將軍家臣行為的規則，包括婚姻、繼承人和城堡建築等方面的限制。一六一五年初次頒行，此後定期加以修訂。

73. 浪人：一個行無定所的人，或一個沒有主人的武士。

74. 琉球群島：日本九州以南的一個群島，其中最大的島嶼是沖繩。在近代早期，該群島是一個自治王國，為中國的一個藩屬國，也是薩摩藩的屬地。明治政府宣布對該群島擁有主權，並於一八七九年將其作為沖繩縣併入日本版圖。

75. 西鄉隆盛（1827～1877）：薩摩藩武士，幫助促成薩摩─長州聯盟，一八六八年率領討幕軍與幕府軍作戰。一八七三年，在其他執政寡頭否決了他的「征韓論」之後，從明治新政府辭職。一八七七年，領導了一場反對明治政府的叛亂，以失敗告終。

76. 西園寺公望（1849～1940）：京都朝廷貴族的後裔。學習法律，與伊藤博文建立了密切的關係，並且幫助建立了政友會。一九〇六年至一九一二年間擔任過兩屆首相，直到去世前一直作為元老保持著政治影響力。

77. 侍從：一種武士，更確切地說，是一種享有照料其主人的特權的武士。

78. 政友會：一九〇〇年由伊藤博文創立，成為日本兩大主流政黨之一。政治傾向保守，並在田中義一領導期間執行了武斷的外交政策，對「左派」政治人士採取鎮壓措施。一九四〇年解散。

79. 戰國時代：從一四六七～一四七七年的「應仁之亂」起，直到十六世紀末重新統一國家的戰爭結束。這段時間裡不斷發生的紛爭使得日本成為一個「戰亂中的國家」。

80. 澀澤榮一（1841～1931）：出生於一個富裕農民家庭。一八六九年加入明治政府，協助進行稅制和貨幣改革，並在富岡繅絲廠的創辦中扮演了關鍵角色。一八七三年辭去官職，進入工商業界，隨後建立了國家第一銀行，先後幫助建立了將近三百家工商企業，主張企業家不謀私利，唯一願望是為提高國家的福利。

81. 幣原喜重郎（1872～1951）：大阪人。從東京大學畢業後進入外務省，一九一九年任駐美大使，曾擔任過日本出席華盛頓會議的代表。一九二四年至一九二七年以及一九二九年至一九三一年間，先後擔任憲政會和民政黨內閣的外務大臣。認為通過與西方列強合作，保持亞洲的力量平衡，對於促進日本在亞洲的利益最為有利。一九四五年十月被任命為首相，其內閣主持了戰後新憲法的制定。

82. 神道：「神靈之道」，日本的本土宗教。

83. 志士：激進的年輕武士，自詡為「胸懷大志之人」。十九世紀五〇年代晚期和十九世紀六〇年代，他們主張「尊王攘夷」，贊成採用暴力將外人逐出日本，建立以天皇為本的統治。

84. 莊園：由貴族和宗教業主佔有的大片私人土地。十六世紀時，隨著大名領主在農村地區強化其權威，莊園逐漸消失。

85. 將軍：「征夷大將軍」的簡稱。從中古時代起，天皇便委任將軍作為「幕府」首領，動用軍事和員警力量，以彌補政府民事行為的不足。一六〇三年至一八六八年間，德川家族佔據了這一職位並不斷擴展權力，以至於將軍成為一個代表天皇執掌國家事務的全國性霸主。

86. 昭和維新：二十世紀三〇年代早期激進右派人士中流行的口號。希望正直的年輕人仿效十九世紀六〇年代「胸懷大志」的「志士」行徑，推翻被政黨政治家和資本家操縱的腐敗政治和經濟體制，鋪設一條由英明大臣以仁慈天皇的名義實行統治的道路。

87. 尊王攘夷：「尊崇天皇，驅逐外夷」。十九世紀五〇年代晚期和十九世紀六〇年代早期，在渴望推翻幕府統治的人士中流行的口號。

88. 水準社：一九二二年由部落民團體建立的全國性組織，主張平等的政治和社會權利以及改進社會邊緣群體的生活狀況。

89. 太陽女神：參見「天照大神」條。

90. 天皇：天上來的國王，即日本的皇帝。名義上的中央政府首腦和本土神道的主要司鐸者。

91. 寺子屋：寺廟學校，日本中世紀早期一種由私人營運的學校。

92. 三大都市：江戶、京都、大阪，日本近代早期的三座主要城市。

93. 東北地區：日本的東北部。

94. 東海道：東部沿海道路。此路沿著太平洋沿岸伸展，從江戶到京都，又擴展到大阪，綿延將近四八〇公里，沿線設有五十三個驛站，為旅行者提供服務。

95. 宇垣一成（1868～1956）：職業軍人，二十世紀二十年代到三〇年代早期，擔任過數屆內閣的陸軍大臣，其間成為右派激進人士的英雄。一九三一年至一九三六年任朝鮮總督，鼓勵發展重工業和軍事工業，同時殘酷鎮壓反抗日本佔領的朝鮮人民。戰後曾遭美國佔領當局清洗，其後恢復了正常生活，一九五三被選為參議院議員。

96. 華盛頓會議：一九二一年十一月到一九二二年二月在美國華盛頓舉行。會議產生了幾項協定，特別是「四強條約」，即「華盛頓海軍軍縮條約」和「九國公約」。其旨在緩和國際緊張局勢，減少軍備競賽，維持太平洋地區海軍力量的平衡，保持中國的領土主權。

97. 山縣有朋（1838～1922）：長州藩的低級武士。「尊王攘夷」思想體系的狂熱鼓吹者。明治維新以後，帶頭努力推進徵兵制，並率軍平定西鄉隆盛叛亂。十九世紀八〇年代晚期，在促進地方政府系統發展方面起到關鍵作用。擔任過兩屆首相，日俄戰爭期間擔任日軍參謀總長，其後成為一名有影響的元老。

98. 山川菊枝（1890～1980）：生於東京，積極投身日本婦女運動。一九二〇年成立社會主義婦女團體「赤瀾會」，一九四七年成為勞動省中婦女和未成年人部門的首任負責人。

99. 與謝野晶子（1878～1942）：生於大阪附近。一九〇一年因詩集《亂的頭髮》而贏得文學聲譽，詩集中包含四百首感情豐富而又能引起快感的詩。後來她成為一名女權主義領袖，著有多部詩集和社會評論集。

100. 吉田松陰（1830～1859）：「尊王攘夷」思想的主要宣導者。在家鄉長州開辦學塾，學生中有伊藤博文和山縣有朋。一八五九年被幕府處死，罪名是與刺殺幕府高官的密謀有牽連。

101. 吉野作造（1878～1933）：東京大學教授。大正時期自由民權思想的主要發言人，贊同「民本主義」，認為政黨內閣理應成為政府機構的組織形式，因為其允許普通民眾決定他們自己的政治命運。

102. 財閥：由銀行、工業和商業企業組成的大型企業集團。從明治時代晚期直到「大東亞」戰爭期間，財閥一直在日本經濟發展中扮演著關鍵角色。

延伸讀物

【一般讀物】

Allinson Gary D.Japanese Urbanism: Industry and Politics in Kariya, 1872-1972.Berkeley: University of California Press, 1975.

Barnhart, Michael A.Japan and the World since 1868.New York: Edward Arnold, 1995.

Bartholomew, James R.The Formation of Science in Japan.New Haven: Yale University Press, 1989.

Beasley, William.G.Japanese Imperialism 1894-1945.Oxford: Clarendon Press, 1991.

Bernstein, Gail Lee.Recreating Japanese Women 1600-1945.Berkeley: University of California Press, 1991.

——, and Haruhiro Fukui, eds.Japan and the World: Essays in Japanese History and Politics.New York: St.Martin's Press, 1988.

Boscaro, Adriana; Franco Gatti; and Massimo Raveri, eds.Rethinking Japan.2 vols.Sandgate, Folkestone, Kent: Japan Library, 1990.

Brownlee, John S.Japanese Historians and the National Myths, 1600-1945: The age of the Gods and Emperor Jimmu.Vancouver: University of British Columbia Press, 1997.

Coaldrake, William H.Architecture and Authority in Japan.London: Routledge, 1996.

Davis,Darrell William.Picturing Japanese:Monumental Style, National Identity Japanese Film.New York Columbia University Press, 1996.

De Vos, George.Japan's Minorities: Burakumin, Koeans, Ainu, Okinawans.London: Minority Rights Group, 1983.

Denoon, Donald, et al.,eds.Multicultural Japan:Palaeolithic to Postmodern. Cambridge: Cambridge University Press, 1996.

Dower, John W.Japan in War and Peace:Selected Essays.New York: New press, 1993.

Eisenstadt, S.N.Japanese Civilization:A Comparative View.Chicago: University of Chicago Press, 1996.

Fogel, Joshua A.The Cultural Dimensions of Sino-Japanese Relations Essays on the Intractions between China and Japan in the Nineteeneh and Twentieth Centuries. Armonk, N.Y.M.E.Sharpe, 1994.

Franks, Penelope.Japanese Economic Development: Theory and Practice.London: Routledge, 1992.

Garon, Sheldon.Molding Japanese Minds:The State in Everyday Life.Princeton: Princeton University Press, 1997.

——The State and Labor in Modern Japan.Berkeley: University of California Press, 1987.

Giffard, Sydney.Japan Among the Powers, 1890-1990.New Haven: Yale University

Press, 1994.

Gordon, Andrew.The Evolution of Labor Relation in Japan: Hevay Industry,1853-1955.Cambridge: Council on East Asian Studies Havard University, 1985.

Hall, John W., et al., gen.eds.The Cambridge History of Japan, Cambridge: Cambridge University Press.

Vol.4: Hall, ed.Early Modern Japan (1991).

Vol.5: Marius B.Jansen, ed.The Nineteenth Century (1989).

V01.6: Peter Duus, ed.The Twentieth Century (1988).

Hane, Mikis 0.Peasants, Rebels, and Outcastes: The Underside of Modern Japan.New York: Pantheon Books, 1982.

Hardacre, Helen.Kurozumikyo and the New Religions of Japan.Princeton: Princeton University Press, 1986.

——.Sbinto and the State, 1868-1988.Princeton: Princeton University Press, 1989.

Havens, Thomas R.H.Architects of Affluence: The Tsutsumi Family and the Seibu-Saison Enterprises in Twentieth-Century Japan.Cambridge: Council on East Asian Studies, Harvard University, 1994.

Heisig, James W., and John C.Maraldo, eds.Rude Awakenings: Zen, the Kyofo School,and the Question of Nationalism.Honolulu: University of Hawai'i Press, 1995.

Hopper, Helen M.A New Woman of Japan:A Political Biography of Kato Shidzue.Boulder: Westview Press, 1996.

Hower, Christopher.The Origins of Japanese Trade Supremacy: Development and Technology in Asia from 1540 to the Pacific War.Chicago: University of Chicago Press, 1996.

Hunter, Janet, ed.Japanese Women Working.London: Routledge, 1995.

Imamura, Anne E., ed.Re-Imaging Japanese Women.Berkeley: University of California Press, 1996.

Irokawa Daikichi.The Age of Hirohito: In Search of Modern Japan.Tr.Mikiso Hane and John K.Urda.New York: Free Press, 1995.

Johnson, Chalmers A.MITI and the Japanese Miracle: The Growth of lndustria Policy, 1925-1975.Stanford: Stanford University Press, 1982.

Johnston, William.The Modern Epidemic: A History of Tuberculosis in Japan. Cambridge: Council on East Asian Studies Harvard University, 1995.

Lee, Changsoo, and George De Vos.Koreans in Japan: Ethnic Conflict and Accommodation.Berkeley: University of California Press, 1981.

Linhart, Sepp, and Sabina Fruhstuck, eds.The Culture of Japan as Seen through Its Leisure.New York: State University of New York Press, 1998.

Marshall, Bryon K.Academic Freedom and the Japanese Imperial University, 1868-1939.Berkeley: University of California Press, 1992.

Maruyama Masao.Thought and Behaviour in Modern Japanese Politics.Ed.Ivan Morris. London: Oxford University Press, 1963.

McCormack,Gavan,and Yoshio Sugimoto, eds.The Japanese Trajectory: Modernization and Beyond.Cambridge: Cambridge University Press, 1988.

Minami Ryoshin.The Economic Development of Japan: A Quantitative Study.Tr.Ralph Thompson and Minami with assistance from David Merriman.New York: St.Martin's Press, 1994, 2d ed.

Morikawa Hidemasa.Zaibatsu: The Rise and Fall of Family Enterprise Groups in Japan.Tokyo: University of Tokyo Press,1992.Morris-Suzuki, Tessa.A History of Japanese Economic Thought.London: Routledge, 1989.

——.Rr-Inventing Japan: Time, Space, Nation.Armonk,N.Y.: M.E.sharpe, 1998.

——.The Technological Transformation of Japan: From the Seventeenth to the Twenty-first Century.Cambridge: Cambridge University Press, 1994.

Mulhern, Chieko Irie, ed.Heroic with Grace: Legendary Women of Japan. Armonk, N.Y.: M.E.Sharpe, 1991.

Mullins, Mark R.; Shimazono Susumu; and Paul L.Swanson, eds.Religion and Society in Modern Japan.Berkeley: Asian Humanities Press, 1993.

Najita, Tetsuo, and J.Victor Koschmann, eds.Conflict in Modern Japanese History: The Neglected Tradition.Princeton: Princeton University Press, 1982.

Nakamura Masanori, ed.Technology Change and Female Labour in Modern Japan.Tokyo: United Nations University Press, 1994.

Nakamura Takafusa.Economic Growth in Prewar Japan.Tr.Robert A.Feldman.New Haven: Yale University Press,1983.

Ortolani, Benito.The Japanese Theatre: From Shamanistic Ritual to Contemporary Pluralism.Leiden: E.J.Brill, 1990.

Pflugfelder, Gregory M.Crtographies of Desire: Male-Male Sexuality in Japanese Discourse, 1600-1950.Berkeley: University of California Press, 1999.

Samuels, Richard J.The Business of the Japanese State: Energy Markets in Comparative and Historical Perspective.Ithaca: Cornell University Press, 1987.

Seidensticker, Edward.Low City, High City, Tokyo from Edo to the Earthquake: How the Shogun's Ancient Capital Became a Great Modern City, 1867-1923.New York: Knopf, 1983.

——.Tokyo Rising: The City Since the Great Earthquake.New York: Knopf, 1990.

Siddle, Richard.Race, Resistance and the Ainu of Japan.London: Routledge, 1996.

Simethurst,Richard J.Agricultural Development and Tenancy Disputes in Japan, 1870-1940.Princeton: Princeton University Press, 1986.

Smith, Thomas C.Native Sources of Japanese Industrialization, 1750-1920.Berkeley: University of California Press, 1988.

Steenstrup, Carl.A History of Low in Japan until 1868.Leiden: E.J.Bril, 1996.

Takeuchi Johzen, The Role of Labour-Intensive Sectors in Japanese Industrialization. Tr.Hiromichi Matsui, Tokyo: United Nations University Press, 1991.

Tanaka, Stefan.Japan's Orient: Rendering Pasts as History.Berkeley: University of California Press, 1993.

Tonomura, Hitomi; Anne Walthall; and Wakita Haruko, eds.Women and Class in Japanese History.Ann Arbor: Center for Japanese Studies ,University of Michigan,

1999.
Vlastos,Stephen, ed.Mirror of Modernity: Ievented Traditios of Modern Japan.Berkeley: University of California Press, 1998.
Wakita Haruko, Anne Bouchy, and Ueno Chizuko, eds.Gender and Japanese History.Tr.ed.Gerry Yokota-Murakami, 2vols.Osaka: Osaka University Press, 1999.
Weiner, Michael, ed.Japan's Minorities: The Illusion of Homogeneity. London: Routledge, 1997.
White, James W.; Michio Umegaki; and Thomas R.H.Havens, eds.The Ambivalence of Nationalism: Modern Japan Between East and West. Lanham, Md.: University Press of America, 1990.
Wray, William D., ed.Managing Industrial Enterprise: Cases from Japan's Prewar Experience.Cambridge: Council on East Asian Studies, Harvard University, 1989.

【第Ⅰ篇 傳統日本】

Bellah, Robert N.Tokugawa Religion: The Values of Pre-Industrial Japan. Boston: Beacon Press, 1957.
Bix, Herbert P.Peasant Protest in Japan,1590-1884.New Haven: Yale University Press, 1986.
Bolitho, Harold.Treasures among Men: The Fudai Daimyo in Tokugawa Japan.New Haven: Yale University Press, 1974.
Brown, Philip C.Central Authority and Local Autonomy in the Formation of early Modern Japan: The Case of Kaga Domain.Stanford: Stanford University Press, 1993.
Coaldrak, A.Kimi.Women's Gidayu and the Japanese Theatre Tradition.London: Routledge, 1997.
Cooper, Michael.They Came to Japan: An Anthology of European Reports on Japan, 1543-1640.Berkeley: University of California Press, 1965.
De Poorter, Erika, ed.As the Twig is Bent…Essays in Honour of Frits Vos.Amsterdam: J.C.Gieben, 1990.
Dore, Ronald P.Education in Tokugawa Japan.Berkeley: University of California Press, 1965.
Dunn, Charles J.Everyday Life in Traditional Japan.Tokyo: Charles E.Tuttle, 1972.
Elison, George.Deus Destroyed: The Image Of Christianaty in Early Modern Japan. Cambridge: Council on East Asian Studies Harvard University, 1988, 2d print.
——, and Bardwell L.Smith, eds.Warlords, Artists,and Commoners: Japan in the Sixteenth Century.Honolulu: University of Hawaii Press, 1981.
Gerhart, Karen M.The Eyes of Power: Art and Early Tokugawa Authority.Honolulu: University of Hawai'i Press, 1999.
Gerstle, C.Andrew, ed.18th Century Japan: Culture and Society.Sydney: Allen & Unwin, 1989.
Hanley, Susan B.Everyday Things in Premodern Japan: The Hidden Legacy of Material Culture.Berkeley: University of California Press, 1997.
——, and Kozo Yamamura.Economic and Demographic Change in Preindustrial

Japan, 1600-1868.Princeton: Princeton University Press, 1977.

Harootunian, Harry D.Things Seen and Unseen: Discourse and Ideology in Tokugawa Nativism.Chicago: University of Chicago Press,1988.

Hauser, William B.Economic Institutional Change in Tokugawa Japan: Osaka and the kinai Cotton Trade.Cambridge: Cambridge University Press, 1974.

Howell, David L.Capitalism from Within: Economy, Society, and the State in a Japanese Fishery.Berkeley: University of California Press, 1995.

Ikegami, Eiko.The Taming of the Samurai: Honorific Individualism and the Making of Modern Japan.Cambridge :Harvard University Press, 1995.

Jannetta, Ann Bowman.Epidemics and Morality in Early Modern Japan. Princeton: Princeton University Press, 1987.

Kalland, Arne.Fishing Villages in Tokugawa Japan.Honolulu: University of Hawai'i Press, 1995.

Kaempfer, Engelbert.Kaempfer's Japan: Tokugawa Culture Observed.Ed., Tr., and Annot.Beatrice M.Bodart-Bailey.Honolulu: University of Hawai'i Press, 1999.

Kassel, Marleen.Tokugawa Confucian Education: The Kangion Academy of Hirose Tanso（1782-1856）.Albany:State University of New York Press, 1996.

Kelly, William W.Deference and Defiance in Nineteenth-Century Japan. Princeton: Princeton University Press, 1985.

Kornicki, P.F., and I.J.McMullen, eds.Religion in Japan: Arrows to Heaven and Earth. Cambridge: Cambridge University Press, 1996.

Leupp, Gary P.Male Collors: The Constuuction of Homosexuality in Tokugawa Japan. Berkeley: University of California Press, 1995.

——.Servants, Shopbands, and Laborers in the Cities of Tokugawa Japan.Princeton: Princeton University Press, 1992.

Massarella, Derek.A World Elsewhere: Europe's in Counter with Japan in the Sixteenth and Seventeenth Centuries.New Haven: Yale University Press, 1990.

——, and Beatrice Bodart-Bailey, eds.The Furthest Goal: Engelbert Kaempfer's Encounter with Tokugawa Japan.Sandgate, Folkestone, Kent: Japan Library, 1995.

McClain,James L.Kanazawa: A Castle Town in Seventeenth-Century Japan.New Haven: Yale University Press,1982.

——, John M.Merriman, and Ugawa Kaoru,eds.Edo and Paris: Urban Life and the State in the Early Modern Era.Ithaca: Cornell University Press, 1994.

——, and Wakita Osamu,eds.Osaka: The Merchants' Capital of Early Modern Japan. Ithaca: Cornell University Press, 1999.

McMullen, I.J.Genji gaiden: The Origins of Kumazawa Banzan's Commentary on the Tale of Genji.Oxford: Ithaca Press, Oxford Oriental Institute, 1991.

McMullin, Neil.Buddbism and the State in Sixteenth-Century Japan.Princeton: Princeton University Press, 1984.

Najita, Tetsuo, ed.Tokugawa Political Writings.Cambridge: Cambridge University Press, 1998.

——.Visions of Virtue in Tokugawa Japan: The Kaitokudo Merchant Academy of Osaka.Chicago: University of Chicago Press, 1987.

Nakai, Kate Wildman.Shogunel Politics: Arai Hakuseki and the Premises of Tokugawa Rule.Cambridge: Council on East Asian Studies, Harvard University, 1988.

Nakane Chie and Oishi Shinzaburo, eds.Tokugawa Japan: The Social and Economic Antecedents of Modern Japan.Ed.Conrad Totman.Tokyo: University of Tokyo Press, 1988.

Nishiyama Matsunosuke.Edo Culture: Daily Life and Diversions in Urban Japan, 1600-1868.Tr.and ed.Gerald Groemer.Honolulu: University of Hawai'i Press, 1997.

Nosco, Peter, ed.Confucianism and Tokugawa Culture.Princeton: Princeton University Press, 1984

——.Remembering Paradise: Nativism and Nostalgia in Eighteenth-Century Japan.Cambridge: Council on East Asian Studies.Harvard University, 1990.

Ooms, Herman.Charismatic Bureaucrat: A Political Biography of Matsudaira Sadanobu 1758-1829.Chicago: University of Chicago Press, 1975.

——.Tokugawa Ideology: Early Constructs, 1570-1680.Princeton: Princeton University Press, 1985.

——.Tokugawa Village Practice: Class, Status, Power, Law.Berkeley: University of California Press, 1996.

Ravina, Mark.Land and Lordship in Early Modern Japan.Stanford: Stanford University Press, 1999.

Roberts, Luke S.Mercantilism in a Japanese Domain: The Merchant Origins of Economic National in 18Century Tosa.Cambridge: Cambridge University Press, 1998.

Rubinger · Richard.Private Acadmies of Tokugawa Japan.Princeton: Princeton University Press, 1982.

Sakai, Naoki.Voices of the Past: The Status of Language in Eighteenth-Century Japanese Discourse.Ithaca: Cornell University Press, 1992.

Sawada, Janine Anderson.Confucian Values and Popular Zen: Sekimon Shingaku in Eighteenth-Century Japan.Honolulu: University of Hawai'i Press, 1993.

Seigle, Cecilia Segawa.Yoshiwara: The Glittering World of the Japanese Courtesan. Honolulu: University of Hawai'i Press, 1993.

Smith,Thomas C.The Agrarian Origins of Modern Japan.Stanford: Stanford University Press, 1959.

Smits Gregory.Visions of Ryukyu: Identity and Ideology in Early-Modern Thought and Politics.Honolulu: University of Hawai'i Press, 1999.

Takemura Eiji.The Perception of Work in Tokugawa Japan: A Study of Ishida Baigan and Ninomiya Sontoku.Lanham, Md.: University Press of America, 1997.

Toby, Ronald P.State and Diplomacy in Early Modern Japan:Asia in the Development of the Tokugawa Bakufu.Princeton: Princeton University Press, 1984.

Totman, Conrad.The Lumber Industry in Early Modern Japan.Honolulu: University of Hawai'i Press, 1995.
——.Politics in the Tokugawa Bakufu, 1600-1843.Cambridge: Harvard University Press, 1967.
Tucker, Mary Evelyn.Moral and Spiritual Cultivation in Japanese Neo-Confucianism: The Life and Thought of kaibara Eken, 1630-1740.Albany: State University of New York Press, 1989.
Vaporis, Constantine Nomikos.Breaking Barriers: Travel and the State in Early Modern Japan.Cambridge: Council on East Asian Studies, Harvard University, 1994.
Vlastos, Stephen.Peasant Protests and Uprisings in Tokugawa Japan. Berkeley: University of California Press, 1986.
Wakabayashi, Bob Tadashi.Japanese Loyalism Reconstructed: Yamagata Daini's Ryushi Shinron of 1759.Honolulu: University of Hawai'i Press, 1995.
Walker, Brett L.The Conquest of the Ainu: Ecology and Culture in Japanese Expansion, 1590-1800.Berkeley: University of California Press, 2001.
Walthall, Anne, ed.and Tr.Peasant Uprisings in Japan: A Critical Anthology of Peasant Histories.Chicago: University of Chicago Press, 1991.
——.Social Protest and Popular Culture in Eighteenth-Century Japan. Tucson: University of Arizona Press, 1986.
White, James W.Ikki: Social Conflict and Political Protest in Early Modern Japan.Ithaca: Cornell University Press, 1995.
Wigen, Karen.The Making of a Japanese Periphery, 1750-1920.Berkeley: University of California Press, 1995.

【第二篇 革命年代的日本】

Akita George.Foundations of Constitutional Government in Modern Japan, 1868-1900.Cambridge: Harvard University Press, 1967.
Baxter, James C.The Meigiunification through the Lens of Ishikawa Prefecture. Cambridge: Council on East Asian Studies, Harvard University, 1994.
Beasley, W.G.Japan Encounters the Barbarian: Japanese Travellers in Amercia and Europe.New Haven: Yale University Press, 1995.
——.The Meiji Restoration.Stanford: Stanford University Press, 1972.
Blacker, Carmen.The Japanese Enlightenment: A Study Of the Writing of Fukazawa Yukichi.Cambridge: Cambridge University Press, 1964.
Bowen, Roger.Rebellion and Democracy in MEiji Japan: A Study of Commoners in the Popular Rights Movement.Berkeley: University of California Press, 1980.
Conroy, Hilary; Sandra T.W.Davis; and Wayne Peterson, eds.Japan in Transition: Thought and Action in the Meiji Era, 1868-1912.Rutherford: fairleigh Dickinson University Press, 1984.
Craig, Albert.Choshu in the Meiji Restoration.Cambridge: Harvard University Press, 1961.
Duus, Peter.The Japanese Diiscovery of America: A Brief History with Documents.

Boston: Bedford Books, 1997.

Ericson, Steven J.The Sound of the Whistle: Railroads and the State in Meiji Japan.Cambridge: Council on East Asian Studies, Harvard University, 1996.

Esenbel, Selcuk.Even the Gods Rebel: The Peasants of Takaino and the 1871 Nakano uprising in Japan.Ann Arbor: Association for Asian Studies, 1998.

Frost, Peter.The Bakamatsu Currency Crisis.Cambridge: East Asian Research Center, Harvard University, 1970.

Fujitani, Takashi.Splendid Monarchy: Power and Pangeantry in Modern Japan.Berkeley: University of California Press, 1996.

Gluck, Carol.Japans Modern Myths: Ideology in the Late Meiji Period. Princeton: Princeton University Press, 1985.

Guth, Christine M.E.Art,Tea,and Industry: Masuda Takashi and the Mitsui Circle.Princeton: Princeton University Press, 1993.

Hackett, Roger F.Yamagata Aritomo in the Rise of Modern Japan, 1838-1922.Cambridge: Harvard University Press, 1971.

Harootunian, Harry D.Toward Restoration: The Growth of Political Consciousness in Tokugawa Japan.Berkeley: University of California Press, 1991, rev.Ed.

Huber, Thomas M.The Revolutionary Origins of Modern Japan.Stanford: Stanford University Press, 1981.

Huffman,James L.Creating a Public: People and press in Meiji Japan.Honolulu: University of Hawaii Press, 1997.

——.Politics of the Meiji Press: The Life of Fukuchi Gen'ichiro.Honolulu: University Press of Hawaii, 1980.

Ketelaar, James Edward.Of Heretics and Martyrs in Meiji Japan: Buddhism and Its Persecution.Princeton: Princeton University Press, 1990.

Kidd, Yasue Aoki.Women Workers in the Japanese Cotton Millls: 1800-1920.Ithaca: China-Japan Program, Cornell University, 1978.

Kinmonth, Earl H.The Self-Made Man in Meiji Japanese Thught: From Samurai to Salary Man.Berkeley: University of California Press, 1981.

Koschmann, J.Victor.The Mito Ideology: Discounrse, Reform, and Insurrection in Late Tokugawa Japan, 1790-1864.Berkeley: University of California Press, 1987.

Jansen, Marius B.Sakamoto Ryoma and the Meiji Restoration.Princeton: Princeton University Press, 1961.

Lewis, Michael L.Becoming Apart: Natural Power and Local Politics in Toyama, 1868-1945.Cambridge: Harvard University Asia Center, 2000.

Lincicome, Mark E.Principle, Praxis, and The Politic of Educatioal Reform in Meiji Japan.Honolulu: University of Hawaii Press, 1995.

Marshall, Byron K.Learning to Be Modern:Japanese Political Discourse on Education. Boulder: Westview Press, 1994.

Motoyama Yukihiko.Prolliferating Talent: Essays on Politics, Thught, and Education in the Meiji Era.Ed.J.S.A.Elisonas and Richard Rubinger.Honolulu:University of

Hawai'i Press, 1997.
Nimura Kazuo.The Asbio Riot of 1907: A Social History of Mining in Japan.Ed.Andrew Gordon.Tr.Terry Boardman and Gordon.Durham: Duke University Press, 1997.
Nish, Ian, ed.The Iwakura Mission to America and Europe:A New Assessment.Richmond, Surrey: Japan Library, 1998.
Ooms, Emily Groszos.Women and Millenarian Protest in Meiji Japan: Deguchi Nao and Omotokyo.Ithaca: East Asia Programe Cornell University, 1993.
Pcattie, Mark R.Nanyo: The Rise and Fall of the Japanese in Micronesia, 1885-1945.Honolulu: University of Hawaii Press, 1988.
Ramseyer, J.Mark, and Francis M.Rosenbluth.The Politic of Oligarchy: Institutional Choice in Emperial Japan.Cambridge: Cambridge University Press, 1995.
Reader,Ian, with Esben Andreasen and Finn Stefansson, eds.Japanese Religions: Past and Present.Sandgate, Folkestone, Kent: Japan Library, 1993.
Roden, Donald.Scbool Days in Imperial Japan: A Study in the Culture of a Student Elite.Berkeley: University of California Press, 1980.
Rose, Barbara.Tsuda Umeko and Women's Education in Japan.New Haven: Yale University Press, 1992.
Sievers, Sharon.Flowers of Salt: The Beginnings of Feminist Conscionsness in Modern Japan.Stanford: Stanford University Press, 1983.
Smith,Thomas C.Political Change and Industrial Development in Japan: Government Enterprise, 1868-1880.Stanford:Stanford University Press, 1955.
Strong, Kenneth.Ox Against the Storm: A Biography of Tanaka Shozo-Japan's Conservationist Pioneer.Sandgate, Folkestone, Kent: Japan Library, 1995.
SugiYama Shinya.Japan's Industrialization in the World Economy, 1859-1899. London Athlone Press, 1988.
Thelle, Notto R.Buddhism and Christianity in Japan: From Conflict to Dialogue, 1854-1899.Honolulu: University of Hawaii Press, 1987.
Totman, Conrad.The Colapse of he Tokugawa Bakufu, 1862-1868.Honolulu: University of Hawaii Press, 1980.
Tsurumi, E.Patricia.Factory Girls:Women in the Thread Mills of Meiji Japan. Princeton: Princeton Unlversity Press, 1990.
Umegaki, Michio.After the Restoration: The Bedginning of Japan's Modern State. New York: New York University Press, 1988.
Uno, Kathleen S.Passages to Modernity: Motherhood, Childhood,and Social Reform in Early Twentieth Century Japan.Honolulu: University of Hawai'i Press, 1999.
Wakabayshi, Bob Tadashi.Anti-Foreignism and Western Learning in Early Modern Japan: The New Theses of 1825.Cambridge: Council on East Asian Studies, Harvard University, 1983.
Walthall, Anne.The Weak Body of a Useless: Woman Matsuo Taseko and the Meiji Restoration.Chicago: University of Chicago Press, 1998.

Waters, Neil.Japan's Local Praagmatists: The Transition from Bakmatsu to Meiji in the Kawasaki Region.Cambridge: Council on East Asian Studies, Harvard University, 1983.

Westney, D.Eleanor.Imitation and Innovation: The Transfer of Western Organizational Patterns to Meiji Japan.Cambridge: Harvard University Press, 1987.

Whitney, Clara A.N.Clara's Diary: An American Girl in Meiji Japan. Ed.M.William Steele and Tamiko Ichimata.Tokyo: Kodansha, 1978.

Wilson, George.Patriots and Redeemers in Japan: Modives in the Meiji Restoration.Chicago: University of Chicago Press, 1992.

Wray, William D.Mitsubishi and the N.Y.K., 1870-1914: Business Strategy in the Japanese Shipping Industry.Cambridge: Council on East Asian Studies, Harvard University, 1984.

Yamamoto Hirofmi, ed.Technological Innovation and the Development of Transportation in Japan.Tokyo: United Nations University Press, 1993

【第三篇 新世紀的日本】

Banno Junji.The Establishment of the Japanese Constitutionalism System. Tr.J.A.A.Stock- Win.London: Routledge, 1992.

Bernstein・Gail Lee.Japanese Marxist: A Portrait of Kawakami Hagime, 1879-1946.Cambridge: Harvard University Press, 1976.

Brook, Timothy, and Bob Tadashi Wkabayashi, eds.Opium Regimes: China, Britain, and Japan, 1839-1952.Berkeley: University of California Press, 2000.

Ching, Leo.Becoming Japanese: Colonial Taiwan and the Politics of Identity Formation.Berkeley: University of California Press, 2001.

Crump, John.Hatta Shuzo and Pure Anarchism in Interwar Japan.Basingstoke: Macmillan, 1993.

Duus, Peter.The Abacus and the Sword: The Japanese Penetration of Korea, 1895-1910.Berkeley: University of California Press, 1995.

——.Party Rivalry and Political Change in Taisho Japan.Cambridge: Harvard University Press, 1968.

——, Ramon H.Myers, and Mark R.Peattie, eds.The Japanese Informal Empire in China, 1895-1937.Princeton: Princeton University Press, 1989.

Fletcher, William Miles, III.The Japanese Business Community and National Trade Policy, 1920-1942.Chapel Hill: University of North Carolina Press, 1989.

Fraser, Andrew; R.H.P.Mason; and Philip Mitchell.Japan's Early Parliaments, 1890-1905: Structure・Issues ,and Trends.London: Routledge, 1995.

Gordon, Andrew.Labor and Imperial Democracy in Prewar Japan.Berkeley: University of California Press, 1991.

Hane, Mikiso, Tr.and ed.Reflections on the Way to the Gallows: Rebel Women in Prewar Japan.Berkeley: University of California Press and Pantheon Books, 1988.

Harootunian, H.D., and Bernard S.Silberman eds.Japan in Crisis: Essays on Taisho Democracy.Princeton: Princeton University Press, 1974.

Hastings, Saily Ann.Neighborhood and Nation in Tokyo, 1905-1937.Pittsburgh:

University of Pittsburgh Press, 1995.

Hirai, Atsuko.Individualism and Socialism: Kawai Eijiro's Life and Thought (1891-1944).Cambridge: Council on East Asian Studies, Harvard University, 1987.

Hoston, Germeine A.Marxism and the Crisis of Development in Prewar Japan.Princeton Princeton University Press, 1986.

——.The State, Identity, and the National Question in China and Japan. Princeton: Princeton University Press, 1994.

Howes, John F.'ed.Nitobe Inazo: Japan's Bridge Across the Pacific.Boulder: Westview Press, 1995.

Kaneko Fumiko.The Prison Memoirs of a Japanese Woman.Tr.Jean Inglis. Intro.Mikiso Hane.Armonk, N.Y.·· M.E.Sharpe, 1991.

Kinzley, W.Dean.Industrial Harmony in Modern Japan:The Invention of a Tradition.London: Routledge, 1991.

Larger Stephen S.Organized Workers and Socialist Politics in Inter-war Japan.Cambridge: Cambridge University Press, 1981.

——.The Rise of Labor in Japan:The Yuaikai, 1912-1919.Tokyo: Sophia University, 1972.

Lewis, Michael L.Rioters and Citizens: And Mass Protest in Imperial Japan. Berkeley: University of California Press, 1990.

Li, Licoln.The China Factor in Modern Japanese Thought: The Case of Tacbibana Shiraki, 1881-1945.Albany: State University of New York Press, 1996.

Lone, Stewart.Japan's First Modern War: Army and Society in the Conflict with China 1894-1895.New York: St.Martin's Press, 1994.

Mackie, Vera.Creating Socialist Women in Japan: Gender, Labor and Activism, 1900-1937.Cambridge: Cambridge University Press, 1997.

——.Imagining Liberation: Feminism and Socialism in Early Twentieth-Century Japan.Nepean, N.S.W.Women's Research Centre, University of Western Sydney, 1995.

Marsland, Stephen E.The Birth of the Japanese Labor Movement: Takano Fusataro and the Rodo Kumiai kiseikai.Honolulu: University of Hawaii Press, 1989.

Minichiello ,Sharon, ed.Japan's Competing Modernities: Issues in Culture and Democracy, 1900-1930.Honolulu: University of Hawai'i Press, 1998.

Miwa Kimitada.Nitobe Inazo and the Development of Colonial Theories and Practices in Prewar Japan.Tokyo: institute of international Relations, Sophia University, 1987.

Molony, Barbara.Technology and Investment·· The Prewar Japanese Chemical Industrial.Cambridge: Council on East Asian Studies, Harvard University Press, 1990.

Myers, Ramon H., and Mark R.Peattie, eds.The Japan Colonial Empire, 1895-1945. Princeton: Princeton University Press, 1984.

Najita, Tetsuo.Hara Kei in the Politic of Compromise 1905-1915.Cambridge: Harvard University Press, 1967.

Neary, Ian.Political Protest and Social Control in Prewar Japan: The Origins of Buraku Liberation.Atlantic Highlands, N.J.Humanities Press International, 1989.

Nolte, Sharon.Liberalism in Modern Japan: Ishibashi Tanzan and His Teachers, 1905-1960.Berkeley: University of California Press, 1987.

Notehelfer, F.G.Kotoku Shusui: Portrait of a Japanese Radical.Cambridge: Cambridge University Press, 1971.

Raddeker, Helene Bowen.Treacherous Women Of Imperial Japan.London: Routledge, 1997.

Shimazu, Naoko.Japan Race and Equality: The Racial Equality Proposal of 1919.London: Routledge, 1998.

Smith, Kerry.A Time of Criss: Japan, the Great Depresson, and Rural Revitalization.Cambridge: Harvard University Asia Center, 2001.

Stanley · Thomas A.Osugi Sakae: Anarchist in Taisho Japan: The Creatiyity of the Ego.Cambridge: Council on East Asian Studies, Harvard University, 1982.

Teow, See Heng.Japan's Culture Policy Toward China, 1918-1934. Cambridge Harvard University Asia Center, 1999.

Tipton, Elise, ed.Society and State Interwar Japan.London: Routledge, 1997.

Waswo, Ann.Japanese Landlords: The Decline of d Rural Elite.Berkeley: University of California Press, 1977.

Weiner, Michael.The Origins of the Korean Community in Japan, 1910-1923.Atlantic Highlands, N.J.: Humanities Press International, 1989.

——.Race and Migration in Imperial Japan.London: Routledge, 1994.

【第四篇 戰爭中的日本】

Barnhart, Michael A.Japan Prepares for Total War: The Search for Economic Security, 1919-1941.Ithaca: Cornell University Press, 1987.

Barshay, Andrew E.State and Intellectual in Imperial Japan: The Public Man in Crsis. Berkeley: University of California Press, 1988.

Beger, Gordon Mark.Parties out Of Power in Japan, 1931-1941.Princeton: Princeton University Press, 1977

Brooker Paul.The Faces of Fraternalism: Nazi Germany, Fascist Italy, and Imperial Japan.Oxford: Clarendon Press, 1991.

Connors, Lesley.The Emperor's Advisor: Saiongi Kinmochi and Prewar Japanese Politics.Beckenham, Kent: Croom Helm, 1987.

Crowley, James B.Japan's Quest for Autonomy: National Security and Foreign Policy, 1930-1938.Princeton: Princeton University Press, 1966.

Dower, John W.War Without Mercy: Race and Power in the Pacific War.New York: Pantheon Books, 1986.

Duuse, Peter; Ramon H.Myers; and Mark Peattie.The Japanese Wartime Empire 1931-1945.Princeton: Princeton University Press, 1996.

Fletcher, William Miles III.The Search for a New World Order: Intellectuals and Fascism in Prewar Japan.Chapel Hill: University of North Carolina Press, 1983.

Gao Bai.Economic Ideology and Industrial Policy in Japan: Developmentalism from 1931 to 1965.Cambridge: Cambridge University Press, 1997.

Gluck, Carol, and Stephen R.Graubard, eds.Showa: The Japan of Hirohito.New York:

W.W.Norton, 1992.

Harris, Sheldon H.Factories of Death: Japanese Biological Warfare1 1932-45, and the American Coverup.London: Routledge, 1994.

Havens, Thomas R.H.Valley of Darkness: The Japanese People and World War Two.New York: W.W.Norton, 1978.

Hogan, Michael J.Hiroshima in History and Memory.Cambridge: Cambridge University Press, 1996.

Ienaga Saburo.The Pacific War, 1931-1945.Tr.Frank Baldwin.New York: Patheon, 1978.

Iriye, Akira.After Imperialism: The Search for a New Order in the FarEast, 1934-1941.Cambridge: Harvard University Press, 1965.

——.The Origins of the Second World War in Asia and the Pacific.London: Longman, 1987

——.Pearl Harbor and the Coming Of Pacific War: A Brief History with Documents and Essays.Boston: Bedford\St.Martin's, 1999.

——.Power and Culture: The Japanese-American War, 1941-1945. Cambridge: Harvard University Press, 1981.

Kasza, Gregory J.The Conscription Society: Administered Mass Organizations.New Haven: Yale University Press, 1995.

——.The State and the Mass Media in Japan, 1918-1945.Berkeley: University of California Press, 1988.

Kiyosawa Kiyoshi.The Wartime Diary of Kiyosawa Kiyoshi.Ed.Eugene Soviak.Tr.Soviak and Kamiyama Tamie.Princeton: Princeton University Press, 1999.

Large, Stephen.Emperor Hirohito and Showa Japan: A Political Bibliography.London: Routledge, 1992.

Marshall, Jonathan.To Have and Have Not: Southeast Asian Raw Materials and the Origins of The Pacific War.Berkeley: University of California Press, 1995.

Minichiello, Sharon.Retreat from Reform: Patterns of Political Behavior in Interwar Japan.Honolulu: University of Hawaii Press, 1984.

Mitchell,Richard H.Censorship in Imperial Japan.Princeton: Princeton Universit Press, 1984.

——.Janus-Faced Justice: Political Criminals in Imperial Japan.Honolulu: University of Hawai'i Press, 1992.

Morley, James W., ed.Japan's Road to the Pacific War.New York: Columbia University Press.

Vol.1: Japan Erupts:The London Naval Conference and the Manchurian Incident, 1928-32 (1984).

Vol.2: The China Quagmire: Japan's Expansion on the Asian Continent , 1933-1941 (1983).

Vol.3 ·· Deterrent Diplomacy: Japan, Germany, and the USSR, 1935-1940 (1976).

Vol.4: The Fateful Choice: Japan's Advance into Southeast Asia, 1939-1941 (1980).

Vol.5: The Final Confrontation: Japan's Negotiations with the United States (1994).

Myers, Ramon H.The Japanese Economic Development Of Manchuria, 1932 to 1945.New York: Garland, 1982.

Nakamura Masanori.The Japanese Monarchy: Ambassador Grew and the Making of the「Symbol Emperor System,」1931-1991.Tr.Herbert P.Bix, Jonathan Baker-Bates, and Derek Bowen.Armonk, N.Y.: M.E.Sharpe, 1992.

Nakamura Takafusa.A History of Showa Japan, 1926-1989.Tr.Edwin Whenmouth.Tokyo: University of Tokyo Press, 1998.

Ogata, Sadako N.Defiance in Manchuria: The Making of Japanese Foreign Policy, 1931-1932.Berkeley: University of California Press, 1964

Pauer, Erich, ed.Japan's War Economy.London: Routledge, 1999.

Pattie, Mark R.Isbiwara Kanji and Japan's Confrontation with the West. Princeton: Princeton University Press, 1975.

Pincus, Leslie.Authenticating Culture in Imperial Japan: Kuki Shuzo and the Rise of National Aesthetics.Berkeley: University of California Press, 1995.

Rimer, J.Thomas.Culture and Identity: Japanese Intellectuals During the Interwar Years.Princeton: Princeton University Press, 1990.

Selden, Kyoko, and Mark Selden, trs.and eds.The Atomic Bomb: Voices from Hiroshima and Nagasiki.Armonk, N.Y.: M.E.Sharpe, 1989.

Shillony, Ben-Ami.Politics and Culture in Wartime Japan.Oxford: Clarendon Press, 1981

——.Revolt in Japan: The Young Officers and the February 26, 1936 Incident.Princeton: Princeton University Press, 1973.

Silverberg, Miriam.Changing Song: The Marxist Manifestos of Nakano Shigebare. Princeton: Princeton University Press, 1990.

Tanaka Yuki.Hidden Horrors: Japanese War Crimes in World War II.Boulder: Westview Press, 1996.

Tipton, Elise K.The Police State: The Tokko in Interwar Japan.Honolulu: University of Hawai'i Press, 1990.

Titus, David A.Palace and Politics in Prewar Politics.New York: Columbia University Press, 1974.

Twurumi Shunsuke.An Intellectual History of Wartime Japan,1931-1945.London: KPI, 1986.

Wetzler, Peter.Hirohito and War: Imperial Tradition and Military Decision Making in Prewar Japan.Honolulu: University of Hawai'i Press, 1998.

Williams, Peter, and David Wallace.Unit 731: Japan's Secret Biological Warfare in World War II.New York: Free Press, 1989.

Yamanouchi, Yasushi; J.Victor Koschmann; and Ryuichi Narira, eds.Total War and「Modernization.」Ithaca: East Asia Program, Cornell University, 1998.

Young, Louise.Japan's Total Empire: Manchuria and the Culture of Wartime Imperialism.Berkeley: University of California Press, 1998

【第五篇 當代日本】

Aldous, Christopher.The Police in Occupation Japan: Control, Corruption, and Resistance to Reform.London: Routledge, 1997.

Aller, Matthew.Undermining the Japanese Miracle: Work and Conflict in a Coalmining Community.Cambridge: Cambridge University Press, 1994.

Allinson, Gary D.Suburban Tokyo: A Comparative Study in Politics and Social Change.Berkeley: University of California Press, 1979.

——, and Yasunori Sone, eds.Political Dynamics in Contemporary Japan. Ithaca: Cornell University Press, 1993.

Aoki Masahiko and Ronald P.Dore, eds.The Japanese Firm: Sources of Competitive Strength.Oxford: Oxford University Press, 1994.

Bailey, Jackson H.Ordinary People, Extraordinary Lives: Political and Economic Change in a Tohoku Village.Honolulu: University of Hawai'i Press, 1991.

Bernstein, Gail Lee.Haruko's World: A Japanese Farm Woman and Her Community.Stanford: Stanford University Press, 1983.

Bestor, Theodore C.Neighborhood Tokyo.Stanford: Stanford University Press, 1989.

Bix, Herbert P.Hirobito and the Making of Modern Japan.Tokyo: Harper Collins, 2000.

Braw, Monica.The Atomic Bomb Suppressed: American Censorship in Occupied Japan.Armonk, N.Y.: M.E.Sharpe, 1991.

Brinton, Mary C.Women and The Economic Miracle: Gender and Work In Postwar Japan.Berkeley: University of California Press, 1992.

Buckley, Roger.US-Japan Alliance Diplomacy 1945-1990.Cambridge: Cambridge University Press, 1992.

Buruma, Ian.The Wages of Guilt: Memories of War in Germany and Japan.New York: Farrar, Straus, and Giroux, 1994.

Campbell, John Creighton.How Polices Change: The Japanese Government and the Aging Society.Princeton: Princeton University Press, 1992.

Calder, Kent E.Crisis and Compensation: Public Policy and Political Stability in Japan, 1949-1986.Princeton: Princeton University Press, 1988.

——.Pacific Defense: Arms, Energy and America's Future in Asia.New York: William Morrow, 1996.

——.Strategic Capitalism: Private Business and Public Purpose in Japanese Industrial Finance.Princeton: Princeton University Press, 1993.

Callon, Scoot.Divided Sun: MITI and the Breakdawn of Japanese High-Tech Industrial Policy, 1975-1993.Stanford: Stanford University Press, 1995.

Chalmers, Norma J.Industrial Relations in Japan: The Peripheral Workforce.London: Routledge, 1989.

Curtis, Gerald L.The Japanese Way of Politics.New York: Columbia University Press, 1988

——,ed.Japan's Foreign Policy after the Cold War: Coping with Change.Armonk, N.Y.‥M.E.Sharpe, 1993.

Cusumano , Michael A.The Japanese Automobil Industry: Technology and Management at Nissan and Toyota.Cambridge: Council on East Asian Studies, Harvard University, 1985.

——.Japan's Software Factories: A Challenge to U.S.Management.New York: Oxford University Press, 1991.

Dale, Peter N.The Myth of Japanese Uniqueness.New York: St.Martin's, 1986.

Davis, Wrinston B.Japanese Religion and Society: Paradigms of Structure and Change.Albany: State University of New York Press, 1992.

Dees, Bowen C.The Allied Occupation and Japan's Economic Miracle: Building the Foundations of Japanese Science and Technology, 1945-52. Richmond, Surrey: Japan Library, 1997.

Dore, Ronald P.British Factory-Japanese Factory: The Origins of National Diversity in Industrial Relations.Berkeley: University of California Press, 1973.

——.City Life in Japan: A Study of a Tokyo Ward.Berkeley: University of California Press, 1958.

——.Japan, Internationalism and the UN.London: Routledge, 1997.

——.Land Reform in Japan.London: Oxford University Press, 1959.

——.Shinobata: A Portrait of a Japanese Village.New York: Pantheon Books, 1978.

Dower, John.Embracing Defent: Japan in the Wake of World War II.New York: W.W.Norton, 1999.

——.Empire and Aftermath: Yoshida Shigeru and the Japanese Experience, 1878-1954.Cambridge: Council on East Asian Studies, Harvard University, 1979.

Edwards, Walter.Modern Japan Through Its Weddings: Gender Person, and Society in Ritual Portrayal.Stanford: Star1ford University Press, 1989.

Finn, Richard B.Winners in Peace: MacArthur, Yoshida, and Postwar Japan.Berkeley: University of California Press, 1992.

Glaubitz, Joachim.Between Tokyo and Moscow: The History of an Uneasy Relationship, 1972-1990s.Honolulu: University of Hawai'i Press, 1995.

Gordon, Andrew, ed.Postwar Japan as History.Berkeley: University of California Press, 1993.

——, ed.The Wages of Affluence.Cambridge: Harvard University Press, 1998.

Green, Michael J.Arming Japan: Defense Production, Alliance Politics, and the Post-War Search for Autonomy.New York: Columbia University Press, 1995.

Greenfeld, Karl Taro.Speed Tribes: Days and Nights with Japan's Next Generation. New York: HarperCollins, 1995.

Haley, John Owen.Authority Without Power: Law and the Japanese Paradox.New York: Oxford University Press, 1991.

Harries, Meirion, and Susie Harries.Sheathing the Sword: The Demilitarization of Postwar Japan.New York: Macmillan, 1987.

Hatch, Walter, and Kozo Yamamura.Asia in Japan's Embrace: Building a Regional Production Alliance.Cambridge: Cambridge University Press, 1996.

Havens, Thomas R.H.Fire Across the Sea: The Vietnam War and Japan, 1965-1975. Princeton: Princeton University Press, 1987.

Hein, Laura E.Fueling Growth: The Energy Revolution and Economic Policy in Postwar Japan.Cambridge: Council on East Asian Studies, Harvard University, 1990.

——, and Mark Selden, eds.Censoring History: Citizenship and Memory in Japan, Germany · and the United States.Armonk, N.Y.: M.E.Sharpe, 2000.

Hosoya Chihiro et a1, eds.The Tokyo War Crimes Trial: An International Symposium.Tokyo: Kodansha, 1986.

Imamura, Anne E.Urban Japanese Housewives: At Home and in the Community.Honolulu: University of Hawaii Press, 1987.

Inoguchi Takashi.Japan's Foreign Policy in an Era of Global Change.New York: St.Martin's Press, 1993.

Inoue Kyoko.MacArthur's Japanese Constitution: A Lingurstic and Cultural Study Of its Making.Chicago: University of Chicago Press, 1991.

Ishida Takshi and Ellis S.Krauss, eds.Democracy in Japan.Pittsburgh: University of Pittsburgh Press, 1989.

Iwao Sumiko.The Japanese Woman: Traditional Image and Changing Reality.New York Free Press, 1992.

Ivy, Marilyn.Discourses of the Vanishing: Modernity, Phantasm, Japan. Chicago: University of Chicago Press, 1995.

Janssens, Rudolf V .A.「What Future for Japan?」U.S.Wartime Planning for The Postwar Era.Amsterdam: Rodopi, 1995.

Johnson, Chalmers A.Japan, Who Governs? The Rise of The Developmental State.New York: W.W.Norton, 1995.

Kataoka Tetsuya, ed.Creating Single-Party Democracy: Japan's Postwar Political System.Stanford: Hoover Institution Press, Stanford University, 1992.

——.The Price of a Constitution: The Origin of Japan's Postwar Politics.New York: Crane Russak, 1991.

Kato Shuichi.A Sheep's Song: A Writer's Reminiscences of Japan and the World. Berkeley: University of California Press, 1999.

Kersten, Rikki.Democracy in Postwar Japan: Maruyama Masao and the Search for Autonomy.London: Routledge, 1996.

Kohno, Masaru.Japan's Postwar Party Politics.Princeton: Princeton University Press, 1997.

Kondo, Dorinne K.Crafting Salves: Power, Gender, and Discourses of Identity in a Japanese Workplace.Chicago: University of Chicago Press, 1990.

Kosai Yutaka.The Era of High-Speed Growth: Noths on the Postwar Japanese Economy.Tr.Jacqueline Kaminski.Tokyo: University of Tokyo Press, 1986.

Koschmann, J.Victor.Revolution and Subjectivity in Postwar Japan.Chicago: University of Chicago Press, 1996.

Koshiro Yukiko.Trans-Pacific Racisms and the U.S.Occupation of Japan.New York: Columbia University Press, 1999.

Kumazawa Makoto.Portraits of the Japanese Workplace: Labor Movements, Workers, and Managers.Tr.Andrew Gordon and Mikiso Hane.Boulder: Westview Press, 1996.

Lam, Alice C.L.Women and Japanese Mangement: Discrimination and Reform.

London: Routledge, 1992.

Leblanc, Robin M.Bicycle Citizens: The Political World of the Japanese Housewife.Berkeley: University of California Press, 1999.

Lebra, Takie.Above the Clouds: Status Culture of the Modern Japanese Nobility.Berkeley: University of California Press, 1992.

——.Japanese Women: Consteraint and Fulfillment.Honolulu: University of Hawaii Press, 1984.

Lincoln, Edward J.Japan: Facing Economic Maturity.Washington, D.C.: Brookings Institution, 1988.

——.Japan's New Global Role.Washington, D.C.: Brookings Institution, 1993.

Lincoln, James R., and Arne L.Kalleberg.Culture, Control,and Commitment: A Study of Work Organization and Work Attitudes in The United States and Japan.Cambridge: Campbridge University Press, 1990.

Masumi Junnosuke.Contemporary Politics in Japan.Tr.Lonny E.Carlyle. Berkeley: University of California Press, 1995.

Mathews, Gordon.What Makes Life Worth Living? How Japanese and Americans Make Sense of Their Worlds.Berkeley: University of California Press, 1996.

McCormack, Gavan.The Emptiness of Japanese Affluence.Armonk, N.Y.: M.E.Sharpe, 1996.

McKean, Margaret A.Environmental Protest and Citizen Politics in Japan. Berkeley: University of California Press, 1981.

Mcnamara, Dennis L.Textiles and Industrial Transition in Japan.Ithaca: Cornell University Press, 1995.

Mendl, Wolf.Japan's Asia Policy: Regional Security and Global Interests.New York: Routedge, 1997.

Milly, Deborah J.Poverty, Equality, and Growth: The Politics of Economic Need in Postwar Japan.Cambridge: Harvard University Asia Center, 1999.

Minear, Richard.Victors'Justice: The Tokyo War Crimes Trial.Princeton: Princeton University Press, 1971.

Miyoshi,Masao.Off Center: Power and Culture Relations Between Japan and the United States.Cambridge: Harvard University Press, 1991.

——, and H.D.Harootunian, eds.Japan in the World.Durham: Duke University Press, 1993.

Moore, Joe.Japanese Workers and the Struggle for Power.Madison: University of Wisconsin Press, 1983.

Morris-Suzuki, Tessa.Beyond Computopia: Information, Automation, and Democracy in Japan.London: Kegan Paul International, 1988.

Mouer, Ross E., and Yoshio Sugimoto.Images of Japanese Society: A Study in the Structure Of Social Reality.London: Kegan Paul International, 1986.

Nakamura Takafusa.The Postwar Japanese Economy: Its Development and Structure, 1937-1994.Tokyo: University of Tokyo Press,1995.

Ogasawara Yuko.Office Ladies and Salaried Men: Power, Gender, and Work in

Japanese Companies.Berkeley: University of California Press, 1998.

Ohnuki-Tierney, Emiko.Illness and Culture in Contemporary Japan. Cambridge: Cambridge University Press, 1984.

Okita Saburo, ed.The Postwar Reconstruction of the Japanese Economy. Tokyo: University of Tokyo Press, 1992.

Patrick, Hugh, ed.Japan's High Technology Industries: Lessons and Limitations of Industrial Policy.Seattle: University of Washington Press, 1986.

——, and Henry Rosovsky, eds.Asia's New Giant: How the Japanese Economy Works.Washington, D.C.: Brookings Institution, 1976.

Pempel, T.J.Uncommon Democracies: The One-Party Dominant Regimes. Ithaca: Cornell University Press, 1990.

Pharr, Susan J.Political Women in Japan: The Search for a Place in Political Life.Berkeley: University of California Press, 1981.

——.Losing Face: Status Politics in Japan.Berkeley: University of California Press, 1990.

——, and Ellis S.Krauss, eds.Media and Politics In Japan.Honolulu: University of Hawai'i Press, 1996.

Plath, David W.The After Hours: Modern Japan and the Search for Enjoyment.Berkeley: University of California Press, 1964.

——, ed.Work and Lifecourse in Japan.Albany: State University of New York Press, 1983.

Pyle, Kenneth B.The Japanese Question.Power and Purpose in a New Era. Washington, D.C.: American Enterprise Institute Press, 1992.

Reed, Steven.Making Common Sense of Japan.Pittsburgh: University of Pittsburgh Press, 1993.

Renshaw, Jean R.Kimono in the Boardroom: The Invisible Evolution of Japanese Women Managers.New York: Oxford University Press, 1999.

Richardson, Bradley M.Japanese Democracy: Power, Coordination, and Performance. New Haven: Yale University Press, 1997.

Roberson, James E.Japanese Working Class: An Ethnographic Study of Factory Workers.London: Routledge, 1998.

Roberts, Glenda S.Staying on the Line: Blue-Collar Women in Contemporary Japan. Honolulu: University of Hawaii Press, 1994.

Robertson, Jennifer E.Native and Newcomer: Making and Remaking a Japanese City. Berkeley: University of California Press, 1991.

——.Takarazuka: Sexual Politics and Popular Culture in Modern Japan.Berkeley: University of California Press, 1998.

Rosenbluth, Francis McCall.Financial Politics in Contemporary Japan.Ithaca: Cornell University Press, 1989.

Ryang, Sonia, ed.Koreans in Japan: Critical Voices from the Margins.London: Routledge, 2000.

Schaller, Michael.Altered States: The United States and Japan Since the Occupation. New York: Oxford University Press, 1997.

——.The American Occupation of Japan: The Origins of the Cold War in Asia.New York: Oxford University Press, 1985.

Schilling, Mark.The Encyclopedia of Japanese Pop Culture.New York: Weatherhill, 1997.

Schonberger, Howard B.Aftermath of War: Americans and The Remaking of Japan, 1945-1952.Kent: Kent State University Press, 1989.

Schoppa, Leonard J.Education Reform in Japan: A Case of Immobilist Politics.London: Routledge, 1991.

Smith, Robert J.Kurusu: The Price of Progress in a Japanese Village,1951-1975.Stanford: Stanford University Press, 1978.

Stevens, Carolyn S.On the Margins of Japanese Society: Volunteers and the Welfare of the Urban Underclass.London: Routledge, 1997.

Stockwin, J.A.A.Japan: Divided Politics in a Growth Economy.New York: W.W.Norton, 1975.

Tabb, William K.The Postwar Japanese System: Cultural Economy and Economic Transformanion.New York: Oxford University Press, 1995.

Tilton, Mark.Restrained Trade: Cartels in Japan's Basic Materials Industries: Confronting Economic Change in Japan.Ithaca: Cornell University Press, 1996.

Tobin, Joseph J., ed.Re-Made in Japan: Everyday Life and Consumer Taste in a Changing Society.New Haven: Yale University Press, 1992.

Tsuchimochi, Gary H.Education Reform in Postwar Japan: The 1946 U.S.Education Mission.Tokyo: University of Tokyo Press, 1993.

Tsuru Shigeto.Japan's Capitalism: Creative Defeat and Beyond.Foreword by John Kenneth Galbraith.Cambridge: Cambridge University Press, 1993.

Tsurumi Shunsuke.A Cultural History of Postwar Japan 1945-1980.London: KPI, 1987.

Uriu, Robert M.Troubled Industries: Confronting Economic Change in Japan.Ithaca: Cornell University Press, 1996.

Vogel, Ezra F.Japan's New Middle Class: The Salary Man and His Family.Berkeley: University of California, 1963.

White, Merry I.The Japanese Educational Challenge: A Comitment to Children.New York: Free Press, 1987.

——.The Material Child: Coming of Age in Japan and America.New York: Free Press, 1993.

——, and Kristina R.Huber.Challenging Tradition: Women in Japan.New York: Japan Society, 1991.

——, and Barbara Molony, eds.Proceedings of the Tokyo Symposium on Women. Tokyo International Group for the Study of Women, 1979.

Whittaker, D.H.Small Firms in the Japanese Economy.Cambridge: Cambridge University Press, 1997.

Yoneyama, Lisa.Hiroshima Traces: Time, Space and The Dialectics of Memory. Berkeley: University of California Press, 1998.

Yoshino Kosaku.Cultural Nationalism in Contemporary Japan: A Sociological Enquiry.London: Routledge, 1992.